eLehrmittel

Ihr persönlicher Coupon-Code für die digitale Ausgabe dieses Buchs:

8fbbe3c6d3e4

Detaillierte Installationsanleitung unter:
www.hep-verlag.ch/elehrmittel-anleitung

Egli, Hasler, Probst (Hrsg.)

Geografie

Hans-Rudolf Egli, Martin Hasler, Matthias Probst (Hrsg.)

Geografie
Wissen und verstehen

Ein Handbuch für die Sekundarstufe II

Autoren:

Peter Berger
Sabin Bieri
Hans-Rudolf Egli
Martin Hasler
Stefan Manser
Konstantin Moser
Fabian Piller
Matthias Probst
Ernst Stauffer
Franz Xaver Troxler

Hans-Rudolf Egli, Martin Hasler, Matthias Probst (Hrsg.)
Peter Berger, Sabin Bieri, Hans-Rudolf Egli, Martin Hasler,
Stefan Manser, Konstantin Moser, Fabian Piller, Matthias Probst,
Ernst Stauffer, Franz Xaver Troxler

Geografie
Wissen und verstehen. Ein Handbuch für die Sekundarstufe II

ISBN Print inkl. eLehrmittel: 978-3-0355-1400-1
ISBN eLehrmittel: 978-3-0355-1399-8

Bibliografische Information der Deutschen Nationalbibliothek:
Die Deutsche Nationalbibliothek verzeichnet diese Publikation
in der Deutschen Nationalbibliografie; detaillierte bibliografische
Angaben sind im Internet über http://dnb.dnb.de abrufbar.

5., aktualisierte Auflage 2019
Alle Rechte vorbehalten
© 2019 hep verlag ag, Bern

www.hep-verlag.ch

Zusatzmaterialien und -angebote zu diesem Buch:
http://mehr.hep-verlag.ch/geografie

Vorwort

«Wer die Welt verstehen will, der muss sie lesen.»
(«Die Welt»)

«Die Welt ist komplizierter geworden.» Dieser Satz war in den letzten Jahren oft zu hören. Durch die digitale Vernetzung, die globalen Waren-, Finanz- und Datenströme und durch die allumfassende Medienpräsenz sind wir alle in den ersten Jahrzehnten des 21. Jahrhunderts stark gefordert. Die Informationsflut, die ständige Erreichbarkeit, die Mobilität und das globale Warenangebot werden nicht mehr nur als Bereicherung wahrgenommen, vielmehr fehlen vielen Menschen eine fachliche Basis und die persönlichen sozialen Bezugsnetze, um sich in der Welt von heute zurechtzufinden. Damit haben sich auch die Aufgaben der Geografie verändert: Die Herausforderungen der Menschheit sind heute wichtiger Bestandteil des Unterrichtes, und die Kompetenzorientierung löste die Lernzielorientierung früherer Jahre ab.
Doch die globalen Probleme wie Klimawandel, Bodendegradation, Entwicklungsprobleme, Wasserknappheit usw. zeigen auf, dass ein Grundlagenwissen in der Geografie unumgänglich ist, damit die Herausforderungen im 21. Jahrhundert wirksam und nachhaltig angegangen werden können. Die Geografie beschäftigt sich mit der Erde im umfassenden Sinne: Sie versteht die Erde einerseits als Naturraum, der durch physische Kräfte geprägt und geformt wird, andererseits untersucht sie die vom Menschen zum Kulturraum geformte Landschaft. Sie setzt sich mit der Frage «Was ist wo, wie, wann, warum und wozu im Raum» wissenschaftlich auseinander.
«Erdbeschreibung» im weitesten Sinne des Wortes heisst zuerst einmal Orientierung im Raum. Darunter ist die Untersuchung der Lage im Raum (was ist wo?) zu verstehen. Zum Orientierungswissen gehört aber auch das Einordnen einer Beobachtung, einer Medienmeldung oder eines wissenschaftlichen Befundes in den fachlichen Hintergrund. Weiter gilt es, das fundierte Orientierungswissen an regionalgeografischen Beispielen anzuwenden und Wechselbeziehungen zwischen den raumbestimmenden Faktoren herzustellen. Die Gestalt der Erdoberfläche ist immer auch das Ergebnis unterschiedlichster Entwicklungsprozesse, die sich etwa im Landschaftswandel niederschlagen. Die Geografie hat im Verlaufe der Wissenschaftsgeschichte zur Analyse räumlicher Fragestellungen, zum Erfassen von Veränderungen in Lebensräumen und zur Konzipierung nachhaltiger Zukunftsszenarien eine eigene Methodik und einen fachspezifischen Wortschatz entwickelt. Dabei spielt die gleichzeitige Betrachtung der Phänomene auf unterschiedlichen Massstabsebenen eine besonders wichtige Rolle: Das Lokale ist heute überregional bis global vernetzt und die globalen Entwicklungen haben lokale Auswirkungen.
Das Handbuch richtet sich an Lehrende und Lernende der Sekundarstufe II, fasst Themen und Begriffe, wie sie etwa im Rahmenlehrplan für die Geografie und in den Lehrplänen für die Maturitätsschulen der einzelnen Kantone vorgesehen sind, zusammen und bildet damit die Grundlage zum Erarbeiten von fachspezifischen Schlüsselqualifikationen zum Erreichen der allgemeinen Studierfähigkeit. Gleichzeitig dient das Handbuch auch einer breiteren Öffentlichkeit als Nachschlagewerk für das Verständnis anspruchsvoller geografischer Themen. Zudem lassen die thematisch ausgerichteten Beiträge der Lehrkraft in der Auswahl regionalgeografischer Beispiele, für den Einsatz von Fallstudien und in der Unterrichtsgestaltung grosse Freiheiten. Als Handbuch unterstützt es die Erarbeitung und den Erwerb grundlegender geografischer Kenntnisse und Arbeitsmethoden. Eigene Unterrichtsnotizen, ein Atlas und die im Geografieunterricht eingesetzten Medien sollen das Handbuch in der Unterrichtsgestaltung ergänzen.
Das Buch orientiert sich beim Aufbau an geografischen Themen und folgt dabei der allgemein üblichen Einteilung geografischer Disziplinen in physisch-geografische, kulturgeografische und integrative Themenbereiche. Ein Kapitel mit ausgewählten geografischen Arbeitsmethoden ergänzt die thematisch ausgerichteten Kapitel. Die einzelnen Kapitel sind dabei in sich geschlossen

verfasst; aus der Kapitelreihenfolge ergibt sich keine für den Unterricht zwingende Anordnung. Das Buch unterstützt den Erwerb kognitiver und methodischer Fertigkeiten und Fähigkeiten, es soll geografisches Wissen und Können aufbauen. Es ist den Autoren wichtig, zu betonen, dass sich geografische Unterrichtsarbeit an einer Maturitätsschule nicht allein im Erwerb von Schlüsselqualifikationen erschöpfen darf. Jede Auseinandersetzung mit einer Region weist auch eine ästhetische und emotionale Seite auf. Gebirgs- und Wüstenlandschaften lösen Staunen und Ehrfurcht aus, von Kindern durchwühlte Mülhalden in einer Grossstadt der Dritten Welt provozieren Entsetzen und Gefühle der Ohnmacht. Und dass Gewalt immer noch als legitime Option bei Raumkonflikten angesehen wird, fordert gerade junge Menschen heraus und stellt die Frage nach dem eigenen Handlungsspielraum und der persönlichen Gestaltungskompetenz. Dadurch werden letztlich der eigene Lebensentwurf und die persönliche Biografie hinterfragt und geprägt.

Auch die grundlegend überarbeitete vierte Auflage dieses Handbuches könnte nicht erscheinen ohne die Unterstützung zahlreicher Personen und Institutionen. An erster Stelle geht der Dank an die Autorin und die Autoren, die mit grossem Einsatz ihre Texte ergänzt und teilweise neu geschrieben haben. Ein grosser Dank gebührt dem hep verlag, der uns die Möglichkeit gibt, das Lehrbuch zu überarbeiten und neu herauszugeben. Die Projektleiterin Rita Hidalgo hat uns in allen Phasen sehr kompetent und hilfreich unterstützt. Allen Mitwirkenden danken wir ganz herzlich für ihre Beiträge und die ausgezeichnete Zusammenarbeit.

Bern, im Frühjahr 2016
Hans-Rudolf Egli, Martin Hasler und Matthias Probst

Vorwort der Herausgeber zur 5. Auflage

Nachdem das Handbuch für die 4. Auflage 2016 grundlegend überarbeitet wurde, konnten wir uns für die 5. Auflage auf die Nachführung der statistischen Informationen und auf einige Korrekturen beschränken. Es freut uns, dass das Buch nun auch als E-Lehrmittel immer häufiger verwendet wird und damit einen Beitrag zur digitalen Bildung leistet. Gleichzeitig verfassten wir mit allen Autoren und der Autorin und mit dem Verlag zusammen einen Begleitband für die Lehrkräfte mit exemplarischen Lernaufgaben und Lösungsvorschlägen zu allen Themenbereichen. Damit sollen die Schülerinnen und Schüler zu eigenständigem analytischem Denken und Verstehen angeregt werden und lernen, das Wissen aus dem Handbuch auf neue Anwendungen, zum Beispiel aus dem eigenen Lebens- und Erfahrungsbereich, zu übertragen.

Wir danken den Autoren und der Autorin für die gute Zusammenarbeit und dem hep verlag, speziell der Projektleiterin Rita Hidalgo, für die ausgezeichnete Unterstützung. Wir danken auch allen Leserinnen und Lesern, die durch kritische Anmerkungen mitgeholfen haben, das nun schon in der 5. Auflage erscheinende Buch nochmals zu verbessern.

Bern, im April 2019
Hans-Rudolf Egli, Martin Hasler und Matthias Probst

Inhalt

1 Geografie und ihre Geschichte 15
Hans-Rudolf Egli, Martin Hasler
   1.1   Die Geografie als Wissenschaft 16
   1.2   Eine kurze Geschichte der Geografie 18

2 Planet Erde 23
Peter Berger
   2.1   Form der Erde 24
   2.2   Das Magnetfeld der Erde 26
   2.3   Rotation der Erde 27
   2.4   Die Revolution der Erde (Umlauf der Erde um die Sonne) 30
   2.5   Die solaren Klimazonen 32
          2.5.1 Tagebogen der Sonne und Sonnenhöhe 33
   2.6   Der Umlauf des Mondes um die Erde 34
   2.7   Gezeiten 36
   2.8   Die Erde im Sonnensystem 37

3 Kartografie 41
Stefan Manser, Ernst Stauffer, Raymond Treier
   3.1   Von der Kugel in die Fläche 42
          3.1.1 Geografische Koordinaten 42
          3.1.2 Karten und Kartenprojektion 42
          3.1.3 Koordinatensystem der Schweiz 44
   3.2   Karteninhalte und Kartendarstellung 46
          3.2.1 Massstab und Generalisierung 46
          3.2.2 Darstellung von Inhalten in Karten 47
          3.2.3 Darstellung der Geländeformen 48
   3.3   Landesvermessung und Kartenherstellung 48
          3.3.1 Geodäsie (Triangulation und Nivellement) 49
          3.3.2 Neue Wege in der Vermessung 50
   3.4   Bilder als Datenträger in der Geografie 53
   3.5   Topografisches Landschaftsmodell 55
          3.5.1 Geografische Informationssysteme GIS – eine unentbehrliche Technologie ... 56
          3.5.2 Punktdaten, Liniendaten, Flächendaten 57

4 Wetter und Klima 61
Martin Hasler
   4.1   Meteorologie und Klimatologie 62
   4.2   Aufbau und Zusammensetzung der Atmosphäre 63
   4.3   Klimaelemente 65
          4.3.1 Strahlung 66
          4.3.2 Lufttemperatur 67
          4.3.3 Luftfeuchtigkeit, Wolken, Niederschlag 68
          4.3.4 Luftdruck und Winde 71
   4.4   Planetarische Zirkulation 74

4.5	Klimazonen der Erde	75
	4.5.1 Klima- und Vegetationszonen	76
4.6	Typische Wetterentwicklungen in Mitteleuropa	78
	4.6.1 Polarfront und Jetstream	78
	4.6.2 Zyklonen und Fronten	78
	4.6.3 Grosswetterlagen in Mitteleuropa	80
	4.6.4 Föhn	81
4.7	Klimawandel	82
	4.7.1 Klimaschwankungen und Klimawandel	82
	4.7.2 Natürliche und anthropogene Einflüsse	82
	4.7.3 Auswirkungen der Klimaveränderungen	83
4.8	Luft- und Strahlenbelastung	84
	4.8.1 Wintersmog	84
	4.8.2 Sommersmog	85
	4.8.3 Grenzwerte	85
	4.8.4 Ultraviolettstrahlung	86

5 Hydrologie 89
Stefan Manser, Ernst Stauffer

5.1	Wasserkreislauf und Wasserbilanz	90
	5.1.1 Wasserschloss Europas	90
	5.1.2 Wasserkreislauf	90
	5.1.3 Wasserbilanz	91
5.2	Hydrologische Formen und Prozesse	92
	5.2.1 Wasser als landschaftsprägendes Element	92
5.3	Eingriffe in den natürlichen Wasserhaushalt und Hochwasserschutz	94
	5.3.1 Hochwasser und Hochwasserschutz	94
	5.3.2 Wildbach und Wildbachverbauungen	96
	5.3.3 Gewässerkorrektionen im 18. und 19. Jahrhundert	97
	5.3.4 Kanderkorrektion	97
	5.3.5 Linthkorrektion	98
	5.3.6 Wasserbau im 20./21. Jahrhundert	99
	5.3.7 Das Beispiel «Emme 2050»	99
5.4	Wassernutzung und Wasserverbrauch in der Schweiz	100
	5.4.1 Wassernutzung durch Wasserkraftwerke	100
	5.4.2 Wasserverbrauch	101
5.5	Stehende Oberflächengewässer	103
5.6	Weltmeere	103
	5.6.1 Meeresströmungen	103
	5.6.2 Golfstrom	105
	5.6.3 El-Niño-Southern-Oscillation-Phänomen	106
	5.6.4 Meeresspiegelveränderungen als Folge von Klimaschwankungen	107

6 Geologie 109
Matthias Probst

6.1	Entstehung des Sonnensystems und der Erde	110
6.2	Schalenaufbau der Erde	111

6.3	Plattentektonik	113
	6.3.1 Von der Kontinentalverschiebungstheorie zur Plattentektonik	114
	6.3.2 Plattenbewegungen	114
	6.3.3 Unruhe an den Plattengrenzen	114
	6.3.4 Beweisgrundlage der Plattentektonik	117
6.4	Vulkanismus	119
	6.4.1 Weltweite Verteilung der aktiven Vulkane	119
	6.4.2 Vulkanische Förderprodukte	121
	6.4.3 Vulkantypen	125
	6.4.4 Weitere vulkanische Erscheinungen	125
	6.4.5 Vorhersage von Vulkanausbrüchen	126
6.5	Erdbeben	127
	6.5.1 Entstehung von Erdbeben	127
	6.5.2 Seismische Wellen	128
	6.5.3 Erdbebenmessung	130
	6.5.4 Erdbebenstärke	130
	6.5.5 Erdbebengefährdung und Erdbebenrisiko	133
6.6	Erdgeschichte im Überblick	134
	6.6.1 Relative Altersbestimmung	134
	6.6.2 Absolute Altersbestimmung	135
	6.6.3 Weitere Datierungsmethoden	136
6.7	Entstehung und Kreislauf der Gesteine	137
	6.7.1 Mineralien bauen Gesteine auf	137
	6.7.2 Gesteine dokumentieren geologische Prozesse	138
6.8	Rohstoffe: Bildung von Lagerstätten	140
	6.8.1 Mineralische Rohstoffe	140
	6.8.2 Energierohstoffe	142
6.9	Geologische Entstehung der Schweiz	145
	6.9.1 Entstehung der Alpen	146
	6.9.2 Tektonische Einheiten	148
	6.9.3 Entstehung des Mittellandes	150
	6.9.4 Entstehung des Juras	151

7	Geomorphologie	155
	Matthias Probst	
7.1	Verwitterung	156
	7.1.1 Physikalische Verwitterung	156
	7.1.2 Chemische Verwitterung	157
7.2	Abtragung und Akkumulation	159
	7.2.1 Formenbildung durch Flüsse	160
	7.2.2 Formenbildung durch Gletscher	163
	7.2.3 Formenbildung durch Wind	168
	7.2.4 Formenbildung an Meeresküsten	169

8 Boden 171
Matthias Probst

- 8.1 Ressource Boden 172
- 8.2 Bodenzusammensetzung 172
- 8.3 Bodenbildung 173
- 8.4 Bodenfruchtbarkeit 175
  - 8.4.1 Mineralische Bodensubstanz: Tonmineralien 175
  - 8.4.2 Organische Bodensubstanz: Huminstoffe 175
  - 8.4.3 Bodenstruktur 175
  - 8.4.4 Weitere Faktoren der Bodenfruchtbarkeit 176
  - 8.4.5 Bodenfruchtbarkeit im tropischen Regenwald 176
- 8.5 Wichtige Bodentypen 177
- 8.6 Bodennutzung 180
- 8.7 Bodenerosion in der Schweiz 182

9 Naturgefahren 185
Fabian Piller, Matthias Probst

- 9.1 Umgang mit Naturgefahren 186
  - 9.1.1 Naturgefahren in der Schweiz 186
  - 9.1.2 Naturgefahr und Risiko 186
  - 9.1.3 Integrales Risikomanagement im Umgang mit Naturgefahren 187
  - 9.1.4 Massnahmen 189
- 9.2 Beurteilung einer Gefahrensituation 189
  - 9.2.1 Gefahrenerkennung: Was kann wo passieren? 189
  - 9.2.2 Gefahrenbeurteilung: Was kann wie oft und wie stark passieren? . 190
  - 9.2.3 Dispositionsmodell zur Gefahrenerkennung und Gefahrenbeurteilung ... 191
- 9.3 Hochwasser 191
- 9.4 Murgang 192
- 9.5 Rutschungen und Hangmuren 193
- 9.6 Sturzprozesse 194
- 9.7 Lawinen 195
- 9.8 Ausblick: Veränderungen von Gefahr und Risiko 197
  - 9.8.1 Klimawandel und Naturgefahren 198
  - 9.8.2 Siedlungsentwicklung und Risiko 199

10 Bevölkerung und Gesellschaft 201
Martin Hasler, Sabin Bieri

- 10.1 Einführung 202
- 10.2 Bevölkerungsgeografie 202
  - 10.2.1 Weltbevölkerung 202
  - 10.2.2 Demografie 205
  - 10.2.3 Das natürliche Bevölkerungswachstum 206
  - 10.2.4 Der demografische Übergang 207
  - 10.2.5 Die Bevölkerungswanderungen 209
  - 10.2.6 Flüchtlinge 209
  - 10.2.7 Der Altersaufbau der Bevölkerung 211
  - 10.2.8 Die Bevölkerungsverteilung 212
  - 10.2.9 Bevölkerungsprognosen 213
- 10.3 Kultur und Raum 214

10.4	Sozialgeografie	220
10.5	Geschlecht und Raum	222
10.6	Geografie der Religionen	225
10.7	Die Ausbreitung der Menschheit	228
10.8	Geografie der Sprachen	229
10.9	Politische Geografie	230

11 Wirtschaft und Raum 235
Konstantin Moser, Ernst Stauffer, Stefan Manser

11.1	Die kulturelle und wirtschaftliche Entwicklung des menschlichen Tuns	236
11.2	Menschliche Bedürfnisse als Ausgangspunkt der wirtschaftlichen Inwertsetzung des Raumes	237
	11.2.1 Ressourcen	239
	11.2.2 Die Erwerbssektoren	239
11.3	Primärer Sektor	241
	11.3.1 Landwirtschaft	241
	11.3.2 Die Struktur der Landwirtschaft und Standortfaktoren	242
	11.3.3 Die Aufgaben der Landwirtschaft in der Schweiz	243
11.4	Sekundärer Sektor	247
	11.4.1 Die chemisch-pharmazeutische Industrie in Basel	249
	11.4.2 Das Ruhrgebiet früher und heute: Aufstieg, Niedergang und Neubeginn im ehemalig grössten Industriegebiet Europas	250
11.5	Tertiärsektor	251
	11.5.1 Tourismus – bedeutender Bereich des Dienstleistungssektors	252
	11.5.2 Konzentration der Finanzbranche in der Region Zürich/Aargau	256
11.6	Quartärsektor	257
11.7	Energie	257
	11.7.1 Energieträger	259
	11.7.2 Schweizerische Energiepolitik: Die Energiestrategie 2050	261
	11.7.3 Hydroenergie	263
	11.7.4 Weitere alternative Energieformen	264
11.8	Globalisierung	266
	11.8.1 Ursprünge der Globalisierung	266
	11.8.2 Wie stark ist ein Land globalisiert?	268

12 Stadt 271
Hans-Rudolf Egli

12.1	Stadtbegriffe	272
12.2	Viertelbildung und innere Gliederung	275
12.3	Stadtgründung – Stadterweiterung – Stadterneuerung – Stadtverfall	277
	12.3.1 Stadtgründungen und Gründungsstädte	278
	12.3.2 Stadterweiterung	281
	12.3.3 Stadtverfall	282
	12.3.4 Stadterneuerung	283
12.4	Determinanten der Stadtentwicklung	284
12.5	Stadtmodelle	285
	12.5.1 Modell der europäischen Stadt	286
	12.5.2 Modell der angloamerikanischen Stadt	287
	12.5.3 Modell der orientalischen Stadt	288

12.6	Von der Stadt zur Agglomeration	289
	12.6.1 Stadtentwicklungsphasen	289
	12.6.2 Probleme des Städtewachstums	291
12.7	Städteverbindungen und Städtenetze	292
	12.7.1 Rang-Grössen-Regel und Modell der zentralen Orte	293
	12.7.2 Städtenetze als Leitbilder für die Raumordnung	293
12.8	Weltweite Verstädterung	294
	12.8.1 Megastädte und Global Cities	295
12.9	Elendssiedlungen und Marginalisierung	296

13 Verkehr 299
Hans-Rudolf Egli

13.1	Mobilität und Verkehr in der Schweiz	300
13.2	Verkehr als Nachfrage	301
13.3	Verkehr als Angebot	301
	13.3.1 Das Beharrungsvermögen der Verkehrsanlagen	302
	13.3.2 Verkehrsträger und Verkehrsmittel	303
	13.3.3 Landverkehr	303
	13.3.4 Wasserverkehr	309
	13.3.5 Luftverkehr	311
13.4	Container-Revolution	312
13.5	Vom Transport zur Logistik	313
13.6	Verkehrswege als Netzwerk	314
13.7	Formen des Verkehrs am Beispiel des Personennahverkehrs in Agglomerationen	315
13.8	Verkehr und Raumentwicklung	315

14 Landschaftswandel und Raumplanung 317
Stefan Manser, Ernst Stauffer

14.1	Landschaftswandel und Landnutzung in der Schweiz	318
	14.1.1 Veränderungen der Landschaft	320
	14.1.2 Nutzungskonflikte werden häufiger	322
14.2	Raumplanung in der Schweiz	322
	14.2.1 Ziele und Herausforderungen der Raumplanung in der Schweiz	323
	14.2.2 Planungsebenen, Planungsinstrumente und Planungsablauf	325
	14.2.3 Planungsinstrumente	326
	14.2.4 Der Richtplan als Planungsinstrument auf der Stufe des Kantons	326
	14.2.5 Der Nutzungszonenplan auf der Stufe der Gemeinde	327
	14.2.6 Herausforderungen und Strategien der Raumplanung im Raumkonzept Schweiz	330

15 Landschaftsökologie 335
Franz Xaver Troxler

15.1	Mensch-Umwelt-Beziehungen	336
15.2	Entwicklung der Mensch-Umwelt-Beziehungen	337
15.3	Landschaftsökologische Systeme	339
15.4	Wechselwirkungen im Geoökosystem	340

16 Nachhaltige Entwicklung ... 343
Fabian Piller, Matthias Probst
- 16.1 Modelle der nachhaltigen Entwicklung ... 344
- 16.2 Monitoring nachhaltiger Entwicklung ... 346
- 16.3 Umsetzungsebenen ... 347
  - 16.3.1 Meilensteine internationaler Nachhaltigkeitspolitik ... 348
  - 16.3.2 Global denken, lokal handeln ... 350
- 16.4 Wirtschaftlicher und gesellschaftlicher Wandel hin zur nachhaltigen Entwicklung ... 351
  - 16.4.1 Positionen der Nachhaltigkeit ... 351
  - 16.4.2 Zielgrössen ... 352
  - 16.4.3 Leitstrategien ... 353
- 16.5 Massnahmen der nachhaltigen Entwicklung ... 354
  - 16.5.1 Entstehung externer Kosten ... 354
  - 16.5.2 Freiwillige Vereinbarungen ... 355
  - 16.5.3 Juristische Massnahmen ... 356
  - 16.5.4 Raumplanerische Massnahmen ... 356
  - 16.5.5 Marktwirtschaftliche Massnahmen ... 357
  - 16.5.6 Technische Massnahmen ... 359
- 16.6 Nachhaltige Entwicklung als zukunftsweisendes Konzept ... 359

17 Globale Ungleichheit und Entwicklung ... 361
Sabin Bieri
- 17.1 Geteilte Welt: Bestandsaufnahme und Debatten ... 362
  - 17.1.1 Was bedeutet Armut? ... 363
  - 17.1.2 Warum gibt es heute immer noch 700 Millionen Arme auf der Welt? ... 363
- 17.2 Ungleiche Entwicklung verstehen und bestimmen: Begriffe und Methoden ... 367
  - 17.2.1 Entwicklungsländer ... 368
  - 17.2.2 «The West and the rest» ... 369
  - 17.2.3 Merkmale von Entwicklungsländern ... 369
  - 17.2.4 Wie wird Entwicklung gemessen? ... 370
- 17.3 Entwicklung erklären: Entwicklungstheorien ... 374
  - 17.3.1 Modernisierungstheorie ... 375
  - 17.3.2 Dependenztheorie ... 376
- 17.4 Armut bekämpfen: Weltweite Entwicklungsstrategien ... 378
- 17.5 Verantwortung übernehmen: Die schweizerische Entwicklungszusammenarbeit ... 383
  - 17.5.1 Die gesetzliche Grundlage für die internationale Zusammenarbeit ... 384
  - 17.5.2 Nichtregierungsorganisationen ... 386
  - 17.5.3 Was ist eine zukunftsfähige und gerechte Entwicklung? ... 387
  - 17.5.4 Die EZA als Teil der Aussenwirtschaftspolitik ... 388
  - 17.5.5 Strategien für eine wirkungsvolle Entwicklungszusammenarbeit ... 389
- 17.6 Hunger und Ernährung ... 390
  - 17.6.1 Zu viele Lebensmittel für zu wenige Menschen ... 391
  - 17.6.2 Das Recht auf Nahrung ... 393
  - 17.6.3 Lösungsansätze ... 393

| 18 | Geografische Arbeitsmethoden | 395 |

Martin Hasler, Hans-Rudolf Egli, Matthias Probst, Jeannine Wintzer

- 18.1 Einführung ... 396
- 18.2 Schlüsselbegriffe ... 398
- 18.3 Klimadiagramme auswerten ... 399
- 18.4 Karten analysieren ... 400
- 18.5 Daten erheben ... 402
  - 18.5.1 Planen von Datenerhebungen im Gelände ... 402
  - 18.5.2 Arbeitstechniken für die Durchführung ... 402
  - 18.5.3 Auswertung ... 403
- 18.6 Tabellen und Diagramme erstellen ... 404
  - 18.6.1 Diagramme erstellen ... 404
  - 18.6.2 Diagrammarten ... 404
  - 18.6.3 Interpretation von Tabellen und Diagrammen ... 405
- 18.7 Wirkungsgefüge analysieren ... 406
- 18.8 Räume analysieren ... 408
- 18.9 Bilder interpretieren ... 410
  - 18.9.1 Satellitenbild des Mount Kenia: Lage und Bildinhalt ... 410
  - 18.9.2 Erläuterungen zu den Bildinhalten ... 410
- 18.10 Fach- und Sachtexte analytisch lesen ... 413
  - 18.10.1 Schritte des analytischen Lesens ... 413
- 18.11 Fach- und Sachtexte schreiben ... 415
  - 18.11.1 Ziele von Fach- und Sachtexten ... 415
  - 18.11.2 Gütekriterien eines Fach- oder Sachtextes ... 415
  - 18.11.3 Aufbau und Gliederung von Fach- und Sachtexten ... 416

Bildnachweis ... 419

Register ... 423

1 Geografie und ihre Geschichte
Hans-Rudolf Egli, Martin Hasler

Die Geografie untersucht die physisch-materielle Umwelt als Naturraum und als Existenzgrundlage und Produktionssphäre des Menschen sowie die Wechselwirkungen mit den gesellschaftlich-kulturellen Prozessen, die sich in den räumlichen Nutzungen manifestieren. Sie untersucht auch die Auswirkungen menschlicher Aktivitäten auf den Natur- und Kulturraum. Die Geografie beschreibt die Erde im wörtlichen Sinne und vermittelt als wissenschaftliche Disziplin jenes Wissen, das den Menschen befähigen soll, seine Umwelt und seinen Lebensraum besser zu verstehen und ökologisch, sozial und wirtschaftlich verantwortungsbewusst zu handeln.

1.1 Die Geografie als Wissenschaft

Geografie ist spannend und schwierig zugleich, weil sich das Fach mit den Mensch-Umwelt-Beziehungen auseinandersetzt und damit sowohl die naturräumliche Ausstattung der Erde als auch die räumlichen Auswirkungen des sozial, kulturell und wirtschaftlich handelnden Menschen betrachtet. Entsprechend vielfältig sind die Methoden, die in der Geografie zur Anwendung gelangen.

Das System der modernen wissenschaftlichen Geografie (Abb. 1.1) gliedert sich in die **«Allgemeine Geografie»,** die auch als «thematische Geografie» bezeichnet wird und die sich vorwiegend themenorientiert einem Raum zuwendet, und in die **«Regionalgeografie»,** die die typischen räumlichen Aspekte einer Region in den Mittelpunkt stellt. Beide Seiten ergänzen sich gegenseitig und weisen in der Geschichte des Faches eine unterschiedliche Bedeutung auf. In der modernen geografischen Lehre und Forschung steht die allgemeine Geografie im Vordergrund.

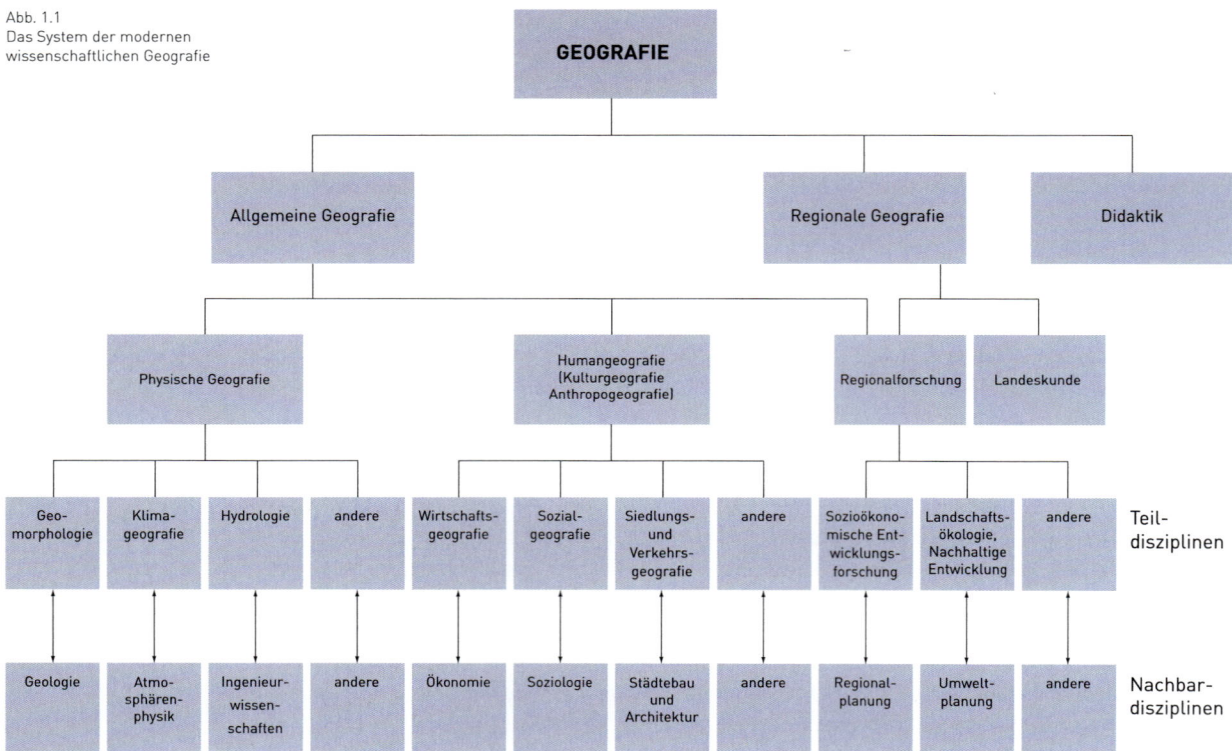

Abb. 1.1
Das System der modernen wissenschaftlichen Geografie

Die Geografie arbeitet raumzentriert an der Schnittstelle zwischen den Natur-, den Gesellschafts- und den Wirtschaftswissenschaften. Die allgemeine Geografie zeichnet sich durch die Verbindung natur- und gesellschaftswissenschaftlicher Forschungsansätze und -methoden aus (Abb. 1.2). Die naturwissenschaftlich orientierte **physische Geografie»** untersucht die physische Umwelt und die darin wirksamen Kräfte und ablaufenden Prozesse. Sie gliedert sich in verschiedene Teilbereiche wie Klimatologie, Hydrologie, Vegetationsgeografie, Geomorphologie u. a. m. Die **«Humangeografie»** versteht den Naturraum einerseits als Grundlage für die menschliche Existenz und die kulturelle Entwicklung des Menschen und untersucht andererseits die Landschaft als das

Ergebnis menschlichen Handelns und Gestaltens bzw. als Ergebnis gesellschaftlicher Strukturen. Landschaftswandel wird als das Resultat dynamischer naturräumlicher, wirtschaftlicher, politischer und sozialer Prozesse verstanden.

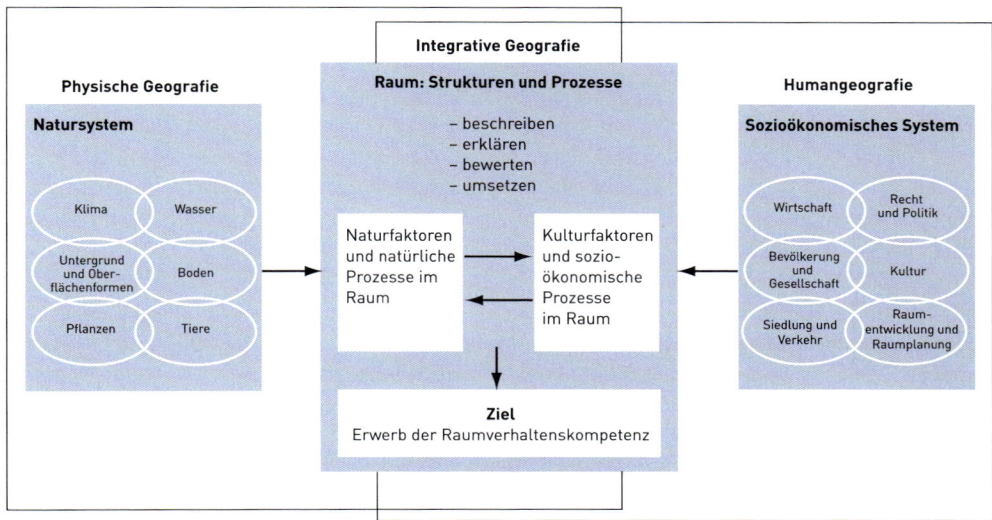

Abb. 1.2
Die geografischen Arbeitsfelder

Die **geografische Forschung** arbeitet eng mit zahlreichen Nachbarwissenschaften zusammen und öffnet damit den Geografinnen und Geografen viele Anwendungsfelder in der beruflichen Praxis. So arbeiten Geografinnen und Geografen in Umwelt- und Raumplanungsbüros, in internationalen Entwicklungsprojekten, in zahlreichen Verwaltungsabteilungen von Bund, Kantonen und Gemeinden sowie in vielen weiteren Bereichen.

Ein wichtiges Anliegen der Geografie ist die geografische Bildung, wie die Ausbildung von Geografielehrkräften, die Entwicklung von Lehrmitteln und Unterrichtsmedien und die didaktische Forschung. Das lexikalische Vermitteln länderkundlichen Wissens gehört in der **Schulgeografie** mittlerweile der Vergangenheit an. In der obligatorischen Schulzeit steht heute die Alltagstauglichkeit als didaktisches Konzept im Vordergrund und fliesst in die neuen Unterrichtsgefässe wie «Natur-Mensch-Mitwelt» oder «Mensch und Umwelt» ein. Im neuen Lehrplan 21 sollen die Schulsysteme der obligatorischen Schulzeit in den deutschsprachigen Kantonen vereinheitlicht werden: Im Fachbereich «Natur, Mensch, Gesellschaft» werden vier inhaltliche Perspektiven aufgeführt, darunter das Gefäss «Räume, Zeiten, Gesellschaften (mit Geografie, Geschichte)», in dem über Kompetenzen der Auftrag an die Schulen definiert wird. Auf der Sekundarstufe II wird thematisches Grundlagenwissen an räumlichen Beispielen vertieft, und räumliche Zusammenhänge und Entwicklungsprozesse werden erarbeitet. Schülerinnen und Schüler lernen dabei zu verstehen, dass das eigene Verhalten vielfach auch raumrelevant ist. Aber auch das «Weltverstehen» ist Teil des didaktischen Konzeptes für die Sekundarstufe II, das mit **«Raumverhaltenskompetenz»** umschrieben wird. Geografische Kenntnisse und persönliches Engagement sind für das 21. Jahrhundert die Voraussetzungen, die zur Bewältigung globaler Probleme wie Umweltveränderungen, soziale Ungleichheit und wirtschaftliche Benachteiligung notwendig sind. Unverzichtbar in der geografischen Bildung ist deshalb auch eine wertorientierte Betrachtungsweise, die die kulturelle Toleranz, einen verantwortungsbewussten Umgang mit den Ressourcen und eine nachhaltige Entwicklung der Lebensräume fördern soll.

1.2 Eine kurze Geschichte der Geografie

Die Wissenschaftsgeschichte der Geografie reicht bis in die griechische **Antike** zurück. Als Wissenschaft im modernen Sinne ist die Geografie ein Kind der europäischen Aufklärung und ein Ergebnis der Etablierung der modernen Wissenschaften, die im 19. Jahrhundert durch die Schaffung von Universitätsinstituten und Studiengängen eingeführt worden sind.

Das Wort **«Geografie»** stammt aus dem Griechischen und bedeutet **«Beschreibung der Erde».** Die Anfänge der Beschäftigung mit der Erde und ihrer räumlichen Ausstattung sind nicht erst in der griechischen Antike auszumachen. Schon in der Frühzeit ihrer Geschichte mussten sich Menschen in ihrer Umwelt zurechtfinden. Bekannt sind Felsbilder, die oft den Lebensraum, ergänzt mit Wildtieren und Jagdszenen, zeigen. Es gibt aus verschiedenen Weltreligionen Hinweise, dass Menschen ihren Lebensraum beschrieben und diesen kartografisch dargestellt haben, zum Beispiel in China um 1000 v. Chr.

Im klassischen Altertum fassten die Gelehrten mit dem Begriff «Geografie» Erkenntnisse über Land und Leute zusammen. Soweit heute bekannt ist, versuchte Thales von Milet in der ersten Hälfte des 6. Jahrhunderts v. Chr. erstmals eine wissenschaftliche Gesamtdarstellung der Welt vorzunehmen. Er beschrieb die **Erde als eine kreisförmige Scheibe,** die auf dem Urozean schwimmt. Als Urstoff der Schöpfung nahm er das Wasser an.

Im Griechenland der Antike gehörte es zur allgemeinen Bildung, sich mit geografischen Fragestellungen auch wissenschaftlich zu beschäftigen. Aus einer Vielzahl griechischer Gelehrter sollen deshalb einige Namen erwähnt werden, die für die Geschichte der geografischen Wissenschaft von grosser Bedeutung sind.

Herodot von Halikarnass (ca. 480–424 v.Chr.) verfügte selbst über grosse geografische Erfahrungen vor Ort durch ausgedehnte Reisen im Vorderen Orient, die er seinen länderkundlichen Aufzeichnungen zugrunde legte. Seine Beschreibung der ihm bekannten Räume umfasst die Topografie, die Herkunft der Völker, die Landesstruktur und die Lebensweise der Bevölkerung. Hinweise zur Kultur und zur Religion, zu Sitten und Gebräuchen und die kartografische Darstellung der Landschaften runden sein Werk ab. Herodot kann damit als Begründer klassischer länderkundlicher Monografien gelten.

Nachdem **Aristoteles** (384–322 v.Chr.) die Lehre von der **Kugelgestalt der Erde** übernommen und Bereiche der physischen Geografie (wie die Meteorologie) weiterentwickelt hatte, postulierte **Aristarch** von Samos in der ersten Hälfte des 3. Jahrhunderts v. Chr. als Erster ein Weltbild, das die Sonne ins Zentrum setzte (heliozentrisches Weltbild). **Eratosthenes** ermittelte im 3. Jahrhundert v. Chr. nicht nur den Umfang der Erde, sondern untersuchte auch die Beziehungen zwischen Mensch und Landschaft und setzte dafür den Begriff «Geografie» ein.

Claudius Ptolemäus von Alexandrien (ca. 100–170) vertrat dann allerdings wieder ein **geozentrisches Weltbild** und versuchte ebenfalls, den ihm bekannten Teil der Erde kartografisch darzustellen. Dazu setzte er sich auch mit der Geodäsie und der kartografischen Projektionslehre auseinander. Ptolemäus prägte mit seinem umfangreichen Werk die Vorstellungen über die Erde und das Weltall bis ins Entdeckungszeitalter (15. Jahrhundert).

Im abendländischen Mittelalter versuchten die kirchentreuen Gelehrten, das Weltbild mit der damaligen christlichen Weltanschauung in Übereinstimmung zu bringen. Es waren vor allem arabische Gelehrte, die die Ausdehnung des islamischen Reiches im 8. Jahrhundert und die ausgedehnten Kontakte arabischer Händler nutzten, um ein grosses, enzyklopädisches geografisches Schrifttum zu verfassen. So wirkte **al-Idrisi** (ca. 1100–1166) am Hofe Rogers II. in Sizilien als Geograf und Kartograf und verfasste 1154 sein nach ihm benanntes Kartenwerk.

1 Geografie und ihre Geschichte

■☐☐ Abb. 1.3
Aristoteles (384–322 v. Chr.)

☐■☐ Abb. 1.4
Eratosthenes
(ca. 276–194 v. Chr.)

☐☐■ Abb. 1.5
Claudius Ptolemäus von
Alexandrien (um 100–170)

■☐☐ Abb. 1.6
al-Idrisi (um 1100–1166)

☐■☐ Abb. 1.7
Gerhard Mercator
(1512–1594)

☐☐■ Abb. 1.8
Johannes Kepler (1571–1630)

Die Entdeckungsreisen schufen ab dem 15. Jahrhundert in Europa ein Bedürfnis nach geografischen Informationen über Land und Leute in den fernen Regionen. Neu entdeckte Landschaften galt es geografisch zu dokumentieren und kartografisch aufzunehmen. **Martin Waldseemüller** (ca. 1470–1520) publizierte 1507 eine Karte, die erstmals den Namen «Amerika» aufführte. **Sebastian Münster** (1488–1552) schuf 1544 in Basel die «Cosmographia», eine Darstellung der damaligen Welt. **Gerhard Mercator** (1512–1594) entwickelte die nach ihm benannte Projektionsart und legte so die Grundlagen zur neueren Kartografie. **Nikolaus Kopernikus** (1473–1543), **Johannes Kepler** (1571–1630) und **Galileo Galilei** (1564–1642) widmeten sich der Erforschung des Sonnensystems und erreichten, dass das **heliozentrische Weltbild** schliesslich bei den Gelehrten allgemein akzeptiert wurde.

Auf ihren ausgedehnten Reisen wurden die europäischen Seefahrer oft von schreibkundigen Mitreisenden begleitet. Sie sollten ihre Beobachtungen und Eindrücke festhalten und damit ihre Mitmenschen in Europa beeindrucken. Mehr oder weniger realistische, zum Teil auch fantastische Reisebeschreibungen prägen bis ins 19. Jahrhundert die geografische Literatur. **Hans Staden** (1525–1576) beschrieb nach seinem Aufenthalt in Brasilien 1557 in seinem Werk «Wahrhaftige Historia …» mit fast wissenschaftlicher Genauigkeit Land, Menschen, Tier- und Pflanzenwelt und schuf damit die erste völkerkundliche Monografie.
Bernhardus Varenius (1622–1650) gab nach der Publikation einer Landeskunde von Japan 1650 eine «Geographia Generalis» heraus, in der erstmals der Versuch unternommen wurde, geografische Fakten wissenschaftlich zu systematisieren. Varenius unterschied als Erster zwischen der **allgemeinen** und der **Regionalgeografie.**

Eine kurze Geschichte der Geografie

■ ☐ ☐ Abb. 1.9
Nikolaus Kopernikus
(1473–1543)

☐ ■ ☐ Abb. 1.10
Galileo Galilei (1564–1642)

☐ ☐ ■ Abb. 1.11
Alexander von Humboldt
(1769–1859)

Anton Friedrich Büsching (1724–1793) gab neben einer Vielzahl geografischer Arbeiten 1754 eine «Neue Erdbeschreibung» heraus, mit der er für die Geografie die Grundlagen zu einer eigenständigen wissenschaftlichen Disziplin mit verschiedenen Teilgebieten schuf. Er eröffnete mit seiner «Erdbeschreibung» das Zeitalter der regionalgeografischen Publikationen.

Immanuel Kant (1724–1804), der sich neben der Philosophie auch mit der Geografie beschäftigte, erkannte, dass die Spezialdisziplinen wie die Meteorologie oder die Siedlungsgeografie innerhalb der Geografie vereinigt werden mussten, damit ein ganzheitliches Verständnis von Natur und Gesellschaft erreicht werden konnte.

Alexander von Humboldt (1769–1859) und **Carl Ritter** (1779–1859) begründeten dann die **moderne geografische Forschung.** Humboldt gewann wichtige wissenschaftliche Erkenntnisse durch Feldforschungen auf ausgedehnten **Forschungsreisen,** vor allem in Südamerika. Er erkannte beispielsweise den Zusammenhang zwischen den Höhenstufen der Vegetation und den klimatischen Veränderungen in Abhängigkeit von der Höhe. Die Geografie wurde damit zu einem angewandten Forschungsgebiet mit naturwissenschaftlicher Methodik. Ritter wurde 1825 in Berlin der weltweit erste Universitätsprofessor für Geografie und gilt damit als Begründer der Geografie als selbstständiger wissenschaftlicher Disziplin auf Hochschulebene. Im Gegensatz zu Humboldt standen für Ritter nicht naturgeografische Erkenntnisse im Vordergrund. Ritter betrachtete die Natur als einen Raum, den der Mensch verantwortungsbewusst zu gestalten hat. Humboldt und Ritter stellten in ihren Publikationen den ganzheitlichen Ansatz der Geografie in den Vordergrund und können daher als Universalgelehrte betrachtet werden, die das Wissen der Geografie und der Nachbardisziplinen überschauen konnten.

Bereits im 19. Jahrhundert zeichnete sich in der geografischen Forschung die Spezialisierung in Teildisziplinen ab. Eine Trennung in naturgeografische und kulturgeografische Teildisziplinen begann sich abzuzeichnen. Während **Friedrich Ratzel** (1844–1904) die politische Geografie begründete, beschäftigten sich **Eduard Brückner** (1862–1927) mit der Klimamorphologie und **Hermann Flohn** (1912–1997) mit der Klimageschichte und der Klimaklassifikation.

Die Forschung verlagerte sich nach dem Zweiten Weltkrieg noch stärker in die Teilgebiete der Geografie. Man sprach von der allgemeinen oder thematischen Geografie und grenzte sie von einer enzyklopädischen Länderkunde ab, die man vorerst der Schulgeografie überliess. Die Landschaft stellte den Raum dar, mit dem sich die Teildisziplinen beschäftigen.

Torsten Hägerstrand (1916–2004) entwarf an der Universität von Lund (Schweden) eine Diffusionstheorie für die Geografie, mit der sich Ausbreitungsvorgänge modellieren lassen wie die Ausbreitung von Infektionserkrankungen (z. B. Ebola-Virus in Westafrika) oder die Verbreitung technischer Neuerungen (z. B. Mobiltelefone). Zur gleichen Zeit führte **Peter Haggett** (geb. 1933) von der University of Bristol, England, die Entwicklung räumlicher Modelle seines Kollegen **Richard Chorley** (1927–2002) von der Universität Cambridge weiter und postulierte in seinem Buch «Geographie – eine moderne Synthese» (erste Auflage 1972) eine neue, **integrale Betrachtungsweise von Räumen**, die die geografische Forschungs- und Denkweise in der zweiten Hälfte des 20. Jahrhunderts nachhaltig prägte.

Im Zusammenhang mit der Jugendprotestbewegung der 1960er-Jahre forderten Studierende am Kieler Geografentag 1969 vehement die Abkehr von der Landschaft als zentralem Konzept der Geografie, da die angestrebte ganzheitliche Betrachtung methodisch nicht einlösbar sei. Konsequent forderten sie die Trennung von physischer Geografie und Humangeografie, was in Deutschland vielerorts zur Spaltung der Institute und damit zur Schwächung der Geografie geführt hat. In der Schweiz blieb die Einheit der Geografie erhalten. Sie musste sich aber ebenfalls an der Theoriediskussion beteiligen und sich als zunehmend anwendungsorientiertes Fach gegenüber den neuen Umweltwissenschaften behaupten. Bis 1970 ergriffen die meisten Geografieabsolventen nach dem Studium den Lehrerberuf, heute sind es nur noch etwa 20 Prozent.

Die **globalen Probleme** wie die Umweltbelastung, die Klimaveränderung, die beschränkte Verfügbarkeit von Ressourcen wie Erdöl und Wasser, die Globalisierung der Wirtschaft und die Diskussion der Tragfähigkeit der Erde rückten in den 90er-Jahren des 20. Jahrhunderts **ökologische Fragestellungen** auch in der geografischen Forschung in den Vordergrund. Das Zusammenführen von Forschungsergebnissen aus den Teilgebieten der physischen Geografie und der Kulturgeografie zu einer raumorientierten Gesamtsicht erwies sich für einen verantwortungsvollen Umgang mit dem Lebensraum als unumgänglich. Allerdings genügte es nun nicht mehr, Räume strukturell zu beschreiben. Die geografische Forschung wandte sich den raumgestaltenden Kräften zu und versuchte, Vernetzungen von Raumelementen, räumliche Prozesse und deren Dynamik zu erkennen und zu erfassen. Aus Sorge um den Lebensraum Erde engagieren sich heute Geografinnen und Geografen aktiv in der Umsetzung ihrer Erkenntnisse in der Öffentlichkeit, werden in Delegationen zu internationalen Umweltkonferenzen berufen und setzen sich für den Landschaftsschutz ein. Dadurch gelang es, dass heute Begriffe wie **«Raumverhaltenskompetenz»** und **«nachhaltige Entwicklung»** auf lokaler und globaler Ebene die didaktische Grundhaltung geografischer Lehre und Forschung prägen und damit die Ziele der geografischen Bildung umschreiben.

Weiterführende Literatur

BLOTEVOGEL H., 2001: Geographie, Geschichte der Geographie. In: Lexikon der Geographie. 4 Bände. Heidelberg.

BORSDORF A., 2007: Geographisch denken und wissenschaftlich arbeiten. Gotha.

GEBHART H., GLASER R., RADTKE U., REUBER P., 2007: Geographie. Physische Geographie und Humangeographie. Heidelberg.

GOUDIE A., 1994: Mensch und Umwelt. Eine Einführung. Heidelberg.

HAGGETT P., 2004: Geographie – eine moderne Synthese. Stuttgart.

HEINEBERG H., 2006: Einführung in die Anthropogeographie/Humangeographie. Paderborn.

KNOX P., MARSTON S., 2008: Humangeographie (Hrsg. von H. Gebhardt, P. Meusburger, D. Wastl-Walter). Heidelberg.

KOECK H. (HRSG.), ab 1986: Handbuch des Geographieunterrichtes. 12 Bände. Köln.

SCHENK W., SCHLIEPHAKE K. (HRSG.), 2005: Allgemeine Anthropogeographie. Gotha/Stuttgart.

STRAHLER A. H., STRAHLER A. N., 2009: Physische Geographie. Stuttgart.

2 Planet Erde

Peter Berger

Die Jahreszeiten, wie wir sie in Mitteleuropa kennen, sind durch unterschiedliche Sonnenstände geprägt: Im Sommer steht die Sonne am Mittag hoch am Himmel, und die Tage sind sehr lang; im Winter hingegen sind die Tage kurz, und die Sonne beschreibt nur einen flachen Bogen über dem Horizont. Zwischen der unterschiedlich langen Sonnenscheindauer, den verschiedenen Einfallswinkeln der Sonnenstrahlen und den jahreszeitlichen Temperaturschwankungen gibt es einen direkten Zusammenhang. Jede Jahreszeit hat ihre typischen Merkmale.
Dieses Kapitel geht auf die wichtigsten Konsequenzen der Bewegung der Erde, der Neigung der Erdachse und deren Folgen auf die Einfallswinkel der Sonnenstrahlen, auf Tageslängen und Jahreszeiten ein. Durch die Bewegung von Erde und Mond entstehen Sonnen- und Mondfinsternisse. Die kombinierte Wirkung der Schwerkraft von Sonne und Mond führt zu Gezeitenerscheinungen auf der Erdoberfläche.
Wichtige Parameter, wie beispielsweise die Neigung und Ausrichtung der Erdachse, aber auch die Form der Erdbahn, ändern sich im Laufe von Jahrtausenden und beeinflussen so die Sonneneinstrahlung auf der Erdoberfläche. Der Wechsel von Warm- und Kaltzeiten kann dadurch teilweise erklärt werden.

2.1 Form der Erde

Viele Beobachtungen liefern Hinweise auf eine Wölbung der Erdoberfläche. Wenn wir z. B. ein Schiff beobachten, das von der Meeresküste wegfährt, so scheint es langsam hinter dem Horizont zu versinken. Wäre die Erde eine Scheibe, so müsste es einfach immer kleiner erscheinen.

Bereits griechischen Astronomen war die **Kugelform der Erde** bekannt. Aristoteles (384–322 v. Chr.) führte Mondfinsternisse als Beleg für die Kugelform der Erde an. Diese treten bei Vollmond auf, wenn Mond, Erde und Sonne auf einer Linie liegen und der Mond sich in den Erdschatten hineinbewegt. Die Schattengrenze auf der Mondoberfläche ist dabei immer kreisförmig, was nur dann möglich ist, wenn die Erde eine Kugel ist.

Eratosthenes von Kyrene (ca. 276–194 v. Chr.) stellte auf seinen Reisen fest, dass zum Zeitpunkt des höchsten jährlichen Sonnenstandes die Sonne nicht überall gleich hoch über dem Horizont steht. So bemerkte er, dass in Syene (Assuan) die Sonnenstrahlen senkrecht in einen Brunnenschacht fielen, in Alexandria hingegen mit einem Winkel von 7,2°. Da er die Distanz b auf der Erdoberfläche zwischen den beiden Orten kannte, konnte er unter Annahme der Kugelform die erste überlieferte **Bestimmung des Erdumfanges** durchführen. Dieser beträgt gemäss seiner Berechnung $U = (360°/7\,1/5°) \cdot b$. Mit den heute bekannten Umrechnungsfaktoren für die damals verwendeten griechischen Längenmasse liegt das Resultat im Bereich zwischen 37 700 km und 46 250 km.

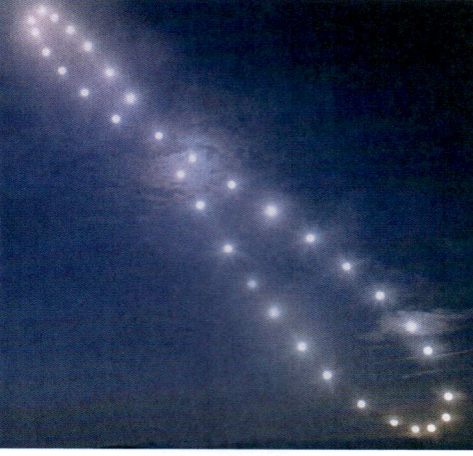

■ □ Abb. 2.1
Bedingt durch die Neigung der Erdachse und die leicht elliptische Bahn der Erde, steht die Sonne im Laufe eines Jahres zu einem bestimmten Zeitpunkt (z. B. morgens um 8 Uhr) an unterschiedlichen Positionen über dem Horizont. Die dabei entstehende Figur in Form einer «8» wird als Analemma bezeichnet.

□ ■ Abb. 2.2
Eratosthenes berechnete den Erdumfang (Skizze nicht massstabsgetreu).

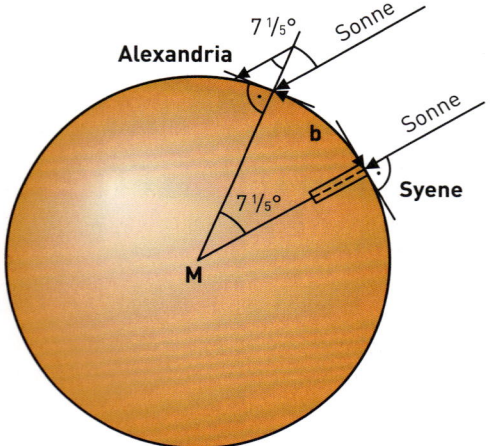

Lange wurde die Erde als perfekte Kugel betrachtet. Bei genauen Untersuchungen stellte Jean Richer 1672 in Cayenne (Französisch-Guyana) fest, dass er die Länge des Pendels seiner Penduluhr gegenüber dem ursprünglichen Standort in Paris verkürzen musste, wenn die Schwingung des Pendels genau eine Sekunde dauern sollte. Es waren dann Christian Huygens und Isaac Newton, die aus den Beobachtungen Richers und den Gesetzen der Gravitation und der Fliehkraft den korrekten Schluss zogen, dass die Erde am Äquator leicht ausgebeult, an den beiden Polen aber abgeflacht sein muss. Genaue Vermessungen durch die französischen Forscher Pierre Louis Moreau de Maupertuis (1698–1759) in Lappland und durch La Condamine (1701–1774) in Peru belegten später diese theoretisch abgeleiteten Schlüsse. Streng genommen hat die Erde keine Kugelform, sondern die Form eines **Rotationsellipsoides.** Verantwortlich für dessen Entstehung sind die durch die tägliche Rotation der Erde um die eigene Achse entstehenden Fliehkräfte und das plastische Verhalten des ganzen Erdkörpers. Daher ist der Abstand a vom Erdmittelpunkt zum Äquator um 21 km länger als der Abstand b zu einem der beiden Pole. Daraus berechnet sich die sogenannte **Abplattung** der Erde. Bei einer perfekten geometrischen Kugel ist die Abplattung null.

Die heutigen **Masse der Erde** (nach «World Geodetic System», WGS 1984):

Äquatorradius (a)	=	6 378 137 m
Polradius (b)	=	6 356 752 m
Erdumfang Äquator	=	40 075 017 m
Erdumfang Meridian	=	40 007 863 m
Abplattung	=	$(a-b)/a \approx 1/298.257 \approx 0{,}0035$
Oberfläche	Erde	510 Mio. km²
	Wasser	362 Mio. km² (71 %)
	Festland	148 Mio. km² (29 %)
Volumen	Erde	$1{,}083 \cdot 10^{12}$ km³
Masse	Erde	$5{,}974 \cdot 10^{24}$ kg
Mittlere Dichte		$5{,}516 \cdot 10^{3}$ kg/m³

Das **Schwerefeld** der Erde wird im Wesentlichen durch die Anziehungskräfte der Erdmasse und durch die bei der Rotation entstehenden Fliehkräfte verursacht. Wegen der ungleichförmigen Verteilung der Massen innerhalb der Erde ist das Schwerefeld der Erde unregelmässig. Denken wir uns eine Oberfläche, auf der in jedem Punkt die Schwerkraft senkrecht steht und in jedem Punkt gleich gross ist. Wir nennen eine solche Fläche Äquipotenzialfläche. Nun können wir eine solche Fläche als idealisierte «Meeresoberfläche» betrachten und bezeichnen sie als **Geoid.** Die so definierte Meeresoberfläche kann ausgebeult sein, ohne dass schwerkraftbedingte Meeresströmungen entstehen. Diese idealisierte Oberfläche weicht nun von der theoretischen Oberfläche des Rotationsellipsoides der Erde um bis zu 120 m ab (Abb. 2.3 und Abb. 2.4).
Für Höhenbestimmungen mithilfe von GPS dient die Oberfläche des mathematisch definierten Rotationsellipsoides als Bezugshorizont. Die auf der Erdoberfläche vorgenommenen Höhenmessungen (Nivellements) beziehen sich auf die Geoidoberfläche als Referenz.

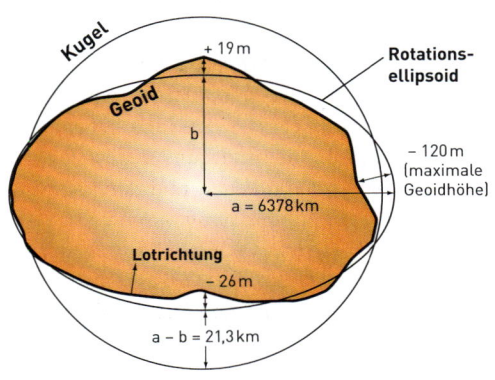

■ □ Abb. 2.3
Erdkugel, Rotationsellipsoid und Geoid in einer schematischen Gegenüberstellung

□ ■ Abb. 2.4
In Südindien und im angrenzenden Indischen Ozean weicht die Oberfläche des Geoids um rund −120 m von derjenigen des Rotationsellipsoides ab. Im Nordatlantik und auf Island beträgt die Abweichung +66 m. Die Erde als Geoid hat eine unregelmässige Form, vergleichbar einer Kartoffel. 150 000-fache Überhöhung
© Deutsches GeoForschungs-Zentrum GFZ

2.2 Das Magnetfeld der Erde

Das **Magnetfeld** der Erde liefert die Grundlage zur Navigation und Richtungsbestimmung mithilfe von Kompassen. Das Magnetfeld der Erde entspricht ungefähr dem eines magnetischen Dipols, also eines riesigen Stabmagneten. Die **magnetischen Pole (Nord- und Südpol)** liegen auf der Erde dort, wo die Feldlinien senkrecht zur Erdoberfläche verlaufen. Der eine magnetische Pol liegt nahe dem geografischen Nord-, der andere nahe dem geografischen Südpol. Die Lage der magnetischen Pole ist zeitlichen Änderungen unterworfen. Der nördliche magnetische Pol verlagert sich zurzeit jährlich um ca. 40 bis 50 km (vgl. Abb. 2.5).

Wird das Magnetfeld der Erde als dasjenige eines Dipols betrachtet, so ist seine Achse um ca. 12° gegenüber der Erdachse geneigt. Dort, wo die (imaginäre) Achse des Dipols die Erdoberfläche durchstossen würde, liegen die beiden **geomagnetischen Pole.** Eine Kompassnadel richtet sich immer nach den Feldlinien des Erdmagnetfeldes aus. Weil diese im Bereich der beiden magnetischen Pole praktisch senkrecht zur Erdoberfläche verlaufen, ist dort die Richtungsbestimmung mithilfe eines Kompasses unzuverlässig. Die magnetischen und geografischen Pole sind nicht deckungsgleich, daher unterscheidet sich lokal die magnetische von der geografischen Nordrichtung. Der Winkel zwischen den beiden Nordrichtungen wird als magnetische Deklination bezeichnet und ist veränderlich. Mitte 2010 betrug die Deklination für Bern 1°3'E und sie wächst bis Ende 2019 auf 2°31'E an.

Die Entstehung des Erdmagnetfeldes ist noch nicht restlos geklärt. Als Ursache werden schraubenförmige Konvektionsströme im äusseren, flüssigen Teil des Erdkerns b bzw. des Erdmantels c vermutet (vgl. Abb. 2.6). Dafür sind Temperatur- und Dichteunterschiede sowie die Rotation der Erde Ω verantwortlich. Weil diese bewegten Massen aus elektrisch leitfähigem Material wie Eisen oder Nickel bestehen, wird ein sich selbst erhaltendes Magnetfeld aufgebaut, ein sogenannter **Geodynamo.** Darin wird kinetische Energie in elektromagnetische Energie umgewandelt.

Das Magnetfeld vermag die Erdoberfläche von der Wirkung des Sonnenwindes, eines Stromes geladener Teilchen mit hoher Geschwindigkeit, abzuschirmen. Der Sonnenwind und seine Wechselwirkungen mit dem Magnetfeld und der Erdatmosphäre sind aber auch die Ursache von eindrücklichen Leuchterscheinungen, der **Aurora borealis**, dem **Nord-** oder **Polarlicht.** Am häufigsten treten diese – sowohl auf der Nord- als auch auf der Südhalbkugel – in einem ringförmigen Gebiet um die beiden geomagnetischen Pole auf. Über Europa sind sie zwischen 65°N und 75°N häufig und vor allem während des Polarwinters gut zu beobachten. In mittleren geografischen Breiten sind Polarlichter relativ selten. Ein letztes markantes Ereignis konnte über der Nordschweiz und in Deutschland in der Nacht vom 20. auf den 21. November 2003 beobachtet werden.

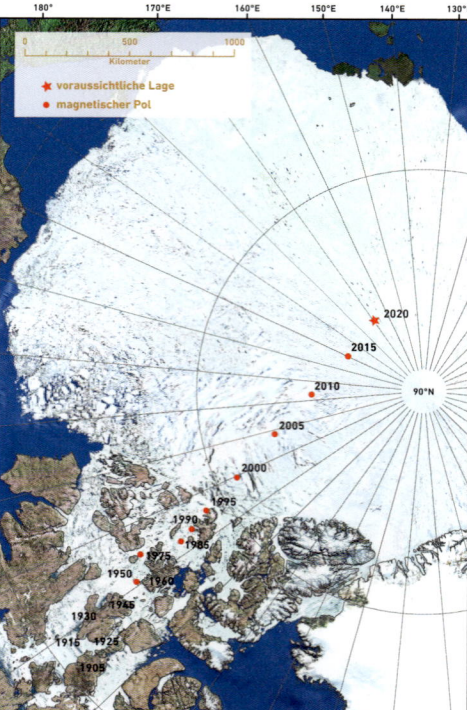

Abb. 2.5
Wanderung des magnetischen Nordpols, 1905–2020.
Stereografische Projektion

Das Magnetfeld der Erde ist zeitlich nicht stabil. Im Laufe der Erdgeschichte hat es sich mehrmals umgepolt, d. h., die magnetischen Süd- und Nordpole wurden vertauscht. Die letzte Umpolung erfolgte vor rund 780 000 Jahren und erstreckte sich über einige Tausend Jahre. Geologische Belege dafür sind die Magnetstreifenmuster auf den basaltischen Ozeanböden (vgl. Abschnitte 6.3.4 und 6.6.3).

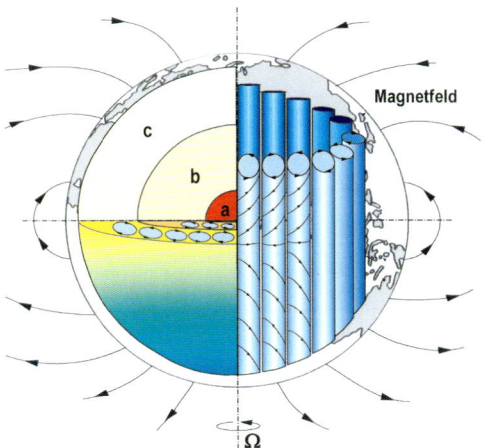

■☐ Abb. 2.6
Entstehung des Magnetfeldes der Erde

☐■ Abb. 2.7
Polarlicht der Aurora borealis über dem Bear Lake, Alaska

2.3 Rotation der Erde

Die Erde dreht sich in 24 Stunden einmal in östlicher Richtung um die eigene Achse. Für den Beobachter auf der Erde wandert daher die Sonne von Ost nach West über das Himmelsgewölbe. Der höchste Punkt der täglichen Bahn, die Kulmination, wird als 12 Uhr **Ortszeit** definiert und steht genau südlich des Beobachters. Die Sonne überstreicht in 24 Stunden 360°, in einer Stunde also 15° bzw. in 4 Minuten 1 Längengrad. Die **wahre Ortszeit** (WOZ), richtet sich nach der tatsächlich beobachteten Kulmination der täglichen Sonnenbahn. Allerdings ist die Sonne ein relativ unpräziser Zeitgeber: Weil die Erde unter anderem auf einer leicht elliptischen Bahn um die Sonne wandert, bewegt sie sich nicht immer genau gleich schnell. Daher überschreitet die Sonne den örtlichen Meridian nicht immer zum genau gleichen Zeitpunkt. Die **mittlere Ortszeit** (MOZ) entspricht dem Zeitpunkt, zu dem eine sich gleichmässig bewegende Sonne die tägliche Kulmination erreichen würde. Die Differenz zwischen der wahren und der mittleren Ortszeit wird als Zeitgleichung bezeichnet; **Zeitgleichung** = WOZ−MOZ. So verspätet sich beispielsweise die Sonne am 11. Februar um maximal 14 Minuten, am 4. November erscheint sie um 16 Minuten zu früh. Der Zeitpunkt des Sonnenaufganges verändert sich von Mitte Dezember bis Ende Januar in der Schweiz kaum, obschon in dieser Phase die Tageslänge bereits zunimmt. Die Sonne erscheint während dieser Phase jeweils kurz nach acht Uhr. Dafür setzt die Abenddämmerung bereits ab Anfang Januar später ein, und es bleibt Ende dieses Monats bis ca. 18 Uhr hell. Nach der Zeitgleichung verspätet sich die Sonne in diesem Zeitraum also um bis zu 14 Minuten.

Rotation der Erde

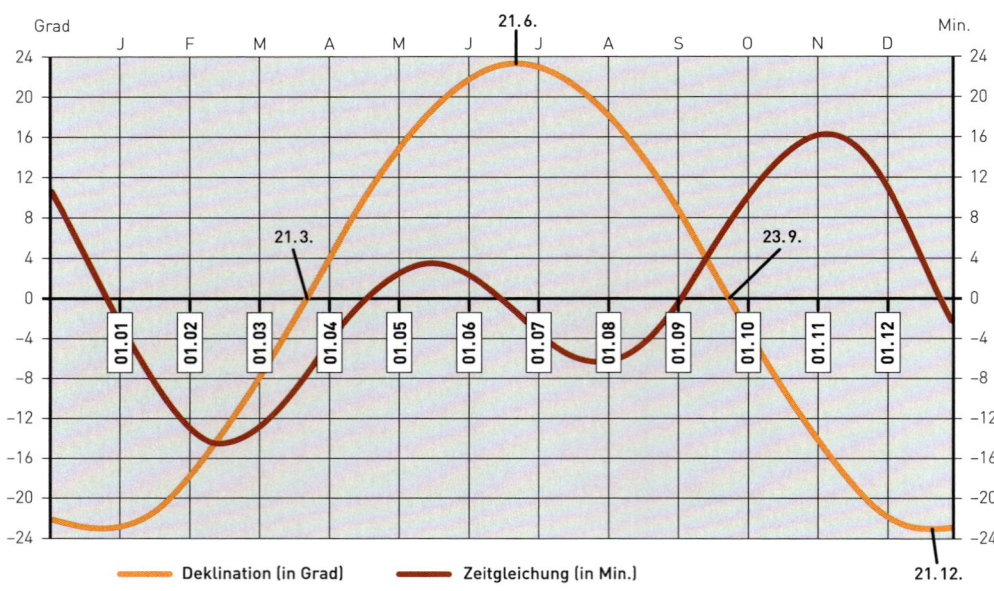

Abb. 2.8
Zeitgleichung: Differenz zwischen der wahren und der mittleren Ortszeit

Orte, die nicht auf demselben Meridian liegen, haben unterschiedliche Ortszeiten: Die Ortszeiten von Chur (9°32'E) und Genf (6°08'E) unterscheiden sich beispielsweise um rund 13 Minuten voneinander. Solange keine schnellen Verkehrsmittel zwischen den Ortschaften zirkulierten, stellte dieser Sachverhalt kein Problem dar. So hatte bis 1848 jeder grössere Ort in der Schweiz seine eigene Ortszeit. Erst 1894 gab Genf als letzter Ort seine eigene Ortszeit auf und gliederte sich in die schweizerische Zonenzeit ein.

1884 wurde die Erde in 24 Zeitzonen eingeteilt. Innerhalb einer Zeitzone gilt überall die gleiche Zeit, die **«Zonenzeit»** genannt wird. Für Mitteleuropa gilt die mitteleuropäische Zeit (MEZ), die um eine Stunde von der westeuropäischen Zeit (WEZ) oder Greenwicher Zeit abweicht (12.00 h MEZ = 11.00 h WEZ). Bei einer Reise nach Osten wird die Uhr pro Zeitzone, die durchquert wird, um eine Stunde vorgestellt. Anders bei einer Reise nach Westen: Pro Zeitzone, die durchquert wird, muss die Uhr um eine Stunde zurückgestellt werden. Zwischen dem letzten Wochenende im März und dem letzten Wochenende im Oktober werden vorläufig in West- und Mitteleuropa (auch in der Schweiz) die Uhren um eine Stunde vorgestellt **(Sommerzeit)**.

Für die Raumfahrt und den internationalen Informationsaustausch wird die Weltzeit, früher die **GMT** (Greenwich Mean Time), heute die **UTC** (Universal Time Coordinated), verwendet, die beide der mittleren Ortszeit von Greenwich (0°-Meridian) entsprechen. Sie unterscheiden sich nur dadurch, dass die koordinierte Zeit auf der Synchronisation der astronomisch bedingten Zeit mit einer Atomuhr beruht.

Die Länge eines Tages wird durch die zeitliche Dauer einer **Rotation der Erde** um die eigene Drehachse bestimmt. Entscheidend dabei ist, einen Bezugspunkt festzulegen, da nur dann der Anfang bzw. das Ende einer Rotation festgelegt werden kann. Die so definierte Tageslänge fällt daher unterschiedlich lang aus, und zwar je nachdem, ob man die Sonne oder einen weiter entfernten Stern als Bezugspunkt auswählt. Es ist deshalb zwischen einem Sonnen- und einem Sterntag zu unterscheiden.

Die Erde verschiebt sich auf ihrer Umlaufbahn um die Sonne pro Tag um ca. 1° (360° in 365 Tagen). Misst nun ein Beobachter auf der Erde die Zeit zwischen zwei Meridiandurchgängen der Sonne **(Sonnentag)**, so entspricht dies genau 24 Stunden. Er hat dann aber die zeitliche Dauer von etwas mehr als einer Umdrehung der Erde um die eigene Achse gemessen, weil der Beobachter auch noch die Zeit für das eine Grad misst, welches die Erde auf der Bahn um die Sonne mitterweile zurückgelegt hat. Beim **Sterntag** wird exakt die Zeit für eine vollständige Drehung der Erde um die eigene Achse (360°) gemessen. Die Zeitspanne zwischen zwei aufeinanderfolgenden nächtlichen Durchgängen eines Fixsterns durch den örtlichen Meridian misst 23 Stunden 56 Minuten 04,09053 Sekunden (vgl. Abb. 2.11).

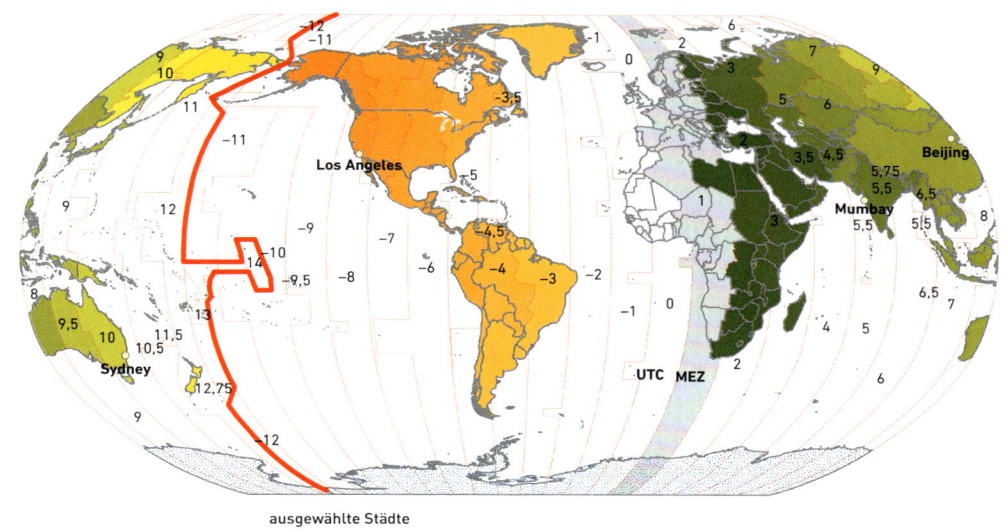

ausgewählte Städte
Bern   UTC + 1 = MEZ
Mumbay   UTC + 5,5
Beijing   UTC + 8
Sydney   UTC + 10
Los Angeles UTC − 8

Abb. 2.9
Zeitzonenkarte der Erde
(Robinson-Projektion)

Die Gliederung des Jahres in **Monate** geht ursprünglich auf die Mondphasen zurück. Bestimmt man das Zeitintervall zwischen zwei gleichen Mondphasen (von Vollmond zu Vollmond), erhält man den synodischen Monat mit einer mittleren Dauer von 29,530589 Tagen. Dabei bezieht sich die Umlaufzeit auf die Sonne. Wenn ein Fixstern als Bezugspunkt für den Mondumlauf um die Erde gewählt wird, dauert dieser siderische Monat im Mittel 27,321162 Tage. Das **Jahr** ist definiert als die Zeitspanne, welche die Erde für einen vollständigen Umlauf um die Sonne benötigt. Auch dabei sind verschiedene Bezugspunkte möglich. Das für den Kalender wichtige **tropische Jahr** misst die Zeitspanne von einem Frühlingsbeginn zum nächsten, was 365,242190 Tagen entspricht.

Das **Kalenderjahr** rechnet aus praktischen Gründen nur mit ganzen Tagen und Monaten, weshalb die Differenz zum tropischen Jahr durch Schalttage korrigiert werden muss. Der noch heute gültige Kalender ist der gregorianische, welcher 1582 von Papst Gregor XIII. eingesetzt wurde. Dieser wiederum stützte sich auf den julianischen Kalender (nach Julius Cäsar). Der damalige römische Kalender basierte auf einem Mondkalender, der aber zwischendurch mit eingeschobenen Tagen an das Sonnenjahr angepasst werden musste. Durch die julianische Kalenderreform wurde alle vier Jahre ein Schalttag im Monat Februar eingeführt. Allerdings wird durch eine starre Anwendung dieser Regel zu viel kompensiert. Daher wird im gregorianischen Kalender der Schalttag dann weggelassen, wenn die Jahreszahl durch 100, nicht aber, wenn sie durch 400 teilbar ist.

Abb. 2.10
Papst Gregor XIII., 1502–1585.
Die päpstliche Bulle «Inter gravissimas» vom 24. Februar 1582 reformierte den julianischen Kalender und dekretierte den gregorianischen Kalender.

Die Revolution der Erde (Umlauf der Erde um die Sonne)

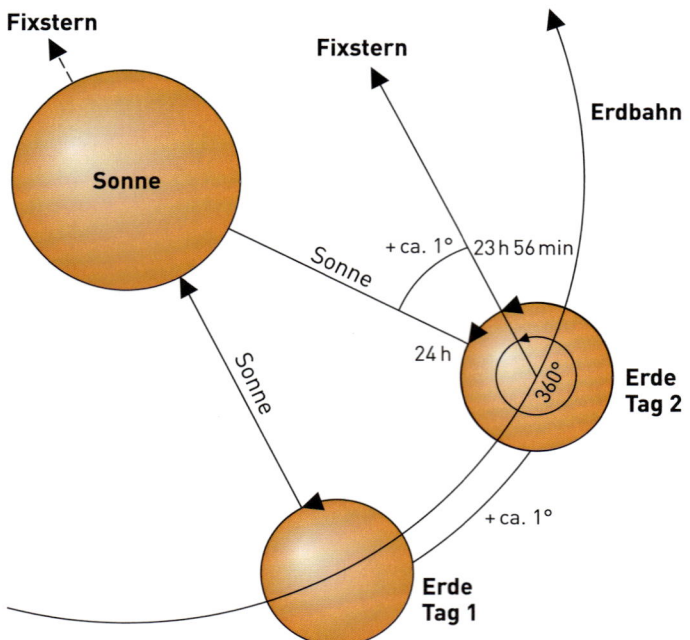

Abb. 2.11
Die Differenz zwischen
Sonnen- und Sterntag
(Winkel nicht massstabstreu)

2.4 Die Revolution der Erde (Umlauf der Erde um die Sonne)

Die Bahn der Erde um die Sonne entspricht einer nahezu kreisförmigen Ellipse. Im sonnenfernsten Punkt der Erdbahn (Aphel, Anfang Juli) beträgt die Distanz der Erde zur Sonne 152,1 Mio. km, im sonnennächsten Punkt (Perihel, Anfang Januar) 147,1 Mio. km. Die Erdachse (Rotationsachse) steht nicht senkrecht auf der Bahnebene zur Sonne **(Ekliptik),** sondern bildet mit der Senkrechten zur Ekliptik einen Winkel von ca. 23,5°. Wegen dieser Schiefstellung der Erdachse und der **Revolution** (Umlauf der Erde um die Sonne) ändert sich die Sonnenhöhe am Mittag im Laufe eines Jahres, was die **Jahreszeiten** erzeugt. Die Deklination d ist der Winkel zwischen der Sonnenhöhe am Mittag und dem Himmelsäquator bzw. die geografische Breite, an der die Sonne zum betrachteten Zeitpunkt im Zenit steht. Für einen bestimmten Ort verändern sich die Längen von Tag und Nacht im Laufe eines Jahres und sind abhängig von der Position der Erde auf ihrer Bahn um die Sonne. Befinden sich die beiden geografischen Pole genau auf der Schattengrenze, liegt die Erdachse senkrecht zu den Sonnenstrahlen. Dann steht die Sonne über dem Äquator im Zenit (d = 0). Das sind die beiden **Äquinoktien**.

Die wichtigsten Erdbahnparameter sind periodischen Schwankungen unterworfen und beeinflussen die Einstrahlungsverhältnisse auf der Erde. Dabei sind bedeutend:
1. die Neigung der Erdachse,
2. die Präzession der Erdachse,
3. die Exzentrizität der Erdbahn.

Die Neigung der Erdachse zur Senkrechten der Ekliptik, die **Ekliptikschiefe,** beträgt zurzeit 23°26', schwankt aber zwischen 21°2' und 24°3' mit einer Periode von 41 000 Jahren. Der Anteil der Tropenzone zwischen den Wendekreisen an der Gesamtoberfläche der Erde schwankt deshalb zwischen 36 Prozent (bei einer Neigung von 21°2') und 42 Prozent (bei einer Neigung von 24°3'), was eine der möglichen Ursachen langperiodischer globaler Klimaschwankungen ist.

2 Planet Erde

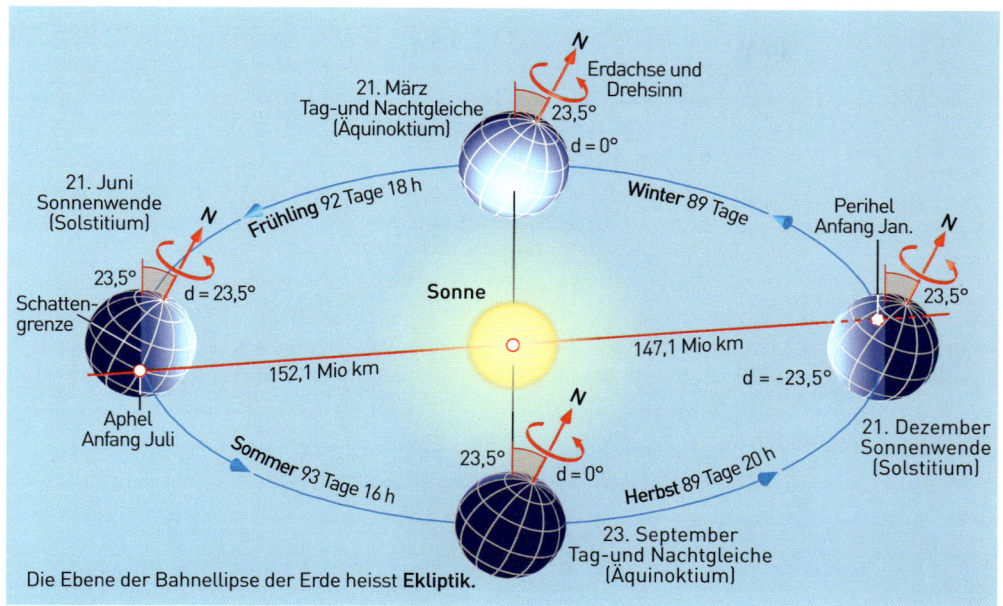

Abb. 2.12
Bahn der Erde um die Sonne;
Erdbahnparameter;
d = Deklination

Die Rotationsachse der Erde beschreibt ihrerseits einen Doppelkegel um die Senkrechte zur Ekliptik. Diese Bewegung heisst **Präzession** und entspricht einer Kreiselbewegung. Sie ist eine Folge der Gezeitenkräfte der Sonne und des Mondes auf den Äquatorwulst der Erde. Ein vollständiger Umlauf der Erdachse um die durch den Erdmittelpunkt verlaufende Senkrechte zur Ekliptik dauert ca. 22 000 Jahre. Die Präzession bewirkt, dass sich markante jahreszeitliche Positionen der Erde ändern. So fällt beispielsweise heute der Winter der Nordhalbkugel in die Zeit des Perihels, was eher mildere Winter und kühlere Sommer zur Folge hat. Vor ca. 11 000 Jahren war die Situation umgekehrt. Diese Konstellation bewirkte wärmere Sommer und kältere Winter auf der Nordhalbkugel.

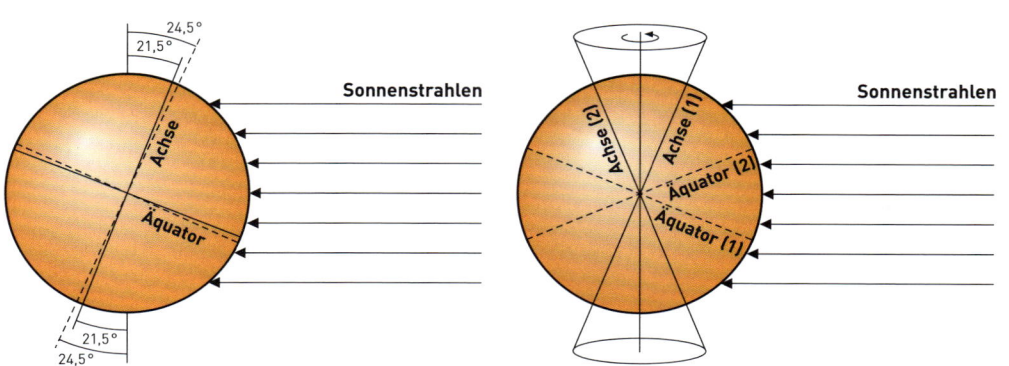

■ ☐ Abb. 2.13
Die Neigung der Erdachse unterliegt periodischen Schwankungen.

☐ ■ Abb. 2.14
Präzessionsbewegung der Erdachse

Die elliptische Form der Erdbahn um die Sonne ist langfristigen Schwankungen unterworfen. Als Mass für die Abweichung einer Ellipse von der Kreisform gilt die **Exzentrizität** ε, sie ist definiert als $\varepsilon = \frac{\sqrt{a^2-b^2}}{a}$, mit a als der längeren, b der kürzeren Halbachse (vgl. Abb. 2.15). Mit $\varepsilon = 0$ liegt ein Kreis vor. Je näher der Wert von ε bei 1 liegt, umso langgestreckter erscheint die Ellipse. Die maximale

Exzentrizität der Erdbahn beträgt $\varepsilon = 0.06$; zurzeit $\varepsilon = 0.017$. Die Schwankungen der Exzentrizität treten mit Perioden von 100 000 Jahren auf. Bei stärkerer Exzentrizität ergeben sich grössere Einstrahlungsunterschiede zwischen Perihel und Aphel.

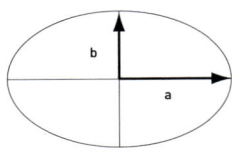

Die Variationen der Erdbahnparameter treten kombiniert auf und verändern die Einstrahlungs- und somit auch die Temperaturverhältnisse auf der Erdoberfläche. **Milutin Milanković** (1879–1958), ein serbischer Astronom, entwickelte als Erster eine astronomische Theorie zur Entstehung von Eiszeiten und berechnete aufgrund der erwähnten Periodizitäten Zyklen von Warm- und Kaltzeiten. Mithilfe von Altersbestimmungen und der Analyse des Gehaltes von Sauerstoffisotopen in Meeresablagerungen oder in Eisproben aus dem grönländischen und antarktischen Inlandeis konnte für die letzten 2 Millionen Jahre eine gute Korrelation zwischen den Variationen der Erdbahnparameter und der Temperaturentwicklung der Erde festgestellt werden.

Abb. 2.15
Exzentrizität der Ellipse

2.5 Die solaren Klimazonen

Die Sonne ist bei Weitem die wichtigste Energiequelle, welche die Erdoberfläche erwärmt. Bedingt durch die Kugelgestalt der Erde, die Neigung der Erdachse und die Revolution, unterscheidet sich der Einfallswinkel der Sonnenstrahlung je nach geografischer Breite und ist zyklischen, jahreszeitlichen Schwankungen unterworfen. Die sich ändernden Sonnenstände bewirken eine unterschiedliche Erwärmung der Erdoberfläche und sind sowohl verantwortlich für die Jahreszeiten als auch für die solaren Klimazonen der Erde (vgl. Abb. 2.16).

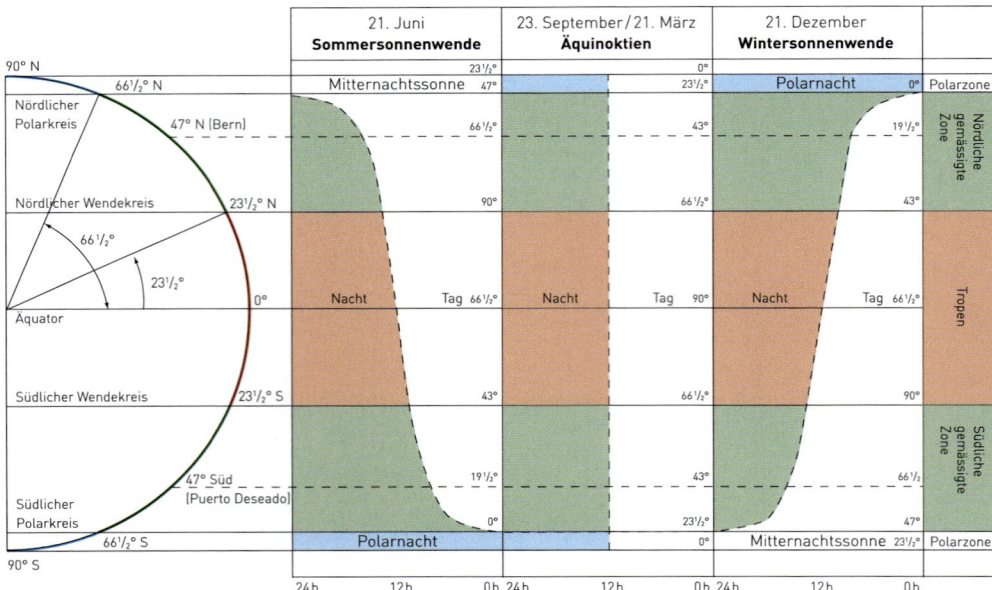

Abb. 2.16
Solare Klimazonen, Tageslängen und Einfallswinkel der Sonnenstrahlen beim Zenitstand der Sonne (Mittag)

2.5.1 Tagebogen der Sonne und Sonnenhöhe

Wird der natürliche Horizont, der durch Berge oder Hügel begrenzt ist, vernachlässigt, lassen sich die Einfallswinkel der Sonnenstrahlen über einem beliebigen Ort für Mittag Ortszeit einfach berechnen. Um die Einfallswinkel über dem sogenannten mathematischen Horizont zu berechnen wird neben der geographischen Breite f des betrachteten Ortes die Deklination d der Sonne benötigt. Die Deklination ist der Winkel zwischen der Sonnenhöhe am Mittag und dem Himmelsäquator bzw. die geografische Breite, über der die Sonne zum betrachteten Zeitpunkt im Zenit steht.

Als Beispiel soll die Sonnenhöhe am Mittag über Bern für den 1. November berechnet bzw. konstruiert werden, geografische Breite f = 47°N und Deklination d = 14°S (d = −14°, aus Abb. 2.8). Der gesuchte Einfallswinkel z berechnet sich folgendermassen: z = 90° − f + d = 29° (gültig für die Nordhalbkugel). Bei der Konstruktion ist zu beachten, dass die Sonnenstrahlen als Parallelen betrachtet werden.

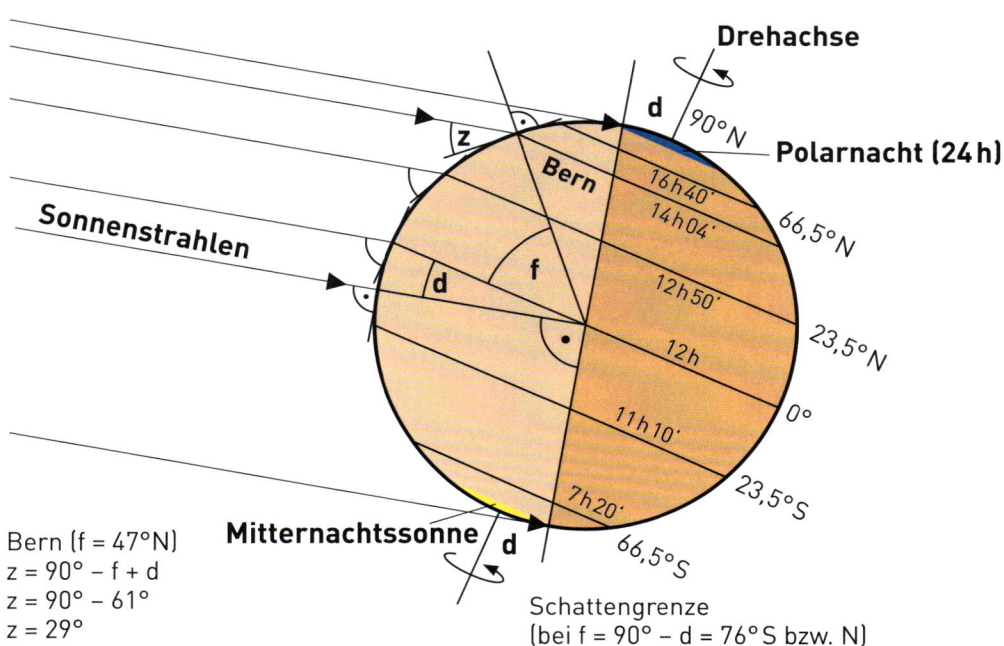

Abb. 2.17
Einfallswinkel der Sonnenstrahlen für den 1. November, Lage der Schattengrenze und Länge der Nacht. Sonnenstrahlen sind Parallelen.

Die Neigung der Erdachse, die Revolution der Erde um die Sonne und die Rotation der Erde um die eigene Achse sind verantwortlich für die unterschiedliche Höhe der Sonne über dem mathematischen Horizont am Mittag und für die je nach Jahreszeit unterschiedlich langen Tage. Auf 47°N schwankt die Tageslänge (hier definiert als die Zeitspanne zwischen Sonnenauf- und Sonnenuntergang) im Jahresgang zwischen minimal 8 h am 21. Dezember (Wintersonnenwende der Nordhalbkugel) und maximal 16 h am 21. Juni (Sommersonnenwende auf der Nordhalbkugel). Ein Beobachter, der während des Jahres wiederholt vom gleichen Standort aus den Sonnenaufgang bzw. -untergang verfolgt, stellt fest, dass sich seine Blickrichtung im Jahresgang verändert: Auf 47°N geht sein Blick am 21. Dezember beim Sonnenaufgang in Richtung Südost, beim Sonnenuntergang in Richtung Südwest. Abbildung 2.18 zeigt diesen Sachverhalt für einen Beobachter auf 47°N.

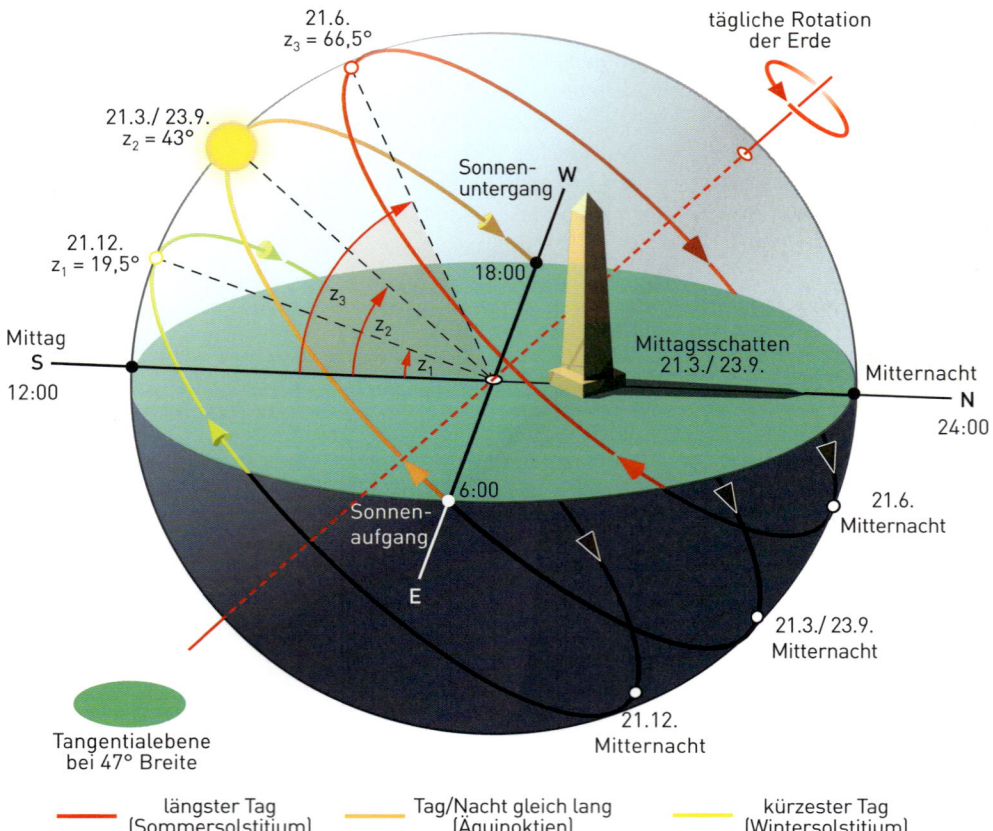

Abb. 2.18
Lesebeispiel: Am 21. Juni (Sommersolstitium) steht die Sonne am Mittag (wahre Ortszeit für einen Beobachter auf 47°N) 66 ½° über dem Horizont. Für einen Beobachter geht die Sonne in nordöstlicher Richtung gegen 4 Uhr auf; um 20 Uhr sinkt sie in nordwestlicher Richtung unter den Horizont.

2.6 Der Umlauf des Mondes um die Erde

Der Mond umkreist die Erde auf einer elliptischen Bahn im Abstand von minimal 356 400 km (Perigäum) und maximal 406 700 km (Apogäum) im gleichen Sinne, wie sich die Erde um die Sonne bewegt. Die Eigendrehung des Mondes ist gleich schnell wie der Umlauf des Mondes um die Erde. Man spricht deshalb von einer gebundenen Rotation. Ein Beobachter auf der Erde sieht immer dieselbe Mondhälfte. Weil aber der Mond aufgrund der elliptischen Umlaufbahn unterschiedliche Bahngeschwindigkeiten hat, bewegt er sich nicht immer genau gleich schnell wie die Erde: Er «taumelt» (Libration). Dies ermöglicht es einem Beobachter auf der Erde, auch Randbereiche der Rückseite einzusehen. Die Mondbahnebene ist gegenüber der Ekliptik mit 5°09' leicht geneigt. Die Zeit von Vollmond zu Vollmond, die z. B. dem islamischen Kalender zugrunde liegt, wird als synodischer Monat bezeichnet und beträgt im Mittel 29,53 Tage. Nach 7 ½ Tagen steht der Mond im ersten Viertel (zunehmender Halbmond), nach 14 ¾ Tagen erscheint der Vollmond. Nach 21 ¼ Tagen (letztes Viertel) herrscht abnehmender Halbmond, und nach 29 ½ Tagen wird wiederum die Neumondphase erreicht.

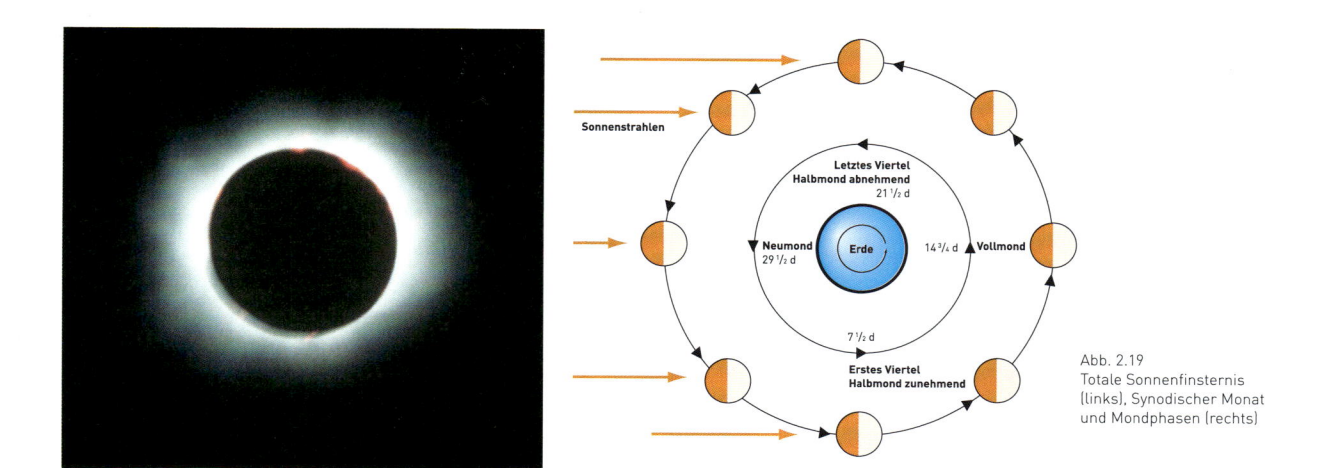

2 Planet Erde

Abb. 2.19
Totale Sonnenfinsternis (links), Synodischer Monat und Mondphasen (rechts)

Liegen Sonne, Mond und Erde in dieser Reihenfolge auf einer Linie, so stehen Sonne und Mond in Konjunktion. Wenn dabei der Mondschatten die Erdoberfläche erreicht, kommt es zu einer **Sonnenfinsternis.** Trifft sogar der Kernschatten des Mondes die Erde, gibt es eine totale Sonnenfinsternis. Die letzte totale Sonnenfinsternis konnte in Mitteleuropa am 11. August 1999 beobachtet werden, die nächste wird in der Schweiz erst am 3. September 2081 beobachtbar sein. Dort, wo der Halbschatten auf die Erdoberfläche trifft, kann eine partielle Sonnenfinsternis beobachtet werden. Bei Vollmond steht die Sonne in Opposition zum Mond (Sonne, Erde und Mond liegen in dieser Abfolge in einer Linie), wenn der Mond in den Erdschatten eintritt, wird eine **Mondfinsternis** beobachtet. Wenn der Mond vollständig in den Schattenkegel der Erde eintritt, ist die Mondfinsternis total, sonst nur partiell. Mondfinsternisse sind häufiger zu beobachten als Sonnenfinsternisse, weil der kleinere Mond häufiger den Schatten der grösseren Erde passiert. Die nächste totale Mondfinsternis in Mitteleuropa wird am 20. Dezember 2029 zu beobachten sein. Die Tatsache, dass die auf der Mondoberfläche beobachteten Schattengrenzen immer kreisförmig sind, wurde bereits im Altertum als Beleg für die Kugelform der Erde betrachtet.

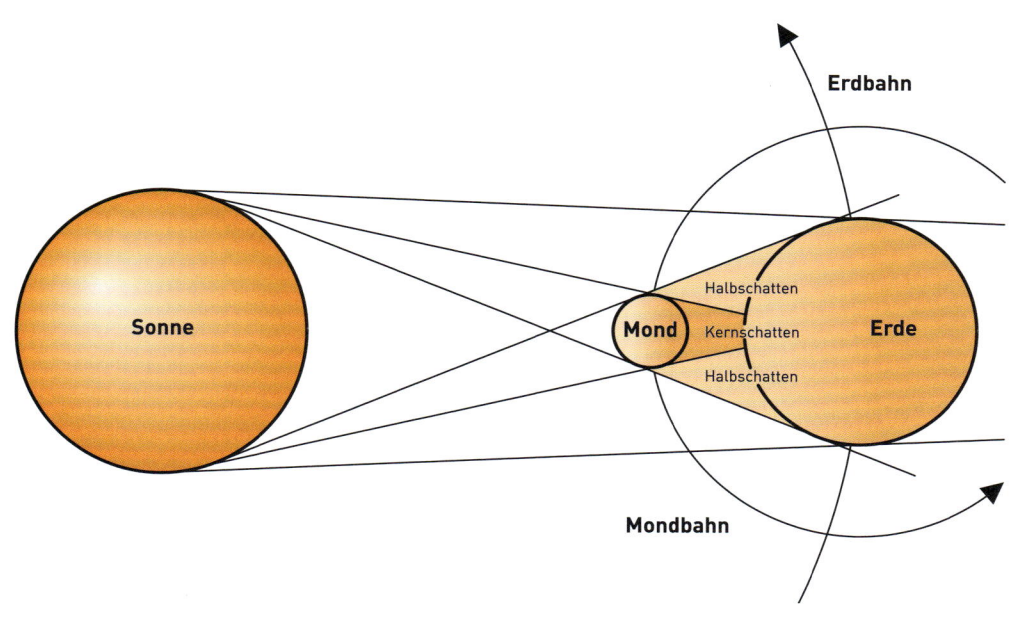

Abb. 2.20
Schema zur Erläuterung der totalen bzw. partiellen Sonnenfinsternis (Grössen und Distanzen nicht massstabsgetreu)

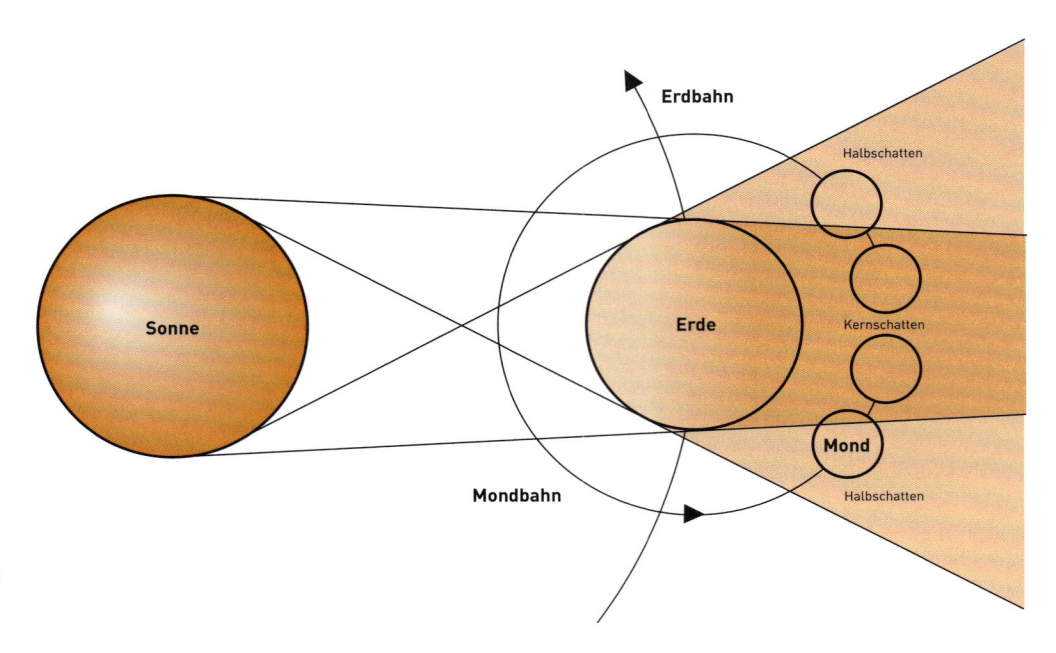

Abb. 2.21
Schema zur Erläuterung
der totalen bzw. partiellen
Mondfinsternis (Grössen und
Distanzen nicht massstabs-
getreu)

2.7 Gezeiten

An vielen Meeresküsten kann täglich ein grossartiges Schauspiel verfolgt werden. Mit einem zeitlichen Abstand von etwas mehr als 6 Stunden steigt oder sinkt der Meeresspiegel, in Extremfällen um mehrere Meter. Das sind die **Gezeiten.**

Verantwortlich dafür sind Gravitations- oder Anziehungskräfte zwischen Sonne, Mond und Erde sowie Fliehkräfte des Systems Erde und Mond. Gravitationskräfte sind direkt proportional zu den Massen der beteiligten Körper, aber indirekt proportional zum Quadrat der Entfernungen dazwischen. Trotz der viel grösseren Masse der Sonne ist ihre Gravitationswirkung auf die Erde nicht einmal halb so gross wie diejenige des Mondes, was auf ihre viel grössere Distanz zur Erde zurückzuführen ist.

Erde und Mond rotieren um ihren gemeinsamen Schwerpunkt S, der innerhalb der Erde, in einem Abstand von ca. 4670 km (ca. ¾ des Erdradius) vom Erdmittelpunkt liegt. Daher wirkt auf jeden Punkt der Erdoberfläche eine konstante Fliehkraft F. Auf der mondzugewandten Seite zeigt diese Kraft ins Erdinnere, auf der mondabgewandten Seite von der Erdoberfläche weg nach aussen. Auf jeden Punkt der Erdoberfläche wirkt aber auch die Gravitationskraft G des Mondes, und zwar auf der mondzugewandten Seite der Erde etwas stärker als auf der mondabgewandten Seite. Die resultierende **Gezeitenkraft** entspricht der Differenz zwischen der Fliehkraft F des Systems Erde–Mond und der Gravitationskraft G.

Auf der mondzu- und der mondabgewandten Seite zeigt die Gezeitenkraft von der Erdoberfläche weg. Dort entstehen auf einer frei beweglichen Wasserfläche die Flutberge. Die zwei Flutberge werden Nadirflut (dem Mond abgewandt) und Zenitflut (dem Mond zugewandt) genannt. Abbildung 2.22 verdeutlicht diesen Zusammenhang, die Kräfte werden als Vektoren dargestellt.

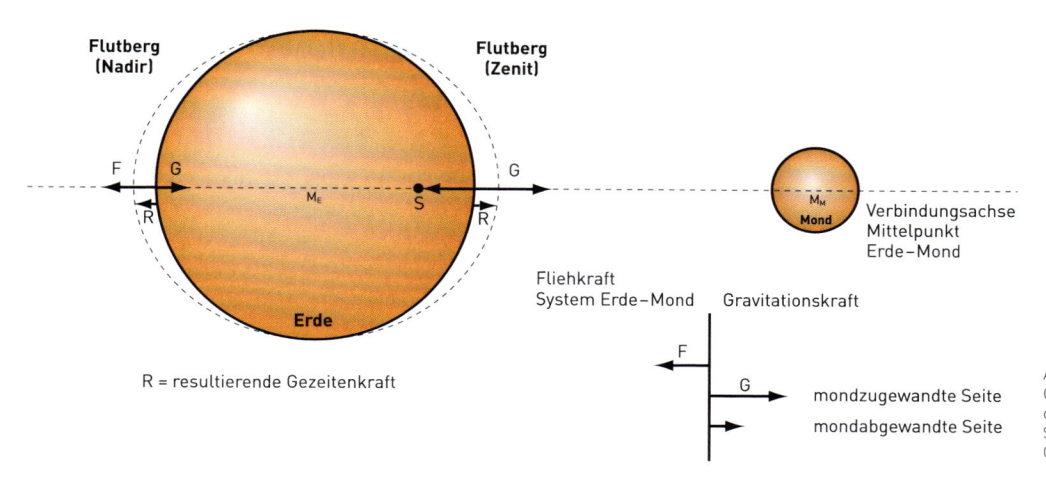

Abb. 2.22
Gezeitenkraft als Differenz der Fliehkraft des rotierenden Systems Erde–Mond und der Gravitationskraft

Die Wirkungen der gemeinsamen Anziehungskräfte von Sonne und Mond auf die Erde überlagern sich je nach deren Position:
Befinden sich die drei Himmelskörper in Konjunktion (Neumond) oder Opposition (Vollmond), kumulieren sich die gemeinsamen Gravitationskräfte von Sonne und Mond. Sowohl bei Voll- als auch bei Neumond sind daher die zu erwartenden Fluten hoch, was als Springtide oder **Springflut** bezeichnet wird. Wenn der Mond aber im ersten oder im letzten Viertel (zu- oder abnehmender Halbmond) steht, wird sowohl die Flut als auch die Ebbe geringer ausfallen, was man **Nipptide** nennt. Wenn sich die Erde in 24 Stunden einmal um die eigene Achse gedreht hat, hat sich der Mond auf seiner Bahn um ca. 13° weiterbewegt. Aus diesem Grund verspätet sich der Mondaufgang von Tag zu Tag um ca. 51 Minuten über dem gleichen Ort der Erdoberfläche. **Ebbe** und **Flut** treffen jeden Tag gegenüber dem Vortag 51 Minuten später ein. Zwei Fluten folgen sich daher im zeitlichen Abstand von ca. 12 ½ Stunden. Zwischen Flut und Ebbe liegen ca. 6 ¼ Stunden.
Gezeitenbedinge Höhenunterschiede des Meeresspiegels, **Tidenhube**, weisen grosse räumliche Schwankungen auf. So können in tiefen, also weit ins Landesinnere reichende Meeresbuchten wie z. B. im Golf von Saint Malo in Nordfrankreich oder in der Fundy-Bay im Osten Kanadas Tidenhube von bis zu 12 Metern beobachtet werden. Auf dem offenen Meer erreichen sie oft kaum einen Meter. Häufig tritt die Flut gegenüber der Kulmination des Mondes verspätet ein, da Küstenformen, Wassertiefe, Meeresströmungen, aber auch die Jahreszeiten eine Verzögerung bewirken.
Enge Buchten mit hohen Tidenhuben eignen sich daher zur Errichtung von **Gezeitenkraftwerken**, wie demjenigen in der Mündung der Rance bei Saint Malo, welches eine Leistung von 240 MW erbringen kann. Das weltweit leistungsstärkste Gezeitenkraftwerk befindet sich an der Westküste Süd-Koreas, es hat eine installierte Leistung von 254 MW.
Gezeitenkräfte wirken sich nicht nur auf die bewegliche Wasseroberfläche aus: Selbst die feste Erdkruste wird regelmässig deformiert. Diese Erdgezeiten erreichen Amplituden von 10 bis 20 cm und ihre Untersuchung erlaubt Rückschlüsse auf plastisches Verhalten des gesamten Erdkörpers.

2.8 Die Erde im Sonnensystem

Die Erde ist Teil des Sonnensystems. Dieses umfasst die Sonne als Zentralgestirn, zurzeit acht **Planeten**, mehr als 100 Monde, unzählige Asteroide (kleine Himmelskörper vorwiegend im Bereich des Planetoidengürtels zwischen Mars und Jupiter), Meteoroide (sehr kleine Himmelskörper, in der Grössenordnung < 10 m) sowie interplanetarische Masse (Gase und Staub). Der früher als neunter Planet bezeichnete Pluto gilt heute als ein sehr grosses Objekt des Kuiper-Gürtels

Die Erde im Sonnensystem

und wird nach der Definition der «International Astronomical Union» seit 2006 als Plutoid bezeichnet. **Plutoide** sind Himmelskörper, die kleiner als die bekannten Planeten sind und sich auf teilweise stark exzentrischen Umlaufbahnen ausserhalb Neptuns bewegen. Pluto ist nicht einmal der grösste bekannte Plutoid: 2003 wurde Xenia (astronomische Bezeichnung 2003 UB313), heute Eris, mit einem grösseren Durchmesser als Pluto entdeckt. Die starke Bahnneigung gegenüber der Ekliptik der acht Planeten stellte die Rolle Plutos als Planet schon längere Zeit infrage. Der Kuiper-Gürtel ist ein flacher Ring von kleinen, eisigen Himmelskörpern, die ausserhalb der Bahn des Neptuns um die Sonne kreisen. Er besteht aus mehreren Hundert Millionen Objekten und ist vermutlich auch die Herkunftsregion vieler beobachteter **Kometen**. Diese bestehen meistens aus einer Mischung aus Gesteinsmaterial und Eis.

Der Aufbau des Sonnensystems weist gewisse Regelmässigkeiten auf: Die Planeten bewegen sich auf leicht elliptischen Bahnen in der gleichen Richtung um die Sonne und liegen alle fast in der gleichen Ebene, was auf eine gemeinsame Entstehung von Sonne und Planetensystem hinweist. Die Planeten lassen sich nach ihrer Beschaffenheit gliedern in:

- Erdähnliche (terrestrische) Planeten: Merkur, Venus, Erde, Mars. Sie haben eine feste Oberfläche aus Gestein und zum Teil eine Atmosphäre.
- Gasplaneten (Riesenplaneten): Jupiter, Saturn, Uranus und Neptun. Sie weisen eine deutlich geringere Gesamtdichte auf als die terrestrischen Planeten und bestehen vorwiegend aus Gasen. Es ist möglich, dass im Innern dieser Planeten unter extrem hohem Druck feste Kerne existieren. Die Grösse der Planeten bedingt, dass sie aufgrund ihrer Anziehungskräfte auch die meisten Monde eingefangen haben. Die vier Gasplaneten besitzen zudem komplexe Ringsysteme, lange war allerdings nur dasjenige des Saturns bekannt.

Zwischen Mars und Jupiter befindet sich der **Planetoiden- oder Asteroidengürtel**, der die inneren Planeten (Merkur, Venus, Erde und Mars) von den äusseren (Jupiter, Saturn, Uranus, Neptun) trennt. Es handelt sich um einen breiten Gürtel mit unzähligen kleinen Himmelskörpern.

Abb. 2.23
Das Sonnensystem im Überblick

	Abstand in AE[1]	Revolutionsdauer in Jahren	Masse in Erdmassen	Rotationsdauer[2]	Bahn (Neigung)	Bahn (Exzentrizität)	Dichte in 10^3 kg/m^3	Radius in Erdradien	Monde	Temperatur-Extreme[4] in °C
Sonne	0	–	333·10^3	25–36 d	–	–	1,41	109		4000 bis 15·10^6
Merkur	0,39	0,24	0,05	58,6 d	7°	0,2056	5,43	0,38	–	–173 bis 473
Venus	0,72	0,6	0,89	243 d	3,394°	0,0068	5,25	0,95	–	462
Erde	1	1	1	23 h 56 min	0°	0,0167	5,52	1	1	–88 bis 58
Mars	1,52	1,88	0,11	24 h 37 min	1,850°	0,0934	3,93	0,53	2	–143 bis 17
Jupiter[5]	5,2	11,87	318	9 h 55 min	1,308°	0,0483	1,33	11,2	67	20 000 (K), 483 (A)
Saturn[5]	9,4	29,63	95	10 h 40 min	2,488°	0,0560	0,69	9,41	62	12 000 (K), 407 (A)
Uranus[5]	19,3	84,66	14,54	15 h 26 min	0,774°	0,0461	1,27	4,00	27	6000 (K), 346 (A)
Neptun[5]	30,1	165,5	17,2	16 h 03 min	1,774°	0,0097	1,67	3,87	14	6000 (K), 346 (A)
Pluto[3]	39,9	251,9	0,0025	6,4 d	17,15°	0,2462	2,15	0,18	5	–235 bis –210

[1] AE: Astronomische Einheit, rund 149,6 Mio. Kilometer, dies entspricht der mittleren Entfernung Erde–Sonne.
[2] Im Äquatorbereich rotieren die Sonne wie auch die Gasplaneten rascher als bei den Polen
[3] Plutoid
[4] K: Kerntemperatur bei den Gasplaneten; A: Temperatur in der Höhe, in der der barometrische Druck jenem auf Meeresniveau auf der Erde entspricht.
[5] Alle Gasplaneten weisen neben den Monden teilweise komplexe Ringsysteme auf.

Spuren von Körpern aus dem Sonnensystem sind auf der Mondoberfläche sehr schön zu beobachten. Unzählige **Einschlagskrater** vieler kleiner Himmelskörper **(Meteoroiden)** bedecken seine Oberfläche, wie bereits mit einem einfachen Feldstecher bei Vollmond gut beobachtet werden kann. Auch die Erde hat im Laufe ihrer Geschichte viele Treffer erhalten, allerdings sind die Spuren der Einschlagskrater durch Verwitterung und Erosion häufig verwischt, oder der Einschlag erfolgte ins Meer. Das Nördlinger Ries und das benachbarte Steinheimer Becken (Abb. 2.24) nördlich des Bodensees sind zwei Impaktkrater aus der jüngsten Erdgeschichte mit einem Alter von ca. 15 Mio. Jahren und Durchmessern von 24 km bzw. 4 km. In Europa finden sich diverse Impaktstrukturen mit einem Durchmesser von mehr als 10 km (vgl. Abb. 2.25). Die Folgen von **Meteoriteneinschlägen** waren für die damaligen Ökosysteme in der betroffenen Region katastrophal. So werden sie heute als eine mögliche Ursache für das Massensterben bzw. Massenaussterben am Ende des Mesozoikums diskutiert.

Abb. 2.24
Anhand der Bewölkung ist die durch den Einschlag entstandene Ringstruktur des Nördlinger Ries deutlich zu erkennen. Der Meteorit hatte vermutlich einen Durchmesser von ca. 1,5 km.

Die Erde im Sonnensystem

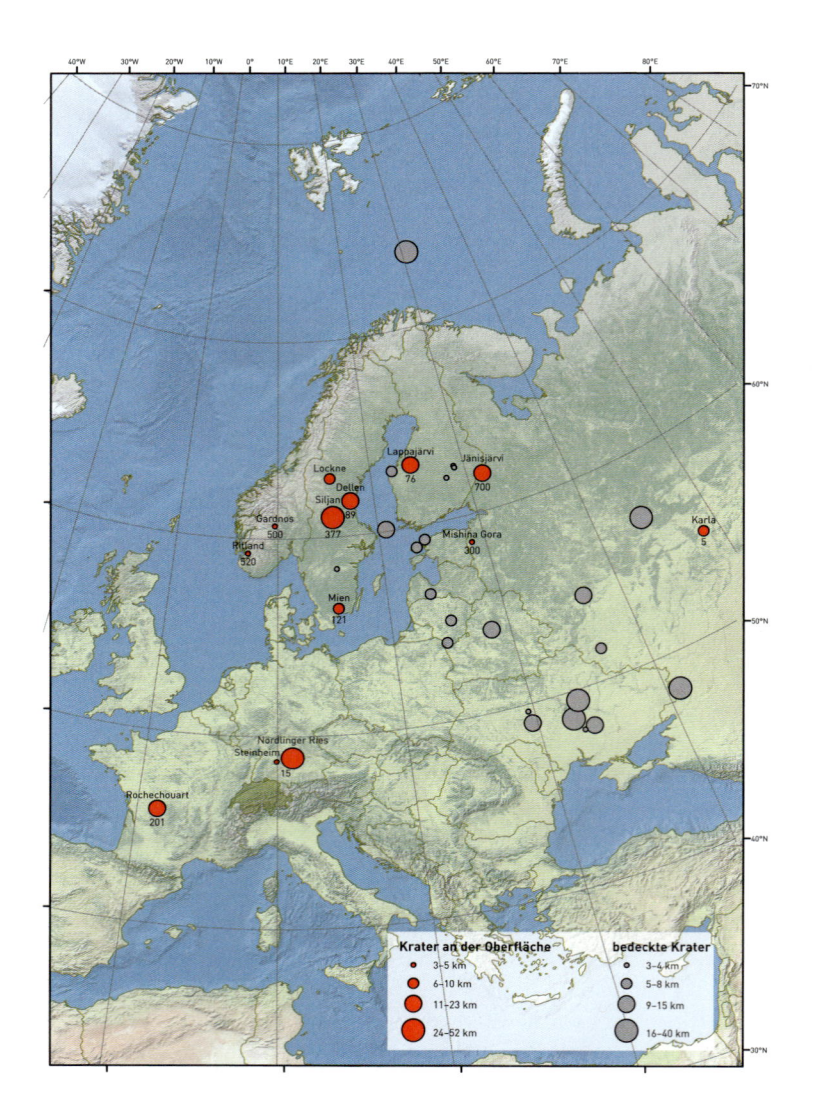

Abb. 2.25
Meteoriten-Einschlagskrater in Europa mit Alter in Mio. Jahren

3 Kartografie

Stefan Manser, Ernst Stauffer, Raymond Treier

Die Kartografie befasst sich mit der grafischen Darstellung der Erdoberfläche. Karten abstrahieren räumliche Realitäten in visueller oder digitaler Form. Bereits in den Hochkulturen des Orients wurden Versuche unternommen, die Erdoberfläche auf Karten abzubilden. Die Babylonier erstellten um 1500 v. Chr. die älteste heute bekannte Karte. Bedeutend für die Kartografie war vor allem das achtbändige Werk «Geografie» von Claudius Ptolemäus (100 bis 170 n. Chr.), der die damals bekannte Welt kartografisch darstellte und das Weltbild Europas bis zum Ende des Mittelalters prägte. Mit den europäischen Entdeckungsreisen begann gegen Ende des 15. Jahrhunderts ein neuer Abschnitt in der Geschichte der Kartografie. Nach und nach hielt bei der Kartenherstellung die Vermessung Einzug. Damit entstanden die ersten topografischen Karten. Die Techniken wurden kontinuierlich verfeinert und sind heute dank Fotogrammetrie und Satellitennavigation auf einem sehr hohen Niveau. Informationen stehen nicht nur in analoger Form (Karten), sondern auch in digitaler Form (geografische Informationssysteme, digitale thematische Karten, Apps) zur Verfügung.

3.1 Von der Kugel in die Fläche

Der Erdkörper ist nur annäherungsweise eine Kugel. Diese Erdform wird als **Rotationsellipsoid** bezeichnet. In der Kartendarstellung wird die Erdoberfläche auf eine Ebene projiziert, was zu Verzerrungen führt, da eine Kugeloberfläche nicht als Ebene abgebildet werden kann.
Kartografie ist die Wissenschaft und Technik von Entwurf, Herstellung und Vervielfältigung von Karten und kartenähnlichen Darstellungen. Heute spielt die computergestützte Kartografie eine wichtige Rolle.

3.1.1 Geografische Koordinaten

Damit auf unserer Erde ein Punkt genau beschrieben werden kann, muss man die Lage jedes Ortes exakt angeben können. Zu diesem Zweck wurde ein präzises Orientierungssystem eingeführt. Die Erdkugel wird umspannt von Längen- und Breitenkreisen. Die **Längenkreise** sind Grosskreise, die durch beide Pole hindurchgehen. Man unterteilt die Erdkugel in 360 ganzzahlige Längenkreise, die vom **Nullmeridian von Greenwich** (Grossbritannien) jeweils bis 180° in östlicher bzw. westlicher Richtung gezählt werden. Die **Breitenkreise** sind Kreise, deren Kreisflächen parallel zum Äquator verlaufen, sich nicht schneiden und mit Ausnahme des Äquators nicht durch den Erdmittelpunkt verlaufen. Der Breitenkreis am Äquator ist der einzige Grosskreis, da seine Schnittebene durch den Erdmittelpunkt verläuft. Man unterteilt die Erdkugel in 90 ganzzahlige Breitengrade Nord bzw. Süd, der Äquator stellt dabei die 0°-Bezugslinie dar. Die Breitenkreise stehen senkrecht auf den Längenkreisen und bilden mit diesen das geografische Koordinatensystem. Alle auf einem Breitenkreis liegenden Orte haben die gleiche geografische Breite, alle auf einem Meridian liegenden Orte haben dieselbe geografische Länge. Nur selten liegen Orte präzis auf einem Längen- oder Breitengrad. Damit man ihre Lage trotzdem genau beschreiben kann, wird das Gradnetz in Bogenminuten und Bogensekunden unterteilt. Der Bahnhofplatz der Stadt Bern liegt beispielsweise auf 46° 56′ 53,7″ nördlicher Breite und auf 7° 26′ 24,1″ östlicher Länge.

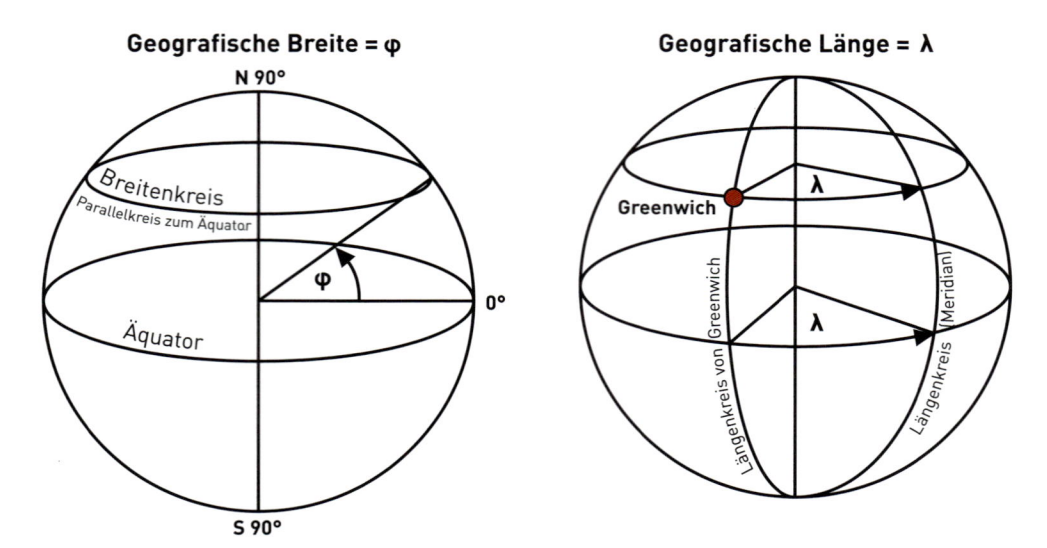

Abb. 3.1
Gradnetz der Erde:
Längen- und Breitenkreise

3.1.2 Karten und Kartenprojektion

Karten sind massstäblich verkleinerte, generalisierte und erläuterte Grundrissdarstellung von Erscheinungen und Sachverhalten der Erde, der andern Weltkörper und des Weltraumes in einer

3 Kartografie

Ebene. Zunehmend werden Karten nicht mehr als analoge, grafische Modelle hergestellt, sondern nur noch als digitale Datensätze, die direkt im Computer gestaltet und verwendet werden.

Um die Erdkugel in einer Ebene darzustellen, müssen verschiedene **Projektionsarten** angewendet werden. Ein echt gekrümmter Körper (Kugel) kann nicht abgewickelt werden. Deshalb kann man nicht gleichzeitig Strecken, Winkel und Flächen «richtig» (d.h. massstabsgetreu) darstellen. Die «Verfälschung» einzelner Eigenschaften kann aber durch eine durchdachte Abbildung der Kugeloberfläche vermindert werden. Daher wird die Verebnungsmethode (Kartennetzentwurf) dem Verwendungszweck der Karte angepasst. Ein Kartennetzentwurf kann entweder flächentreu (z.B. Schulatlaskarte) oder winkeltreu (z.B. Navigationskarte in der Schifffahrt) sein.

Die **Zylinderprojektion** wird für die Darstellung von Gebieten im Bereich des Äquators oder eines Meridians eingesetzt. Die **Kegelprojektion** eignet sich für die Darstellung von Gebieten mittlerer geografischer Breite und grosser West-Ost-Ausdehnung. Die **Azimutalprojektion** eignet sich vor allem für Gebiete von ungefähr kreisförmiger Gestalt, beispielsweise für die Regionen am Nord- oder am Südpol.

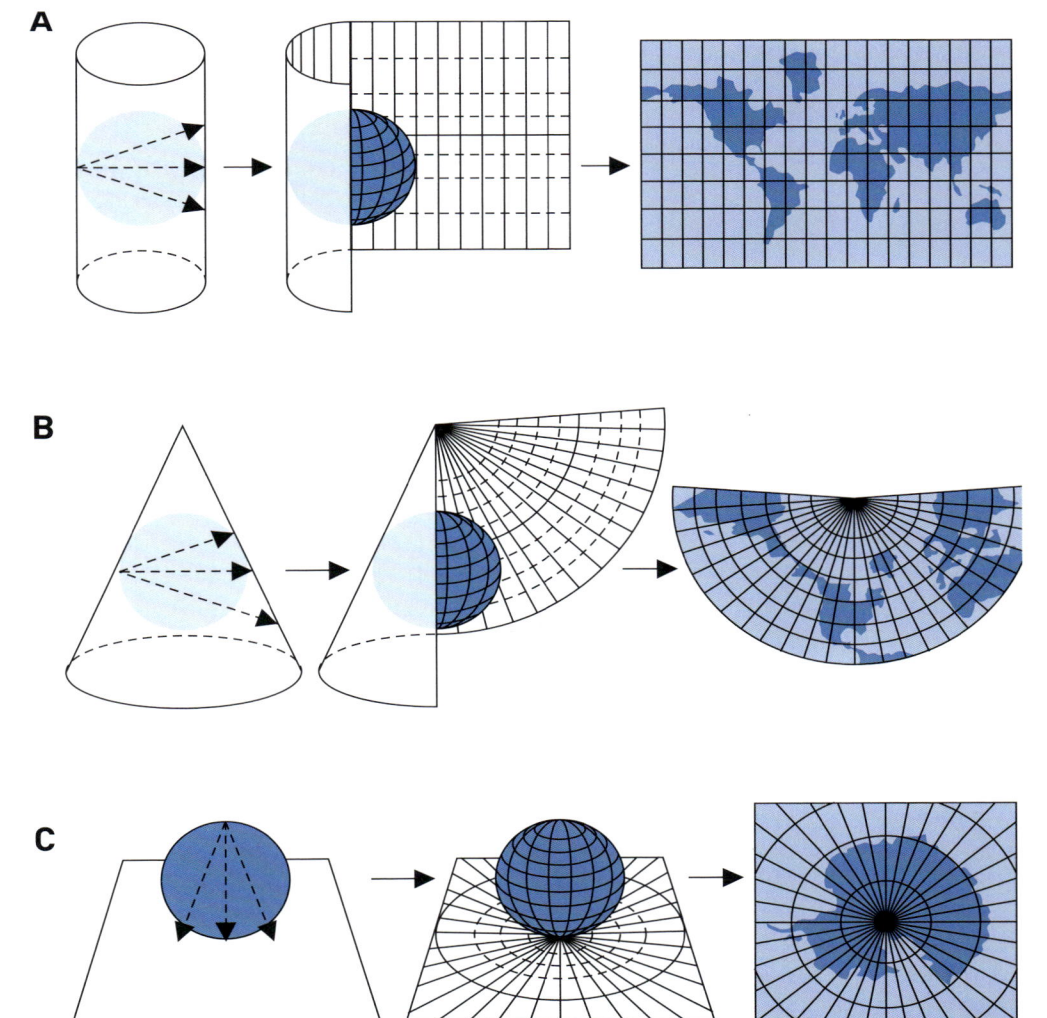

Abb. 3.2
Kartenprojektionen:
A Zylinderprojektion
B Kegelprojektion
C Azimutalprojektion

3.1.3 Koordinatensystem der Schweiz

Den Schweizer Landeskarten liegt eine schiefachsige, winkeltreue Zylinderprojektion zugrunde. Der Zylinder wurde schiefachsig gewählt, damit der Berührungskreis zwischen Zylinder und Erdkugel genau durch den Ausgangspunkt des schweizerischen Koordinatensystems geht (Standort der alten Sternwarte Bern, heute im Lichthof des Institutes der Exakten Wissenschaften der Universität Bern). Mit der Wahl eines schiefachsigen Zylinders mit Berührungspunkt durch Bern konnte also die Verzerrung auf ein Minimum reduziert werden. Da die Fläche der Schweiz relativ klein ist, sind die Schweizer Landeskarten winkel- und annähernd flächentreu und somit auch annähernd längentreu.

Für die Schweiz wurde ein eigenes rechtwinkliges **Koordinatensystem** geschaffen, das sogenannte **Kilometerkoordinatensystem.** Man unterscheidet daher nicht Längen- und Breitengrade, sondern Hochwerte und Rechtswerte. Die Koordinaten der alten Sternwarte Bern wurden so gewählt, dass Verwechslungen von Hoch- respektive Rechtswerten nicht möglich sind und dass alle Werte positiv sind. Dem Schnittpunkt des Meridians mit 7° 26' 22,5" östlicher Länge und 46° 57' 07,9" nördlicher Breite wurde deshalb nicht die Kilometerkoordinate 0/0, sondern die Kilometerkoordinate 600 000/200 000 zugewiesen. Damit liegen alle Hochwerte unter 400 000, alle Rechtswerte über 400 000.

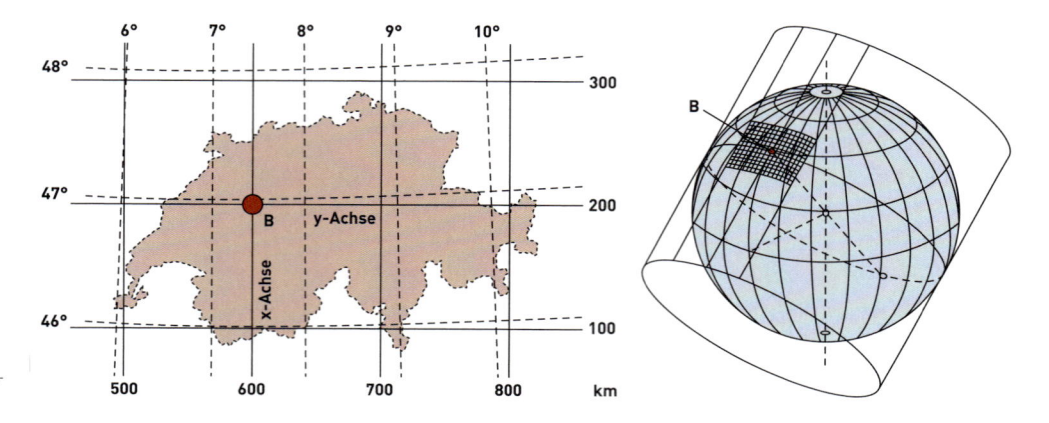

Abb. 3.3
Kartenebene der Schweiz mit Grad- und Kilometernetz in der schiefachsigen, winkeltreuen Zylinderprojektion

Die Grundlagen der heutigen Landeskoordinaten wurden vor mehr als 100 Jahren geschaffen. Diese genügen den Anforderungen nicht mehr. Dank Satellitenunterstützung und dem Global Positioning System (GPS) konnte die Landesvermessung verbessert werden. Die Schweiz wurde in den 1990er-Jahren vom Bundesamt für Landestopografie swisstopo mittels GPS zentimetergenau neu vermessen. Von Bedeutung sind die neuen Koordinaten vor allem für Vermessungs- und Baufachleute. Unter Beibehaltung der Vorteile des bisherigen Koordinatensystems werden die Werte des Ausgangspunktes der Kartenprojektion («Nullpunkt» in Bern) gegenüber den bisherigen Werten um 2 Millionen Meter respektive 1 Million Meter erweitert.

Bisher: **y** = 600 000 (Ost); **x** = 200 000 (Nord)
Neu: **E = 2** 600 000 (Ost); **N = 1** 200 000 (Nord)

Die bisherigen Koordinaten waren sechsstellig, die neuen haben sieben Stellen. Zudem werden die Koordinatenachsen neu klar bezeichnet: E für Ost/East, N für Nord/North. Mithilfe dieser Koordinaten kann die Lage von Punkten und Objekten im Gelände, auf Karten oder auf Plänen exakt bestimmt werden, beispielsweise beim Wandern oder bei der elektronischen Schnitzeljagd (Geocaching).

3 Kartografie

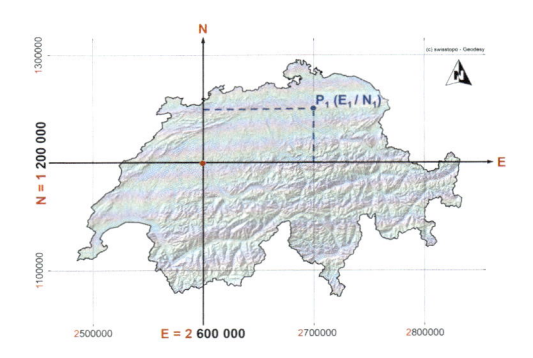

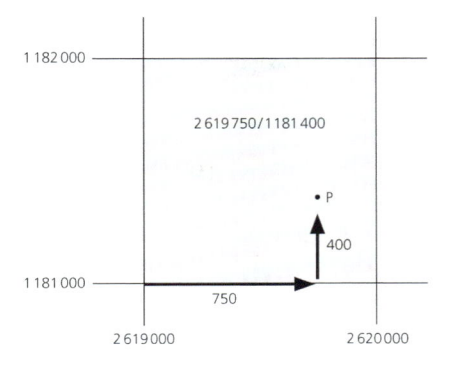

Abb. 3.4
Koordinatenbestimmung im schweizerischen Landeskoordinatensystem (Bezugsrahmen LV95)

Vier Schritte zur Bestimmung der Koordinaten eines Punktes. Fallbeispiel: Der Punkt 663 auf dem Sonnenberg bei Kriens, Punkt B in Abb. 3.5.

1. Erfassen, in welchem Planquadrat der gesuchte Punkt liegt. Dazu werden die Koordinaten der Ecke links unterhalb des Punktes bestimmt.
   Fallbeispiel: Rechtswert: 2663, Hochwert: 1210. Das heisst: Punkt A hat die Koordinaten 2 663 000 / 1 210 000.
2. Bestimmen, wie viele Meter der gesuchte Punkt östlich von der Ecke liegt. Dies kann mittels Koordinatenmesser abgelesen werden.
   Fallbeispiel: 700 Meter rechts oder östlich der unteren Ecke. Der Rechtswert von Punkt B ist also 2 663 700.
3. Bestimmen, wie viele Meter der gesuchte Punkt nördlich der Ecke liegt. Dies kann mittels Koordinatenmesser abgelesen werden.
   Fallbeispiel: 668 Meter oberhalb oder nördlich der unteren Ecke. Der Hochwert von Punkt B ist also 1 210 668.
4. Üblicherweise wird zuerst der Rechtswert, dann der Hochwert genannt.
   Fallbeispiel: Die Koordinaten von Punkt B lauten 2 663 700 / 1 210 668.

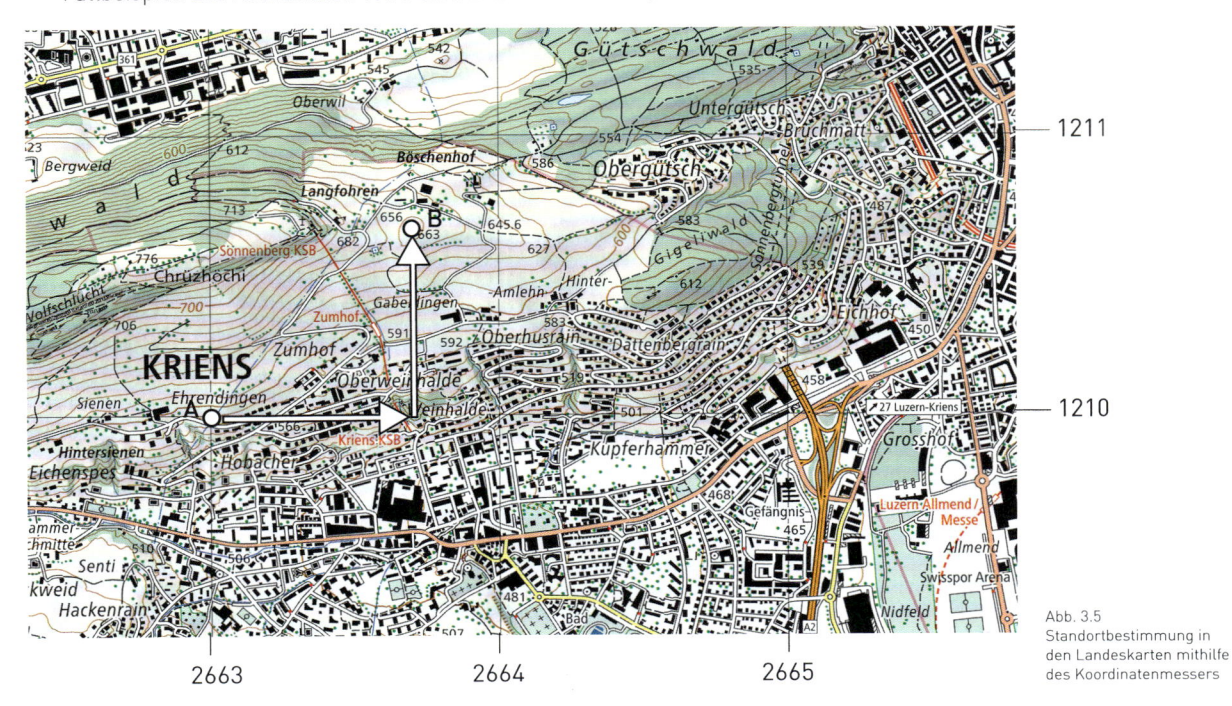

Abb. 3.5
Standortbestimmung in den Landeskarten mithilfe des Koordinatenmessers

3.2 Karteninhalte und Kartendarstellung

Topografische Karten sind räumliche Modelle der Landschaft und gleichzeitig Kommunikationsmittel. Man verwendet spezielle Punkt-, Linien- und Flächensignaturen, um die verschiedenen Landschaftselemente darzustellen. Zusätzlich werden Farben, Muster und Signaturgrössen unterschieden. Um die Karte lesen und verstehen zu können, benötigt man eine Signaturentabelle (Abb. 3.7). Der Zweck der Karte beeinflusst die Anzahl und Art der Signaturen. Aus einer Karte lässt sich somit eine mehr oder weniger genaue Vorstellung über den abgebildeten Landschaftsausschnitt ableiten. Die Wahl des Massstabs einer Karte beeinflusst die Gestaltung einer Karte erheblich. Es stellt sich die Frage, wie stark die abzubildende Landschaft verkleinert werden darf, damit der Informationsgehalt der Karte benutzergerecht ist. Mit topografischen Karten wird versucht, eine Landschaft möglichst realitätsnah wiederzugeben, thematische Karten befassen sich mit einem bestimmten Thema, beispielsweise mit der Bevölkerungsverteilung oder mit der Geologie. Dabei werden diese Aspekte kartografisch besonders hervorgehoben.

3.2.1 Massstab und Generalisierung

Der **Massstab** einer Karte gibt das Verhältnis an zwischen einer Strecke auf der Karte und der tatsächlichen Länge dieser Strecke. Ein grosser Massstab zeigt Einzelheiten im Gelände genau, ein kleiner Massstab hingegen verallgemeinert stark und gibt keine Details wieder. So entspricht bei einer Karte im Massstab 1:100 000 ein cm auf der Karte 100 000 cm, also 1000 m oder 1 km im Gelände. Keine Karte kann alle Informationen eines Gebietes enthalten, deshalb muss der Karteninhalt dem Massstab entsprechend umgearbeitet und generalisiert werden. Beim **Generalisieren** wird Wichtiges hervorgehoben, Kompliziertes vereinfacht und Unwichtiges weggelassen.

Abb. 3.6
Generalisierung in den Landeskarten der Schweiz 1:25 000, 1:50 000 und 1:100 000, Ausschnitt Interlaken

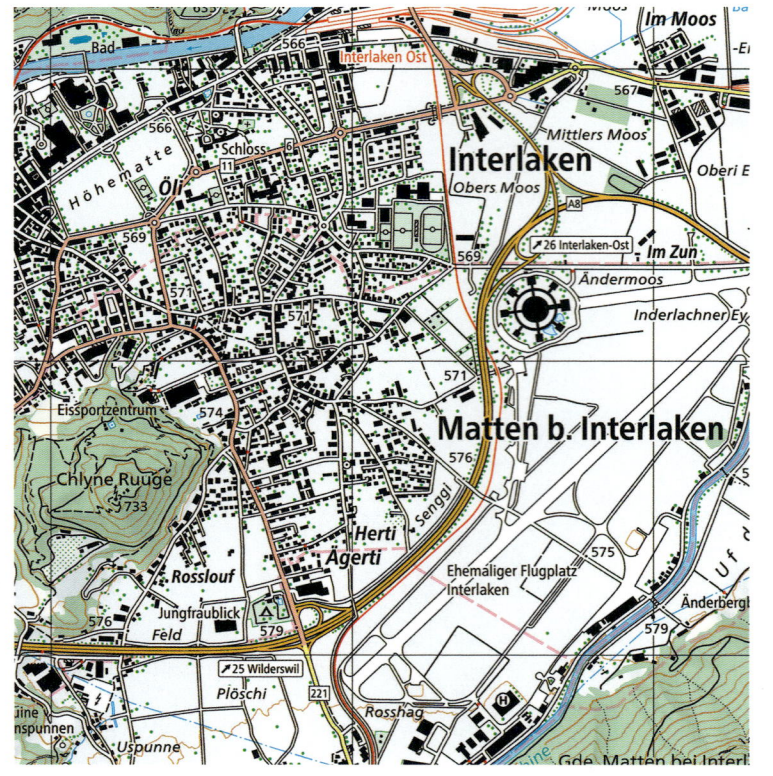

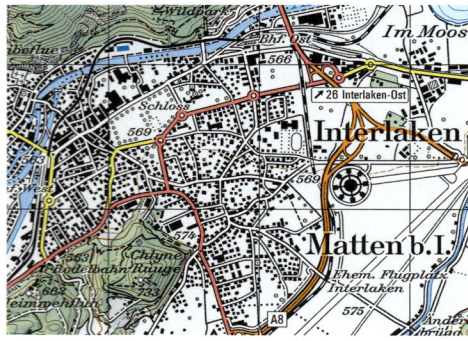

3 Kartografie

3.2.2 Darstellung von Inhalten in Karten

Das grösste amtliche Kartenwerk der Schweiz – die Landeskarte 1:25 000 mit 247 Blättern – wird überarbeitet. Die Ablösung der alten Landeskarte 1:25 000 erfolgt schrittweise mit der Nachführung der einzelnen Kartenblätter. Um den veränderten Bedürfnissen zu entsprechen, ist aus technischer und grafischer Sicht eine Modernisierung notwendig. Bei der Überarbeitung erhalten die Karten ein neues Erscheinungsbild und sind besser lesbar. Neu werden Bahnnetz und Bahnhöfe in roter Farbe dargestellt. Das Strassennetz wird abgestuft nach Breite und die Verkehrsbedeutung wird mit Farbunterstützung dargestellt.

Darstellung von Einzelobjekten

Signaturen sind die spezielle Zeichensprache, mit der die Elemente in der Karte dargestellt werden. Flächenhaften Elementen wie Wäldern oder Seen werden unterschiedliche Farbtöne und Muster zugeordnet. Lineare Elemente wie Bahnlinien, Strassen, Flüsse, Höhenlinien oder Hochspannungsleitungen werden einerseits mit verschiedenen Farben, andererseits mit verschiedenen Linien wiedergegeben, während Einzelsignaturen wie Kirchen, Bahnhöfe, Zeltplätze, Sportanlagen oder Fähren mit Symbolen dargestellt werden.

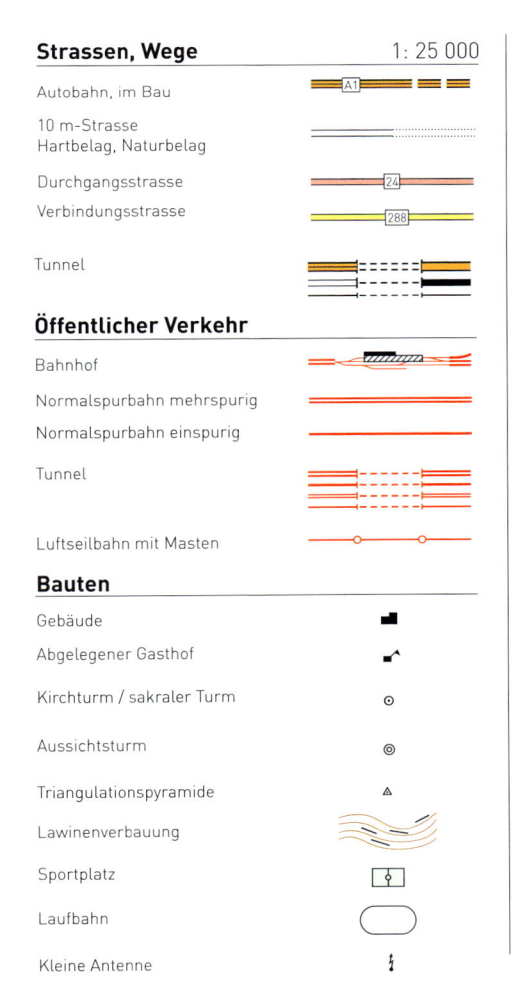

Abb. 3.7
Einige wichtige Signaturen aus der offiziellen Zeichenerklärung zu den neuen Landeskarten 1:25 000

3.2.3 Darstellung der Geländeformen

Die **Geländedarstellung** ist die anspruchsvollste Aufgabe in der Kartografie, da das dreidimensionale Gelände auf der Kartenebene zweidimensional dargestellt werden muss. Dabei sollen die Geländeformen gut erkennbar und bei Karten grösseren Massstabes auch die Höhen ablesbar sein, und es sollten Hangneigungen berechnet werden können. In der neuen Landeskarte kommen verschiedene Darstellungselemente zur Anwendung: Höhenlinien, Schraffen, Reliefschummerung und Farbtöne.

Die **Höhenlinien** oder **Höhenkurven** (Synonym: Isohypse) sind gedachte Schnittlinien von horizontalen, gleichabständigen (äquidistanten) Ebenen mit dem Gelände. Sie verbinden also benachbarte Geländepunkte gleicher Meereshöhe. Mit **Äquidistanz** wird der Vertikalabstand der Höhenlinien bezeichnet. Dieser ist, bezogen auf eine Karte, immer gleich. So beträgt beispielsweise die Äquidistanz der Landeskarten 1:25 000 im Mittelland 10 Meter, im Alpenraum 20 Meter. Je näher die Höhenkurven beieinander liegen, desto steiler ist das Gelände.

Die **Schraffen** dienen dazu, die Formen und das Gefälle im Gebirge zu veranschaulichen. Je steiler das Gelände, desto enger liegen die Schraffen beieinander.

Die **Reliefschummerung** dient dazu, ein räumliches Kartenbild entstehen zu lassen. Unter Beleuchtung aus Nordwesten wird eine Höhenkurvenkarte nach Licht- und Schattenpartien bearbeitet. Auf der Landeskarte werden dadurch die Südostseiten grau beschattet, die Nordwestseiten mit dem sogenannten Sonnenton gelb beleuchtet.

Ein **Relief** (Geländemodell) ist eine verkleinerte, plastische Nachbildung eines Erdoberflächenausschnitts. Während Höhenkurven horizontale Schnittebenen darstellen, entsteht bei einem Vertikalschnitt durch einen Geländeausschnitt ein Profil. Die Schnittlinie mit der Oberfläche wird als Profillinie bezeichnet. Da die Höhenunterschiede in einem Profil im Vergleich zu den Horizontaldistanzen meistens recht klein sind, wird ein Profil häufig künstlich überhöht. Dies bedeutet, dass man in der Vertikalen einen grösseren Massstab wählt als in der Horizontalen.

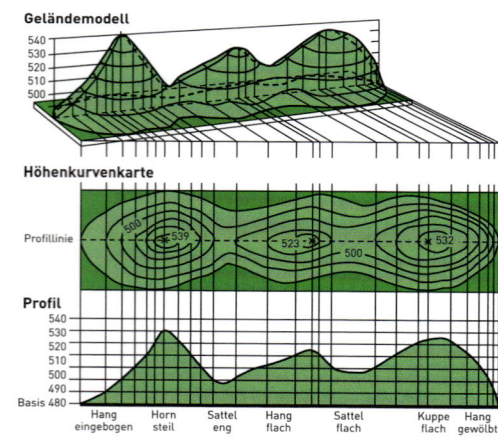

■□ Abb. 3.8 Reliefdarstellung mit (oben) und ohne Reliefschummerung (unten) in der Landeskarte 1:50 000

□■ Abb. 3.9 Konstruktion der Höhenkurven und des Profils mit einer Äquidistanz von 10 Metern

3.3 Landesvermessung und Kartenherstellung

Ziel der Landesvermessung ist es, eine Grundlage für die kartografische Darstellung eines Landes zu erstellen. Dazu werden die Lage und die Höhe von möglichst vielen Punkten ermittelt. Die Karten dienen auf verschiedenen Ebenen (Bund, Kantone, Gemeinden) als Orientierungsmittel und Planungsgrundlage. Für die Erstellung und Nachführung der Landeskarten ist das Bundesamt für Landestopografie (swisstopo) zuständig.

3.3.1 Geodäsie (Triangulation und Nivellement)

Als Methode der Vermessung diente die Dreiecksmessung oder **Triangulation.** Bereits im 19. Jahrhundert schleppte man Theodoliten (Winkelmessgeräte) in die Berge, bestimmte Winkel, mass Distanzen und berechnete die Eckpunkte mithilfe der Trigonometrie. Zuerst wurde dabei eine Kontroll- oder Basisstrecke A–B genau vermessen. Anschliessend wurden von den Punkten A und B mit Blick zum Fixpunkt C die Winkel α und β gemessen. Mit Kenntnis der Distanz A–B und der Winkel α und β konnte die Lage des Punktes C rechnerisch bestimmt werden (Sinussatz). Mit dieser Methode wurde die ganze Landesfläche der Schweiz vermessen, es enstanden Triangulationsnetze verschiedener Ordnungen mit insgesamt über 70 000 Triangulationspunkten. Diese Punkte sind mit einem Granitstein oder mit einem Messingbolzen markiert. Die Punkte erster Ordnung liegen zwischen 30 und 50 Kilometern auseinander.

Zu allen Triangulationspunkten wurde auch die Höhe bestimmt. Seit Henri Dufour wird dabei das sogenannte **Nivellement** angewandt. Das Standardgerät für dieses Verfahren ist das Nivelliergerät. Der Ausgangspunkt des schweizerischen Nivellements ist der Pierre du Niton (373,60 m ü. M.) im Hafenbecken von Genf. Ein Messgerät (Nivelliergerät) zwischen zwei vertikal aufgestellten Messlatten misst Schritt für Schritt die Höhenunterschiede. Dabei wird zuerst im sogenannten Rückblick die erste Messlatte angepeilt, anschliessend das Nivelliergerät gedreht und auf die obere Messlatte gerichtet. Die Höhendifferenz zwischen den beiden Standorten der Messlatten kann damit einfach bestimmt werden. Mit der Triangulation und dem Nivellieren wurden über Jahrzehnte hinweg die Grundlagen der Schweizer Landeskarten geschaffen.

Abb. 3.10
Triangulation

Abb. 3.11
Triangulationsnetz erster Ordnung (verbundene Punkte) und zweiter Ordnung der Schweiz

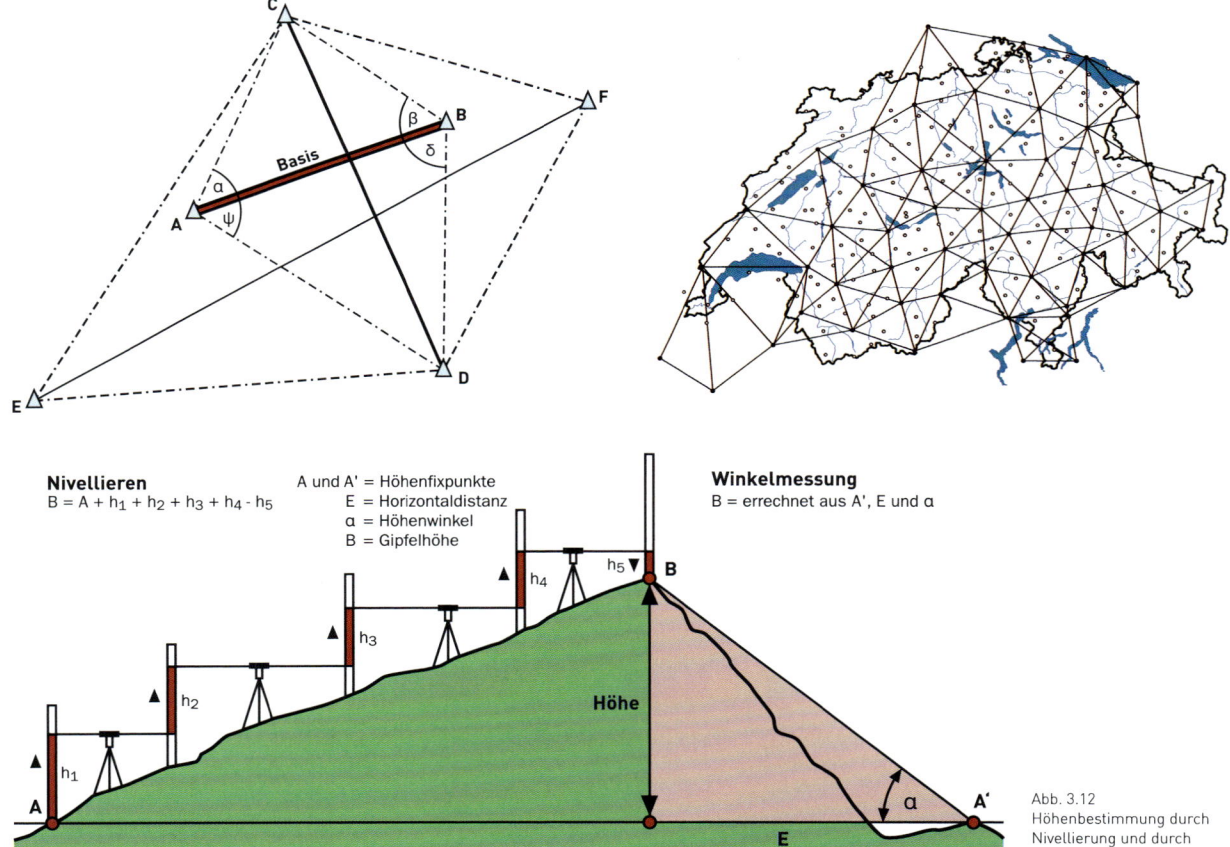

Nivellieren
$B = A + h_1 + h_2 + h_3 + h_4 - h_5$

A und A' = Höhenfixpunkte
E = Horizontaldistanz
α = Höhenwinkel
B = Gipfelhöhe

Winkelmessung
B = errechnet aus A', E und α

Abb. 3.12
Höhenbestimmung durch Nivellierung und durch Winkelmessung

3.3.2 Neue Wege in der Vermessung

Seit den 1990er-Jahren wird das Global Navigation Satellite System (GNSS) zur Vermessung und Nachführung von Karten eingesetzt. Auf internationaler Ebene arbeiten im Rahmen des International GNSS Service (IGS) einige 100 Institutionen daran, diese Technik für viele Anwendungen nutzbar zu machen. Das automatische Netz der Schweiz (AGNES) ist dabei Bestandteil des europäischen Netzes.

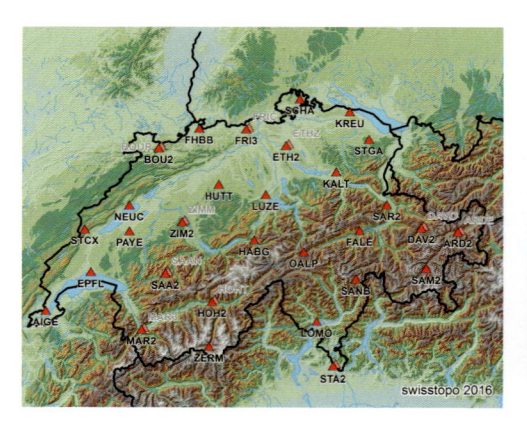

Abb. 3.13
Automatisches GNSS-Netz der Schweiz (AGNES)

Abb. 3.14
Satellitengestützte Vermessung in der Schweiz

Aero-Fotogrammetrie

Aero-Fotogrammetrie ist die systematische Aufnahme eines Gebietes mit einer in einem Flugzeug eingebauten automatischen Messbildkamera. Dazu überfliegt ein Flugzeug eine Landschaft und nimmt diese nach einem festgelegten Flugplan aus einer Höhe von ca. 4000 Metern über Grund auf. Die Luftbilder überlappen sich zu 70 bis 80 Prozent. Dadurch wird das stereoskopische, räumliche Betrachten der Bilder möglich.

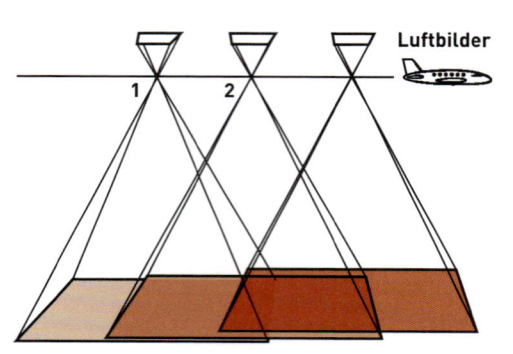

Bei der **Stereoluftbildauswertung** werden jeweils zwei aufeinanderfolgende, sich überlappende Luftbilder gleichzeitig nach stereoskopischem Verfahren ausgewertet und verarbeitet. Damit können Höhen direkt aus Luftbildern bestimmt werden. Ein Luftbild stellt das Gelände in Zentralperspektive dar. Ein Orthobild ist ein Bild, das entzerrt worden ist. Es kann direkt über die Karte gelegt werden und damit wie eine Karte ausgemessen werden.

Abb. 3.15
Überlappen von Luftbildpaaren

Feldbegehung

Trotz Fotogrammetrie ist eine Feldbegehung nötig. Nur draussen kann genau bestimmt werden, was in einer Karte dargestellt werden muss. So sind beispielsweise Waldwege fotogrammetrisch nicht erfassbar, oder Baubaracken können nicht von permanenten Bauten unterschieden werden. Ebenso werden die Strassenkategorien und verschiedene andere Details direkt im Feld bestimmt. Für ein Kartenblatt im Massstab 1:25 000 ist ein Topograf rund vier Wochen im Feld unterwegs. Die Umsetzung aller Veränderungen, die man in den Luftbildern und in der Feldarbeit festgestellt hat, geschieht in der Kartografie. Hier entsteht das definitive Kartenbild. Der Kartograf arbeitet mit festgelegten Symbolen, beispielsweise für die verschiedenen Strassen- und Wegklassen oder Gebäude.

3 Kartografie

Schweizer Kartenwerke (Dufourkarte/Siegfriedkarte/Landeskarte)

Das erste amtliche Gesamtkartenwerk der Schweiz wurde nach einem Tagsatzungsbeschluss ab 1822 unter der Leitung von Guillaume-Henri Dufour (1787–1875) erstellt. Dem damaligen «Eidgenössischen Topographischen Bureau» in Genf wurde die Aufgabe übertragen, aus den teilweise bestehenden Kantonskarten ein neues, einheitliches Kartenwerk zu schaffen. Insgesamt besteht das Kartenwerk aus 25 Blättern im Massstab 1:100 000; das erste Blatt wurde 1844, das letzte 1864 fertig gestellt. Die Vermessungsgrundlage der **Dufourkarte** bildet ein trigonometrisches Netz. Die dritte Dimension wurde noch nicht in Form von Höhenlinien, sondern ausschliesslich durch Schraffen und Höhenangaben in den Karten dargestellt. Die Druckplatten für das gesamte Kartenwerk wurden als Negativbilder in Kupfer gestochen.

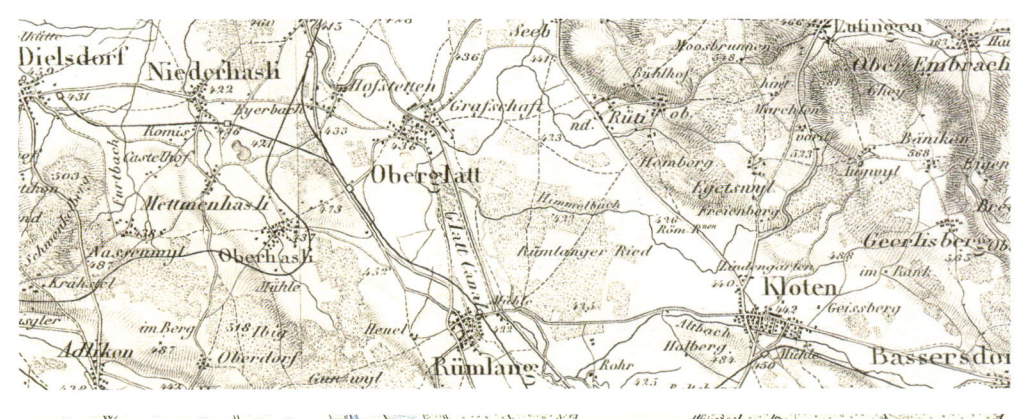

Abb. 3.16
Topographische Karte der Schweiz, 1:100 000, Blatt III, 1849 («Dufourkarte»)

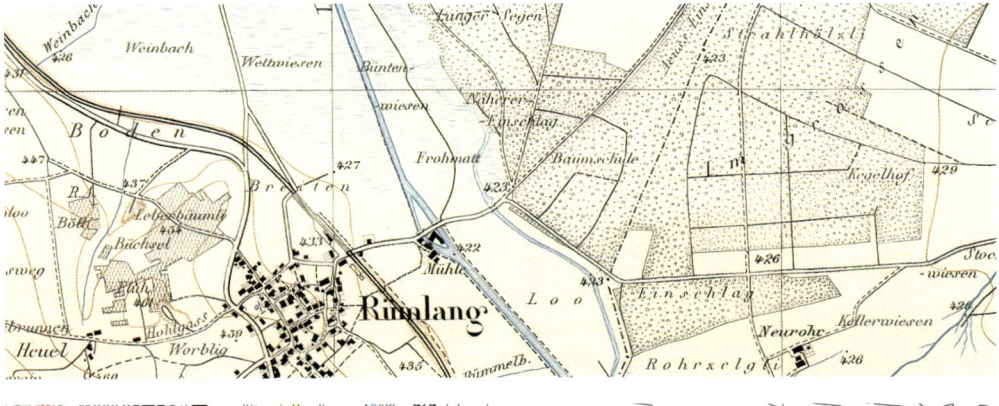

Abb. 3.17
Topographischer Atlas der Schweiz, 1:25 000, Blatt 43, 1904 («Siegfriedkarte»)

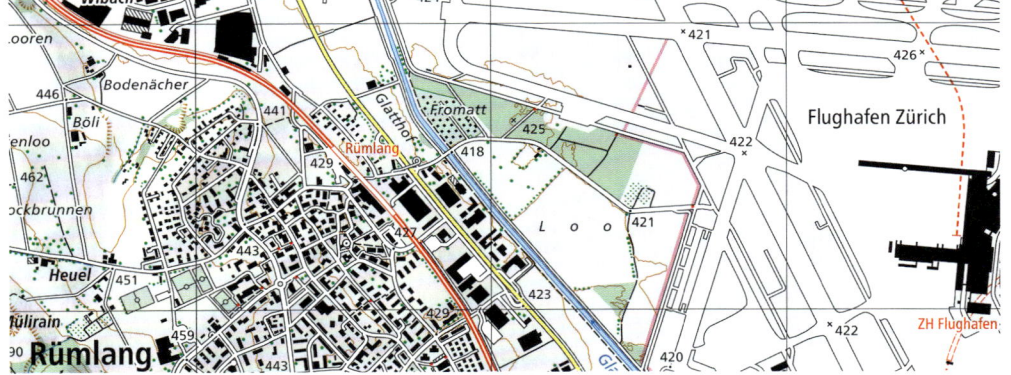

Abb. 3.18
Landeskarte der Schweiz, 1:25 000, Blatt 1071, 2016

Ab 1866 wurde unter der Leitung von Dufours Nachfolger Hermann Siegfried (1819–1879) die Arbeit am «Topographischen Atlas der Schweiz» **(Siegfriedkarte)** aufgenommen. Dieses Werk umfasst insgesamt 604 Blätter und wurde ab 1870 publiziert. Mittelland und Jura wurden im Massstab 1:25 000, die alpinen Gebiete im Massstab 1:50 000 kartografisch umgesetzt. Erstmals wurde die dritte Dimension in Form von Höhenlinien dargestellt, und zudem wurden die späteren Ausgaben dieses Kartenwerks dreifarbig (Gewässer blau, Höhenlinien braun, Situation schwarz) gedruckt. Der «Topographische Atlas» dient heute vor allem den Analysen des Landschaftswandels als gute Basis, zeigt er doch die damalige Kultur- und Naturlandschaft in einer ausserordentlich präzisen Form.

Aus politischen und militärischen Gründen wurde 1935 das «Bundesgesetz über die Erstellung von neuen Landeskarten» erlassen. Ab 1938 wurden laufend Blätter der neuen Landeskarte im Massstab 1:50 000 herausgegeben. Das ganze Kartenwerk umfasst heute flächendeckend über die gesamte Schweiz Karten in den Massstäben 1:25 000, 1:50 000, 1:100 000. Die einzelnen Kartenblätter werden periodisch nachgeführt und erneuert. Das Bundesamt für Landestopografie publiziert heute auch Karten im Massstab 1:200 000, 1:300 000, 1:500 000 und 1:1 Mio.

Digitaler Atlas der Schweiz

Der interaktive Atlas der Schweiz bietet einen einzigartigen Zugang zu verschiedensten aktuellen Themen aus Natur und Umwelt, Wirtschaft, Gesellschaft, Staat und Politik sowie Schweiz–Europa. Vergleiche und Analysen von Daten sind möglich, zusätzlich lassen sich die Darstellungen an die eigenen Bedürfnisse anpassen. Der Atlas der Schweiz umfasst neben topografischen Basiskarten auch diverse statistische Grundlagen auf verschiedenen räumlichen Ebenen. Die Vielfalt dieser DVD reicht von Wetterdaten (Sonnenscheindauer), geologischen Grundlagen, Bevölkerungsdaten (Einwohnerzahlen von Gemeinden in verschiedenen Jahren, Ausbildungsgrad der Bevölkerung) über umfassende Wirtschaftsdaten (Logiernächte, landwirtschaftliche Nutzflächen) bis zu politischen Aspekten (Resultate ausgewählter Abstimmungen), welche jeweils auf verschiedenen Ebenen (Regionen, Kantone, Gemeinden) dargestellt werden können. Im 3D-Teil kann jede beliebige Region der Schweiz als Kartenrelief, als Blockbild oder als Panoramabild betrachtet werden. Dabei können der Ausschnitt, die Betrachtungshöhe, der Betrachtungswinkel und die Beleuchtung frei gewählt werden. Die Basis dieses 3D-Teils ist das digitale Höhenmodell (DHM, ein Gitternetz mit einer Maschenweite von 25 Metern). Mit den Angaben der Koordinaten und der Höhe der sogenannten Gitternetzpunkte berechnet der Computer für jeden beliebigen Aufnahmepunkt das gewünschte Relief.

Swiss Map

Swiss Map ist das digitale Landeskartenwerk für Computer, für zuhause, für ein Netzwerk in Schulen oder Unternehmen. Wie die Papierkarten ist es in verschiedenen Massstäben verfügbar: Swiss Map 25, Swiss Map 50, Swiss Map 100. Zudem sind Versionen für verschiedene Endgeräte wie Smartphones oder Tablets erhältlich.

Abb. 3.19
Kartenwerke für Smartphones und Tablets

Thematische Karten

Nebst den Kartenwerken in den Massstäben 1:25 000, 1:50 000, 1:100 000 stellt swisstopo verschiedene thematische Karten her. Sie zeigen auf der Grundlage von topografischen Daten Informationen zu einem bestimmten Thema. So gibt es Schneeschuh- und Skitourenkarten, Burgenkarten, Segelflugkarten, Luftfahrthinderniskarten oder geologische Karten. Private Anbieter erstellen Velokarten, Museenkarten usw. Viele dieser Karten können digital abgerufen werden.

Das Erstellen von thematischen Karten ist nicht nur eine wichtige Aufgabe der swisstopo, sondern auch von anderen Akteuren. Mit neuen Technologien (z. B. GIS) können in kurzer Zeit thematische Karten erstellt und weiterverarbeitet werden (vgl. Abschnitt 3.5.1, geografische Informationssysteme). Bei der Verwendung von thematischen Karten ist es wichtig, sowohl die Inhalte als auch die zugrunde liegenden Daten zu hinterfragen.

3.4 Bilder als Datenträger in der Geografie

Karten, Luftbilder und Satellitenbilder werden auch als geografische Informations- oder Datenträger bezeichnet, weil sie die für die Geografie wichtigen Daten enthalten. Bei der Auswertung von Karten und Bildern besteht ein grundsätzlicher Unterschied. Während Karten dank Signaturen und Schriftzügen mit etwas Übung detailliert lesbar sind, werden Luft- und Satellitenbilder interpretiert, d. h., man muss die gewünschten Objekte isolieren, genau betrachten und aufgrund von Wissen oder Erfahrung bestimmen.

Luftbild

Luftbilder sind Aufnahmen, die von einem Flugkörper bodenunabhängig aus der Luft in einer Art «Vogelperspektive» erstellt werden. Man unterscheidet **Schrägaufnahmen** und **Senkrechtaufnahmen.** Beim schrägen Luftbild bildet die Kameraachse mit der Geländeoberfläche einen spitzen Winkel. Für das Auge ist diese Art der Aufnahme recht vertraut, sie erweckt den Eindruck, als ob man auf einem Berggipfel stünde. Bildvordergrund und Bildmittelgrund sind gut zu erkennen, während die Erschliessung des Bildhintergrundes meistens schwierig wird. Bei der Senkrechtaufnahme steht die Kameraachse in einem Winkel von 90° zur Erdoberfläche. Damit ist vor allem das Zentrum des Luftbildes klar, deutlich und unverzerrt zu erkennen, während in Randbereichen des Bildes die Verzerrung zunimmt. Ebenso ist das Relief nur mit Übung, beispielsweise anhand von Serpentinenstrassen, zu erkennen.

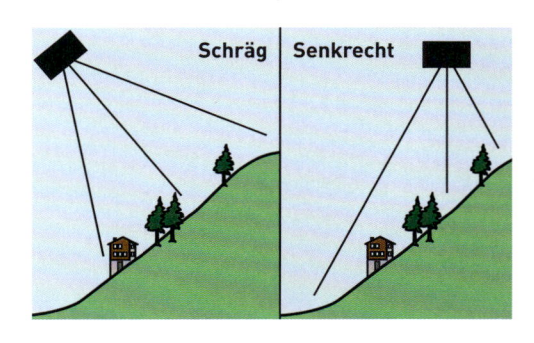

■ ☐ Abb. 3.20
Schräg- und Senkrechtaufnahme

☐ ■ Abb. 3.21
Das Maggiadelta als Schrägaufnahme

Orthobild

Bilder, die von ihren Verzerrungen befreit worden sind und somit über ihre ganze Fläche einen einheitlichen Massstab aufweisen, werden als Orthobilder bezeichnet. Sie können mit Kartenelementen überlagert werden.

Bilder als Datenträger in der Geografie

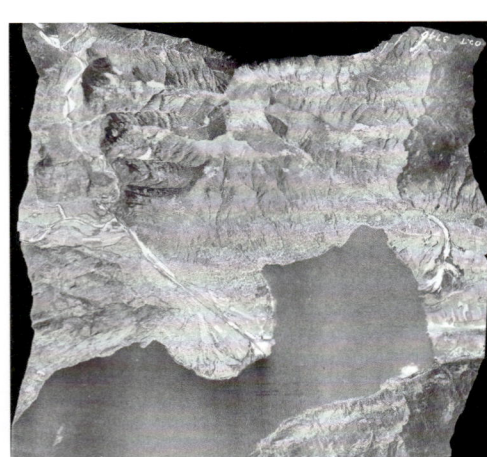

■ ☐ Abb. 3.22
Das Maggiadelta als Senkrechtaufnahme

☐ ■ Abb. 3.23
Das Maggiadelta als Orthobild

Satellitenbild

Satellitenbilder sind das Resultat der **Fernerkundung** (remote sensing), welche die Gesamtheit von Aufnahme- und Messverfahren ohne direkten Kontakt mit dem Aufnahmeobjekt umfasst. Hierzu zählen auch Infrarotaufnahmen, Mikrowellen- und Radarverfahren. Im Unterschied zu Luftbildern sind Satellitenbilder also keine echten Fotografien. Die Satelliten tasten die Erde mithilfe von Sensoren ab und erfassen auch Dinge ausserhalb des sichtbaren Lichtes (siehe Abb. 3.25). Die gesammelten Daten werden zu Bildern verarbeitet, damit sie für uns lesbar sind. Dazu werden sie teilweise anders eingefärbt, was zu sogenannten Falschfarbenaufnahmen führt. Satellitenbilder haben gegenüber Karten den Vorteil, dass sie einen guten und aktuellen Überblick über ein grösseres Gebiet ermöglichen. Neue Dimensionen für die Sichtbarmachung von Regionen ergeben sich durch die Verbindung von Satellitenbildern und digitalen Geländemodellen. Die Anwendungsbereiche von Satellitenbildern sind ausserordentlich vielfältig, sie dienen beispielsweise Klima- und Wetterstudien, insbesondere aber dem täglichen Wetterbericht.

Abb. 3.24
Satellitenbild der Schweiz

3 Kartografie

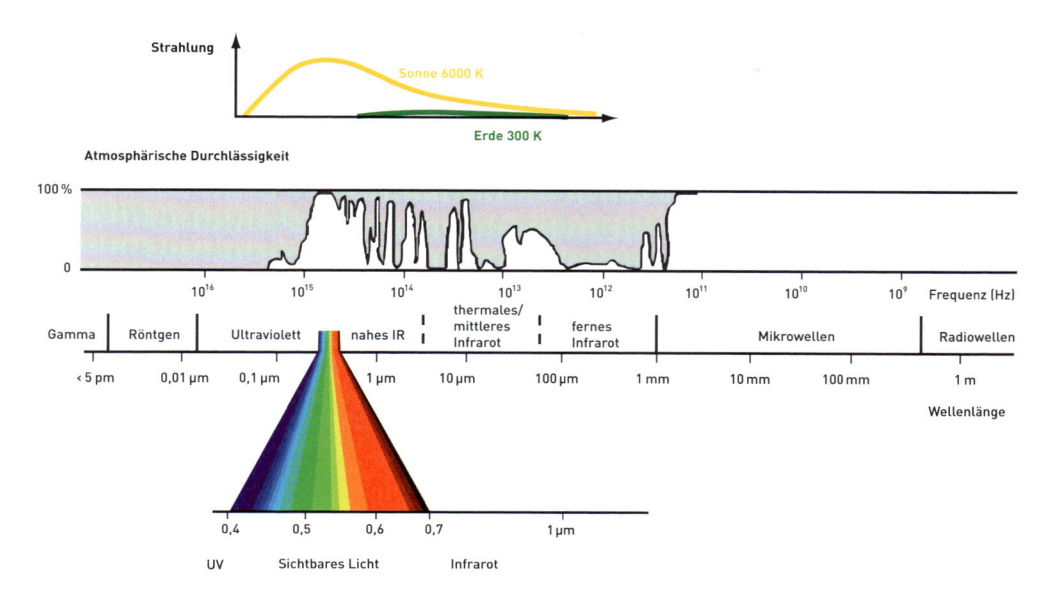

Abb. 3.25
Elektromagnetisches
Spektrum

3.5 Topografisches Landschaftsmodell

Seit 2008 arbeitet swisstopo intensiv am Aufbau des Topografischen Landschaftsmodells (TLM). Angestrebt wird die flächendeckende Modellierung des Raumes mit dreidimensionalen Vektordaten in bester Qualität. Im TLM sind die verschiedenen natürlichen und künstlich errichteten Objekte der Landschaft in Form dreidimensionaler Vektoren dargestellt. Konkret steht beispielsweise das Strassen- und Eisenbahnnetz in TLM-Qualität zur Verfügung. Jede Strassenachse – von der Autobahn bis hin zum kleinsten Weg – wird als Linie erfasst. Zahlreiche Attribute, wie die Belagsart, ein signalisierter Wanderweg oder Kunstbauten (Brücken, Tunnel) vervollständigen die Beschreibung jedes Segments. Durch die dreidimensionale Erfassung lassen sich Situationen modellieren, in denen eine Strasse nicht zwingend der natürlichen Topografie folgt. Führt eine Strasse etwa über eine Brücke, so überspannt der zugehörige 3D-Vektor ebenfalls das Tal. Nach dem gleichen Prinzip erstrecken sich 3D-Vektoren, die einen Strassenverlauf in einem Tunnel darstellen, entsprechend im Untergrund.

Sowohl Qualität als auch Quantität der Daten werden landesweit auch bei anderen Inhalten stetig verbessert, beispielsweise in 3D modellierte Gebäudekörper (swissBUILDINGS³ᴰ) oder eine Auswahl geografischer Namen (swissNAMES³ᴰ).

Abb. 3.26
Neu erfasste Bauten und Areale in der Region Zofingen. Links: Luftbild, Mitte: Symbolisierung nach Objektarten, rechts: kartografische Darstellung

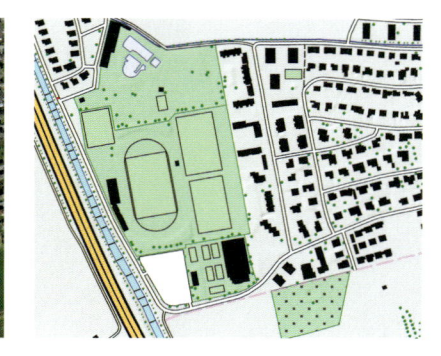

Topografisches Landschaftsmodell

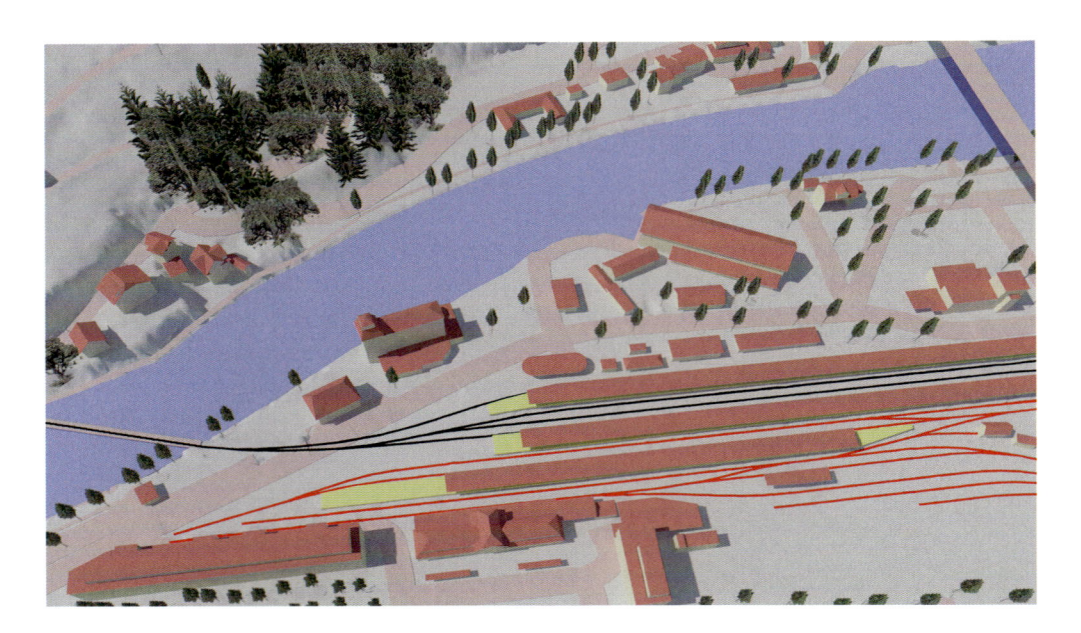

Abb. 3.27
3D-Ansicht des Bahnhofs
Interlaken-Ost im TLM.

3.5.1 Geografische Informationssysteme GIS – eine unentbehrliche Technologie

Dank computergestützten Technologien öffnen sich in der Kartografie neue Darstellungs- und Verarbeitungsmöglichkeiten. Die Nachführung von Landeskarten erfolgt heute bis zur druckfertigen Vorlage digital am Bildschirm. GIS steht für Geografisches Informationssystem oder Geoinformationssystem. Dabei handelt es sich um ein computerbasiertes System, mit dem Objekte als digitale Karten aufbereitet wiedergegeben werden. Mit einem GIS ist es möglich, sogar umfangreiche Geometrie- und Sachdaten und ihre komplexen logischen und räumlichen Zusammenhänge zu erfassen, zu verwalten und zusätzlich über räumliche Analyse- und Geoverarbeitungsfunktionen neue Informationen zu generieren. Auch interdisziplinäre Fragestellungen lassen sich ohne grösseren Zeitaufwand und in grossem Detaillierungsgrad beantworten. Es können nachvollziehbare, raumbezogene Entscheidungsgrundlagen geschaffen werden.

Bei einer Vielzahl von Daten handelt es sich um räumliche Daten. Mit GIS-Software können sie in unterschiedlicher Hinsicht bearbeitet werden. Ob mit Standardsoftware (z.B. ArcGIS) oder mit Open-Source-Software (z.B. QGIS) gearbeitet wird, spielt keine Rolle – die Funktionen sind mehrheitlich identisch – die Daten können verarbeitet und analysiert werden. Das auch in einem GIS-Projekt angewendete evap-Prinzip (erfassen, verarbeiten, analysieren, präsentieren) führt zu einem besseren Verständnis komplexer Zusammenhänge.

Layertechnik und komplexe Realität

Die Layertechnik ermöglicht eine differenzierte Bearbeitung von räumlichen Daten. Es können nur diejenigen Layer («Themen») eingeblendet werden, die für eine bestimmte Fragestellung von Bedeutung sind, z.B.: Strassennetz, Eisenbahnnetz, Gebäude, Höhenmodell. Gegenüber der komplexen Realität (siehe Abb. 3.28) einer Landschaft ist das eine hervorragende Analysemöglichkeit. Geografische Informationssysteme ermöglichen eine ausgezeichnete Visualisierung von historischen und aktuellen Daten sowie deren Vergleich. Die Veranschaulichung von Vektordaten (Punkte, Linien, Flächen) führt zu räumlichen Mustern (engl. patterns).

3 Kartografie

Abb. 3.28
Bern West als Beispiel
für die komplexe Realität
(B. Marti, 2015)

3.5.2 Punktdaten, Liniendaten, Flächendaten

Das Interpretieren von solchen Patterns ist eine der häufigsten Aufgabenstellungen der modernen Geografie. Auf der Grundlage von Punktdaten werden Erdbeben in der Schweiz und im benachbarten Ausland nach Magnitude (siehe Abb. 3.29) bearbeitet. Strassen und Grenzen werden anhand von Liniendaten (siehe Abb. 3.30) kartiert. Um den Gebäudeplan einer Siedlung zu ergänzen, arbeitet man mit Flächendaten (siehe Abb. 3.31).

Magnitude
- 4,0–4,1
- 4,2–4,4
- 4,5–4,8
- 4,9–5,2
- 5,3–5,7

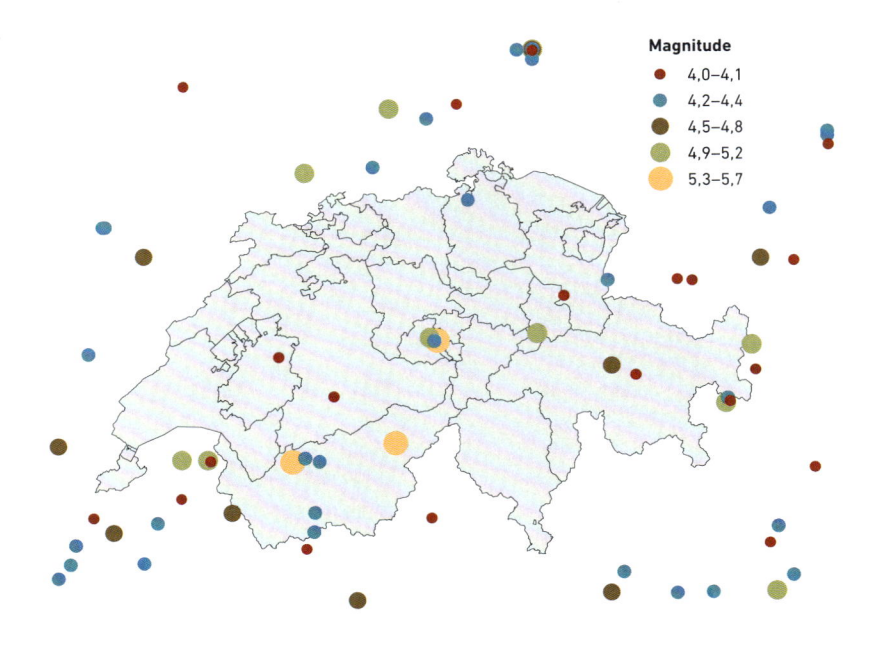

Abb. 3.29
Punktdaten: Erdbeben in der
Schweiz und im benachbarten
Ausland nach Magnitude,
1950–2005

Topografisches Landschaftsmodell

■ □ Abb. 3.30
Solothurn: Gemeindegrenze und ausgewählte Strassen als Liniendaten

□ ■ Abb. 3.31
Solothurn: Gemeindegrenze und Gebäude als Flächendaten

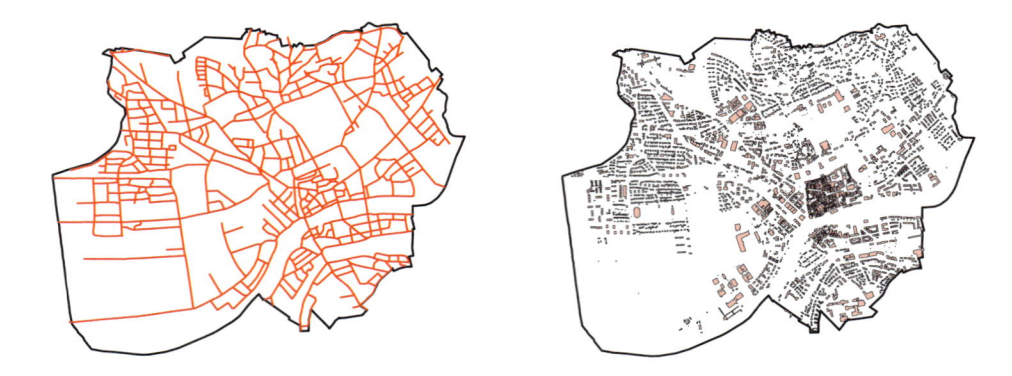

Umwandlung von Punktdaten in Flächendaten

Viele Fragestellungen erfordern die Umwandlung von Punkt- in Flächendaten (Interpolation). Eine solche Anwendung ist die Erstellung von Isothermenkarten (siehe Abb. 3.32). Für derartige Aufgabenstellungen sind Erweiterungen im Programm notwendig, sogenannte Extensions. Die Grundlage für die Kartierung bilden die Messwerte von Dutzenden von Klimastationen (Punktdaten). Aus dieser Vielzahl von Einzeldaten kann eine Isothermenkarte errechnet werden. Dabei versteht man unter rechnen interpolieren. Es entsteht ein scheinbar genaues Bild der Temperaturverteilung über eine ganze Fläche, z. B. der Schweiz. Die Karte ist also auf der Basis von vorliegenden Messwerten gerechnet und dargestellt.

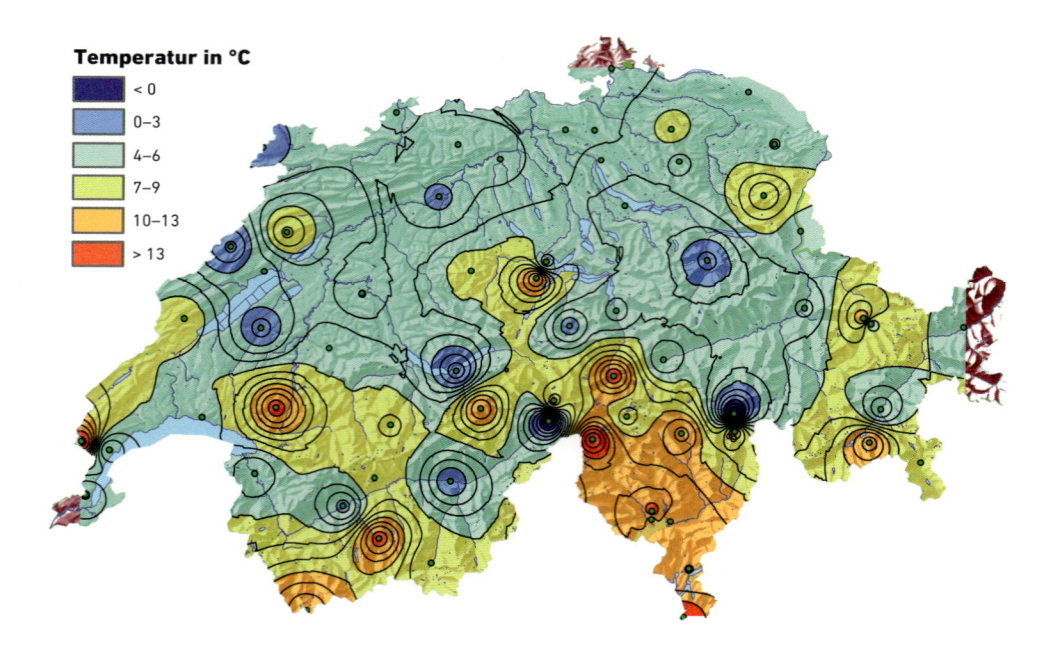

Abb. 3.32
Isothermenkarte vom 28. Juni 2007. Umwandlung von Punktdaten in Flächendaten.

Beispiel aus der Praxis: Erreichbarkeit von Schulhäusern

Wenn Punkt-, Linien- und Flächendaten (Vektordaten, Rasterdaten) in einem geografischen Informationssystem verarbeitet werden, können sehr komplexe Fragen beantwortet und interessante Zusammenhänge aufgezeigt werden. Viele Fragestellungen beschäftigen sich mit der räumlichen Erreichbarkeit. Damit kann beispielsweise der ideale Standort eines neuen Schulhauses oder einer Mobilfunkantenne bestimmt werden (Standortbeurteilung).

3 Kartografie

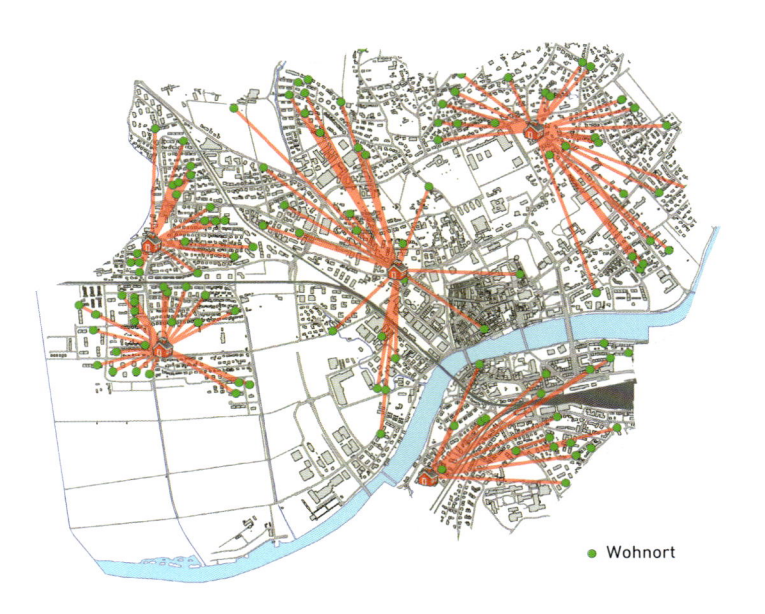

Abb. 3.33
Zuweisung der Kinder eines Jahrgangs zu den Primarschulhäusern

Ein immer wiederkehrendes Problem in einer Schuldirektion ist die Zuweisung der Kinder zu den einzelnen Schulhäusern. Folgende Fragen müssen berücksichtigt werden: Ist die Wegstrecke zeitlich zumutbar? Bestehen Risiken auf dem Schulweg, z. B. Strassenüberquerungen oder Kreuzungen? Wie gross ist die Kapazitäten der Schulhäuser?
Um dieses Problem zu lösen, werden die Adressen der Kinder und der Schulhäuser erfasst. Dann werden einzelne Bedingungen wie die Kapazität des Schulhauses, die Länge des Schulweges und die Schulwegsicherheit (Verkehrsaufkommen, Strassenübergänge usw.) definiert. Abb. 3.33 zeigt das Ergebnis einer solchen GIS-Analyse für Primarschulhäuser in der Stadt Solothurn.

Internet
Landesamt für Topografie: www.swisstopo.ch
Luftbilder: www.luftbilder-der-schweiz.ch

4 Wetter und Klima

Martin Hasler

Seit Jahrtausenden beschäftigen sich Menschen mit dem Wetter. Dies ist verständlich, entscheidet doch der Wetterverlauf über Anbau und Ernteerfolg. Unwetter, Hochwasser und Dürren verursachen Schaden und gefährden auch heute noch Menschen in ihrer Existenz. Auch in der Freizeitgesellschaft des 21. Jahrhunderts ist das Wetter von grossem Interesse – die hohen Einschaltquoten der Fernsehwetterberichte und die vielen Zugriffe auf die Wetterseiten im Internet und auf die einschlägigen Apps bestätigen das –, weil das Wettergeschehen Reise- und Ferienpläne bzw. Freizeitaktivitäten bestimmt. Das Wetter ist eines der wenigen Phänomene, das sich der Beeinflussung und Steuerung durch den Menschen weitgehend entzieht.

4.1 Meteorologie und Klimatologie

Zwei Wissenschaftszweige befassen sich mit der Lufthülle der Erde: Die **Meteorologie** (griech. «meteoros» = in der Luft schwebend) beschäftigt sich wissenschaftlich mit dem aktuellen Zustand der Atmosphäre und erfasst diesen heute mit aufwendigen Messmethoden in einem weltumspannenden und mehrschichtigen Netz. Meteorologen versuchen, die dynamischen Prozesse in der Atmosphäre numerisch zu erfassen, um damit unter anderem den Wetterablauf für die nächsten Tage möglichst genau vorhersagen zu können. Bei numerischen Wetterprognosen werden die Stationsdaten rechnerisch in ein dreidimensionales Gitternetz übertragen, das dann als Ausgangslage für die Simulation der Entwicklung der Atmosphäre in den nächsten Tagen dient.

Abb. 4.1
Teil der automatischen Wetterstation auf dem Schilthorn, 2971 m. In der Lamellendose links befindet sich ein Temperatur- und ein Feuchtesensor, die Windfahne in der Mitte zeigt die Windrichtung an, und ganz rechts misst ein Anemometer die Windgeschwindigkeit.

Auch der Begriff **Klima** (griech. «klinein» = neigen) geht auf die Antike zurück. Bereits die Griechen erkannten, dass die unterschiedliche Sonneneinstrahlung, eine Folge der Neigung der Erdachse gegenüber der Ekliptik (vgl. Kap. 2.4), zu einem unterschiedlichen Witterungsverlauf führt. Die **Klimatologie** befasst sich daher mit dem mittleren Zustand der Atmosphäre und beschreibt die durchschnittlichen Wetterverhältnisse einzelner Orte und Gebiete. Mit den **Klimaelementen** (Strahlung, Temperatur, Luftdruck, Wind, Luftfeuchtigkeit, Verdunstung, Niederschlag und Bewölkung) wird das Klima eines Ortes möglichst umfassend beschrieben. Die **Klimafaktoren** erklären mit den räumlichen Voraussetzungen (geografische Breite, Lage zum Meer, Meeresströmungen, Relief, Höhenlage, Exposition, Vegetation) den unterschiedlichen Klimaverlauf. Orte mit einem vergleichbaren durchschnittlichen Wetterablauf werden in einer **Klimazone** zusammengefasst. Während Wetteränderungen kurzfristig eintreten können und Gegenstand der meteorologischen Forschung sind, lassen sich **Klimaschwankungen** und **Klimaänderungen** nur durch Beobachtungen über längere Zeiträume erfassen. Da die Aufzeichnungen meteorologischer Daten nur selten mehr als zweihundert Jahre zurückreichen, bemühen sich Klimatologen vor allem um die Auswertung sogenannter **Klimaarchive**. Dabei handelt es sich um Klimadaten, die indirekt durch die Analyse von Eisbohrkernen, Pollenprofilen, Baumholzproben usw., aber auch durch die Auswertung historischer Quellen (z. B. Erntestatistiken, Katastrophenberichte) gewonnen werden.

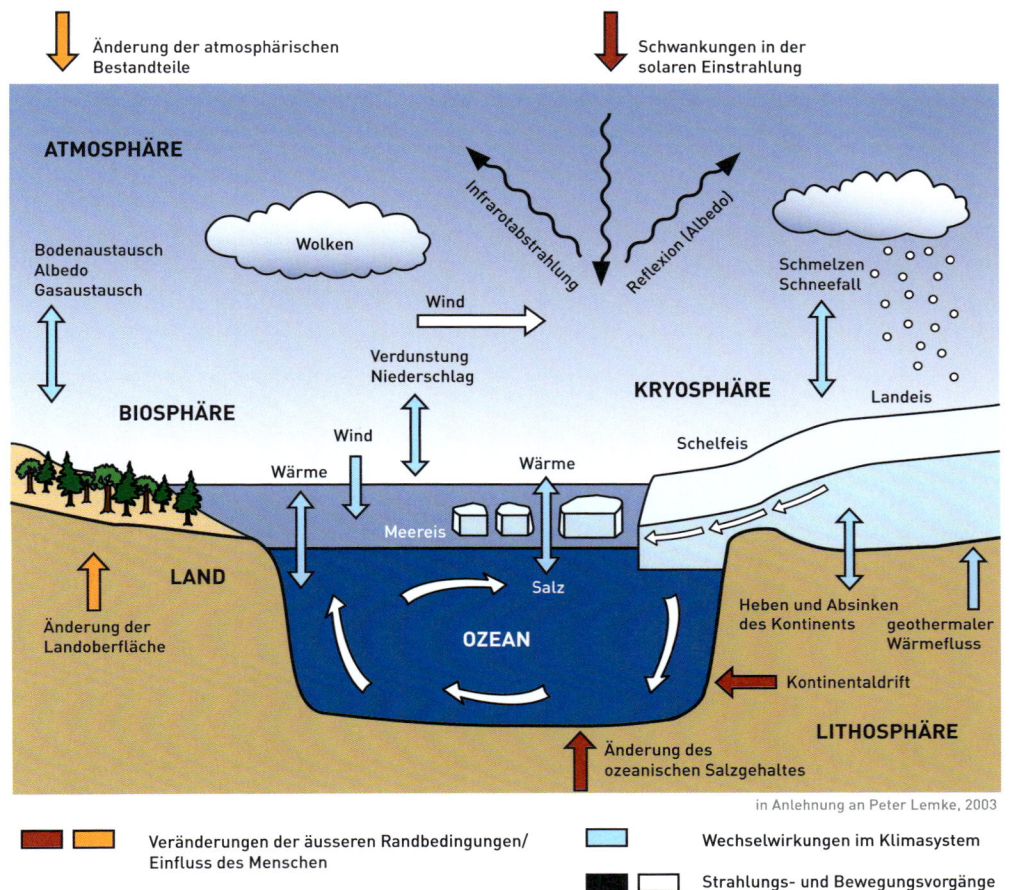

Abb. 4.2
Klimasystem

4.2 Aufbau und Zusammensetzung der Atmosphäre

Die **Atmosphäre** (griech. «atmos» = Dampf, «sphaira» = Kugel) ist die Lufthülle der Erde. Sie lässt sich aufgrund des Temperaturverlaufes in «Stockwerke» gliedern (Abb. 4.3).
In der **Troposphäre** (griech. «trope» = Wende) spielt sich das eigentliche Wettergeschehen ab. Die mittlere Temperatur sinkt von 15 °C auf Meereshöhe auf durchschnittlich −55 °C an der Tropopause, der Grenze zur Stratosphäre. Die Tropopause liegt über dem Äquator in maximal 18 km Höhe, über den Polen noch in 8 km. Innerhalb der Troposphäre verzeichnet die Temperatur im Durchschnitt eine Abnahme um 0,65 °C pro 100 m Höhenzunahme.
In der **Stratosphäre** (griech. «stratos» = Schicht) bleibt die Temperatur oberhalb der Tropopause zunächst tief, um dann weiter oben bis zur Stratopause in 50 km Höhe auf etwa +10 °C anzusteigen. Hier wird die energiereiche Ultraviolettstrahlung, die für Mensch, Tier und Pflanzen gefährlich ist, durch Sauerstoff und **Ozon** (griech. = das Riechende) grösstenteils absorbiert und in Wärme umgewandelt. Der Ozonschicht kommt damit eine wichtige Schutzfunktion zu. Zudem wirkt die Temperaturzunahme in der Stratosphäre als Inversion (vgl. Abb. 4.3) und blockiert den vertikalen Austausch zwischen der Troposphäre und der Stratosphäre. Das für die Erdoberfläche wichtige meteorologische Geschehen beschränkt sich somit auf die Troposphäre.

Aufbau und Zusammensetzung der Atmosphäre

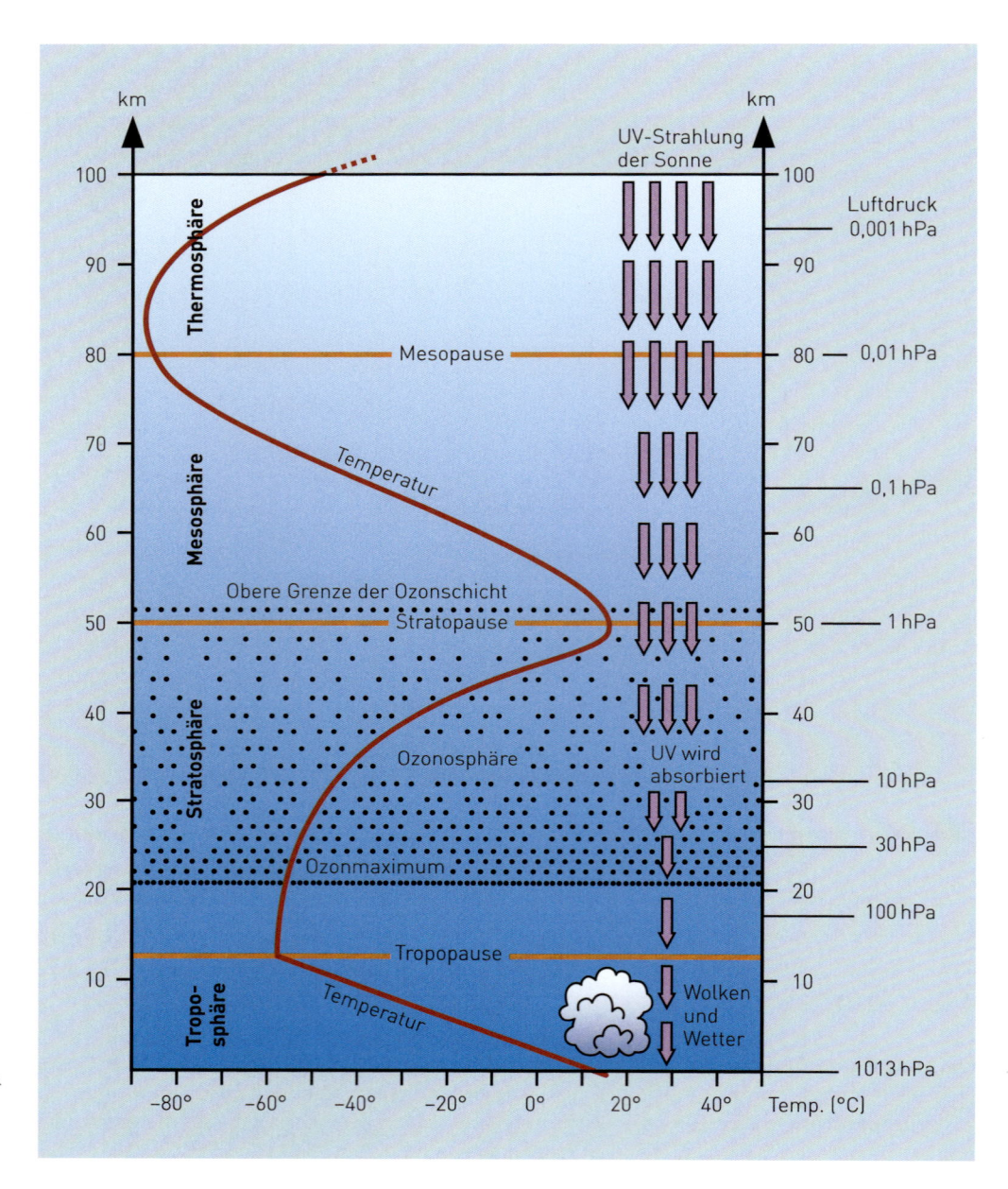

Abb. 4.3
Der Aufbau der Atmosphäre. Der Temperaturverlauf gliedert die Atmosphäre in Stockwerke (hPa: Hektopascal).

Die über der Stratosphäre liegende **Mesosphäre** (griech. «meson» = Mitte) ist gekennzeichnet durch eine starke Temperaturabnahme von etwa +10 °C an der Stratopause (50 km Höhe) bis etwa −80 °C an der Mesopause in 80 km Höhe.

In der anschliessenden **Thermosphäre** (griech. «thermos» = warm) steigt die Temperatur wiederum stark an, was auf die geringe Gasdichte zurückzuführen ist, in der durch die UV-Strahlung ebenfalls Sauerstoffmoleküle (O_2) zu atomarem Sauerstoff (O) gespalten werden, der hier aber aufgrund der geringen Gasdichte keine weiteren Bindungen eingeht. Allerdings beschreiben die Temperaturen, die gegen oben über 1000 °C erreichen, die Bewegungsenergie der Moleküle und Atome und können kaum als «Hitze» im herkömmlichen Sinne bezeichnet werden. Da ab etwa

80 km Höhe ionisierte, also elektrisch geladene Gasmoleküle bzw. Gasatome vorkommen, spricht man hier auch von der **Ionosphäre** (Ion: elektrisch geladenes Teilchen). Durch das Auftreffen des «Sonnenwindes» (Elektronen und Protonen, die von der Sonne in unterschiedlicher Stärke in den Weltraum geschleudert werden) auf das Magnetfeld der Erde folgen die Elektronen und Protonen den Feldlinien des Magnetfeldes der Erde und tauchen über den Polen tief in die Atmosphäre ein. Dadurch werden in der Höhe zwischen 70 und 80 km Sauerstoffatome und Stickstoffmoleküle angeregt und emittieren Licht im grünlichen, roten und manchmal auch violetten Bereich, was dann als **Polarlicht** («Nordlicht» und «Südlicht») in schwingenden Bändern sichtbar wird.

Der allmähliche Übergang der Atmosphäre ab etwa 400 km Höhe in den Weltraum wird als **Exosphäre** (griech. «exo» = ausserhalb) bezeichnet.

Obwohl sich das Wettergeschehen weitgehend in der Troposphäre abspielt, sind die darüber liegenden Luftschichten als Schutzfilter lebenswichtig, da sie die kurzwellige, energiereiche und für den Menschen gefährliche Strahlung der Sonne absorbieren und in Wärme umwandeln.

Der **Normalluftdruck auf Meereshöhe** beträgt 1013 Hektopascal (1 hPa = 1 Millibar [mb] = 100 Newton pro Quadratmeter, N/m²) auf 45° Breite und bei 0 °C. Dies entspricht auf Meereshöhe dem Druck einer 10,13 m hohen Wassersäule. Der Luftdruck nimmt mit der Höhe rasch ab und beträgt in 50 km Höhe nur noch 1 hPa.

Die **Zusammensetzung der Luft** bleibt bis in etwa 80 km Höhe (Mesopause) konstant. Der Wasserdampfgehalt variiert zeitlich und räumlich stark und kann bis zu 4 Prozent betragen. Trockene Luft besteht aus folgenden Bestandteilen (Volumenprozente):

Stickstoff	N_2	78,08 %
Sauerstoff	O_2	20,95 %
Argon	Ar	0,93 %
Kohlendioxid	CO_2	380 ppm (parts per million)
Neon	Ne	18 ppm
Helium	He	5 ppm
Methan	CH_4	2 ppm
Krypton	Kr	1 ppm

4.3 Klimaelemente

Klimaelement	Messinstrumente	Masseinheit
Strahlung	Pyranometer, Pyrheliometer	Intensität: W/m² Dauer: Sonnenscheindauer in Stunden
Temperatur	Thermometer	°C
Luftfeuchtigkeit	Hygrometer	Relative Luftfeuchtigkeit: %
Luftdruck	Barometer	hPa (früher: 1 mb [= 1 hPa] = 760 mm Quecksilbersäule)
Wind	Anemometer, Windfahne	m/s (1 m/s = 3,6 km/h), Windrichtung
Niederschlag	Regenmesser (Pluviometer)	mm (1 mm/m² = 1 Liter Wasser/m²)

Klimaelemente

4.3.1 Strahlung

Die Energie für das gesamte Wettergeschehen stammt von der Sonne. Die an der Atmosphärenoberfläche zur Verfügung stehende eingestrahlte Energie beträgt, senkrecht zur Einfallsrichtung der Sonnenstrahlen gemessen, 1370 W/m² (Watt pro Quadratmeter). Dieser Wert wird als **Solarkonstante** bezeichnet. Die Kugeloberfläche der Erde erhält allerdings durchschnittlich nur 341,3 W/m² (vgl. Abb. 4.4). Betrachtet man das Strahlungsspektrum der Sonne, wird klar, dass die von der Sonne abgestrahlte Energie ihre höchste Intensität im kurzwelligen Bereich aufweist (maximale Intensität bei 500 nm; 1 Nanometer = 10^{-9} m), das heisst, die Erde erhält die Energie als UV- (Ultraviolett) und Lichtstrahlung. Beim Auftreffen der Sonnenstrahlung auf die Atmosphäre und die Erdoberfläche werden Teile dieser Strahlung **reflektiert** (Abb. 4.4). Das Reflexionsvermögen von nicht selbst leuchtenden Oberflächen wird durch das **Albedo** beschrieben, ein Wert, der das Verhältnis der einfallenden zur reflektierten Strahlung wiedergibt (Abb. 4.5). Für Wolken liegt der Wert zwischen 0,6 und 0,9, was bedeutet, dass 60–90 Prozent der einfallenden Strahlung reflektiert wird.

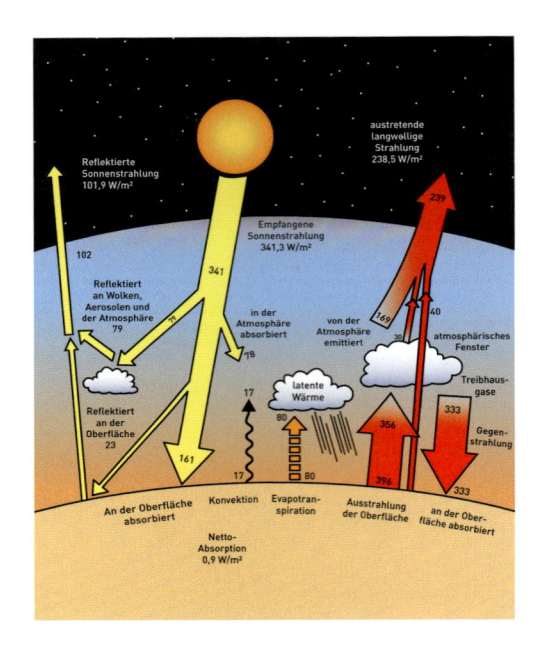

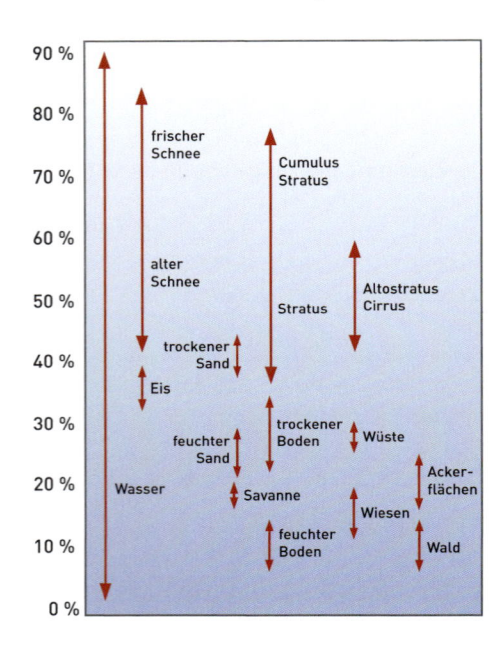

■ □ Abb. 4.4 Strahlungsbilanz der Erde: Die kurzwellige Lichtstrahlung wird am Erdboden in langwellige Wärmestrahlung umgewandelt und an die Atmosphäre abgegeben, alle Zahlenangaben in W/m². Nach Thiel und Trenberth, 2009

□ ■ Abb. 4.5 Ausgewählte Albedowerte

Ein geringer Teil der Sonnenstrahlung wird von der Atmosphäre **absorbiert,** und etwa die Hälfte der Strahlung gelangt direkt oder indirekt bis zum Erdboden (Globalstrahlung) und heizt diesen auf. Die Erde ihrerseits strahlt Energie in langwelliger Form als Wärme ab, die von den Gasen der Atmosphäre absorbiert wird (Abb. 4.4). Die Sonnenstrahlung wird also zum Teil reflektiert und zum Teil absorbiert. Da für die **Verdunstung** von Wasserdampf Energie in Form von Wärme benötigt wird, gelangt über die Verdunstung sogenannte latente Wärme in die Atmosphäre, die dann bei der Kondensation wieder freigesetzt wird. Auch durch Turbulenzen wird Energie direkt in die Atmosphäre transportiert. Zusammengefasst lässt sich festhalten, dass die Erde von der Sonne Energie hauptsächlich in Form kurzwelliger Strahlung erhält und diese vor allem am Boden in langwellige Strahlung umgewandelt wird, die dann von der Atmosphäre aufgenommen werden kann und als erwärmte Luft wahrgenommen wird. Man spricht von einem **natürlichen Treibhauseffekt**.

4.3.2 Lufttemperatur

Die Lufttemperatur wird in Wetterstationen 2 m über dem Boden, an beschatteten und gut durchlüfteten Stellen, gemessen. Zu wissenschaftlichen Zwecken und für spezielle Kundengruppen werden auch Temperaturen in Bodennähe (z. B. für die Abschätzung der Bodenfrostgefahr) und mit Ballonsonden in den oberen Luftschichten (z. B. für Flugwetterberichte) gemessen.

Die gemessene Temperatur eines Ortes wird in °C (Grad Celsius) angegeben und ist von folgenden Faktoren abhängig:

Ursache	Klimafaktor	Gesetzmässigkeit
Strahlung	1. Geografische Breite	Je weiter ein Ort vom Äquator entfernt liegt, desto geringer ist aufgrund des Einfallswinkels der Strahlung die eingestrahlte Sonnenenergie, und desto geringer ist damit die mittlere Jahrestemperatur.
	2. Jahreszeit	Die Ekliptikschiefe der Erdachse bedingt eine jahreszeitlich unterschiedliche Einstrahlung und damit ausserhalb der äquatorialen Regionen einen Jahresgang der Temperaturen.
	3. Tageszeit	Der Tagesgang der Sonne schlägt sich auch in tageszeitlich unterschiedlichen Temperaturen nieder. Dabei wird an einem vollen Strahlungstag das Maximum 1 bis 2 Stunden nach dem Sonnenhöchststand erreicht, das Tagesminimum in einer klaren Nacht kurz vor Sonnenaufgang.
Erdoberfläche	4. Höhe	Die Temperatur nimmt in der Troposphäre mit zunehmender Höhe ab.
	5. Exposition	Südexponierte Hänge erwärmen sich in den Gebirgsräumen der Nordhalbkugel stärker als Talböden und nordexponierte Hänge.
	6. Kontinentalität	Ein kontinentales Klima zeichnet sich durch hohe Temperaturdifferenzen v.a. im Jahresgang der Temperaturen aus. Ein ozeanisches Klima wirkt temperaturausgleichend.
	7. Meeresströmungen	Kalte Meeresströmungen reduzieren die Jahrestemperatur, warme erhöhen sie.
Zirkulation	8. Luftmassen	Durch die globale Zirkulation wird ein grossräumiger Luftmassenaustausch bewirkt, sodass vor allem für Orte, die im Einflussbereich der Polarfront liegen, rasche Temperaturwechsel möglich sind. Aber auch die kleinräumige Luftzirkulation (z. B. Seewind) vermag die Temperatur eines Ortes zu beeinflussen.
	9. Bewölkung	Bewölkung gleicht den Tagesgang der Temperaturen etwas aus, indem die Sonnenstrahlung tagsüber nur indirekt in Bodennähe auftrifft und die nächtliche Ausstrahlung (Abkühlung) durch die Bewölkung gemildert wird.

Wichtig für das Lokalklima sind zudem die Inversionswetterlagen. Als **Inversion** (Umkehr) wird eine Wetterlage bezeichnet, in der die Temperatur in Bodennähe tiefer ist als in der darüberliegenden Luftschicht. Damit wird etwa in Tallagen eine Durchmischung der Bodenluftschicht mit der freien Atmosphäre verhindert. Die Luftschadstoffe bleiben im Talboden «gefangen» und reichern sich von Tag zu Tag weiter an (Abb. 4.6 und 4.7).

Klimaelemente

Abb. 4.6
Inversionslage: Die Schichtung der Atmosphäre (Temperaturverteilung) bei normaler Wetterlage und bei einer Inversionslage, beispielsweise bei einer winterlichen Bodennebellage

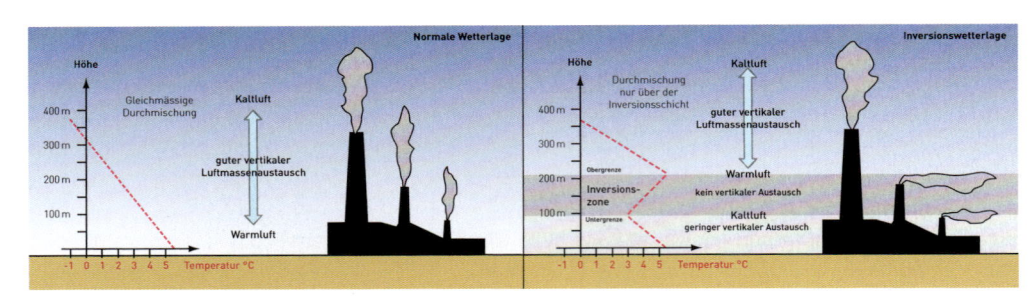

Abb. 4.7
Eine winterliche Inversionslage: Nebel oder Hochnebel über dem Mittelland, in den Alpen Sonne und gute Fernsicht. Bild: Blick von der Moosegg (967 m ü. M.) zu den Berner Alpen

Temperaturmittelwerte: Aus den während eines Tages zu festen Zeiten gemessenen Temperaturen wird ein Tagesmittelwert ermittelt. Aus den mittleren Tagestemperaturen ergibt sich das Monatsmittel, aus den Monatsmitteltemperaturen die Jahrestemperatur. Nach 10 bzw. nach 30 Jahren lassen sich Jahresmittelwerte berechnen. Klimadiagramme zeigen meist über 30 Jahre gemittelte Monatstemperaturen auf.

4.3.3 Luftfeuchtigkeit, Wolken, Niederschlag

Durch Verdunstung gelangt Wasserdampf hauptsächlich von den Ozeanoberflächen in die Atmosphäre. Die Luft hat in der Troposphäre je nach Ort und Zeit einen unterschiedlichen Wasserdampfgehalt. Die in einem Kubikmeter Luft enthaltene Wasserdampfmenge wird als **absolute Luftfeuchtigkeit** bezeichnet und in g/m^3 angegeben. Die Wasserdampfmenge kann, vergleichbar zum Luftdruck, auch als **Dampfdruck,** das heisst als Partialdruck des Wasserdampfes (ausgedrückt in Pa), angegeben werden.

Die Luft kann nicht beliebig viel Wasserdampf aufnehmen. Die maximale Menge ist abhängig von der Temperatur und wird als **Sättigungsmenge** bezeichnet. Mit **Taupunkt** wird jene Temperatur bezeichnet, auf die ein Luftpaket abgekühlt werden muss, damit **Kondensation** eintritt. Dabei gilt: Je höher die Temperatur, desto mehr Wasserdampf vermag eine Luftmasse bis zur Sättigung aufzunehmen.

4 Wetter und Klima

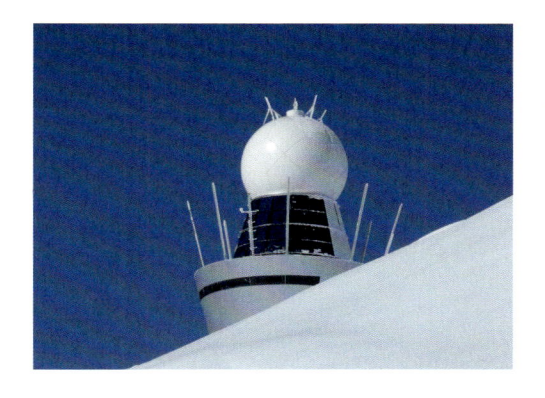

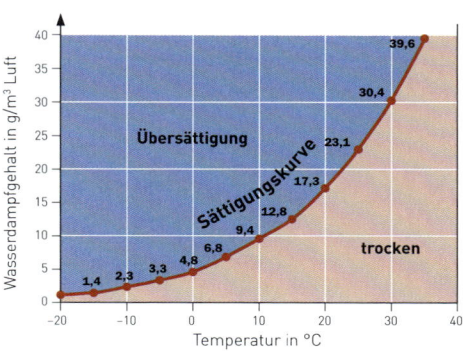

■ ☐ Abb. 4.8
Der Wetterradar von Meteo Schweiz auf dem Pointe de la Plaine Morte

☐ ■ Abb. 4.9
Taupunkts- oder Sättigungskurve: Die Sättigungsmenge ist temperaturabhängig.

Aus der Sättigungsmenge und der absoluten Feuchte lässt sich die **relative Luftfeuchtigkeit** berechnen, die sich an einem Hygrometer auch direkt ablesen lässt:

$$\text{Relative Feuchte (in \%)} = \frac{\text{absolute Feuchte (g/m}^3\text{)} \times 100}{\text{Sättigungsmenge (g/m}^3\text{)}}$$

Durch die Verdunstung nimmt eine Luftmasse Wasserdampf auf. Allerdings wird dadurch die Sättigungsmenge in der Regel nicht erreicht. Zur Kondensation kommt es meistens erst, wenn sich eine Luftmasse so weit abkühlt, dass der Taupunkt erreicht wird.

Dies ist möglich durch
- das Aufsteigen erhitzter Luft: Bildung von Cumulonimbuswolken und **Wärmegewittern** (vgl. Abb. 4.12);
- das Aufsteigen der Luft an der Vorderseite der Gebirge: **Steigungsniederschläge**;
- das Aufsteigen und Aufgleiten wärmerer Luft an einer Front: **Frontalniederschläge**;
- Abkühlung von unten: Kaltluftseebildung, Inversion oder kalte Meeresströmung. Dabei bildet sich häufig **Bodennebel** (vgl. Abb. 4.6 und 4.7).

Es gelten folgende Gesetzmässigkeiten: Aufsteigende Luft kühlt sich um 1 °C pro 100 m Höhe ab **(trockenadiabatischer Temperaturgradient)**, bis der Taupunkt erreicht ist. Steigt die Luftmasse nach Erreichen des Taupunktes noch weiter auf, beträgt die Abkühlung noch ca. 0,6 °C pro 100 m Höhenzunahme **(feuchtadiabatischer Temperaturgradient)**. Eine absinkende Luftmasse erwärmt sich um 1 °C pro 100 m Höhenabnahme.

Unterschreitet die Temperatur einer Luftmasse den Taupunkt, kondensiert der Wasserdampf: Um **Kondensationskerne,** die aus Salzkristallen, Staubpartikeln oder Eiskeimen bestehen können und einen Durchmesser < 0,001 mm haben, bilden sich kleine Wassertröpfchen. Diese feinen Wassertröpfchen mit einem Durchmesser von etwa 0,01 mm verbleiben vorerst schwebend in der Atmosphäre und werden von innen als **Nebel,** von aussen als **Wolke** wahrgenommen. Von Nebel spricht die Meteorologie, wenn die Sichtweite unter 1000 m liegt.

Die Wolken lassen sich in zwei Hauptgruppen einteilen:
- **Cumulus-** oder Haufenwolken (lat. «cumulus» = Haufen): Sie sind das Ergebnis der **Konvektion,** des Aufsteigens warmer Luft in kälterer Umgebungsluft.
- **Stratus-** oder Schichtwolken (griech. «stratos» = Schicht): Sie entstehen durch **Advektion,** das Aufgleiten wärmerer auf kältere Luft.

Klimaelemente

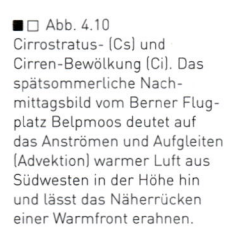

■ □ Abb. 4.10
Cirrostratus- (Cs) und Cirren-Bewölkung (Ci). Das spätsommerliche Nachmittagsbild vom Berner Flugplatz Belpmoos deutet auf das Anströmen und Aufgleiten (Advektion) warmer Luft aus Südwesten in der Höhe hin und lässt das Näherrücken einer Warmfront erahnen.

□ ■ Abb. 4.11
Cumulus-Bewölkung (Cu) über dem Mittelland. Durch das vertikale Aufsteigen warmer Luftblasen in kälterer Umgebungsluft (Konvektion) entstehen um die Mittagszeit in einer sommerlichen Hochdruckwetterlage diese Schönwetterquellwolken. Sie werden in der Meteorologie als Cumulus humilis (Cu hum) bezeichnet.

In der internationalen Wolkenklassifikation werden die Wolken in **zehn Wolkengattungen** sowie in Arten und Unterarten eingeteilt (vgl. Abb. 4.12).

Niederschlag kann je nach atmosphärischer Bedingung in verschiedenen Formen auftreten:

Regen   Tropfen mit einem Durchmesser von > 0,5 mm.

Nieselregen   Tropfen mit einem Durchmesser < 0,5 mm, ab etwa 0,1 mm langsam fallend.

Starkregen   Starke Regenfälle, die in 5 Minuten mehr als 5 mm oder in 60 Minuten mehr als 17 mm Niederschlag ergeben.

Schnee   Ab etwa −12 °C kondensiert der Wasserdampf direkt zu kleinen Eiskristallen (sog. Sublimation), die sich dann zu Schneeflocken zusammenballen.

Graupel   Unregelmässig geformte, lufthaltige und gefrorene Körnchen von 2 bis 5 mm Grösse, die durch kräftige Aufwinde etwa an Kaltfronten entstehen können.

Hagel   Gefrorene Regentropfen > 5 mm Durchmesser, die aus einem Eiskristallkern und mehreren gefrorenen Schalen bestehen und die bei Gewitterwolken mit starken Aufwinden durch mehrmaliges Anlagern eines Wasserfilmes und wiederholtes Gefrieren entstehen können.

Tau   Wasserdampf, der nachts an Pflanzen oder Gegenständen zu feinen Wassertröpfchen kondensiert.

Reif   Gefrorener Tau.

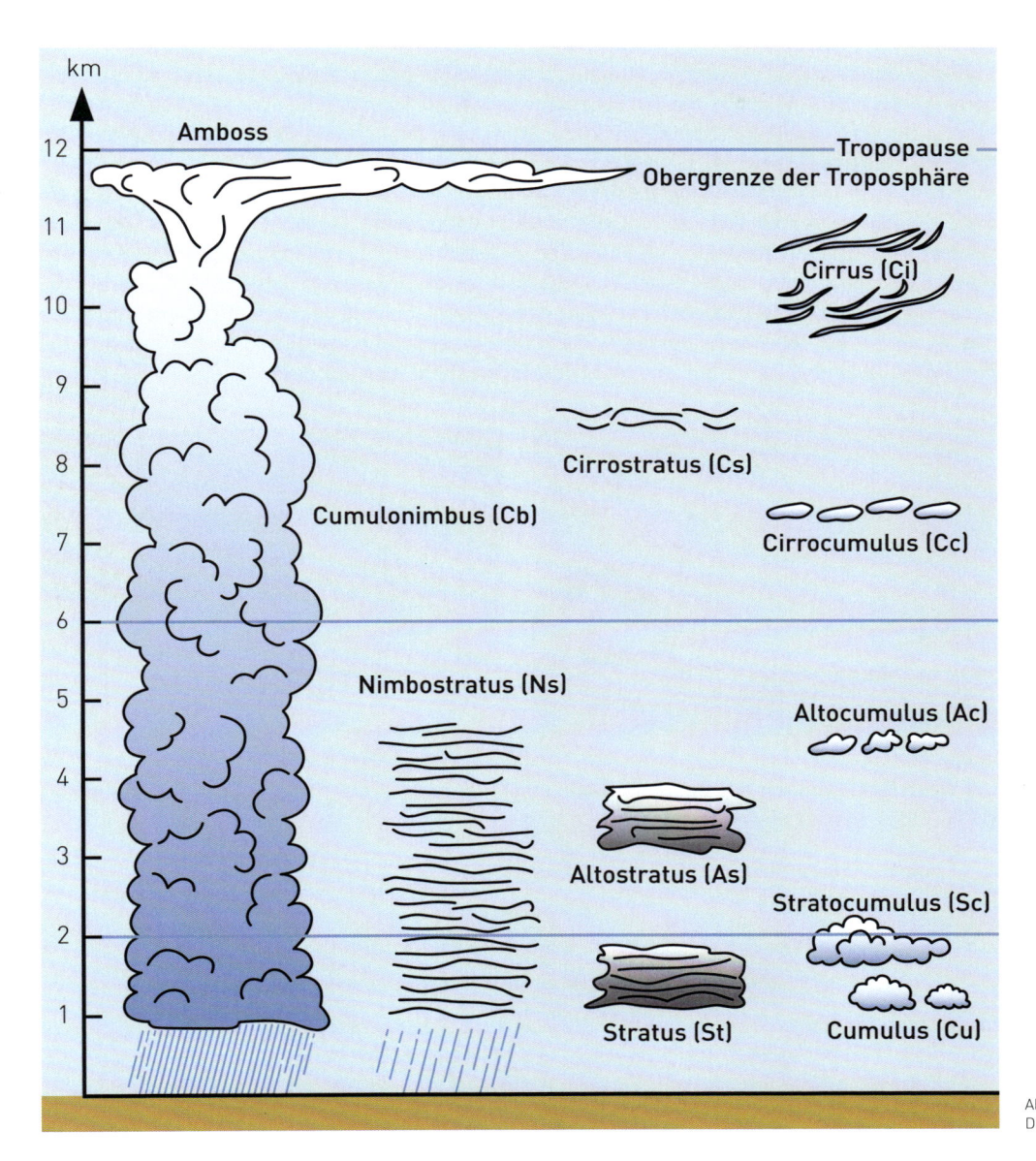

Abb. 4.12
Die zehn Wolkengattungen

4.3.4 Luftdruck und Winde

Der Normalluftdruck beträgt auf Meereshöhe bei 0 °C 1013 hPa (früher: 1013 mb [Millibar] oder 760 mm Quecksilbersäule). 1 Hektopascal (hPa) entspricht 100 N/m². Der Luftdruck nimmt mit der Höhe ab: Auf 5500 m Höhe beträgt er noch rund 500 hPa, in 11 000 m Höhe noch etwa 250 hPa. Als Faustregel gilt damit eine Halbierung des Luftdruckes pro 5500 m Höhenzunahme. Diese Gesetzmässigkeit wird beim barometrischen Höhenmesser zur Bestimmung der Höhe genutzt.

Der an den meteorologischen Stationen gemessene Luftdruck wird rechnerisch auf Meereshöhe normiert. So sind die Daten der Stationen vergleichbar und können einer **Wetterkarte** zugrundegelegt werden. Die Linien gleichen Luftdruckes, die eine Wetterkarte aufbauen, werden als **Isobaren** bezeichnet. Wetterkarten können mit einem topografischen Relief verglichen werden: Gebiete mit hohem Luftdruck («Berge») sind Hochdruckgebiete oder **Antizyklonen,** Gebiete mit tiefem Druck («Senken») Tiefdruckgebiete oder **Zyklonen** (griech. «kyklos» = Kreis).

Klimaelemente

Luftdruckunterschiede werden kleinräumig durch Temperaturunterschiede hervorgerufen und verursachen eine Zirkulation, die der Beobachter als **Wind** verspürt: Erwärmte Luft steigt auf und verursacht ein Bodentief, kühle Luft sinkt ab und erhöht dadurch den Bodendruck zu einem Bodenhoch. Das **Land-Seewind**-Beispiel vermag dies gut zu illustrieren (Abb. 4.13): Durch die Erwärmung des Festlandes beginnt dort tagsüber warme Luft aufzusteigen, wodurch über dem Land ein lokales Bodentiefdruckgebiet entsteht, das nun kühle Meeresluft «ansaugt» und einen See-Land-Wind erzeugt. Die aufsteigende Luft kühlt sich in der Höhe ab und sinkt über dem Meer ab, was dort ein Bodenhoch verursacht. Damit schliesst sich der thermisch erzeugte, lokale Windkreislauf. In der Nacht kühlt sich die Meeresoberfläche gegenüber dem Land nur geringfügig ab. Damit wird das lokale Tief auf das Wasser verlagert, die kühle Luft sinkt über dem Land ab und schliesst mit einer Windbewegung vom Land aufs Meer den nächtlichen Kreislauf.

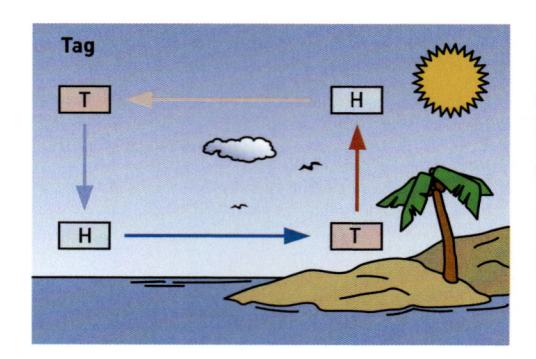

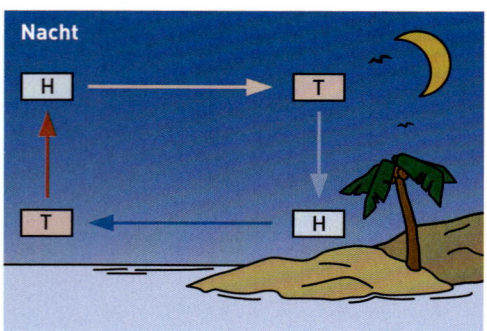

Abb. 4.13
Das Land-Seewind-Modell im Tag-Nacht-Verlauf

Die Windstärke wird mit der **Beaufort-Skala**, nach dem englischen Admiral Sir Francis Beaufort (1774–1857), bestimmt:

Beaufortgrad	m/s	km/h	Bezeichnung	Auswirkungen
0	0–0,2	< 1	Windstille	Rauch steigt gerade auf
1	0,3–1,5	1–5	Leichter Zug	Kaum spürbar, Rauch treibt leicht ab
2	1,6–3,3	6–11	Leichter Wind	Wind ist schwach fühlbar, Blätter werden bewegt, Windfahne zeigt Wind an
3	3,4–5,4	12–19	Schwacher Wind	Laub und dünne Zweige werden bewegt
4	5,5–7,9	20–28	Mässiger Wind	Dünne Äste werden bewegt. Staub, lockerer Schnee und Papier werden aufgewirbelt
5	8,0–10,7	29–38	Frischer Wind	Kleine Laubbäume beginnen zu schwanken, Schaumkronen auf Seen
6	10,8–13,8	39–49	Starker Wind	Starke Äste werden bewegt, Telefonleitungen pfeifen
7	13,9–17,1	50–61	Steifer Wind	Bäume schwanken, Behinderung beim Gehen
8	17,2–20,7	62–74	Stürmischer Wind	Zweige werden abgebrochen, das Gehen wird beschwerlich
9	20,8–24,4	75–88	Sturm	Äste brechen, Dachziegel werden weggerissen
10	24,5–28,4	89–102	Schwerer Sturm	Bäume werden entwurzelt, Schäden an Häusern
11	28,5–32,6	103–117	Orkanartiger Sturm	Dächer werden abgedeckt, Leitungsmasten geknickt
12	> 32,7	> 117	Orkan	Schwere Verwüstungen, Zerstörung von Gebäuden

Grossräumig führen die Temperaturgegensätze zwischen dem Äquator und den Polarregionen zu einem markanten Luftdruckgefälle über den gemässigten Breiten. Aber auch thermische Prozesse, wie das grossräumige Aufsteigen warmer Luft, und dynamische Prozesse, wie das Zusammenstossen verschiedener Luftmassen, bewirken das grossräumige Auftreten unterschiedlicher Bodendruckverhältnisse. Um das entstandene Druckgefälle zwischen hohem und tiefem Druck wieder auszugleichen, fliesst die Luft vom hohen zum tieferen Druck hin. Die Kraft, die aufgrund des Druckgefälles auf ein Luftteilchen wirkt, wird als **Gradientkraft** bezeichnet. Sie ist vom Ort höheren Luftdrucks zum Ort tieferen Luftdrucks gerichtet und wirkt senkrecht zu den Isobaren. Je grösser die auftretenden Luftdruckgegensätze sind, je geringer also der Abstand zwischen den Isobaren ist, desto stärker wirkt die Gradientkraft. Die Gradientkraft F_G auf einen Luftkörper mit dem Volumen V_L entsteht durch den unterschiedlichen Druck p_1 und p_2 zwischen zwei Orten, die eine Distanz D haben ($p_1 > p_2$).

Gradientkraft: $F_G = V_L \cdot ([p_1 - p_2]/D)$

F_G: Gradientkraft (N, Newton)
V_L: Volumen des bewegten Luftkörpers (m³) Volumen = Masse/Dichte
p: Druck (N/m²) ($p_1 - p_2$)/D ist der Druckgradient
D: Distanz (m)

Da sich die Erde von West nach Ost dreht, wird eine Luftmasse, die sich bewegt, abgelenkt. Die Drehgeschwindigkeit durch die Erdrotation beträgt am Äquator 465 m/s, in 47° nördlicher Breite (Bern) noch 317 m/s und nimmt gegen die Pole hin auf null ab (vgl. Abb. 4.14). Dies bewirkt, dass beispielsweise eine vom Äquator nach Norden fliessende Luftmasse der Erdoberfläche weiter nördlich vorauseilt, was auf der Nordhalbkugel eine Rechtsablenkung zur Folge hat. Auf der Südhalbkugel dagegen wird eine Luftmasse nach links aus der Bewegungsrichtung abgelenkt. Diese Gesetzmässigkeit wurde vom französischen Mathematiker Gaspard Gustave de Coriolis (1792–1843) entdeckt und nach ihm als **Corioliskraft** benannt.

Corioliskraft: $F_C = 2 \cdot m \cdot v \cdot \omega \cdot \sin \varphi$

φ: Geografische Breite
F_C: Corioliskraft (N)
m: Masse des Körpers (kg)
v: Geschwindigkeit (m/s)
ω: Winkelgeschwindigkeit der Erde
  $\omega = 2\pi/86400$ s $= 0{,}0000727$/s

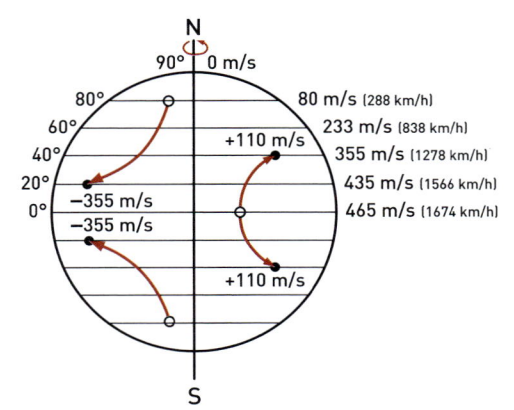

Abb. 4.14
Ablenkung der Luftmassen durch die Erdrotation

Bei der Corioliskraft handelt es sich um eine ablenkende Kraft, eine sogenannte Scheinkraft, die nur dann wirkt, wenn ein Luftteilchen in Bewegung versetzt wird. Ein Luftteilchen befindet sich im Gleichgewicht, wenn die Gradientkraft und die Corioliskraft sich gegenseitig aufheben (Abb. 4.15). Das Luftteilchen bewegt sich dann parallel zu den Isobaren.

Planetarische Zirkulation

■□ Abb. 4.15
Die Entstehung des geostrophischen Windes auf der Nordhalbkugel: Gradient- und Corioliskraft heben sich gegenseitig auf; das Luftteilchen bewegt sich parallel zu den Isobaren.

□■ Abb. 4.16
Die Luftmassenbewegung auf der Nordhalbkugel in den bodennahen Luftschichten

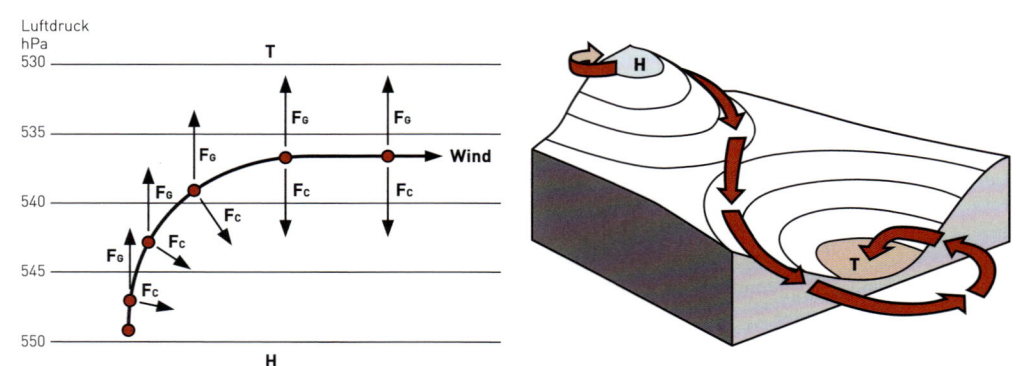

Diese Luftmassenbewegung wird als **Geostrophischer Wind** (griech. «geo» = Erde, griech. «strophe» = Drehung) bezeichnet. In den höheren Luftschichten bewegen sich Luftmassen als geostrophischer Wind, in Bodennähe werden sie durch die Reibung an der Erdoberfläche leicht abgebremst, wodurch eine Spiralbewegung aus dem Hochdruckgebiet heraus und in das Tiefdruckgebiet hinein entsteht (Abb. 4.16).

Es gilt folgende Regel: Die Luftmassen umfliessen Tiefdruckgebiete auf der Nordhalbkugel im Gegenuhrzeigersinn, Hochdruckgebiete dagegen werden im Uhrzeigersinn umströmt. Auf der Südhalbkugel verläuft die Luftmassenbewegung umgekehrt.

4.4 Planetarische Zirkulation

Durch die grosse Einstrahlung steigt die erhitzte Luft im Bereich des Äquators nach oben und erzeugt am Boden einen die Erde umspannenden Tiefdruckgürtel, die sogenannte **innertropische Konvergenzzone ITC** (Abb. 4.17). In ihr fliessen die **Passate** zusammen (konvergieren), die nach dem Absinken der tropischen Luft im **subtropischen Hochdruckgürtel** Richtung Äquator fliessen. Aufgrund ihrer konstanten Windrichtung werden sie als Nordostpassate auf der Nordhalbkugel bzw. Südostpassate auf der Südhalbkugel bezeichnet. Diese thermisch bedingte tropische Zirkulation wird als Hadley-Zelle (George Hadley, 1685–1768) bezeichnet.

Die nordwärts bzw. südwärts aus dem subtropischen Hochdruckgürtel ausfliessenden Winde stossen als Süd- bzw. Nord-**Westwinde** gegen Norden bzw. gegen Süden vor und treffen an der **Polarfront** auf die kalten **polaren Ostwinde.** An der Polarfront bilden sich deshalb die dynamischen Tiefdruckgebiete der gemässigten und subpolaren Breiten, und es entsteht damit die dynamisch erzeugte Ferrel-Zelle (William Ferrel, 1817–1891). In der Höhe nimmt das Luftdruckgefälle zwischen der hoch reichenden Warmluftsäule der Tropen und der weniger hoch reichenden Kaltluftsäule in den Polargebieten zu, was eine starke Westwindströmung über der Polarfront, einen **Jetstream** (Strahlstrom), ein Starkwindband in 7 bis 12 km Höhe mit Windgeschwindigkeiten zwischen 100 und 600 km/h entstehen lässt. Durch das Absinken kalter Luft über den Polen entsteht dort je ein **polares Kältehoch.**

Bedingt durch die jahreszeitliche Änderung des Sonnenstandes, verlagert sich die innertropische Konvergenzzone (ITC) im Nordsommer gegen Norden und im Südsommer gegen Süden. Dadurch kommt es zu einer Verlagerung der Druckzentren und der Windgürtel um 5° bis 8° nach Norden bzw. nach Süden. Als Folge ergeben sich Übergangszonen, wie die wechselfeuchten Tropen und das Mittelmeerklima (vgl. Abschnitt 4.5). Dabei handelt es sich also um Regionen, in denen sich der Witterungscharakter jahreszeitlich markant ändert.

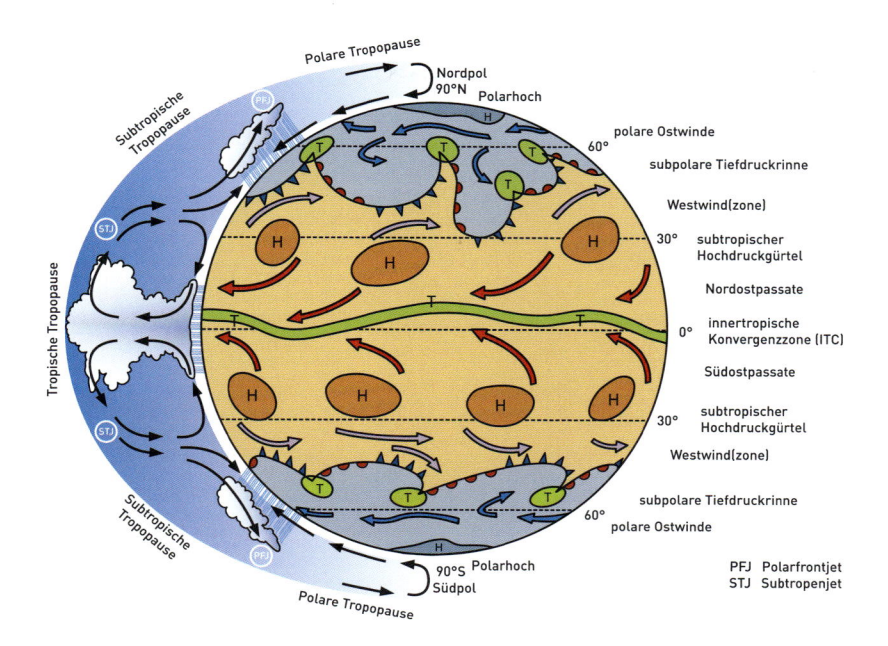

Abb. 4.17
Das Modell der planetarischen Zirkulation

4.5 Klimazonen der Erde

Tausende von Wetterstationen registrieren täglich das Wettergeschehen und melden ihre Daten den nationalen Wetterdiensten, die diese dann archivieren. Die Auswertung der über Jahrzehnte gesammelten Temperatur- und Niederschlagsdaten, die in einem **Klimadiagramm** dargestellt werden können (vgl. Kapitel 18, Geografische Arbeitsmethoden), erlaubt es, Stationen mit einem ähnlichen Witterungsverlauf zu einer **Klimazone** zu gruppieren. **Klimaklassifikationen** bezwecken die Abgrenzung einheitlicher Klimazonen. Genetische Klassifikationssysteme betrachten die Entstehung der Klimate, effektive Klassifikationssysteme orientieren sich an den Klimawerten, so die Klassifikation nach Köppen-Geiger (Wladimir Peter Köppen, 1846–1940; und Rudolf Geiger, 1894–1981). Entsprechend der Sonneneinstrahlung und der planetarischen Zirkulation (vgl. Abb. 4.17) sind die Klimazonen grundsätzlich entlang der geografischen Breite angeordnet. Die Hauptwindrichtungen und das Relief erklären die Unterschiede zwischen den Ost- und den Westküsten der Kontinente (vgl. Klimazonenkarte auf dem Vorsatz).

Die Karte auf dem Vorsatz und die folgende Tabelle verbinden Klima- und **Vegetationszonen**. Diesem Vorgehen liegt die Erkenntnis zugrunde, dass das Klima für die Vegetation ein wichtiger bestimmender Faktor ist. Klimazonen basieren dabei auf Messdaten, Vegetationszonen auf Beobachtungen. Dabei werden Grossräume der Erde, in denen eine gleichartige natürliche Vegetation auftritt, zu einer Zone zusammengefasst.

Die auf dem Vorsatz dargestellte Klimaklassifikation gliedert die unterschiedlichen Witterungsverhältnisse auf Meereshöhe. Für Gebirgsregionen ergeben sich **Höhenstufen,** die sich, vereinfacht dargestellt, vom Äquator zu den Polen absenken (Abb. 4.18). In den Alpen nimmt die mittlere Jahrestemperatur um 0,6 °C pro 100 m Höhenzunahme ab, was sich in den Vegetationsstufen niederschlägt (Abb. 4.19). Gebirgsräume bewirken durch die Reliefgliederung und die unterschiedliche Exposition auch regional- und mikroklimatisch kleinräumige Unterschiede. Die Alpen stellen zum Beispiel eine Klimagrenze zwischen Nord und Süd dar und können dadurch lokale Effekte wie den Föhn bewirken.

4.5.1 Klima- und Vegetationszonen

Kalte Zone

1 Eisregion — Eismitte, Grönland
Das ganze Jahr sehr kalt und trocken, alle Monate unter 0 °C

2 Tundra — Chesterfield Inlet, Kanada
Sehr kalte und trockene Winter, sehr kurze und kühle Sommer; alle Monate unter 10 °C, weniger als 100 Tage über 5 °C (Wachstumszeit)

3 Taiga (nördliche Nadelwälder) — Fairbanks, USA
Sehr kalte und trockene Winter, kühle und feuchte Sommer, wärmster Monat über 10 °C, 100 bis 170 Tage über 5 °C

Gemässigte Zone

4 Laubwälder, Mischwälder — Berlin, Deutschland
Länger als 170 Tage Wachstumszeit
- Ozeanisches Klima: kühle Sommer und milde Winter fast ohne Schnee; kältester Monat über 2 °C, wärmster Monat unter 20 °C
- Übergangsklima
- kontinentales Klima: warme bis heisse Sommer und kalte Winter mit Schnee, kältester Monat unter 2 °C

5 Winterkalte Steppen — Denver, USA
Weniger Regen als in Zone 4

6 Winterkalte Wüste — Astrachan, Russland
Das ganze Jahr trocken, heisse Sommer, kalte Winter

Subtropenzone

7 Immergrüne Hartlaubgewächse der Westseiten — Rom, Italien
Winterfeuchtes Mittelmeerklima
Heisse und trockene Sommer, milde und feuchte Winter
Kältester Monat zwischen 2 °C und 13 °C
mehr als 5 Monate feucht

8 Sommergrüne und immergrüne Wälder der Ostseiten — Shanghai, China
Wintertrockenes und sommerfeuchtes, z. T. immerfeuchtes Subtropenklima
Heisse Sommer, milde Winter, mehr als 5 Monate feucht

9 Subtropische Steppe — Tripolis, Libyen
Wie Zone 7, aber trockener, weniger als 5 Monate feucht

10 Subtropische Halbwüste und Wüste — In-Salah, Algerien
Das ganze Jahr sehr heiss und trocken

Tropen

11 Tropische Wüste — Bilma, Niger
Kältester Monat über 13 °C
0 bis 2 Monate Regenzeit

12 Dornsavanne — Timbuktu, Mali
2 bis 4,5 Monate Regenzeit

13 Trockensavanne — Ouagadougou, Burkina Faso
4,5 bis 7 Monate Regenzeit

14 Feuchtsavanne — Kinshasa, DR Kongo
7 bis 9,5 Monate Regenzeit

15 Tropischer Regenwald — Manaus, Brasilien
9,5 bis 12 Monate Regenzeit

4 Wetter und Klima

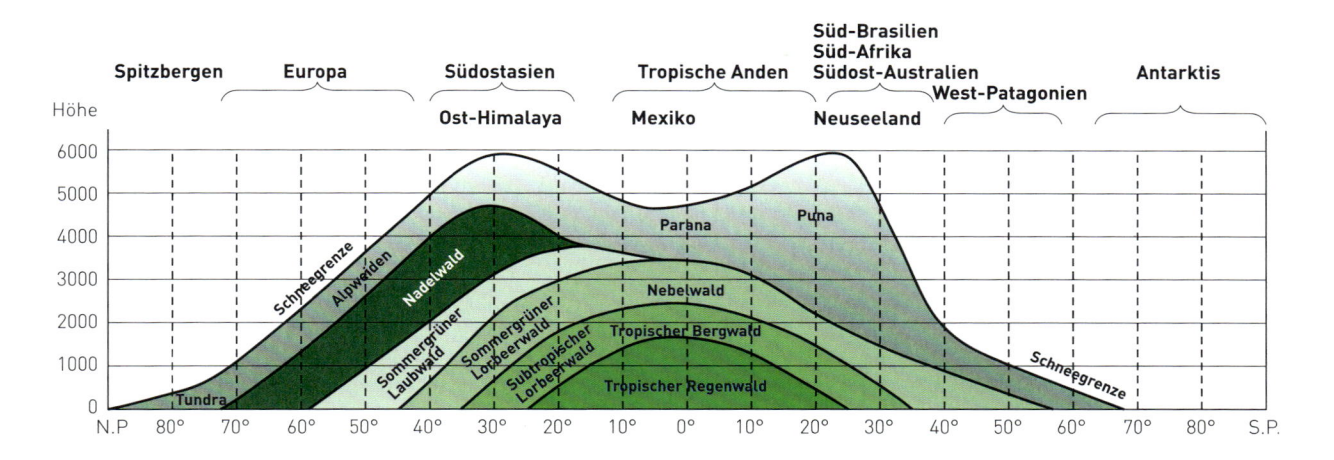

Abb. 4.18
Die Höhenstufen zwischen dem Äquator und den Polen

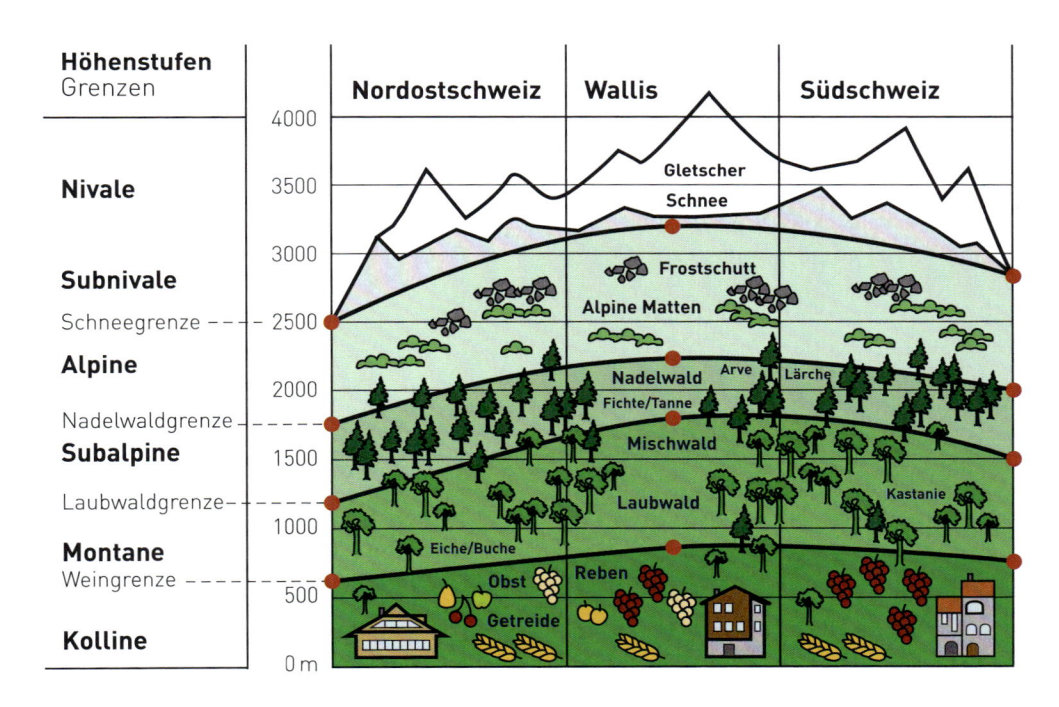

Abb. 4.19
Die Höhenstufen in den Alpen

4.6 Typische Wetterentwicklungen in Mitteleuropa

4.6.1 Polarfront und Jetstream

Mitteleuropa liegt im Einflussbereich der **Polarfront**. Eine starke Höhenströmung, ein **Jetstream**, umfliesst die Erde wellenförmig von West nach Ost. Diese Wellenbewegung ist entscheidend für die Wetterentwicklung in den darunter liegenden Gebieten, steuert diese Höhenströmung doch den Verlauf der **Tiefdruckgebiete (Zyklonen)** und die Entwicklung der **Fronten**.

Abb. 4.20
Höhenströmung im Bereich der Polarfront. Starke Westwinde umkreisen in der Höhe mäandrierend die Erde und steuern die Bildung von Hoch- und Tiefdruckgebieten.

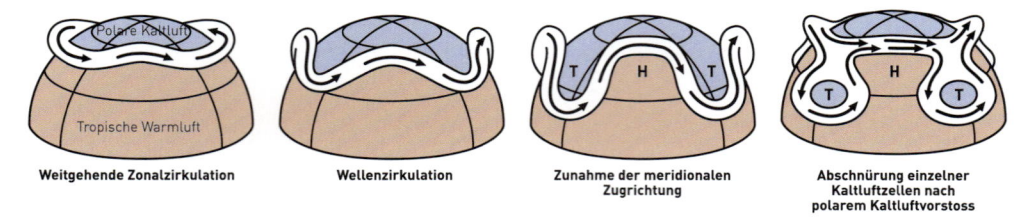

Weitgehende Zonalzirkulation — Wellenzirkulation — Zunahme der meridionalen Zugrichtung — Abschnürung einzelner Kaltluftzellen nach polarem Kaltluftvorstoss

4.6.2 Zyklonen und Fronten

Die in Mitteleuropa wetterwirksamen Zyklonen entstehen meist über dem Atlantischen Ozean im Dreieck Island – Schottland – Neufundland (**«Islandtief»**) und werden durch die starken Westwinde in der Höhe zum europäischen Kontinent gesteuert. Dabei entwickelt sich in Bodennähe zuerst ein Frontalsystem mit Warmfront und Kaltfront (Abb. 4.21). Da die Kaltfront rascher wandert als die Warmfront, vereinigen sich die beiden Fronten später. Verschwindet der Warmluftkeil in Bodennähe, wird also die warme Luft durch die vorangehende Warmfront und die nachfolgende Kaltluft in die Höhe abgehoben, spricht man von einer **Okklusion**. Da in einer okkludierten Zyklone die Zufuhr warmer Luft fehlt, löst sich das Tiefdruckgebiet langsam auf, es «füllt sich auf».

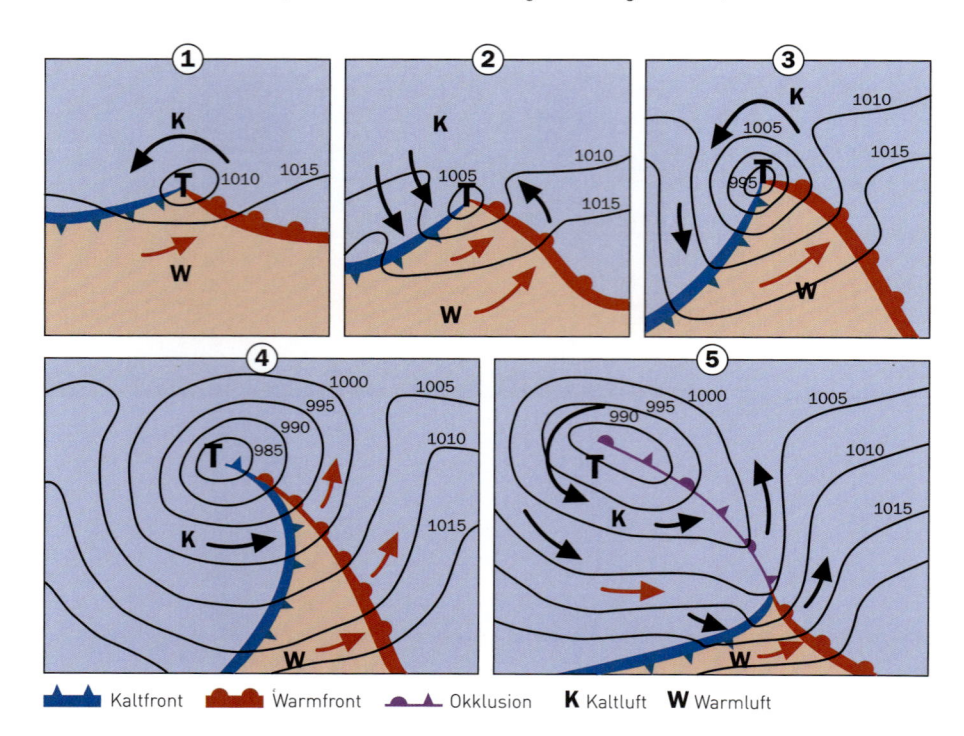

Abb. 4.21
Der Lebenslauf einer Zyklone

▲▲▲ Kaltfront   ●●● Warmfront   ▲●▲ Okklusion   **K** Kaltluft   **W** Warmluft

4 Wetter und Klima

Wetterkarte

Kaltluft
Niederschläge
Warmluft

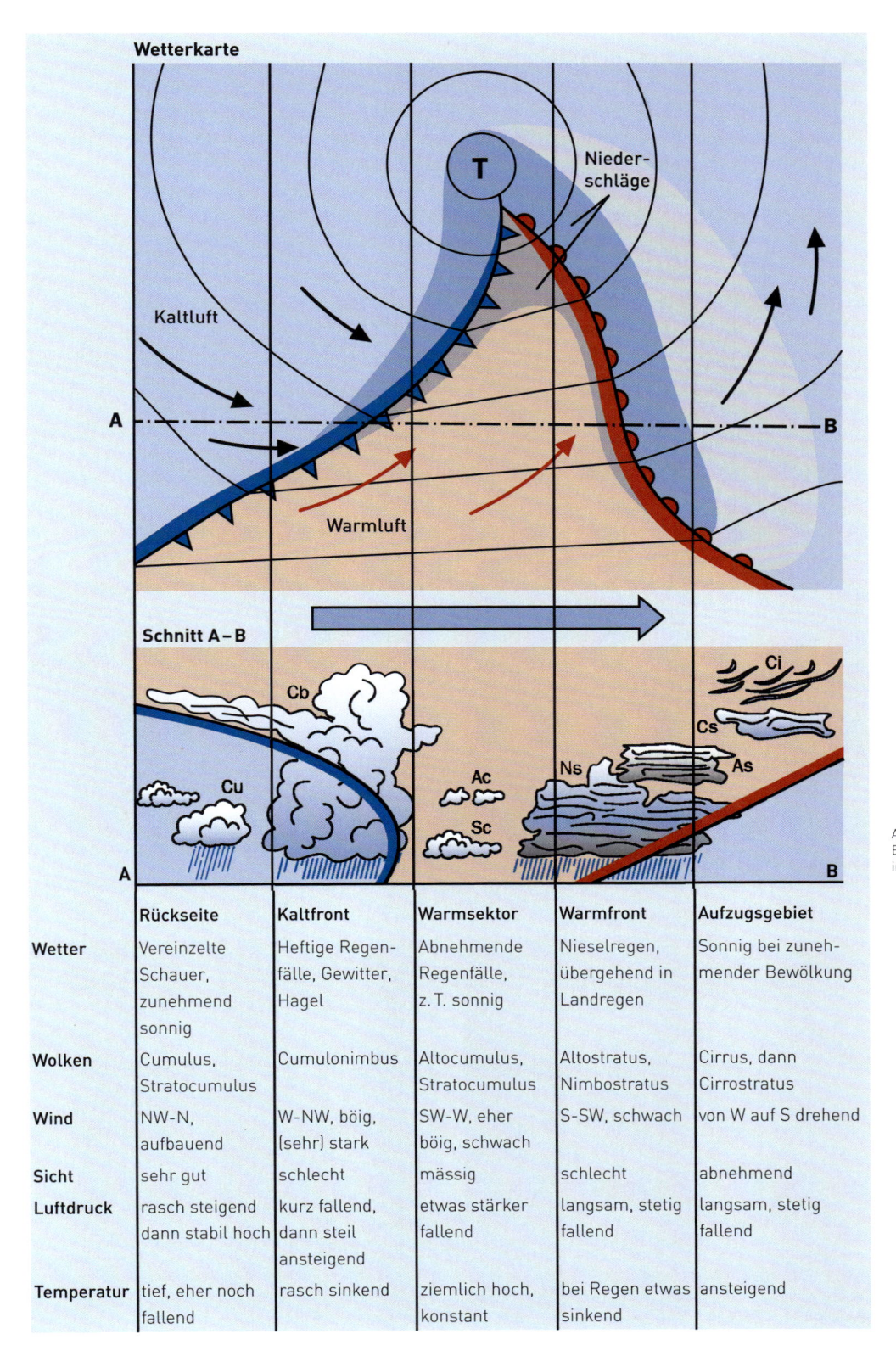

Schnitt A–B

Abb. 4.22
Ein Tiefdruckgebiet im Querschnitt

	Rückseite	Kaltfront	Warmsektor	Warmfront	Aufzugsgebiet
Wetter	Vereinzelte Schauer, zunehmend sonnig	Heftige Regenfälle, Gewitter, Hagel	Abnehmende Regenfälle, z. T. sonnig	Nieselregen, übergehend in Landregen	Sonnig bei zunehmender Bewölkung
Wolken	Cumulus, Stratocumulus	Cumulonimbus	Altocumulus, Stratocumulus	Altostratus, Nimbostratus	Cirrus, dann Cirrostratus
Wind	NW-N, aufbauend	W-NW, böig, (sehr) stark	SW-W, eher böig, schwach	S-SW, schwach	von W auf S drehend
Sicht	sehr gut	schlecht	mässig	schlecht	abnehmend
Luftdruck	rasch steigend dann stabil hoch	kurz fallend, dann steil ansteigend	etwas stärker fallend	langsam, stetig fallend	langsam, stetig fallend
Temperatur	tief, eher noch fallend	rasch sinkend	ziemlich hoch, konstant	bei Regen etwas sinkend	ansteigend

4.6.3 Grosswetterlagen in Mitteleuropa

Zyklonales und antizyklonales Wetter prägt in meist raschem Wechsel das Wetter im Alpenraum. Die Bodendruckverteilung und die Höhenströmung bestimmen die **Grosswetterlage** und damit den Wettercharakter. Sie entscheiden, ob die in den Alpenraum einströmende Luftmasse polaren oder tropischen Charakter hat, maritim oder kontinental ist.

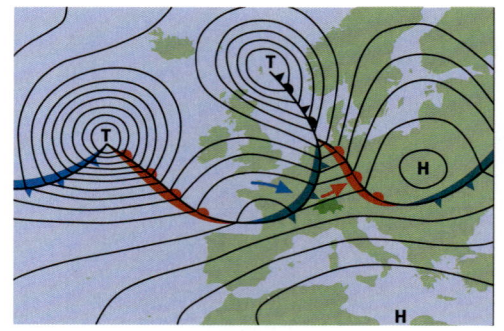

Westwindlage
Durch eine Westwindströmung werden Tiefdruckgebiete vom Atlantik nach Nordeuropa gesteuert. In rascher Folge überqueren Warm- und Kaltfronten Mitteleuropa und bewirken einen rasch wechselnden Wettercharakter.

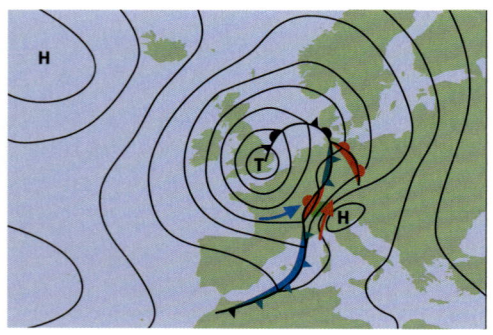

Südföhnlage
Ein Tief über dem Atlantik und ein Hoch über Osteuropa bewirken eine Südströmung über den Alpen (Details siehe nächste Seite).

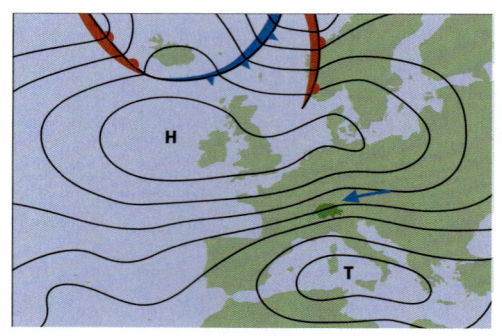

Bisenlage
Ein Hochdruckgebiet über den Britischen Inseln führt zu einer Nordostströmung über der Schweiz, die im Mittelland durch die Alpen und den Jura kanalisiert wird und als Bise auftritt.

Schönwetterlage
Ein Hochdruckgebiet erstreckt sich über Mitteleuropa und bewirkt im Winter kaltes, im Sommer sehr warmes, niederschlagsarmes Wetter.

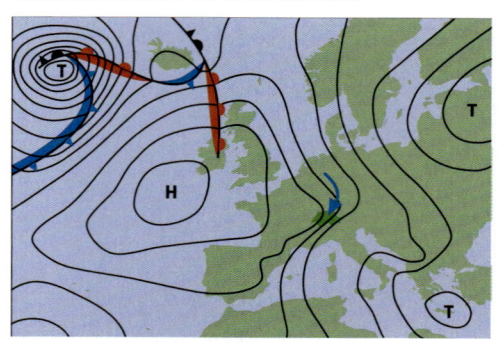

Staulage auf der Nordseite der Alpen
Durch ein Hochdruckgebiet über dem Atlantik wird in den unteren Luftschichten kühle und feuchte Luft (maritime Polarluft) gegen die Alpen gesteuert und löst auf der Nordseite der Alpen Stauniederschläge aus.

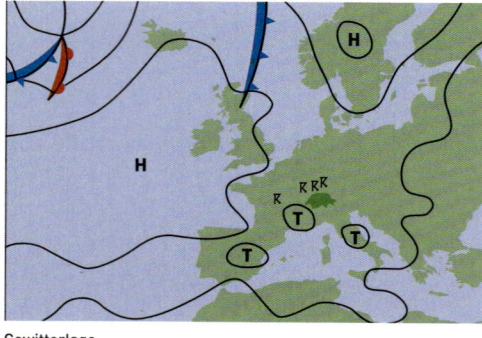

Gewitterlage
Bei einer flachen Druckverteilung über Mitteleuropa können vor allem im Sommerhalbjahr durch Konvektion Gewitterzellen entstehen und oftmals heftige und unberechenbare Gewitter auslösen.

▼▼▼ Kaltfront   ▲▲▲ Warmfront   ▲▼▲ Okklusion   ➤ Kaltluft   ➤ Warmluft   R Gewitter

Abb. 4.23
Sechs typische Grosswetterlagen in Mitteleuropa

4.6.4 Föhn

Die Bezeichnung Föhn stammt vom lateinischen «favonius» und kann mit «warmer Wind» übersetzt werden. Der Begriff wird mittlerweile in der Meteorologie für alle reliefgebundenen Fallwindeffekte verwendet. Im Alpenraum ist von **Nordföhn** die Rede, wenn feuchte Polarluft aus Nordwesten gegen die Alpen gesteuert wird, auf der Nordseite zu einer Staulage führt und dann als Nordföhn in die Tessiner Täler einbricht.

Beim **Südföhn** löst ein Tiefdruckgebiet über dem Atlantik eine Südströmung über dem Alpenraum aus (Abb. 4.24). Die feuchte Luft aus dem Mittelmeerraum steigt an den Alpen auf, der Taupunkt ist schon bald erreicht, und die Luftmasse kühlt sich nur noch feuchtadiabatisch (um ca. 0,6 °C pro 100 m) ab. Auf der Nordseite der Alpen fällt die Luftmasse rasch ab, der Taupunkt wird unterschritten, die fallende Luft erwärmt sich trockenadiabatisch um 1 °C pro 100 Meter und die relative Luftfeuchtigkeit sinkt (Abb. 4.26). Die Wolkendecke lockert sich oder löst sich ganz auf. Das warme und trockene Wetter auf der Nordseite hält an, bis die aus Westen vorstossende Kaltfront die Föhnlage ablöst.

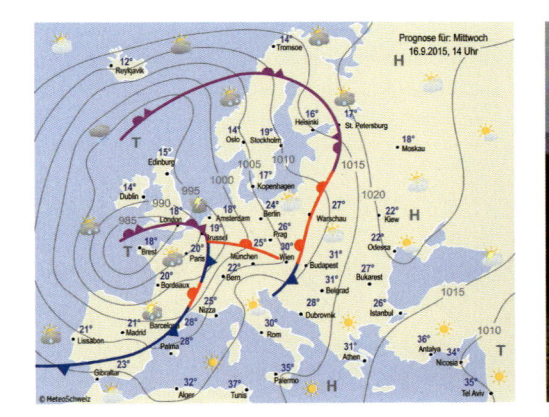

Abb. 4.24
Föhnlage über den Alpen. Prognosekarte für den 16.9.2015, 14 Uhr. Quelle: Meteo Schweiz

Abb. 4.25
Föhnmauer und Föhnloch über dem Urnerland

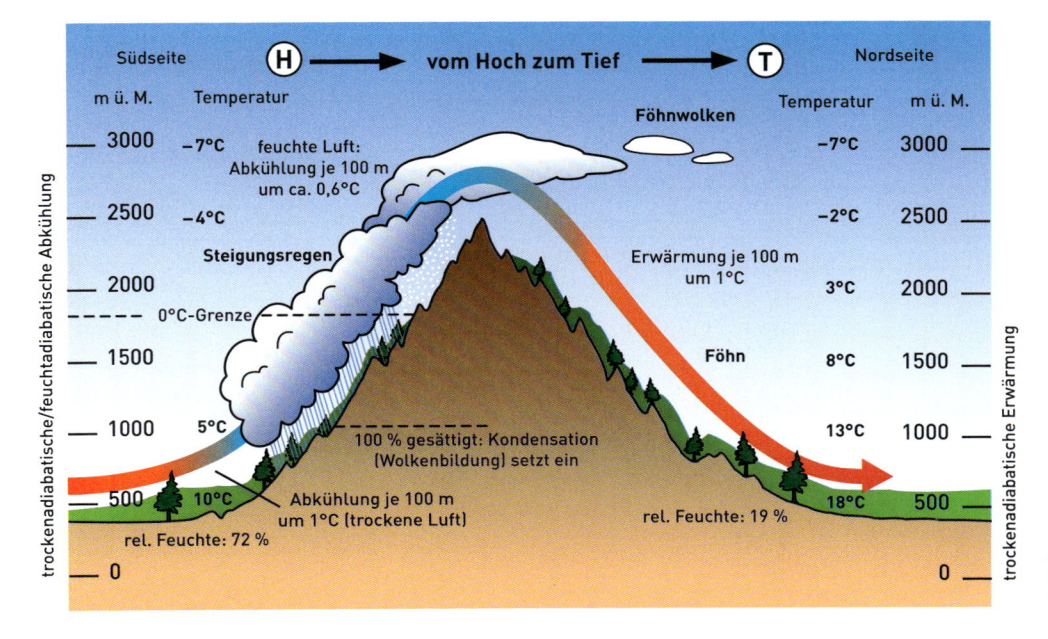

Abb. 4.26
Föhnlage über den Alpen in einer Modelldarstellung

Klimawandel

4.7 Klimawandel

4.7.1 Klimaschwankungen und Klimawandel

Langjährige Messreihen der Temperaturen und Niederschläge zeigen, dass der Witterungsverlauf grossen Schwankungen unterliegt. Von **Klimaschwankungen** ist die Rede, wenn sich die Abweichungen in einer bestimmten Bandbreite bewegen. Lässt sich aus Mittelwerten ein Trend ablesen, ist von einer **Klimaveränderung**, bei einer langfristigen Veränderung von einem **Klimawandel** die Rede (Abb. 4.27 und 4.28). Allerdings muss berücksichtigt werden, dass sowohl Zeitphase wie auch Schwankungsbreite unterschiedlich gewählt werden können, was zu unterschiedlichen Interpretationen führen kann.

4.7.2 Natürliche und anthropogene Einflüsse

Klimaveränderungen und Klimawandel traten in der geologischen Vergangenheit als natürliche Phänomene immer wieder auf. Es sei beispielsweise an die Temperaturschwankungen im Quartär erinnert, die die Eiszeiten und die dazwischenliegenden Warmphasen auslösten (Abb. 4.27). Zu den natürlichen Einflüssen gehören Schwankungen der Sonnenaktivität, Änderungen der Erdbahnparameter, Änderungen in der Zusammensetzung der Atmosphäre und Vulkanausbrüche, die den **natürlichen Treibhauseffekt** verursachen. Einflüsse des Menschen lassen sich seit der Industrialisierung (ab etwa 1850) beobachten. Ab etwa 1980 steigt die globale Temperatur markant an (Abb. 4.28), weitgehend durch menschliche Aktivitäten, man spricht vom **anthropogenen Treibhauseffekt**.

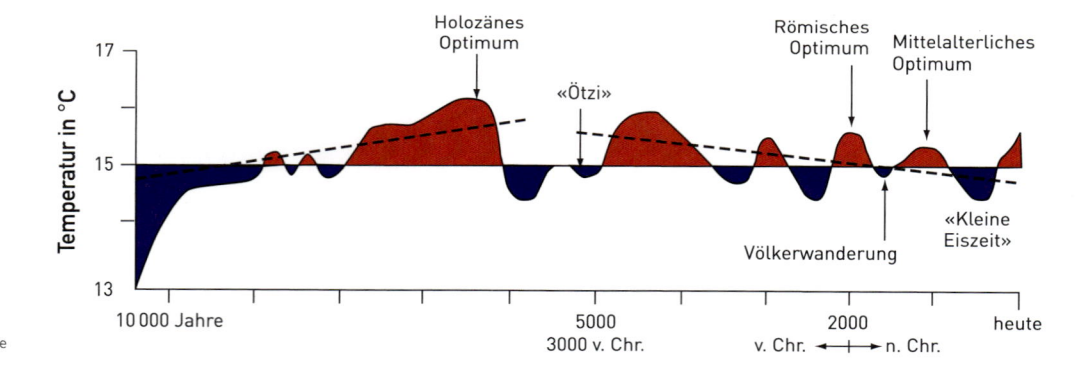

Abb. 4.27
Die Mitteltemperatur auf der Nordhalbkugel nach der letzten Eiszeit bis heute

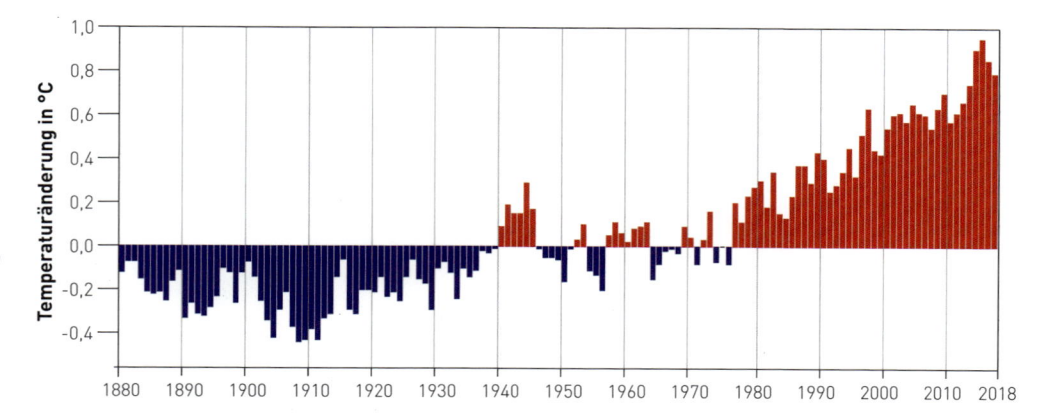

Abb. 4.28
Die Entwicklung der globalen Temperatur von 1880 bis 2018, ermittelt durch die National Oceanic and Atmospheric Administration der USA. Die Abweichungen beziehen sich auf das Mittel des 20. Jahrhunderts.

4.7.3 Auswirkungen der Klimaveränderungen

Durch die Industrialisierung und den dadurch massiv angestiegenen Verbrauch fossiler Energie (v. a. Kohle und Erdöl), aber auch durch die Intensivierung der Landwirtschaft und die umfangreichen Waldrodungen wird die Zusammensetzung der Atmosphäre seit dem 19. Jahrhundert durch den Menschen messbar beeinflusst (Abb. 4.28). Kohlendioxid (CO_2), Methan (CH_4) und weitere Gase bewirken einen verstärkten **Treibhauseffekt.** Dabei wird von einem anthropogenen Treibhauseffekt gesprochen, um den seit dem 19. Jahrhundert markanten Temperaturanstieg in den bodennahen Luftschichten zu beschreiben. Im globalen Mittel beträgt der Anstieg 0,74 °C zwischen 1906 und 2005. Er wird als dramatisch eingeschätzt, weil in den letzten 1000 Jahren noch nie ein derart schneller Anstieg beobachtet wurde (Abb. 4.27 und 4.28). 2016 lag die globale Temperatur 0,95 °C über dem Mittel des 20. Jahrhunderts, es war damit das wärmste Jahr seit dem Aufzeichnungsbeginn 1880. Zudem traten neun der zehn wärmsten Jahre im 21. Jahrhundert auf. Für die Schweiz wurden für das 20. Jahrhundert folgende Werte ermittelt: In der Deutschschweiz stieg die Temperatur um 1,3 °C, in der Westschweiz um 1,6 °C und in der Südschweiz um 1,0 °C.

Die **Auswirkungen des globalen Temperaturanstieges** sind vielfältig. Im Vordergrund der Beobachtungen und Diskussionen stehen folgende Problembereiche:
- Verschiebungen der globalen Klima- und Vegetationszonen, Veränderung der Ökosysteme
- Auswirkungen auf die Meere: Anstieg des Meeresspiegels, Versauerung der Meere, mögliche Veränderungen der Meeresströme (u. a. des Golfstromes)
- Rückgang der Gletscher in den Gebirgsregionen sowie Rückgang des Eises in der Arktis und Antarktis
- Zunahme der Naturkatastrophen: Stürme, Überschwemmungen, Dürren, Waldbrände
- Rückgang der Artenvielfalt

Abb. 4.29 zeigt einige mögliche regionale Auswirkungen des Treibhauseffektes bis 2050.

Abb. 4.29
Mögliche regionale Auswirkungen des Treibhauseffektes um 2050

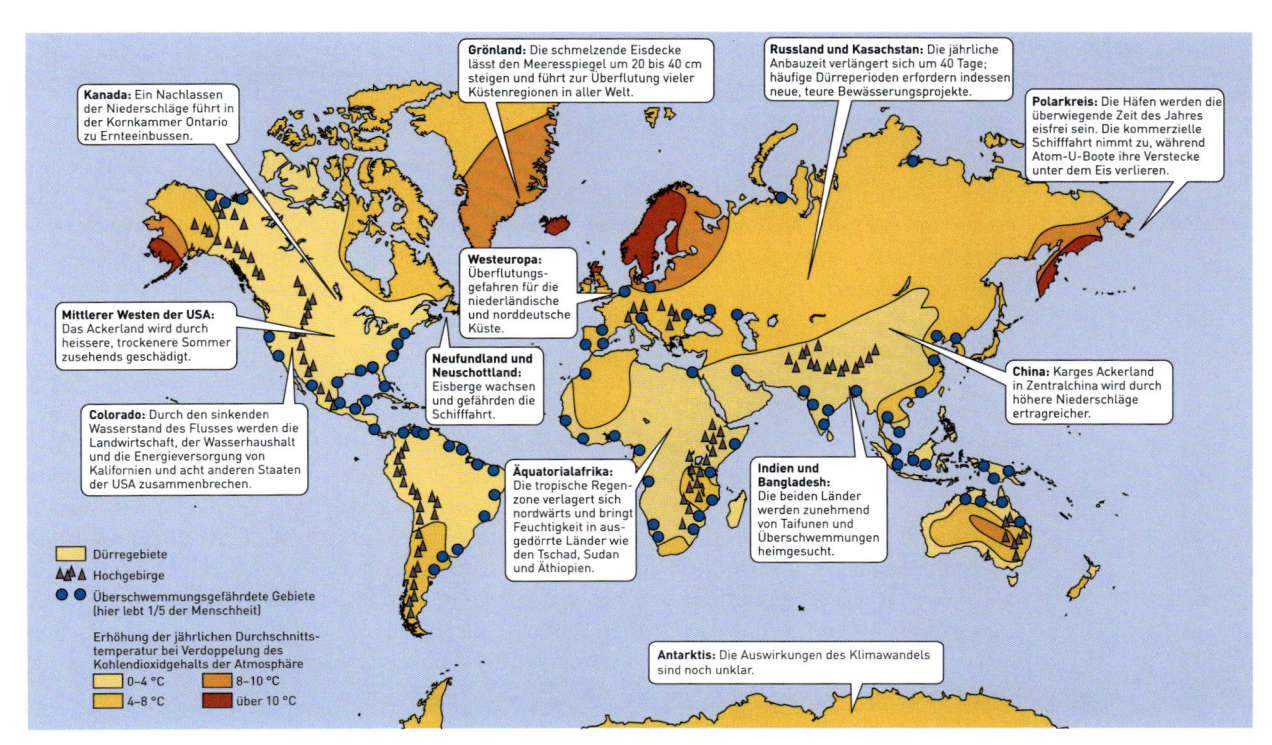

Besonders erwähnt sei an dieser Stelle noch der Anstieg des Meeresspiegels: Die globale Erwärmung führt einerseits zu einer temperaturbedingten Volumenvergrösserung des Wasserkörpers, andererseits wird in Eis gebundenes Wasser (Abschmelzen der Gletscher, Rückgang des Eises am Südpol) zu einer Erhöhung des Meeresspiegels. Im Mittel stieg der Meeresspiegel während der Messperiode 1993–2018 um 3,34 mm pro Jahr (Abb. 4.30). Millionen von Menschen in den Küstenregionen werden betroffen sein, da die grössten Ballungsräume und Wirtschaftszentren der Erde an den Küsten liegen, etwa Tokio, New York, Seoul, Shanghai, Mumbai, Lagos, Dubai. Die gravierenden Folgen des globalen Temperaturanstieges auf Politik, Wirtschaft und Gesellschaft werden damit zu einer grossen Herausforderung für die Zukunft der Menschheit.

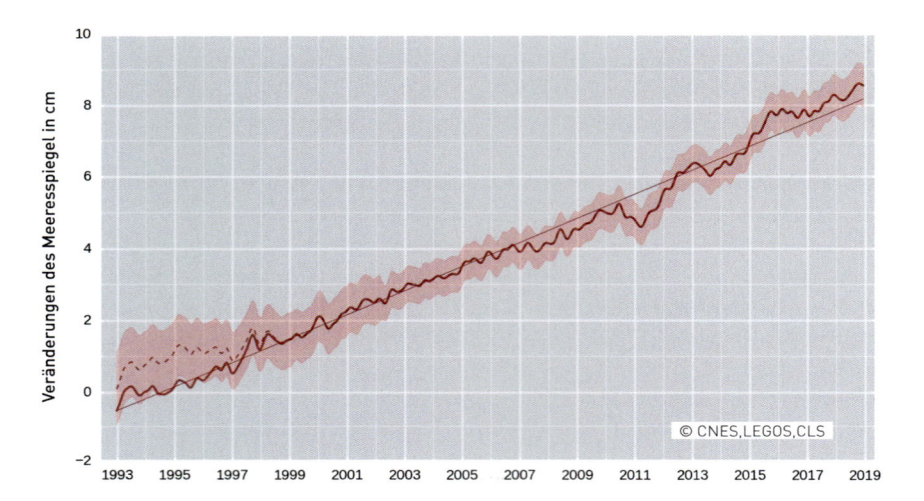

Abb. 4.30
Anstieg des Meeresspiegels 1993–2019, ermittelt aus den Satellitenmessdaten durch die AVISO

4.8 Luft- und Strahlenbelastung

In der bodennahen Luftschicht treten in stark unterschiedlicher zeitlicher und räumlicher Konzentration Ozon (O_3), Kohlenmonoxid (CO), Stickoxide (NO, NO_2) und Staubpartikel auf. Da sie bei hohen Konzentrationen Auswirkungen auf die menschliche Gesundheit haben und Reizungen sowie Erkrankungen der Atemwege auslösen können, werden sie als **Luftschadstoffe** bezeichnet. Bei hohen Konzentrationen spricht man von **Smog** (aus engl. «smoke» + «fog» = Rauch + Nebel).

4.8.1 Wintersmog

Im Winter kommt es bei Hochdruckwetterlagen – im schweizerischen Mittelland meist mit Nebel oder Hochnebel – häufig zu Inversionen (vgl. Abb. 4.6), wodurch der Austausch zwischen den bodennahen Luftschichten und der freien Atmosphäre stark reduziert wird. Dies hat zur Folge, dass sich in Bodennähe Spurengase wie Stickoxide, Schwefeldioxid, Kohlenmonoxid, aber auch Staub und Russ als Feinstaub (PM10) zum **Wintersmog** ansammeln. Mit PM10 werden Partikel mit einem Durchmesser von weniger als 10 Tausendstelmillimeter bezeichnet. Dieser lungengängige Feinstaub belastet die Atemwege und kann Lungenkrebs auslösen. Der u.a. mit Schwefelsäure angereicherte Niederschlag, der sogenannte saure Regen, schwächt die Waldbäume und führt zum **«Waldsterben»**. Mit schwefelarmem Heizöl, Rauchgasreinigungsanlagen und Katalysatoren gelang es in den westeuropäischen Ländern, die Belastung durch Wintersmog erheblich zu reduzieren (Abb. 4.31, 4.32).

4 Wetter und Klima

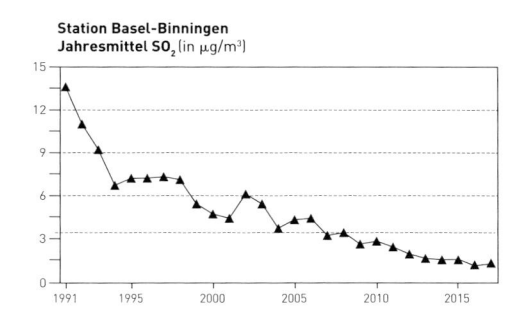

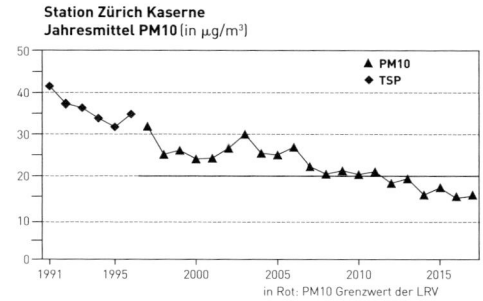

Station Basel-Binningen
Jahresmittel SO_2 (in µg/m³)

Station Zürich Kaserne
Jahresmittel PM10 (in µg/m³)
▲ PM10
♦ TSP
in Rot: PM10 Grenzwert der LRV

■ □ Abb. 4.31
SO_2-Jahreswerte in Basel-Binningen, Bundesamt für Umwelt (BAFU)

□ ■ Abb. 4.32
Feinstaubbelastung an der Messstation Zürich-Kaserne, ermittelt durch das BAFU. TSP: «Total suspended particles», gesamte Festpartikelbelastung. PM10: lungengängiger Feinstaub.

4.8.2 Sommersmog

Die den **Sommersmog** verursachenden Schadstoffe werden im Gegensatz zum Wintersmog sekundär gebildet: Vorläufersubstanzen wie Stickoxide und VOC («volatile organic compounds», flüchtige Kohlenwasserstoffe) werden bei starker Einstrahlung und hoher Temperatur fotochemisch u. a. zu **Ozon** umgewandelt. Ozon reizt die Schleimhäute, belastet die Atemwege und reduziert die Leistungsfähigkeit. Zudem beeinträchtigt eine erhöhte Ozonkonzentration das Pflanzenwachstum und reduziert damit die Ernteerträge. Die Werte in Abb. 4.33 zeigen deutlich, dass bei sommerlichen Hochdrucklagen mit hoher Temperatur, wie sie in den letzten Jahren vermehrt auftraten, auch die maximale Ozonbelastung in den bodennahen Luftschichten steigt. Davon betroffen sind nicht nur städtische, sondern auch ländliche Gebiete.

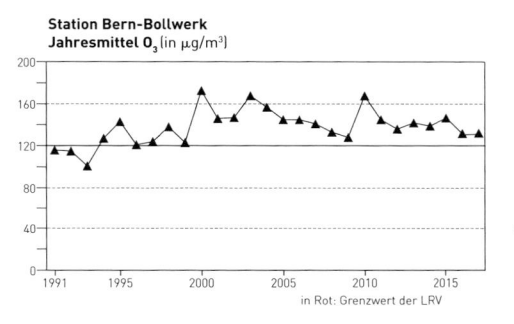

Station Bern-Bollwerk
Jahresmittel O_3 (in µg/m³)
in Rot: Grenzwert der LRV

Abb. 4.33
Ozonbelastung am Bollwerk in Bern: Aufgeführt sind die maximalen Stundenmittel pro Jahr.

4.8.3 Grenzwerte

Am 1. März 1986 setzte die Schweiz die Luftreinhalte-Verordnung (LRV) in Kraft und führte damit Immissionsgrenzwerte für verschiedene Schadstoffe ein. Für Schwefeldioxid, Feinstaub (PM10) und Ozon gelten folgende Werte:

Schadstoff	Grenzwerte nach Luftreinhalte-Verordnung
Ozon	
Max. Stundenmittelwert	120 µg/m³
Anzahl Grenzwertüberschreitungen (1h-Mittelwert)	1 pro Jahr
Feinstaub PM10	
Max. 24-Stunden-Mittelwert	50 µg/m³
Max. Jahresmittelwert	20 µg/m³
Anzahl Grenzwertüberschreitungen (24h-Mittelwert)	1 pro Jahr
Schwefeldioxid	
Max. 24-Stunden-Mittelwert	100 µg/m³
Anzahl Grenzwertüberschreitungen (24h-Mittelwert)	1 pro Jahr

Diese Grenzwerte dienen allerdings nur als Richtwert, die LRV sieht keine Massnahmen vor, wenn sie überschritten werden. Während die Schwefeldioxidwerte heute als unproblematisch eingestuft werden können und sich auch bei der Feinstaubbelastung eine langsame Entspannung abzeichnet, bleibt die Ozonbelastung gerade bei den sommerlichen Hochdrucklagen problematisch.

4.8.4 Ultraviolettstrahlung

Während in der unteren Troposphäre der Ozongehalt, verursacht durch den Menschen, stetig zunimmt und damit das Leben von Menschen, Tieren und Pflanzen beeinträchtigt, kommt es in der Stratosphäre, ebenfalls durch menschliche Aktivitäten, zu einem bedrohlichen Abbau der Ozonkonzentration: Durch die starke kurzwellige elektromagnetische Strahlung (Wellenlänge < 242 nm, Röntgenstrahlung, UV-C-Strahlung [100–280 nm]) werden Sauerstoffmoleküle (O_2) in Sauerstoffatome (O) zerlegt und an den molekularen Sauerstoff (O_2) zu Ozon (O_3) angelagert. Die UV-B-Strahlung (mit einer Wellenlänge von 280 bis 315 nm) wird durch das Ozon absorbiert, indem das Ozon über einen Katalysator (z. B. natürlich vorkommende Stickstoffoxide NO) wieder in Sauerstoff umgewandelt und dabei Wärme freigesetzt wird, während das sichtbare Licht (380–780 nm) weitgehend durchgelassen wird.

Dieses natürliche Gleichgewicht wurde jahrzehntelang durch die vom Menschen erzeugten Fluorchlorkohlenwasserstoffe (FCKW) gestört, die vor allem als Kühlmittel, Treibgas für Spraydosen, Treibmittel für Schaumstoffe und Lösungsmittel Verwendung fanden und, freigesetzt in der Atmosphäre, bis in die Stratosphäre gelangten. Die FCKW sind zwar heute weitgehend verboten, doch dank ihrer Langlebigkeit von mehreren Jahrzehnten sind sie auch heute noch in der Stratosphäre wirksam, wo die starke UV-Strahlung die FCKW zerstört und u.a. Chlor freisetzt, das sofort mit Sauerstoff zu ClO reagiert und nun als Katalysator den Abbau von O_3 beschleunigt, wodurch das Ozongleichgewicht gestört wird und die Ozonkonzentration abnimmt (Abb. 4.34).

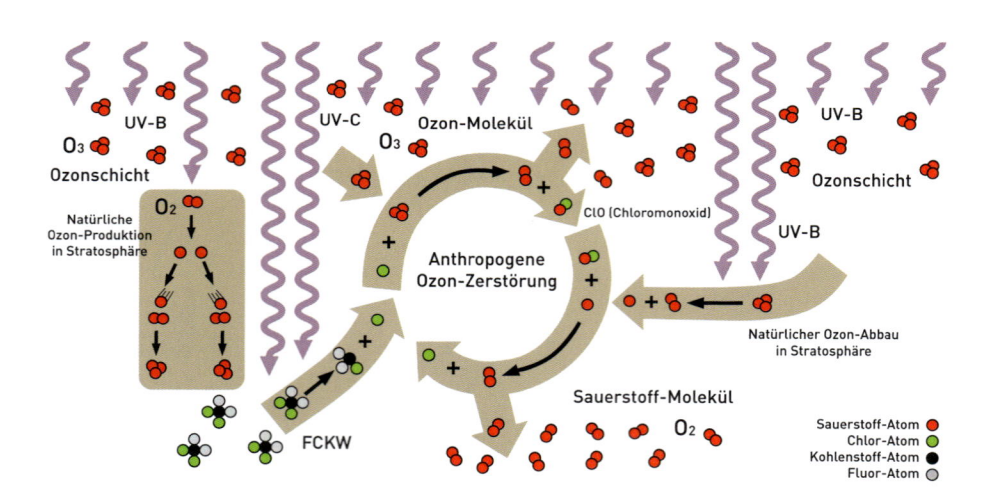

Abb. 4.34
Natürlicher Ozonaufbau und -abbau sowie anthropogene Ozonzerstörung in der Stratosphäre

Der Gesamtozongehalt der Atmosphäre wird in Dobson-Einheiten (Dobson Units, DU) gemessen. Unter einer Dobson-Einheit wird eine reine Ozonschicht (von 0,01 mm Dicke) bei 1013 hPa und 0 °C verstanden. 300 DU, wie sie im Herbst in den mittleren Breiten meist auftreten, bedeuten also, dass der Gesamtozongehalt der Atmosphäre umgerechnet einer reinen Ozonschicht von 3 mm entspricht. Dabei befinden sich 90 bis 95 Prozent des Ozons in der Stratosphäre.

Die Zerstörung der Ozonmoleküle durch Chloratome wurde bereits 1974 nachgewiesen. 1981 fiel dem britischen Wissenschaftler Joseph Farman ein Ozondefizit über der britischen Antarktisstation «Halley Bay» auf. Die Veröffentlichung seiner Befunde 1984 stiess vorerst auf Skepsis, doch Nachprüfungen bestätigten die Ergebnisse und führten zur Bezeichnung «Antarktisches Ozonloch». Als Ursache für die extrem geringe Ozonkonzentration im antarktischen Frühling wird die Bildung eines Polarwirbels im polaren Winter angesehen, durch den die polare Kaltluft von der Zufuhr wärmerer Luft abgeschirmt wird. Bei den sehr tiefen Temperaturen von unter –80 °C entstehen polare Stratosphärenwolken, Eiswolken mit gelöster Salpetersäure, die eine hohe Konzentration von aktivem Chlor enthalten. Mit dem ersten Sonnenlicht im antarktischen Frühling wird das Chlor aktiv und zerstört das Ozon.

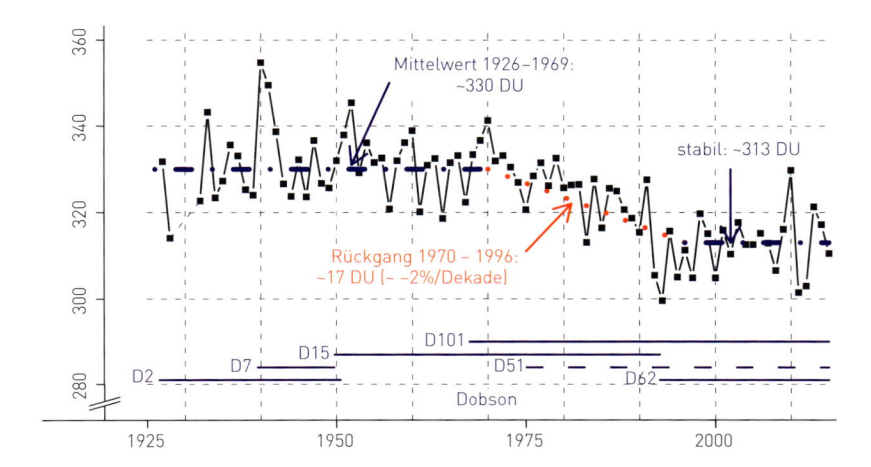

Abb. 4.35
Ozonmessreihe des Licht-Klimatischen Observatoriums Arosa. Arosa verfügt über die weltweit längste Ozonmessreihe. Vom Messbeginn 1926 bis 1969 schwankten die Werte um einen Mittelwert von ca 330 Dobson Unit (DU), ab 1970 fielen die Werte bis gegen Ende des 20. Jahrhunderts um ca 20 DU und scheinen sich seither zu stabilisieren.

Die Zunahme der UV-Strahlung durch den Abbau des stratosphärischen Ozons wirkt sich auch auf die Gesundheit des Menschen aus: Während die langwelligen UV-A-Strahlen tief in das Bindegewebe der Haut eindringen, fördern die kurzwelligen, sehr energiereichen UV-B-Strahlen die Bräunung der Haut und bewirken einen gewissen Schutz. Bei einer häufigen hohen und langandauernden Belastung durch UV-Strahlen werden die Haut, die Augen und das Immunsystem des Menschen massiv geschädigt: Neben Sonnenbränden und Hautallergien, Hornhaut- und Bindehautentzündungen der Augen können Hautkrebserkrankungen und eine frühzeitiges Auftreten des grauen Stars die Folge sein. Bei Pflanzen treten Störungen der Photosynthese auf und verursachen Ernterückgänge, während in den Meeren das Phytoplankton als Basis der Nahrungskette abnimmt.

Die starke Abnahme der stratosphärischen Ozonkonzentration («Ozonloch» über der Antarktis) und die Erkenntnis, dass es durch den Menschen freigesetzte Vorläufersubstanzen sind, die diesen Prozess verursachen und die menschliche Gesundheit gefährden, führten 1987 schliesslich zur Unterzeichnung des Montrealer Protokolls. In diesem Protokoll sollte zuerst eine Reduktion und später ein Verbot des Freisetzens solcher FCKW-Substanzen in der freien Atmosphäre erwirkt werden. Die Schweiz gehörte mit zu den Erstunterzeichnern des Abkommens und setzte in der Folge stufenweise die verlangten Verbote durch.

Weiterführende Literatur

KAPPAS M., 2008: Klimatologie. Spektrum-Akademischer Verlag, Heidelberg.
LILJEQUIST G., CEHAK K., 2006: Allgemeine Meteorologie. Friedrich Vieweg, Braunschweig.
MALBERG H., 2006: Meteorologie und Klimatologie. Springer, Berlin.
OCCC, 2007: Klimaänderungen und die Schweiz 2050. Erwartete Auswirkungen auf Umwelt, Gesellschaft und Wirtschaft. Bern.
PFISTER CH., 1999: Wetternachhersage. Haupt, Bern.
SCHÖNWIESE CH., 2003: Klimatologie. Eugen Ulmer, Stuttgart.
WANNER H., 2016: Klima und Mensch. Eine 12'000-jährige Geschichte. Haupt, Bern.
WEISCHET W., ENDLICHER W., 2012: Einführung in die Allgemeine Klimatologie. Studienbücher der Geographie, Stuttgart.

5 Hydrologie

Stefan Manser, Ernst Stauffer

Die Erde – der «blaue Planet» – ist zu 71 Prozent von Wasser bedeckt. Ein grosser Teil davon entfällt auf die Ozeane und Meere, während die Seen und Fliessgewässer nur einen kleinen Teil ausmachen. Wasser ist einer der wichtigsten Rohstoffe unseres Planeten, der für Fauna und Flora, aber auch für den Menschen lebensnotwendig ist. Die Sauberkeit von Flüssen und Seen, aber vor allem jene des Grundwassers ist von grosser Bedeutung, der schonende Umgang mit dem Rohstoff Wasser stellt daher eine zentrale Aufgabe für die Menschheit dar.

5.1 Wasserkreislauf und Wasserbilanz

Oberflächengewässer kann man in Fliessgewässer (Strom, Fluss, Bach) und stehende Gewässer (Ozean, Meer, See, Weiher) einteilen. Als See bezeichnet man eine allseitig geschlossene, in einer Vertiefung des Bodens befindliche, mit dem Meer nicht in direkter Verbindung stehende, stagnierende Wassermasse.

Als Fliessgewässer gelten Ströme (grössere Flüsse, die in ein Meer münden), Flüsse oder Bäche. 96,5 Prozent der weltweiten Wassermengen sind als Salzwasser in den Ozeanen und Meeren gespeichert, nur gerade 3,5 Prozent der Wasservorkommen sind in Form von Süsswasser verfügbar. Davon ist der grösste Teil in Form von Eis in Polarkappen, Gebirgsgletschern und als Permafrost gespeichert. Nur etwas mehr als 1 Prozent ist als Grundwasser vorhanden. Oberflächengewässer wie Flüsse, Seen und Sümpfe machen einen noch kleineren Teil der Wassermenge aus. Das weltweite Wasserangebot ist zwar mit rund 40 000 km^3 deutlich grösser als der anthropogene Wasserverbrauch von ca. 6200 km^3. Die regional und jahreszeitlich sehr ungleiche Verteilung der Niederschläge führt trotzdem dazu, dass ein Viertel der Weltbevölkerung keinen oder ungenügenden Zugang zu sauberem Wasser hat.

5.1.1 Wasserschloss Europas

Die Schweiz ist aus hydrologischer Sicht ein Zentrum Europas. Die Flüsse Rhone, Rhein, Inn und Ticino entwässern in vier Himmelsrichtungen: Die Westschweiz wird von der Rhone in Richtung Mittelmeer entwässert, der Rhein fliesst nordwärts in die Nordsee, das Wasser des Inns strömt nach Osten in die Donau und weiter ins Schwarze Meer, und das Wasser von Ticino und Adige fliesst in Richtung Süden ins Adriatische Meer. Die Schweiz wird aus diesem Grund auch als Wasserschloss Europas bezeichnet.

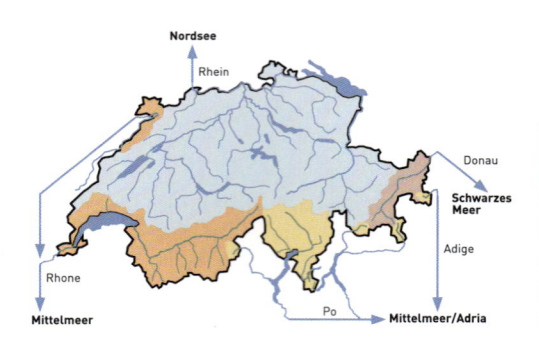

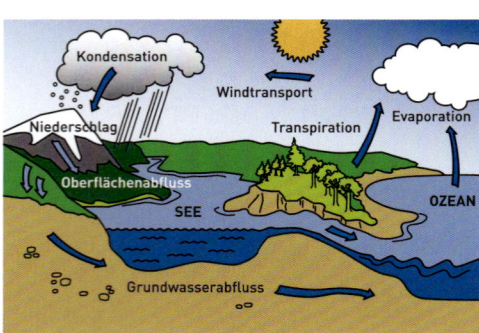

■ □ Abb. 5.1
Die Flüsse Rhone, Rhein, Inn und Ticino entwässern in vier Himmelsrichtungen.

□ ■ Abb. 5.2
Der globale Wasserkreislauf

5.1.2 Wasserkreislauf

Wasser kommt auf der Erde flüssig, aber auch als Wasserdampf und als Eis vor. Es findet ein Austausch zwischen der Erdoberfläche und der Atmosphäre statt. Dieser Kreislauf wird als Zirkulation des Wassers bezeichnet. Bei globaler Betrachtung handelt es sich um ein geschlossenes System. Durch die Sonnenenergie verdunstet Wasser aus Meeren, Flüssen, Seen und von der Erdoberfläche **(Evaporation)**. Auch Pflanzen, Tiere und Menschen verdunsten Wasser **(Transpiration)**. Beide Prozesse zusammen werden als **Evapotranspiration** bezeichnet. Der dabei entstehende Wasserdampf steigt auf, und durch Kondensation bilden sich Wolken, die vom Wind weitertransportiert werden. Schliesslich fällt der Niederschlag als Regen, Schnee oder Hagel auf die Erde oder setzt sich als Tau oder Reif ab. Weltweit verdunsten mehr als 70 Prozent des Niederschlags, die restlichen 30 Prozent fliessen oberirdisch oder unterirdisch ab.

5.1.3 Wasserbilanz

Die Wasserbilanz dient zur Berechnung des **Wasserhaushaltes eines Einzugsgebietes**. Sie ist definiert durch die Parameter Niederschlag (N), Verdunstung (V), Abfluss (A) und die Änderung des gespeicherten Wassers (ΔS).

> Niederschlag = Abfluss + Verdunstung + Änderung des gespeicherten Wassers (N = A + V + ΔS)

Das Wasser, das als Niederschlag in ein Einzugsgebiet hineinkommt, fliesst entweder aus dem Gebiet ab, verdunstet noch im Einzugsgebiet oder wird kurz- bis langfristig in Form von Schnee, Eis oder Boden- und Grundwasser gespeichert. Durch Umformen der Gleichung kann beispielsweise auch der Abfluss aus einem Gebiet bestimmt werden: Der Abfluss ergibt sich aus dem Niederschlag, der auf ein Einzugsgebiet fällt, und dem Wasser, das aus dem Speicher abfliesst, abzüglich des Wassers, das bereits im Einzugsgebiet verdunstet, und abzüglich des Wassers, das durch Speicherung zurückgehalten wird (A = N − V − ΔS).

Konkret setzt sich der Wasserhaushalt (die Wasserbilanz) der Schweiz wie folgt zusammen: Auf dem Gebiet der Schweiz fallen pro Jahr durchschnittlich 1431 mm Niederschlag, dazu kommen 318 mm Zufluss aus dem grenznahen Ausland. Davon verdunstet ungefähr ein Drittel, nämlich 464 mm. 1299 mm fliessen unterirdisch oder oberirdisch ab, wovon 981 mm schweizerischen Ursprungs sind. Damit ergibt sich eine Vorratsänderung von bis zu 14 mm, die sich durch den Gletscherschwund erklären lässt. Diese Menge an gespeichertem Wasser verliert der Wasserhaushalt der Schweiz jährlich.

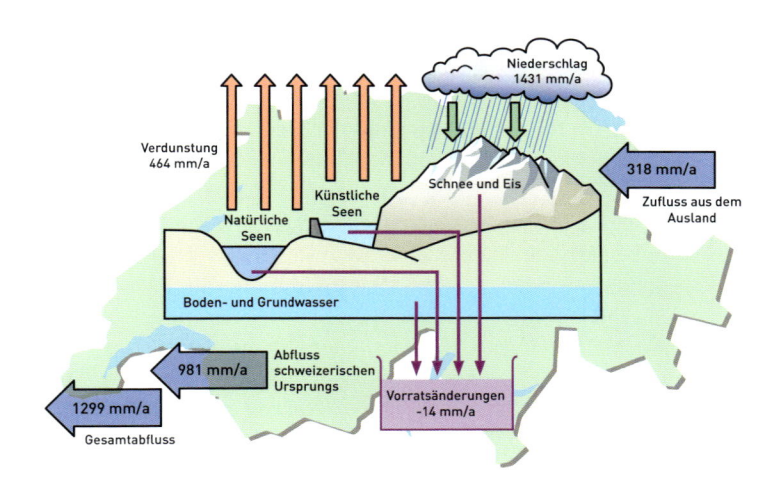

Abb. 5.3
Wasserhaushalt der Schweiz zwischen 1901 und 2000

Weil in den Alpen einige der grossen europäischen Flüsse entspringen, hat die Schweiz eine besondere Verantwortung im Umgang mit dem Trinkwasser. Das kostbare Nass wird nämlich auf seinem Weg in die Weltmeere oft mehrmals als Trink-, Bewässerungs- und Industriewasser verwendet. Natürlich ist Wasser auch ein wirtschaftlicher und damit ein politischer Faktor: Die Bergregionen können Kapital aus dem Wasser schlagen, z.B. durch Wasserzinsen für die Nutzung der Wasserkraft oder als Trink- und Mineralwasser.

Auch international sind Wasser und die Wasserqualität von Bedeutung: Wird das Flusswasser verunreinigt ins Ausland entlassen, so muss das Wasser durch die Nachbarstaaten für die Nutzung gereinigt werden. Um langfristig gute internationale Beziehungen zu flussabwärts liegenden Nachbarstaaten aufrechterhalten zu können, muss folglich bei jedem Eingriff in den Wasserkreislauf (Trinkwasserentnahme, Abwassereinleitung, Wasseraufstau usw.) vorgängig genau abgeklärt werden, wie sich diese Massnahme auf flussabwärts liegende Gebiete auswirkt.

5.2 Hydrologische Formen und Prozesse

In der Schweiz haben vor allem Wasser und Eis als landschaftsgestaltende Kräfte (exogene Prozesse) über Jahrmillionen hinweg die heutigen Täler und Schluchten, Bergflanken und Ebenen geschaffen und geprägt. Aufgrund der verschiedenen fluvialen Prozesse wie Erosion, Transport und Ablagerung haben sich für Fliessgewässer typische Formen wie Kerbtäler, Flussschlaufen und Deltas gebildet.

5.2.1 Wasser als landschaftsprägendes Element

Erosion (Abtragung) findet vor allem im Oberlauf eines Flusses statt. Bei der Abtragung des Materials spielen das Gefälle und die Wassermenge eine zentrale Rolle. Bei starkem Gefälle und grosser Wassermenge werden grössere Korngrössen erodiert und transportiert als bei geringem Gefälle und kleinerer Wassermenge.

Beim **Transport** erfolgt durch ständige Umlagerung eine Zerkleinerung und Rundung des mitgeführten Materials. Der Transport von Material erfolgt entweder rollend oder springend (saltierend) als **Geröll- oder Geschiebefracht** auf der Sohle des Flussbetts, als **Schwebefracht**, die sich aus festen Bestandteilen kleiner Korngrössen zusammensetzt (z.B. Sand), oder als **Lösungsfracht** in gelöster (unsichtbarer) Form (z.B. Salz, Kalk). Auf dem Transportweg wird ständig Material abgelagert und wieder in Bewegung gesetzt.

Im Unterlauf eines Flusses dominiert die **Sedimentation** (Ablagerung). Die Fliessgeschwindigkeit ist klein, die Transportkapazität eines Flusses nimmt ab. Auch feinkörnige Teilchen wie Kies oder Sand werden abgelagert. Mündet ein Fluss in einen See, wie die Maggia im Tessin (vgl. Abb. 5.8), bildet sich ein **Delta**. Hier wird das Material akkumuliert (angehäuft). Dies ist einer der Prozesse der Formenbildung durch Flüsse (vgl. Abschnitt 7.2.1, Kapitel Geomorphologie).

Als grobe Annäherung wird im **Hjulströmdiagramm** die Transportkapazität fliessenden Wassers bei konstanter Wassertiefe als Funktion von Strömungsgeschwindigkeit und Grösse der Teilchen dargestellt. Die Körner im Feld «Ablagerung» sind stets in Ruhe, diejenigen im Feld «Erosion» gehen je nach Korngrösse und Fliessgeschwindigkeit vom unbewegten in den bewegten Zustand. Im Bereich «Transport» bleiben abgelagerte Teilchen in Ruhe, bewegte in Bewegung. Um ein ruhendes Korn in Bewegung zu bringen, ist eine höhere Strömungsgeschwindigkeit notwendig als diejenige bei der es sich abgesetzt hatte, was durch die Kohäsionskräfte (Bindungskräfte zwischen Atomen oder zwischen Molekülen) erklärt werden kann. Kleine Korngrössen bieten wegen der grösseren spezifischen Oberfläche (Oberfläche pro Volumeneinheit) dem strömenden Wasser mehr Angriffsfläche, erfahren grösseren dynamischen Auftrieb und werden daher im Allgemeinen eher abgetragen (erodiert) als grosse Teilchen gleicher Dichte. Vermindert sich in einem geröll- und schlammführenden Fliessgewässer die Strömungsgeschwindigkeit (wie bei der Mündung in ein stehendes Gewässer, bei der Vergrösserung des Fliessquerschnittes oder bei Abnahme des Gefälles), bleiben zuerst die grössten Steine, dann kleinere Steine, Kies, Sand und zuletzt Ton liegen. Die Transportkapazität eines Fliessgewässers wird damit in erster Linie über die Fliessgeschwindigkeit und die Wassermenge bestimmt.

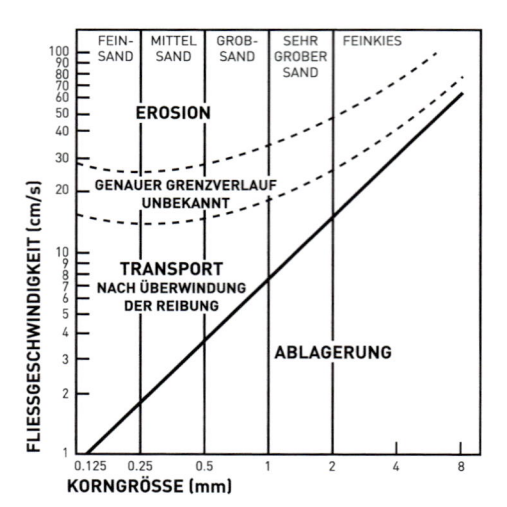

Abb. 5.4
Transportkapazität eines Fliessgewässers in Abhängigkeit von Fliessgeschwindigkeit und Korngrösse (Hjulströmdiagramm)

5 Hydrologie

Abb. 5.5
Aareschlucht: Die hohe Fliessgeschwindigkeit, das Gefälle und das harte Umgebungsgestein sorgen für lineare Tiefenerosion.

Abb. 5.6
Maggiatal: Unterschiedliche Fliessgeschwindigkeiten im Jahreslauf und mässiges Gefälle führen zu starker Umlagerung (Sortierung und Rundung) von Material. Teilchen werden immer wieder erodiert, transportiert und erneut abgelagert.

Abb. 5.7
Mäanderschlaufen der Aare zwischen Büren und Solothurn: Erosion am Prallhang, Sedimentation am Gleithang

Abb. 5.8
Maggiadelta bei Locarno/Ascona: Sedimentation im Deltabereich und Akkumulation bei der Mündung der Maggia in den Lago Maggiore

5.3 Eingriffe in den natürlichen Wasserhaushalt und Hochwasserschutz

In den Medien sind nach Hochwassern in den Alpen und Voralpen, aber auch im Mittelland und Jura erschütternde Bilder der Zerstörung zu sehen. Hochwasser verursacht 70–80 Prozent der Schadenssummen aller Naturereignisse weltweit und in der Schweiz. So zählen die Hochwasserereignisse von 1999, 2000, 2005, 2007, 2011, 2014 und 2015 zu den schadensreichsten Naturereignissen in der Schweiz. In dieser Hochwasserserie stellt das Ereignis von 2005 mit sechs Todesopfern und einer Gesamtschadenssumme von gut 3 Milliarden Schweizer Franken das schadensreichste Hochwasser dar.

■☐ Abb. 5.9
Wasserstand der Aare bei Hochwasser im Mai 1999 im Mattequartier, Bern

☐■ Abb. 5.10
Wasserstand der Aare nach Rückgang des Hochwassers im Mattequartier, Bern

5.3.1 Hochwasser und Hochwasserschutz

Als **Hochwasser** bezeichnet man den Zustand eines oberirdischen Gewässers (Fluss, See), bei dem der Wasserstand oder der Abfluss (oder beides) einen bestimmten Schwellenwert überschreitet. Tritt das Wasser über die Ufer, spricht man von Überschwemmung. Bei Hochwasserabflüssen spielen immer verschiedene Faktoren zusammen. Tagelange Niederschläge **(Dauerregen)** können in einem Einzugsgebiet zu einer **Sättigung** der Böden führen, sodass sie bei weiteren Niederschlägen kaum mehr Wasser aufnehmen können. **Starkniederschläge** in Form von heftigen Gewittern lassen den Abfluss eines Fliessgewässers rasch und stark ansteigen. Hohe Temperaturen können zusätzlich dazu führen, dass die Nullgradgrenze weit nach oben verschoben wird und die **Schneeschmelze** auch in hoch gelegenen Regionen einsetzt oder dass der gesamte Niederschlag in Form von Regen und nicht als Schnee auf das Einzugsgebiet niedergeht und dadurch sofort abfliesst. Ebenso kann die **Form des Einzugsgebietes** im Abflussprozess eine wichtige Rolle spielen. Die Konzentration des Wassers in einem eher kreisförmigen Einzugsgebiet erfolgt aufgrund kürzerer Sammelwege rascher als in einem länglichen Einzugsgebiet. Schliesslich spielt die **Art des Bodens** eine wichtige Rolle. Lehmige oder felsige Böden können kaum oder gar kein Niederschlagswasser aufnehmen, während das Wasser in lockeren Waldböden langsam versickert. Durch menschliches Zutun (Versiegelung des Bodens durch Verkehrswege oder Siedlungsflächen) fliesst zudem mehr Wasser direkt via Kanalisation in die Flüsse ab. Hochwasser entstehen meistens dann, wenn mehrere dieser Faktoren zusammenspielen, wenn beispielsweise bei hohen Temperaturen (Schneeschmelze) zusätzlich Starkniederschlag auf einen durch tagelange Regenfälle bereits stark gesättigten Boden fällt.

Die Zerstörungskraft des Wassers tritt bei Hochwasser besonders stark in Erscheinung: Dämme und Brücken werden unterspült, exponierte Gebäude oder Strassenabschnitte weggerissen, Landwirtschaftsland überflutet.

Seit Jahrtausenden versucht der Mensch, sich und seinen Besitz vor Hochwasser zu schützen. Der Schutz vor Hochwasser ist eine Grundvoraussetzung für die Bewirtschaftung unseres Lebensraumes. Er soll mit minimalen Eingriffen sichergestellt werden. Eine Raumnutzung soll gefördert werden, welche die Naturgefahren ernst nimmt und dem Wasser die notwendigen Freiräume schafft und belässt. Über Jahrhunderte hinweg hat der Mensch immer wieder die landwirtschaftliche Nutzfläche auf Kosten der ehemaligen Flusslandschaften (Auenlandschaften) ausgedehnt. Dabei hat er den Fliessgewässern immer mehr Platz abgerungen, indem er sie kanalisiert und begradigt hat.

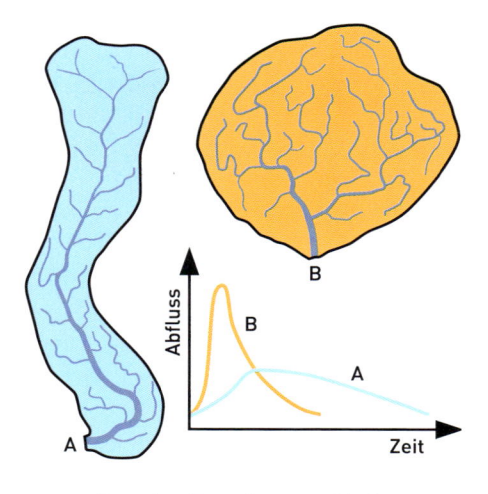

Abb. 5.11
Auswirkung der Form eines Einzugsgebiets auf die Hochwasserspitze und den Hochwasserverlauf

Bis in die 1980er-Jahre bestand Hochwasserschutz vor allem im Erstellen von Verbauungen. Dämme, Sperrentreppen und Geschiebesammler sollten den Gewässern ein stabiles, festes Bett schaffen sowie Hochwasser sicher und schnell ableiten. Solche Massnahmen sind kapitalintensiv und erfordern dauernden Unterhalt (z. B. das Leeren von Geschiebesammlern).

Das Jahr 1987 führte mit seiner enormen Hochwasser-Schadensumme zu einem Umdenken im Hochwasserschutz. Mit dem neuen Wasserbaugesetz wird dem Umstand Rechnung getragen, dass Naturgefahren ernst zu nehmen sind und auf die Erstellung teurer Bauwerke zugunsten der Schaffung von Freiräumen für Gewässer nach Möglichkeit verzichtet werden soll.

Raumplanerische Massnahmen sollen die bestehenden Freiräume (Auenlandschaften) für die Gewässer schützen bzw. wieder neu schaffen. Reicht dies nicht aus, so sind **bauliche Schutzmassnahmen** an Gewässern erforderlich. Sie werden durch eine Notfallplanung zur Begrenzung des Restrisikos ergänzt. Hochwasserschutzkonzepte sollen auf einer **Differenzierung der Schutzziele** aufbauen. Dabei sind hohe Sachwerte (Museen, Industrieanlagen, bewohnte Gebiete usw.) besser zu schützen als niedrige Sachwerte (Acker- oder Weideland). Rückhalteräume (natürliche oder künstliche Wasserrückhaltebecken) sollen wo immer möglich erhalten bleiben oder wiederhergestellt werden. Die Eingriffe in die Fliessgewässer haben in einer möglichst naturnahen Art zu erfolgen, die natürlichen Ökosysteme sollen erhalten bleiben.

Bundesgesetz vom 21. Juni 1991 über den Wasserbau (in Kraft seit 1993)

Art. 1
[1] Dieses Gesetz bezweckt den Schutz von Menschen und erheblichen Sachwerten vor schädlichen Auswirkungen des Wassers, insbesondere vor Überschwemmungen, Erosionen und Feststoffablagerungen (Hochwasserschutz).
[2] Es gilt für alle oberirdischen Gewässer.

Art. 2 Zuständigkeit
Der Hochwasserschutz ist Aufgabe der Kantone.

Art. 3 Massnahmen
[1] Die Kantone gewährleisten den Hochwasserschutz in erster Linie durch den Unterhalt der Gewässer und durch raumplanerische Massnahmen.
[2] Reicht dies nicht aus, so müssen Massnahmen wie Verbauungen, Eindämmungen, Korrektionen, Geschiebe- und Hochwasserrückhalteanlagen sowie alle weiteren Vorkehrungen, die Bodenbewegungen verhindern, getroffen werden.
[3] Diese Massnahmen sind mit jenen aus anderen Bereichen gesamthaft und in ihrem Zusammenwirken zu beurteilen.

Eingriffe in den natürlichen Wasserhaushalt und Hochwasserschutz

> **Art. 4 Anforderungen**
> [1] Gewässer, Ufer und Werke des Hochwasserschutzes müssen so unterhalten werden, dass der vorhandene Hochwasserschutz, insbesondere die Abflusskapazität, erhalten bleibt.
> [2] Bei Eingriffen in das Gewässer muss dessen natürlicher Verlauf möglichst beibehalten oder wiederhergestellt werden. Gewässer und Ufer müssen so gestaltet werden, dass:
>   a. sie einer vielfältigen Tier- und Pflanzenwelt als Lebensraum dienen können;
>   b. die Wechselwirkungen zwischen ober- und unterirdischen Gewässern weitgehend erhalten bleiben;
>   c. eine standortgerechte Ufervegetation gedeihen kann.
> [3] In überbauten Gebieten kann die Behörde Ausnahmen von Absatz 2 bewilligen.
> [4] Für die Schaffung künstlicher Fliessgewässer und die Wiederinstandstellung bestehender Verbauungen nach Schadenereignissen gilt Absatz 2 sinngemäss.

5.3.2 Wildbach und Wildbachverbauungen

Wildbäche sind im Alpenraum weit verbreitet. Sie sind gekennzeichnet durch streckenweise grosses Gefälle und stark wechselnden Abfluss in kurzer Zeit, welcher durch Starkniederschläge oder durch eine rasch einsetzende Schneeschmelze hervorgerufen werden kann. Wegen hoher Fliessgeschwindigkeit kann sehr viel Material (Geröll, Geschiebe, Schwebefracht, vermischt mit Wildholz) transportiert werden. Wildbäche stellen daher eine grosse Gefahr für Mensch und Tier dar. Wildbäche werden in drei Abschnitte unterteilt: Im Sammeltrichter dominiert die Erosion, in der Abflussrinne der Transport, und auf dem Schwemmfächer findet die Ablagerung, die Sedimentation, statt.

Die Gefahren in einem Wildbachsystem können durch gezielte Verbauungsmassnahmen gemindert werden. Im Sammeltrichter wird als Hauptmassnahme aufgeforstet. Einerseits wird durch das Wurzelwerk der Bäume das Gelände befestigt, andererseits kann das Wasser im lockeren Waldboden besser einsickern. In der Abflussrinne muss die Fliessgeschwindigkeit des Wassers herabgesetzt werden, was die Transportkapazität des Wassers und damit die Tiefenerosion eindämmt. Dazu werden Sperren, Treppen und Dämme aus Holz oder Beton erstellt. Da die Schwemmfächer sehr oft auch Siedlungsgebiete sind, wird hier versucht, Wasser und Geschiebe möglichst rasch abzuleiten. Dies kann in begradigten Kanälen erfolgen. Wo es die Platzverhältnisse erlauben, werden zudem Geschiebesammler gebaut. Sie trennen das Wasser vom Geschiebe und halten Schutt und Geröll zurück. Raumplanerische Massnahmen sollen zudem verhindern, dass in den Gefahrenzonen eines Schwemmfächers gebaut wird.

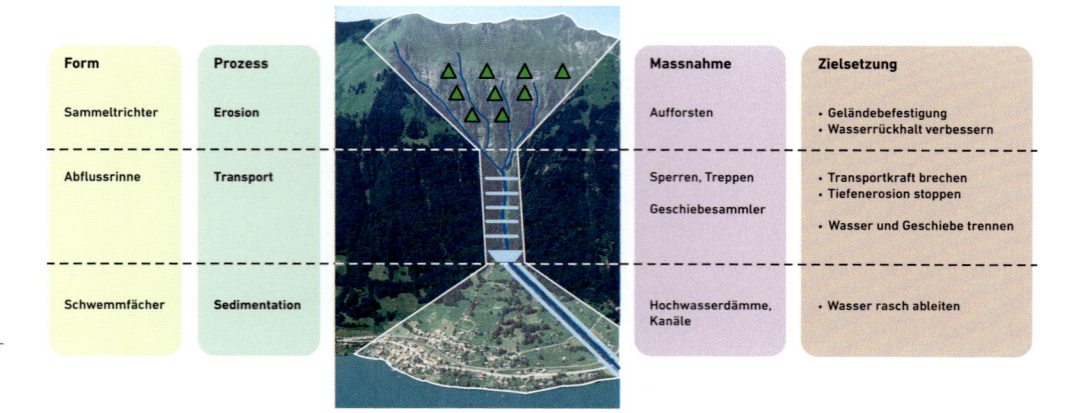

Form	Prozess		Massnahme	Zielsetzung
Sammeltrichter	Erosion		Aufforsten	• Geländebefestigung • Wasserrückhalt verbessern
Abflussrinne	Transport		Sperren, Treppen Geschiebesammler	• Transportkraft brechen • Tiefenerosion stoppen • Wasser und Geschiebe trennen
Schwemmfächer	Sedimentation		Hochwasserdämme, Kanäle	• Wasser rasch ableiten

Abb. 5.12
Mögliche Verbauungsmassnahmen an einem Wildbachbeispiel (Wildbach bei Oberried am Brienzersee)

5.3.3 Gewässerkorrektionen im 18. und 19. Jahrhundert

In vergangenen Jahrhunderten stellten häufig auftretende Überschwemmungen eine grosse Gefahr dar, und die stark wachsende Bevölkerung brauchte zudem grössere Flächen an landwirtschaftlich nutzbarem Land. Ausgedehnte Sumpfgebiete in den Schwemmebenen der Flüsse wurden immer wieder zu Seuchenherden und stellten ein Gesundheitsrisiko für Menschen und Tiere dar. Im Rahmen von gross angelegten Gewässerkorrektionen (Linthkorrektion, Kanderkorrektion, Rheinkorrektion, Juragewässerkorrektion) wurden sie entsumpft und mittels Drainage (Entwässerung, Trockenlegung von Gebieten) für die Bewirtschaftung urbar gemacht. Diese Bodenverbesserung und Nutzbarmachung durch Drainage und zusätzlich die Zusammenfassung von nebeneinanderliegenden Grundstücken (Güterzusammenlegung) wird auch als Melioration bezeichnet. Im Zuge der Gewässerkorrektionen wurden Flüsse kanalisiert und begradigt und wo immer möglich auch in einen See umgeleitet. Die Begradigung hatte eine höhere Fliessgeschwindigkeit und damit eine höhere Geschiebetransportkapazität zur Folge. Mit der Umleitung in einen See wurde das Geschiebe schliesslich in einem natürlichen Becken abgelagert. Ebenso diente das Seebecken als Wasserrückhalte- und Ausgleichsbecken bei Hochwassersituationen. Zwei wichtige Beispiele in der Schweiz sind die Gewässerkorrektionen der Kander und der Linth.

5.3.4 Kanderkorrektion

Einer der ersten grossen Eingriffe in ein schweizerisches Flusssystem erfolgte im frühen 18. Jahrhundert an der Kander im Berner Oberland. Im Laufe der Jahrtausende schüttete die Kander die grosse Thuner Allmend auf. Sie versperrte schliesslich sich selbst und der Aare den Abfluss. Immer stärkere Rückstauungen und Überschwemmungen traten auf. Im 18. Jahrhundert tauchte der Vorschlag auf, man könne die Situation erheblich verbessern, indem man die Kander in einem Stollen durch den Strättlighügel in den Thunersee leiten würde. 1711 wurde beschlossen, einen Kanal von 900 Metern Länge, 47 Metern Tiefe und 30 Metern Breite zu bauen. Da die Arbeiten zu langsam vorankamen, wurde beschlossen, dass nur ein Stollen gebaut werden sollte. Dieser war Ende 1713 fertiggestellt. Im Juli 1714 brach die Decke des Stollens ein, und aus dem Stollen wurde eine Schlucht. Das weggeschwemmte Material begann sich als Delta im Thunersee abzulagern.

Abb. 5.13
Im Vordergrund der Flugaufnahme ist die Kandereinmündung in den Thunersee mit der Kanderschlucht und dem Kanderdelta zu sehen.

In der Folge kam es in Thun häufiger zu Überschwemmungen, da nun auch das Wasser aus dem Einzugsgebiet der Kander und der Simme in den Thunersee floss. Dies verdoppelte das Einzugsgebiet des Sees auf einen Schlag. Zudem engte der seichte Abfluss aus dem See bei Thun den Spielraum für die Regulierung des Wasserstandes stark ein. Über diesen «Tellerrand» konnte der Seestand bei drohendem Hochwasser kaum präventiv gesenkt werden. Wegen der veränderten Einzugsgebietsgrösse und der Abflusssituation bei Thun trat der Thunersee noch häufiger über die Ufer. Die Hochwasser von 1999 und 2005 waren schliesslich Auslöser für den Bau eines 1,2 Kilometer langen Entlastungsstollens mit einem Durchmesser von 5,4 Meter unter der Stadt Thun durch (Inbetriebnahme 2009). Ohne Stollen wäre der Seepegel seither verschiedentlich in den Bereich der Hochwassergrenze gestiegen. Auch der Aareabfluss ist nun präziser regulierbar, so dass in Bern (Marzili/Mattequartier) die Schadensgrenze von 430 Kubikmeter pro Sekunde weniger überschritten wird.

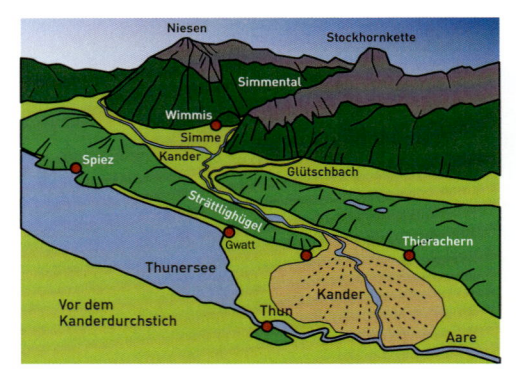

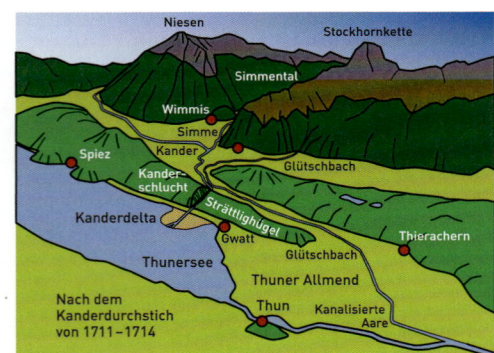

Abb. 5.14
Der alte Kanderlauf

Abb. 5.15
Der heutige Kanderlauf

5.3.5 Linthkorrektur

Die Linth verursachte in der Zeit von 1627 bis 1840 immer wieder grosse Überschwemmungen in der Ebene zwischen Näfels, Weesen und Ziegelbrücke. Besonders verheerend waren die beiden Überschwemmungen von 1762 und 1764. Die Linth und ihre Zuflüsse setzten damals die ganze Ebene vollständig unter Wasser, rissen fast alle Brücken weg und zerstörten zahlreiche Häuser. Damals mündete die Linth noch nicht in den Walensee, sondern floss von Mollis quer zum Tal gegen Niederurnen und dann nach Ziegelbrücke. Hier vereinigte sie sich mit der Maag, dem ehemaligen Abfluss des Walensees. Durch die zahlreichen Hochwasser im 18. Jahrhundert wurden gewaltige Geschiebemassen aus den Glarner Bergen in die einst sehr fruchtbare Linthebene geführt. Es erfolgte ein Rückstau der Maag und dadurch ein Ansteigen des Walensees. Bei anhaltendem Regenwetter wurden insbesondere Weesen und Walenstadt bis zur Höhe der ersten Obergeschosse der Häuser überschwemmt. Die Linthebene verwandelte sich in einen Morast, und die Gegend wurde alljährlich vom Sumpffieber (Malaria) heimgesucht.

Bereits 1783 wurde durch die eidgenössische Tagsatzung ein Projekt für eine Korrektion der Linth in Auftrag gegeben. 1804 beschloss die Tagsatzung dann, die Linth ab Mollis durch einen Kanal in den Walensee zu leiten und das Flussbett zwischen dem Walensee und dem Zürichsee zu korrigieren. 1807 begannen die Arbeiten unter der Leitung von Hans Conrad Escher. 1811 wurde der Molliserkanal (später in Escherkanal umbenannt) eröffnet. Im Jahre 1816 war der Linthkanal zwischen Walensee und Zürichsee fertig gegraben.

Die Linthkorrektion hat die Erwartungen erfüllt: Eine Seeabsenkung von 5,4 Metern wurde erreicht, weite Flächen des einst versumpften Gebietes konnten melioriert werden, und das Sumpffieber verschwand gänzlich aus der Linthgegend. Im Rahmen des Projektes Linth 2000 wurden die inzwischen 200jährigen Kanalsysteme saniert und verschiedene Gewässerabschnitte naturnaher gestaltet. Die Hochwassersicherheit konnte im gesamten Linthgebiet mit technischen und baulichen Massnahmen markant erhöht werden. Dazu gehören beispielsweise die Verstärkung der Dämme oder die Absenkung der Dammkrone des Escherkanals, damit das Wasser bei einem extremen Hochwasser im Bereich des rechten Ufers bis zum Walensee abgeleitet werden kann. Bei einem extremen Hochwasser am Linthkanal wird der Überschuss mittels eines gesteuerten Wehrs dosiert über den Rechten Hintergraben zum oberen Zürichsee geführt. Damit ist ein optimaler Schutz gegen die Folgen eines Hochwassers, wie es statistisch gesehen alle dreihundert Jahre stattfinden kann, gewährleistet.

Abb. 5.16
Die Linth wird über den Escherkanal in den Walensee geführt. Der Linthkanal am linken Bildrand führt das Wasser aus dem Walensee (oben im Bild) in den Zürichsee.

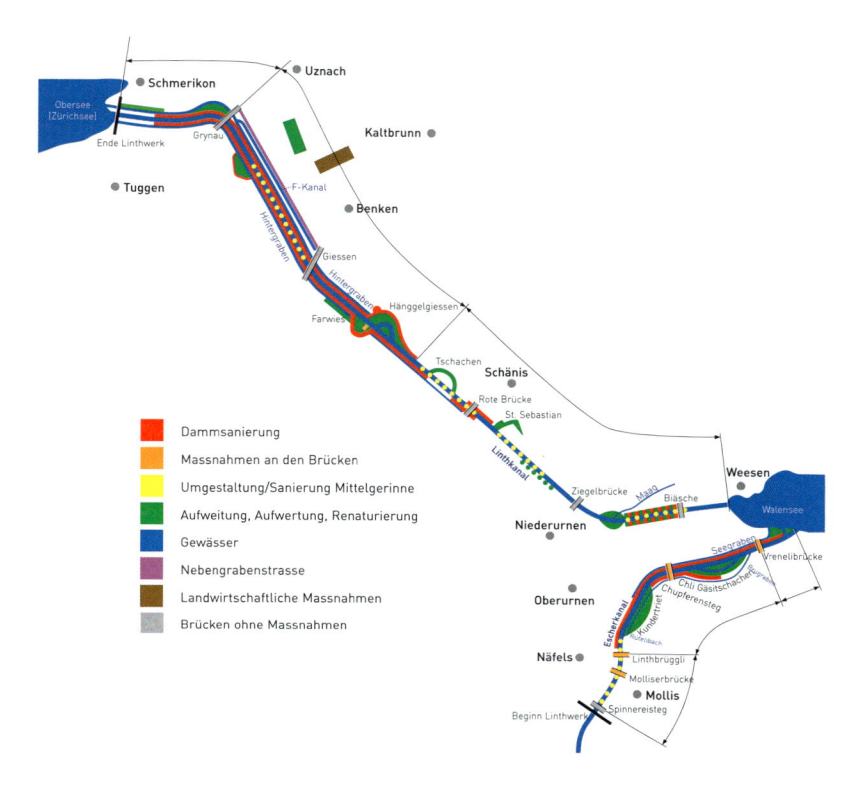

Abb. 5.17
Escherkanal und Linthkanal,
Walensee als Ausgleichsbecken

5.3.6 Wasserbau im 20./21. Jahrhundert

Die grossen Gewässerkorrektionen zeigten über lange Zeit hinweg die erwünschten Auswirkungen. Bereits in der Mitte und vor allem gegen Ende des 20. Jahrhunderts zeigten sich zunehmend auch negative Folgen, wie erneute Hochwasserereignisse, sinkende Grundwasserspiegel, Abnahme der Fischgründe.

Die Ideen des eidgenössischen Wasserbaugesetzes von 1991 werden im Rahmen der verfügbaren finanziellen Mittel auch in grösseren Flussgebieten umgesetzt. **Renaturierungen** (Wiederherstellung von naturnahen Lebensräumen, ökologische Aufwertung) oder naturnähere Verbauungsmassnahmen sind in verschiedenen Flussabschnitten und Flussläufen projektiert oder wie beim Projekt Linth 2000 bereits umgesetzt. Wegweisend für solche Wasserbaumassnahmen war das Projekt «Emme 2050» am Ende des 20. Jahrhunderts.

5.3.7 Das Beispiel «Emme 2050»

Die Emme trat lange Zeit bei Hochwasser immer wieder über die Ufer und richtete grosse Schäden an. Die ab 1844 durchgeführten Verbauungen dämmten diese Gefahr stark ein. Folgeprobleme machten in jüngerer Vergangenheit weitere Verbauungsmassnahmen nötig. Diese waren von aussergewöhnlicher Art und haben in der Schweiz und im Ausland Nachahmung gefunden.

Gemäss Korrektionsplan der Emmeverbauung ab 1884 wurde die Emme innerhalb des bestehenden Flussbetts in ein enges, möglichst gerades Bett eingedämmt. Zusätzlich wurde das Überschwemmungsgebiet mit Hochwasserschutzdämmen begrenzt. Durch diese Massnahmen räumte die Emme zwar wie gewünscht ihr Bett aus, hörte damit aber nicht auf, als das Flussprofil den Idealvorstellungen der Wasserbauingenieure entsprach. Die Emme frass sich zunehmend tiefer in die Sohle ein (Tiefenerosion infolge höherer Fliessgeschwindigkeit). Sie begann, Brückenwiderlager freizulegen und Uferbauten und Schwellen zu unterspülen. Zudem senkte sich in den nahe gelegenen Ackerbauflächen der Grundwasserspiegel, der mit dem Wasserspiegel der Emme korrespondiert.

Wassernutzung und Wasserverbrauch in der Schweiz

Abb. 5.18
Die Emme bei Aefligen vor und nach dem Bau der sogenannten «Emme-Birne»

Bei der Planung einer neuen Flussverbauung entschloss man sich für die sogenannte «Emme-Birne», eine birnenförmige Verbreiterung des Emme-Flussbettes bei Aefligen/Utzenstorf. Durch das Aufheben von Sperren wurde das natürliche Gefälle des Tales an den Fluss zurückgegeben. Das neuartige Projekt «Emme-Birne» wurde als «180-Grad-Kehrtwende» im Wasserbau bezeichnet. Das alternative Verbauungskonzept, das es der Emme ermöglichen soll, ihren Lauf selber zu bestimmen, basiert auf dem von der Universität Bern und der ETH Zürich erarbeiteten Konzept «Emme 2050». Mit der durch Leitwerke geformten und durch Einlauftrichter abgeschlossenen, 300 Meter langen und bis zu 85 Meter breiten «Birne», die im Modell erprobt wurde, soll die Sohlenerosion gestoppt werden. Die Einlauftrichter sind unterhalb der Sohle fundiert und mit wild verlegten Alpenkalkblöcken gesichert. Nach 2 Jahren hatte sich die Emme bereits von 30 auf 65 Meter verbreitert und zum Teil die seitlich eingegrabenen Leitwerke erreicht. Gleichzeitig konnte die Sohle auf dem Stand von 1988 stabilisiert werden. Der Fischbestand stieg deutlich an; derjenige der Bachforellen zum Beispiel erhöhte sich um das Dreifache. Auch der Grundwasserspiegel ist wieder höher als vorher, was für die Landwirtschaft von grosser Bedeutung ist.

5.4 Wassernutzung und Wasserverbrauch in der Schweiz

(nach «Das Wasser in der Schweiz – ein Überblick» von Pascal Blanc und Bruno Schädler, 2013)
Wasser wird in der Schweiz für unterschiedlichste Zwecke genutzt. Wasser wird nicht nur in Haushalten verbraucht, Wasser ist auch in Industrie und Gewerbe, vor allem aber in der Landwirtschaft unabdingbar. Durch die Gewinnung von Strom aus Wasserkraft wird in der Schweiz mehr als die Hälfte des Stroms generiert (vgl. Abschnitt 11.7, Energie).
Mit der Wahl von Produkten und Nahrungsmitteln und dem Umgang mit Trinkwasser kann ein Beitrag zur weltweiten Schonung der Wasserressourcen geleistet werden.
Es werden zwei Arten der Wasserentnahme unterschieden: der Wasserverbrauch und die -nutzung. Die **Wassernutzung** bezieht sich auf das Wasser, das für die Energiegewinnung oder Kühlung entnommen und nach Gebrauch sauber wieder an die Umwelt abgegeben wird. Mit **Wasserverbrauch** bezeichnet man Wasserentnahmen, die verbraucht oder verschmutzt werden: Trinkwasser, Bewässerungswasser, Spülwasser, verdampfendes Kühlwasser oder Abwasser.

5.4.1 Wassernutzung durch Wasserkraftwerke

Die Wasserkraftwerke sind die grössten Wassernutzerinnen. In Speicher- und Pumpspeicherkraftwerken wird das Wasser dem natürlich Wasserkreislauf entnommen. Der natürliche Abflussprozess wird verändert und das Abflussregime (Abfluss-Zeit-Diagramm) eines Gewässers stark beeinflusst. Das Wasser wird in der Regel während der niederschlagsreichen Sommermonate in Staubecken zurückgehalten und bei erhöhtem Strombedarf in der kalten Jahreszeit turbiniert und dem Gewässer wieder zugeführt. Durchschnittlich fliesst ein Wassertropfen zehn Mal durch eine Turbine, bevor er die Schweiz verlässt. Heute werden rund 30 Prozent der gesamten im Wasser vorhandenen Energie zur Stromerzeugung genutzt. In der Schweiz werden so jährlich rund 36 TWh (Terawatt-Stunden) Strom erzeugt, was der fünfzigfachen Energie entspricht, die im Rheinfall bei Schaffhausen steckt.

Damit das ökologische Gleichgewicht im Gewässersystem nicht übermässig gestört wird, darf nicht die gesamte Wassermenge eines Fliessgewässers genutzt werden. Dazu wird eine sogenannte Restwassermenge definiert. Diese bezeichnet eine Minimalwassermenge, die in einem Flussbett verbleiben muss. Am Spöl (Graubünden) zeigen erste Erfahrungen, dass nebst der Restwassermenge auch künstliche Hochwasser für die Naturnähe (Flora, Fauna, Geschiebehaushalt) von Restwasserstrecken sehr wichtig sind. Sehr grosse Fluten sind problematisch, weil zu viele Lebewesen fortgeschwemmt werden. Zwei bis drei kleinere künstliche Hochwasser sind für die Artenvielfalt jedoch wertvoll.

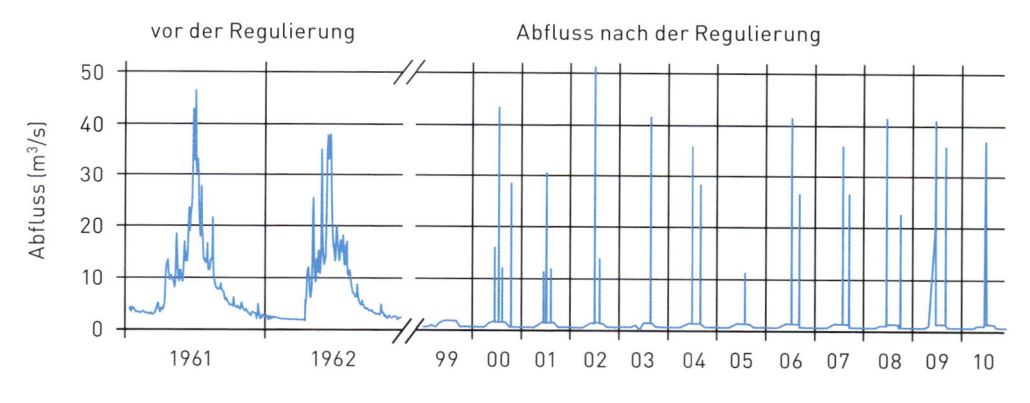

Abb. 5.19
Abflussprozesse im Spöl vor und nach der Regulierung von 1974. Abflussregimes des Spöl für die Referenzjahre 1960–1962 vor dem Dammbau, 1999 nach dem Dammbau sowie 2000 mit künstlich ausgelösten Hochwassern.

■ □ Abb. 5.20
Spöl bei Niedrigwasser

□ ■ Abb. 5.21
Spöl bei Hochwasser im Juli 2000.

5.4.2 Wasserverbrauch

Täglich brauchen Frau und Herr Schweizer rund 170 Liter **Trinkwasser** zum Trinken, Kochen, Waschen und Reinigen. Somit macht der Verbrauch in den Haushalten etwa ein Viertel des Gesamtverbrauchs aus, ein weiteres Viertel entfällt auf die Landwirtschaft. Gut die Hälfte des Wassers verbrauchen Gewerbe und Industrie. Jährlich wird in der Schweiz ein Drittel des Wasservolumens des Thunersees verbraucht.

Wassernutzung und Wasserverbrauch in der Schweiz

Woher kommt jedoch das Schweizer Trinkwasser? 40 Prozent sind Quellwasser, 40 Prozent werden aus dem Grundwasser gepumpt und 20 Prozent werden aus Oberflächengewässern, aus Seen und Flüssen entnommen.

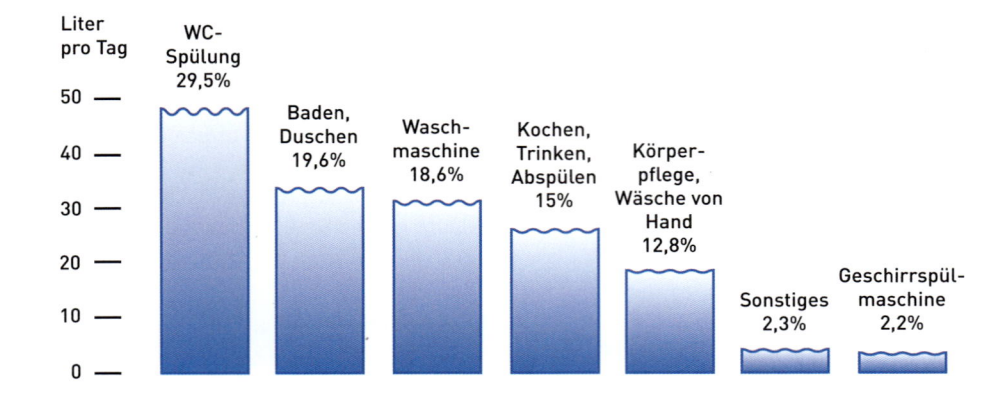

Abb. 5.22
Trinkwasserverbrauch pro Kopf in der Schweiz

Der Trinkwasserverbrauch pro Kopf ist in der Schweiz seit rund 30 Jahren rückläufig. Das weist darauf hin, dass die Bevölkerung sensibilisierter ist und zum Beispiel wassersparende Duschköpfe nutzt. Ausserdem sind Geräte wie Spül- und Waschmaschinen effizienter geworden. Ein wesentlicher Teil der Einsparungen sind aber keine eigentlichen Einsparungen, sondern Verlagerungen: Wasserintensive Industriezweige wie die Textilproduktion wurden ins Ausland verlegt. Zudem werden Güter und Lebensmittel vermehrt importiert, die zur Herstellung viel Wasser benötigen. Damit nimmt aber die Bedeutung des «virtuellen Wassers» zu. Mit **virtuellem Wasser** bezeichnet man das Wasser, das im Ausland für die Produktion von landwirtschaftlichen und industriellen Produkten benötigt wird, die in der Schweiz konsumiert werden.

Wird zum Wasserverbrauch pro Kopf auch das virtuelle Wasser dazugezählt, beläuft sich der Verbrauch auf über 4000 Liter pro Person und Tag, was gesamthaft fast einem Drittel der erneuerbaren Wasserressourcen (d.h. des abfliessenden Wassers in Bächen und Flüssen) der Schweiz entsprechen würde. In der Schweiz entfällt ein grosser Anteil des virtuellen Wasserverbrauchs auf die Bereitstellung von Nahrungsmitteln wie Rind- und Schweinefleisch, Geflügel, aber auch auf Kakao, Kaffee, Zucker, Nüsse, Weizen, Ölsaaten und Reis. Die Erzeugung von gewissen Produkten kann die Wasserknappheit in den Exportregionen verschärfen, zum Beispiel in China, Spanien oder Portugal durch den Anbau von Baumwolle (1 kg = 10 000 Liter Wasserverbrauch) oder Rindfleisch (1 kg = 16 190 Liter Wasserverbrauch). Es ist jedoch zu beachten, dass der grösste Teil des verbrauchten Wassers im Produktionsland bleibt.

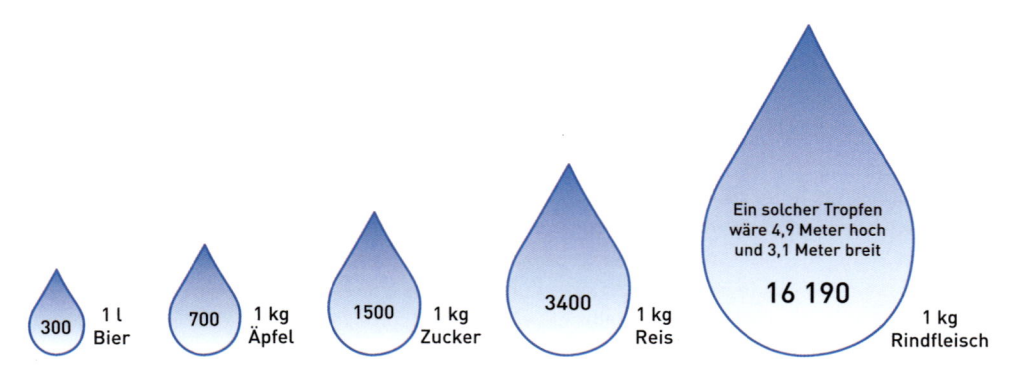

Abb. 5.23
Virtueller Wasserverbrauch

5.5 Stehende Oberflächengewässer

Seen werden als Wasseransammlungen in geschlossenen Senken definiert. Sie sind wesentliche Elemente einer Landschaft. Grosse Seen können das regionale Klima merklich beeinflussen (Seewind – Landwind).

Die Entstehung der Seen in der Schweiz hat verschiedene Ursachen. Glazialen Ursprungs sind Zungenbeckenseen, welche hinter den ehemaligen Endmoränen von Gletschern aufgestaut wurden (Hallwilersee, Baldeggersee, Sempachersee). Toteisseen sind rundliche, kleinere Seelein oder Sümpfe, wassergefüllte Eintiefungen im Gelände, als Folge des Abschmelzens von grösseren Eisblöcken im Rahmen des Rückzugs der grossen Alpengletscher (Burgäschisee, Moossee, Wilersee); die meisten Bergseelein sind in glazial übertieften Felsnischen entstanden, die von einem Karletscher ausgehobelt wurden. Sie werden Karseen genannt. Verschiedene Seen finden sich in wassergefüllten U-Tälern (Königssee, Urnersee). Anthropogen bedingt sind die Stauseen in den Alpentälern.

Seen sind wichtige Wasserressourcen, dienen sie doch verschiedenenorts zur Entnahme von Wasser zur Aufbereitung als Trinkwasser. Die Wasserqualität ist daher von grosser Wichtigkeit. Wenn Oberflächengewässer wie Seen und Flüsse durch anorganische Nährstoffe wie Phosphor oder Stickstoffverbindungen überbelastet werden, spricht man von einer Eutrophierung. Durch sie kann sich das Ökosystem von Gewässern in landwirtschaftlich genutzten Gebieten stark verändern.

Die Wassertemperaturen, die Grösse der stehenden Gewässer und der Wasseraustausch innerhalb der Seen spielen dabei eine wichtige Rolle. Bei zunehmender Erwärmung beschränkt sich die Umwälzung und die mit ihr verbundene Wasserverfrachtung auf eine begrenzte Oberflächenschicht, das Epilimnion. Diese Schicht unterliegt einer häufigen Durchmischung infolge des Windes und ist daher thermisch mehr oder weniger homogen. Darunter liegt das Metalimnion, eine Wasserschicht, in der die Temperatur vertikal stark abfällt (Sprungschicht). Sie trennt die obere Schicht sehr wirksam von der tieferen kälteren Schicht, dem Hypolimnion. Einen wesentlichen Einfluss auf die Strömungen im See haben seine Zuflüsse. Bedingt durch die andere Temperatur und den Schwebstoffgehalt, hat das zufliessende Wasser eine andere Dichte als das Seewasser und schichtet sich entsprechend seiner Dichte in den Wasserkörper ein.

5.6 Weltmeere

Das Weltmeer umfasst den gesamten zusammenhängenden Salzwasserkörper der Erde und lässt sich durch die gegenwärtige Lage der Kontinente in drei grosse Ozeane gliedern: Pazifischer, atlantischer und indischer Ozean. Aufgrund der Umrisse der Kontinente entstehen Randmeere, die vom Weltmeer durch Inselbögen oder durch eine Meerenge verbunden sind. Mittelmeere sind durch Festland umgeben und damit deutlich vom Weltmeer abgetrennt.

5.6.1 Meeresströmungen

Das Wasser des Meeres ist ständig in Bewegung. Die Meeresströmungen sind ein wichtiger Klimafaktor, sind sie doch für den Energietransport zwischen den niederen und höheren Breiten verantwortlich.

Nach den verursachenden Kräften, der Schubkraft des Windes und den durch den Dichteunterschied im Wasser bedingten inneren Druckkräften, unterscheidet man Driftströmungen und Gradientströme. Ein wesentlicher Motor der grossen Meeresströmungen sind die Winde. Wo sie beständig wehen, etwa in den Randtropen als Nordost- respektive Südostpassate, erzeugen sie sogenannte Driftströmungen an der Meeresoberfläche. Aufgrund des durch die Erdrotation hervorgerufenen Corioliseffekts werden diese Bewegungen wie die Winde auf der Nordhalbkugel nach rechts und auf der Südhalbkugel nach links abgelenkt (vgl. Kapitel 4, Wetter und Klima). An der Meeresoberfläche entstehen grosse Zirkulationssysteme, die auf der Nordhalbkugel und auf der Südhalbkugel entgegengesetzt verlaufen.

Ebenso führen Unterschiede der Wasserdichte, hervorgerufen durch Temperaturschwankungen oder durch unterschiedlichen Salzgehalt, zur Entstehung von Strömungen. Schwereres, dichteres Wasser sinkt ab, weniger dichtes steigt auf, sodass vertikale Strömungen und Tiefenströmungen entstehen. Beispielsweise dehnt sich das Wasser durch Erwärmung in den Tropen aus und die Dichte nimmt ab. Starke Verdunstung, die zu einer erhöhten Salzkonzentration führt, erhöht wiederum die Dichte. In hohen Breitengraden, wie im Nord- oder Südatlantik, kühlt das Oberflächenwasser ab, wird schwerer als die darunterliegenden Wasserschichten und sinkt nach unten. Durch die Tiefsee fliesst es in Richtung Äquator und ersetzt das Wasser, welches durch Driftströmungen nach Norden respektive Süden transportiert wird.

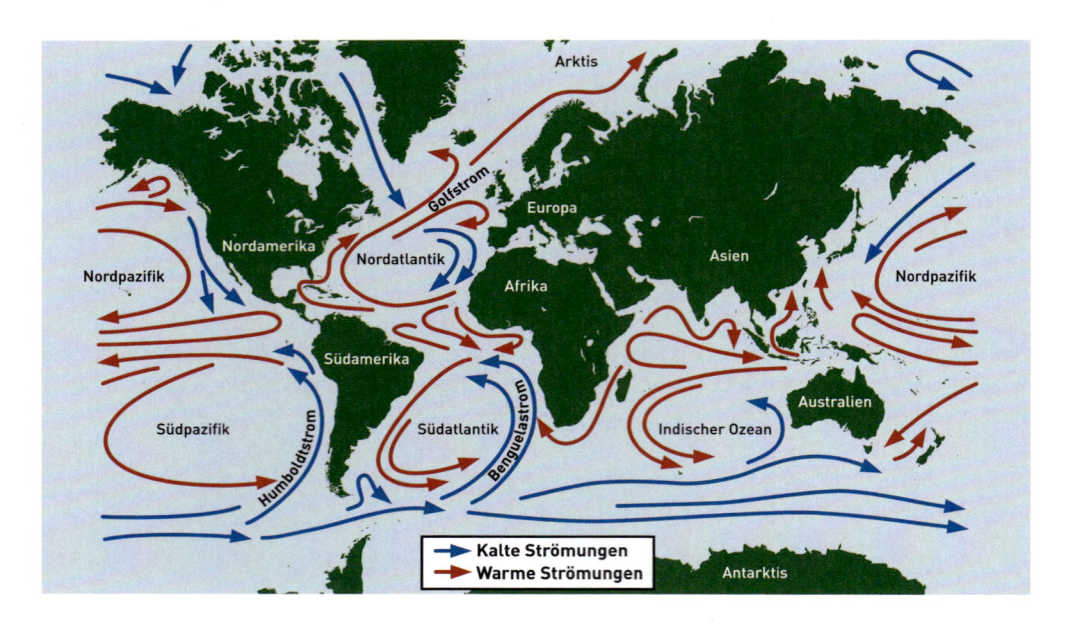

Abb. 5.24
Kalte und warme Meeresströmungen an der Oberfläche

Meeresströmungen folgen also weitgehend dem Muster der globalen Windzirkulation, werden aber an den Kontinenträndern umgelenkt. Kaltes Wasser stammt entweder aus hohen Breitengraden (Meeresströmungen) oder aus tieferen Wasserschichten eines Ozeans (Auftriebswasser). Über der kalten Meeresströmung sind auch die Luftmassen kühl. Werden diese Luftmassen über dem Land aufgewärmt, sinkt die relative Feuchtigkeit, Wolken und Nebel lösen sich auf und es bilden sich Küstenwüsten: Der Humboldtstrom vor der Küste Südamerikas ist verantwortlich für die Bildung der Atacama-Wüste in Chile, der Benguelastrom für die Bildung der Küstenwüste in Namibia. Warme Meeresströmungen dagegen bewegen sich vom Äquator weg. Dadurch wird Wärme vom Äquator in Richtung Pole transportiert. Der Golfstrom transportiert warmes Wasser aus dem Golf von Mexiko und der Karibik bis an die norwegische Küste und sorgt durch die relativ warmen Wassertemperaturen für ein milderes Klima, als es für diese Breitengrade typisch wäre.

Ozeanografen gehen heute davon aus, dass die Oberflächen-Meeresströmungen Teil eines globalen marinen Förderbandes sind. Oberflächenwasser vom Indischen und Pazifischen Ozean strömt in den Atlantik, kühlt sich über Nordeuropa ab, sinkt ab und strömt in 2000 bis 3000 Metern Tiefe wieder zurück. Temperaturunterschiede und eine unterschiedliche Salzkonzentration bewirken diese Förderbandzirkulation.

5 Hydrologie

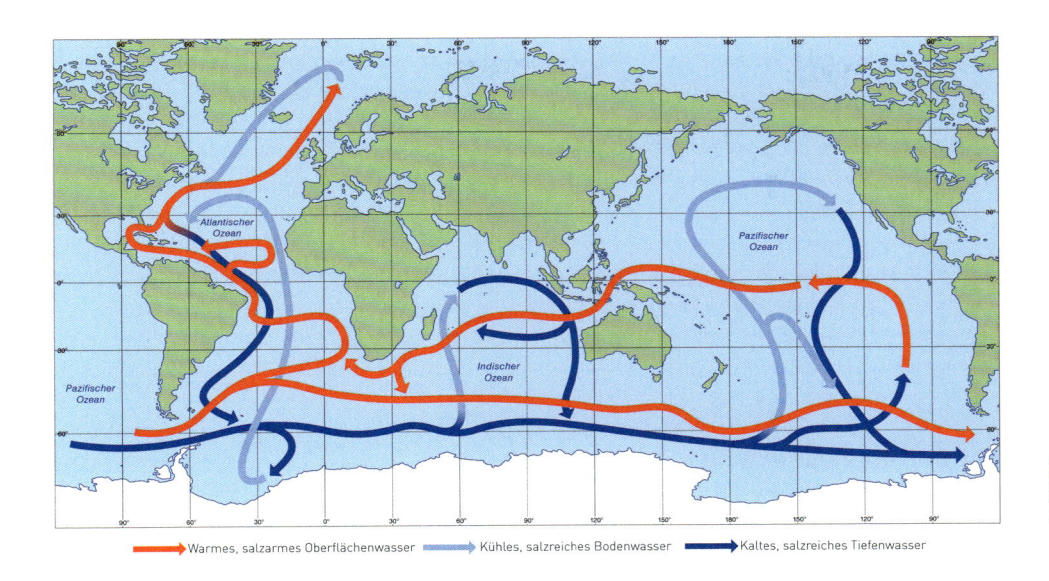

Abb. 5.25
Der globale ozeanische
Strömungskreislauf
(«conveyer belt»)

→ Warmes, salzarmes Oberflächenwasser → Kühles, salzreiches Bodenwasser → Kaltes, salzreiches Tiefenwasser

5.6.2 Golfstrom

Die Oberflächen-Meeresströmungen (Abb. 5.25) bilden ein sehr komplexes Netz rund um den Globus. Der für Europa wichtigste Strom ist der Golfstrom. Er erhielt seinen Namen durch die Annahme, dass das Wasser hauptsächlich aus dem Golf von Mexiko stamme. Der Südost- und der Nordostpassat bewegen die Wassermassen des Süd- und des Nordäquatorialstromes in den Golf von Mexiko. Dort werden sie stark aufgewärmt. Sie fliessen in den Atlantik und werden von der Westwinddrift der gemässigten Breiten gegen Nordeuropa geführt. Der Golfstrom sorgt somit für einen gewaltigen Energietransport und beeinflusst in starkem Ausmass das Klima in Europa. Im Verhältnis zur Ostküste der USA ist es nämlich in Europa wärmer und feuchter. Ohne den Golfstrom wäre es nicht möglich, dass in Grossbritannien Palmen gedeihen könnten, sondern es wäre im Jahresmittel um einige Grad kälter.

Nicht nur der Wind, sondern vor allem die Dichte der Wassermassen haben einen grossen Einfluss auf die Strömungsverhältnisse in Ozeanen, auch im Atlantik. Dessen Salzgehalt ist unterschiedlich, im Gesamten ist der Atlantik salzhaltiger als die beiden anderen Ozeane.

Der Export des über dem Atlantischen Ozean verdunsteten Wasserdampfs in die beiden anderen Ozeane (Pazifischer und Indischer Ozean) ist grösser als der Import an Wasserdampf aus deren Gebiet. Der Grund liegt in der Orografie der Kontinente. Die starke Verdunstung in den tropischen Gebieten führt zu einer erhöhten Salzkonzentration im Atlantik. Über die Landbrücke Mittelamerikas werden in der Troposphäre grosse Wassermengen in den Pazifik verfrachtet, was die Salzkonzentration im Atlantik erhöht. Umgekehrt regnen die Luftmassen in der Westwindzone an der Sierra Nevada und den Rocky Mountains aus, es erfolgt daher kaum ein Süsswassertransport vom Pazifik in den Atlantik.

Abb. 5.26
Der Golfstrom

Welche Auswirkungen die aktuellen Klimaveränderungen haben werden, ist umstritten. Man hat festgestellt, dass der Rückfluss der kalten Tiefenwasser in den letzten 50 Jahren um bis zu 20 Prozent zurückgegangen ist. Durch die globale Temperaturerhöhung schrumpfen im Nordatlantik die Eismassen und bringen immer grössere Mengen an Süsswasser in den Nordatlantik ein. Daraus resultiert eine geringere Dichte der Wassermassen. Damit sinkt immer weniger Wasser ab, und die Sogwirkung im Nordpolarmeer geht zurück. Diese Entwicklung könnte den Golfstrom abschwächen oder sogar verschwinden lassen, was wiederum zur Folge hätte, dass es in Nordeuropa deutlich kälter würde. Umgekehrt dürften die erhöhten Temperaturen eine Erhöhung der Verdunstungsraten in tropischen Gebieten bewirken und damit gäbe es einen grösseren Wassermassentransport in die anderen Ozeane, insbesondere in den Pazifik, was den Salzgehalt im Atlantik erhöhen würde. Damit würde die Golfstromzirkulation sogar verstärkt. Welcher der beiden Prozesse den grösseren Einfluss haben wird, ist derzeit nicht geklärt.

5.6.3 El-Niño-Southern-Oscillation-Phänomen

Alle drei bis acht Jahre kann im tropischen Pazifischen Ozean ein Phänomen beobachtet werden, das in der Meteorologie ENSO genannt wird und eine komplexe Wechselwirkung zwischen Atmosphäre und Ozean aufzeigt. Die Abkürzung ENSO steht für El-Niño-Southern-Oscillation, wobei El Niño das ozeanische Phänomen, Southern Oscillation die atmosphärischen Schwankungen bezeichnet.

Im südlichen Pazifischen Ozean strömt der Südostpassat als Teil der Hadley-Zirkulation vom südpazifischen Hochdruckgebiet zur äquatorialen Tiefdruckrinne, wo er in einen Ostwind übergeht, der von der peruanischen Küste zur südostasiatischen Inselwelt strömt. Der Südostpassat bewirkt, dass das Oberflächenwasser entlang des Äquators Richtung Indonesien strömt. Kühles und nährstoffreiches Tiefenwasser steigt dadurch vor der peruanischen Küste auf und bildet die Nahrungsgrundlage der reichen Fischgründe vor der südamerikanischen Pazifikküste. Die absinkenden und Richtung Asien strömenden Luftmassen bewirken gleichzeitig eine Niederschlagsarmut und eine Küstenwüste, die für die südamerikanische Küste entlang des Pazifiks charakteristisch ist. Auf der indonesischen Seite des Pazifischen Ozeans steigt demgegenüber feuchtwarme Luft über dem warmen Meer auf, kondensiert und löst die häufigen tropischen Niederschläge aus. Die Druckunterschiede zwischen der peruanischen Küste (Hochdruck) und der südostasiatischen Inselwelt (Tiefdruck) gingen als Walker-Zirkulation in die Fachliteratur ein.

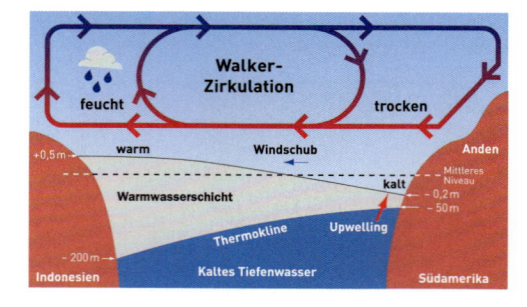

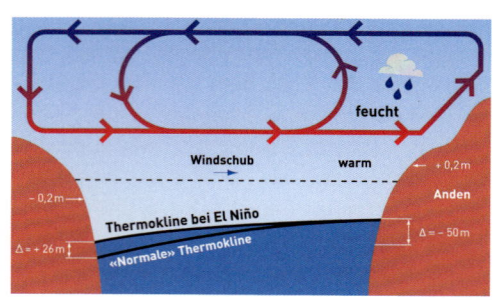

■ □ Abb. 5.27
Normale Zirkulation: Luftdruckverteilung und Meeresströmungen im Pazifik

□ ■ Abb. 5.28
Die Zirkulation in einem El-Niño-Jahr

In einem El-Niño-Jahr schwächt sich das südpazifische Hoch ab, der Südostpassat und die äquatoriale Ostzirkulation werden schwächer und warmes Wasser schwappt gegen die peruanische Küste und überlagert den kalten Humboldtstrom. Trockenheit in Indonesien und Australien und starke Regenfälle an der südamerikanischen Pazifikküste sind die Folge. Dadurch wird das Plankton in die Tiefe abgedrängt und der Fischreichtum vor der peruanischen Küste versiegt. Das Phänomen tritt alle drei bis acht Jahre um die Weihnachtszeit auf und wird deshalb in Peru als El Niño, das Christkind, bezeichnet. Die Ursachen für dieses Phänomen sind nicht bekannt.

5 Hydrologie

Perioden, in denen die Normalzirkulation verstärkt auftritt, die Druckunterschiede zwischen Südamerika und Asien also besonders gross sind und eine starke gegen Indonesien gerichtete Strömung auftritt, werden als La Niña (das Mädchen) bezeichnet.

Erfasst werden die Schwankungen durch die Druckunterschiede zwischen Darwin (Australien) und Tahiti (Französisch-Polynesien). Die Abweichungen von der durchschnittlichen Druckdifferenz werden als Southern Oscillation Index (SOI) bezeichnet. Durch Bojen und vermehrte Messungen von Forschungsschiffen aus konnten in den letzten Jahren weitere wichtige Daten im Pazifischen Ozean gewonnen werden, die nun standardisiert in den Multivariaten ENSO-Index (MEI) einfliessen. Der El-Niño-Effekt scheint Auswirkungen weit über den Pazifischen Raum zu haben. Die Schwankungen des indischen Monsuns und die Häufigkeit tropischer Stürme sollen durch diese pazifischen Zirkulationsschwankungen verursacht werden.

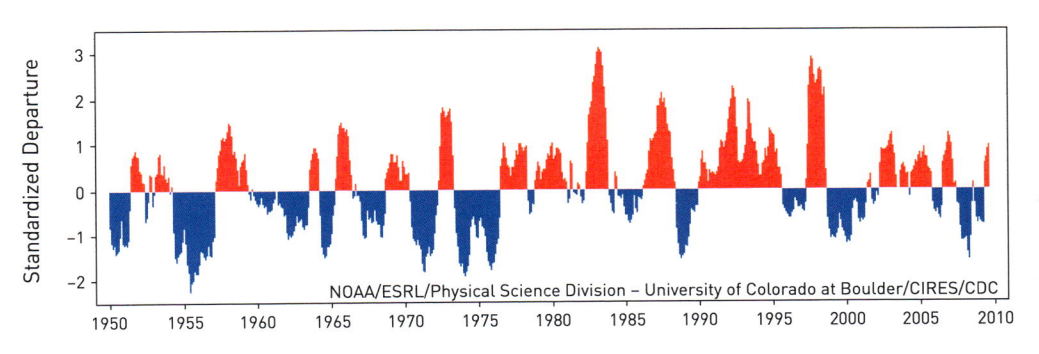

Abb. 5.29
Der Multivariate ENSO von 1950 bis 2010. Rote Bereiche deuten einen El-Niño-Effekt an. Deutlich zeichnet sich das letzte starke El Niño aus dem Jahre 1997/98 ab.

5.6.4 Meeresspiegelveränderungen als Folge von Klimaschwankungen

Meeresspiegelschwankungen können über sehr lange Zeiträume beobachtet werden. Während des Höhepunktes der letzten Kaltzeit vor ca. 20 000 Jahren lag der Meeresspiegel etwa 120 m tiefer als heute. In jüngster Zeit können die Veränderungen sehr präzise durch Satellitentechnik gemessen werden. Im 20. Jahrhundert ergab sich im Mittel ein Meeresspiegelanstieg von ca. 15 cm, gegen Ende des 20. Jahrhunderts beschleunigte sich dieser Prozess deutlich.

Aufgrund der globalen Erwärmung prognostizieren Klimaforscher einen erheblich stärkeren Meeresspiegelanstieg im 21. Jahrhundert. Eine grosse Rolle spielt dabei der Eisvolumenverlust in der Arktis (inkl. Grönland) und in der Antarktis. Ebenso ist die Ausdehnung des Wassers als Folge der steigenden Wassertemperaturen in den Ozeanen von zentraler Bedeutung für den Anstieg des Meeresspiegels.

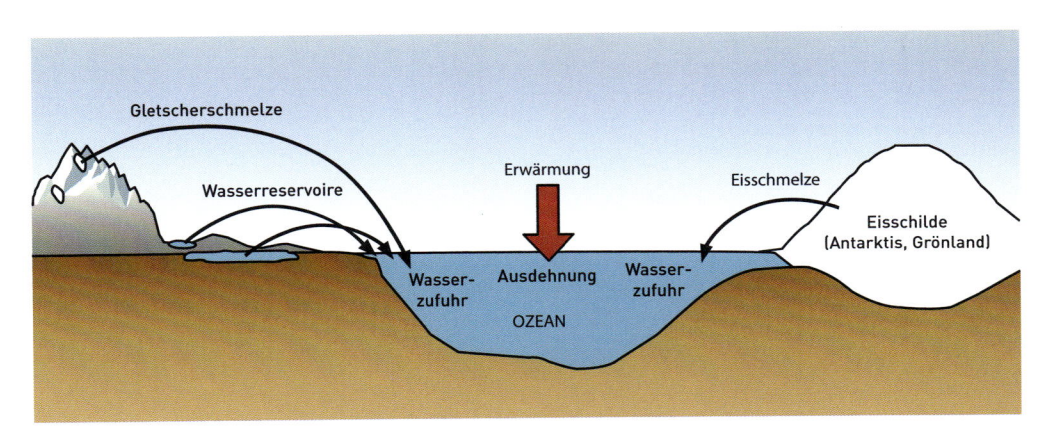

Abb. 5.30
Wichtige Ursachen für einen Meeresspiegelanstieg

Weltmeere

Der Meeresspiegel steigt schneller als in den beiden vorherigen Jahrtausenden und der Anstieg wird sich weiter beschleunigen, wie es in den Berichten des Intergovernmental Panel on Climate Change (IPCC) aufgezeigt wird. Im 5. IPCC-Bericht 2014 wird ein erheblich rascherer Anstieg erwartet als früher angenommen.

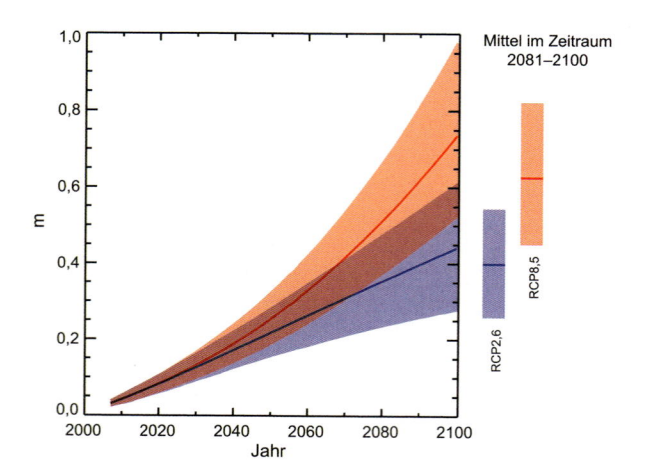

Abb. 5.31
Anstieg des globalen Meeresspiegels bis zum Jahr 2100, je nach Emissionsszenario

Der Meeresspiegelanstieg der Zukunft ist eine sehr schwierig zu bestimmende Grösse. In Abhängigkeit der Klimaszenarien und der daraus abgeleiteten Erwärmung lässt sich mit einiger Zuverlässigkeit der Anstieg des Meeresspiegels bestimmen. Für das RCP8.5-Szenario (starke Erwärmung) gibt der 5. IPCC-Bericht einen Meeresspiegelanstieg von 45–82 cm an. Beim RCP2.6-Szenario (geringere Erwärmung) geht man von einem Anstieg von 26–55 cm aus.

Besonders betroffen vom Meeresspiegelanstieg sind die Küstenregionen. Einerseits führt der kontinuierliche Anstieg zur Überflutung von Küstenregionen und andererseits gibt es aufgrund des Meeresspiegelanstiegs höhere oder häufigere Sturmfluten. Einige Gebiete, z. B. in den Niederlanden, liegen unterhalb des normalen Hochwasserpegels und sind schon heute gefordert, Anpassungsstrategien für den Meeresspiegelanstieg zu entwerfen. Küstengebiete sind global gesehen dicht besiedelte und intensiv genutzte Räume. Acht der zehn größten Städte der Welt liegen an Küsten. Schätzungen der OECD zufolge werden bis zum Jahr 2050 fast zwei Drittel der Menschheit in Küstennähe wohnen.

Weiterführende Literatur

BAUER J. ET AL., 2012: Wasser. Materialien für den Sekundarbereich II. Seydlitz Geographie.
BUNDESAMT FÜR UMWELT BAFU, 1992–2016: Hydrologischer Atlas der Schweiz.
  Unter www.hades.unibe.ch. Bern.
BLANC P., SCHÄDLER B., 2013: Das Wasser in der Schweiz – ein Überblick. Schweizerische
  hydrologische Kommission, Bern.
SPREAFICO M., WEINGARTNER R., 2005: Hydrologie der Schweiz. Berichte des BWG,
  Serie Wasser, Nr. 7. Bern.

6 Geologie

Matthias Probst

Vulkane brechen aus, die Erde bebt, Felsen stürzen ins Tal. Diese deutlichen Zeichen erinnern immer wieder daran, dass selbst die «feste» Erde Veränderungen durch innere und äussere Kräfte unterworfen ist. Geologie ist die Wissenschaft von der Zusammensetzung, dem Bau und der Entwicklung der gesamten Erde sowie von den endogenen und exogenen Kräften und Prozessen, unter deren Wirkung sich die Erde stetig verändert.

Dieses Kapitel befasst sich vorwiegend mit der **endogenen Geologie** (griech. «endogen» = von innen kommend/entstehend) und damit mit Prozessen, die vom Erdinneren ausgehen wie Plattenbewegungen, Vulkanismus und Erdbeben. Bei der Bildung von Gesteinen und Rohstoffen und der geologischen Entstehung der Schweiz spielen auch exogene Prozesse (griech. «exogen» = von aussen stammend/wirkend) eine wichtige Rolle. Diese Themen leiten über zur Geomorphologie, die sich mit Flüssen, Gletschern, Wind und Meeresbewegungen als landschaftsformende Kräfte auf der Erdoberfläche befasst.

6.1 Entstehung des Sonnensystems und der Erde

Seit Jahrhunderten beschäftigen sich Wissenschaftler mit der Frage, wie die Erde, die anderen Planeten und die Sonne entstanden sind. Auch heute legen Geologen und Astronomen immer wieder neue Daten und Theorien vor, die heftige Debatten über die Entstehung des Sonnensystems und der Erde auslösen. Eine nach dem heutigen Wissensstand plausible Theorie lautet:

Die **Urknalltheorie** von Georges Lemaître (1894–1966) aus dem Jahr 1927 geht von der Annahme aus, dass nahezu die gesamte Masse des Universums in einem Punkt mit sehr hoher Dichte und Temperatur konzentriert war. Diese Materie wurde durch eine Explosion, die als Urknall (Big Bang) bezeichnet wird, vor etwa 13,7 Milliarden Jahren auseinandergetrieben und stellte das Ausgangsmaterial für die Galaxien in unserem Universum dar.

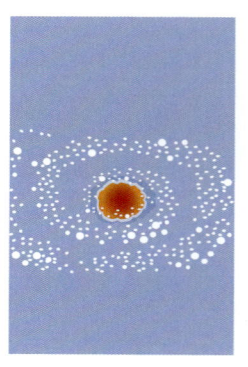

Durch die Ausdehnung des Universums sank dessen Temperatur und aus Elementarteilchen bildeten sich die ersten chemischen Elemente, vor allem Wasserstoff und Helium. Später konzentrierten sich diese Gase zu sich immer stärker verdichtenden Wolken, bis es zu Kernverschmelzungen kam und Sterne entstanden. In diesen Sternen führten hoher Druck und hohe Temperatur zu Kernverschmelzungen, bei denen aus leichten Elementen schwere Elemente gebildet wurden. Schliesslich kam es zu einer hell aufleuchtenden Explosion eines Sterns (Supernova). Dabei wurden grosse Mengen heisses Gas und Staub ins Universum geschleudert. Ein Teil des Materials verdichtete sich zu einer langsam rotierenden Wolke, die langsam abkühlte und eine protoplanetare Scheibe bildete.

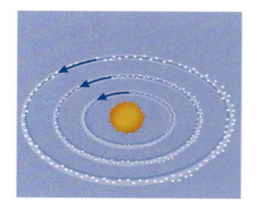

In der protoplanetaren Scheibe zogen durch die Gravitationskraft grössere Massen die kleineren Teilchen der Materie an sich. 99,9 Prozent der Materie wurde im Zentrum zur Protosonne konzentriert. Die Massenkonzentration versetzte die Scheibe in eine immer schnellere Rotation.

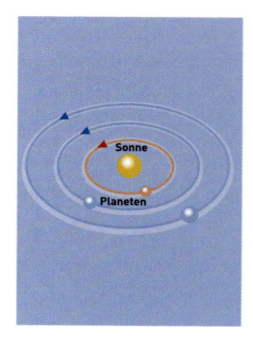

Aus der restlichen Materie bildeten sich um die Protosonne herum durch die Gravitation allmählich die acht heute bekannten Planeten unseres Sonnensystems, welche die Sonne in derselben Richtung umkreisen. Im Inneren des Sonnensystems führten die hohen Temperaturen zur Bildung von steinigen Planeten (z. B. Erde), da flüchtige Stoffe wie Wasser, Helium und Wasserstoff nicht kondensieren konnten. Im äusseren Sonnensystem bildeten sich unter den tieferen Temperaturen gasreiche Planeten (vgl. Abschnitt 2.8). Auf diesen Zeitpunkt vor 4,6 Milliarden Jahren wird die Entstehung unseres Sonnensystems und damit auch der Erde festgesetzt.

6 Geologie

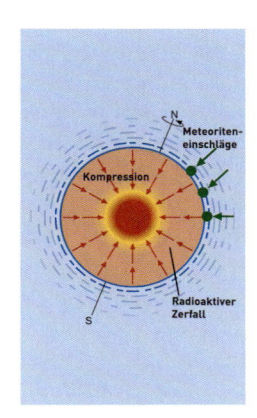

Die Erde war zunächst ein homogener Planet, der im Inneren in allen Tiefen ungefähr die gleiche stoffliche Zusammensetzung aufwies.
Nach heutigem Verständnis haben zunächst drei Prozesse die Erde aufgeheizt. Sie erklären die heute noch vorhandene **geothermische Energie (Erdwärme)** im Erdinneren.

- Bei **Einschlägen von Meteoriten** wandelte sich deren Bewegungsenergie in Wärme um.
- Die **Kompression** (Verdichtung) durch das Eigengewicht der Erde führte zu einem geringeren Erdvolumen sowie zu Druckerhöhung und zu Erwärmung im Erdinneren.
- **Radioaktiver Zerfall** von Atomen im Erdinneren setzte Teilchen und Strahlung frei und erwärmte das Material.

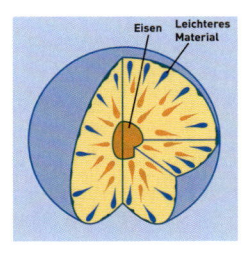

Die Erdwärme führte zu einer **Differentiation** (Aufspaltung einer Gesteinsschmelze in verschiedene Mineralien und Restschmelze) im Erdinneren und schliesslich zum schalenförmigen Aufbau. Die dichte Eisen-Nickel-Schmelze sank zum Mittelpunkt der Erde und bildet heute den Kern. Die Schmelze mit niedriger Dichte stieg an die Oberfläche auf, kühlte ab und bildet heute den Mantel und die Kruste aus (Silikat-) Gesteinen.

Abb. 6.1
Entstehung des Sonnensystems und der Erde

Für die Entstehung der **Ozeane** und der **Atmosphäre** existieren zwei Erklärungen. Eine besagt, dass in der frühen Geschichte der Erde zahlreiche Asteroiden die Erde trafen. Die Asteroiden enthielten Wasser, Kohlendioxid und andere Gase, aus denen sich die frühen Ozeane und die erste Atmosphäre bildeten. Die zweite Erklärung geht davon aus, dass durch die Erdwärme in Mineralien enthaltene Gase und Wasser unaufhörlich freigesetzt wurden und mit dem Magma über vulkanische Ausbrüche an die Erdoberfläche gelangten. Dieser Prozess setzt bis heute Wasserstoff, Stickstoff, Kohlendioxid und andere Gase frei. Die Wassermenge, die heute bei vulkanischen Aktivitäten freigesetzt wird, zeigt, dass Vulkane über mehrere Milliarden von Jahren problemlos die Meere gefüllt haben könnten. Der fehlende Sauerstoff in der Uratmosphäre entstand bei der Entwicklung ersten Lebens vor 3,5 Milliarden Jahren. Cyanobakterien begannen Fotosynthese zu betreiben und gaben dabei als Abfallprodukt Sauerstoff in die Atmosphäre ab, der sich dort ansammelte.

Vor etwa vier Milliarden Jahren war die Erde bereits ein differenzierter Planet mit Kern, Mantel und einer ersten Kruste mit Kontinenten. Die Ozeane und die Atmosphäre waren entstanden, und die grundlegenden inneren und äusseren geologischen Prozesse, die wir heute beobachten können, waren bereits in Gang gekommen.

6.2 Schalenaufbau der Erde

Um das Erdinnere zu erforschen, ist die Geologie in erster Linie auf indirekte Verfahren wie die Seismologie angewiesen. Direkte Untersuchungen mittels Bohrungen erreichten bisher nur eine Tiefe von 12,2 km, was circa 2 Promille des Erdradius entspricht. Mit zunehmender Tiefe werden Bohrungen schwieriger, da Druck, Dichte und Temperatur zunehmen.

Das Erdinnere wird aufgrund seiner Zusammensetzung in Kruste, Mantel und Kern unterteilt. Die **Erdkruste** macht nur 2 Prozent des Erdvolumens und weniger als 1 Prozent der Erdmasse aus und weist in den Bereichen der Kontinente und Ozeane markante Unterschiede auf. Die **kontinentale Kruste** ist mächtiger (durchschnittlich 35 km), weist eine niedrigere Dichte auf und besteht

Schalenaufbau der Erde

vorwiegend aus Silikatgesteinen (z. B. Granit). Dagegen ist die **ozeanische Kruste** durchschnittlich nur 7 km mächtig und besteht aus jungem, dunklem vulkanischem Gestein (v. a. Basalt) mit einer hohen Dichte. Von der Kruste zum Mantel nimmt die Dichte der Materie sprunghaft von 3000 kg/m³ auf 3300 kg/m³ zu. Diese Grenze wird als **Mohorovičić-Diskontinuität** (kurz: Moho) bezeichnet, nach ihrem Entdecker, dem Geophysiker Andrija Mohorovičić (1857–1936). Der **Erdmantel** umfasst den grössten Anteil der Erde (82 Prozent des Erdvolumens und 67 Prozent der Erdmasse). Er besteht aus eisen- und magnesiumhaltigen Silikatgesteinen und ist je nach Temperatur- und Druckverhältnissen fest oder teilweise aufgeschmolzen.

Abb. 6.2
Schematischer Schalenaufbau der Erde (nicht massstabsgetreu)

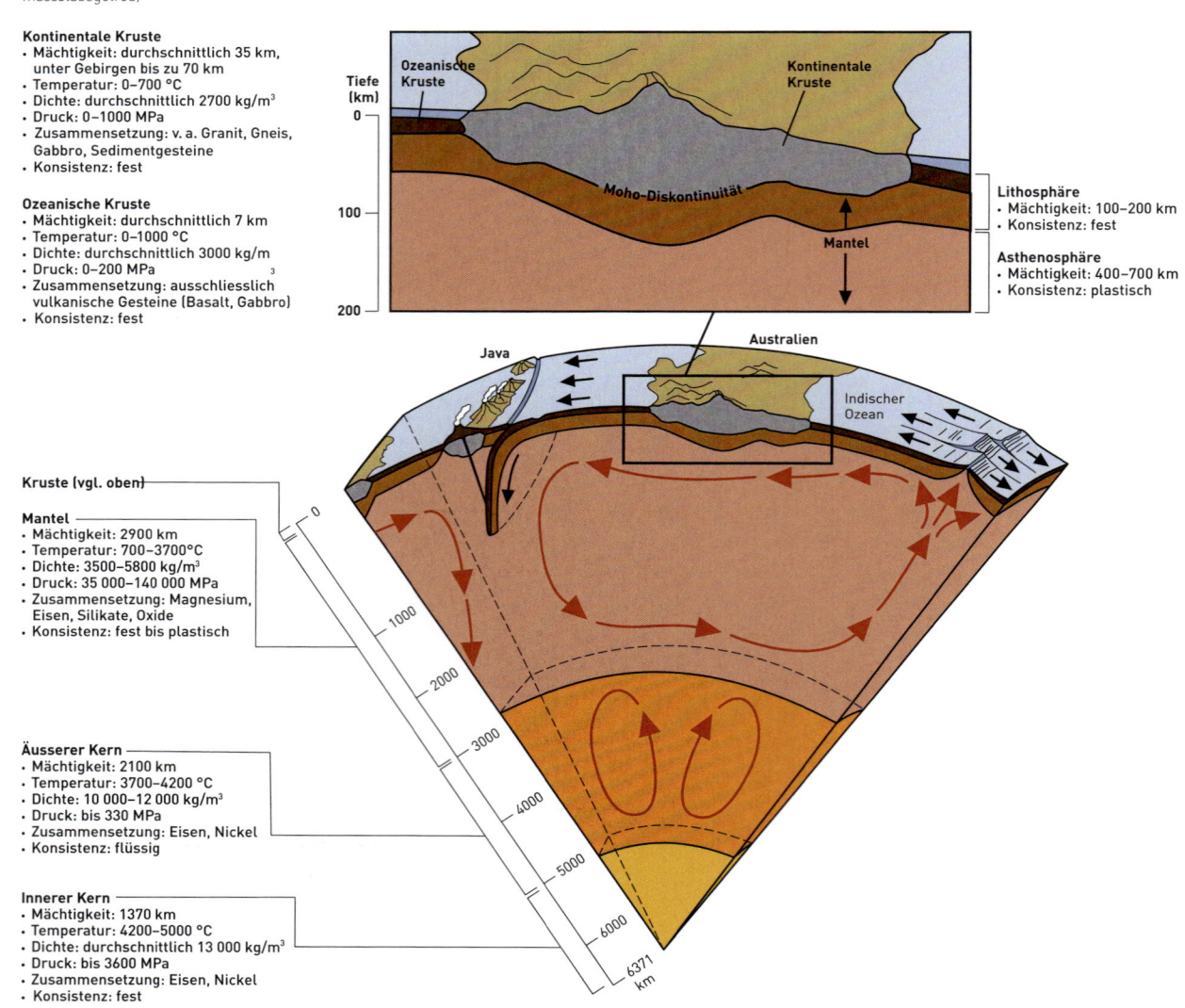

Kontinentale Kruste
- Mächtigkeit: durchschnittlich 35 km, unter Gebirgen bis zu 70 km
- Temperatur: 0–700 °C
- Dichte: durchschnittlich 2700 kg/m³
- Druck: 0–1000 MPa
- Zusammensetzung: v. a. Granit, Gneis, Gabbro, Sedimentgesteine
- Konsistenz: fest

Ozeanische Kruste
- Mächtigkeit: durchschnittlich 7 km
- Temperatur: 0–1000 °C
- Dichte: durchschnittlich 3000 kg/m³
- Druck: 0–200 MPa
- Zusammensetzung: ausschliesslich vulkanische Gesteine (Basalt, Gabbro)
- Konsistenz: fest

Lithosphäre
- Mächtigkeit: 100–200 km
- Konsistenz: fest

Asthenosphäre
- Mächtigkeit: 400–700 km
- Konsistenz: plastisch

Kruste (vgl. oben)

Mantel
- Mächtigkeit: 2900 km
- Temperatur: 700–3700°C
- Dichte: 3500–5800 kg/m³
- Druck: 35 000–140 000 MPa
- Zusammensetzung: Magnesium, Eisen, Silikate, Oxide
- Konsistenz: fest bis plastisch

Äusserer Kern
- Mächtigkeit: 2100 km
- Temperatur: 3700–4200 °C
- Dichte: 10 000–12 000 kg/m³
- Druck: bis 330 MPa
- Zusammensetzung: Eisen, Nickel
- Konsistenz: flüssig

Innerer Kern
- Mächtigkeit: 1370 km
- Temperatur: 4200–5000 °C
- Dichte: durchschnittlich 13 000 kg/m³
- Druck: bis 3600 MPa
- Zusammensetzung: Eisen, Nickel
- Konsistenz: fest

Der **Erdkern** besteht vorwiegend aus Eisen und weist eine noch höhere Dichte auf. So macht er zwar 16 Prozent des Erdvolumens aus, aber 32 Prozent der Erdmasse. Aufgrund der physikalischen Eigenschaften (Aggregatzustand des Eisens) wird zwischen dem äusseren, flüssigen und dem inneren, festen Kern unterschieden. Weil das flüssige Eisen im äusseren Kern leicht strömen kann und Eisen zudem ein guter elektrischer Leiter ist, wird hier – einem Dynamo entsprechend – die Ursache für das **Magnetfeld** der Erde vermutet. An der Grenze zum inneren Kern steigt der Druck so stark an, dass das Eisen trotz Temperaturen von über 4000 °C zu einer festen Kugel zusammengepresst wird.

Für die Theorie der Plattentektonik ist eine weitere physikalische Abgrenzungen im Bereich der Kruste und des Mantels wichtig. Die **Lithosphäre** (griech. «lithos» = Stein) ist fest. Sie umfasst die gesamte Kruste und den festen Teil des oberen Mantels bis zu einer Tiefe von 100–200 km. Die darunterliegende **Asthenosphäre** (griech. «asthenés» = schwach) ist vor allem wegen der höheren Temperatur plastisch und verformbar und reicht bis in eine Tiefe von 700 km. Konvektionsströme im Mantel treiben die Bewegung der Lithosphärenplatten an und sind damit der Motor für Erdbeben, Vulkanismus sowie Gebirgs- und Ozeanbildung.

Die starre Lithosphäre schwimmt, bedingt durch ihre geringere Dichte, auf der plastischen Asthenosphäre. Entsprechend dem Prinzip der **Isostasie** («Schwimmgleichgewicht») taucht die Lithosphäre unter einem Gebirge durch das zusätzliche Gewicht tiefer in die Asthenosphäre ein. Wird das Gewicht des Gebirges später durch Abtragung oder Abschmelzen von Inlandeis verringert, so hat dies, wie beim Entladen eines schwimmenden Schiffes, eine Hebung zur Folge, bis die Isostasie wiederhergestellt ist. So hat sich beispielsweise Skandinavien seit der letzten Eiszeit vor 12 000 Jahren um bis zu 275 m gehoben, weil die 2,5 km mächtige Eisschicht abgeschmolzen ist und die Lithosphäre dadurch entlastet wurde.

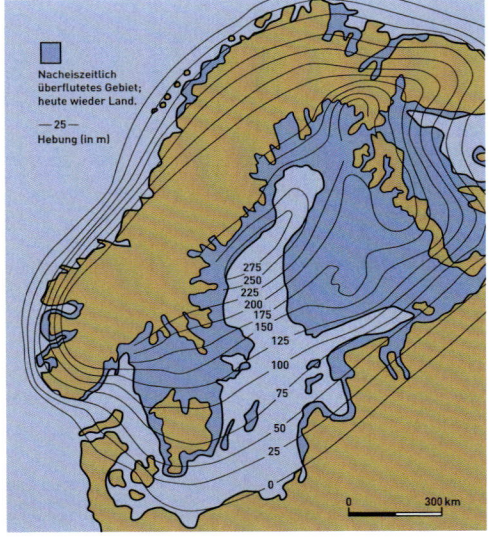

□ ■ Abb. 6.3
Gletscherbedeckung Nordeuropas während der letzten Eiszeit

□ ■ Abb. 6.4
Nacheiszeitliche Hebung Skandinaviens

6.3 Plattentektonik

Die **endogenen Kräfte** (griech. «endogen» = von innen kommend, von innen entstehend) umfassen alle Vorgänge im Erdinneren und deren Auswirkungen an der Erdoberfläche wie Vulkanismus, Erdbeben sowie Ozean- und Gebirgsbildung. Tagtäglich werden wir direkt oder über die Medien mit diesen endogenen Kräften konfrontiert. In den 1960er-Jahren fand man mit der **Theorie der Plattentektonik** eine Erklärung für die weltweit auftretenden Erdbeben, den Vulkanismus sowie die Ozean- und Gebirgsbildung.

6.3.1 Von der Kontinentalverschiebungstheorie zur Plattentektonik

Die Vorstellung einer **Kontinentaldrift** (Kontinentalverschiebung), das heisst die Vorstellung von sehr langsamen, aber grossräumigen Bewegungen der einzelnen Kontinente, ist bei den Naturforschern seit dem 17. Jahrhundert immer wieder aufgetaucht. Auslöser dieser Hypothesen waren die wie Puzzleteile zusammenpassenden Küstenlinien Afrikas und Südamerikas auf beiden Seiten des Atlantiks. Im Jahre 1915 legte der deutsche Geophysiker **Alfred Wegener** (1880–1930) in seinem Buch «Die Entstehung der Kontinente und Ozeane» mehrere Belege für das Auseinanderbrechen und die **Drift** (gerichtete Bewegung) der Kontinente vor. Auf den gegenüberliegenden Seiten des Atlantiks fand er zusammenpassende geologische Strukturen, gleichartige und gleich alte Gesteine, die gleichen Fossilien längst ausgestorbener Arten und vergleichbare Spuren früherer Vereisungen. Wegener folgerte daraus, dass vor 250 Millionen Jahren alle heutigen Kontinente in einem Grosskontinent Pangäa (griech. «pan» = ganz, alle; «gé/gaia» = Erde) vereint waren. Da Wegener keine plausible Erklärung für die Antriebskraft der Kontinente hatte, konnte er die Mehrheit der wissenschaftlichen Welt von ihrer Vorstellung ortsfester Kontinente nicht abbringen. Erst geomagnetische Messungen, Untersuchungen am Mittelatlantischen Rücken und Tiefseebohrungen im Jahre 1968 konnten die Fachwelt von bewegenden Lithosphärenplatten überzeugen und die Denkweise der Geologen völlig revolutionieren (vgl. Abschnitt 6.3.4). 1984 konnte die Plattenbewegung erstmals mithilfe von Satelliten direkt gemessen werden. Die Platten bewegen sich wenige Zentimeter pro Jahr; etwa so schnell, wie unsere Fingernägel wachsen.

6.3.2 Plattenbewegungen

Die starre Lithosphäre schwimmt, bedingt durch ihre geringere Dichte, auf der plastischen Asthenosphäre. Die Lithosphäre umgibt jedoch nicht als durchgehende Schale die gesamte Erdkugel, sondern sie ist in rund zwölf grosse, starre Lithosphärenplatten aufgeteilt, die ständig in Bewegung (Drift) sind.

Weil der Mantel unterhalb der Lithosphäre heiss und damit fliessfähig ist, können in diesem Material **Konvektionsströme** einsetzen. Das Material in der Tiefe wird dabei erhitzt, dehnt sich aus und steigt aufgrund seiner geringer gewordenen Dichte auf. Oben kühlt das Material ab und sinkt wegen seiner grösseren Dichte wieder in die Tiefe. Die Energiequelle dieser Bewegungen ist die Wärme im Erdinneren. Die Konvektionsströmungen im Mantel sind sehr langsam und verschieben die darauf schwimmenden Lithosphärenplatten nur um wenige Zentimeter pro Jahr.

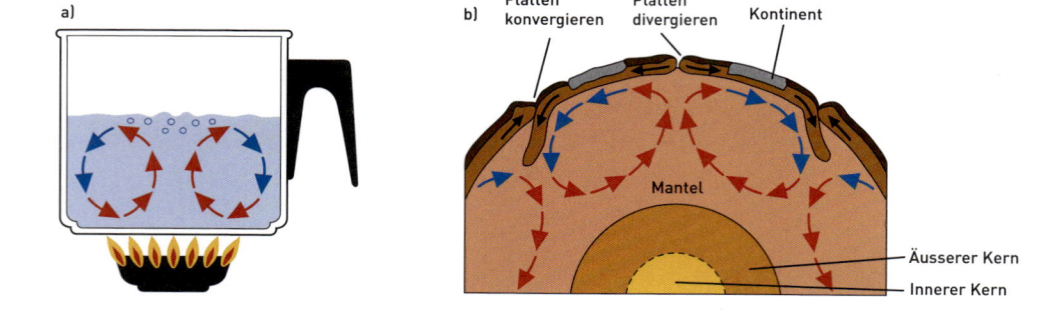

Abb. 6.5
Modellhafte Darstellung der Konvektionsströme im kochenden Wasser
a) in einer Pfanne und
b) im Erdinnern

6.3.3 Unruhe an den Plattengrenzen

Die meisten der grösseren Lithosphärenplatten bestehen aus ozeanischen und kontinentalen Anteilen. Einige Platten sind aber auch rein ozeanisch. Jede Lithosphärenplatte verschiebt sich als selbstständige Einheit, woraus drei unterschiedliche Plattengrenzen resultieren: divergierende, konvergierende und konservative Plattengrenzen.

6 Geologie

Abb. 6.6
Lithosphärenplatten der Erde

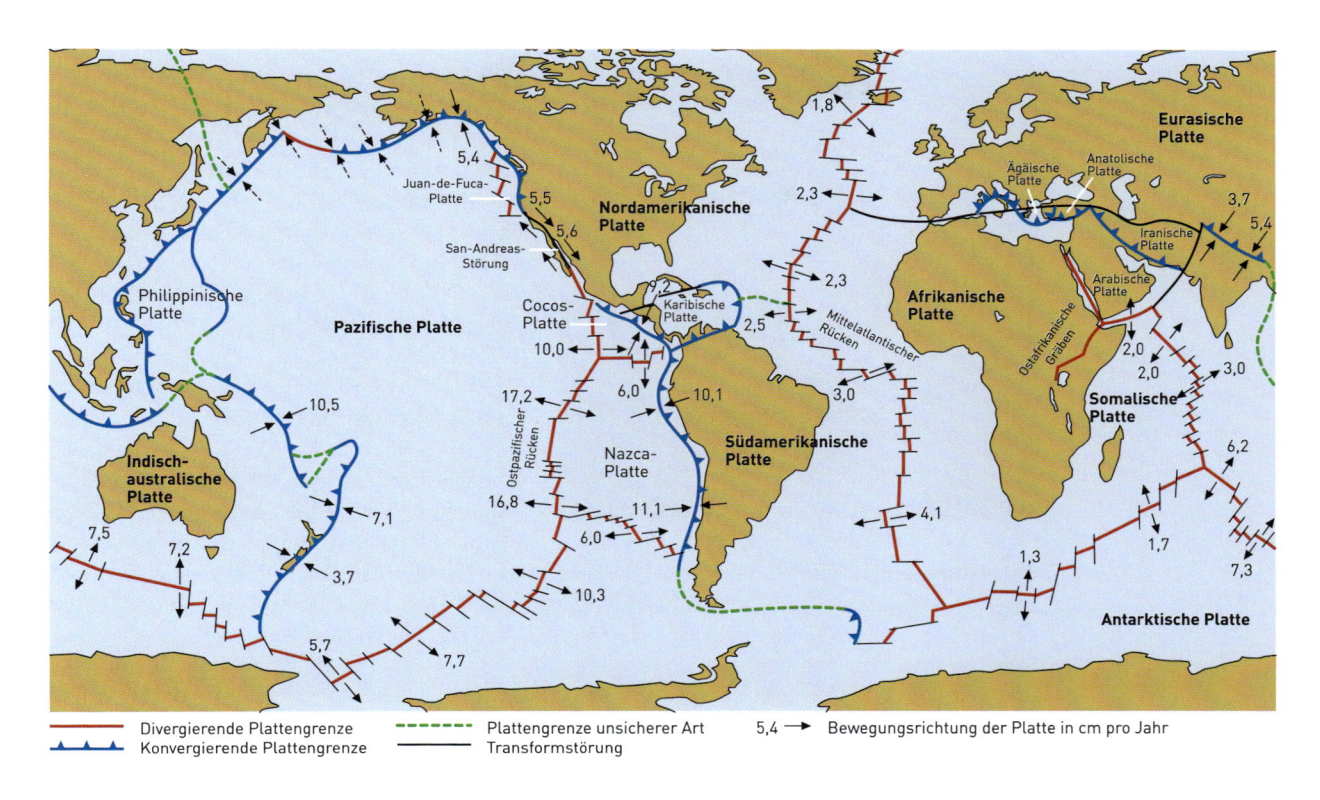

Küsten bei Subduktionszonen mit vulkanischer und seismischer Aktivität sowie Küsten in der Nähe von Transformstörungen mit ihren heftigen Erdbeben werden als **aktive Kontinentalränder** bezeichnet. **Passive Kontinentalränder** sind dagegen Küstenlinien, die weit entfernt von Plattengrenzen liegen und daher kaum Vulkanismus und Erdbeben aufweisen.

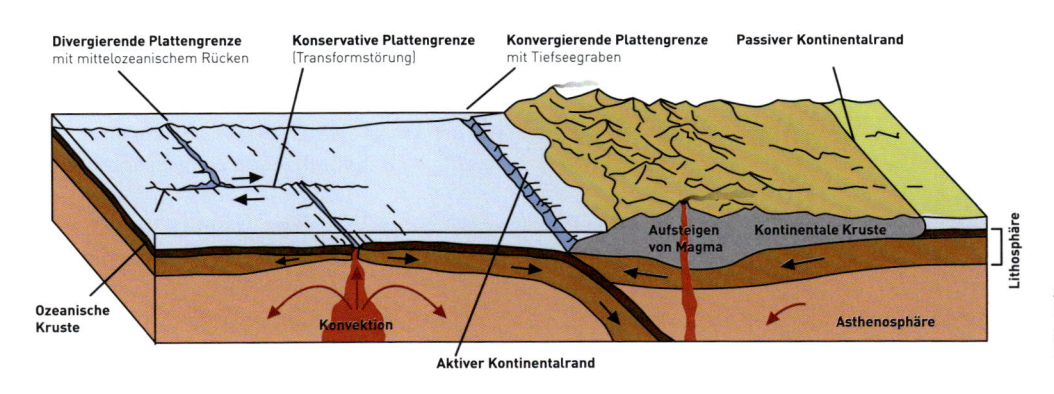

Abb. 6.7
Drei Typen von Plattengrenzen und zwei Typen von Plattenrändern

An den **divergierenden** oder **konstruktiven Plattengrenzen** bewegen sich die Platten auseinander. Aufsteigendes heisses Magma der Asthenosphäre wird unter der Lithosphäre in entgegengesetzter Richtung seitlich wegbewegt, treibt damit die beiden darüberliegenden Lithosphärenplatten auseinander und füllt zugleich die entstandene Lücke zwischen den Platten auf. Das Magma kühlt ab und wird zu neuer Lithosphäre, die den wegdriftenden Plattenrändern angefügt wird. Weil die Spalte andauernd aufreisst und sich wieder auffüllt, wodurch ständig neue ozeanische Kruste entsteht, wird dieser Vorgang als **Seafloor-Spreading** («Meeresbodenausbreitung») bezeichnet.

Plattentektonik

Abb. 6.8
Auf Island verläuft der Mittelatlantische Rücken, eine divergierende Plattengrenze, über dem Meeresspiegel. Island, Thingvellir mit Blick nach Nordosten: Die Schlucht zeigt das Auseinanderdriften der Amerikanischen und der Eurasischen Platte.

Das Aufdringen des heissen aufsteigenden Magmas und dessen Volumenvergrösserung führen entlang der divergierenden Plattengrenze zu einer Aufwölbung, die allgemein als **mittelozeanischer Rücken** bezeichnet wird. Im Atlantik erstreckt sich beispielsweise entlang der divergierenden Plattengrenze der Mittelatlantische Rücken. Mit einer Länge von über 20 000 km und einer mittleren Höhe von 3000 m (über dem Tiefseeboden) ist er eines der grössten Gebirge der Erde. Durch seine Breite von 1600 km weist er jedoch relativ flache Hänge auf. Auf dem Kamm des Rückens kann eine Spalte zwischen den beiden sich auseinanderbewegenden Platten entstehen: ein tiefes, enges, ungefähr zwei Kilometer breites, schluchtartiges Tal, das als **Rift-Valley** (engl. «Rift» = Spalte, Riss) bezeichnet wird. Mittelozeanische Rücken liegen weltweit unter dem Meeresspiegel – mit Ausnahme von Island und kleineren Vulkaninseln. Island ist daher zur Erforschung der Vorgänge beim Auseinanderdriften von Platten und dem Seafloor-Spreading sehr bedeutend. Island verdankt seine vulkanische Entstehung neben der divergierenden Plattengrenze auch noch einem Hotspot (vgl. Abschnitt 6.4.1). Dieser liegt direkt unter der Insel und fördert mit einer Ausdehnung von ca. 200 km Breite und 450 km Tiefe viel Magma.

An **konvergierenden** oder **destruktiven Plattengrenzen** prallen zwei Lithosphärenplatten aufeinander. Stösst eine ozeanische auf eine kontinentale Lithosphärenplatte, so kommt es zur **Subduktion:** die ozeanische Platte taucht aufgrund ihrer höheren Dichte unter die kontinentale Platte in die Asthenosphäre ab. Reibungskräfte und aufgebaute Spannungen zwischen den beiden Lithosphärenplatten führen zu Erdbeben. Die subduzierte Platte gibt zudem Wasser an den darüber liegenden Mantel ab und senkt so dessen Schmelzpunkt. In der Folge schmilzt Mantelmaterial auf und es entsteht Magma, welches entweder in einem Vulkan aufsteigt und an der Erdoberfläche austritt oder in der kontinentalen Kruste erstarrt. Dort, wo die ozeanische Platte abtaucht, bildet sich ein **Tiefseegraben,** d. h. eine lange, schmale Rinne, in der die Ozeane ihre grösste Tiefe (11 km im Marianengraben) erreichen. Der Rand der kontinentalen Platte wird gefaltet und emporgehoben. Er bildet so parallel zur Tiefseerinne eine **vulkandurchsetzte Gebirgskette** (z. B. Anden).

An der Westküste Südamerikas werden die Effekte einer Subduktionszone deutlich. Das Abtauchen der ozeanischen Nazca-Platte unter die kontinentale Südamerikanische Platte löst starke Erdbeben aus und führt immer wieder zu verheerenden Vulkanausbrüchen. Zudem bauen sich mit hohen Bergen und Vulkanen (Aconcagua 6969 m) die Anden auf, und es bildet sich der Atacama-Tiefseegraben mit bis zu 8066 m Tiefe. Die Höhendifferenzen an dieser Subduktionszone betragen also rund 16 000 m.

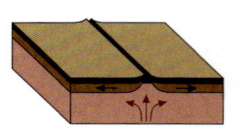

Abb. 6.9
Plattengrenzen

Divergierende Plattengrenzen 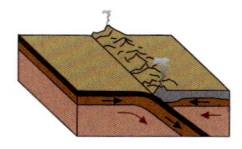 | Konvergierende Plattengrenzen: Subduktion 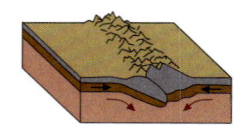 | Konvergierende Plattengrenzen: Kollision 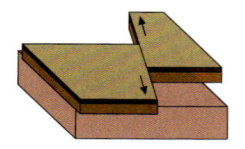 | Konservative Plattengrenzen

Prallen zwei ozeanische Platten aufeinander, wird ebenfalls eine der beiden Platten aufgrund ihrer Dichte in die Asthenosphäre subduziert. Zusammengestauchte Kruste und aktive Vulkane bauen ein Gebirge auf, das sich als **Inselbogen** (z. B. Japan) über den Meeresspiegel heben kann.

Bei der **Kollision** von zwei konvergierenden kontinentalen Platten bilden sich **Faltengebirge** (z. B. Alpen, Himalaja). Wegen der geringen Dichte kann keine Platte in die Asthenosphäre abtauchen, und es kommt zu Verkeilungen, Faltungen und mehrfacher Überschiebung der beiden Platten und damit zur Bildung von Faltengebirgen.

An **konservativen Plattengrenzen** oder an **Transformstörungen** gleiten Platten horizontal aneinander vorbei. Dabei wird keine neue Lithosphäre gebildet und auch keine zerstört. Viele Transformstörungen treten an divergierenden Plattengrenzen am Meeresboden auf, wo ihr Verlauf unterbrochen und seitlich versetzt wird. Auf dem Festland ist das bekannteste Beispiel die San-Andreas-Störung in Kalifornien, wo die Pazifische Platte an der Nordamerikanischen Platte «vorbeischrammt». Wegen der starken Reibung zwischen den Platten erfolgt die Gleitbewegung nicht kontinuierlich, sondern ruckartig und löst dadurch starke Erdbeben aus.

■ □ Abb. 6.10
Die San-Andreas-Verwerfung in der Carrizo-Ebene von Kalifornien

□ ■ Abb. 6.11
1906 verursachte eine Bewegung an der San-Andreas-Störung das grosse Erdbeben von San Francisco. Der verschobene Zaun zeigt einen Versatzbetrag von nahezu drei Metern.

6.3.4 Beweisgrundlage der Plattentektonik

Neben Fossilien, Gesteinen und geologischen Strukturen wurden in den letzten Jahrzehnten weitere Beweise für die Plattentektonik gefunden. Ausschlaggebend für die breite Anerkennung der Theorie der Plattentektonik waren geomagnetische Messungen in den 1960er-Jahren. Auf beiden Seiten des Mittelatlantischen Rückens wurde auf dem vulkanischen Ozeanboden (Basalt) ein symmetrisches Magnetstreifenmuster entdeckt. Dieses entsteht, wenn Magma an die Erdoberfläche steigt und die magnetisierbaren Minerale (z. B. Magnetit) bei der Abkühlung unter 500 °C das Magnetfeld der Erde übernehmen. Im Gestein wird somit die magnetische Polung zum Zeitpunkt der Abkühlung gespeichert. Aus noch unbekannten Gründen polt sich das Magnetfeld der Erde

Plattentektonik

in einer Million Jahre ein- bis fünfmal um. Der magnetische Nordpol wird dann zum Südpol und umgekehrt. Das am Ozeanboden entdeckte magnetische Muster besteht aus Streifen mit abwechselnd normaler (wie heute) und inverser (entgegengesetzter) Magnetisierung. Die Streifen sind unterschiedlich breit, sie verlaufen parallel zum mittelozeanischen Rücken, zu dem das Muster achsensymmetrisch ist. Dort befinden sich die jüngsten Schichten, deren Magnetisierung dem jetzigen Magnetfeld entspricht. Das Streifenmuster ist entstanden, als im Laufe der Jahrmillionen die magnetisierbaren Mineralien im abkühlenden Magma an den mittelozeanischen Rücken immer wieder normal, respektive invers magnetisiert wurden. In Folge des Kontinentaldrifts fliesst immer wieder neue Magma an die Oberfläche.

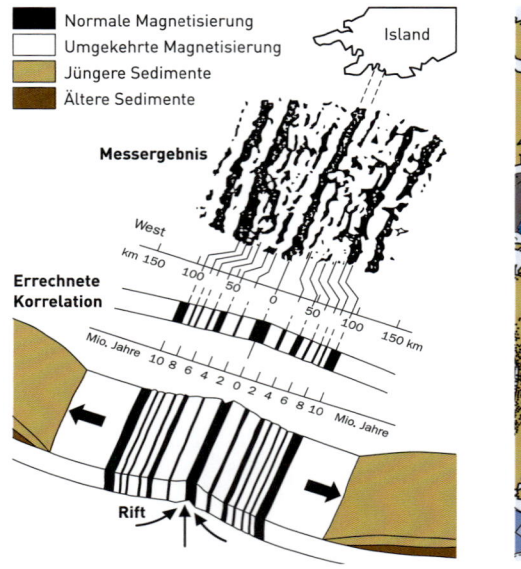

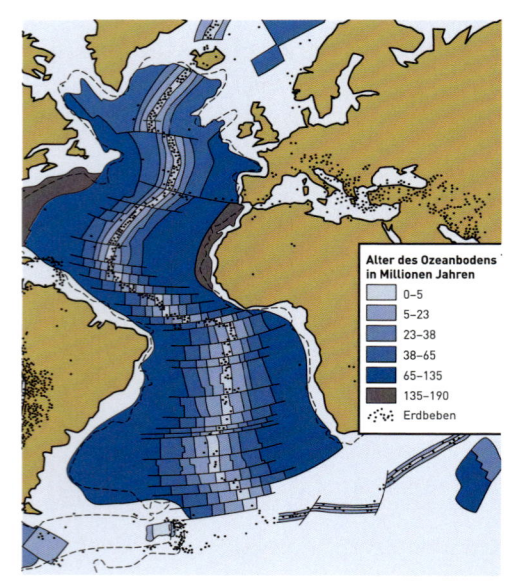

■☐ Abb. 6.12
Alter von Basalten und Sedimenten beiderseits des Mittelatlantischen Rückens

☐■ Abb. 6.13
Alter des Ozeanbodens im Atlantik

Aus Untersuchungen an magnetisiertem Lavagestein auf dem Festland kennt man die Zeiten der Umpolung und kann mithilfe dieser Zeitskala das Alter jedes einzelnen Streifens auf dem vulkanischen Ozeanboden feststellen. Aus dem Alter eines magnetisierten Gesteinsstreifens und seinem Abstand zum Kamm des mittelozeanischen Rückens, wo er magnetisiert wurde, lässt sich die Geschwindigkeit der Plattenbewegung und der Zeitpunkt der Ozeanöffnung berechnen.

Im Jahre 1968 konnte man von Schiffen aus mit **Tiefseebohrungen** den Ozeanboden direkt untersuchen und die Ergebnisse der geomagnetischen Messungen bestätigen. Da die Sedimentation einsetzt, sobald sich die ozeanische Kruste am mittelozeanischen Rücken bildet, kann anhand der Altersbestimmung der fossilen Organismen in den Sedimenten direkt über der basaltischen Kruste das Alter des Ozeanbodens bestimmt werden. Das Alter der Sedimente nimmt mit zunehmender Entfernung vom mittelozeanischen Rücken zu und stimmt mit dem Alter der paläomagnetischen Datierung überein. Mithilfe des magnetischen Streifenmusters auf den Ozeanböden und der Tiefseebohrungen konnte man die Wanderung der Kontinente während der letzten 270 Millionen Jahre rekonstruieren.

Heute liefern das **Global Positioning System (GPS)** und **Laser-Vermessungsgeräte** exakte Angaben zur Geschwindigkeit von Plattenbewegungen und zu Verschiebungsbeträgen von Platten nach einem Erdbeben.

6.4 Vulkanismus

Verschiedene Kulturen erklärten die furchterregenden Ausbrüche von flüssigem Gestein mit Sagen über einen Feuergott oder über den Teufel, der die heisse Unterwelt beherrscht. Heute sind Vulkane Zeugnis für die innere Wärme der Erde. Angezogen von dieser Nähe zum Erdinneren, von der faszinierenden Kraft der Ausbrüche und den eindrücklichen Landschaftsformen, besuchen Touristinnen und Touristen vulkanisch aktive Gebiete der Erde, wie Island, Hawaii, Japan, Neuseeland oder Italien. Vulkanische Ereignisse fordern jedoch immer wieder auch Menschleben und können zu Katastrophen führen. So kamen in den letzten 250 Jahren über 200 000 Menschen ums Leben durch vulkanische Aktivitäten und ihre Folgeerscheinungen wie Schlammströme, Überschwemmungen, Flutwellen, Seuchen und Hungersnöte. Vulkane können nicht nur Fluch, sondern auch Segen sein. Sie liefern fruchtbare Böden, mineralische Rohstoffe und geothermische Energie. Wegen dem sehr fruchtbaren Boden sind Vulkangebiete seit Jahrtausenden dicht besiedelt (z. B. Java in Indonesien).

Die **Vulkanologie** ist ein Forschungsbereich der Geologie, sie befasst sich mit dem Vulkanismus, seinen Ursachen im Erdinneren und den verschiedenen vulkanischen Erscheinungen an der Erdoberfläche. **Vulkanismus** bezeichnet alle Vorgänge im Zusammenhang mit der Förderung von flüssigen oder gasförmigen Stoffen aus dem Erdinneren an die Erdoberfläche. Im Erdinneren wird die (Silikat-)Schmelze aus Mineralien und Gas als **Magma** bezeichnet. Unter dem hohen Druck im Erdinneren löst sich im Magma viel **Gas**. Steigt das gashaltige Magma auf, sinkt der Druck und ab einer gewissen Tiefe bilden sich kontinuierlich Gasblasen. Diese expandieren mit abnehmendem Überlastungsdruck. Je nach Viskosität (= Zähflüssigkeit) der Schmelze können die Gase nach oben entweichen oder sie werden erst bei einer explosiven Eruption frei – analog dem entkorkten Champagner. Das an der Erdoberfläche ausfliessende Magma wird als **Lava** bezeichnet. Wird das Magma explosionsartig aus dem Vulkan geschleudert, bezeichnet man das ausgeworfene Lockermaterial als **Tephra**.

6.4.1 Weltweite Verteilung der aktiven Vulkane

Gegenwärtig sind weltweit rund 1600 Vulkane aktiv. Vulkanische Erscheinungen treten vorwiegend an Plattengrenzen auf. So befinden sich 80 Prozent der aktiven Vulkane (submarine Vulkane nicht mitgezählt) an konvergierenden Plattengrenzen, 15 Prozent an divergierenden Plattenrändern und der Rest innerhalb der Platten.

Bei konvergierenden Plattengrenzen treten über den Subduktionszonen meistens **explosive Vulkane** auf, da sich hier hauptsächlich zähflüssige, SiO_2-reiche (SiO_2 = Siliziumdioxid) und somit intermediäre bis saure Lava bildet. Wie beim Kochen von Polenta können aus diesem zähflüssigen Magma die Gase schlecht entweichen, wodurch der Druck immer wieder so hoch ansteigt, dass es zu explosionsartigen Ausbrüchen kommt. Bei Beginn einer Eruption sprengt das expandierende Gas häufig den Gipfel des Vulkans weg und räumt so den Schlot für das aufsteigende Magma frei. An der Oberfläche bilden sich aus dem hinausgeschleuderten Tephra Fragmente verschiedener Korngrössen: Asche, Lapilli und Bomben (Abb. 6.20). Aus der zähflüssigen, sauren bis intermediären Lava entstehen vorwiegend heller Rhyolith und Andesit.

Kollidieren zwei ozeanische Platten an einer Subduktionszone, können die aktiven Vulkane mit der Zeit über den Meeresspiegel wachsen und einen **vulkanischen Inselbogen** bilden (z. B. Japan, Philippinen und Kleine Antillen). Wird eine ozeanische unter eine kontinentale Platte subduziert, bildet sich in der Nähe des Kontinentalrandes eine **vulkanische Bergkette** (z. B. die Anden in Südamerika). Der Gürtel rings um den Pazifik wird als **zirkumpazifischer Feuergürtel** bezeichnet, da hier rund zwei Drittel der aktiven Vulkane der Erde liegen.

Vulkanismus

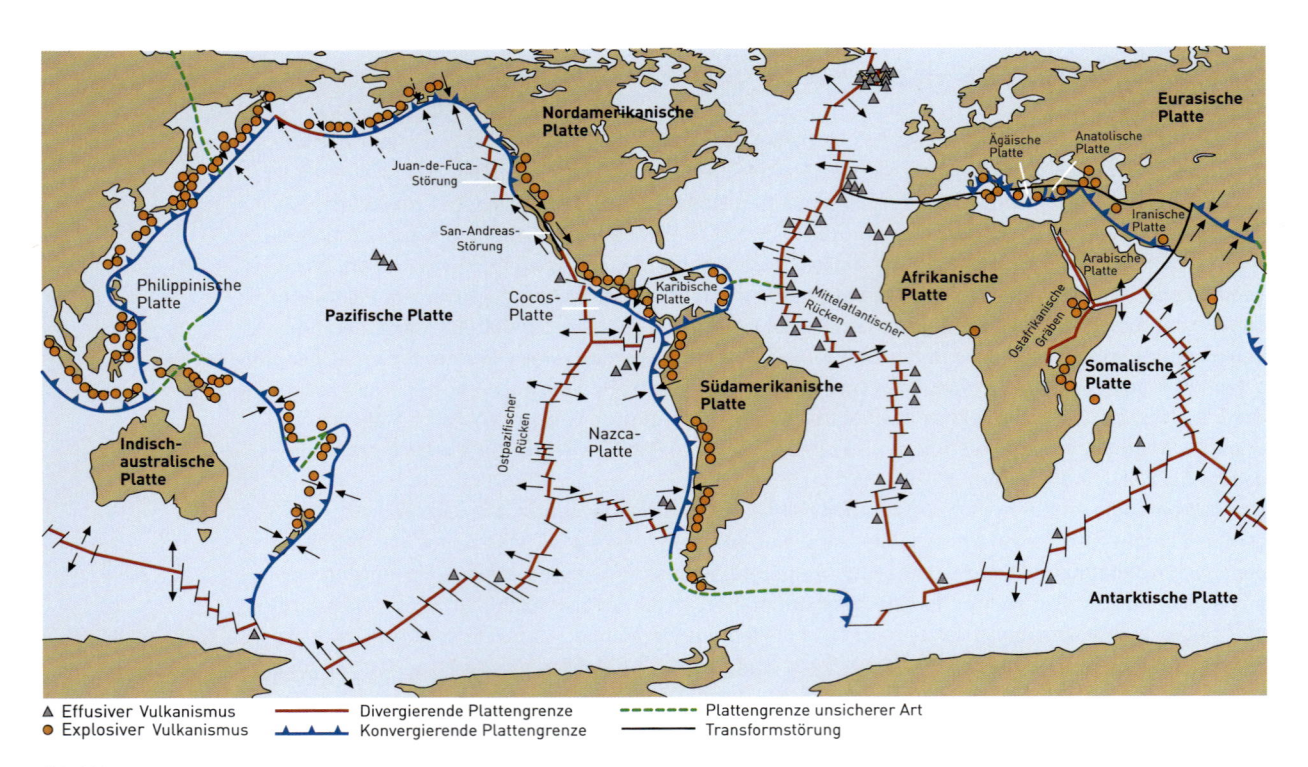

Abb. 6.14 Weltweite Verteilung der aktiven Vulkane

- ▲ Effusiver Vulkanismus
- ● Explosiver Vulkanismus
- ▬▬▬ Divergierende Plattengrenze
- ▬▲▬▲▬ Konvergierende Plattengrenze
- ------- Plattengrenze unsicherer Art
- ▬▬▬ Transformstörung

An divergierenden Plattengrenzen auf den Kontinenten (Rift-Valley) und in Ozeanen an den mittelozeanischen Rücken fördern **effusive** (lat. «effundere» = ausfliessen) **Vulkane** dünnflüssige basaltische Lava. Wie beim kochenden Wasser können aus dünnflüssigem Magma die Gase leicht austreten, was ein ruhiges, gleichmässiges Ausfliessen der Lava ermöglicht. Der vulkanische, dunkle Basalt bildet zusammen mit den darüber liegenden Sedimenten die ozeanische Kruste.

Plattengrenzen	Konvergierende Plattengrenze	Divergierende Plattengrenze	Innerhalb von Platten	Konvergierende Plattengrenze	Divergierende Plattengrenze
Chemismus der Magma/Lava	Intermediär bis sauer	Basisch	Basisch	Intermediär bis sauer	Basisch
Dominierender Vulkanismus	Explosiv	Effusiv	Effusiv	Explosiv	Effusiv
Typische Vulkanite	Rhyolith, Andesit	Basalt	Basalt	Rhyolith, Andesit	Basalt
Oberflächenform	Vulkanischer Inselbogen	Vulkanrücken	Vulkanische Inselkette	Vulkanische Bergkette	Grabenbruch oder Rift-Valley
Dominanter Vulkantyp	Schichtvulkane	Schildvulkane	Schildvulkane	Schichtvulkane	Schildvulkane
Beschreibung	**Subduktion** Eine ozeanische Platte gleitet unter eine andere ozeanische Platte und löst im darüberliegenden Mantel Schmelzprozesse aus.	**Mittelozeanischer Rücken** Aufsteigendes Magma aus der Asthenosphäre bewegt die beiden ozeanischen Platten auseinander.	**Hotspot** Stationärer Hotspot in der Asthenosphäre fördert Magma zur Oberfläche der darüber hinweggleitenden Lithosphäre.	**Subduktion** Die dichte ozeanische Platte gleitet unter die kontinentale Platte und löst im darüberliegenden Mantel Schmelzprozesse aus.	**Rift-Valley** Aufsteigendes Magma aus der Asthenosphäre bewegt die beiden kontinentalen Platten auseinander.

Ein **Hotspot** (engl. «heisser Fleck») ist ein ortsfester oder gering bewegter Aufschmelzungsbereich in der Asthenosphäre mit erhöhter Temperatur. Gleitet eine Lithosphärenplatte über einen Hotspot, kann dies zur Schmelzbildung in der Platte und damit oft zu Vulkanismus führen. Hotspots können innerhalb von Platten (z. B. Hawaii), aber auch an Plattengrenzen (z. B. Island) zu Vulkanismus führen. Durch die Bewegung der Lithosphärenplatten verlieren ältere Vulkane irgendwann ihre Verbindung zur Magmaquelle des Hotspots, der nun neue Vulkane zu bilden beginnt. Aus der Kette einzelner Vulkane, die ein Hotspot hinterlässt, können die Bewegungsgeschwindigkeit und -richtung der Lithosphärenplatten bestimmt werden. Da Hotspots dünnflüssige basaltische Lava fördern, gehören sie zu den effusiven Vulkanen.

6.4.2 Vulkanische Förderprodukte

Bei **Eruptionen**, d. h. bei vulkanischen Ausbrüchen, können flüssige (Lava), feste (Bombe, Lapilli, Asche) und gasförmige (Wasserdampf, Kohlendioxid, Schwefeldioxid u. a.) Förderprodukte freigesetzt werden. Nicht selten treten Mischformen auf, wie beispielsweise beim pyroklastischen Strom, beim Geysir oder beim Lahar. Ob Magma in dünnflüssiger Form als Lava ausfliesst oder in zähflüssiger Form als Tephra hinausgeschleudert wird, hängt von der chemischen Zusammensetzung, dem Gasgehalt und der Temperatur des Magmas ab.

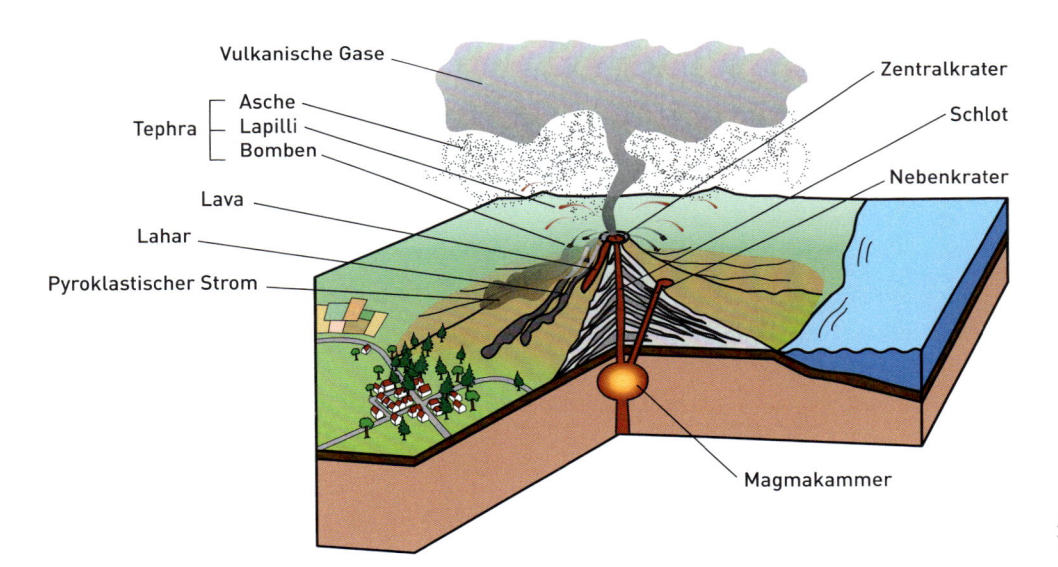

Abb. 6.15
Vulkanische Förderprodukte

Als **Vulkanite** (auch vulkanische Gesteine, Erguss- oder Effusivgesteine) bezeichnet man alle Gesteine, die als Magma aus dem Erdinneren aufgestiegen und an der Erdoberfläche zu festem Gestein erstarrt sind. Zu den Vulkaniten gehört damit die Lava, aber auch die explosiv hinausgeschleuderte Tephra und die daraus verfestigten Tuffe. Die schnelle Abkühlung verhindert eine gute Auskristallisation der Mineralien, sodass die meisten Vulkanite viele feinkörnige bis mikroskopisch kleine Mineralien enthalten, welche häufig in eine kristalllose Grundmasse eingebettet sind. Viele Vulkanite enthalten zudem kleine Blasen, weil sich beim Aufstieg des Magmas der Druck verringert und Wasserdampf und andere Gase unter Bildung von Gashohlräumen oder Blasen aus der sich abkühlenden Lava entweichen. Die wichtigsten Vulkanite sind der dunkle, SiO_2-arme und daher basische **Basalt** und der helle, SiO_2-reiche und daher saure **Rhyolith.** Die Erstarrungsformen der Lava sind von der chemischen Zusammensetzung, der Temperatur und dem Gasgehalt der Gesteinsschmelze abhängig.

Vulkanismus

Basaltische Lava ist ausgesprochen dünnflüssig, da sie SiO_2-arm und somit basisch ist und zudem bei hohen Temperaturen zwischen 1000 und 1200 °C ausfliesst. Basaltische Lavaströme fliessen daher meist mit einigen Kilometern pro Stunde, können aber auch bis 100 km/h erreichen und erstrecken sich als dünne Decken bis zu 100 Kilometer vom Krater weg. Basaltische Lavaergüsse werden entsprechend ihrer Oberflächenausbildung in Stricklava, Aa-Lava, Kissenlava und Basaltsäulen unterteilt.

Pahoehoe-Lava oder **Stricklava:** Die Bezeichnung Pahoehoe-Lava kommt aus dem Polynesischen, bedeutet strick- oder seilartig. Stricklava entsteht, wenn die Oberfläche einer dünnflüssigen Lavamasse abkühlt und so eine dünne, elastische Haut bildet. Diese wird von der darunter noch fliessenden Lavamasse zu strickförmigen Fliesswülsten zusammengeschoben.

Aa-Lava: Die Aa-Lava trägt ihren Namen aufgrund ihrer harten und spitzigen Beschaffenheit. «Aa» ist der Ausruf, wenn man barfuss über diese Art von Lava geht. Sie hat ihren Gasgehalt weitgehend verloren, ist dadurch zähflüssiger als die Pahoehoe-Lava und bewegt sich auch langsamer. Beim Abkühlen bildet sich eine dicke Kruste. Bewegen sich die unteren Schichten der Lava weiter, zerbricht die Kruste darüber in raue, scharfkantige Blöcke.

■ □ Abb. 6.16
Stricklava auf Hawaii

□ ■ Abb. 6.17
Aa-Lava auf Lanzarote

Kissenlava oder **Pillow-Lava:** Kissenlava entsteht nur bei Vulkanausbrüchen unter Wasser, wenn dünnflüssige Schmelze durch den Kontakt mit dem Meerwasser aussen schnell abkühlt und dabei kissenartige Gebilde mit Durchmessern bis ca. 1 m bildet.

Basaltsäulen: Beim langsamen Abkühlen basaltischer Schmelze kann durch Kontraktion eine verhältnismässig symmetrische, säulige Klüftung entstehen.

■ □ Abb. 6.18
Kissenlava aus den North Oman Mountains in Oman

□ ■ Abb. 6.19
Basaltsäulen The Giant's Causeway in Nordirland

Saure bis intermediäre Lava ist zähflüssig, da sie im Gegensatz zur basaltischen Lava einen hohen Siliziumdioxid-Gehalt (SiO_2) aufweist und bereits bei niedrigeren Temperaturen zwischen 800 und 1000 °C ausfliesst. Sie fliesst langsam und bildet meist nur ganz kurze Lavaströme, die beim Abkühlen mächtige, eher knollig-rundliche Lagen aus hellem Rhyolith und Andesit bilden.

In Gebieten mit saurem bis intermediärem Vulkanismus wird häufig explosionsartig vulkanisches Lockermaterial ausgeworfen, die **Tephra.** Da die Gase aufgrund der hohen Viskosität (Zähflüssigkeit) des Magmas nicht kontinuierlich entweichen können, nimmt der Druck der Gase in der Gesteinsschmelze so lange zu, bis diese sich explosionsartig freisetzen. Dabei werden Magmafetzen und Teile des Schlotes mit Geschwindigkeiten bis zu mehreren hundert Metern pro Sekunde weit emporgeschleudert.

Zu dramatischen Eruptionen kommt es, wenn der Druck des Gesteins über dem Magma und den gelösten Gasen plötzlich durch ein Abrutschen des Berges wegfällt und die Gase sich explosionsartig ausdehnen können und freigesetzt werden (z. B. Mount St. Helens 1980).

Abb. 6.20
Explosiv geförderte Tephra:
Asche, Lapilli, Bombe

Asche (links): Dieses feinkörnige Auswurfmaterial mit Korndurchmesser unter 2 mm entsteht durch extremes Zerreissen des Magmas und der Schlotwände und besteht aus Glasteilchen. Die Asche kann bis in die Stratosphäre in Höhen von 40 km gelangen und durch Wind weltweit verteilt werden.

Lapilli (Mitte): Die runden Lapilli sind aus herausgeschleuderten Magmafetzen entstanden, die sich während des Fluges zusammenballen und abkühlen. Die eckigen Lapilli bestehen aus Bruchstücken alter Lava. Lapilli haben einen Durchmesser zwischen 2 und 64 mm.

Bomben (rechts): Bomben entstehen aus Lavafetzen, die im Flug durch Drehbewegungen eine abgerundete Form erhalten haben und erstarrt zu Boden fallen. Sie sind grösser als die Lapilli und können in Ausnahmefällen ein Volumen von mehreren Kubikmetern erreichen.

Wohl die bekannteste Eruption von vulkanischem Lockermaterial ereignete sich im Jahre 79 n. Chr., als der Vesuv grosse Mengen von Asche und Lapilli auswarf und die Stadt Pompeji unter einer mehr als sechs Meter mächtigen Schicht begrub. Durch die Briefe von Plinius dem Jüngeren und durch immer noch laufende Ausgrabungen ist dieser historische Vulkanausbruch relativ gut dokumentiert. Tausende von Menschen, die die Stadt Pompeji nicht rechtzeitig verlassen konnten, erstickten an den giftigen Gasen oder wurden lebendig vom Ascheregen begraben. Die benachbarte Ortschaft Herculaneum hingegen wurde von einem Lahar zugedeckt. Ein **Lahar** ist ein Schlammstrom aus wasserdurchtränkter vulkanischer Asche, der bei Starkniederschlag, einem wassergefüllten oder mit Schnee oder Eis bedeckten Krater entstehen kann und mit Geschwindigkeiten von über 100 km/h verheerende Schäden anrichtet.

Zu einer besonders spektakulären und verheerenden Eruptionsform kommt es, wenn heisse vulkanische Gase und Asche in Form einer Glutwolke ausgestossen werden. Eine solche Wolke hat eine hohe Dichte und steigt daher nicht auf, sondern schiesst hangabwärts als **pyroklastischer Strom** mit einer Geschwindigkeit von bis zu 200 km/h. 1902 ergoss sich am Hang des Mont Pelé auf der Karibikinsel Martinique ein pyroklastischer Strom mit einer Temperatur von 800 °C und

Vulkanismus

einer Geschwindigkeit von 160 km/h auf die Stadt Saint-Pierre. Alle 29 000 Einwohner kamen dabei ums Leben, mit Ausnahme eines Gefangenen in einem Erdlochgefängnis.

Die **vulkanischen Gase** bestehen zu 70 bis 95% aus Wasserdampf und enthalten daneben Kohlendioxid, Schwefeldioxid und Spuren von Stickstoff, Kohlenmonoxid, Schwefel und Chlor. Ein Teil dieser Gase dürfte aus grossen Tiefen der Erde stammen und mit dem Magma an die Erdoberfläche gelangen, andere entweichen wahrscheinlich aus Grund- und Meerwasser, und schliesslich kommen wohl noch Gase der Atmosphäre und Gase, die in ältere Gesteine eingeschlossen wurden, hinzu. Bei jedem Vulkanausbruch werden enorme Mengen dieser Gase freigesetzt. Viele Wissenschaftler sind der Ansicht, dass diese Gase im Laufe der geologischen Vergangenheit die Meere und die Atmosphäre hervorgebracht haben und heute noch unser Klima beeinflussen.

In die beiden Kraterseen Nyos und Monoun in Kamerun steigt kontinuierlich gasförmiges Kohlendioxid (CO_2) auf. Durch den Wasserdruck wird dieses in gelöster Form am Seegrund gehalten. Bei einer grösseren Erschütterung (z. B. einem Erdbeben) kann sich plötzlich eine unterseeische Gasblase bilden, nach oben steigen und grosse Mengen an CO_2 freisetzen. Eine solche Gasblase tötete 1984 am Monoun-See 37 Menschen und forderte 1986 am Nyos-See 1800 Opfer.

Je nachdem welche Gase an der Austrittstelle entweichen, spricht man von Fumarolen, Solfataren oder Mofetten. Eine **Fumarole** (Dampfquelle) ist eine Austrittsstelle von heissem Wasserdampf mit Temperaturen zwischen 200 und 800 °C, der hauptsächlich dem Grundwasser entstammt. Es können aber auch noch andere Gase vorhanden sein, die an der Austrittsstelle wegen der dort entstehenden Eisenverbindungen oft bunte Ablagerungen hinterlassen. Eine **Solfatare** ist eine Austrittsstelle von schwefelhaltigem Wasserdampf mit Temperaturen von 100 bis 250 °C. Um die Austrittsstelle kann sich durch Oxidation des Schwefelwasserstoffs so viel elementarer Schwefel ablagern, dass wirtschaftlich nutzbare Schwefellagerstätten (z. B. in Ijen in Indonesien) entstehen können. Eine **Mofette** ist eine Austrittsstelle von Kohlendioxid mit Temperaturen unter 100 °C. Mofetten treten sowohl in vulkanisch aktiven Gebieten als auch in Gebieten mit erloschenem Vulkanismus auf. Ein **Geysir** ist eine Quelle, die in regelmässigen Zeitabständen Wasser und Dampf unter hohem Druck springbrunnenartig ausstösst. Ihr Vorkommen ist an drei Bedingungen gebunden: genügend Erdwärme, genügend Grundwasser und ein siphonförmiges Quellrohr.

Abb. 6.21
Geysir

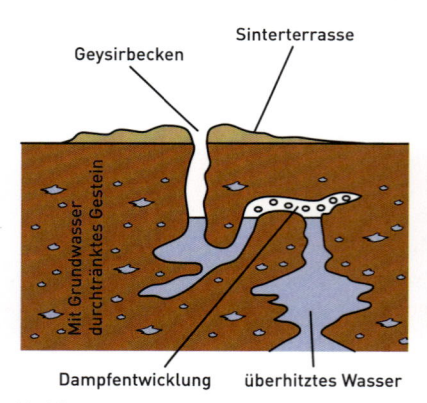

Von Niederschlägen oder nahen Gewässern stammendes Grundwasser sammelt sich im siphonförmigen Quellrohr. Magmakammern können noch viele Jahrhunderte nach einer Vulkaneruption das Wasser über 100°C erhitzen.

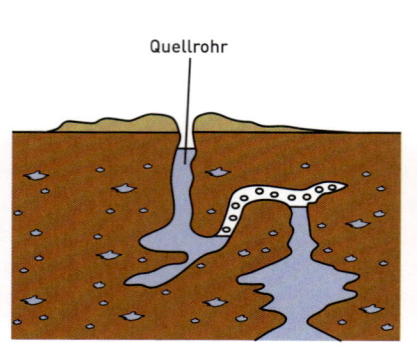

Im siphonförmigen Quellrohr sammelt sich am höchsten Punkt zunehmend Wasserdampf, der die im Quellrohr liegende Wassersäule hinaufstösst. Die Wassersäule übt einen hydrostatischen Druck auf das Wasser weiter unten aus und bewirkt, dass die Siedetemperatur nicht wie normalerweise 100°C beträgt, sondern je nach Tiefe bei über 120°C liegt.

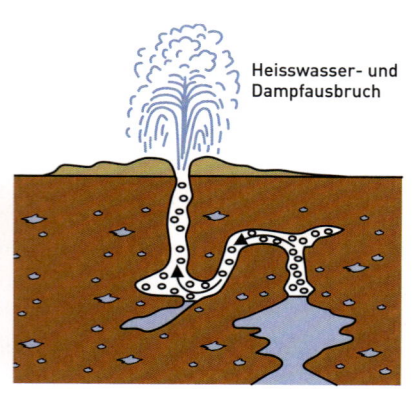

Übersteigt der Druck des Wasserdampfes den hydrostatischen Druck der Wassersäule darüber, so wird die Wassersäule als erste kleine Eruption in die Luft gespritzt. Durch den verminderten Wasserdruck sinkt nun auch der Siedepunkt im Quellrohr, und das tiefer liegende Wasser wird schlagartig in Dampf verwandelt. Diese Vorgänge greifen immer in tiefere Wasserschichten vor, sodass in einer Kettenreaktion von oben nach unten fortschreitend der Geysirschacht geleert wird.

6.4.3 Vulkantypen

Als **Vulkan** wird die charakteristische Bauform an der Erdkruste bezeichnet, die durch vulkanische Tätigkeit entsteht. Die Form der Vulkane hängt hauptsächlich von der Art und Dauer des Ausbruches und vom geförderten Material ab. Vulkanologen unterscheiden die folgenden Haupttypen:

Schildvulkane fördern ausschliesslich dünnflüssige, basaltische Lava, welche ruhig ausfliesst und sich weiträumig verbreitet. So ist die Lava beim Mauna Loa bis zu 100 km vom Krater weggeflossen und hat so die typisch flachen Hänge des Schildvulkans hinterlassen. Während Millionen Jahren haben hier Tausende von mächtigen Lavaergüssen den «höchsten Berg der Erde» heranwachsen lassen: 9700 m über dem Meeresboden.

Ein **Schicht- oder Stratovulkan** fördert in einer Wechselfolge Lava und Tephra. Da die zähflüssige Lava unweit vom Krater erstarrt und das grössere Auswurfmaterial in der Nähe des Kraters herunterfällt, bildet sich ein Vulkankegel mit steilen Hängen. Schichtvulkane treten hauptsächlich an Subduktionszonen der Erde auf und sind damit der häufigste Vulkantyp auf den Kontinenten: Fujisan, Vesuv und Mount St. Helens sind Beispiele für Schichtvulkane.

Schlackenkegel entstehen, wenn viel vulkanisches Auswurfmaterial (Tephra) und kaum Lava gefördert werden. Häufig entstehen Schlackenkegel als Nebenkrater eines grösseren Vulkans.

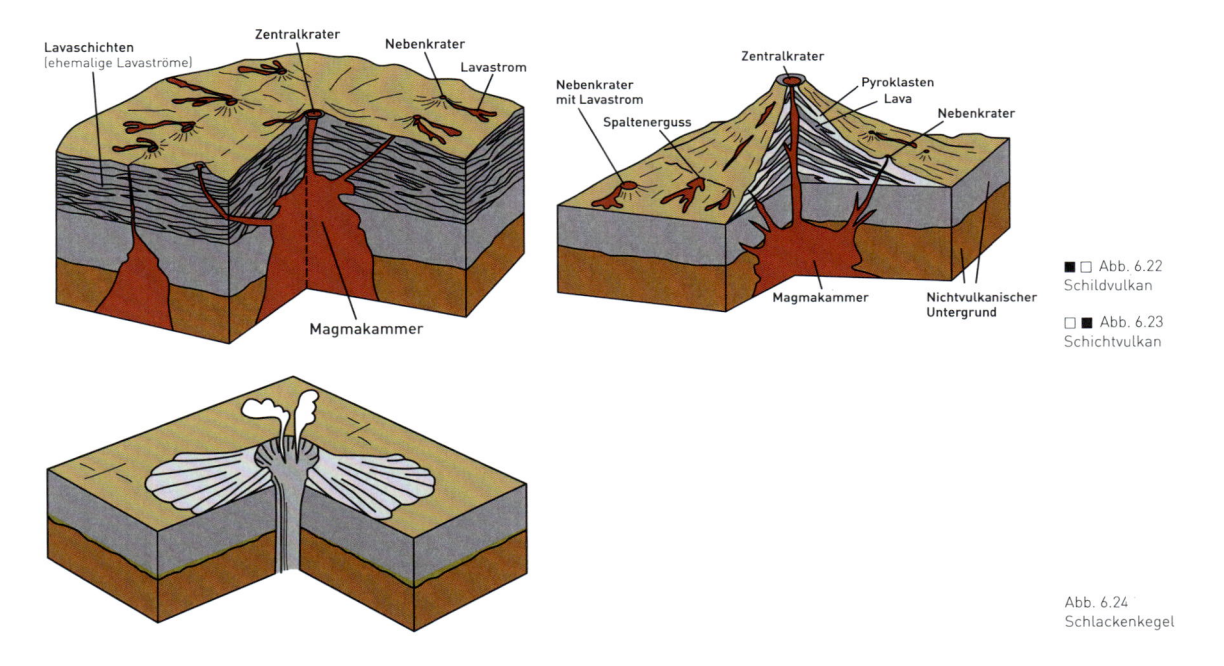

Abb. 6.22 Schildvulkan

Abb. 6.23 Schichtvulkan

Abb. 6.24 Schlackenkegel

6.4.4 Weitere vulkanische Erscheinungen

Eine **Caldera** entsteht durch Einsturz der Magmakammer, seltener durch Wegsprengung des Vulkangipfels oder -kegels. Bei einer sehr heftigen Eruption kann die wenige Kilometer tief liegende Magmakammer praktisch entleert werden und das Dach der Magmakammer unter der Last zusammenbrechen. Es entsteht eine grosse, steilwandige und beckenförmige Einsenkung, die mit einem Durchmesser von 1 bis zu 50 km wesentlich grösser als der ehemalige Krater ist und als Caldera (span. = Kessel) bezeichnet wird. Im Inneren der Caldera entsteht später oft ein neuer, kleinerer Vulkankegel (z. B. Vesuv).

Vulkanismus

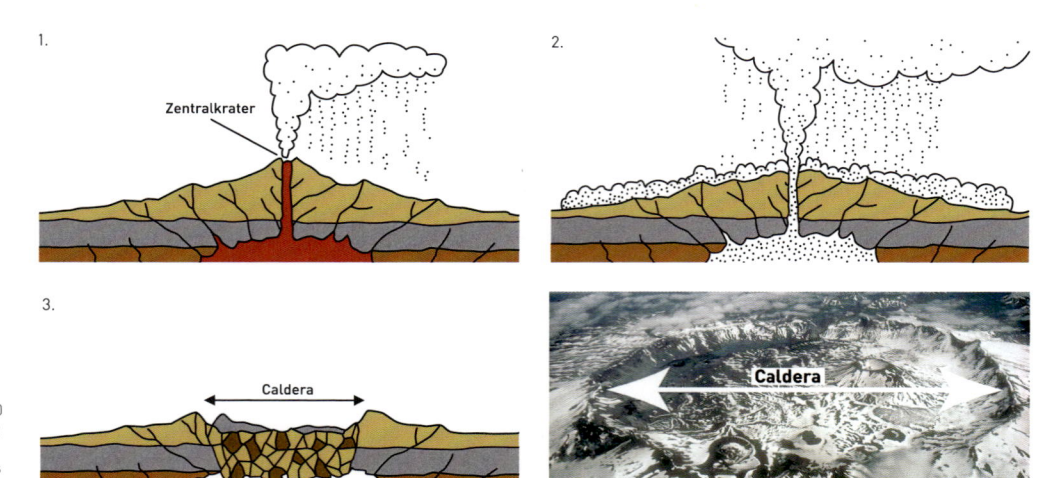

Abb. 6.25
Entstehung einer Caldera 1.–3.

Abb. 6.26
Die Aniakchak-Caldera in Alaska wurde durch einen explosiven Ausbruch von über 50 km³ Magma vor 3450 Jahren gebildet. Die Caldera weist einen Durchmesser von 10 km auf und ist 500 bis 1000 m tief.

Ein **Maar** (Niederdeutsch «mar» = See) ist ein See in einer trichterförmigen Vertiefung, die durch explosionsartiges Entweichen von Gasen ohne Förderung von Lava entstanden ist. Ein Maar entsteht, wenn Magma beim Aufstieg auf Grundwasser stösst und das plötzliche Verdampfen des Wassers zu einer **phreatischen** (griech. «phreas» = Brunnen) **Explosion** führt. Das weggesprengte Gesteinsmaterial und die geringe Menge vulkanischer Asche bilden den Ringwall. Der Trichter mit einem Durchmesser von bis zu 2 km füllt sich meist mit Wasser und bildet einen kreisrunden See. Bekannt sind die Maare der Eifel in Deutschland oder der Auvergne in Frankreich.

Saure Laven können so zähflüssig sein, dass sie kaum seitlich wegfliessen. Deshalb bilden sie oftmals Staukuppen (auch Quellkuppe oder Dom) in Form von zylinderförmigen Gesteinsmassen. Zähflüssiges Magma kann auch im Vulkanschlot stecken bleiben, dort abkühlen und durch Abtragung des Vulkankegels als **Staukuppe** freigelegt werden. Beispiele aus Europa sind der Hohentwiel im Hegau (Deutschland), der Strombolicchio auf den Liparischen Inseln (Italien) oder Le Puy in der Auvergne (Frankreich).

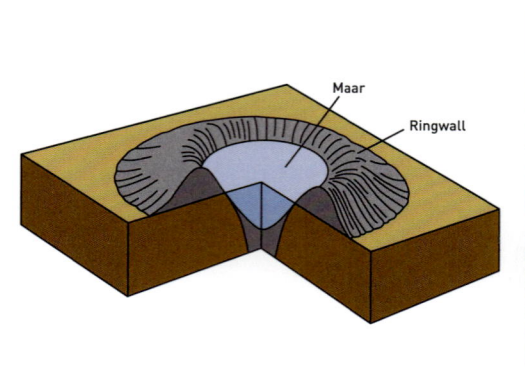

■ ☐ Abb. 6.27
Maar

☐ ■ Abb. 6.28
Auf der 80 m hohen Staukuppe aus Basalt thront in Le Puy in der Auvergne (Frankreich) eine Kapelle.

6.4.5 Vorhersage von Vulkanausbrüchen

Die Vorhersage von Vulkanausbrüchen ist die wichtigste, aber zugleich auch die schwierigste Aufgabe von Vulkanologen. Weil kein Vulkan in seinem Ausbruchsverhalten dem anderen gleicht, können gewonnene Informationen über einen Vulkan kaum auf einen anderen übertragen werden. Mit seismischen Geräten beobachten Vulkanologen die vielen leichten **Erdbeben**, die beim Aufsteigen des Magmas im Vulkan ausgelöst werden. Häufig auftretende und leichte Erdbeben sowie ein verstärkter **Gasausstoss** sind nur vage Anzeichen einer bevorstehenden Eruption, weil dadurch nicht klar wird, ob der Vulkan am nächsten Tag oder in einigen Jahren ausbrechen wird. Aussagefähiger sind **Aufwölbungen** und Formveränderungen am Vulkankegel, die mit Vermessungsgeräten registriert werden können. Mithilfe der Satellitenbeobachtung sind inzwischen die Formveränderungen, Oberflächentemperaturen und Gasaustritte von Vulkanen flächenhaft und präzise erfassbar geworden. Die Ausbrüche des Mount St. Helens im Mai 1980 und des Pinatubo im Juni 1991 konnten dank beobachteter Aufwölbungen einige Tage zuvor vorausgesagt werden. Viele der aktiven Vulkane werden von Vulkanologen weltweit intensiv erforscht und rund um die Uhr beobachtet, damit Millionen von Menschen bei einem drohenden Ausbruch rechtzeitig gewarnt werden könnten. Trotzdem ist eine exakte und langfristige Prognose heute meist noch nicht möglich.

6.5 Erdbeben

6.5.1 Entstehung von Erdbeben

Die Lithosphärenplatten bewegen sich relativ zueinander. In ihrem Kontaktbereich verhindern Reibungskräfte die kontinuierliche Bewegung der Platten und führen während mehrerer Jahre zum Aufbau von Spannungen. Sind die aufgebauten Spannungen grösser als die Reibungskräfte, kommen die Platten während weniger Sekunden ruckartig in Bewegung und lösen damit eine Erschütterung der Erdkruste, ein **Erdbeben,** aus. Weltweit entstehen über 90 Prozent aller Erdbeben im Bereich von Plattengrenzen. Daneben entstehen schwache Erdbeben beim Aufsteigen von Magma im Vulkanschlot, bei isostatischen Hebungen oder beim Einsturz von unterirdischen Hohlräumen. Die **Seismologie** (griech. «seismós» = Erschütterung) befasst sich mit Erschütterungen der Erdoberfläche. Sie untersucht die Entstehung, Ausbreitung und Auswirkung der Erdbeben.

Abb. 6.29
Die weltweite Verteilung der Erdbeben und die Plattengrenzen

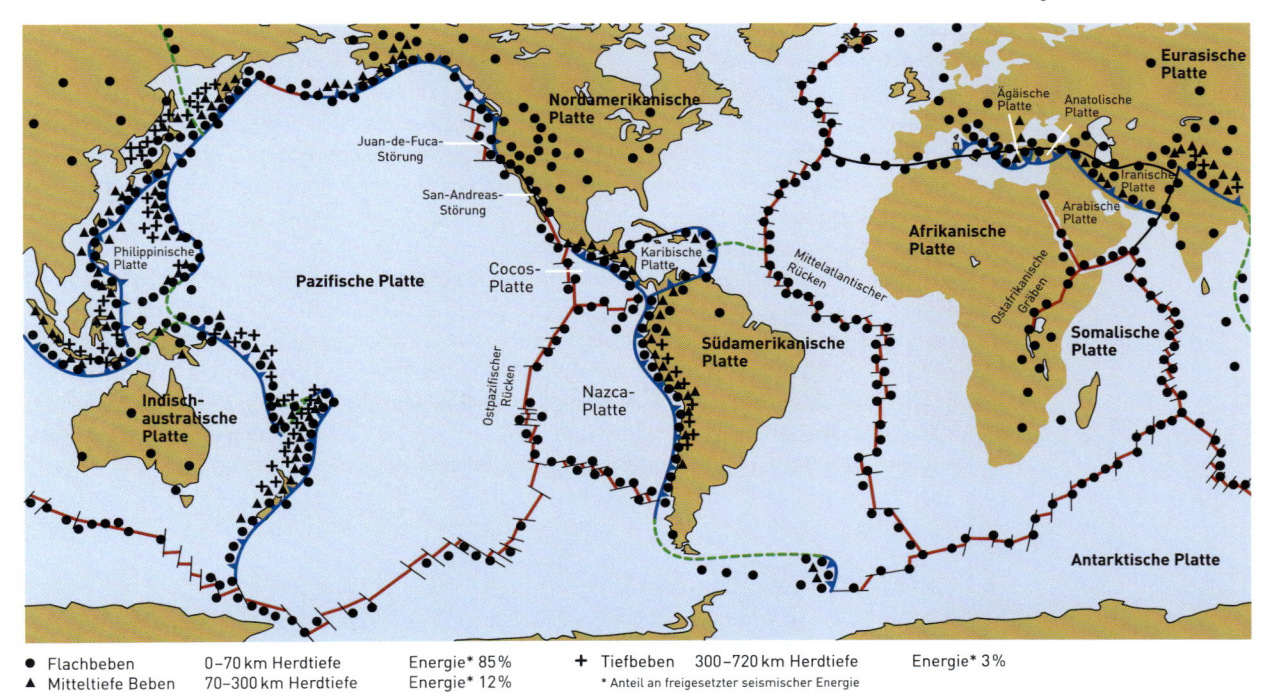

● Flachbeben 0–70 km Herdtiefe Energie* 85% + Tiefbeben 300–720 km Herdtiefe Energie* 3%
▲ Mitteltiefe Beben 70–300 km Herdtiefe Energie* 12% * Anteil an freigesetzter seismischer Energie

Erdbeben

6.5.2 Seismische Wellen

Bei einer plötzlichen Verschiebung von Lithosphärenplatten wird ein Grossteil der Energie als Reibungswärme freigesetzt. Nur ein kleiner Prozentsatz der Gesamtenergie wird in **seismische Energie** umgewandelt, die sich in Form von wellenförmigen Schwingungen vom Erdbebenherd in alle Richtungen wegbewegt:

Plattenbewegung

Front der Erdbebenwellen

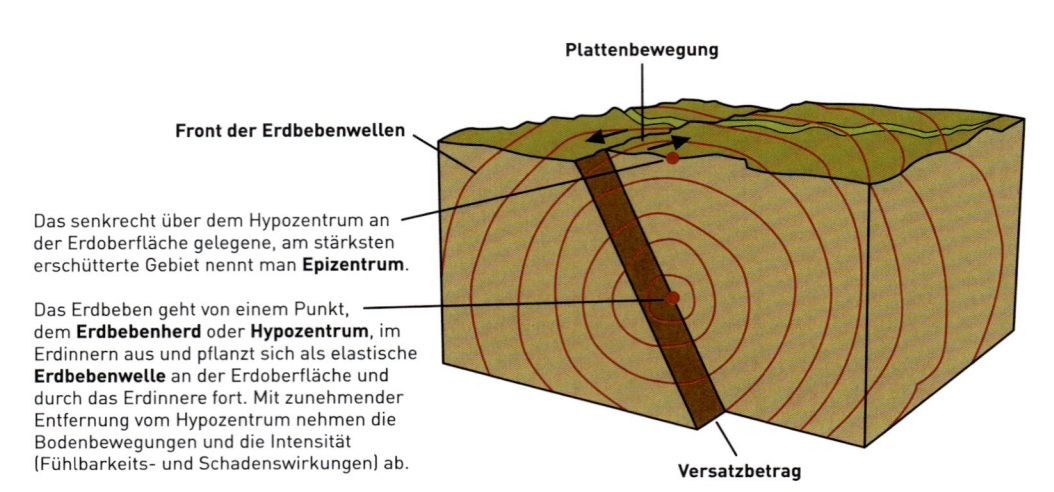

Das senkrecht über dem Hypozentrum an der Erdoberfläche gelegene, am stärksten erschütterte Gebiet nennt man **Epizentrum**.

Das Erdbeben geht von einem Punkt, dem **Erdbebenherd** oder **Hypozentrum**, im Erdinnern aus und pflanzt sich als elastische **Erdbebenwelle** an der Erdoberfläche und durch das Erdinnere fort. Mit zunehmender Entfernung vom Hypozentrum nehmen die Bodenbewegungen und die Intensität (Fühlbarkeits- und Schadenswirkungen) ab.

Versatzbetrag

Abb. 6.30
Vom Hypozentrum eines Erdbebens breiten sich seismische Wellen aus.

Vom Hypozentrum gehen zwei verschiedene Erdbebenwellen aus, die sich mit unterschiedlicher Geschwindigkeit durch das Erdinnere und an der Oberfläche fortpflanzen: Die schnellsten Wellen, die zuerst das Epizentrum erreichen, nennt man **Primärwellen** oder **P-Wellen.** Ebenso wie Schallwellen sind P-Wellen Kompressions- oder Longitudinalwellen, die sich in der Materie als eine periodische Verdichtung und Verdünnung der Teilchen in Fortpflanzungsrichtung ausbreiten. Die P-Wellen breiten sich in der Erdkruste mit durchschnittlich 6 km/s jedoch erheblich schneller aus als die Schallwellen in der Luft (~ 344 m/s). Man kann sich P-Wellen wie ein wiederholtes Zusammenschieben und Strecken der Gesteinsteilchen vorstellen.

Der P-Welle folgen mit rund halb so grosser Fortpflanzungsgeschwindigkeit die **Sekundärwellen** oder **S-Wellen** (~ 3,5 km/s). Die Sekundärwellen oder S-Wellen sind Scher- oder Transversalwellen, weil die Gesteinsteilchen in einer senkrechten Ebene schwingen, sich also transversal zur Ausbreitungsrichtung bewegen.

P- und S-Wellen sind **Raumwellen,** da sie sich vom Hypozentrum her räumlich nach allen Richtungen ausbreiten. Erreichen sie die Erdoberfläche, werden die Raumwellen zu **Oberflächenwellen,** die sich nun entlang der Erdoberfläche und in der äussersten Kruste fortpflanzen. Ihre Geschwindigkeit ist nur wenig langsamer als die der S-Wellen, aber sie verursachen in der Regel die grösseren Erschütterungen. Auch bei den Oberflächenwellen unterscheidet man zwei Typen: Die P-Wellen werden an der Oberfläche zu sogenannten **Rayleigh-Wellen** (nach dem englischen Mathematiker John William Strutt Lord Rayleigh, 1842–1919), und die S-Wellen werden zu **Love-Wellen** (nach dem englischen Mathematiker Augustus Edward Hough Love, 1863–1940).

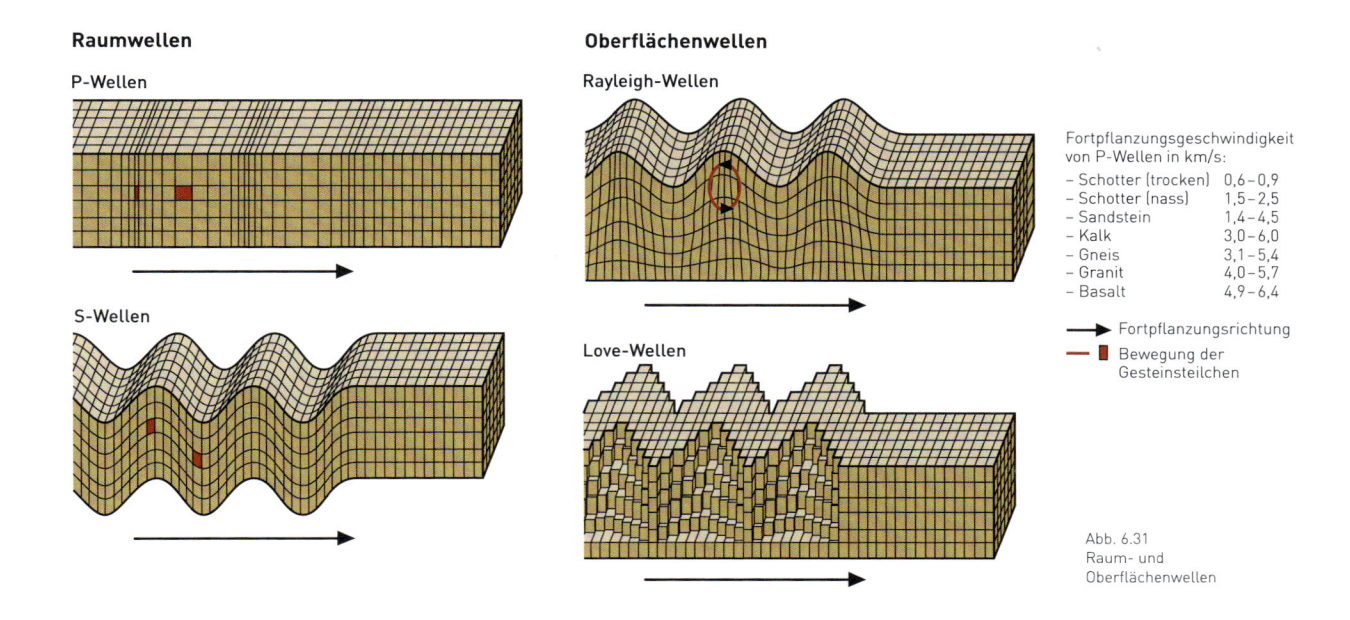

6 Geologie

Raumwellen

P-Wellen

S-Wellen

Oberflächenwellen

Rayleigh-Wellen

Love-Wellen

Fortpflanzungsgeschwindigkeit von P-Wellen in km/s:
- Schotter (trocken) 0,6–0,9
- Schotter (nass) 1,5–2,5
- Sandstein 1,4–4,5
- Kalk 3,0–6,0
- Gneis 3,1–5,4
- Granit 4,0–5,7
- Basalt 4,9–6,4

→ Fortpflanzungsrichtung
— ▬ Bewegung der Gesteinsteilchen

Abb. 6.31
Raum- und Oberflächenwellen

Für die Untersuchung des Aufbaus des Erdinneren sind P- und S-Wellen von Bedeutung. P-Wellen breiten sich in Flüssigkeiten weitaus langsamer aus als in Festkörpern, und S-Wellen können sich in Flüssigkeiten gar nicht fortpflanzen. Aufgrund solcher Zusammenhänge lassen sich mit der Seismologie die Zusammensetzung, der Verlauf und die Mächtigkeit von Gesteinsschichten unter der Erdoberfläche erforschen, um Lagerstätten und Baugrund, aber auch das gesamte Erdinnere zu erkunden.

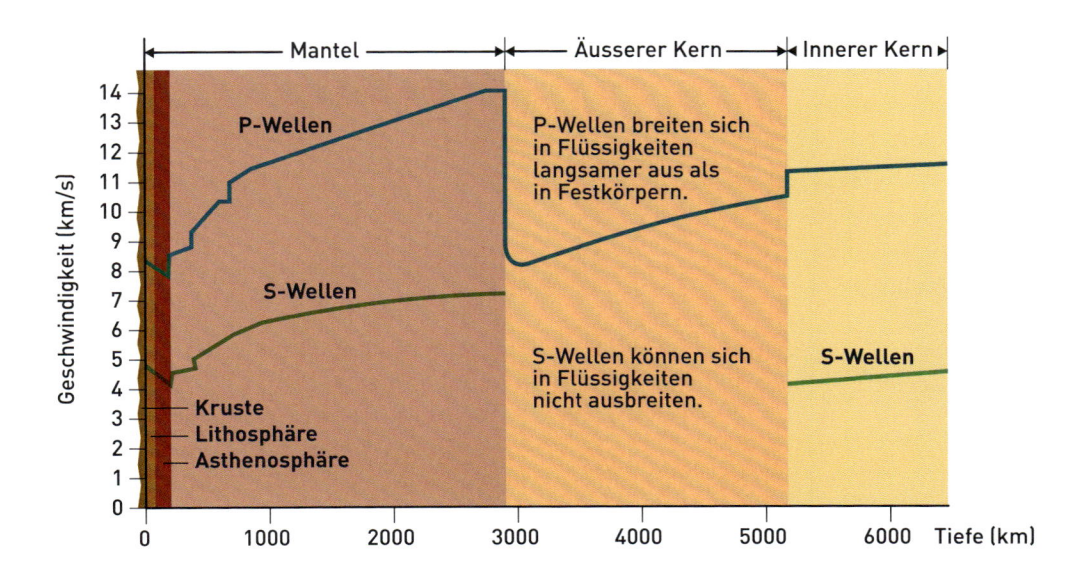

Abb. 6.32
Aus den Geschwindigkeitsänderungen der P- und S-Wellen können wichtige Informationen über die Abfolge der Schichten im Erdinnern gewonnen werden. Die S-Wellen im inneren Kern sind bei der Umwandlung von P-Wellen im äusseren Kern entstanden.

6.5.3 Erdbebenmessung

Der **Seismometer** (griech. métron = Mass) ist ein wichtiges Instrument zur Aufzeichnung von Erdbeben und zur Erforschung tiefer liegender Bereiche der Erde. Moderne Seismometer sind hochempfindliche elektromechanische Geräte, die Bodenbewegungen im Bereich von Nanometern (Millionstelmillimeter) erfassen. An früher verwendeten mechanischen Messgeräten, den **Seismografen** (griech. «gráphein» = schreiben), lässt sich die Funktionsweise von Erdbebenmessgeräten gut nachvollziehen (Abb. 6.33). Während des Erdbebens bewegen sich der Boden, die Aufhängung der Ruhemasse und das Papier mit dem Seismogramm auf und ab. Die Schreibnadel ist mit der Ruhemasse an einer Feder aufgehängt, sie bleibt wegen ihrer Trägheit am Ort und zeichnet eine Wellenlinie auf das sich bewegende und vorwärts drehende Papier auf. Die Darstellung der aufgezeichneten Bodenbewegung über einer Zeitachse bezeichnet man als **Seismogramm.** Die Ausschläge in einem Seismogramm, die **Amplituden,** geben die Bodenbewegung am Standort des Seismometers in Millimetern an. Mit zunehmender Entfernung vom Hypozentrum nehmen die Bodenbewegungen ab und damit die Schadenswirkung des Erdbebens. 1992 gelang es in Südkalifornien erstmals, die Bodenbewegung auch mithilfe des Global Positioning System (GPS) exakt zu bestimmen.

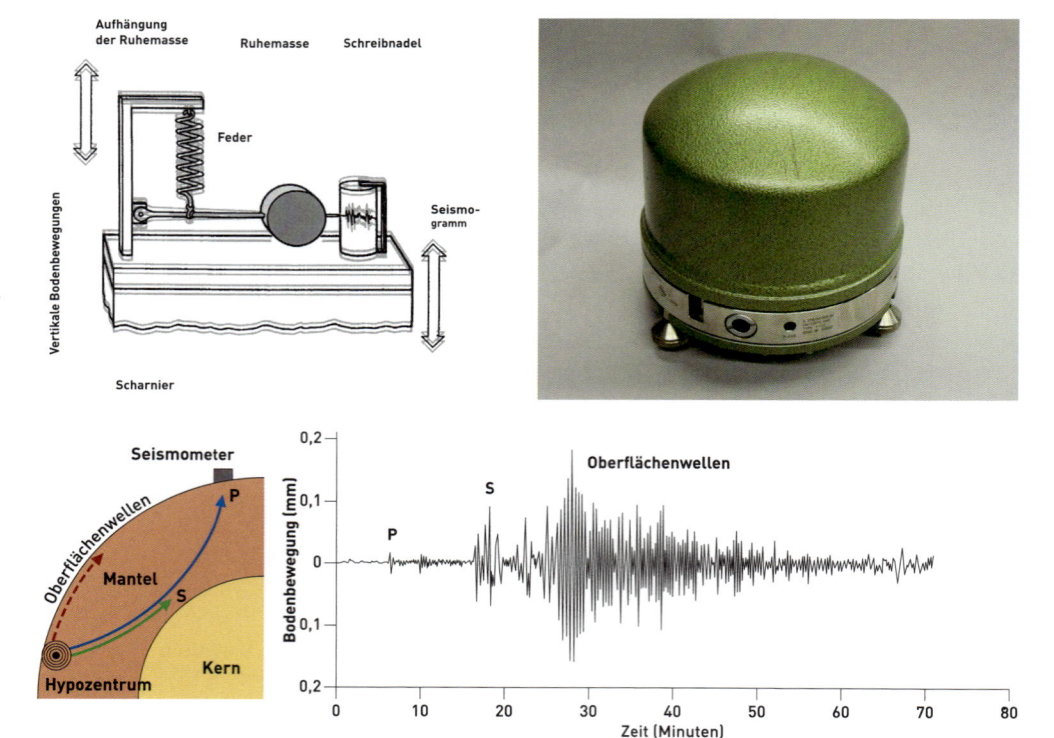

Abb. 6.33
Seismograf (links) und ein STS-2-Breitbandseismometer aus dem Bestand des Geophysikalischen Gerätepools Potsdam, GIPP (rechts) zur Aufzeichnung von Erdbeben (Foto: E. Gantz, GFZ)

Abb. 6.34
Vom Hypozentrum bewegen sich die P-, S- und Oberflächenwellen unterschiedlich schnell durchs Erdinnere. Sie werden deshalb auf dem Seismogramm deutlich getrennt registriert.

6.5.4 Erdbebenstärke

Früher mass man die Stärke eines Erdbebens an seinen Auswirkungen: an Gebäudeschäden, an der Anzahl Obdachloser, Verletzter und Toter. Vor über 200 Jahren begann man, die Stärke des Erdbebens mit einer Schadensskala zu beschreiben. 1902 leitete der italienische Seismologe und Vulkanologe Giuseppe Mercalli (1850–1914) die 12-stufige **Mercalli-Skala** ab. Diese Skala wurde verschiedentlich modifiziert, wobei heute in Europa die Intensitätsskala **EMS-98** (Europäische makroseismische Skala 1998) offiziell gültig ist.

EMS	Intensität	Beschreibung der maximalen Wirkungen
I	Nicht fühlbar	Nicht fühlbar.
II	Kaum bemerkbar	Nur sehr vereinzelt von ruhenden Personen wahrgenommen.
III	Schwach	Von wenigen Personen in Gebäuden wahrgenommen. Ruhende Personen fühlen ein leichtes Schwingen oder Erschüttern.
IV	Deutlich	Im Freien vereinzelt, in Gebäuden von vielen Personen wahrgenommen. Einige Schlafende erwachen. Geschirr und Fenster klirren, Türen klappern.
V	Stark	Im Freien von wenigen, in Gebäuden von den meisten Personen wahrgenommen. Viele Schlafende erwachen. Wenige reagieren verängstigt. Gebäude werden insgesamt erschüttert. Hängende Gegenstände pendeln stark, kleine Gegenstände werden verschoben. Türen und Fenster schlagen auf oder zu.
VI	Leichte Gebäudeschäden	Viele Personen erschrecken und flüchten ins Freie. Einige Gegenstände fallen um. An vielen Häusern, vornehmlich in schlechterem Zustand, entstehen leichte Schäden, zum Beispiel Mauerrisse, kleine Verputzteile fallen ab.
VII	Gebäudeschäden	Die meisten Personen erschrecken und flüchten ins Freie. Möbel werden verschoben. Gegenstände fallen in grossen Mengen aus Regalen. An vielen Häusern solider Bauart treten mässige Schäden auf (kleine Mauerrisse, Abfall von Putz, Herabfallen von Schornsteinteilen). Vornehmlich Gebäude in schlechterem Zustand zeigen grössere Mauerrisse, Zwischenwände stürzen ein.
VIII	Schwere Gebäudeschäden	Viele Personen verlieren das Gleichgewicht. An vielen Gebäuden einfacher Bausubstanz treten schwere Schäden auf, d. h., Giebelteile und Dachgesimse stürzen ein. Einige Gebäude sehr einfacher Bauart stürzen ein.
IX	Zerstörend	Allgemeine Panik unter den Betroffenen. Sogar gut gebaute gewöhnliche Bauten zeigen sehr schwere Schäden. Teilweise Einsturz tragender Bauteile. Viele schwächere Bauten stürzen ein.
X	Sehr zerstörend	Viele gut gebaute Häuser werden zerstört oder erleiden schwere Beschädigungen.
XI	Verwüstend	Die meisten Bauwerke, selbst einige mit gutem, erdbebengerechtem Konstruktionsentwurf und guter Konstruktionsausführung, werden zerstört.
XII	Vollständig verwüstend	Nahezu alle Konstruktionen werden zerstört.

Die EMS-98 erfasst die Auswirkungen eines Erdbebens in 12 Kategorien. Damit lassen sich historische Erdbeben aufgrund von Aufzeichnungen einordnen und für die Abschätzung des Erdbebenrisikos in einer Region heranziehen. Diese Skala macht aber keine Angaben zur freigesetzten Energie.

Anfang des 20. Jahrhunderts lieferten die Seismometer immer genauere Aufzeichnungen der Bodenbewegungen und ermöglichten es schliesslich, die Stärke eines Erdbebens zu berechnen. 1935 führte der amerikanische Seismologe Charles Francis Richter (1900–1985) die **Magnitude** ein, ein objektives Mass für die am Erdbebenherd freigesetzte Energie. Zur Berechnung der Magnitude benötigt man zwei Werte aus dem Seismogramm, die Grösse der maximalen Bodenbewegung (maximale Amplitude) sowie die Entfernung der seismischen Station zum Erdbebenherd (Abstand P- und S-Wellen). Die Magnitude wird mit Werten zwischen 0 und 9,5 (dem bisher stärksten gemessenen Erdbeben in Chile, 22. Mai 1960) auf der weltweit verwendeten **Richterskala** angegeben. Diese Skala ist theoretisch nach oben unbegrenzt, aus wissenschaftlicher Sicht sind jedoch Erdbeben mit einer Magnitude grösser als 10 kaum vorstellbar. Die Richterskala besitzt eine logarithmische Einteilung; das heisst, dass jede Erhöhung um eine Einheit eine Verzehnfachung der Bodenbewegungen bedeutet. Ein Erdbeben mit der Stärke 7 erzeugt demnach Bodenbewegungen, die 10 000-mal grösser sind als bei einem Beben der Magnitude 3.

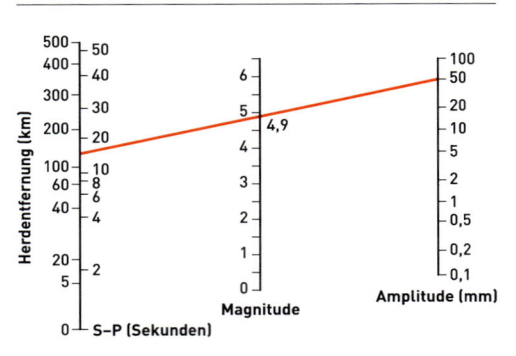

Erdbeben

Magnitude	Bebenhäufigkeit
1–1,9	Schätzungsweise 8000 pro Tag oder 2,9 Mio. pro Jahr
2–2,9	Schätzungsweise 1000 pro Tag oder 370 000 pro Jahr
3–3,9	Schätzungsweise 49 000 pro Jahr
4–4,9	Schätzungsweise 6200 pro Jahr
5–5,9	Rund 800 pro Jahr
6–6,9	Rund 120 pro Jahr
7–7,9	18 pro Jahr
8 und grösser	1 pro Jahr

Abb. 6.35
Grafische Bestimmung der Magnitude mithilfe der Erdbebenherdentfernung und der maximalen Amplitude

Der Vorteil der Richterskala ist, dass sie mit der Magnitude eine objektive Beurteilung der Erdbebenstärke ermöglicht und jede seismische Station der Welt diesen einen objektiven Wert (Magnitude) für ein Erdbeben berechnen kann. Zudem besteht zwischen der Magnitude und der Grösse des Schadensgebietes ein Zusammenhang.

Ein Nachteil der Richterskala ist, dass ihr verwendetes Mass, die Magnitude, wenig über die Auswirkungen aussagt. Ereignet sich beispielsweise ein Erdbeben der Stärke 7,8 auf der Richterskala in einem menschenleeren Gebiet, so hat dieses starke Erdbeben für den Menschen keine Auswirkungen. In einem besiedelten Gebiet aber muss ab Magnitude 5 mit Schäden an Bauwerken gerechnet werden.

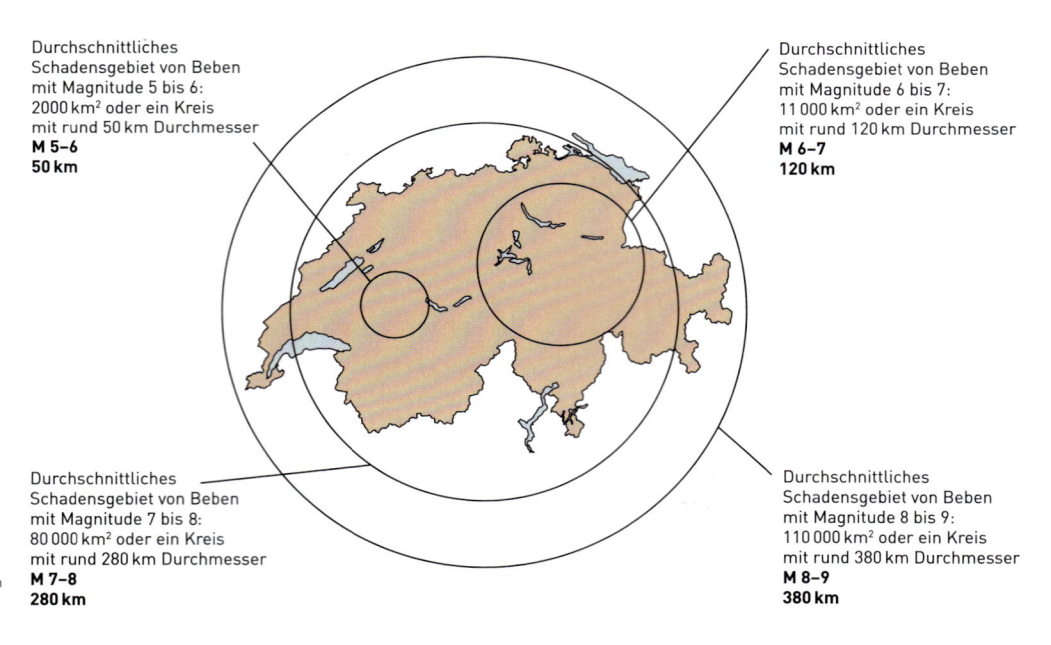

Durchschnittliches Schadensgebiet von Beben mit Magnitude 5 bis 6: 2000 km² oder ein Kreis mit rund 50 km Durchmesser
M 5–6
50 km

Durchschnittliches Schadensgebiet von Beben mit Magnitude 6 bis 7: 11 000 km² oder ein Kreis mit rund 120 km Durchmesser
M 6–7
120 km

Durchschnittliches Schadensgebiet von Beben mit Magnitude 7 bis 8: 80 000 km² oder ein Kreis mit rund 280 km Durchmesser
M 7–8
280 km

Durchschnittliches Schadensgebiet von Beben mit Magnitude 8 bis 9: 110 000 km² oder ein Kreis mit rund 380 km Durchmesser
M 8–9
380 km

Abb. 6.36
Bei Erdbeben in besiedelten Gebieten besteht zwischen der Magnitude und der Grösse des Schadensgebietes ein enger Zusammenhang.

Ein **Tsunami** ist eine seismische Seewoge, die bei einem **Seebeben** oder einem gravitativen Prozess (z. B. Rutschung, Bergsturz) ausgelöst wird. Bei einem Seebeben entwickelt sich nur dann ein Tsunami, wenn das Hypozentrum nahe dem Meeresgrund liegt, das Beben eine Magnitude von 7 oder mehr auf der Richterskala erreicht und eine senkrechte Erdbewegung am Meeresboden die Folge ist. Dadurch wird das gesamte Wasservolumen vom Meeresgrund bis zur Wasseroberfläche in Bewegung versetzt. Auf dem offenen Meer erreichen die Tsunamis bei einer Wellenlänge von 100 bis 500 km und einer Geschwindigkeit von 800 bis 1000 km/h lediglich eine Wellenhöhe von 50 bis 100 cm. Erst mit Erreichen einer Küste wird die Welle durch die Bodenreibung abgebremst, während eine gewaltige Wassermasse mit hoher Geschwindigkeit nachschiebt. Dabei schrumpft die Wellenlänge, ohne dass sich die mitgeführte Energie wesentlich verringert; der Tsunami baut sich zu einer steigenden «Flutwelle» mit bis zu 30 m Höhe auf. Trotzdem erscheint ein Tsunami an der Küste als eine Serie von Hochfluten – anstelle von gebrochenen Wellen – welche die Küste schwallartig überschwemmen und grosse Verwüstung anrichten können. Der Begriff Tsunami (jap. = Hafenwelle) wurde durch japanische Fischer geprägt, die vom Fischfang zurückkehrten und im Hafen alles verwüstet vorfanden, obwohl sie auf offener See keine Welle gesehen oder gespürt hatten. Selten entstehen Tsunamis auch, wenn durch Vulkanausbrüche, küstennahe Bergstürze, submarine Rutschung oder Meteoriteneinschläge grosse Wassermassen abrupt verdrängt werden.

Grössenordnung eines Tsunamis

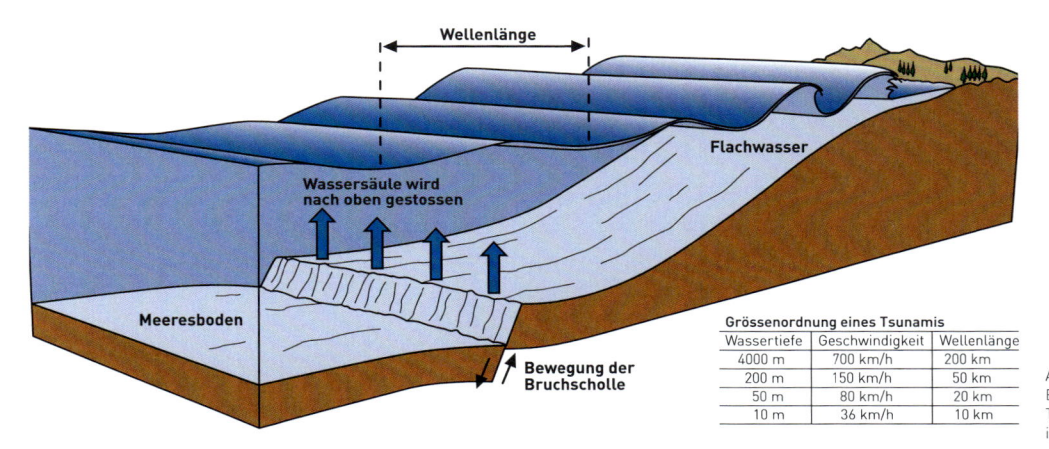

Wassertiefe	Geschwindigkeit	Wellenlänge
4000 m	700 km/h	200 km
200 m	150 km/h	50 km
50 m	80 km/h	20 km
10 m	36 km/h	10 km

Abb. 6.37
Entstehung eines Tsunamis durch ein Beben im Meeresboden

6.5.5 Erdbebengefährdung und Erdbebenrisiko

Bis heute ist es kaum möglich, Erdbeben vorherzusagen und die betroffene Bevölkerung im Voraus zu warnen. Die Vorhersage eines Erdbebens würde den Menschen die Flucht zwar ermöglichen, aber die Zerstörung der Sachwerte (Gebäude, Verkehrsinfrastruktur, Wasser- und Stromanschluss usw.), und damit der Existenzgrundlage der Menschen, könnte nicht verhindert werden. Daher ist die wissenschaftliche Abschätzung der Erdbebengefährdung wichtiger als die Vorhersage einzelner Ereignisse. Die **Erdbebengefährdung** gibt für ein bestimmtes Gebiet die Wahrscheinlichkeit an, mit der ein Erdbeben mit einer bestimmten Bodenbeschleunigung innerhalb eines bestimmten Zeitraums auftritt. In der Schweiz wird die Erdbebengefährdung als mässig bis mittel eingestuft. Starke Erdbeben können in der Schweiz auftreten, jedoch deutlich seltener als in hoch gefährdeten Gebieten wie zum Beispiel in der Türkei. Am stärksten gefährdet ist das Wallis, gefolgt von Basel, Graubünden und dem Alpennordrand (vgl. Abb. 6.38). Für die in Abbildung 6.38 dargestellte Erdbebengefährdung wurde für die gesamte Schweiz ein harter, felsiger Untergrund angenommen. Bezüglich Gebäudeschäden sind jedoch weichere Böden problematischer. Insbesondere Flusstäler und Seeufer werden wegen ihres weichen Untergrundes bis zu zehnmal stärker erschüttert als ein felsiger Standort. Die Schweiz ist ein Land mit moderater Erdbebengefährdung, sie weist jedoch ein hohes Erdbebenrisiko auf. Das **Erdbebenrisiko** beschreibt das mögliche Schadensausmass und lässt sich berechnen aus der Verknüpfung der Erdbebengefährdung, des lokalen Untergrundes, der betroffenen Werte und deren Verletzbarkeit (Abb. 6.39). Für die betroffenen Werte gilt vereinfacht: je mehr Menschen in einem Gebiet leben, desto mehr Sachwerte und Gebäude sind vorhanden. Mit dieser Wertkonzentration steigt auch das Schadenrisiko. Ein weiterer Faktor ist die Verletzbarkeit der Gebäude: Ein nicht erdbebensicher gebautes Haus kann bereits bei einem mittelstarken Beben einstürzen, während ein stabiler konstruiertes Gebäude einem wesentlich stärkeren Erdbeben standhält. Stahlbetonbauten halten einem stärkeren Erdbeben stand, Gebäude aus Mauerwerk hingegen, die in der Schweiz weit verbreitet sind, sind anfälliger auf Erdbeben.

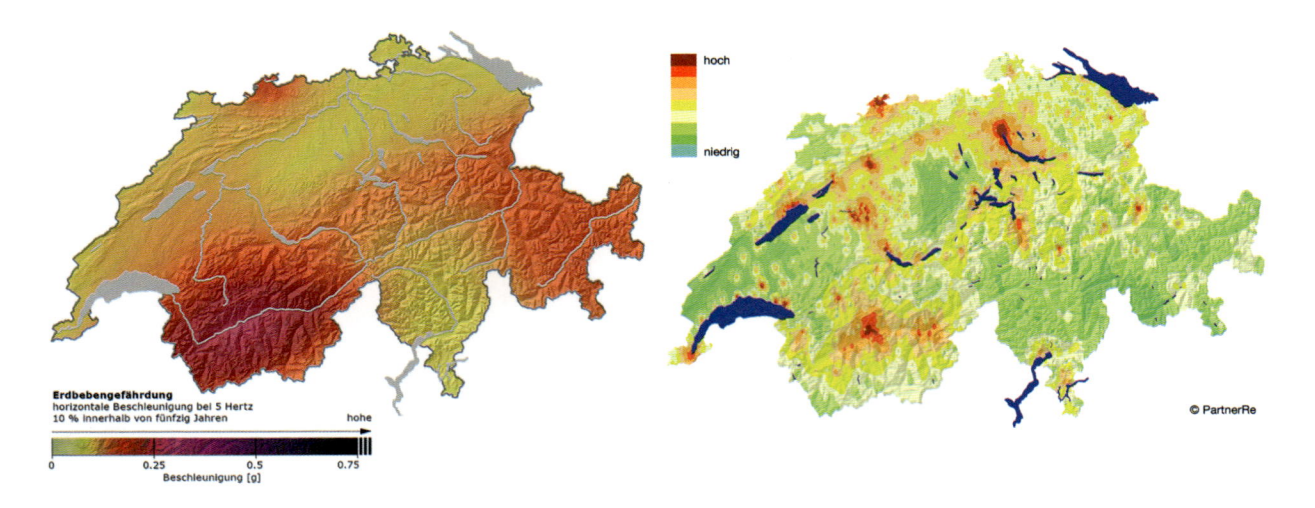

■ ☐ Abb. 6.38
Erdbebengefährdung in der Schweiz: Dargestellt ist die maximale Bodenbeschleunigung in g (g = Kraft pro Masse), die im Durchschnitt einmal in 500 Jahren erreicht oder überschritten wird (so genanntes «500-Jahre-Erdbeben»).

☐ ■ Abb. 6.39
Erdbebenrisiko in der Schweiz, unter Berücksichtigung von: seismischer Erdbebengefährdung für ein 500-Jahre Ereignis + Beschaffenheit des Untergrunds + betroffenen Werte + Verletzbarkeit der Gebäude = Schadenrisiko von Erdbeben

Es gibt verschiedene Möglichkeiten, das Erdbebenrisikos zu verringern: Bestehende Bauwerke können nachgerüstet und neue Bauwerke nach modernen Normen erdbebensicher gebaut werden. In Gebieten mit hohem Erdbebenrisiko muss die Bevölkerung über Schutzmassnahmen bei Erdbeben unterrichtet sein. Behörden können entsprechende Vorsorgemassnahmen ergreifen (z. B. Notfallpläne, Ausbildung von Rettungsmannschaften).

6.6 Erdgeschichte im Überblick

Geologische Prozesse, die die Oberfläche der Erde und ihren inneren Aufbau geformt haben, laufen in Zeitdimensionen von Millionen bzw. Milliarden Jahren ab. Mithilfe der relativen und absoluten Altersbestimmung konnten die Wissenschaftler eine **geologische Zeittafel** (vgl. Umschlag hinten) erstellen. Zur Altersbestimmung verwendet die Geologie mehrere Methoden.

6.6.1 Relative Altersbestimmung

Mit der relativen Altersbestimmung kann nur festgestellt werden, ob ein Gestein älter oder jünger als ein anderes ist. Wann ein Gestein entstanden ist, kann damit aber nicht festgelegt werden.
Die **Stratigrafie** untersucht die Lagerungsverhältnisse von Gesteinsschichten, um ihre räumliche und zeitliche Abfolge zu bestimmen.
Fossilien sind erhaltengebliebene Reste von Pflanzen und Tieren früherer Erdzeitalter. Die wichtigste Voraussetzung für die Erhaltung gestorbener Lebewesen ist ihre rasche, luftdichte Einschliessung. Die **Paläontologie** erforscht die Entwicklungsgeschichte der Lebewesen anhand von Fossilienfunden und unterstützt die Stratigrafie wesentlich in ihren Untersuchungen. Wichtig sind dabei die **Leitfossilien**, die von Tier- und Pflanzenarten stammen, die räumlich sehr weit (im Ide-

alfall weltweit) verbreitet gewesen sind und nur während einer kurzen Zeitspanne gelebt haben. Durch diese beiden Umstände sind diese Fossilien für eine bestimmte geologische Zeitspanne charakteristisch («leitend») und können unter Umständen weltweit helfen, Gesteinsschichten zeitlich einzuordnen. Zunehmend bedeutender werden heute mikroskopisch kleine Leitfossilien (z. B. Foraminiferen). Sie sind in vielen Sedimenten in grosser Zahl und in gutem Zustand erhalten.

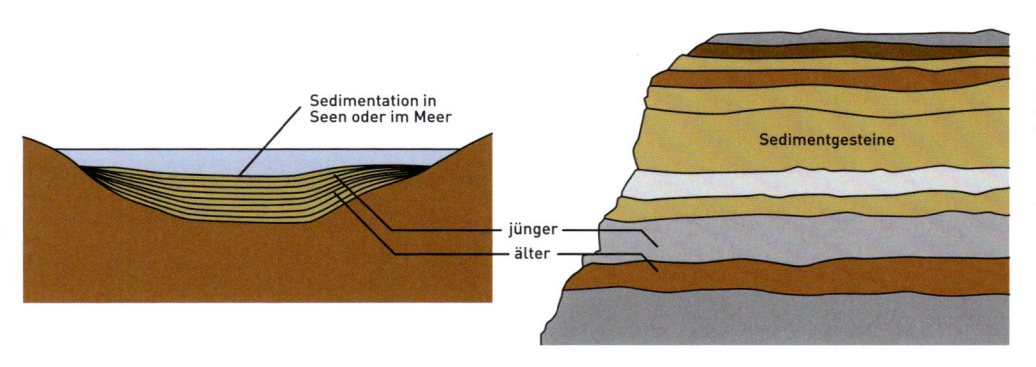

Abb. 6.40
Die Stratigrafie basiert vor allem auf der Untersuchung von Sedimenten. Diese werden in horizontalen Schichten abgelagert und gehen allmählich von Locker- in Festgesteine über. Werden sie durch tektonische Einflüsse schräg gestellt und bleiben aber sonst verschont, kann ihr relatives Alter beim Sedimentgestein nach dem Prinzip «die ältere Schicht liegt unten, die jüngere oben» bestimmt werden.

Abb. 6.41
Fossilien als echte Versteinerungen: In die toten Organismen dringen Minerallösungen ein, woraus Mineralsalze kristallisieren, die den Organismus vollständig ersetzen. Echte Versteinerungen sind sehr selten. Die versteinerten Baumstämme im Petrified Forrest National Park (Arizona, USA) stammen von vielen Millionen Jahre alten Bäumen und zeigen, dass bei der Verkieselung die ursprünglichen Strukturen auf aussergewöhnliche Weise erhalten bleiben.

Abb. 6.42
Fossilien als Steinkerne: Wird der Organismus im Sediment völlig zerstört, so kann ein Hohlraum entstehen. Wenn nun später in den Hohlraum andere Sedimente eindringen und unter Druck verfestigt werden, entsteht ein fester Ausguss des Körperinneren. Der Ammonit (links) stammt aus dem Malm/Jura (Fundort: Jura). Erhaltung von Skelettmaterial: Teile von Innen- und Aussenskeletten (z. B. Knochen, Haifischzähne, Muschelschalen) sind häufige Fossilien. Die Muschel (rechts) mit Gehäuseresten stammt aus dem Miozän (Fundort: Geissberg, Aarau).

Abb. 6.43
Fossilien als Abdrücke: Meist wird die organische Substanz nach der Einbettung in Sedimente aufgelöst, und es bleibt nur die äussere Form fossiler Pflanzen und Tiere im umschliessenden festen Sedimentgestein erhalten. Auch Fussspuren von Tieren (z. B. Dinosauriern) in schnell erhärtenden Sedimenten bezeichnet man als Abdruck. Die Dinosaurierspuren bei Solothurn sind in Kalken erhalten geblieben, die aus der Zeit des späteren Juras stammen und somit rund 145 Millionen Jahre alt sind. Die grössten Fussabdrücke erreichen eine Länge von 120 cm.

6.6.2 Absolute Altersbestimmung

Erst zu Beginn des 20. Jahrhunderts wurde eine Methode gefunden, um das Alter von Gesteinen und Fossilien verlässlich und genau zu bestimmen und damit auch die absoluten geologischen Zeiträume. 1905 konnte der neuseeländische Physiker Ernest Rutherford (1871–1937) erstmals anhand natürlich vorkommender radioaktiver Elemente im Gestein dessen exaktes Alter bestimmen. Die **radiometrische Datierung** funktioniert nach folgendem Prinzip: Wenn Mineralien aus Magma auskristallisieren oder in einem metamorphen Gestein umkristallisieren, werden radioaktive Isotope eingebaut.

Isotope sind Arten von Atomen eines chemischen Elements mit gleicher Anzahl an Protonen, aber unterschiedlich vielen Neutronen, beispielsweise gibt es vom Kohlenstoff das radioaktive Isotop

^{14}C und das stabile Isotop ^{12}C. Radioaktive (instabile) Isotope können sich spontan in Atome eines anderen chemischen Elements umwandeln, aus einem Mutterisotop entsteht das sogenannte Tochterisotop. Weil die mittlere Zerfallsrate eines radioaktiven Isotops konstant ist, kann anhand des aktuellen Mengenverhältnisses von Mutter- und Tochterisotop in einem Gestein dessen Entstehungszeitpunkt bestimmt werden. Wenn irgendwo im Universum radioaktives Material entsteht, tickt es wie eine Uhr: Die Umwandlung von Mutter- in Tochterisotop beginnt. Jedes radioaktive Isotop hat jedoch eine andere Zerfallsrate, die als Halbwertszeit angegeben wird. Das ist die Zeit, in der die Hälfte der radioaktiven Mutterisotope zerfällt. Rasch zerfallende Isotope (z. B. Kohlenstoff-Isotop ^{14}C) haben eine Halbwertszeit von wenigen Jahrtausenden, während andere Halbwertszeiten von mehreren Milliarden Jahren aufweisen und dementsprechend für die Altersbestimmung viel älterer Mineralien und Gesteine herangezogen werden können. Sind in einem Gestein alle Mutterisotope umgewandelt, kann das Alter des Gesteins nicht mehr bestimmt werden.

Absolute Altersbestimmung mit radioaktiven Isotopen

Mutterisotop	Tochterisotop	Halbwertszeit des Mutterisotops (Jahre)	Datierbarer Zeitraum (Jahre)	Datierbare Mineralien, Gesteine und andere Substanzen
Uran ^{238}U	Blei ^{206}Pb	4,5 Mrd	1 Mio–4,6 Mrd	Zirkon, Pechblende
Kalium ^{40}K	Argon ^{40}Ar Calcium ^{40}Ca	1,3 Mrd	5000–4,6 Mrd	Muskovit, Biotit, Hornblende, Vulkanite
Rubidium ^{87}Rb	Strontium ^{87}Sr	47 Mrd	2 Mio–4,6 Mrd	Muskovit, Biotit, Kalifeldspat, metamorphe und magmatische Gesteine
Kohlenstoff ^{14}C	Stickstoff ^{14}N	5730	100–70 000	Holz(kohle), Torf, Knochen und Gewebe, Schalenmaterial und anderer Calcit, Grundwasser, Meerwasser und Gletschereis, die gelöstes Kohlendioxid (CO_2) enthalten

Mit der **Radiokarbon-Methode** können kohlenstoffhaltige, organische Materialien (z. B. Knochen, Muschelschalen, Holz) radiometrisch datiert werden. Das Verfahren beruht darauf, dass in abgestorbenen Organismen die Menge an radioaktivem Kohlenstoff-Isotop ^{14}C nach dem Zerfallsgesetz abnimmt. In lebenden Organismen ist trotz des Kohlenstoffabbaus der Anteil an ^{14}C konstant, weil der Organismus ständig neuen Kohlenstoff aus der Atmosphäre und mit der Nahrung aufnimmt. Stirbt das Lebewesen, findet kein Austausch mehr statt, der radioaktive Kohlenstoff ^{14}C (Mutterisotop) zerfällt kontinuierlich in Stickstoff-Isotop ^{14}N (Tochterisotop). Bei der Radiokarbon-Methode wird der Anteil ^{14}C am Gesamtkohlenstoff im Fossil bestimmt, je älter das Fossil, desto geringer ist er. Dieses Resultat muss noch korrigiert werden, da in der Vergangenheit der ^{14}C-Anteil am Kohlenstoff in der Atmosphäre nicht konstant war. Für die letzten 25 000 Jahre wurde er mit verschiedenen Methoden (z. B. Eisbohrungen, Dendrochronologie) bestimmt, die Genauigkeit dieser Angaben nimmt mit zunehmendem Alter jedoch ab.

6.6.3 Weitere Datierungsmethoden

Bei der **Dendrochronologie** werden die Jahrringe von Bäumen und alten Hölzern analysiert: Die Jahrringe wachsen je nach klimatischen Verhältnissen in einem Jahr schneller oder langsamer. Dadurch entsteht für einen bestimmten Zeitabschnitt eine typische Abfolge von Jahrringen, die zur Datierung des Holzes bis mehrere tausend Jahre zurück verwendet werden kann.

Bei der **Pollenanalyse** untersucht man den Blütenstaub von Pflanzen, der in verschiedenen Schichten eines Moores oder eines Sees abgelagert und konserviert wurde. Durch Bohrungen erhält man Zugriff auf mehrere Tausend Jahre alte Ablagerungen. Die enthaltenen Pollen werden unter dem Mikroskop bestimmt und gezählt. Daraus ergibt sich ein Bild über die Zusammensetzung der vorgeschichtlichen Vegetation und die jeweilgen klimatischen Verhältnisse.

Die **Warvenchronologie** (Bändertonchronologie) untersucht die sehr fein geschichteten Ablagerungen in Schmelzwasserseen von Gletschern. Im Sommer, wenn viele Schmelzwasserflüsse vom

Gletscher in den See fliessen, wird der helle, grobe Silt abgelagert. Im Winter können unter der gefrorenen Seeoberfläche im ruhigen Wasser die schwebenden feinkörnigen Stoffe (dunkler Ton und organisches Material) abgelagert werden. Die Zählung dieser hellen, gröberen und dunklen, feinkörnigeren Schichten ermöglicht eine absolute Datierung der Ablagerungszeit der Tone.
Die **Magnetostratigrafie** (Paläomagnetismus) beruht darauf, dass sich das Erdmagnetfeld ungefähr alle 500 000 Jahre umpolt und diese Umpolung in der Orientierung magnetischer Mineralien in den Gesteinen festgehalten wird (vgl. Abschnitt 6.34, Beweisgrundlage der Plattentektonik).

6.7 Entstehung und Kreislauf der Gesteine

6.7.1 Mineralien bauen Gesteine auf

Nur wenige **chemische Elemente** wie Au, Ag, Pt, Cu, Pb, Hg, As, H, S, C, O, N und die Edelgase können in der Natur ungebunden, also elementar, existieren; alle übrigen chemischen Elemente kommen nur in chemischen Verbindungen vor. Gehen die chemischen Elemente oder Verbindungen in der Lithosphäre vom flüssigen oder gasförmigen in den festen Zustand über, ordnen sich ihre Atome über den Prozess der **Kristallisation** in bestimmten räumlichen Kristallgittern an. **Mineralien** sind natürlich vorkommende, anorganische Festkörper mit einer bestimmten chemischen Zusammensetzung und einer geordneten Kristallstruktur. Fast alle Mineralien können grössere **Kristalle** bilden, deren äussere Form sich aufgrund der Wachstums- und Platzbedingungen unterscheidet. Ein winziges Quarzkorn im Granit hat denselben inneren Aufbau (Kristallstruktur) wie ein grosser Quarzkristall. Festkörper ohne ein bestimmtes räumliches Kristallgitter werden als **amorph** (griech. «ámorphos» = formlos, gestaltlos) bezeichnet (z. B. vulkanisches Glas). In der Lithosphäre findet die Kristallisation und damit die Bildung der Mineralien hauptsächlich statt, wenn Magma erstarrt oder bereits vorhandene Mineralien durch veränderten Druck und Temperatur umkristallisiert werden. Seltener bilden sich Mineralien auch beim Abkühlen von heissen Gasen (z. B. Schwefel), beim Verdunsten wässriger Lösungen (z. B. Salz) und unter Mithilfe von Organismen (z. B. Calcit). Von den 4000 heute bekannten Mineralien sind nur 200 gesteinsbildend, und die 10 häufigsten bauen über 90 Prozent der Erdkruste auf. **Gesteine** sind verschieden stark verfestigte Gemenge von Mineralien, Gesteinsbruchstücken oder Organismenresten.

Anteil der häufigsten Mineralien in der Erdkruste	
Feldspat	64 %
Quarz	18 %
Amphibole	5 %
Glimmer	4 %
Pyroxene	4 %
Olivin	2 %

Granit (lat. «granum» = Korn) ist ein sehr häufiges Gestein in der Schweiz, das aus den drei häufigsten Mineralien der Erdkruste besteht, nämlich aus Feldspat, Quarz und Glimmer.

Feldspat ist mit 64 % das häufigste Mineral der Erdkruste und ist an folgenden Eigenschaften erkennbar: weisse, graue, rötliche oder grünliche Farbe, deutliche Spaltflächen und Härte 6–6,5.

Quarz (SiO_2) ist das zweithäufigste Mineral der Erdkruste und ist an folgenden Eigenschaften erkennbar: durchsichtig, wasserklar bis milchig-trüb, muscheliger Bruch und Härte 7 (ritzt Glas).

Glimmer ist das dritte Mineral im Granit und an folgenden Eigenschaften erkennbar: schwarzes bis silbernes Glänzen, mit Fingernagel ablösbare, blättrige Schuppen und Härte 2,5–3.

Abb. 6.44
Granit und seine Bestandteile

Entstehung und Kreislauf der Gesteine

Die Kristallstruktur der Mineralien ist für die physikalischen Eigenschaften wie Härte, Spaltbarkeit, Kristallform und Glanz verantwortlich. Die äusserliche **Mineralbestimmung** erfolgt durch die Prüfung dieser Eigenschaften. Mit hochempfindlichen Laborgeräten können heute Mineralien anhand ihrer Kristallstruktur und ihrer chemischen Zusammensetzung identifiziert werden. Die Mineralhärte ist ein wichtiges Erkennungsmerkmal. Die Bestimmung wird mithilfe der Mohs'schen Härteskala (nach Friedrich Mohs, 1773–1839) durchgeführt, die aus zehn Standardmineralien besteht. Zudem gibt es alltägliche Stoffe, an deren Härte man sich behelfsmässig orientieren kann: Fingernagel = 2,5, Kupfermünze = 3, Fensterglas = 5,5, Stahl (Messerklinge) = 6.

Die chemischen Eigenschaften eines Minerals kommen durch die chemischen Verbindungen von Elementen zustande und können nur im Labor untersucht werden.

Härte	Standardmineral	Härte	Standardmineral
1	Talk	6	Kalifeldspat
2	Gips	7	Quarz
3	Calcit	8	Topas
4	Fluorit	9	Korund
5	Apatit	10	Diamant

6.7.2 Gesteine dokumentieren geologische Prozesse

Ein Gestein kann aufgrund seiner Struktur und seiner Mineralien Auskunft darüber geben, wie und wo es entstanden ist, welchen geologischen Prozessen es ausgesetzt war und welche Vorgänge im nicht zugänglichen Erdinneren abgelaufen sind. Angetrieben durch plattentektonische Prozesse, verbindet der Kreislauf der Gesteine die drei grossen Gruppen der magmatischen, metamorphen und sedimentären Gesteine miteinander. Jedes Gestein geht in diesem Kreislauf immer wieder durch fortwährende Veränderung aus dem anderen hervor.

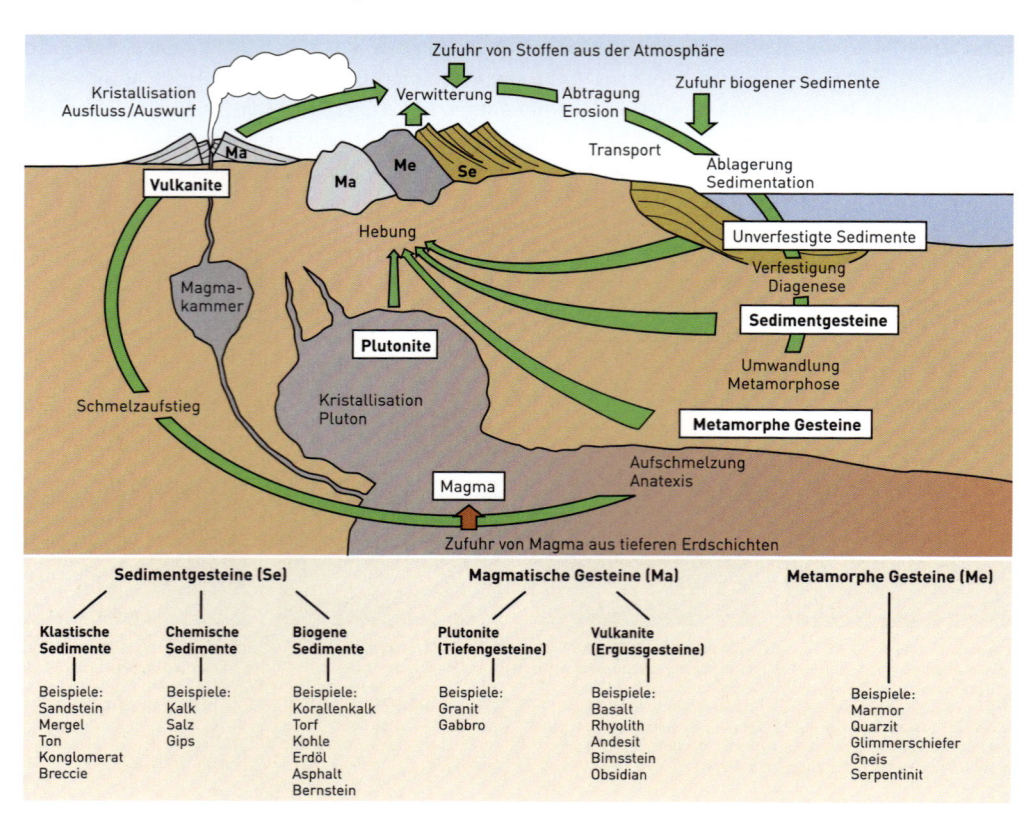

Abb. 6.45
Kreislauf der Gesteine und Hauptsteingruppen

An der Oberfläche verwittern die Gesteine unter dem Einfluss von Klima, Gesteinseigenschaft und Zeit in chemischen und physikalischen Prozessen. Die Verwitterungsreste werden durch Wasser, Eis und Wind als Bruchstücke oder gelöst wegtransportiert und während der **Sedimentation** (Ablagerung) schliesslich als **Sedimente** (feste Stoffe) abgelagert. Unter der Last weiterer Ablagerungen erhöht sich der Druck auf die unteren Sedimentschichten. Dabei werden die lockeren Sedimente einerseits zusammengepresst und entwässert, und andererseits kristallisieren aus dem Porenwasser neue Mineralien aus und kitten die Sedimentkörner zusammen. Während dieses Vorganges, der **Verfestigung (Diagenese),** findet eine Umbildung der lockeren Sedimente zu festem **Sedimentgestein** statt. Nach Art oder Herkunft der Sedimente unterscheidet man drei Gruppen:
- Mechanische oder klastische Sedimente (griech. «klan» = zerbrechen) bestehen aus Gesteinsbruchstücken verschiedenster Korngrössen.
- Chemische Sedimente entstehen durch Ausfällung gelöster Stoffe aus Lösungen.
- Biogene Sedimente bilden sich aus Ablagerungen abgestorbener Pflanzen und Tiere oder durch aktive aufbauende Tätigkeiten von Tieren und Pflanzen (Korallenriffbildung).

Ein bedeutendes Sedimentgestein ist der **Kalkstein,** der überwiegend oder ganz aus Calciumcarbonat ($CaCO_3$) besteht und ganze Gebirge aufbauen kann (z.B. Jura). Kalkstein entsteht bei der Ausfällung von gelöstem Kalk aus dem Wasser in Form von **Kalkschlamm.** Dieser besteht aus Kalkausscheidungen von Organismen und hauptsächlich aus Kalkschalen und -skeletten von Muscheln, Schnecken, Korallen, Kalkschwämmen, **Foraminiferen** und vielen anderen Meereslebewesen. Die häufigsten und mächtigsten Kalkablagerungen stammen von den Kalkgehäusen der planktonisch lebenden Foraminiferen, kleinen Einzellern, die in den oberflächennahen Wasserschichten des gesamten Meeres in Milliarden vorkommen. Mächtige Kalkablagerungen bilden sich jedoch nur in küstennahen Gebieten bis in ungefähr 3500 Metern Tiefe, weil unterhalb dieser Grenze, der **Kalkkompensationstiefe,** sämtliche Calciumcarbonate im CO_2-reichen Tiefenwasser gelöst werden. Je höher der CO_2-Gehalt des Wassers, desto mehr Kalk kann gelöst und somit nicht abgelagert werden. Je kälter das Wasser und je höher der hydrostatische Druck ist, desto mehr CO_2 kann im Wasser gelöst werden. Daher lagert sich in der Tiefsee hauptsächlich ein kalkfreier Ton ab. Im warmen Wasser der flachen Küstenbereiche kann der Kalk hingegen bis auf den Meeresgrund absinken und über Jahrmillionen zu mehrere Hundert Meter mächtigen Schichten anwachsen.

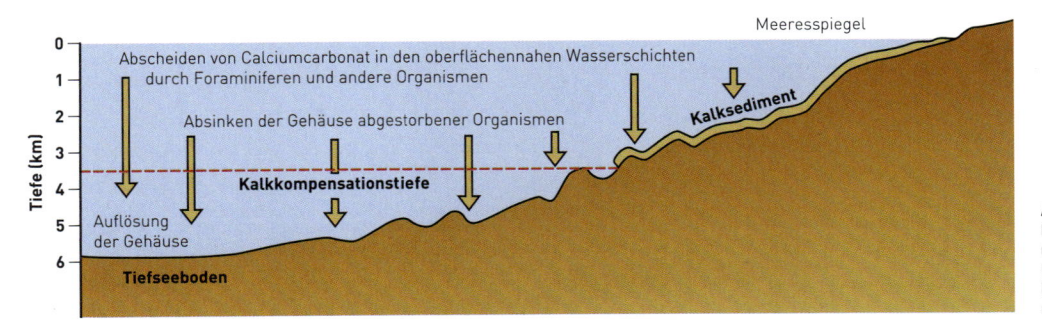

Abb. 6.46
Kalkablagerungen sind nur im Meer oberhalb der Kalkkompensationstiefe (bis in ungefähr 3500 m Tiefe) möglich.

Sedimentgesteine können durch tektonische Hebung wieder an die Erdoberfläche gelangen und dort der Verwitterung, Erosion und Ablagerung ausgesetzt werden. Sie können aber auch (z.B. bei der Gebirgsbildung) noch tiefer abgesenkt, durch Druck- und Temperaturerhöhung weiter verfestigt und in ihrem Mineralbestand und Gefüge in **metamorphe Gesteine** (griech. «metamorphóein» = umgestalten) umgewandelt werden. Aus Kalkstein entsteht bei dieser **Metamorphose**

(Umwandlung) Marmor, aus Sandstein Quarzit und aus Tonstein Glimmerschiefer. Metamorphe Gesteine besitzen oft in eine Richtung eingeregelte Mineralien, gefaltete Strukturen oder einzelne sehr grosse Mineralien. Zudem weisen sie keine Hohlräume und Fossilien auf.

Beim Überschreiten der Schmelztemperatur kann das Gestein durch die Aufschmelzung schliesslich zu Magma (Gesteinsschmelze) übergehen. Wegen der geringer gewordenen Dichte steigt das über 800 °C heisse Magma an geeigneten Stellen in der Lithosphäre wieder nach oben und bildet beim Abkühlen und Auskristallisieren die **magmatischen Gesteine.** Durch langsame Abkühlung und Auskristallisierung der Bestandteile des Magmas im Erdinnern bilden sich die **Plutonite** (Tiefengesteine) mit oft mehrere Millimeter grossen Kristallen (Mineralien). Steigt das Magma jedoch an die Erdoberfläche und fliesst oder entweicht explosiv aus einem Vulkan, so entstehen **Vulkanite** (auch: vulkanische Gesteine, Erguss- oder Effusivgesteine). Da die 800 bis 1200 °C heisse Gesteinsschmelze an der Erdoberfläche rasch abkühlt und erstarrt, können nur feinkörnige bis mikroskopisch kleine Mineralien auskristallisieren, wobei häufig sichtbare Mineralien in die kristalllose Grundmasse eingebettet sind. Viele Vulkanite enthalten zudem kleine Blasen, weil sich beim Abkühlen der Lava plötzlich der Druck verringert und Wasserdampf und andere Gase unter Bildung von Gashohlräumen oder Blasen aus der Lava entweichen.

Plutonite und metamorphe Gesteine können mit der Zeit durch Erosion der darüberliegenden Gesteinsschichten und durch Hebung an die Erdoberfläche gelangen und dort wie die Vulkanite langsam zu losen Gesteinstrümmern verwittern. Der Kreislauf beginnt von Neuem.

6.8 Rohstoffe: Bildung von Lagerstätten

Von der Steinzeit über die Bronze- und Eisenzeit bis heute haben die Menschen gelernt, die Rohstoffe der Erde zu nutzen, um damit ihre Lebensgrundlage zu sichern. Abbauwürdige Konzentrationen von Rohstoffen in der Erdkruste nennt man **Lagerstätten.** Die Abbauwürdigkeit eines Rohstoffes hängt von der Konzentration (Prozent oder Gramm pro Tonne), der Gesamtmenge, der politischen Lage im Land, dem Weltmarktpreis und von der Lage des Fundortes ab. Mit **Bodenschätzen** bezeichnet man abbauwürdige **mineralische Rohstoffe** (Erze, Salze, nichtmetallische Mineralien, Gesteine und Edelsteine) sowie **fossile Energierohstoffe** (Kohle, Erdöl und Erdgas).

6.8.1 Mineralische Rohstoffe

Metallhaltige Mineralien und Mineraliengemenge, aus denen Metalle wirtschaftlich gewonnen werden können, bezeichnet man als **Erze.** Abbauwürdige Anreicherungen dieser Erzmineralien werden **Erzlagerstätten** genannt.

Nichtmetalle	Metalle
Gesteine für Bauzwecke	**Eisen** für Bauzwecke und für die Herstellung von Transportmitteln und verschiedensten Geräten
Sand und **Kies** für Bauzwecke	**Bauxit** für die Aluminiumherstellung im Fahrzeug- und Flugzeugbau, in der Elektrotechnik, für die Folienherstellung
Kalk zur Zementherstellung	**Kupfer** für die Herstellung von Kabeln in der Elektrotechnik, im Maschinenbau, in der Heiz- und Kühltechnik
Salz für chemische Industrie, Düngemittel und Ernährung	**Zink** für die Herstellung von Rohren und Blechen, Korrosionsschutz (verzinken)
Phosphat für Düngemittel	**Mangan** für Stahlveredlung, Korrosionsschutz
Quarz für Glasherstellung und Glasfaserkabel	**Blei** für die Herstellung von Akkumulatoren in der Elektrotechnik, für die Herstellung von chemischen Apparaten, Munition und Bleifarben

Beim **Bergbau** werden mineralische Rohstoffe in grossem Umfang gewonnen. Je nach Lage der Rohstoffe erfolgt der Abbau oberirdisch im **Tagebau** oder unterirdisch im **Tiefbau** oder **Untertagebau**. Ein **Bergwerk** bezeichnet die Gesamtheit aller Anlagen unter und über Tage, die dem Aufsuchen, Gewinnen, Fördern und Aufbereiten von mineralischen Rohstoffen dienen.

Nach der Art der Entstehung unterscheidet man drei Gruppen von Lagerstätten:
Magmatische Lagerstätten oder primäre Lagerstätten: Steigt Magma in die Erdkruste auf, kommt es mit der Abkühlung zur Kristallisation der Mineralien und damit zur Bildung eines grossen kristallinen Tiefengesteinskörpers, eines **Pluton**. Mineralien mit höherer Schmelztemperatur kristallisieren bereits früh aus dem geschmolzenen Magma aus, sie sinken auf den Boden des entstehenden Plutons und reichern sich dort an. Durch diese Trennung und Anreicherung der einzelnen Mineralbestandteile während der allmählichen Abkühlung entstehen verschiedene magmatische Lagerstätten, z. B. das chromhaltige Mineral Chromit.
Hydrothermale Lagerstätten: Heisse, wässrige Lösungen, sogenannte hydrothermale Lösungen, führen aus aufgestiegenen Magmen lösliche Bestandteile weg. Die heissen Lösungen können leicht in Spalten und Klüfte der Gesteine eindringen, dabei rasch abkühlen und dort die Erzmineralien als hydrothermale Lagerstätte oder **Gang** ausfällen und anreichern. Als **Adern** werden die kleinen Gänge bezeichnet. Hydrothermale Gänge gehören zu den wichtigsten Lagerstätten der Metalle (z. B. Gold). Erreichen hydrothermale Lösungen die Erdoberfläche, so werden sie zu heissen Quellen und Geysiren, die beim Abkühlen Erzmineralien ausscheiden.
Sedimentäre Lagerstätten oder sekundäre Lagerstätten: Mit der Abtragung von Gebirgen werden auch magmatische Lagerstätten erfasst und flussabwärts transportiert. Metallhaltige Mineralien (z. B. Gold) werden entsprechend ihrer Dichte bei bestimmter Fliessgeschwindigkeit des Wassers als sogenannte **Seifen** abgelagert und angereichert. Seifen können in Flüssen, Seen, an Küsten durch die Wasserströmung sowie in Wüsten durch Ausblasung entstehen.

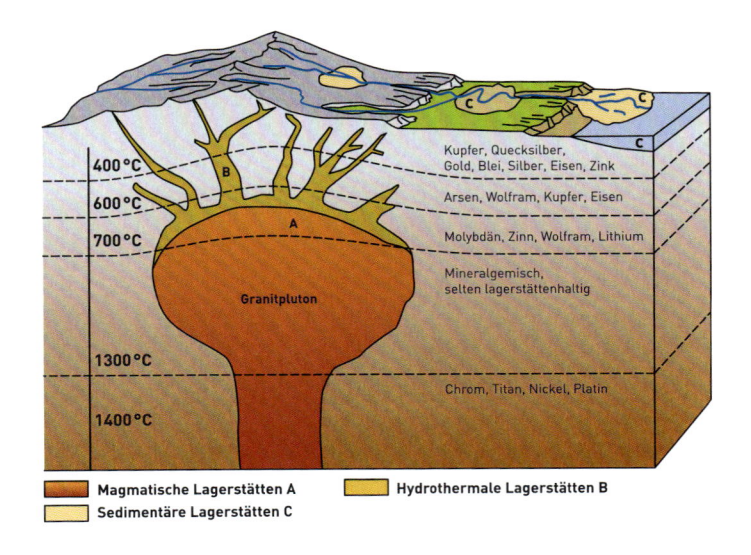

Abb. 6.47
Schematische Darstellung magmatischer, sedimentärer und hydrothermaler Lagerstätten

Plattengrenzen sind die bedeutendsten Entstehungsorte von Erzlagerstätten, da sich beim Trennen und Abtauchen von Platten heisse Magmen und hydrothermale Lösungen bilden. An den Subduktionszonen taucht die an metallischen Elementen reiche ozeanische Kruste ab und löst im darüber liegenden Mantel Schmelzprozesse aus. Das dabei gebildete Magma steigt in Form von Plutonen auf und bildet reiche magmatische und hydrothermale Erzlagerstätten. An den **mittel-**

ozeanischen Rücken dringt kaltes Meerwasser durch Spalten und Klüfte in die heisse ozeanische Kruste ein, löst dort metallhaltige Mineralien heraus und entweicht in Quellen und Schloten, in sogenannten **Black Smokers,** auf den Meeresboden. Hier werden die Erzmineralien mit hohem Gehalt an Zink, Kupfer, Eisen, Mangan und anderen Metallen ausgefällt und reichern sich als hydrothermale Lagerstätten an. Die gesamte ozeanische Kruste und ihre Sedimente sind durch hydrothermale Erzbildung mit Metallen angereichert.

Auf dem Meeresboden entstehen zudem durch chemische Reaktionen des Meerwassers mit den Sedimenten des Meeresbodens kugelige, schwarze Aggregate, die **Manganknollen.** Sie weisen meistens einen Durchmesser von wenigen Zentimetern auf und enthalten neben Mangan auch Eisen, Nickel, Kupfer und andere Metalle. Da die Manganlagerstätten auf dem Festland allmählich erschöpft sind und diese Knollen in riesigen Mengen grosse Gebiete der tieferen Ozeane bedecken, könnten sie in Zukunft eine wertvolle Ressource werden.

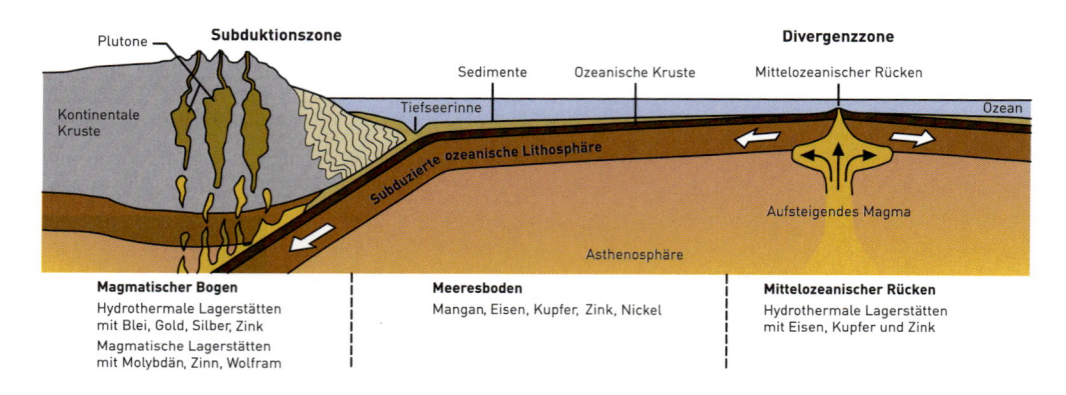

Abb. 6.48
Der Zusammenhang von Lagerstätten und Plattengrenzen

6.8.2 Energierohstoffe

Fossile Brennstoffe (lat. «fossilis» = ausgegraben) sind gasförmige, flüssige oder feste Brennstoffe, die in erdgeschichtlicher Vergangenheit aus abgestorbenen Pflanzen und Tieren entstanden sind und heute in Lagerstätten vorkommen. Dazu zählen im Wesentlichen Erdöl, Erdgas, Torf, Braun- und Steinkohle.

Erdöl- und Erdgaslagerstätten

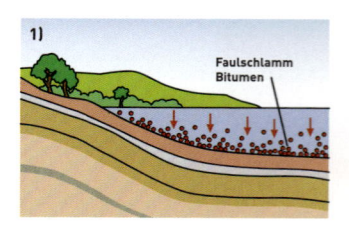

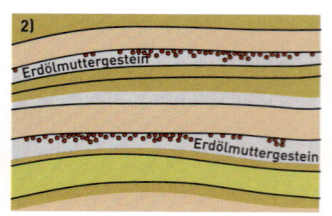

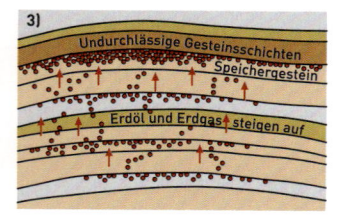

Abb. 6.49
Entstehung von Erdöl

1) Die Erdöl- und Erdgasbildung beginnt am sauerstoffarmen Grund von warmen, flachen Meeren oder Seen, wo sich in grossen Mengen abgestorbenes Plankton, aber auch Pflanzen, Tiere, Bakterien, Algen und andere Mikroorganismen ablagern. Dieses organische Material enthält die drei energiehaltigen Nährstoffe Proteine, Fette und Kohlenhydrate. Infolge der Sauerstoffarmut auf dem Meeresboden wird das organische Material nicht durch Verwesung zersetzt, sondern verfault und bildet zusammen mit den anorganischen Sedimenten von Flüssen den feinkörni-

gen, grauen bis schwarzen **Faulschlamm.** Unter Einwirkung von anaeroben Bakterien werden Teile der organischen Substanzen abgebaut und in eine teerartige, brennbare Masse aus Kohlenwasserstoffen, das **Bitumen,** umgewandelt.
2) Durch den zunehmenden Druck weiterer Ablagerungen werden der mit Bitumen durchsetzte Faulschlamm und die umgebenden Sedimente zum **Erdölmuttergestein** verfestigt.
3) Der zunehmende Überlagerungsdruck und die zunehmenden Temperaturen in der Tiefe bewirken, dass die gasförmigen und flüssigen Kohlenwasserstoffe in Form von Erdgas und Erdöl aus dem Muttergestein ausgepresst werden. Wegen ihrer geringen Dichte steigen **Erdöl** und **Erdgas** auf und sammeln sich in porösen und klüftigen Sand- oder Kalksteinschichten, dem sogenannten **Speichergestein.** Dieses ist von undurchlässigen Gesteinsschichten überdeckt, welche je nach Form und Lage das Erdöl und Erdgas in **Ölfallen** «fangen» können. In diesen Lagerstätten tritt Erdöl meist mit Erdgas und Restwasser gemeinsam auf, wobei sie entsprechend ihrer Dichte getrennt sind.

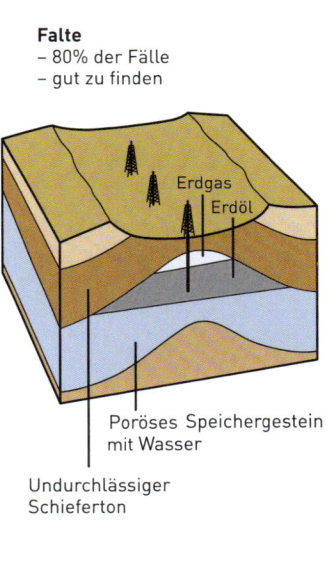

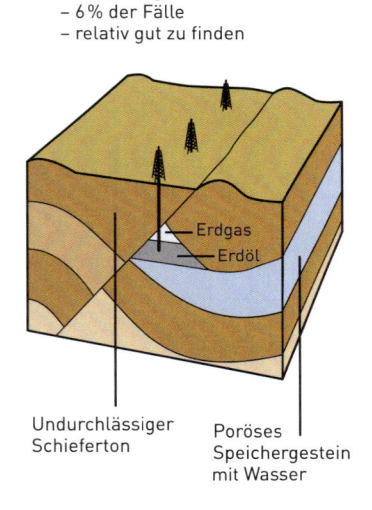

Falte
– 80% der Fälle
– gut zu finden

Verwerfung
– 6% der Fälle
– relativ gut zu finden

Überdeckte Verwerfung
– 10% der Fälle
– schwer zu finden

Salzstock
– 3% der Fälle
– gut zu finden

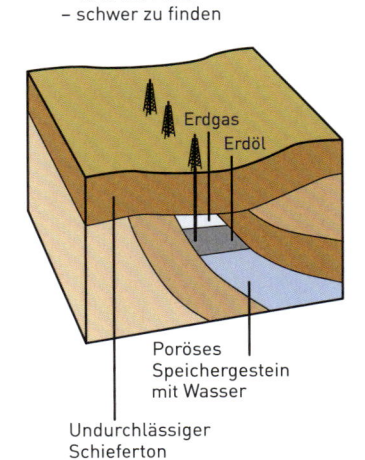

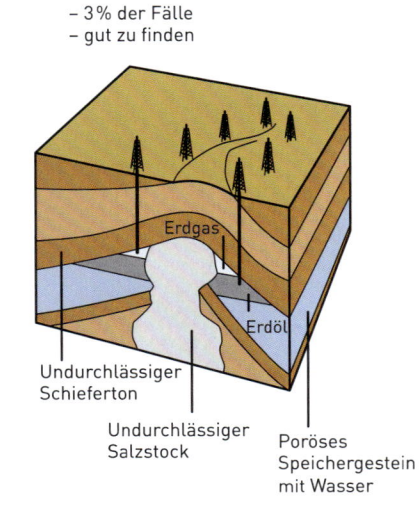

Abb. 6.50
Die vier wichtigsten Typen von Erdölfallen

Kohlelagerstätten

Kohle wird ebenso wie Erdöl und Erdgas zur Energieerzeugung verwendet. Kohle entsteht an flachen Meeresküsten und Seeufern aus Sumpfwäldern, die besonders bei warm-feuchtem Klima sehr üppig gedeihen. Abgestorbene Pflanzen fallen ins Sumpfwasser, in dem wegen Sauerstoffmangels keine Verwesung möglich ist. Das abgestorbene Pflanzenmaterial wird allmählich versenkt und geht dadurch in **Torf** über, eine lockere braune Masse aus organischem Material, in dem kleine Zweige, Äste und andere Pflanzenteile noch deutlich erkennbar sind. Durch die zunehmende Überdeckung im Laufe von Jahrmillionen werden die Torfschichten zusammengepresst und entwässert und dabei zu **Braunkohle** umgewandelt, einem weichen, kohleähnlichen, braunschwarzen Material mit einem Kohlenstoffgehalt von ungefähr 70 Prozent. Wenn durch tiefere Versenkung in die Erdkruste Druck und Temperatur steigen, kann die Braunkohle zu verschiedenen Typen von **Steinkohle,** wie etwa dem Anthrazit, der einen Kohlenstoffgehalt von 92 Prozent aufweist, übergehen. **Inkohlung** bezeichnet den Prozess der Umwandlung von abgestorbenen Pflanzenresten über Torf, Braunkohle, Steinkohle zu Anthrazit im Verlauf langer geologischer Zeiträume. Je höher der Inkohlungsgrad, desto härter und glänzender ist die Kohle, und desto höher ist ihr Kohlenstoffgehalt und ihr Heizwert. Gleichzeitig nimmt der Gehalt an Wasser, Sauerstoff und Wasserstoff ab.

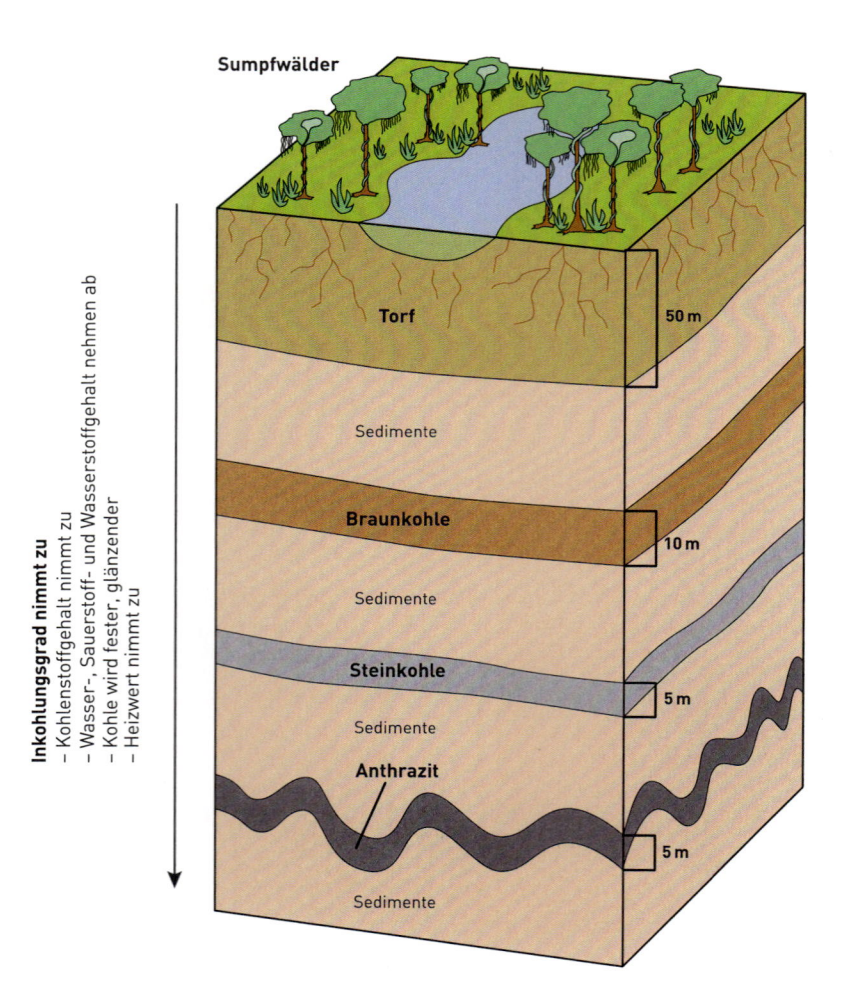

Abb. 6.51
Entstehung von Kohle aus abgestorbenen Pflanzen

6.9 Geologische Entstehung der Schweiz

Die Schweiz ist ein Gebirgsland, da 60 Prozent ihrer Fläche auf die Alpen entfallen. Daneben nehmen das Mittelland 30 Prozent und der Jura 10 Prozent der Landesfläche ein.

Die **Alpen** haben sich während der letzten 100 Millionen Jahre gebildet und bestehen aus magmatischen und metamorphen Gesteinen sowie vorwiegend marinen Sedimentgesteinen.

Abb. 6.52
Das Matterhorn ist aus afrikanischem Gestein aufgebaut: Die nach Norden vorstossende afrikanische Lithosphärenplatte aus Gneis glitt vor 45 Millionen Jahren über die ozeanische Kruste eines verschwundenen Ozeans (Tethys) und baut heute das Matterhorn auf.

Das **Mittelland** besteht aus Gesteinstrümmern, die von Gletschern und Flüssen aus den Alpen hierher transportiert wurden. Diese Ablagerungen sind bis zu 6 km mächtig.

Abb. 6.53
Das Mittelland mit Kerzers in der Bildmitte. Vor der Jurakette sind der Neuenburgersee (links) und der Bielersee (rechts) zu erkennen.

Der **Jura** ist ein Mittelgebirge aus marinen Sedimenten, das während 10 bis 3 Millionen Jahren vor heute gebildet wurde.

Abb. 6.54
Faltenjura mit der Klus von Reuchenette

6.9.1 Entstehung der Alpen
Die geologische Entstehungsgeschichte der Schweiz ist jung und beschränkt sich im Wesentlichen auf die letzten 250 Millionen Jahre. Die Entwicklung der Alpen vom Flachmeer über ein Ozeanstadium und die Kollision zweier Platten bis zum heutigen Deckengebirge wird im Folgenden in fünf Phasen dargestellt.

① Pangäa (vor 360 bis 200 Millionen Jahren)
Am Ende des Erdaltertums (Paläozoikum), vor 300–250 Millionen Jahren entsteht der Urkontinent **Pangäa** (griech. «pan» = ganz, alle; «gé/gaia» = Erde). Sämtliche Kontinente sind in diesem Riesenkontinent vereint, welcher an den meisten Stellen durch die Abtragung von ehemaligen Gebirgen praktisch eingeebnet ist. Pangäa besteht hauptsächlich aus dem **kristallinen Grundgebirge,** aus Granit, Gneis und kristallinen Schiefern und vereinzelt aus vulkanischen Gesteinen. Darauf lagern sich in seichten Becken vulkanisches Auswurfmaterial und Sedimente wie Konglomerate, Sandsteine sowie mächtige Tonschichten mit abgestorbenen tropischen Pflanzen ab. Dieses organische Material wird durch Überlagerungsdruck neuer Sedimente zu Steinkohle, die der Periode Karbon (vgl. geologische Zeittafel im Umschlag hinten) den Namen gibt (lateinisch «carbo» = Kohle). Während der Trias (250–200 Millionen Jahre) wird die enorme Fläche Pangäas zeitweise von einem Flachmeer überflutet. Saurierfunde am Monte San Giorgio im Tessin und im aargauischen Fricktal belegen, dass auch das gesamte Gebiet der heutigen Schweiz vom wenig tiefen Trias-Meer bedeckt war.

② Entstehung von Europa und Afrika (vor 200 bis 100 Millionen Jahren)
Aufgrund von Konvektionsströmen im Mantel bricht Pangäa vor 210 Millionen Jahren an divergierenden Plattengrenzen entzwei. Durch diese Riftbildung entstehen unter anderem die zukünftigen Kontinente Europa im Norden und Afrika im Süden sowie ein flaches Meer, die **Tethys.** Am mittelozeanischen Rücken bildet sich aus aufsteigendem Magma die ozeanische Kruste, was eine immer grössere Ausdehnung der Tethys bewirkt. Am Meeresgrund lagern sich über Millionen von Jahren unterschiedliche Sedimente ab. Im Schelfbereich vor Europa setzen sich im wenige Hundert Meter tiefen Meer hauptsächlich Kalk, aber auch Ton, Sand, Salz und Gips ab. Diese 600 bis 3000 m mächtigen Ablagerungen **(mesozoische Sedimente)** bilden später das **Helvetikum** der Alpen, das **mittelländische Mesozoikum** und den **Jura.** Der Ablagerungsraum des **Penninikums** gliedert sich in ein nördliches (Wallistrog) und südliches Becken (Piemont-Ligurischer Ozean), die durch eine Hochzone (Briançon-Schwelle) getrennt sind. Während sich im Tiefseebereich der beiden Becken wegen der Kalkkompensationsgrenze hauptsächlich kalkfreie Tiefseesedimente (z. B. Ton) ablagern, können sich kalkhaltige Sedimente nur im Bereich der Briançon-Schwelle absetzen. Auf der Afrikanischen Platte liegen die Ablagerungsräume des **Ostalpins** und **Südalpins** weitgehend im untiefen Meer, wodurch vorwiegend Kalk, Ton, Sand, Salz und Gips sedimentiert werden.

③ Alpine Gebirgsbildung (vor 100 Millionen Jahren bis heute)
Nach der vorangegangenen Dehnungsphase bewegen sich die Europäische und die Afrikanische Platte seit 100 Millionen Jahren wieder aufeinander zu. Dadurch wird vorerst die dichte ozeanische Lithosphärenplatte vollständig unter das Ost- und Südalpin der Afrikanischen Platte subduziert. Bei der anschliessenden Kollision der beiden kontinentalen Platten (vor 60 Millionen Jahren) schiebt sich das Ostalpin der Afrikanischen Platte bis zu 100 km weit über das Penninikum der Europäischen Platte. Dabei wird das **Penninikum** in der Tiefe intensiv gefaltet und zu metamorphem Gestein umgewandelt. Das **Ostalpin** wird während der Gebirgsbildung nur schwach metamorphosiert, jedoch stark verfaltet. Das ebenfalls schwach metamorphosierte **Südalpin** wird in verschiedene Decken zerlegt und nach Süden überschoben. Das **Helvetikum** (südlicher Bereich der mesozoischen Sedimente) wird während der Alpenbildung in der Tiefe stark verfaltet, in we-

6 Geologie

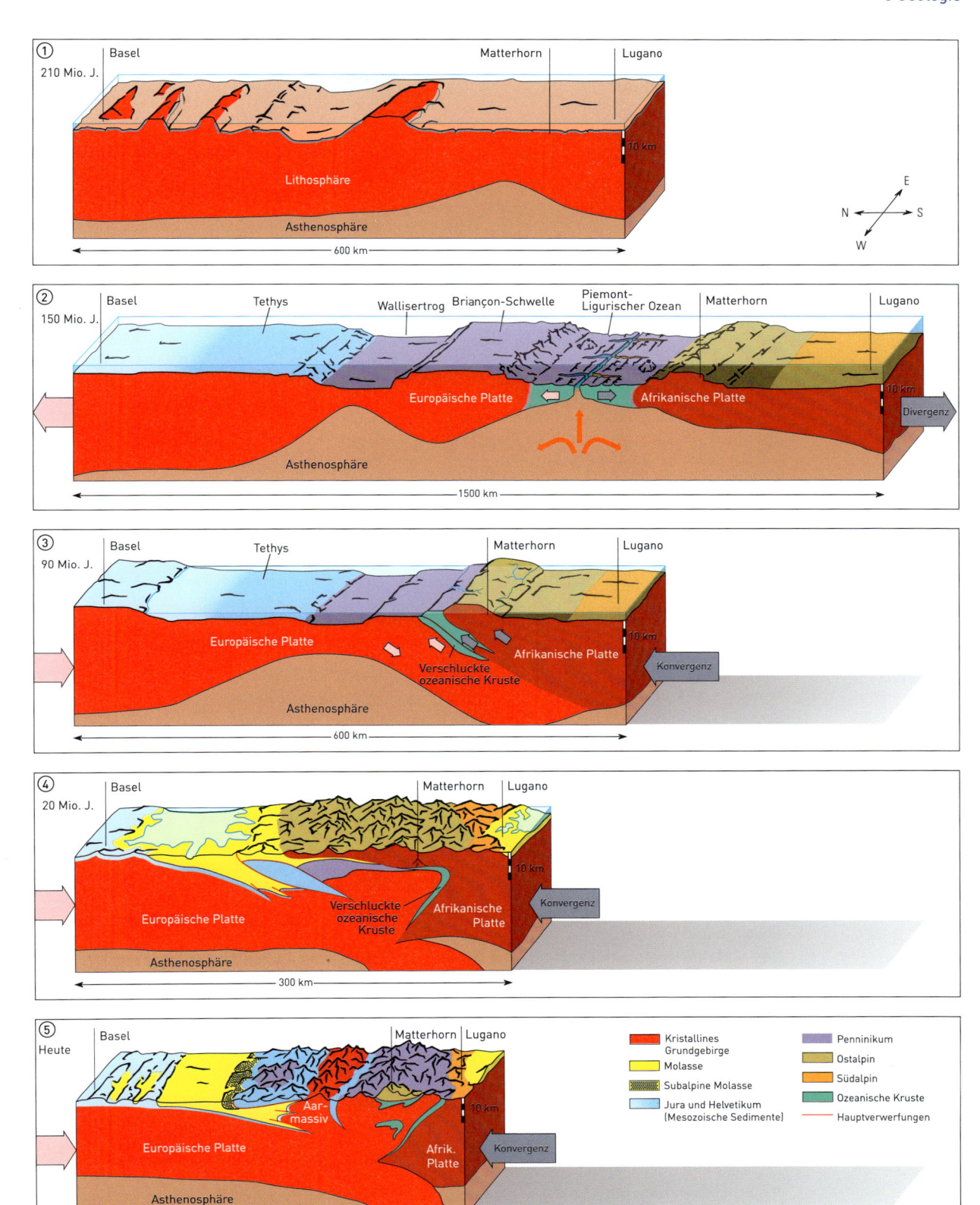

Abb. 6.55
Entstehung der Alpen

nigen Bereichen metamorph umgewandelt und nach Norden verschoben, wo diese Sedimente heute den Alpennordrand aufbauen. Der nördliche Teil der mesozoischen Sedimente bleibt noch unverändert an ihrem Ablagerungsort liegen – diese Sedimente werden später den Jura und das mittelländische Mesozoikum bilden. An den Rändern des jungen, sich hebenden Gebirges ist der vormalige Ozean Tethys bis auf geringe Reste am Alpennord- und Alpensüdrand (Molassemeer) verschwunden. Flüsse wie die Ur-Rhone oder der Ur-Rhein erodieren die höchstgelegenen ostalpinen und penninischen Decken und lagern die gewaltigen Geschiebemengen im **Mittelland** ab. Solche Ablagerungen im Vorland eines sich faltenden Gebirges werden als **Molasse** bezeichnet.

④ **Letzte Schubphase der Alpen und Jurafaltung (vor 20 Millionen Jahren)**
Einzelne helvetische Decken überfahren und kippen die alpennahen Molasseschichten; es entsteht die schräg gestellte **subalpine Molasse** am Alpennordrand. Bei dieser letzten Schubphase der Alpen (10 bis 3 Millionen Jahre vor heute) werden gleichzeitig mesozoische Sedimente gegen Nordwesten geschoben und zum **Juragebirge** aufgefaltet.

⑤ **Alpiner Gebirgsraum (heute)**
Während der Alpenbildung wurde der bis 1500 km breite Ablagerungsraum durch den gewaltigen Zusammenschub auf den heutigen Gebirgsquerschnitt von 150 bis 200 km zusammengestaucht. Dabei ist die Tethys bis auf das heutige östliche Mittelmeer nahezu vollständig verschwunden. Die andauernde Abtragung durch Gletscher und Fliessgewässer legte immer tiefere Teile des Deckengebirges frei. Die tektonische Gliederung des Alpenraums erläutert das folgende Kapitel.

6.9.2 Tektonische Einheiten
Der Alpenraum lässt sich heute vereinfacht in die Bereiche Zentralmassive, Ostalpin, Südalpin, Penninikum und Helvetikum aufteilen (vgl. Abb. 6.56). Die Begriffe beziehen sich auf die paläogeografischen Räume der Jurazeit (201–145 Mio. Jahre).
Durch andauernde Hebung und Abtragung haben Teile des sehr alten kristallinen Grundgebirges als **Zentralmassive** die Gebirgsoberfläche erreicht. In der Schweiz gibt es vier solche Massive: das Aar-, das Gotthard-, das Aiguilles-Rouges- und das Montblanc-Massiv. Sie bestehen vorwiegend aus Granit, Gneis und metamorphen Schiefern, also kristallinen Gesteinen.
Das **Ostalpin** kommt heute vor allem im Graubünden und im angrenzenden Österreich vor, im Wallis und Tessin ist es bis auf einzelne übrig gebliebene Klippen abgetragen worden. Die ostalpinen Sedimente sind hauptsächlich Kalke und Dolomite. Wo diese Sedimente fehlen, zeigt sich das ostalpine kristalline Grundgebirge mit einer grossen Vielfalt an kristallinen Gesteinen, hauptsächlich Graniten und Gneisen.
Das **Südalpin** umfasst die Alpenregion südlich der insubrischen Linie bis zur Poebene. Hier sind die Meeresablagerungen, d.h. die südalpinen Sedimente (Kalke, Dolomite), weitgehend abgetragen worden. Aufgrund von Hebungsvorgängen und Abtragung ist vorwiegend das südalpine kristalline Grundgebirge mit verschiedensten kristallinen Gesteinen und wenigen Vulkaniten aus der Zeit vor 290 bis 250 Millionen Jahren an der Erdoberfläche aufgeschlossen.
Das **Penninikum** umfasst den zentralen Teil der Alpen mit dem Südwallis, dem Nordtessin und dem westlichen Graubünden. Zudem wurde beim letzten Alpenschub ein Teil des Penninikums weit nach Norden über das Helvetikum geschoben und baut heute die Préalpes (Rochers de Naye, Stockhornkette, Niesen usw.) oder die Mythen bei Schwyz auf. Während der Gebirgsbildung wurden das penninische kristalline Grundgebirge und seine Sedimente in der Tiefe zu verschiedensten metamorphen Gesteinen umgewandelt.
Das **Helvetikum** baut ein grosses, geschlossenes Gebiet am Alpennordrand auf und ist aus denselben kalkhaltigen mesozoischen Sedimenten aufgebaut wie das mittelländische Mesozoikum und der Jura.

6 Geologie

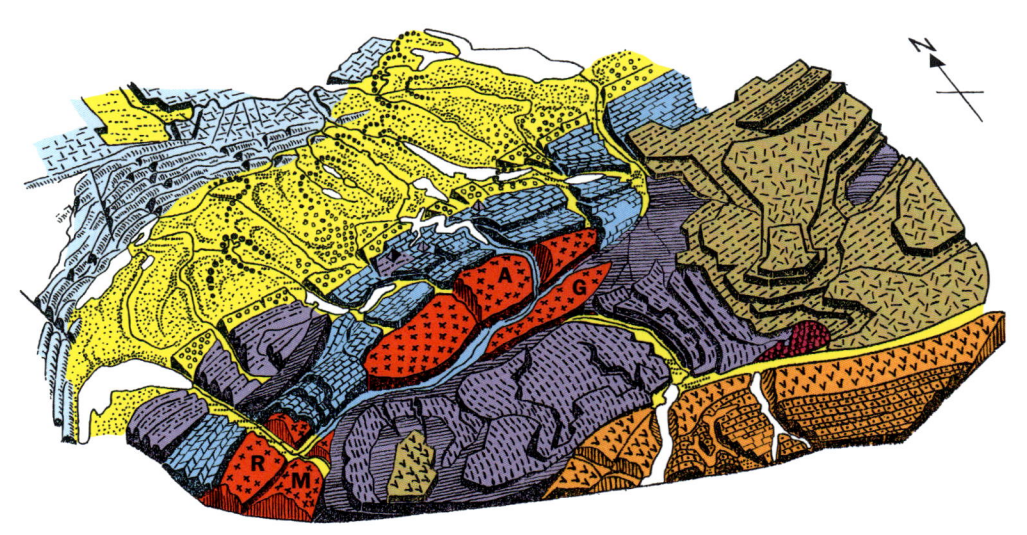

Tektonische Einheit		Symbol/ Farbe	Gesteine	Zugehörigkeit vor der Bildung der Alpen
Jura	Faltenjura		Marine Sedimentgesteine: Kalk, Mergel	Europäischer Schelfbereich
	Tafeljura		Marine Sedimentgesteine	Europäischer Schelfbereich
Molasse	Mittelländische Molasse		Sedimentgesteine von Fluss- und Meeresablagerungen	–
	Subalpine Molasse		Sedimentgesteine von Fluss- und Meeresablagerungen	–
Helvetikum			Marine Sedimentgesteine: Kalk, Mergel	Europäischer Schelfbereich
Penninikum	Penninische Sedimente		Marine und leicht metamorphe Sedimentgesteine: Kalke, Sandsteine, Glimmerschiefer	Europäischer Tiefseebereich und Schwellen
	Penninisches kristallines Gebirge		Metamorphe Gesteine: Gneis, Schiefer	Kristallines Grundgebirge der europäischen Kruste
	Préalpes		Marine und leicht metamorphe Sedimentgesteine: Kalke, Mergel	Europäischer Tiefseebereich und Schwellen
Ostalpin	Ostalpine Sedimente		Marine Sedimentgesteine: Kalk, Dolomit	Afrikanischer Schelfbereich (Apulien)
	Ostalpines kristallines Grundgebirge		Granite, Vulkanite, Gneise	Kristallines Grundgebirge der afrikanischen Kruste
Südalpin	Südalpine Sedimente		Marine Sedimentgesteine: Kalk, Dolomit	Afrikanischer Schelfbereich (Apulien)
	Südalpines kristallines Grundgebirge		Granite, Vulkanite, Gneise	Kristallines Grundgebirge der afrikanischen Kruste
Zentralmassive	R Aiguilles-Rouges-Massiv M Montblanc-Massiv A Aarmassiv G Gotthardmassiv		Granite, Gneise z. T. Vulkanite, Steinkohle	Kristallines Grundgebirge der europäischen Kruste
Alpine Intrusion	Bergell, Adamello		Granite	–

Abb. 6.56 Geologisch-tektonischer Aufbau der Schweiz

Die Alpenbildung ist nicht abgeschlossen – jährlich heben sich die Alpen immer noch um 0,5 bis 1,5 mm. **Hebungen** sind grossräumige, vertikale Aufbeulungen der Erdkruste, die durch die Kollision von zwei Platten oder durch das Leichterwerden der Platte verursacht werden (Isostasie). Verantwortlich für die Hebung der Alpen um 0,5 bis 1,5 mm pro Jahr sind wahrscheinlich sowohl die Kollision der Afrikanischen mit der Eurasischen Platte als auch das Leichterwerden der Alpen infolge der Abtragung durch Flüsse und das Abschmelzen der Gletschermassen seit dem Ende der letzten Eiszeit vor ca. 15 000 Jahren. Die Hebungsbeträge scheinen gering, summieren sich im Laufe der Jahrmillionen aber zu Beträgen von 10 bis 30 km. Aufgrund der andauernden Abtragung haben die Alpen nie diese Höhe erreicht. Die Bedeutung der Abtragung zeigt sich am Rhein, der jährlich rund 4 Millionen Tonnen Abtragungsschutt (Geröll, Sand und Ton) in den Bodensee transportiert. Dies entspricht einer abgetragenen Gesteinsschicht von jährlich 0,46 mm Dicke im Einzugsgebiet des Rheins. Ein Hochgebirge kann nur bestehen bleiben, wenn die Hebung mindestens gleich stark ist wie die Abtragung. Gegenwärtig überwiegt in den Schweizer Alpen die Hebung – die Alpen wachsen also in die Höhe.

6.9.3 Entstehung des Mittellandes

Während der gesamten Alpenfaltung transportieren die Flüsse die Gesteinstrümmer der Alpen ins Mittelland und lagern sie dort als Molasse auf dem kalkigen Untergrund (mittelländisches Mesozoikum) ab. Bei den Ablagerungen im Schweizer Mittelland unterscheidet man vier verschiedene Phasen, die heute an der Abfolge der Süss- und Meeresmolasseablagerungen noch erkennbar sind.

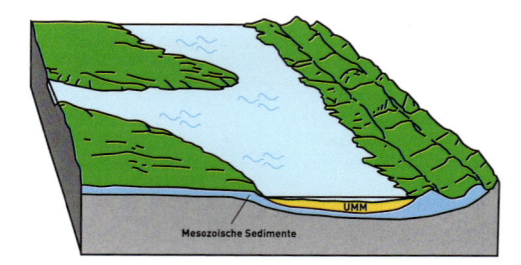

Untere Meeresmolasse UMM (37–32 Millionen Jahre)
Am Nordrand der jungen, sich bildenden Alpen bleibt vom vormaligen Ozean Tethys noch ein ca. 50 m tiefes Flachmeer übrig. Aufgrund der noch schwachen Alpenhebung gibt es keine Flussdeltas mit groben Gesteinstrümmern, sondern nur feinkörnige Sand-, Ton- und Mergelablagerungen. Im subtropischen Klima herrschen wärmeliebende Pflanzen wie die Palmen vor.

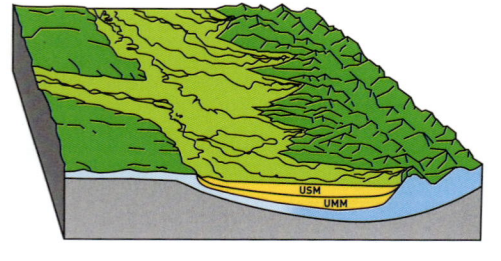

Untere Süsswassermolasse USM (32–23 Millionen Jahre)
Hebungen im Mittelland, kombiniert mit einer weltweiten Meeresspiegelabsenkung, bringen das Flachmeer völlig zum Verschwinden. Das Mittelland zeigt sich als sumpfiges Schwemmland, in welches die Flüsse am nun stark wachsenden Alpenrand ausgedehnte Schuttfächer mit groben Gesteinen (Nagelfluh) ablagern. Das Wasser des gesamten Mittellandes fliesst in Richtung Osten zur Ur-Donau ab. Im feucht-warmen Klima wachsen Palmen, Zimt, immergrüne Eichen, Gummibäume und leben Nashornarten, Tapire, Schildkröten, Wildschweine, Hirsche und verschiedene Nager.

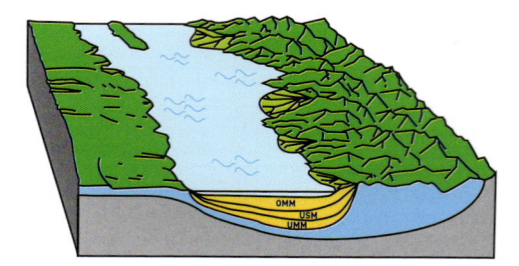

Obere Meeresmolasse OMM (22–15 Millionen Jahre)
Absenkungen lassen erneut einen schmalen, untiefen Meeresarm (10–15 m) entstehen. Einige Flüsse schütten Geröll- und Sanddeltas aus den werdenden Alpen ins Meer, wobei Nagelfluh, Berner Sandstein und Muschelsandstein entstehen. Im Meer leben bei warmem und gemässigtem Klima Seeigel, Krebse, Haie, Rochen und Wale.

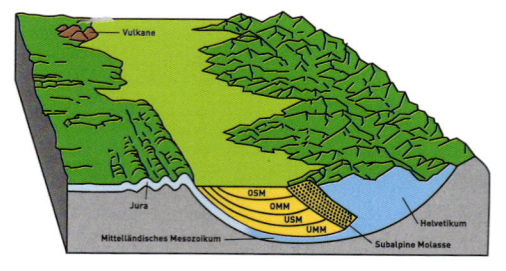

Obere Süsswassermolasse OSM (15–5 Millionen Jahre)
Hebungen bewirken wieder einen Rückzug des Meeres. Am Alpenrand bilden Flüsse durch die starke Gebirgsbildung grosse Schuttfächer (z. B. Napf- und Hörnlifächer) und fliessen mäandrierend und überschwemmend durchs Mittelland in Richtung Westen zur Ur-Rhone. Im Gebiet des Hegau kommt es zu Vulkanausbrüchen. Bei einem letzten Schub der Alpen während 10 bis 3 Millionen Jahren vor heute wird der Jura gefaltet und der alpennahe Molassebereich zugedeckt und zur subalpinen Molasse gekippt.

Abb. 6.57
Vier Phasen der Molasseablagerung im Mittelland

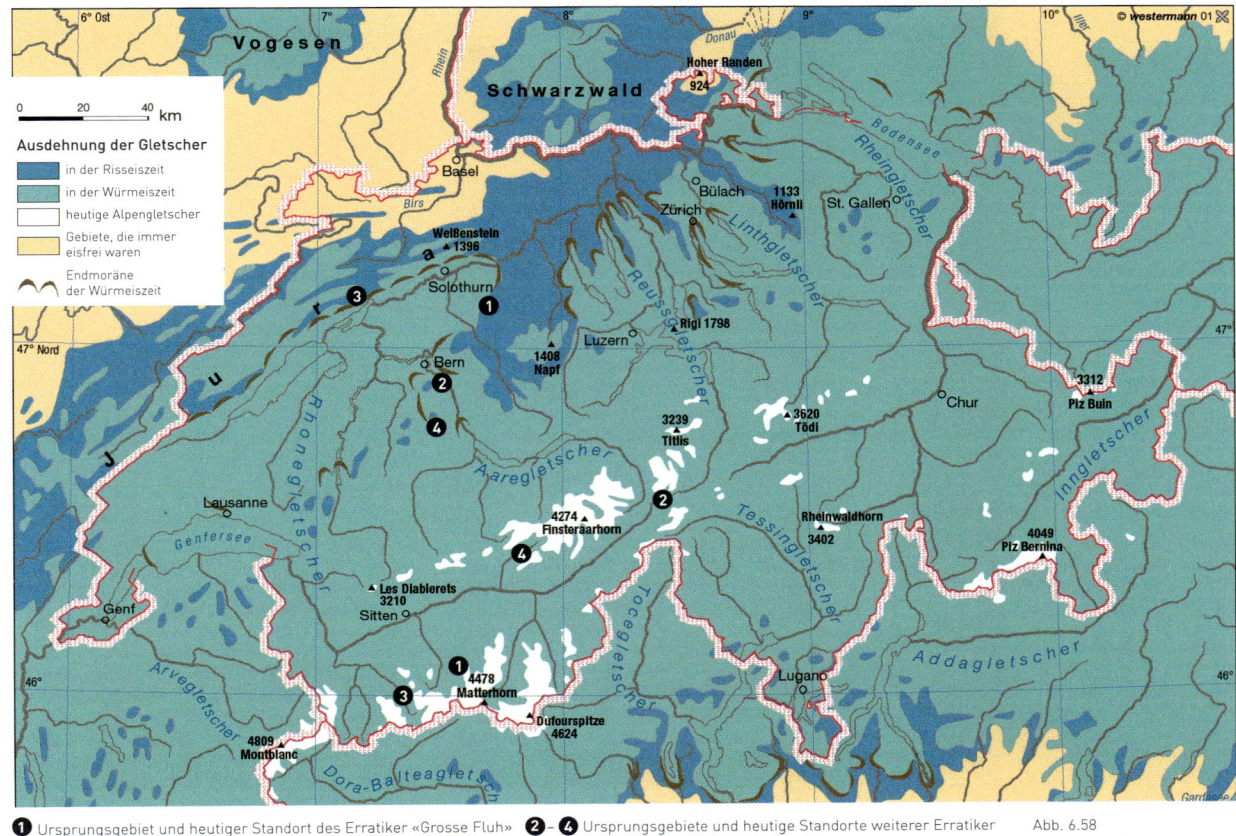

❶ Ursprungsgebiet und heutiger Standort des Erratiker «Grosse Fluh»   ❷–❹ Ursprungsgebiete und heutige Standorte weiterer Erratiker

Abb. 6.58
Riss- und Würm-
vergletscherung
in der Schweiz

Durch die Tätigkeit der Flüsse sind die Molasseablagerungen am Alpenrand bis auf 6000 m Mächtigkeit angewachsen und nehmen mit zunehmender Entfernung nach Norden auf einige Hundert Meter ab. Zudem bestehen die Molasseablagerungen am Alpenrand aus grobem Geröll und werden mit zunehmender Entfernung feinkörniger (Sand, Ton).

Nach den Molasseablagerungen stossen die Alpengletscher während mehrerer Eiszeiten bis weit ins Mittelland vor und ziehen sich in den Zwischeneiszeiten (1,5 Millionen Jahre bis 15 000 Jahre) wieder zurück. So sind heute das Mittelland und weite Gebiete der Schweiz mit einer ein bis zehn Meter dicken Grundmoränenschicht überzogen, und Drumlins, Erratiker, Toteisseen und Moränenwälle sind als Spuren dieser Vereisung zurückgeblieben.

6.9.4 Entstehung des Juras

Während 10 bis 3 Millionen Jahren vor heute übte die letzte Schubphase der Alpenbildung einen starken Druck auf das mittelländische Mesozoikum aus. Durch das aufliegende Gewicht der Molasse wurden die Schichten des mittelländischen Mesozoikums aber kaum deformiert, sondern sie verschoben sich als Ganzes auf einer weichen Gesteinsschicht **(Gleithorizont)** nur leicht nach Nordwesten. Im Norden fehlte aber dieses aufliegende Gewicht der Molasse und die mesozoischen Schichten falteten sich über dem darunterliegenden Gleithorizont zum Jura. Weil nicht alle Gebiete des Juras gleich stark gefaltet wurden, unterscheiden wir heute den **Faltenjura** vom **Plateaujura.** Der dritte Juratyp, der **Tafeljura,** ist nicht durch den letzten Alpenschub, sondern durch die beginnende Absenkung des Rheintalgrabens (ehemals aktive divergierende Plattengrenze) nördlich von Basel entstanden.

Geologische Entstehung der Schweiz

Abb. 6.59
Faltenjura mit der Klus von Moutier

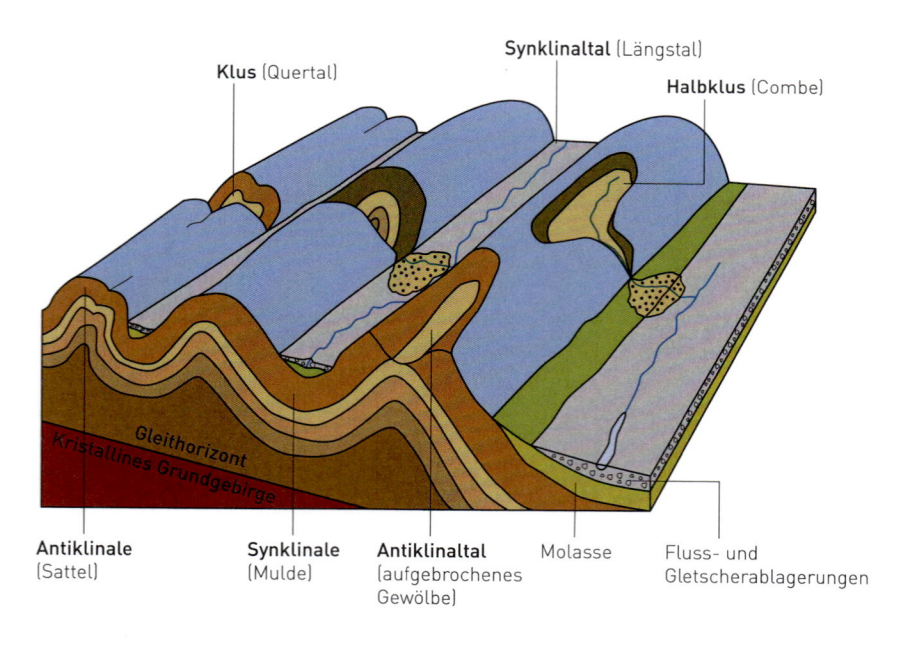

Klus (Quertal)
Synklinaltal (Längstal)
Halbklus (Combe)

Gleithorizont
Kristallines Grundgebirge

Antiklinale (Sattel)
Synklinale (Mulde)
Antiklinaltal (aufgebrochenes Gewölbe)
Molasse
Fluss- und Gletscherablagerungen

Abb. 6.60
Faltenjura mit Klusen

6 Geologie

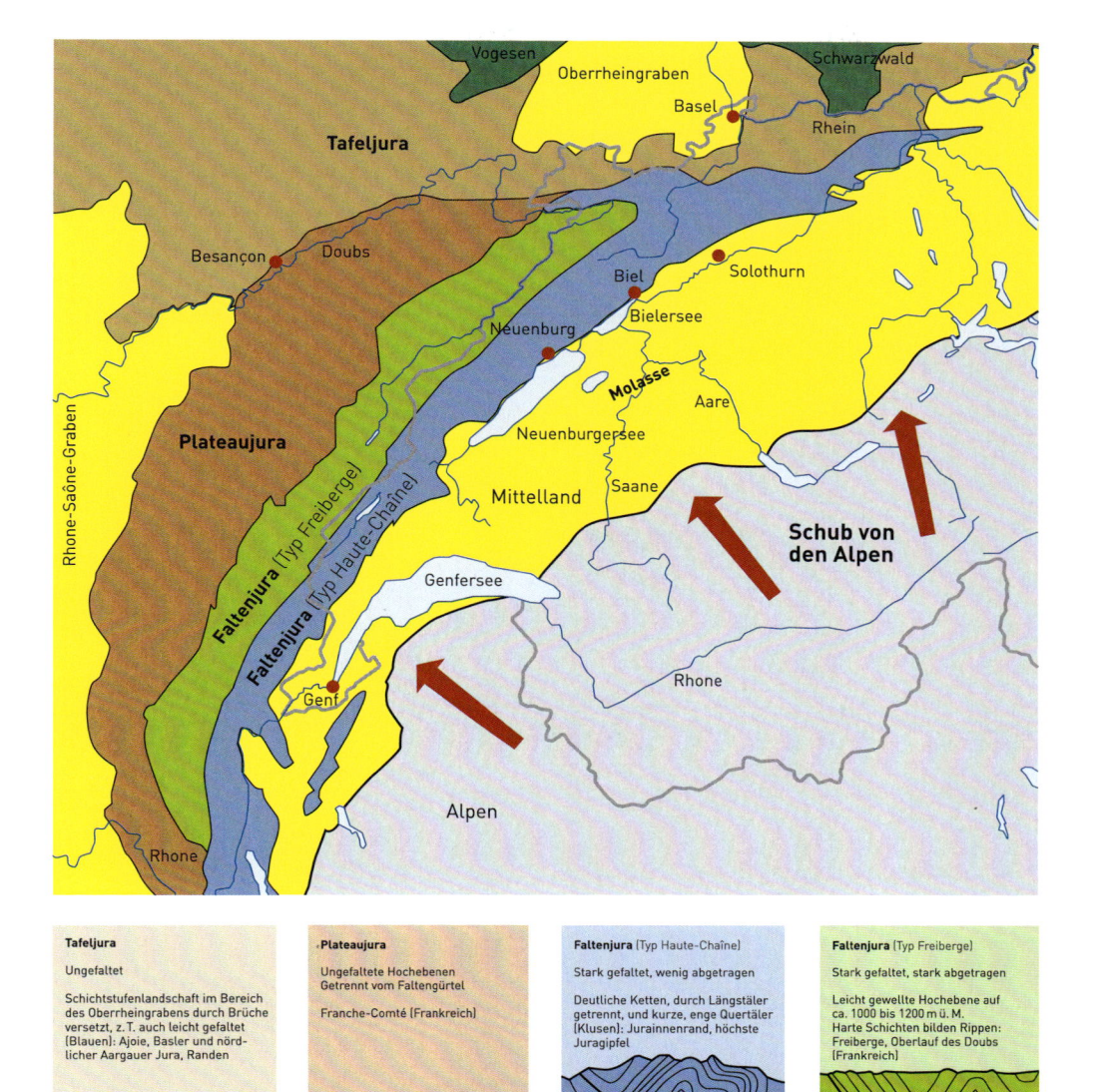

Abb. 6.61
Faltung des Juras und die vier Juratypen

Tafeljura — Ungefaltet
Schichtstufenlandschaft im Bereich des Oberrheingrabens durch Brüche versetzt, z. T. auch leicht gefaltet (Blauen); Ajoie, Basler und nördlicher Aargauer Jura, Randen

Plateaujura — Ungefaltete Hochebenen Getrennt vom Faltengürtel
Franche-Comté (Frankreich)

Faltenjura (Typ Haute-Chaîne) — Stark gefaltet, wenig abgetragen
Deutliche Ketten, durch Längstäler getrennt, und kurze, enge Quertäler (Klusen); Jurainnenrand, höchste Juragipfel

Faltenjura (Typ Freiberge) — Stark gefaltet, stark abgetragen
Leicht gewellte Hochebene auf ca. 1000 bis 1200 m ü. M. Harte Schichten bilden Rippen: Freiberge, Oberlauf des Doubs (Frankreich)

Die verschiedenen Juratypen zeigen deutlich, dass sowohl diese Faltung als auch die Dauer und Wirksamkeit der Abtragung für das Aussehen der Landschaft bestimmend sind. Aufgrund des Kalkuntergrundes hat sich im Jura eine typische Karstlandschaft mit Dolinen, Höhlen, Schwundlöchern, unterirdischen Wasserläufen und Quellen (vgl. Abb. 7.3) entwickelt. Die Auffaltung des Juras verlief so langsam, dass sich die vorhandenen Flüsse während der Faltung einschneiden konnten und damit ihren Lauf nicht ändern mussten. Ein so entstandenes Quertal wird als **Klus** bezeichnet.

Weiterführende Literatur
GNAEGI C., LABHART T. P., 2015: Geologie der Schweiz. 9. Auflage. hep, Bern.
MARTHALER M., 2013: Das Matterhorn aus Afrika. Die Entstehung der Alpen in der Erdgeschichte. 3. Auflage. ott, Bern.
PFANDER P., JANS V., 2013: Gold in der Schweiz. 5. Auflage. ott, Bern.
PFIFFNER A., 2009: Geologie der Alpen. Haupt, Bern.
PFIFFNER A., ENGI M., SCHLUNEGGER F., MEZGER K., DIAMOND L., 2012: Erdwissenschaften. Haupt, Bern.
PRESS F., SIEVER R., 2008: Allgemeine Geologie. 5. Auflage. Spektrum Akademischer Verlag, Heidelberg.

7 Geomorphologie

Matthias Probst

Die Oberfläche der Erde verändert sich aufgrund verschiedener geologischer Prozesse fortwährend. Bei der Verwitterung wird festes Gestein gelöst und zerkleinert, anschliessend können Flüsse, Gletscher, Wind und Meer das Gesteinsmaterial abtragen, transportieren und akkumulieren und so Landschaften formen.

Als ein Teilgebiet der allgemeinen Geografie befasst sich die Geomorphologie (griech. «morphé» = Gestalt) mit den Oberflächenformen der Erde und sucht Erklärungen für deren Entstehung. Da hier **exogene Prozesse** (griech. «exogen» = von aussen stammend, wirkend) auf der Erdoberfläche im Vordergrund stehen, bezeichnet man die Geomorphologie auch als exogene Geologie.

Verwitterung

7.1 Verwitterung

Nichts ist beständig auf dem ruhelosen Planeten Erde – jedes Gestein, das durch endogene Kräfte an die Erdoberfläche gelangt (vgl. Kapitel 6, Geologie), wird durch die Verwitterung zerkleinert und gelöst. Mit **Verwitterung** bezeichnet man sämtliche Prozesse, die durch Kombination von physikalischer Sprengung, chemischer Lösung oder biologischer Aktivität zum Zerfall von Gesteinen und Mineralien führen. Die Stärke der Verwitterung ist abhängig vom Klima, den Gesteinseigenschaften und der Zeitdauer, während deren ein Gestein den Einflüssen der Atmosphäre ausgesetzt war.

7.1.1 Physikalische Verwitterung

Bei der **physikalischen Verwitterung,** auch **mechanische Verwitterung** genannt, werden feste Gesteine und Mineralien durch physikalische Prozesse aufgelockert und zerkleinert, ohne dass eine stoffliche Veränderung auftritt. Dabei entstehen kantige Gesteinsstücke von einigen Millimetern bis zu mehr als einem Meter Durchmesser.

feinkörnig		mittelkörnig	grobkörnig		
Ton	Silt (Schluff)	Sand	Kies	Steine	Blöcke
0,002		0,06	2	60	200 Korndurchmesser in mm

Korn von Auge
nicht sichtbar ◄──► sichtbar

Je nach Prozess unterscheidet man zwischen Temperaturverwitterung, Frostsprengung, Salzsprengung und Wurzelsprengung.

Die **Temperaturverwitterung** tritt auf, wenn sich Gesteine und Mineralien bei Erwärmung ausdehnen und bei Abkühlung zusammenziehen. Häufige, starke Temperaturschwankungen in der Aussenschale des Gesteins führen dort zu Spannungen und damit zur Ablösung und hörbaren Absprengung von einzelnen Gesteinsstücken und dünneren Gesteinsplättchen. Diesem Vorgang sind besonders Gesteine mit unterschiedlichen Mineralien stark ausgesetzt (z. B. Granit), da sich dunkle und helle Mineralien unterschiedlich ausdehnen und damit der Mineralienzusammenhalt stark geschwächt wird. In Wüstengebieten und Hochgebirgen ist die Temperaturverwitterung besonders stark, da die Oberflächentemperatur von Gesteinen täglich um bis zu 100 °C schwanken kann. Bei diesen extremen Bedingungen können sich im gesamten Gestein Spannungen aufbauen und grosse Blöcke durch «Kernsprünge» auch mittendurch teilen.

Abb. 7.1
Temperaturverwitterung: Abschuppung der Aussenschale eines Gesteins im Südwesten Boliviens in ca. 4200 m ü. M.

Bei der **Frostsprengung** bzw. **Frostverwitterung** dringt Wasser in feine Gesteinsklüfte ein und vergrössert beim Gefrieren sein Volumen um bis zu 11 Prozent. Dadurch baut sich ein hoher Druck auf das Gestein auf, beispielsweise bei −22 °C entwickelt sich ein Druck von 2200 kg/cm^2. Bei häufigem Auftauen und Gefrieren (Frostwechsel) kann das Gestein mit der Zeit gesprengt werden. Im Hochgebirge und in polaren Breiten ist Frostsprengung durch das häufige Auftauen am Tag und das nächtliche Gefrieren besonders wirksam.

Abb. 7.2
Durch Frostsprengung gespaltener Felsblock im Yosemite-Nationalpark (USA) in ca. 2400 m ü. M.

Die **Salzsprengung** tritt vor allem in ariden und semiariden Gebieten mit gelegentlichen Niederschlägen auf. Hier verdunstet das Wasser durch die starke Sonneneinstrahlung an Boden- und Gesteinsoberflächen und scheidet dabei die gelösten Salze in Form von Salzkrusten aus. Fallen Niederschläge, werden die Salze wieder gelöst und dringen in Klüfte und Poren der Gesteine ein. Dort verdunstet das Wasser wieder, wobei die Salze unter einer Volumenvergrösserung von 30 bis 100 Prozent auskristallieren und damit einen erheblichen Druck auf das umgebende Gestein ausüben. Bei erneuter Befeuchtung wandeln sich die Salze unter einer Volumenzunahme von bis zu 300 Prozent in Hydrate um und können das Gestein zersprengen.

Bei der **Wurzelsprengung** dringen Wurzeln von Pflanzen in feine Klüfte und Poren ein und bauen mit ihrem Wachstum einen zunehmenden Druck auf das umgebende Gestein auf. Dadurch wird das Gestein gelockert und schliesslich gesprengt.

7.1.2 Chemische Verwitterung

Von einer **chemischen Verwitterung** spricht man, wenn Wasser und die in ihm gelösten Säuren, Basen und Salze die Gesteine und Mineralien auflösen und chemisch verändern. Die Wirkung der chemischen Verwitterung ist an Wasser gebunden und daher in den feuchten und wechselfeuchten Tropen besonders intensiv. Während die physikalische Verwitterung nur bis zu einer Tiefe von wenigen Metern wirkt, kann die chemische Verwitterung bis mehrere Hundert Meter hinunterreichen. Chemische und physikalische Verwitterungsarten kommen aber oft in Kombination vor und ergänzen und verstärken sich gegenseitig. Die chemische Verwitterung ist umso wirksamer, je weiter der Zerfall und die Auflösung eines Gesteins fortgeschritten ist und dadurch neue Angriffsoberflächen für die Wasserlösungen geschaffen werden.

Je nach Prozess unterscheidet man zwischen Hydratationsverwitterung, Lösungsverwitterung, Oxidationsverwitterung und chemisch-biologischer Verwitterung.

Verwitterung

Bei der **Hydratationsverwitterung** lagern sich Wassermoleküle in Mineralien ein, was den Zusammenhalt der Mineralien schwächt und zu einem Zerfall des Gesteins führt. Voraussetzungen für die Hydratationsverwitterung sind Klüfte und Poren im Gestein und genügend Regen- und Grundwasser. Dieser Prozess tritt damit fast überall auf der Erde und in praktisch jedem Gestein auf, wenn auch mit unterschiedlicher Geschwindigkeit und Intensität.

Bei der **Lösungsverwitterung** werden leicht lösliche Gesteine und Mineralien (z.B. Salze oder Gips) vom Wasser teilweise oder ganz aufgelöst und weggeführt. Treten zum Wasser Gase hinzu, vermögen diese aggressiveren Lösungen auch wasserunlösliche Gesteine anzugreifen. Man unterscheidet zwischen der Kohlensäure- und der Rauchgasverwitterung:

Bei der **Kohlensäureverwitterung** oder **Karstverwitterung** wird der wasserunlösliche Kalkstein durch Kohlensäure gelöst. Die chemische Reaktion beruht auf folgender vereinfachter Formel:

$$CaCO_3 + H_2CO_3 \rightleftharpoons Ca(HCO_3)_2$$

Calciumcarbonat + Kohlensäure reagieren zu Calciumhydrogencarbonat

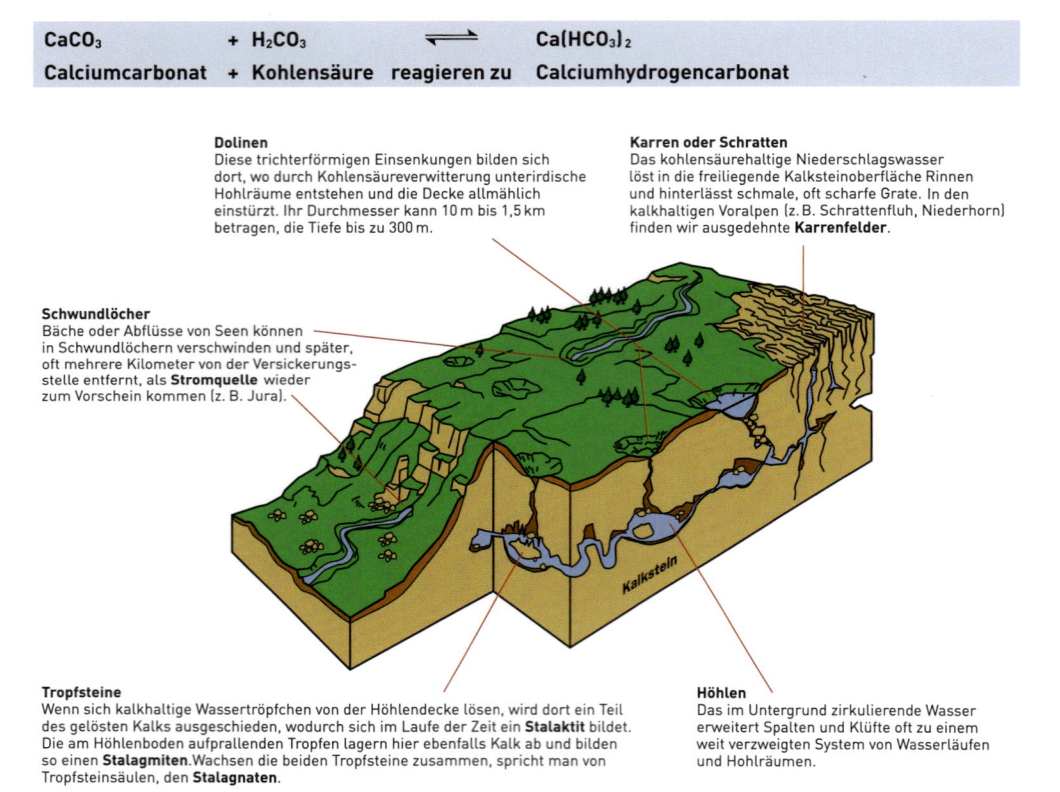

Dolinen
Diese trichterförmigen Einsenkungen bilden sich dort, wo durch Kohlensäureverwitterung unterirdische Hohlräume entstehen und die Decke allmählich einstürzt. Ihr Durchmesser kann 10 m bis 1,5 km betragen, die Tiefe bis zu 300 m.

Karren oder Schratten
Das kohlensäurehaltige Niederschlagswasser löst in die freiliegende Kalksteinoberfläche Rinnen und hinterlässt schmale, oft scharfe Grate. In den kalkhaltigen Voralpen (z.B. Schrattenfluh, Niederhorn) finden wir ausgedehnte **Karrenfelder**.

Schwundlöcher
Bäche oder Abflüsse von Seen können in Schwundlöchern verschwinden und später, oft mehrere Kilometer von der Versickerungsstelle entfernt, als **Stromquelle** wieder zum Vorschein kommen (z.B. Jura).

Tropfsteine
Wenn sich kalkhaltige Wassertröpfchen von der Höhlendecke lösen, wird dort ein Teil des gelösten Kalks ausgeschieden, wodurch sich im Laufe der Zeit ein **Stalaktit** bildet. Die am Höhlenboden aufprallenden Tropfen lagern hier ebenfalls Kalk ab und bilden so einen **Stalagmiten**. Wachsen die beiden Tropfsteine zusammen, spricht man von Tropfsteinsäulen, den **Stalagnaten**.

Höhlen
Das im Untergrund zirkulierende Wasser erweitert Spalten und Klüfte oft zu einem weit verzweigten System von Wasserläufen und Hohlräumen.

Abb. 7.3
Karsterscheinungen

Kalk besteht hauptsächlich aus Calciumcarbonat. Kohlensäure entsteht in der Atmosphäre durch die Anreicherung des Niederschlagswassers (H_2O) mit Kohlendioxid (CO_2) oder im Boden, wo von Pflanzenresten weiteres Kohlenstoffdioxid gelöst wird. Die Kohlensäure wandelt das wasserunlösliche Calciumcarbonat in das wasserlösliche Calciumhydrogencarbonat um, das vom Wasser nun leicht abtransportiert werden kann.

Die Kohlensäureverwitterung ist nur in Gebieten, die überwiegend aus Kalk bestehen, wirksam. Hier verursacht sie zahlreiche typische Oberflächenformen, die zusammenfassend als **Karst** bezeichnet werden. In Karstlandschaften herrscht an der Oberfläche Wasserarmut, da das Wasser durch die vergrösserten Klüfte und Hohlräume rasch versickert. So sind die **Trockentäler** in Karstgebieten zwar durch Flüsse entstanden, führen heute aber kein Wasser mehr, da sich die Entwässerung weitgehend unterirdisch abspielt.

Die vom Menschen verursachte **Rauchgasverwitterung** ist eine weitere besondere Form der Lösungsverwitterung. Durch Verbrennung von fossilen Brennstoffen reichert sich in der Luft Schwefeldioxid (SO_2) an, welches sich in Verbindung mit Niederschlägen in Schwefelsäure (H_2SO_4) umwandelt und den sogenannten **sauren Regen** bildet. Diese Säure ist zu schwach, um auf der Haut Ätzungen zu verursachen, zerstört aber in beträchtlichem Masse Bauwerke, Farben, Metalle und Gesteine. Einige historische Städte in der Schweiz (z. B. Bern) sind aus Sandstein aufgebaut, die als Bindemittel Calciumcarbonat enthalten. Schwefelsäure kann dieses Calciumcarbonat in wasserlöslichen Gips verwandeln, der vom Regen ausgewaschen wird oder abbröckelt.

Bei der **Oxidationsverwitterung** lagert sich Sauerstoff in Eisen-, Mangan- und Schwefelmineralien an, was zu einer Volumenzunahme dieser Mineralien und somit zur Auflockerung des Gesteins führt. Das «Rosten» des Gesteins findet weltweit unter Einwirkung von Sauerstoff und Wasser statt. Die Oxidation des Eisens ist leicht am Farbwechsel von dunklen zu helleren (gelblich-bräunlich-rötlichen) Farbtönen erkennbar. Alle «verrosteten» Bereiche des Gesteins lösen sich leicht aus ihrem Verband.

Bei der **chemisch-biologischen Verwitterung** scheiden Pflanzen und Tiere Huminsäuren aus, die Gesteine und Mineralien angreifen und zerlegen. Vor allem der Humus aus abgestorbenen pflanzlichen und tierischen Resten enthält in hohem Masse solche Huminsäuren (vgl. Abschnitt 8.3, Bodenbildung).

Abb. 7.4
Verwitterungsschäden durch Hydratations- und Rauchgasverwitterung sowie durch Salz- und Frostsprengung an einer Säule am Berner Münster. Rechts die Säule nach den Konservierungs- und Restaurierungsarbeiten

7.2 Abtragung und Akkumulation

Das durch physikalische und chemische Verwitterung zerteilte und gelöste Gesteinsmaterial wird durch **Abtragung** vom Verwitterungsgebiet entfernt. Abtragung ist ein Oberbegriff für sämtliche Verlagerungsprozesse durch die Schwerkraft (Bergsturz, Steinschlag, Rutschung, Bodenfliessen) und durch Wasser (Erosion, Abspülung, Ausspülung), Wind (Deflation) und Eis (Glazialerosion). Dauern Abtragungsprozesse sehr lange, führen sie zur Einebnung der Erdoberfläche und zur Bildung einer **Fastebene** (Peneplain). **Erosion** bezeichnet im engeren Sinn die Abtragung durch fliessendes Wasser; im weiteren Sinn bezieht sich der Begriff «Erosion» auch auf die Abtragung durch Eis, Wind und Meer. Art und Ausmass der Abtragung sind von klimatischen Faktoren, aber auch von lokalen Voraussetzungen wie Gesteinsstruktur, Relief und Vegetation abhängig. Der Abtragung folgen der **Transport** und schliesslich das Absetzen der Gesteinsstücke und das Ausscheiden der im Wasser gelösten Stoffe, was man allgemein als **Ablagerung, Akkumulation** oder **Sedimentation** bezeichnet.

7.2.1 Formenbildung durch Flüsse

Fliessendes Wasser gestaltet Landschaftsformen durch Erosion, Transport und Ablagerung (vgl. Abschnitt 5.2.1, Kapitel Hydrologie). Alle drei Vorgänge sind vom Gefälle und von der Wassermenge abhängig. Bei steilem Gefälle und grosser Wassermenge werden grössere Gesteinstrümmer und -mengen erodiert und transportiert. In flacherem Gelände werden zuerst die grösseren Gesteinstrümmer und später die noch lange schwebenden feineren Sedimente abgelagert. **Fluvial** oder **fluviatil** bedeutet «vom Fluss geschaffen», vom fliessenden Wasser abgetragen, transportiert und abgelagert.

Im Einzugsbereich eines Flusses formen hauptsächlich Tiefen-, Seiten-, Rückwärtserosion und Hangabtragung die Landschaft.

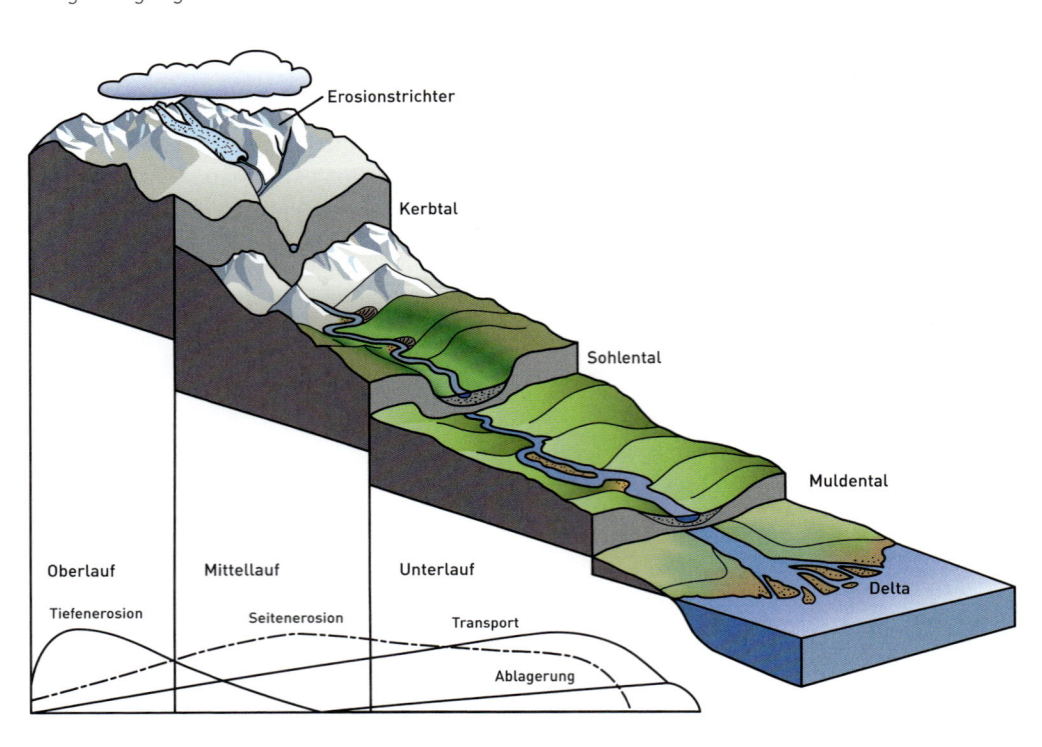

Abb. 7.5
Flusslauf und Talformen

Die **Tiefenerosion** ist von der Wassermenge, dem Gefälle, dem Gesteinsuntergrund und der Art und Menge des transportierten Materials abhängig. Ohne Transportgut (Sand, Kies) fehlt einem Fluss auf festem Gestein das Schleifmaterial zur Erosionsarbeit. Im Oberlauf eines Flusses mit starkem Gefälle und damit hoher Fliessgeschwindigkeit dominiert die Tiefenerosion. Kann im Oberlauf die Verwitterung und die flächenhafte **Hangabtragung** oder Denudation an den Seitenhängen mit der Tiefen- und Seitenerosion mithalten, entsteht ein V-förmiges **Kerbtal**. Ist der felsige Untergrund im Oberlauf eines Flusses sehr hart, können Verwitterung und Hangabtragung der Tiefenerosion nicht folgen; es entstehen **Schluchten**. Im Gegensatz dazu haben **Cañons** (span. cañón = grosse Röhre) treppenartige Hänge, da diese aus horizontal gelagerten Gesteinsschichten mit wechselnder Widerstandsfähigkeit aufgebaut sind (z. B. der Grand Canyon in den USA).

7 Geomorphologie

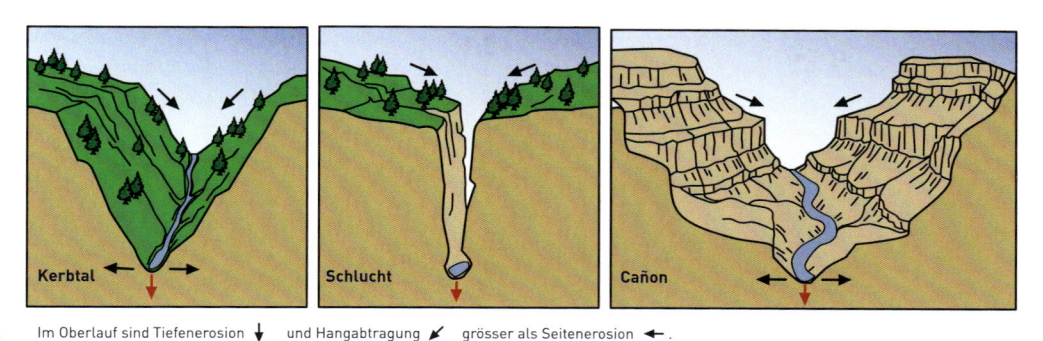

Abb. 7.6
Formenbildung im Oberlauf

Im Oberlauf sind Tiefenerosion ↓ und Hangabtragung ↙ grösser als Seitenerosion ←.

Im Mittellauf eines Flusses überwiegt die **Seitenerosion** gegenüber der Tiefenerosion, weil hier das Gefälle geringer ist und die Fliessgeschwindigkeit nachlässt. Dadurch entstehen mehr oder weniger weit ausschwingende Flussschlingen, die einer unregelmässigen Schlangenlinie gleichen und als **Mäander** (nach dem kleinasiatischen Fluss Menderes) bezeichnet werden. Ein **Sohlental** entwickelt sich, wenn bei abnehmendem Gefälle der Talboden mit Ablagerungen des mäandrierenden Flusses aufgeschüttet wird. Die Talhänge sind deutlich vom flachen Talboden abgegrenzt. Die Krümmungen der Flussschlingen werden im Lauf der Zeit immer stärker, weil an den Aussenseiten, am steilen **Prallhang,** die Seitenerosion wegen der höheren Fliessgeschwindigkeit stärker ist und auf der Innenseite, dem flachen **Gleithang,** das Wasser langsam fliesst und daher Material abgelagert wird. Schliesslich kann es am Schlingenhals zu einem Durchbruch kommen, sodass die Schlinge vom fliessenden Wasser abgeschnitten wird und sich ein **Altwasserarm** bildet.

Im Mittellauf ist Seitenerosion (←) grösser als Tiefenerosion (↓) und Hangabtragung (↙).

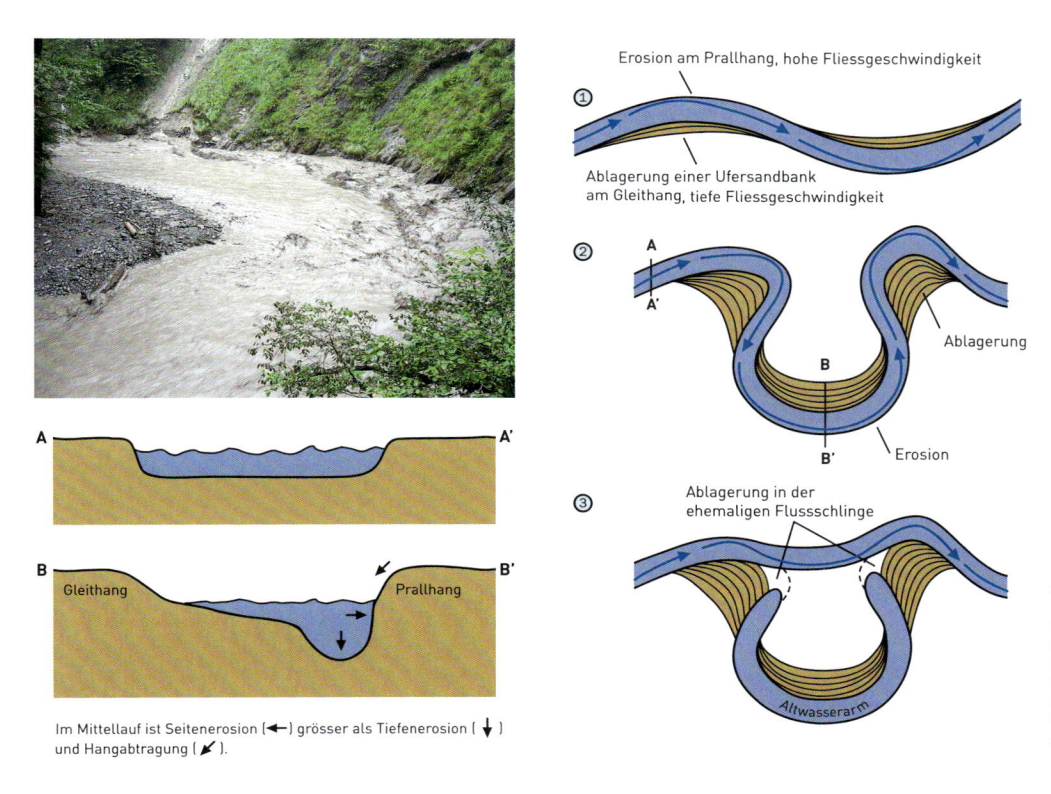

Abb. 7.7
Die Krümmungen eines mäandrierenden Flusses werden im Laufe der Zeit immer stärker, bis ein Durchbruch am Schlingenhals wieder einen direkteren Verlauf ermöglicht. Das Foto zeigt einen Mäander bei Plan de la Lai (Frankreich).

Abtragung und Akkumulation

Durch den Abtransport von Material verlegen Flüsse ihr Flussbett talaufwärts, man spricht von **Rückwärtserosion.** Die zeigt sich deutlich bei Erosionstrichtern im Oberlauf von Wildbächen (vgl. Kapitel 5, Hydrologie) und bei Wasserfällen. Bei den Niagarafällen in Nordamerika wird beispielsweise die Kante des Wasserfalls jährlich um einen Meter flussaufwärts verlegt. Ähnliches lässt sich auch beim Rheinfall beobachten.

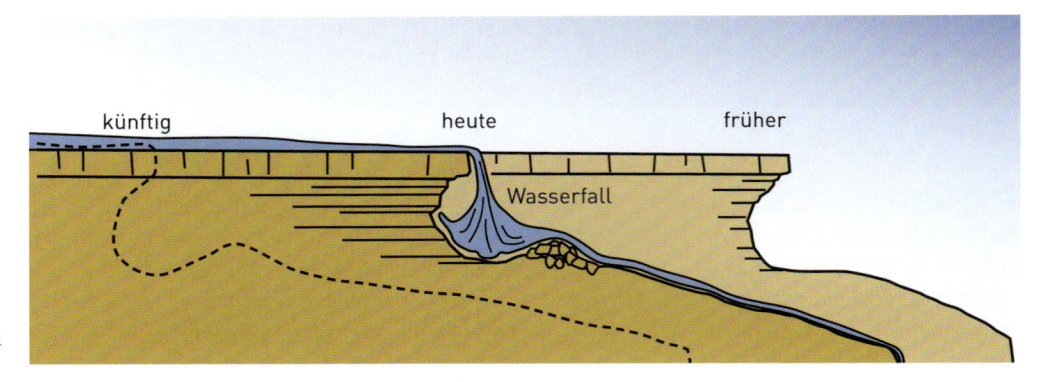

Abb. 7.8
Durch Rückwärtserosion verschiebt sich der Wasserfall talaufwärts.

Beim Transport wird das mitgeführte Gesteinsmaterial durch die ständige Umlagerung zerkleinert und gerundet. Der Transport erfolgt rollend als **Geröll- oder Geschiebefracht** auf der Sohle des Flussbettes, als **Schwebefracht**, die sich aus festen Bestandteilen kleinerer Korngrössen zusammensetzt (z. B. Sand), oder als **Lösungsfracht** in gelöster Form (z. B. Salz, Calciumhydrogencarbonat). Auf dem Transportweg wird ständig Material abgelagert und wieder in Bewegung gesetzt (vgl. Kapitel 5, Hydrologie, Abb. 5.4, Hjulströmdiagramm).

Die gerundeten und meist sortierten Ablagerungen von Flüssen im Ober-, Mittel- und Unterlauf werden als **Schotter** bezeichnet.

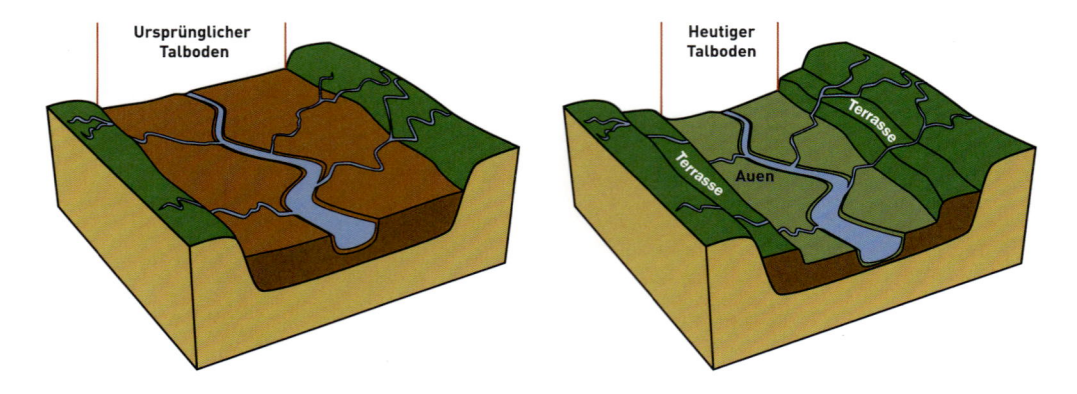

Abb. 7.9
Auen und Flussterrassen in einem Flusstal

Wenn der Fluss nicht mehr in der Lage ist, seine Geröll- und Sandfracht weiterzutransportieren, können seine Schotterablagerungen ganze Talböden auffüllen und ausebnen. Der bei Hochwasser überflutete und mit Sedimenten überlagerte Teil des Talbodens wird **Aue** genannt. Schneidet sich der Fluss später in diese Schotterablagerungen wieder ein, bilden sich **Flussterrassen** und auf einem tieferen Niveau eine neue Aue. Die Flussterrassen sind Reste früherer Talböden. Ursachen für den Wechsel von Akkumulations- und Erosionsphasen können hydrologische Extremereignisse (Hoch- und Niedrigwasser), Klimaänderungen und tektonische Hebungen und Senkungen sein. Im Unterlauf eines Flusses ist die Fliessgeschwindigkeit klein, die Transportkapazität und die

Erosion nehmen ab, sodass die **Ablagerung** (Sedimentation, Akkumulation) dominiert: Hier bilden sich **Muldentäler**, wenn wegen der niedrigen Fliessgeschwindigkeit die Tiefenerosion gering ist und das zugeführte Denudationsmaterial von den Hängen nicht mehr sofort abgeführt wird. Dadurch entsteht die flache offene Talform. Die mässige Seitenerosion kann zu langgezogenen Flussschlaufen führen.

Mündet ein Fluss in einen See oder ins Meer bildet sich ein **Delta,** das durch die Ablagerungen seiner Fracht in den See hinauswächst. Aufgrund der abnehmenden Strömungsgeschwindigkeit werden die gröberen Sedimente (z. B. Grobsand) am Anfang des Deltas abgelagert. Die feineren Sedimente (z. B. Ton) schweben in den See hinaus und sinken am Ende des Deltas langsam ab (vgl. Abb. 5.4, Hjulströmdiagramm, in Kapitel 5, Hydrologie).

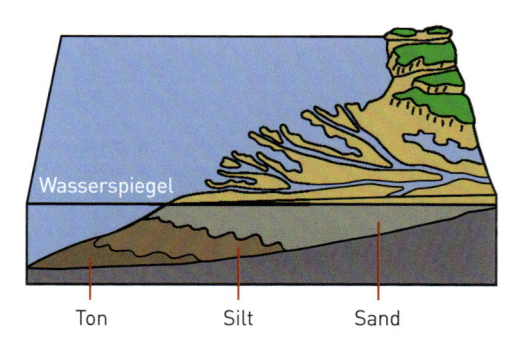

Abb. 7.10
Schematisches Profil durch die Ablagerungen in einem Delta und die Ansicht auf den Chiemsee mit dem Delta der Tiroler Achen (Deutschland)

7.2.2 Formenbildung durch Gletscher

Die Festlandfläche der Erde ist ungefähr zu 10 Prozent von Eis bedeckt. Aufgrund der Grösse und Form lassen sich zwei Grundtypen der Eisbedeckung unterscheiden. Das **Inlandeis** ist eine grossflächige und mächtige Vereisung einer Landmasse, aus welcher nur einzelne eisfreie Gipfel, die **Nunataker** oder **Nunataks,** herausragen. In Grönland und der Antarktis sind beispielsweise über 85 Prozent der Landmassen mit Inlandeis überdeckt, das im Zentrum bis zu 4000 Meter mächtig ist. Von diesem Zentrum der Eiskappen aus fliesst das Eis zu allen Seiten langsam ab. In den Gebirgsräumen kommt es zur lokalen Eisbedeckung. Das Eis fliesst als **Gletscher** (Eisstrom) langsam das Tal hinunter, wo das Eis abschmilzt.

Gletscher entstehen dort, wo das Klima so kalt ist, dass ein Massenzuwachs an Eis stattfindet, weil die jährlich gefallene Schneemenge grösser ist als die **Ablation**, d. h. grösser als das Verdunsten und Abschmelzen von Schnee und Eis. Über mehrere Jahre hinweg verdichten sich hier die **Neuschneekristalle** zu körnigem, milchig-weissem **Firn.** Unter dem zunehmenden Druck der darüber abgelagerten Schnee-

Abb. 7.11
Roseg-Tschierva-Gletscher: vom Nährgebiet in der Gipfelregion bis zum Zehrgebiet mit mächtigen Moräneablagerungen

Abtragung und Akkumulation

decken geht der Firn in das kompakte, grünblaue **Eis** über. Eine solche **Akkumulation** von Eis ist im **Nährgebiet** bei Gletschern im Gebirge und in den aufgewölbten Zentren bei Inlandeismassen der Fall. Die Eismassen werden hier so schwer, dass sie durch die Schwerkraft zu fliessen beginnen. Gletscher bewegen sich einerseits durch Gleiten auf dem Untergrund und andererseits infolge von Bewegungen und Deformationen innerhalb der Eismasse. Die Geschwindigkeit der Gletscherbewegung nimmt zu, wenn der Hang steiler oder das Eis dicker wird, und kann im Extremfall mehr als einen Meter pro Tag erreichen. Einmal gebildetes Eis fliesst damit vom Nähr- ins **Zehrgebiet,** wo die Ablation grösser ist als die Akkumulation. Die **Gleichgewichtslinie** trennt Nähr- und Zehrgebiet und ist meist im Sommer als Grenze zwischen dem weissen firnbedeckten Gletscher und dem unterhalb liegenden blanken oder geröllbedeckten Gletschereis sichtbar. Sie wird daher auch als Firnlinie oder als klimatische Schneegrenze bezeichnet. Der Unterschied zwischen Eiszuwachs und Eisverlust ergibt den sogenannten **Massenhaushalt** eines Gletschers. Er bestimmt, ob sich ein Gletscher zurückzieht oder ob er vorstösst.

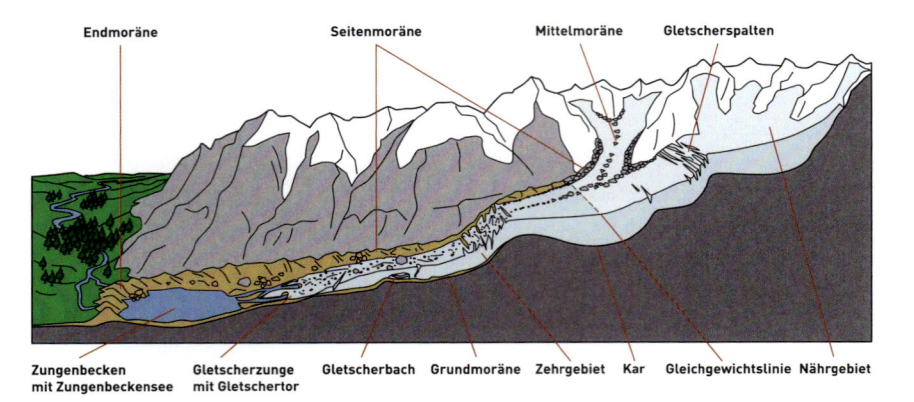

Abb. 7.12
Gletschereis bewegt sich, erodiert dabei Material und lagert es nach dem Transport in charakteristischen Formen ab.

Durch die Bewegung des Gletschereises bilden sich an der Oberfläche bis zu 20 m breite und maximal 60 m tiefe **Gletscherspalten,** wobei man Quer-, Rand- und Längsspalten unterscheidet. **Querspalten** entstehen oft, wenn die Hangneigung steiler wird. **Randspalten** bilden sich auf der Seite des Gletschers, wenn sich das Eis an Fels und Schutt der Seitenwände reibt und sich dadurch dort das Fliesstempo gegenüber der Gletschermitte verlangsamt. **Längsspalten** entstehen in der Regel über Unebenheiten des Untergrunds.

Geschmolzenes Eis verschwindet in Spalten und Hohlräumen im Gletscher und fliesst über die **Gletscherbäche** am Gletscherboden zur **Gletscherzunge,** wo es aus einem oder mehreren **Gletschertoren** ausfliesst. Infolge der Wärme am Gletschergrund durch den Druck, die Reibung und die Erdtemperatur wird dem Gletscherbach ganzjährlich Schmelzwasser zugeführt. Das Schmelzwasser eines Gletscherbachs färbt sich durch feines Gesteinsmehl (Ton, Silt) milchig-weiss und wird daher als **Gletschermilch** bezeichnet.

Ziehen sich Gletscher zurück, hinterlassen sie charakteristische Landschaftsformen, die einerseits durch die glaziale Erosion und andererseits durch die glaziale Akkumulation entstanden sind. Glazial bedeutet «das Gletschereis und die daraus resultierenden Formen betreffend», wird aber auch allgemein für «Erscheinungen der Eiszeiten» verwendet. Das fliessende Eis mit eingefrorenen Gesteinstrümmern erodiert durch Abschleifen und Herausbrechen das Gestein am Untergrund und an den Talhängen. Durch diesen **Gletscherschliff** werden raue Felsoberflächen geglättet und poliert. Die ehemalige Fliessrichtung des Gletschers kann anhand von eingeritzten Furchen in der Felsoberfläche, den **Gletscherschrammen,** abgelesen werden (Abb. 7.13).

7 Geomorphologie

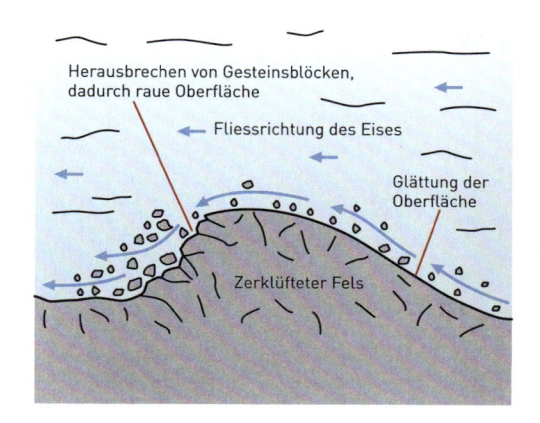

Abb. 7.13
Bildung eines Rundhöckers (schematisch) und Foto eines Rundhöckers mit Gletscherschliff und Gletscherschrammen vor dem Steilimigletscher in den Berner Alpen

Felshindernisse werden vom Gletscher zu stromlinienförmigen **Rundhöckern** geformt (Abb. 7.13). An der dem Eisstrom zugewandten Seite des Felshindernisses führt der zunehmende Druck zum Schmelzen des Eises und damit zur Entstehung eines Gleitfilms zwischen Gletscher und Fels. Die Erosion erzeugt hier eine stromlinienförmige und glatte Oberfläche. Auf der dem Eisstrom abgewandten Seite friert bei nachlassendem Druck das Gestein an der Gletscherunterseite fest, wodurch einzelne Gesteinsbruchstücke losgerissen werden. Dies führt zu einer rauen, meist stufenförmigen Oberfläche der Rückseite eines Rundhöckers. Die Form des Rundhöckers gibt damit auch Hinweise auf die ehemalige Fliessrichtung des Gletschers.

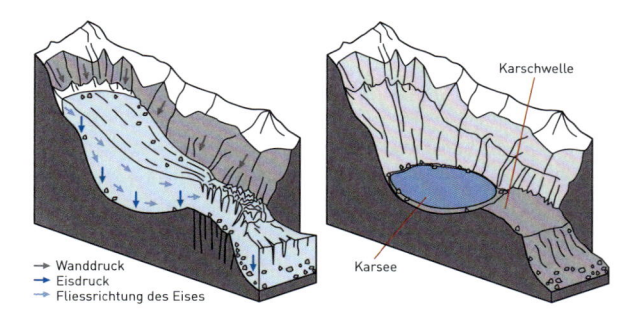

Abb. 7.14
Bildung eines Kars mit Karsee. Das Foto zeigt den Karsee Grauseeli beim Schilthorn im Kanton Bern.

Unter den Gipfelpartien im Ursprungsgebiet des Gletschers führt die Erosion durch die grosse Eismasse zu einer steilwandigen, sesselförmigen Hohlform, einem **Kar** (Abb. 7.14). Nach dem Gletscherrückzug kann sich in der Mulde des Kars durch Schmelz- und Niederschlagswasser ein **Karsee** bilden, oder die Mulde wird mit niedergehendem Felsschutt allmählich zugeschüttet. Wenn sich ein Gletscher von seinem Kar aus bergab bewegt, schürft er entweder das Lockermaterial aus einem Tal aus, oder er vertieft und überformt ein bereits vorhandenes Kerbtal eines Flusses zu einem U-förmigen **Trogtal** mit einem muldenförmigen Talboden (Abb. 7.15). Dieser wird später meist durch Flussablagerungen ausgeebnet (z. B. Wallis). Die steilen bis senkrechten Talwände enden an der **Trogkante,** an die sich die ziemlich flach verlaufende **Trogschulter** anschliesst, die bis zur **Schliffgrenze** reicht. Die Schliffgrenze markiert den ehemaligen Gletscherhöchststand als Grenzlinie zwischen kantigem, stark frostverwittertem Fels und den durch die Eisüberfahrung glattgeschliffenen, tieferen Felspartien. Mündet ein Seitengletscher mit geringerer Erosionskraft in den Hauptgletscher, entsteht aufgrund seiner geringeren Erosionskraft ein höher gelegenes Seitental, das nach dem Gletscherrückzug durch eine steile Stufe vom Haupttal getrennt bleibt und daher als **Hängetal** bezeichnet wird. Die Einmündung eines Hängetals in ein Haupttal ist meistens mit

Abtragung und Akkumulation

einem Wasserfall gekennzeichnet. Wird ein Trogtal nach dem Abschmelzen des Eises vom Meer überflutet, bezeichnet man diese weit ins Land eingreifende, schmale Meeresbucht als **Fjord** (z. B. in Norwegen).

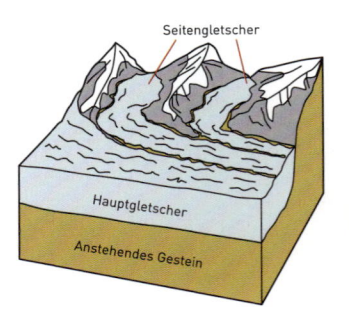

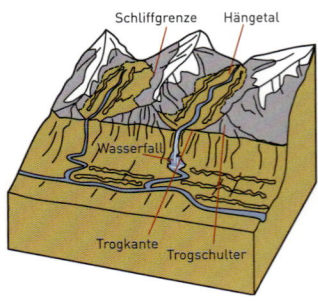

Abb. 7.15
Bildung von Trog- und Hängetal. Das Foto zeigt das Lauterbrunnental mit Staubbachfall.

Der Gletscher transportiert kantiges Gesteinsmaterial, das er am Untergrund und an den Talhängen erodiert hat oder das durch Frost- und Temperaturverwitterung an den Talflanken abgesprengt wurde und auf den Gletscher gefallen ist. Sämtliche Gesteinstrümmer, die im und auf dem Gletscher transportiert und später wallförmig beim Schmelzen des Eises abgelagert werden, bezeichnet man als **Moränen** (Abb. 7.12). Weil im Gletschereis ein Sandkorn und ein Felsbrocken gleich schnell transportiert werden und ihre Form dabei nicht verändert wird, sind die Ablagerungen in einer Moräne unsortiert und kantig. Die verschiedenen Arten von Moränen werden nach ihrer Position zum Gletscher benannt, durch den sie entstanden sind. Bleibt die Gletscherzunge über längere Zeit ortsfest, wird durch das ständig bergabwärts fliessende Eis sehr viel Material zur Gletscherzunge transportiert und dort zu einer markanten **Endmoräne** abgelagert. Sie kennzeichnet demzufolge die ehemalige Ausdehnung eines über längere Zeit stationären Gletschers. In der **Seitenmoräne** wird auf den Gletscher gefallenes und an den Talseiten abgetragenes Gesteinsmaterial transportiert und später seitlich, meist wallförmig abgelagert. Fliessen zwei Gletscher zusammen, vereinigen sich die beiden Seitenmoränen zu einer **Mittelmoräne.** Im Eis abgesunkenes und am Gletschergrund abgeschürftes Gesteinsmaterial wird an der Sohle transportiert und unter dem Eis zu einer **Grundmoräne** abgelagert. Grössere Felsblöcke, die der Gletscher oft Hunderte von Kilometern vom Ursprungsort wegtransportiert hat, bezeichnet man als **Erratiker** (Findling) (Abb. 7.19).

Überfährt der Gletscher bei einem Vorstoss seine eigene Moräne, so formt er dieses lockere Moränenmaterial zu länglichen, in Richtung der Eisbewegung ausgerichteten Hügeln, den Drumlins. Ein **Drumlin** kann bis zu 50 m hoch und einige Hundert Meter lang sein. Die steile Seite zeigt mehrheitlich die Richtung an, aus welcher der Gletscher gekommen ist (Abb. 7.18).

■□ Abb. 7.16
Seitenmoränen (im Foto markiert) bleiben in der Landschaft als längliche Wälle zurück, die an den Talhängen wie grössere Terrassen aussehen. Am Längenberg im Kanton Bern sind solche angelegte Seitenmoränen des eiszeitlichen Aaregletschers auf verschiedenen Höhen (Rückzugsstadien) ersichtlich.

□■ Abb. 7.17
Blick in eine Seitenmoräne am Längenberg im Kanton Bern.

7 Geomorphologie

■ □ Abb. 7.18
Ein Drumlin ist ein ovaler, in Richtung der Eisbewegung ausgerichteter Hügel aus lockerem Grundmoränenmaterial. Das Foto zeigt einen Drumlin in der Nähe von Burgdorf.

□ ■ Abb. 7.19
Erratiker, umgangssprachlich Findlinge genannt, sind grössere Felsblöcke, die der Gletscher oft Hunderte von Kilometern vom Ursprungsort wegtransportiert hat. Die «Grosse Fluh» (Foto) ist der grösste Erratiker im Mittelland. Er wurde während der Eiszeit vom Rhonegletscher aus dem Gebiet Arolla im südlichen Wallis nach Steinhof im Kanton Solothurn transportiert.

Glaziale Seenbildung

Die meisten Seen in der Schweiz sind durch Gletscher geformt worden. Aufgrund der unterschiedlichen Entstehung wird zwischen Karseen, Zungenbeckenseen und Toteisseen unterschieden.
Im Bereich der Gletscherzunge bildet sich durch die Erosion des Eises ein **Zungenbecken,** welches oft von End- und Seitenmoränen wallartig umgeben ist. Nach dem Rückzug der Gletscherzunge bildet sich ein **Zungenbeckensee** aus Schmelzwasser, der später auch durch Zuflüsse und Niederschlagswasser gespeist wird (Abb. 7.12 und Abb. 7.20). Die meisten grösseren Alpenvorlandseen (z. B. Genfer-, Zürich-, Boden-, Sempacher-, Hallwilersee u. a.) sind typische Zungenbeckenseen. Beim Gletscherrückzug können sich grössere Eisblöcke vom fliessenden Gletscher trennen und in der Moräne einlagern. Schmilzt dieses **Toteis,** so sackt das darüber befindliche Moränenmaterial ein und bildet eine Vertiefung, die sich durch Niederschlags- und Grundwasser zu einem **Toteissee** füllt (Abb. 7.20). Toteisseen sind meist zu- und abflusslos.

Abb. 7.20
Nach dem Gletscherrückzug sind Moränen (weisse Linien) als längliche Hügelzüge zu erkennen. Der Sempachersee (rechts) ist ein Zungenbeckensee und der Mauensee (links) ein Toteissee.

Abtragung und Akkumulation

7.2.3 Formenbildung durch Wind

Der Wind kann Material bis zur Grösse von grobkörnigem Sand abtragen, über weite Strecken transportieren und schliesslich wieder ablagern. So transportieren südliche Höhenwinde den Saharastaub mehrmals jährlich bis in den Alpenraum, wo er als rötliche Verfärbung auf dem Schnee sichtbar wird. In ariden und polaren Gebieten, die kaum oder gar nicht mit Vegetation bedeckt sind, ist die formende Kraft des Windes besonders wirksam.

Äolisch (nach Aiolos, dem griechischen Gott des Windes, benannt) bedeutet «vom Wind geschaffen», vom Wind bewirkt, abgetragen, transportiert und abgelagert. Wind kann Sand aufwirbeln und abtransportieren, was als **Deflation** (Ausblasung) bezeichnet wird. Dadurch kann in Trockengebieten eine **Hammada** (Felswüste, Felsschuttwüste) oder eine **Serir** (Kies- oder Geröllwüste) entstehen, die wegen der starken Deflation keinen Sand mehr an der Oberfläche aufweisen.

Wind allein kann einen Felsen nicht abtragen. Mit Flugsand erreicht er aber eine abschleifende Wirkung, die der eines Sandstrahlgebläses entspricht. Da die meisten Sandkörner unmittelbar über dem Boden transportiert werden, führt die Winderosion hauptsächlich hier zur Rundung und Abtragung der anstehenden Felsen und der losen Steine. Weisen Steine rundherum Schliffflächen auf, bezeichnet man sie als **Windkanter**. Aufragende Einzelfelsen werden unterschliffen und zu **Pilzfelsen** mit einem schmalen Sockel umgeformt.

Die Sandkörner werden hauptsächlich in «springenden» Bewegungen **(Saltation)** unmittelbar über den Boden hinweg transportiert. Bei Sand- und Staubstürmen können heftige Winde den Sand und Staub stark aufwirbeln, in der Luft aufnehmen und als losen **Flugsand** respektive als **Flugstaub** über weite Strecken transportieren. Bei grossen Staubstürmen kann ein Kubikkilometer Luft bis zu 1000 Tonnen Sand und Staub mit sich führen, was dem Volumen eines kleinen Hauses entspricht.

■ ☐ Abb. 7.21
Windkanter aus dem Oman, südwestlich von Adam (Gestein Ophiolith)

☐ ■ Abb. 7.22
Pilzfelsen im Südwesten von Bolivien (rechts)

Ausgeblasener Sand aus einer Hammada oder einer Serir werden oft bei nachlassender Windströmung oder auf der Leeseite eines Hindernisses zu einzelnen **Dünen** oder sogar zu Dünenfeldern, einem **Erg** (Sandwüste), abgelagert. Der Sandtransport auf der Luvseite einer Düne erfolgt oberflächennah durch Saltation und Schieben der Sandkörner. Beim Überschreiten des Dünenkamms bildet sich auf der Leeseite eine instabile Sandanhäufung, die von Zeit zu Zeit abrutscht und abgelagert wird. Infolge ständiger Abtragung auf der Luvseite und Ablagerung auf der Leeseite können Dünen als Ganzes in Windrichtung wandern und Höhen von einigen Dutzend Metern erreichen. Die Oberfläche einer Düne ist durch wellenartige, wenige Zentimeter grosse **Windrippel** gegliedert, die quer zur Windrichtung angeordnet sind und sich in gleicher Art und Weise wie die Dünen vorwärtsbewegen können. In unserer Vorstellung sind die Wüsten überwiegend Sandgebiete; in Wirklichkeit besteht aber nur etwa ein Fünftel der gesamten Wüstengebiete der Erde aus diesen äolischen Ablagerungen.

Konstant starke Winde aus der gleichen Richtung führen zu mächtigen Staubablagerungen, die als **Löss** bezeichnet werden (z. B. nordchinesisches Bergland). Auf dem Löss können ausserordentlich fruchtbare Böden entstehen, die aber auch sehr leicht durch Wasser erodiert werden. Solche Lössböden sind in der Schweiz (z. B. bei Basel) durch die Ausblasung der Ablagerungen in Gletschervorfeldern entstanden.

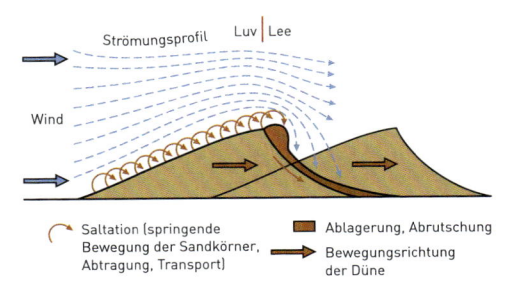

■ □ Abb. 7.23
Wanderung einer Düne und Windrippelbildung

□ ■ Abb. 7.24
Dünenlandschaft in Namibia mit Windrippeln im Vordergrund

7.2.4 Formenbildung an Meeresküsten

Die Meeresküste umfasst als schmaler, aber ausgedehnter Grenzsaum den Randbereich des Meeres und einen Streifen Festland. Ihre Form wird stetig verändert durch Hebungen und Senkungen des Festlandes und Ablagerungen von Flüssen sowie durch **marine Prozesse** wie Meeresströmungen, Meeresspiegelschwankungen, Gezeiten und Wellengang. Marin bedeutet allgemein «das Meer betreffend, zum Meer gehörend«, andererseits «unter Mitwirkung des Meeres, im Meer ablaufend». Meereswellen, die auf die Küste auflaufen und sich überstürzen (brechen), werden als **Brandung** bezeichnet. Die abschleifende Wirkung der Sande und des Lockermaterials führt an **Steilküsten,** bei denen das Land steil zum Meer hin abfällt, zur Küstenerosion, zur **Abrasion.** An **Flachküsten,** an denen sich das Land nur langsam zum Meer hin absenkt, führt die Brandungskraft zum Küstenaufbau, zur Ablagerung von Material, zur **Akkumulation.**

Steilküsten werden durch die Brandung heftig bearbeitet. Dort, wo die Wellen anschlagen, wird die Küste unterhöhlt: Es entsteht eine **Brandungshohlkehle.** Sobald die Brandungshohlkehle tief genug ist, stürzt der darüberliegende überhängende Fels ein. Die entstandenen Gesteinstrümmer werden abtransportiert, und die Brandung wirkt erneut auf die Küste ein. Dadurch entstehen nahezu senkrecht ins Meer abfallende Steilufer, welche man als **Kliff** (Kliffküste) bezeichnet. Durch die Zurückverlegung des Kliffs entsteht eine zum Meer hin leicht abfallende Verebnung, die **Abrasions-** oder **Brandungsplattform,** die durch die Brandung und durch das bewegte Geröll abgeschliffen wird.

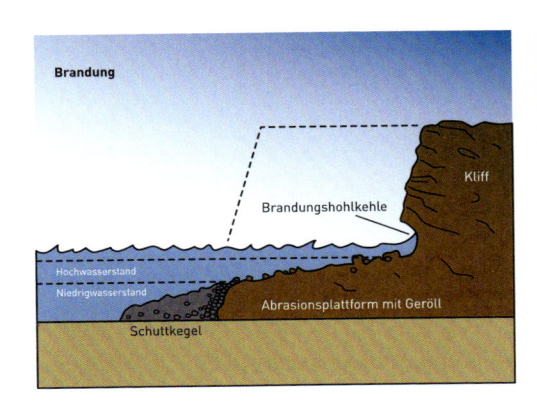

■ □ Abb. 7.25
Formen der Brandungsarbeit an der Steilküste: Die Küste wird durch die Brandung unterhöhlt, und es entsteht eine Brandungshohlkehle.

□ ■ Abb. 7.26
Abrasionsplattform mit Kliff bei Ebbe in Biarritz, Frankreich

Abb. 7.27
Die Schaabe – eine über zehn Kilometer lange Nehrung auf der Ostseeinsel Rügen

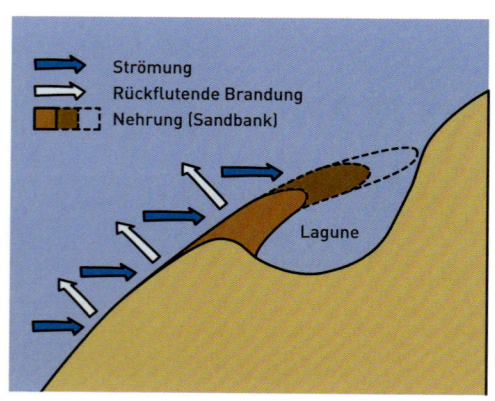

Abb. 7.28
Formen an der Flachküste: Bildung einer Ausgleichsküste mit Nehrung

Flachküsten bestehen im Wesentlichen aus Sand und Geröll, treten als kleine, halbmondförmige Buchten oder als über 100 Kilometer lange Sandstreifen auf und werden landseitig durch Dünenfelder oder Steilwände begrenzt. Die Brandung und die Gezeiten können einen solchen Strand durch Ablagerung von Sand verbreitern oder durch den Abtransport von Sand auch verkleinern. An Küsten entlang führende Meeresströmungen bilden Ausgleichsküsten, indem sie Sand erodieren, transportieren und wieder ablagern. Die zurückflutende Brandungswelle führt das Material wieder meerwärts, wo es erneut durch die Meeresströmung erfasst und weitertransportiert wird. Dadurch kann einer Bucht ein Saum aus Schlamm und Sand, eine **Nehrung,** vorgelagert werden. Die Küstenform wird dadurch ausgeglichen. In der Bucht entsteht ein **Haff** oder eine **Lagune.** Die bekannteste Lagune ist diejenige von Venedig. Hier trennen die vorgelagerten Inseln (Lido) die Lagune ab. Diese Strandversetzung führt am Ende zu einer **Ausgleichsküste,** d. h. zu einer begradigten Küste mit abgetragenen Landvorsprüngen und geschlossenen Buchten.

Weiterführende Literatur

LESER H., 2009: Geomorphologie. Westermann, Braunschweig.
PFIFFNER A., ENGI M., SCHLUNEGGER F., MEZGER K., DIAMOND L., 2012: Erdwissenschaften. Haupt, Bern.
PRESS F., SIEVER R., 2008: Allgemeine Geologie. 5. Auflage. Spektrum Akademischer Verlag, Heidelberg.

8 Boden

Matthias Probst

Der Boden ist mehr als nur Humus und Erde. Er bezeichnet den Übergangsbereich zwischen dem Festgestein und der Atmosphäre und beschreibt ein komplexes System aus verwittertem Gestein, lebenden und abgestorbenen Organismen, Wasser und Luft. Der Boden stellt aus ökologischer Sicht den Lebensraum für alle Lebewesen dar, indem er ihnen Wasser, Mineralien und organische Stoffe zur Verfügung stellt. Der Boden reguliert auch wichtige Prozesse wie den Wärme- und Energiehaushalt der Erde und die Konzentrationen der Treibhausgase in der Atmosphäre. Er kann zudem schädliche Stoffe filtern, speichern und umwandeln.
Wirtschaftlich dient der Boden zur Nahrungsmittelproduktion und als Siedlungs- und Verkehrsfläche, zudem liefert er Rohstoffe. Gesellschaftliche Bedeutung hat der Boden als natur- und kulturhistorisches Archiv und als Erholungsfläche.

8.1 Ressource Boden

Durch die Verwitterung des Ausgangsgesteins und die Zersetzung von pflanzlichen und tierischen Organismen bildet sich an der Erdoberfläche eine Schicht aus Lockererde, der **Boden**. Der Boden ist in den mittleren Breiten ein bis zwei Meter, in den subpolaren Regionen nur wenige Millimeter und in den Tropen mehrere Dutzend Meter mächtig. Der Boden übernimmt wichtige Funktionen, die ihrerseits unterschiedliche Nutzungen ermöglichen:

- Lebensraumfunktion: Der Boden ist für alle Lebewesen die Lebensgrundlage, indem er Wasser speichert sowie lebenswichtige Mineralien und organische Stoffe ab- und aufbaut.
- Produktionsfunktion: Der Boden dient zum Anbau von Nahrungs- und Futtermitteln sowie von nachwachsenden Rohstoffen (z. B. Holz).
- Trägerfunktion: Der Boden kann überbaut werden mit Infrastrukturen für Wohnen, Mobilität, Wirtschaft und Entsorgung.
- Regulierungsfunktion: Der Boden reguliert den Wärme-, Energie- und Wasserhaushalt der Erde; er kann Stoffe filtern, speichern und abbauen und so Verunreinigungen insbesondere im Grundwasser entgegenwirken.
- Rohstofffunktion: Im Boden lagern wichtige Rohstoffe wie Ton und Kies.
- Archivfunktion: Böden zeigen die Geschichte von Landschaft, Klima und Mensch auf, weil in ihnen tierische, pflanzliche und menschliche Fossilien lagern und weil Klima, Vegetation und Bodennutzung ihre Spuren hinterlassen.

Bodenkunde oder **Pedologie** ist die Wissenschaft von der Entstehung, der Entwicklung, den Eigenschaften und Funktionen des Bodens sowie seiner Bedeutung in Ökosystemen und für die menschliche Existenz.

8.2 Bodenzusammensetzung

Der Boden besteht je zur Hälfte aus festen Bestandteilen (mineralische und organische Substanz) und Porenraum, der mit Luft und Wasser gefüllt ist.

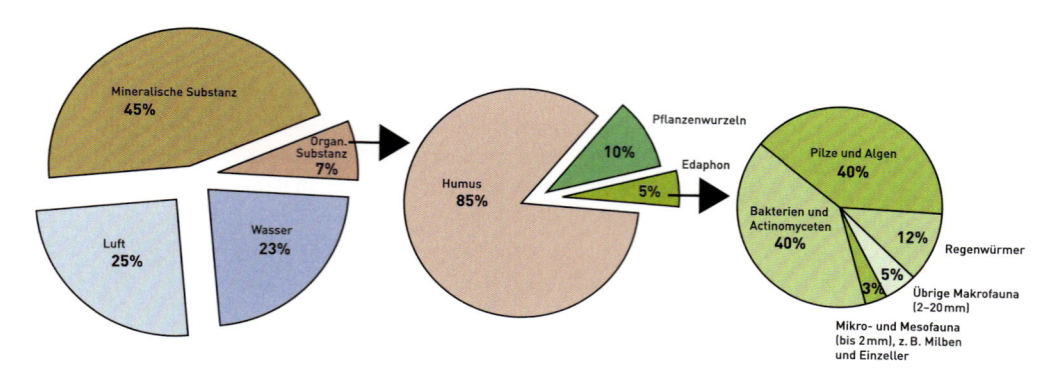

Abb. 8.1
Typische Bodenzusammensetzung

Die **mineralische Substanz (= Mineralboden)** stammt vom Ausgangsgestein, welches durch die Verwitterung zerkleinert und chemisch umgewandelt oder gelöst wird. Diese Mineralien sind für die Pflanzen lebensnotwendig. Je nach Ausgangsmaterial und Verwitterungsgrad setzt sich die mineralische Substanz aus verschiedenen Korngrössen zusammen, wobei man Sand, Silt und Ton unterscheidet. Entsprechend ihrem Anteil im Boden spricht man von Tonboden, Sandboden usw. Die **organische Substanz** bildet zusammen mit der mineralischen Bodensubstanz den festen Boden. Der **Humus** (lat. Boden) besteht aus zersetzten Tier- und Pflanzenresten sowie deren Abbauprodukten und ist reich an Kleinstlebewesen. Dieser oberste Bodenhorizont erhält durch die organische Substanz seine charakteristische dunkle Farbe und riecht wie ein feuchter Keller. Humus ist ein wichtiger Faktor der Bodenfruchtbarkeit, da er für lockeren Boden sorgt, der viel Luft an die Wurzeln lässt, viele Mineralien und lebenswichtige Elemente (v. a. Stickstoff) für die Pflanzen enthält und zudem das Wasser wie ein Schwamm aufsaugt und bei Bedarf wieder abgibt. Mit **Edaphon** oder **Bodenorganismen** (Bakterien, Pilze, Algen, Regenwürmer, Fadenwürmer, Insekten, Urtierchen und Amöben) bezeichnet man die Gesamtheit pflanzlicher und tierischer Organismen im Boden. In einer Handvoll Erde hat es mehr Lebewesen als Menschen auf der Erde. Die Bodenorganismen bringen sogar bis zu zehnmal mehr Masse auf die Waage als die oberirdisch lebenden Tiere; durchschnittlich sind es in den oberen 30 Zentimetern Boden 3 bis 4 Tonnen pro Hektare. Diese Vielzahl verschiedener Bodentiere zerkleinern und durchmischen organische Substanzen im Boden. Dabei wird sein Porenvolumen und damit auch sein Wasser- und Lufthaushalt verbessert. **Bodenwasser** und **Bodenluft** sind für die Bodenorganismen und die Pflanzen lebenswichtig und beeinflussen chemische Prozesse im Boden. Durch die Atmungsprozesse der Bodenorganismen weist die Bodenluft einen höheren CO_2- und einen geringeren O_2-Gehalt als die Atmosphäre auf.

8.3 Bodenbildung

Die **Bodenbildung** beginnt an der Oberfläche mit der Verwitterung des Gesteins und schreitet mit der Zeit in die Tiefe fort, mineralische Bodensubstanz wird aufgebaut (siehe Abb. 8.2). Wenn sich Pflanzen, Mikroorganismen und Bodentiere ansiedeln, bildet sich aus den Resten von abgestorbenen Lebewesen die organische Bodensubstanz. Diese beiden Prozesse und die auf- und abwärts gerichtete Verlagerung führen zu **Bodenhorizonten,** die meist parallel zur Erdoberfläche verlaufen und sich in Farbe, Steingehalt, Wurzelmasse, Dichte, Körnung, Chemismus und Wasserhaushalt unterscheiden. Böden sind das Ergebnis einer andauernden Entwicklung über Jahrhunderte bis Jahrtausende. Im Schweizer Mittelland ist der Boden bis zu 14 000 Jahre alt, da seine Entstehung am Ende der letzten Eiszeit mit dem Rückzug der Gletscher begann.
Die Entstehung wird beeinflusst von den sechs **Bodenbildungsfaktoren** Klima, Gestein, Lebewesen, Zeit, Relief und Mensch. Das **Klima** beeinflusst durch den Niederschlag, die Temperatur und Gase (z. B. CO_2) die Geschwindigkeit der Verwitterung. Je höher die Temperaturen und Niederschläge sind, desto intensiver läuft die chemische Verwitterung ab. So ist sie in den immerfeuchten Tropen vier- bis fünfmal so stark wie bei uns in den mittleren Breiten. Das **Ausgangsgestein** oder **Muttergestein** verwittert je nach Gesteinsart unterschiedlich schnell und beeinflusst damit die Geschwindigkeit der Bodenbildung. Die mineralische Zusammensetzung des Ausgangsgesteins bestimmt zudem die Bodeneigenschaften. Die **Lebewesen** (Pflanzen und Tiere) tragen in vielfältiger Weise zur Bodenbildung bei. Nach ihrem Absterben liefern sie das organische Material, welches dem Boden Nährstoffe in Form von Kationen und Anionen liefert. Die Zersetzung dieses organischen Materials wird wiederum durch die Tätigkeit der Regenwürmer, Wühltiere und Mikroorganismen (Bakterien, Algen, Pilze) vorangetrieben. Die Vegetation und die Tierwelt verursachen zudem das saure Milieu im Boden, das die Verwitterung der Gesteine und Mineralien stark fördert. Im Laufe der **Zeit** verwittert das Ausgangsgestein, verdichtet sich die Vegetation, nimmt der Boden durch die anfallenden mineralischen und organischen Substanzen an Mächtigkeit zu und es bilden sich Bodenhorizonte. In 100 Jahren bildet sich durchschnittlich 1 Zentimeter Boden neu. Aufgrund des **Reliefs** kommt es an einem steilen Hang zu Bodenerosion und am Hangfuss zur Ablagerung von Bodenteilchen. Im Anreicherungsbereich bilden sich deshalb mächtige Böden, im Abtragungsbereich fehlt jedoch der A- oder sogar der B-Horizont. Schliesslich beeinflusst der **Mensch** zunehmend die Bodenentwicklung durch Ackerbau, Ent- und Bewässerung oder durch Bauten.

Bodenbildung

Abb. 8.2
Die Bodenentwicklung im schweizerischen Mittelland nach der letzten Eiszeit

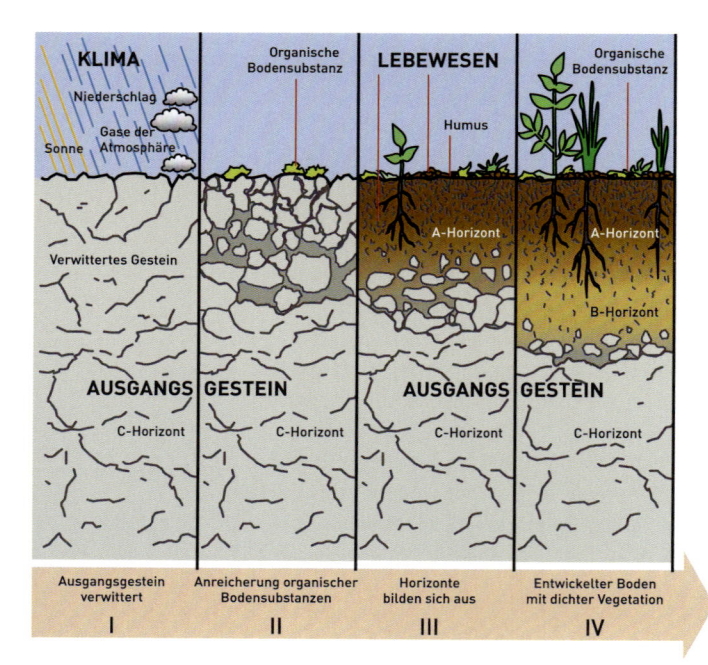

Vegetation

A-Horizont
- Auch **Oberboden** oder **Auswaschungshorizont** genannt
- Mit Humus angereichert
- Neubildung von **Huminstoffen**
- Stark belebt und durch **Huminstoffe** dunkel gefärbt
- Enthält leicht lösliche und auswaschbare Nährstoffe und Mineralien
- Durch falsche Bodenbearbeitung und Erosion gefährdet

B-Horizont
- Auch **Unterboden** oder **Anreicherungshorizont** genannt
- Mit Mineralien aus dem A-Horizont (Einschwemmung) oder dem C-Horizont (Verwitterung) angereichert
- **Neubildung** von Tonmineralien, Eisen- und Aluminiumoxiden
- Bräunliche bis rost-bräunliche Färbung
- Meist wenig Humusanteile und wenig belebt

C-Horizont
- Unverwittertes Ausgangsgestein, d.h. fester Fels oder Lockergestein (z.B. Moräne, Schotter)

Die sechs Bodenbildungsfaktoren beeinflussen die Entstehung der mineralischen und organischen Bodensubstanz durch folgende ab- und aufbauende Bodenbildungsprozesse.

Relief	Klima	Zeit	Ausgangsgestein	Lebewesen	Mensch
▼				▼	
Abbauprozess: Verwitterung von Gestein Das Ausgangsgestein zerfällt bei der chemischen und physikalischen Verwitterung in seine anorganischen **Mineralstoffe** (z.B. Salze aus den Elementen N, P, K, Ca, Mg, Fe), die teilweise weiter zerkleinert und in der Form von **Kationen** freigesetzt werden. Von den häufigsten Mineralien können beispielsweise Feldspäte und Glimmer leicht verwittern und gelöst werden. Quarz ist dagegen sehr verwitterungsresistent und kann chemisch kaum verändert werden.			**Abbauprozess: Verwesung abgestorbener organischer Substanz** In Tieren und Pflanzen enthaltene organische **Nährstoffe** (Kohlenhydrate, Proteine und Fette) und anorganische **Mineralstoffe** (z.B. Salze aus den Elementen N, P, K, Ca, Mg, F) werden zerkleinert und in der Form von **Kationen** und **Anionen** freigesetzt. **Ionen** sind Atome oder Atomgruppen, die entweder positiv oder negativ geladen sind. **Kationen** sind positiv geladene Ionen (z.B. Kaliumion K^+), **Anionen** sind negativ geladene Ionen (z.B. Chloridion Cl^-).		
+			+		
Aufbauprozess: Mineralneubildung Einerseits können sich aus den freigesetzten Kationen von Feldspäten und Glimmern neue Mineralien, die **Tonmineralien**, bilden. Andererseits kristallisieren aus der Bodenlösung die **Oxide** oder andere Mineralien aus (z.B. Calciumcarbonat). Die Neubildung von Tonmineralien und von Oxiden dominiert in unseren Breiten im B-Horizont und bewirkt dort die typisch braune Farbe.			**Aufbauprozess: Humifizierung** Durch Humifizierung bauen sich aus den freigesetzten Kationen und Anionen von Tier- und Pflanzenresten neue Stoffe auf, die **Huminstoffe** und **Humusstoffe**. Dies sind braun bis schwarz gefärbte Stoffe, die vorwiegend im Humus des A-Horizonts vorkommen und sehr unterschiedlich zusammengesetzt sind (z.B. Fulvosäuren, Huminsäuren).		
▼			▼		
Mineralische Bodensubstanz Bildet sich über Jahrhunderte bis Jahrtausende.			**Organische Bodensubstanz** Bildet sich über Jahre bis Jahrzehnte.		

Abb. 8.3
Mineralische und organische Bodensubstanz bilden sich über Ab- und Aufbauprozesse

Die Bodensubstanz wird von Bodenlebewesen durchmischt und durch Sickerwasser ausgewaschen. Dadurch kommt es zur Verlagerung von mineralischer und organischer Substanz im Bodenprofil. In fruchtbaren Böden mit hohem Humus- und Tongehalt führt die **Gefügebildung** zu einer vorteilhaften Bodenstruktur aus stabilen Einheiten, den sogenannten Krümeln (vgl. Abschnitt 8.4.3).

8.4 Bodenfruchtbarkeit

Unter **Bodenfruchtbarkeit** versteht man die Fähigkeit des Bodens, den Pflanzen als Standort zu dienen und ein ertragreiches und gesundes Wachstum zu ermöglichen. Entscheidend für die Bodenfruchtbarkeit ist die Fähigkeit des Bodens, die Kationen und Anionen aus der organischen und mineralischen Substanz zu binden, zu speichern und den Pflanzen bei Bedarf abzugeben.

8.4.1 Mineralische Bodensubstanz: Tonmineralien

Unter den Bodenmineralien sind die **Dreischichttonmineralien** (z. B. Smectite, Vermiculite) die bedeutendsten für die Bodenfruchtbarkeit, da ihre **Kationenaustauschkapazität** sehr hoch ist, d. h., sie können viele Kationen an ihrer Oberfläche binden und bei Bedarf wieder abgeben. Zudem können die Dreischichttonmineralien durch Quellen und Schrumpfen ihre Grösse verändern, was die Durchlüftung, die Durchwurzelbarkeit und die Stabilität des Bodens verbessert. Sie kommen vor allem in den Böden der mittleren Breiten vor. Die **Zweischichttonmineralien** (z. B. Kaolinit) können bei Eintritt von Wasser nicht quellen und haben eine geringere Kationenaustauschfähigkeit, womit weniger Nähr- und Mineralstoffe im Boden gespeichert werden können. Sie herrschen in den Böden der immerfeuchten Tropen und in den niederschlagsreichen Teilen der Feuchtsavannen vor.

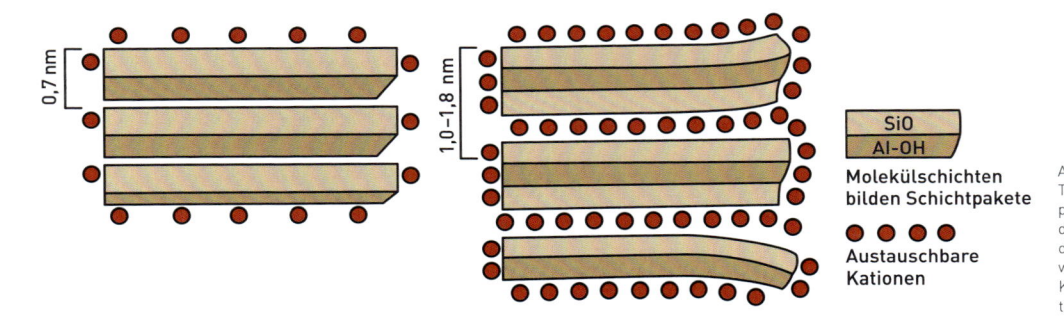

Abb. 8.4
Tonmineralien sind meistens plättchenförmig aufgebaut, d. h., sie weisen zwei oder drei Molekülschichten auf, welche sehr unterschiedliche Kationenaustauschkapazitäten aufweisen.

8.4.2 Organische Bodensubstanz: Huminstoffe

Die **Huminstoffe** haben eine doppelt so grosse Kationenaustauschkapazität wie die Tonmineralien und können viel mehr Wasser und Sauerstoff an ihrer Oberfläche anlagern. Durch ihre dunkle Farbe erhöhen sie auch die Bodentemperatur. Durch diese Eigenschaften sind Huminstoffe für die Bodenfruchtbarkeit sehr bedeutend. Indem sich Huminstoffe und Tonmineralien zu **Ton-Humus-Komplexen** verbinden, können sie weniger gut mit dem Sickerwasser ausgewaschen werden.

8.4.3 Bodenstruktur

Zerdrückt man fruchtbaren Oberboden zwischen den Fingern, zerfällt er in der Regel in einige Millimeter grosse, unregelmässig geformte Teile, die **Krümel**. Krümel kommen nur in fruchtbaren und belebten Oberböden als wichtige Grundbausteine vor. Sie sind vergleichbar mit den Zellen einer Pflanze, in der alle wesentlichen Funktionen wie Atmung und Aufbau von Zucker und Stärke ablaufen. Im gesunden Bodenkrümel werden Wasser, Nähr- und Mineralstoffe gespeichert, und auf der Oberfläche wird organisches Material abgebaut. Fehlt diese gräulich-schwarze Humushülle, fällt der Krümel mit den Ton-Humus-Teilchen auseinander. Auf und in der Humushülle spielt sich ein grosser Teil des Bodenlebens ab. Hier findet man Bakterien, Pilzfäden und Bodenorganismen. Die Wurzeln der Pflanzen umwachsen die Krümel und können die reich vorhandenen Nähr- und Mineralstoffe und das Wasser mit ihren feinen Wurzelhärchen aus dem Innern aufnehmen. Die Krümel werden hauptsächlich durch Regenwürmer gebildet, wobei ein hoher Gehalt

Bodenfruchtbarkeit

an organischer Substanz und Ton die Krümelbildung fördern. Beispielsweise führt das Quellen und Schrumpfen von Dreischichttonmineralien auch zur Krümelbildung. Die Krümel sind für das Bodenleben, die Bodenfruchtbarkeit und den Wasserhaushalt im Boden wichtig. Durch intensives und tiefes Pflügen zerfallen die Krümel zu Feinerde, welche die Wurzeln verkleben, sodass sie keinen Sauerstoff mehr erhalten und ersticken. Zudem kann das Niederschlagswasser schlechter versickern, was Verschlämmung und Bodenerosion zur Folge hat. Heute wird der Boden daher zunehmend oberflächennah bearbeitet (konservierende Bodenbearbeitung), oder die Saat wird direkt in den unbearbeiteten Boden abgelegt (Direktsaat, vgl. Abschnitt 8.7).

■□ Abb. 8.5
Bodenkrümel und Regenwurm

□■ Abb. 8.6
Wenn es regnet, löst das erste Regenwasser Nährstoffe aus der Oberfläche des Bodens und wird dadurch nährstoffreich. Die Krümel saugen das Wasser zügig auf. Damit werden Nährstoffe ins Innere der Krümel gesogen und bleiben darin gebunden. Die Konzentration der Nährstoffe im Bodenwasser nimmt nach unten wieder stark ab und entspricht am Ende etwa der Konzentration des Regenwassers. Selbst wenn alles Sickerwasser abgeflossen ist, können die Pflanzen das gespeicherte Wasser und die Nähr- und Mineralstoffe aus den Krümeln saugen.

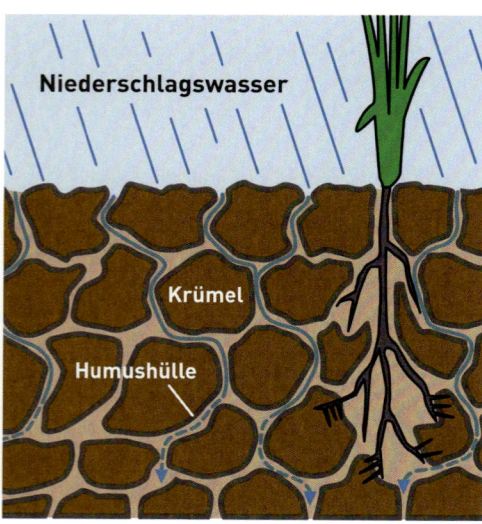

8.4.4 Weitere Faktoren der Bodenfruchtbarkeit

Die gesamten Bodenbildungsprozesse und die Verfügbarkeit und Speicherfähigkeit der Pflanzennährstoffe und Mineralstoffe werden durch den **pH-Wert** gesteuert. Mit dem pH-Wert wird die Säurekonzentration in der Bodenlösung angegeben. Pflanzen gedeihen bei einem bestimmten pH-Wert optimal. Bei tiefem pH-Wert (saure Böden) ist die chemische Verwitterung erhöht, die Bodenorganismen sind weniger aktiv und weniger zahlreich, und die Nähr- und Mineralstoffe werden schneller ausgewaschen. Neben der Kationenaustauschkapazität, der Bodenstruktur und dem pH-Wert sind für die Bodenfruchtbarkeit auch das Klima, die chemische Zusammensetzung des Muttergesteins, der Humusgehalt des Bodens, die Aktivität der Bodenorganismen und ein genügend grosser Anteil an Hohlräumen für die Sauerstoff- und Wasserversorgung von grosser Bedeutung.

8.4.5 Bodenfruchtbarkeit im tropischen Regenwald

Gleichmässige Bodenfeuchtigkeit, genügend Wärme und Sauerstoffzutritt fördern die Verwesung der organischen Pflanzen- und Tierreste sowie die Verwitterung des Ausgangsgesteins. Der Umsatz der organischen und mineralischen Substanz in den Böden der immerfeuchten Tropen ist sehr hoch, und es entwickelt sich nur eine geringmächtige Humusauflage. Die Mineralstoffe und Nährstoffe stehen schnell zur Verfügung, müssen aber auch rasch aufgenommen werden, da sie durch die Zweischichttonmineralien kaum gespeichert werden können. Durch das starke Pflanzenwachstum in den immerfeuchten Tropen sind Nähr- und Mineralstoffe hauptsächlich in den Pflanzen gespeichert, während sie in unseren Breiten vorwiegend im Boden vorhanden sind. Zudem liegt das Ausgangsgestein in den Tropen so tief, dass von dort keine Mineralstoffe in den Wurzelbereich der Pflanzen nachgeliefert werden können. Nach der Abholzung des Regenwaldes sind im Boden also nur geringe Mengen Nähr- und Mineralstoffe für den Anbau von Nutzpflanzen gespeichert. Nach ca. 2 bis 4 Jahren sind diese Böden daher nicht mehr fruchtbar und müssen mit der Anpflanzung von Regenwald über 30 bis 40 Jahre regeneriert werden.

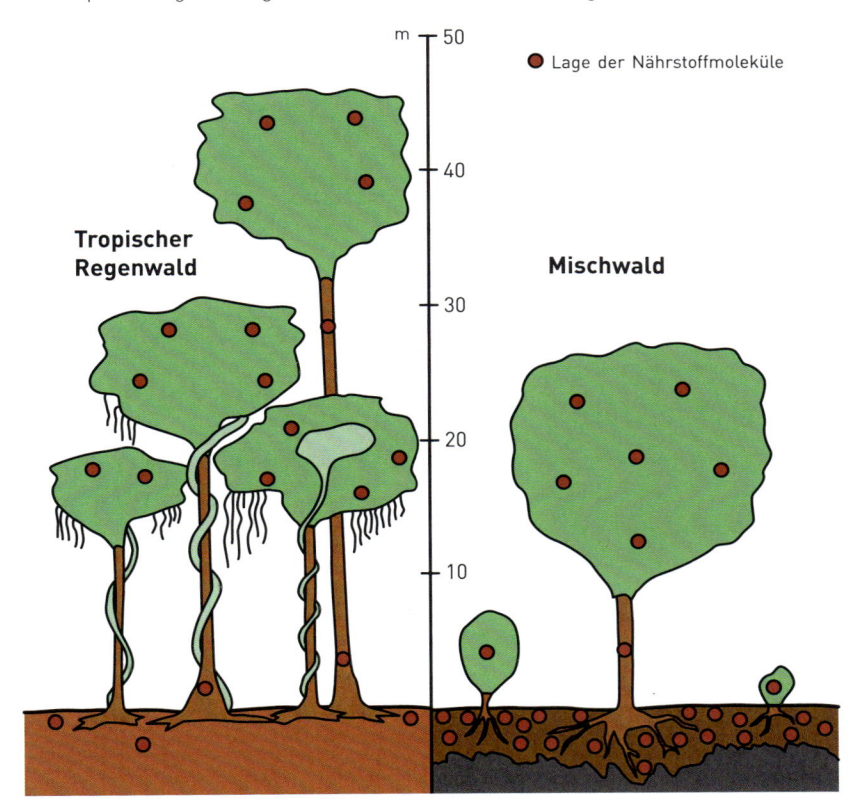

Abb. 8.7
Modell der Nährstoff- und Mineralstoffverteilung im tropischen Regenwald und im Mischwald der gemässigten Breiten

Jährlich schrumpft der tropische Regenwald um 120 000 km², was rund dreimal der Fläche der Schweiz (41 285 km²) entspricht. Die Bodeneigenschaften in den feuchten Tropen und der für die Regenwälder typische Nährstoffkreislauf bewirken, dass Kahlschläge von grösserem Ausmass katastrophale Folgen haben. Der Nährstoffkreislauf wird unterbrochen, die Böden sind nicht mehr fruchtbar und werden ohne Vegetationsbedeckung in diesem regenreichen Klima schnell abgeschwemmt. Mit der Abholzung wird zudem der Wasserkreislauf gestört, was einerseits die Hochwassergefahr bei Starkniederschlag erhöht und andererseits zu Dürregefahr in niederschlagsarmen Perioden führt.

8.5 Wichtige Bodentypen

Ein **Bodenprofil** reicht von der Erdoberfläche bis in die Tiefe des unveränderten Ausgangsgesteins und zeigt die unterschiedlich gefärbten Bodenhorizonte. Böden mit gleicher Abfolge und Ausprägung der Bodenhorizonte widerspiegeln den gleichen Entwicklungsstand bei gleichartigen Bodenbildungsfaktoren (Klima, Ausgangsgestein, Vegetation, Tierwelt, Zeit und Relief) und werden zu bestimmten **Bodentypen** zusammengefasst. In der Schweiz sind die häufigsten Bodentypen im Jura die Rendzina, im Mittelland die Braunerde und in den Alpen der Podsol. Zudem kommt in Lagen mit einem Wasserüberschuss der Gley häufig vor.

Wichtige Bodentypen

Abb. 8.8
Rendzina im Schitterwald,
Weissenstein,
Kanton Solothurn

Rendzina

Vorkommen: häufigster Bodentyp im Jura und in den kalkhaltigen Alpen
Klima: gemässigt-humides Klima
Ausgangsgestein: kalkhaltiges Gestein
pH-Wert: neutral bis alkalisch, wegen des Kalks
A-Horizont: Die Humusschicht ist mässig dick und liegt oft direkt auf dem unverwitterten Ausgangsgestein.
Mineralerdehorizont: Durch die Kohlensäureverwitterung wird der Kalk mit dem Sickerwasser weggeführt. Die mineralische Bodensubstanz besteht daher aus noch ungelösten Kalksteinen und unlöslichen feinkörnigen Tonanreicherungen. Aus diesem Grund ist der B-Horizont vielfach nicht vorhanden bzw. braucht sehr lange, um sich herauszubilden.
Besonderes: Rendzinen sind sehr wasserdurchlässig und neigen daher zur Austrocknung. Sie sind häufig mit vielen Kalksteinen durchsetzt, die dem Boden den Namen Rendzina (poln. «rzedzic» = Geräusch der Steine beim Pflügen) gegeben haben.

Abb. 8.9
Braunerde auf dem
Buchberg, Marthalen,
Kanton Zürich

Braunerde

Vorkommen: häufigster Bodentyp im Mittelland
Klima: gemässigt-humides Klima
Ausgangsgestein: kalkfreies Gestein wie Granit, Sandstein und Schiefer sowie Moräne- und Schotterablagerungen der Alpen.
pH-Wert: sauer, weil Kalkgestein in diesem Boden fehlt oder die Bodenbildung weit fortgeschritten ist.
A-Horizont: Das organische Material wird rasch abgebaut, mit der mineralischen Substanz völlig vermischt und erhält dadurch eine dunkle, braungraue Farbe. Mit dem Sickerwasser werden Kationen und Anionen der organischen und mineralischen Substanz ausgewaschen.
B-Horizont: Aus den eingeschwemmten Stoffen der Bodenlösung oxidieren einerseits die eisenhaltigen Mineralien, und andererseits bilden sich neue Tonmineralien, was die typisch braune Farbe des B-Horizontes ergibt.
Besonderes: Braunerden haben in der Regel ein gutes Wasser- und Nährstoffspeichervermögen, eine hohe Aktivität der Bodenorganismen, sind tief durchwurzelt und gut durchlüftet und ermöglichen das Wachstum einer reichhaltigen Flora. Sie sind daher für die Landwirtschaft gut geeignet.

Abb. 8.10
Podsol im Grubenwald,
Schwarzenberg,
Kanton Luzern

Podsol (Bleicherde)

Vorkommen: häufigster Bodentyp in den Alpen, hauptsächlich in Nadelwaldgebieten
Klima: kühl-humides Klima
Ausgangsgestein: kalkfreies Gestein
pH-Wert: sehr sauer
Oberboden: Das organische Material wird sehr langsam abgebaut und häuft sich als unzersetzter Humus an. Die im Sickerwasser gelösten, aggressiven, stark sauren Huminsäuren waschen Humus, Eisen- und Aluminiumverbindungen aus dem Oberboden aus.
Unter dem unzersetzten, dunklen Humus entsteht im Auswaschungshorizont eine hellgraue Schicht, die dem Boden den Namen gibt (russ. «pod» = unten; «zolá» = Asche).
Anreicherungshorizont: Durch das Einschwemmen und Ausfällen von Humus und Metallverbindungen färbt sich dieser Horizont rostrot.
Besonderes: Podsole sind extrem nährstoffarm und daher für die Landwirtschaft meistens ungeeignet.

Gley

Vorkommen: an allen Standorten mit hohem Grundwasserstand oder Hangwasser (russ. «Gley» = Sumpf)
Klima: gemässigt-humides Klima
Ausgangsgestein: auf jedem Gestein
pH-Wert: unterschiedlich
Oberboden: Die abgestorbenen Pflanzen werden nur langsam zersetzt, weil praktisch der gesamte Porenraum mit Wasser gefüllt ist und daher nur wenig Luft für die Bodenorganismen und für die Oxidation des organischen Materials übrig bleibt.
Unterboden: In den wechselfeuchten oberen Bereichen führt die Oxidation der eisenhaltigen Mineralien zu rostfarbenen Flecken. Die grünlich-bläulichen Flecken entstehen in tieferen Bereichen mit dauernder Vernässung und Sauerstoffmangel aufgrund der Reduktion der eisenhaltigen Mineralien.
Besonderes: Grund- und Hangwasser führen dem Gleyboden mindestens so viel oder mehr gelöste Stoffe zu, als aus ihm ausgeführt werden. Steigt das Grundwasser nicht zu hoch, ist daher ein Gleyboden trotz schlechter Durchlüftung und reduzierter biologischer Aktivität für die Landwirtschaft nutzbar. Ausserdem ist in vielen Gleyböden das Grundwasser durch Melioration abgesenkt worden.

Abb 8.11
Gley auf dem Gottschalkenberg, Ratenpass, Kanton Zug

Schwarzerde (Tschernosem)

Vorkommen: in kontinentalen Steppengebieten (z. B. Nordamerika und GUS)
Klima: semiarides, winterkaltes Klima
Ausgangsgestein: kalkhaltiges, feines Lockergestein (z. B. Löss)
pH-Wert: neutral bis schwach alkalisch
A-Horizont: Im Frühjahr liefert die Steppenvegetation die organische Substanz für eine starke Humusbildung. Die Sommerdürre und die Winterkälte unterbrechen den bakteriellen Abbau aber immer wieder, sodass ein 50 bis 80 cm mächtiger, schwarzer und humusreicher Oberboden entstehen kann. Steppentiere (Hamster, Wühlmäuse) arbeiten Humusstoffe tief in den Boden ein, sodass der humose Oberboden direkt auf das Ausgangsgestein zu liegen kommt.
B-Horizont: Durch die starke Tätigkeit der Steppentiere kaum bis schwach vorhanden.
Besonderes: Der gute Luft- und Wasserhaushalt der Schwarzerde ist den Steppentieren, die den Boden aufwühlen, zu verdanken. Zudem sorgt der hohe Gehalt an Huminstoffen und Ton für eine gute Kationenaustauschkapazität und Wasserspeicherfähigkeit. Die Bodenfruchtbarkeit ist daher extrem hoch.

Abb. 8.12
Schwarzerde im Umland von Moskau, Russland

Ferralsol (tropische Roterde)

Vorkommen: in Gebieten des immerfeuchten tropischen Regenwaldes und Teilen der Feuchtsavanne
Klima: heisses, immerfeuchtes Klima
Ausgangsgestein: liegt für die Pflanzenwurzeln in unerreichbarer Tiefe und hat daher für ihre Versorgung mit mineralischer Substanz keine Bedeutung.
pH-Wert: schwach bis stark sauer
A-Horizont: Weil das organische Material durch die hohen Temperaturen und Niederschläge schnell zersetzt wird, ist der Oberboden nicht sehr mächtig. Die Vegetation nimmt die entstandenen Nährstoffe nahezu vollständig auf.
B-Horizont: Durch die intensive chemische Verwitterung kommt es zu einem mehrere Meter mächtigen B-Horizont mit einer Anreicherung von Aluminium- und Eisenoxiden, was zur intensiven Rotfärbung führt. Tropische Roterden können bis zu 100 Meter mächtig sein, da sie über mehrere 100 000 Jahre entstanden sind und das Ausgangsgestein dabei fast vollständig verwittert ist.
Besonderes: Diese Böden sind generell nährstoffarm, weil mit der hohen Temperatur und Feuchtigkeit die mineralische Bodensubstanz bis in grosse Tiefen verwittert ist und die organische Bodensubstanz schnell zersetzt und ausgewaschen wird.

Abb. 8.13
Ferralsol in Akonolinga (östlich von Yaoundé), Kamerun

8.6 Bodennutzung

Die Neubildung von Boden erfolgt mit durchschnittlich einem Zentimeter pro 100 Jahre sehr langsam. Daher kann das Ökosystem Boden nach einer Zerstörung oder Verletzung nicht durch rasche Massnahmen wiederhergestellt werden. Der Mensch ist auf die Nutzung von Boden zur Ernährung und zum Wohnen angewiesen und muss entsprechend sorgfältig mit ihm umgehen.

Der Mensch hat stets versucht, mit Methoden der **Bodenverbesserung** oder **Bodenmeliorierung** den Ertrag von landwirtschaftlich genutzten Böden zu steigern:

- Beim **Pflügen** wird die Erde gelockert, gemischt und als Saatbett vorbereitet.
- Beim **Terrassieren** werden Hänge für die Landwirtschaft nutzbar gemacht, und es wird die Bodenerosion vermindert.
- Mit der **Düngung** werden dem Boden und den Pflanzen mineralische oder organische Stoffe zugeführt, die das Wachstum der Pflanzen fördern. Über Jahrhunderte versorgte man die Böden mit **organischem Dünger** wie Stallmist, Kompost, Gülle oder Gründünger. Mit der Anwendung von **mineralischen Düngern** (Stickstoff, Phosphat, Kalisalz) konnte man vor rund 150 Jahren die Pflanzenerträge um mehr als das Zehnfache erhöhen.
- Bei der Kalkung des Bodens führt man einem sauren Boden gemahlenen Kalkstein zu und kann so seinen pH-Wert erhöhen.
- Zur **Entwässerung** des Bodens legt man bei der **Drainage** unterirdisch Kunststoffröhren mit Löchern in den Boden, um die pflanzenschädliche Bodennässe zu beseitigen oder eine Versalzung des Bodens zu verhindern.
- Mit der **Bewässerung** versorgt man die Pflanzen über den natürlichen Niederschlag hinaus mit Wasser. Bei der **Berieselung** dringt das Wasser über ein System von Gräben seitlich in den Boden ein, oder das Kulturland wird vollständig überschwemmt (z. B. Terrassenfeldbau beim Reisanbau). Bei der **Beregnung** werden die Anbauflächen mit Wasser besprengt (z. B. Gartenbau), wobei mehr Wasser durch die Verdunstung verloren geht als bei der Berieselung. Die **Tröpfchenbewässerung** ist ein Wasser sparendes Verfahren, das in ariden Gebieten und in Gewächshäusern angewandt wird. Über- oder unterirdisch verlegte Rohr- oder Schlauchleitungen führen den Pflanzen eine genau dosierte Wassermenge tropfenweise zu. Damit kann in ariden Gebieten die Versalzung des Bodens weitgehend vermieden werden.
- Im Rahmen eines Fruchtfolgezyklus landwirtschaftlich nicht genutztes Ackerland bezeichnet man als **Brache**. Bei der **Schwarzbrache** wird durch wiederholtes Umbrechen des Bodens ein Pflanzenwuchs verhindert und damit der Wasservorrat im Boden konserviert. Bei der **Grünbrache** lässt man die Gras- und Krautvegetation wachsen und arbeitet dann das organische Material in den Boden ein, um die Humusbildung und Bodenstruktur zu verbessern.

Für den **Bodenschutz** existieren in der Schweiz gesetzliche Grundlagen. Die Erhaltung der Bodenfruchtbarkeit wird über das Umweltschutzgesetz und über die Verordnung zur Belastung des Bodens gesetzlich geregelt und anhand von vorgegebenen Werten kontrolliert. Der Schutz vor ungeordneter Überbauung ist Gegenstand des Raumplanungsgesetzes.

Durch die zunehmend intensive landwirtschaftliche Nutzung hat die **Bodenbelastung** weltweit zugenommen. Zudem schreitet die **Bodenzerstörung** oder **Bodendegradation** auch durch die Ausbreitung der Siedlungsgebiete und der Verkehrsbauten stark voran.

Bodenversiegelung

Die Bodenversiegelung erfolgt durch die Bedeckung der Böden mit wasserundurchlässigen Substanzen wie Asphalt, Beton oder Gebäuden. Diese Areale haben ihre Funktion als Pflanzenstandort, als Lebensraum für Organismen und ihre Funktion als Grundwasserspeicher und -filter verloren. In innerstädtischen Gebieten sind heute bis zu 90 Prozent der Gesamtfläche versiegelt. In der Schweiz werden pro Sekunde 0,86 m^2 Baufläche umgewandelt.

Abgrabung und Überschüttung

Bei der Gewinnung von Bodenschätzen im Bergbau und bei Baumassnahmen werden Böden vernichtet, von Deponien überdeckt, zum Teil aber auch horizontweise abgetragen und nach der Beanspruchung wieder hergestellt (Bodenrekultivierung).

Bodenverdichtung

In der Landwirtschaft und im Baugewerbe kommen immer schwerere Maschinen zum Einsatz, was zu einer Verdichtung des Bodens führen kann. Durch den verringerten Hohlraum des Bodens wird der Lebensraum der Bodenorganismen gestört, das Wurzelwachstum gehemmt und der Luft- und Wasserhaushalt beeinträchtigt. Infolge des erhöhten Oberflächenabflusses nimmt zudem die Bodenerosion zu.

Bodenerosion

Die Abtragung lockerer Bodenteile durch Wasser und Wind wird durch unsachgemässe Bodenbewirtschaftung und fehlende Vegetationsdecke begünstigt oder ausgelöst. Die Abnahme der Bodenmächtigkeit führt zu einer verminderten Puffer- und Filterfunktion, wobei auch die Speicherkapazität für Wasser, Nähr- und Mineralstoffe abnimmt und der Wurzelraum reduziert wird. In Trockengebieten der Erde führt die Bodenerosion zur Desertifikation und damit zur Ausbreitung der Wüsten.

■ □ Abb. 8.14
Bodenversiegelung

□ ■ Abb. 8.15
Bodenrekultivierung

■ □ Abb. 8.16
Vernässte Traktorspuren

□ ■ Abb. 8.17
Bodenerosion auf strukturlabilen Ackerflächen

■ □ Abb. 8.18
Boden mit Salzkrusten in Bolivien

□ ■ Abb. 8.19
Pestizideinsatz in der Landwirtschaft

Überdüngung

Einerseits belasten die Begleitstoffe im Dünger (z. B. Schwermetalle) den Boden und führen zu einer Bodenkontamination, und andererseits können übermässige Düngergaben von den Pflanzen nicht aufgenommen werden und belasten das Grundwasser, die Flüsse, die Seen und die Meere (z. B. Nitrat und Phosphor).

Bodenkontamination

Als Bodenkontamination bezeichnet man die unerwünschte Verunreinigung und Anreicherung von Fremd- und Schadstoffen im Boden. Die bedeutendsten Quellen sind:
- **Stäube** von Fahrzeugen und Industrien,
- **Schwermetalle** von Fahrzeugen, Industrien, Klärschlamm, Kompost, Gartendünger und Pestiziden,
- **Pestizide** (Pflanzenbehandlungsmittel) aus der Landwirtschaft und aus dem Gartenbau,
- **Salze** von anorganischen Düngungsmitteln und von Streusalzen entlang von Strassen.

Versalzung

Bei der Verdunstung steigen gelöste Stoffe (v. a. Salze) mit dem Wasser in den Oberboden auf, fällen dort aus und führen zu einer Salzanreicherung bis hin zur Bildung einer dicken Kruste. Die Bewässerung in ariden Gebieten fördert die Versalzung der Böden.

8.7 Bodenerosion in der Schweiz

Der Ackerbau verstärkt die Bodenerosion zwangsläufig, da unbewachsener Boden der angreifenden Wirkung von Regentropfen und abfliessendem Wasser ungeschützt ausgesetzt ist. **Bodenerosion durch Wind** tritt in der Schweiz kaum auf. Auch bei einer geschlossenen Vegetationsdecke verursacht die **Erosion durch Wasser** in der Schweiz kaum Bodenschäden. Fachleute schätzen hier die Abschwemmung humushaltiger Feinerde auf weniger als 0,03 Millimeter pro Jahr. Durch die Bodenbearbeitung nehmen die Bodenverluste um das Zehn- bis Fünfzigfache zu. Offene Ackerflächen an Hanglagen verlieren nach extremen Niederschlägen jährlich bis zu 50 Tonnen Erde pro Hektare. Auf der gleichen Fläche beträgt die Bodenneubildung nur 0,2 bis 1 Tonne pro Jahr. Die humushaltige Bodensubstanz und die Bodenfruchtbarkeit nehmen ab bis hin zur völligen Bodenzerstörung. Die Bodenerosion in der Schweiz geschieht im Unterschied zu Prozessen in Tropen und Subtropen (z. B. in Afrika) schleichend und meist unbemerkt über lange Zeiträume. Bis zu 40 Prozent der Ackerfläche der Schweiz sind heute von Erosion betroffen. Nach intensiven Regenfällen können wir auf Ackerflächen verschiedene **Bodenerosionsformen** erkennen (vgl. Abb. 8.20).

Abb. 8.20
■ ☐ ☐ Flächenerosion
☐ ■ ☐ Rillenerosion und
☐ ☐ ■ Grabenerosion
in der Schweiz

Bodenerosionsschäden führen zu ökologischen, ökonomischen und gesellschaftlichen Problemen:
- Pflanzen und Aussaat gehen im Abtragungsgebiet durch Erosion und im Ablagerungsbereich durch Überschlämmung verloren.
- Die Bodenfruchtbarkeit nimmt durch den Abtrag von Humus und Nährstoffen ab.
- Die geringere Bodenmächtigkeit führt zu reduziertem Wurzelraum für die Pflanzen.
- Durch die geringere Mächtigkeit nimmt die Speicherkapazität für Wasser und Nährstoffe im Boden ab.
- Durch die geringere Mächtigkeit können weniger Nährstoffe und Pestizide gespeichert, umgewandelt bzw. abgebaut und somit gefiltert werden; sie gelangen ins Grundwasser.
- Dünger und Schadstoffe gelangen in benachbarte Ökosysteme (z. B. Seen, Flüsse, Naturschutzgebiete).
- Die Lebensbedingungen für die Bodenorganismen verändern sich.

Da die Bodenerosion die Bodenfruchtbarkeit und damit den Ertrag empfindlich vermindert, werden heute in der Schweiz verschiedene **bodenkonservierende Massnahmen** umgesetzt:
- Um möglichst das ganze Jahr hindurch eine schützende Vegetationsdecke zu erreichen, werden anstelle der Brache bodenerhaltende und bodenverbessernde Pflanzen (z. B. Klee) angebaut.
- Felder werden in Streifen quer zum Hang aufgeteilt und wechselweise mit erosionsanfälligen Kulturen (z. B. Mais) und bodenerhaltenden Kulturen (z. B. Wiesen) angebaut.
- Kulturen mit einem hohen Anteil an vegetationsloser Fläche (z. B. Mais, Reben) werden mit einer Untersaat ergänzt.
- Indem quer zum Hang gepflügt wird, kann die flächenhafte Abspülung verlangsamt und das Eindringen des Wassers in den Boden verbessert werden.
- Die Bodenverdichtung durch schwere Maschinen wird nach Möglichkeit reduziert, damit das Niederschlagswasser versickern kann und nicht als abfliessendes Oberflächenwasser zu Erosionsschäden führt.
- Durch organische Düngung, Bodenlockerung und konservierende, d. h. pfluglose Bodenbearbeitung wird die Verschlämmung und Verkrustung der Bodenoberfläche vermieden und eine gute Infiltration sowie ein guter Luft- und Wasserhaushalt im Boden geschaffen bzw. beibehalten. Bei intakter Bodenstruktur und intakten Porenräumen kann das Saatgut mit speziellen Direktsämaschinen ohne jegliche Bearbeitung in den unbearbeiteten Boden abgelegt werden (Direktsaat).

Weiterführende Literatur
CHEMNITZ C., WEIGELT J., 2015: Bodenatlas. Daten und Fakten über Acker, Land und Erde. Le Monde diplomatique.
LÜSCHER P., LUSTER S., BLASER P., ZIMMERMANN S., 2006: Waldböden der Schweiz, Band 3. Ott, Bern.
SCHEFFER F./SCHACHTSCHABEL P., 2010: Lehrbuch der Bodenkunde. Spektrum, Heidelberg.
ZECH W., SCHAAD P., HINTERMAIER-ERHARD G., 2014: Böden der Welt. Ein Bildatlas. Springer Spektrum, Heidelberg.

9 Naturgefahren

Fabian Piller, Matthias Probst

Der Mensch hat zwei Perspektiven auf Naturgefahren. Einerseits betrachtet er den Raum, in dem die Naturereignisse stattfinden, als wild und schön. Andererseits erkennt er die gefährliche Seite der Natur, die Schäden verursacht. Inwieweit beide Bilder für den einzelnen Menschen eine Rolle spielen, hängt stark von der Erfahrung im Umgang mit Naturereignissen ab. Ein Wildbach kann zu einer malerischen Gebirgslandschaft gehören, jedoch auch ein potenzieller Verursacher von Schäden sein.

9.1 Umgang mit Naturgefahren

9.1.1 Naturgefahren in der Schweiz
Grundsätzlich schliessen Naturgefahren alle Vorgänge und Einwirkungen der Natur ein, die für den Menschen und für Sachwerte schädlich sein können. Eine wichtige Voraussetzung für die Entstehung von Naturgefahren in der Schweiz ist das topografisch vielfältig gegliederte Relief in den Alpen, im Jura und Mittelland. Insbesondere im Gebirgsraum wechseln sich auf kurzen Distanzen Täler und Bergketten mit steilen Hangflanken ab. Entsprechend oft ist die Schweiz von Hochwasser, Stein- und Blockschlag, Rutschung, Murgang, Sturm und Lawine betroffen. Weniger häufig sind Fels- und Bergsturz sowie Trockenheit, Hitze- oder Kältewellen, noch seltener sind starke Erdbeben. Folgende in der Schweiz auftretende Naturgefahren werden unterschieden:

- **Gravitative Naturgefahren:** Hochwasser, Murgang, Rutschungen, Sturzprozesse und Lawinen (vgl. Abschnitte 9.3 bis 9.7)
- **Klimatisch-meteorologische Naturgefahren:** Trockenheit, Hitzewellen, Kältewellen, Sturm, Starkregen, Hagel, Blitzschlag (vgl. Kapitel 4, Wetter und Klima)
- **Tektonische Naturgefahren:** Erdbeben (vgl. Kapitel 6, Geologie)

9.1.2 Naturgefahr und Risiko
Beim Jahrhundert-Unwetter im August 2005 ereignete sich in Brienz ein Murgang mit verheerenden Folgen: Zwei Menschen kamen ums Leben und 48 Häuser wurden zerstört oder beschädigt, die Schadenssumme betrug 30 Millionen Franken.

■ ☐ Abb. 9.1
Brienz mit Einzugsgebiet Glyssibach, 1927

☐ ■ Abb. 9.2
Brienz mit Einzugsgebiet Glyssibach, nach Murgang 2005

«Katastrophen kennt allein der Mensch, sofern er sie überlebt. Die Natur kennt keine Katastrophen.» Mit diesen Worten zeigt Max Frisch auf, was den Umgang mit Naturereignissen prägt; Naturgefahren werden aus der Sicht des Menschen definiert. **Naturgefahren** sind sämtliche Vorgänge in der Natur, die für Mensch, Siedlung, Kulturlandschaft oder Infrastruktur schädlich sein können. Um Naturgefahren an einem bestimmten Ort zu erfassen, werden Gefahrenpotenzial und Gefährdung bestimmt. Das **Gefahrenpotenzial** eines Gebiets umfasst die Intensität und Wahrscheinlichkeit aller möglichen Naturgefahrenereignisse. Die **Gefährdung** hingegen setzt sich zusammen aus der Intensität eines Ereignisses und dessen Eintretenswahrscheinlichkeit bezogen auf ein bestimmtes Objekt. So setzt sich das Gefahrenpotenzial in der Region Brienz aus der Häufigkeit und Intensität der Naturgefahren Murgang, Sturzprozesse und Hochwasser zusammen (Abb. 9.2). Die Gefährdung von Gebäuden und Infrastruktur im Dorf Brienz ergibt sich aus der Intensität und Eintretenswahrscheinlichkeit dieser Naturgefahren (vgl. Abb. 9.6).

Weiter müssen im Umgang mit Naturgefahren Risiko, Schadenpotenzial und Verletzlichkeit betrachtet werden. Das **Risiko** ist das Produkt aus dem Schadenausmass und der Eintretenswahrscheinlichkeit. Das Ausmass eines möglichen Schadens auf ein bestimmtes Gebiet wird als **Schadenpotenzial** bezeichnet, auf Objekte (z. B. Gebäude, Infrastruktur) oder Menschen als **Verletzlichkeit** (Vulnerabilität). In Brienz ist das Schadenpotenzial zwischen 1927 und 2005 infolge der Siedlungsentwicklung und der Wertekonzentration angestiegen. Nach dem Murgangereignis von 2005 nahm mit den ergriffenen baulich-technischen Massnahmen (z. B. Schutzdamm, Gerinneaufweitung, Ausleitbauwerk) die Eintretenswahrscheinlichkeit ab. Mit gezielten Massnahmen an Gebäuden (Objektschutz) konnte deren Verletzlichkeit reduziert werden. Sämtliche Massnahmen senken das Risiko, d.h. die Eintretenswahrscheinlichkeit, das Schadenausmass und damit auch das Schadenpotenzial (Abb. 9.3 und 9.4).

■ ☐ Abb. 9.3
Massnahmen im Gefahrengebiet Brienz, 2012

☐ ■ Abb. 9.4
Hochwasserschutz Glyssibach, Ausleitbauwerk, Schwanden

Mit dem Klimawandel und der Intensivierung der Raumnutzung (Siedlungsentwicklung, Mobilitätszunahme, Wertsteigerung) nehmen Gefahren- und Schadenpotenzial zu, mit neuen oder erhöhten Risiken als Folge. In Anbetracht solcher Veränderungen muss die Gesellschaft das anzustrebende Sicherheitsniveau entsprechend ihrer Werte und Normen immer wieder aushandeln. Eine absolute Sicherheit ist nicht erreichbar. Das verbleibende Risiko wird in der Schweiz über Versicherungen solidarisch getragen. Aufgrund der Zunahme der Verletzlichkeit und des Schadenpotenzials stösst die Solidarität jedoch an ihre Grenzen und die Eigenverantwortung im Umgang mit Risiken rückt vermehrt ins Zentrum der Diskussion um Naturgefahren (Selbsteinschätzung des Risikos, private Vorsorge, Objektschutz, Verhalten im Ereignisfall u. Ä.). Um optimal auf neue Herausforderungen im Umgang mit Naturgefahren vorbereitet zu sein, wird in der Schweiz das integrale Risikomanagement angewendet.

9.1.3 Integrales Risikomanagement im Umgang mit Naturgefahren
In der Schweiz haben Erkenntnisse zu Gefahrenprozessen und die daraus gezogenen Lehren im vergangenen Jahrzehnt zu einer Anpassung des Umgangs mit Naturgefahren von der Gefahrenabwehr zur Risikokultur geführt. Mit der **Gefahrenabwehr** versucht man das Gefahrenpotenzial zu verkleinern, indem mit vorwiegend baulich-technischen Massnahmen gegen die Gefahr vorgegangen wird. Mit solchen Massnahmen stösst man jedoch an ökonomische, ökologische und technische Grenzen. Mit der **Risikokultur** versucht man hingegen, das Schadenpotenzial zu verkleinern: Die gegenwärtige und geplante Raumnutzung wird dem Gefahrenpotenzial angepasst, indem anhand von Gefahrenkarten das Gefahrengebiet bestimmt und allenfalls gemieden oder sogar verlassen wird.

Umgang mit Naturgefahren

Die Risikokultur wird mit dem **integralen Risikomanagement (IRM)** umgesetzt, das einen ganzheitlichen Umgang mit Naturgefahren anstrebt (Abb. 9.5). Integral ist das Risikomanagement, wenn alle Naturgefahren betrachtet, alle Arten von Massnahmen in die Planung einbezogen, alle Verantwortungsträger an der Planung und Umsetzung von Massnahmen beteiligt und die drei Dimensionen der Nachhaltigkeit (Umwelt, Gesellschaft, Wirtschaft) berücksichtigt werden.

Der Umgang mit Naturgefahren nach IRM hat zum Ziel, die Erstellung und Nutzung von Siedlungen und Infrastrukturen auf die Naturgefahrensituation abzustimmen (Gefahr meiden), die Schutzdefizite im Bereich der Naturrisiken weitgehend zu beheben (Risiken mindern) und verbleibende Risiken zu akzeptieren (Risiken tragen).

Das Konzept des integralen Risikomanagements umfasst drei Aufgabenbereiche:
- **Erfassen: Was kann passieren?**
  Die **Risikoanalyse** beruht auf systematischen und wissenschaftlich abgestützten Verfahren zur Gefahrenerkennung und -beurteilung. Erfasst werden sowohl die Intensität und die Häufigkeit von Naturgefahren als auch die zu erwartenden Schäden (vgl. Abschnitt 9.2).
- **Bewerten: Was darf passieren?**
  In der **Risikobewertung** wird entschieden, welche Risiken als akzeptabel resp. inakzeptabel betrachtet werden. Akzeptabel ist ein Risiko, das als tragbar beurteilt wird.
  Das anzustrebende Sicherheitsniveau ist gesellschaftlich zu verhandeln. Es muss ökologisch vertretbar, ökonomisch tragbar und sozial verträglich sein. Ein absoluter Schutz vor Naturgefahren ist jedoch illusorisch.
- **Steuern: Was ist zu tun?**
  Mit der **integralen Massnahmenplanung** werden Handlungsbedarf und Prioritäten abgeleitet, um Risiken mit geeigneten Massnahmen zu steuern: Neue inakzeptable Risiken werden durch risikobasierte Raumnutzung vermieden. Bestehende Risiken werden auf ein akzeptables Mass gemindert und akzeptable Risiken werden solidarisch getragen.

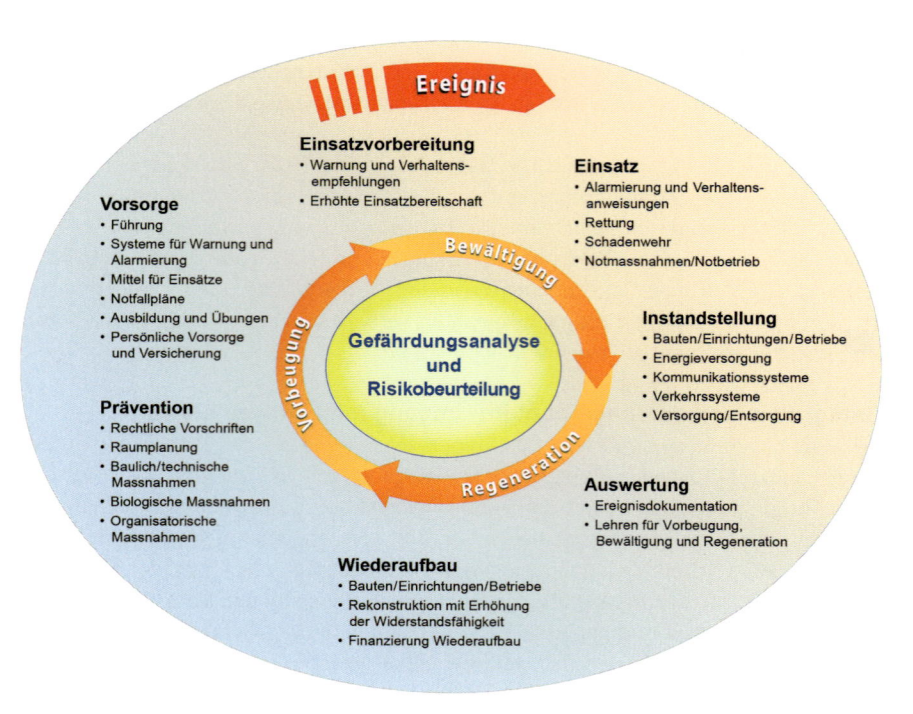

Abb. 9.5
Massnahmenpalette und Phasen des integralen Risikomanagements
(BABS 2001, ergänzt 2015)

Aus der Risikoanalyse und Risikobewertung werden meist verschiedene Massnahmen abgeleitet, die optimal miteinander zu kombinieren sind. So müssen nach einem Ereignis die zerstörten Bauten und Infrastrukturen wieder provisorisch instand gesetzt werden (Bewältigung). Mit einer Ereignisanalyse lassen sich Schwachpunkte identifizieren und Folgerungen für den definitiven Wiederaufbau ziehen (Regeneration). Die Ereignisauswertung bildet auch die Grundlage für die Optimierung der Einsatzplanung und für die Planung präventiver Massnahmen (Vorbeugung). Risiken lassen sich mit einer gefahrengerechten Nutzung des Raums (planerische Massnahmen) vermeiden, mit biologischen, baulich-technischen und organisatorischen Massnahmen mindern und mithilfe von Versicherungen tragen. Neben den Behörden müssen heute auch Hauseigentümer zunehmend Verantwortung übernehmen.

9.1.4 Massnahmen

Ziel aller Massnahmen ist es, bestehende Risiken auf ein akzeptables Mass zu reduzieren und neue inakzeptable Risiken zu verhindern. Um das Gefahren- und Schadenpotenzial von Naturgefahren zu mindern, werden verschiedenartige Massnahmen angewendet, die aufeinander abgestimmt werden.

Mit **planerischen Massnahmen** wird die Raumnutzung den bestehenden Gefahren anhand von Gefahrenkarten angepasst. Diese zeigen, wo in der Schweiz Siedlungen von Naturgefahren bedroht sind. Durch eine der Gefahrensituation angepasste Nutzung können Gefahren gemieden und Schäden begrenzt werden, ohne den Ablauf des Ereignisses aktiv zu beeinflussen.

Biologische Massnahmen wie die Pflege von Schutzwald und Steilhängen sowie eine veränderte Landnutzung (z. B. natürlicher Rückhalteraum) können die Gefahr mindern. Wenn möglich, werden biologische Massnahmen anstelle der baulich-technischen Massnahmen oder in Kombination realisiert.

Baulich-technische Massnahmen wie Steinschlagnetze, Geschiebesammler und Lawinengalerien verringern oder verhindern gefährliche Prozesse, indem sie den Ablauf des Ereignisses direkt beeinflussen. Insbesondere Siedlungen, Verkehrswege und Objekte mit hohem Sachwert werden auf diese Weise geschützt.

Mit **organisatorischen Massnahmen** wie Vorhersage, Warnung, Alarmierung und Rettung kann das Schadensausmass eingeschränkt werden. Nach einer Warnung können Krisenstäbe beispielsweise gefährdete Strassenabschnitte sperren bzw. Personen aus den Gefahrenbereichen evakuieren lassen.

9.2 Beurteilung einer Gefahrensituation

Je nach Anforderung wird die Gefahrensituation unterschiedlich detailliert erfasst. Die Gefahrenerkennung und -beurteilung verwendet wissenschaftliche Methoden und Modelle, erfordert umfangreiches Expertenwissen und ermöglicht präzise Einschätzungen. Dagegen ist mit dem Dispositionsmodell eine allgemeine Beurteilung von Naturgefahren möglich, wobei beobachtbare Eigenschaften herangezogen und interpretiert werden.

9.2.1 Gefahrenerkennung: Was kann wo passieren?

Die **Gefahrenerkennung** verlangt eine objektive Dokumentation aller verfügbaren Informationen, Beobachtungen und Messungen, die auf eine bestehende Gefahr hindeuten. Im **Naturereigniskataster** werden die vergangenen Naturgefahrenereignisse festgehalten. Der Naturereigniskataster gibt Auskunft über Häufigkeit und Ausmass von bereits geschehenen Prozessen. Dagegen bieten **Gefahrenhinweiskarten** eine Übersicht zu möglichen zukünftigen Naturgefahrenereignissen, jedoch ohne Angabe zu deren Intensität und Wahrscheinlichkeit. Naturereigniskataster und Gefahrenhinweiskarten dienen als Grundlage für die nachfolgende Gefahrenbeurteilung.

Beurteilung einer Gefahrensituation

9.2.2 Gefahrenbeurteilung: Was kann wie oft und wie stark passieren?

Für die **Gefahrenbeurteilung** werden mit den vorangehenden Beobachtungen und Messungen die Intensität und Wahrscheinlichkeit von möglichen Naturgefahrenereignissen bestimmt.

Die daraus resultierenden **Gefahrenkarten** stellen das Gefahren- und Schadenpotenzial verschiedener Naturgefahren (Hochwasser und Murgang, Rutschung, Sturzprozesse und Lawinen) räumlich dar und zeigen so die Gefährdung für Menschen und Objekte auf. Mit den Gefahrenstufen rot, blau und gelb unterscheidet die Gefahrenkarte die Wahrscheinlichkeit und Intensität der zu erwartenden Ereignisse. Im Rahmen der Gefahrenprävention dienen Gefahrenkarten:
– der Ausscheidung von Gefahrenzonen im Nutzungsplan und der Formulierung von Bauauflagen. Gefahrenkarten müssen periodisch nachgeführt und die Zonen- und Nutzungspläne entsprechend angepasst werden.
– als Grundlage für baulich-technische und organisatorische Massnahmen.
– der Sensibilisierung der Bevölkerung.

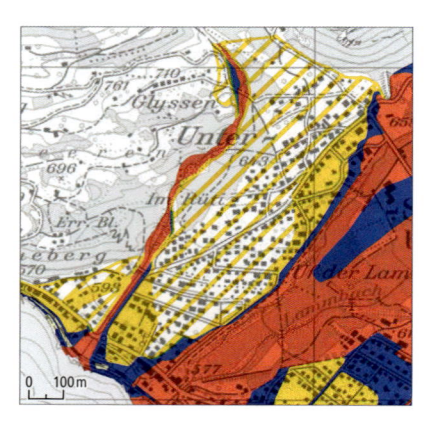

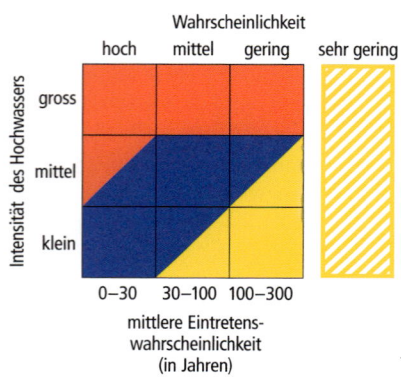

■ □ Abb. 9.6
Gefahrenkarte Wasser, Brienz

Gefahrenstufen	Gefährdung	Konsequenzen für die Raumplanung
rot: erhebliche Gefährdung	– Personen sind sowohl innerhalb als auch ausserhalb von Gebäuden gefährdet. – Gebäude können plötzlich zerstört werden.	**Verbotsbereich:** keine Ausscheidung neuer Bauzonen; keine Errichtung oder Erweiterung von Bauten und Anlagen
blau: mittlere Gefährdung	– Personen sind innerhalb von Gebäuden kaum gefährdet, jedoch ausserhalb. – Gebäude können beschädigt werden; falls geeignete bauliche Vorkehrungen (Objektschutz) getroffen wurden, sind Gebäudezerstörungen nicht zu erwarten.	**Gebotsbereich:** Ausscheidung neuer Bauzonen nur nach Vornahme einer Interessenabwägung; Baubewilligungen nur mit Auflagen
gelb: geringe Gefährdung	– Personen sind kaum gefährdet. – Geringe Schäden an der Gebäudehülle sind möglich, im Gebäudeinnern können auch erhebliche Sachschäden auftreten (z. B. durch Hochwasser).	**Hinweisbereich mit Eigenverantwortung:** Empfehlungen für bestehende Bauten und Auflagen für Neubauten (Objektschutz)
gelb-weiss schraffiert: Restgefährdung	– Restgefährdung besteht, da Ereignisse mit sehr geringer Eintretenswahrscheinlichkeit vorkommen.	**Hinweisbereich mit Restgefährdung:** Empfehlungen oder Auflagen bei sensiblen Nutzungen und grossem Schadenpotenzial
weiss:	– Nach derzeitigem Wissensstand besteht in diesem Gebiet keine Gefährdung durch Naturgefahren.	

9.2.3 Dispositionsmodell zur Gefahrenerkennung und Gefahrenbeurteilung

Mit dem Dispositionsmodell lassen sich Naturgefahrenprozesse in einem Gebiet abschätzen. Dabei werden Geländeformen, Vegetation, Wasserhaushalt und «stumme Zeugen» beobachtet und interpretiert, die für gefährliche Prozesse von Bedeutung sind. Es wird zwischen Grunddisposition und variabler Disposition unterschieden (Abb. 9.7). Die **Grunddisposition** umfasst die langfristig weitgehend stabilen Eigenschaften wie Relief, Geologie, Pflanzenbestand. Die **variable Disposition** umfasst zeitlich variable, von Tages- und Jahreszeit abhängige Grössen, wie Wetterlage, Wasserhaushalt und Zustand der Vegetation. Bei vorhandener Disposition setzt ein **auslösendes Ereignis**, beispielsweise ein Starkniederschlag, den gefährlichen Prozess in Gang.

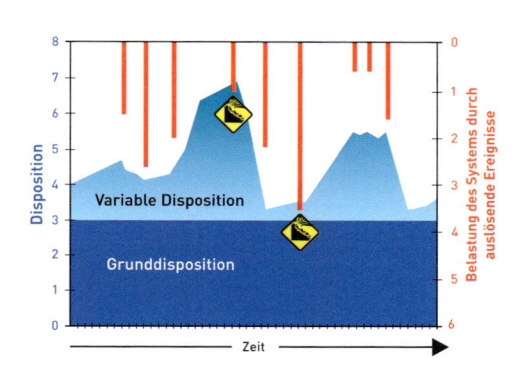

Abb. 9.7 Dispositionsmodell: Zusammenhang von Grunddisposition, variabler Disposition und Auslösung. Rote Säulen stellen die Intensität des auslösenden Ereignisses dar, im Überlappungsbereich wird der Naturgefahrenprozess ausgelöst.

9.3 Hochwasser

Hochwasser bezeichnet den Zustand in einem Fliessgewässer oder einem See, bei dem der Abfluss oder der Wasserstand einen bestimmten Schwellenwert erreicht oder überschreitet. Tritt das Wasser über die Ufer und bedeckt vorübergehend eine Landfläche, bezeichnet man dies als **Überschwemmung** oder **Überflutung**.

Hochwasser sind die Folge von intensiven und lang anhaltenden Niederschlägen in Kombination mit weiteren Faktoren: Temperaturanstieg, Grösse und Form des Einzugsgebiets, Topografie, Boden, geologischer Untergrund, Vegetation und Mensch.

Ein **Temperaturanstieg** führt vermehrt zu Niederschlägen in Form von Regen anstatt Schnee, womit der Niederschlag nicht zwischenzeitlich gespeichert wird und direkt abfliesst. Auch ohne Niederschlag führen Wärmeeinbrüche durch verstärkte Schnee- und Gletscherschmelze zu erhöhtem Abfluss. Die **Grösse und Form des Einzugsgebiets** beeinflusst die Art und den Verlauf des Hochwassers. Während Flüsse aus grossen Einzugsgebieten meistens nach grossflächigen, lang anhaltenden Niederschlägen oder Schneeschmelzen Hochwasser führen, reagieren Bäche aus kleineren und mittleren Einzugsgebieten stärker auf kurze und intensive Niederschläge. In einem eher kreisförmigen Einzugsgebiet (vgl. Abb. 5.11) fliesst das Wasser aufgrund gleich langer Sammelwege gleichzeitig an einem Punkt zusammen und führt so zu grossen Hochwasserspitzen. In einem langgezogenen Einzugsgebiet ist der Abfluss zeitlich verteilt und erreicht erst allmählich seinen Höchststand. Die **Topografie** des Einzugsgebiets spielt ebenfalls eine wichtige Rolle: Bei steilem und engem Bachgerinne ist die Hochwassergefahr erhöht. In flachem Gelände können Seen und Auenlandschaften die Abflussspitzen brechen, indem sie Wasser zwischenzeitlich speichern. Der **Boden** ist bei der Abflussbildung eine Schlüsselgrösse: In wassergesättigtem, gefrorenem, ausgetrocknetem, flachgründigem oder schlecht durch-

Abb. 9.8 Engelberger Aa, Wolfenschiessen-Dörfli, September 2007

lässigem Boden kann Niederschlagswasser kaum oder gar nicht versickern und fliesst als **Oberflächenabfluss** schnell ab. Hingegen kann in gut durchlässigem, tiefgründigem Boden, der über einem durchlässigen **geologischen Untergrund** aus Lockergestein oder Fels mit vielen Klüften und Spalten liegt, viel Regenwasser per Tiefensickerung eindringen und zwischengespeichert werden. Dieses Wasser gelangt über Quellen oder Grundwasser mit Verzögerung in die Gewässer. Die **Vegetation**, insbesondere der Wald, vergrössert die Stabilität und Wasserspeicherkapazität des Bodens. Die Pflanzen stabilisieren lockeren Boden, fördern die Bodenbildung und schaffen mit ihren Wurzeln Versickerungskanäle für das Regenwasser. Im Wald bleibt ein Teil des Niederschlags bereits in den Baumkronen hängen. Zudem fördert der lockere Humus das Eindringen des Wassers in den Boden. Bei intensiven Niederschlägen kann Wald ein Hochwasser jedoch nicht verhindern, da seine Speicherkapazität begrenzt ist.

Auch der **Mensch** beeinflusst die Entstehung von Hochwasser. Durch den Bau von Strassen, Plätzen und Gebäuden wird der Boden zunehmend versiegelt. Auf verbauten Flächen fliesst das Regenwasser oberflächlich via Kanalsystem direkt in die Flüsse ab und lässt diese schnell ansteigen. Viele Fliessgewässer wurden in der Vergangenheit begradigt, um wertvolle Landwirtschafts- und Siedlungsflächen zu gewinnen. Damit wurde aber auch die Hochwassergefahr erhöht, da höhere Fliessgeschwindigkeiten die Seiten- und Tiefenerosion verstärken und das Wasser an baulich verengten Gewässerabschnitten schneller über die Ufer tritt. Heutige **Renaturierungen** wirken diesen Prozessen entgegen.

9.4 Murgang

Im Gerinne von Wildbächen kann sich bei intensivem Niederschlag ein **Murgang** (auch Mure oder Rüfe genannt) bilden – ein breiartiges, oft schnell fliessendes Gemenge aus Wasser und Feststoffen (Sand, Kies, Steine, Blöcke, Holz) mit einem hohen Feststoffanteil von 30 bis 60 Prozent. Murgänge treten im Hochgebirgsraum und in den Voralpen bei genügend Gefälle (mindestens 14 Grad), erosionsanfälligem oder unbewaldetem Untergrund sowie bei aufgetauten Permafrostböden (vgl. Abschnitt 9.8.1) auf. Lang andauernder oder intensiver Regen sowie intensive Schneeschmelze können hier einen Murgang auslösen, indem das vorhandene Lockermaterial verflüssigt wird und als wasserdurchtränktes Gemenge mit rasanter Geschwindigkeit von 40 bis 60 km/h im Wildbachgerinne zu Tale fliesst. Ein Murgang vermag grosse Geröllmassen (Blöcke von mehreren Kubikmetern Volumen, Baumstämme, Autos usw.) mitzureissen und dadurch das Wildbachbett zu vertiefen und die Uferböschungen zu destabilisieren. Verkeilt das Schwemmholz bei Brücken oder Gerinneverengungen und bleiben Feststoffe hängen, so entsteht eine **Verklausung**. Tritt in der Folge das Wasser über die Ufer und das Murgangmaterial wird ausserhalb des Gerinnes abgelagert, so bezeichnet man dies als **Übersarung**. Murgän-

Abb. 9.9
Murgang mit Übersarung am Rotlaui bei Guttannen, Kanton Bern 2011

ge verursachen mit ihrer Zerstörungskraft und den mächtigen Ablagerungen grosse Schäden an Siedlungen, Verkehrswegen und weiterer Infrastruktur und bedrohen Menschenleben auch in Gebäuden.

9.5 Rutschungen und Hangmuren

Bei **Rutschungen** gleiten Hangteile aus Gesteins- und Bodenmaterial ab. Rutschungen entstehen in mässig bis steil geneigten Hängen mit Neigungen zwischen 10 und 40 Grad, sie weisen eine Gleitfläche auf, sind in ihrer Erscheinung (Grösse, Tiefe, Form der Gleitfläche) sehr vielfältig und laufen je nach Bodenbeschaffenheit, Geologie (Lockermaterial, Gesteinszusammensetzung und -schichtung) und Beteiligung von Wasser sehr unterschiedlich ab.
Die beiden Hauptformen von Rutschungen sind die Rotations- und die Translationsrutschung, wobei im Gelände Mischformen auftreten. Bei der **Rotationsrutschung** bewegt sich die Rutschmasse auf einer gekrümmten Gleitfläche hangabwärts. Bei der **Translationsrutschung** bewegen sich Schichtpakete bis zu mehreren Metern Tiefe auf einer ebenen Gleitfläche. Die flächenmässige Ausdehnung solcher Rutschungen ist sehr variabel und kann mehrere Quadratkilometer umfassen.

Im Vergleich zur Rutschung weist die **Hangmure** einen höheren Wasseranteil auf, was zu höheren Fliessgeschwindigkeiten führt. Hangmuren ereignen sich vorwiegend an steilen Hängen, wo das Gemisch aus Boden, Geröll und Wasser meist ohne Gleitfläche oberflächennah talwärts fliesst. Im Gegensatz zu einem Murgang ereignet sich eine Hangmure ausserhalb eines Wildbachgerinnes an einem Hang.

Abb. 9.10
Schematische Darstellung und Foto von
■□□ Rotationsrutschung
□■□ Translationsrutschung
□□■ Hangmure
R = Reibungskraft,
N = Haftkraft,
G = Gewicht,
T = treibende Kraft

Besonders anfällig für Rutschungen und Hangmuren sind durchnässte Böden, übernutzte und unbewaldete Hänge, aufgetaute Permafrostzonen sowie Gebiete, in denen der Zusammenhalt des Untergrunds aufgrund von Brüchen, Spalten und Gesteinszusammensetzung schwach ist. Ausgelöst werden Rutschungen und Hangmuren meistens durch langanhaltende und intensive Niederschläge, Grund- und Quellwasser sowie Schneeschmelzen, die den Boden mit Wasser sättigen.

Weil dadurch die Bodenteilchen den Zusammenhalt verlieren, nimmt die Scherfestigkeit – eine aus innerer Reibung (R) und Haftung (N) resultierende Kraft – ab und kann nicht mehr gegen die treibende Kraft (T) wirken (Abb. 9.10).

Vorzeichen für Rutschungen sind Risse in Strassen, Böden und Gebäuden sowie krummwüchsige Bäume und stark geneigte Zäune, Leitplanken, Masten und Mauern. Rutschungen können zu Schäden an Kulturland, Gebäuden, Verkehrswegen und weiterer Infrastruktur führen. Wird das Material einer Rutschung in einem Bachgerinne abgelagert, so kann es einerseits zu einem Rückstau und in der Folge zu einer Überschwemmung kommen. Andererseits kann der Abtransport des Materials zu einem Murgang führen.

9.6 Sturzprozesse

Die Begriffe **Steinschlag, Blockschlag, Felssturz** und **Bergsturz** bezeichnen Sturzprozesse, bei denen sich in steilem Gelände Fest- und Lockermaterial ablösen und in freiem Fall, springend oder rollend zu Tal stürzen. Grösse der Komponenten und Volumen der Masse sowie die Fallgeschwindigkeit dieser Massenbewegungen sind jedoch unterschiedlich.

Abb. 9.11
Gross Chärpf 2794 m ü. M.,
Glarus, 2012

Klassifikation der Sturzprozesse

	Durchmesser der grössten Steine	Volumen der bewegten Masse	Fallgeschwindigkeit
Steinschlag	< 0,5 m	< 1 Mio. m³	5–30 m/s
Blockschlag	> 0,5 m	< 1 Mio. m³	5–30 m/s
Felssturz	> 1 m	< 1 Mio. m³	10–40 m/s
Bergsturz	> 1 m	> 1 Mio. m³	> 40 m/s

9 Naturgefahren

Die **Sturzprozesse** sind abhängig von der Hangneigung (über 30 Grad), der Art und Schichtung der Gesteinsmasse sowie von der Verwitterung. In Gebieten, in denen der Zusammenhalt des Untergrunds durch Felsspalten generell schwach ist, gilt eine erhöhte Sturzgefahr. Bei längeren Niederschlagsperioden, Wärmeeinbrüchen, Gletscher- und Schneeschmelze und beim Auftauen von Permafrost, füllen sich diese Felsspalten mit Wasser. Sturzprozesse werden ausgelöst, indem Wasser einerseits den Druck in der Felsmasse erhöht und andererseits in gefrorenem Zustand an Volumen zunimmt (Frostsprengung).

Vereinzelter Stein- und Blockschlag tritt oft plötzlich und ohne vorangehende Ereignisse auf. Fels- oder Bergstürze kündigen sich jedoch durch vermehrte Stein- und Blockschlagaktivität über einige Tage oder Wochen hinweg an. Bei Fels- und Bergstürzen führen die grossen Massen zu Überschüttungen und flächenhaften Zerstörungen. Lagert sich die Sturzmasse in Bächen und Flüssen ab, kann es nach einer Aufstauung zu einem Wasserausbruch kommen und talabwärts liegende Gebiete werden überflutet. Steine und Blöcke haben nur auf ihrer Sturzbahn eine hohe Zerstörungskraft, die erst beim Ausrollen kurz vor dem Stillstand abnimmt. Im Wald ist die Gefahr von Stein- und Blockschlag geringer, weil sich aus dem durchwurzelten Boden weniger Material löst und weil Bäume niederstürzende Steine und Blöcke aufhalten oder abbremsen. Bei Fels- und Bergsturz zeigt der Wald aufgrund der grossen Sturzmasse keine Schutzwirkung.

9.7 Lawinen

Ein **Lawinenabgang** beginnt damit, dass sich im Anrissgebiet Schnee löst. Dieser bewegt sich dann plötzlich und schnell als gleitende, fliessende oder rollende Masse oder als aufgewirbeltes Schnee-Luft-Gemisch in einer Sturzbahn talwärts und kommt in einem Ablagerungsgebiet zum Stillstand. Lawinengefährliche Hänge sind im Anrissgebiet zwischen 30 und 50 Grad steil; steilere Hänge entleeren sich ständig. Die Lawinengefahr ist erhöht nach starken Schneefällen, Schneeverfrachtungen durch Wind und Wärmeeinbrüchen im Winter sowie bei hohen Temperaturen und starker Sonneneinstrahlung im Frühling.

Abb. 9.12
Lawine, ausgelöst durch Personen am 20.3.2011, Langrain, Nähe Madchopf im Weisstannental SG auf 2220 m ü. M. an einem Nordwesthang

Lawinenklassifikation

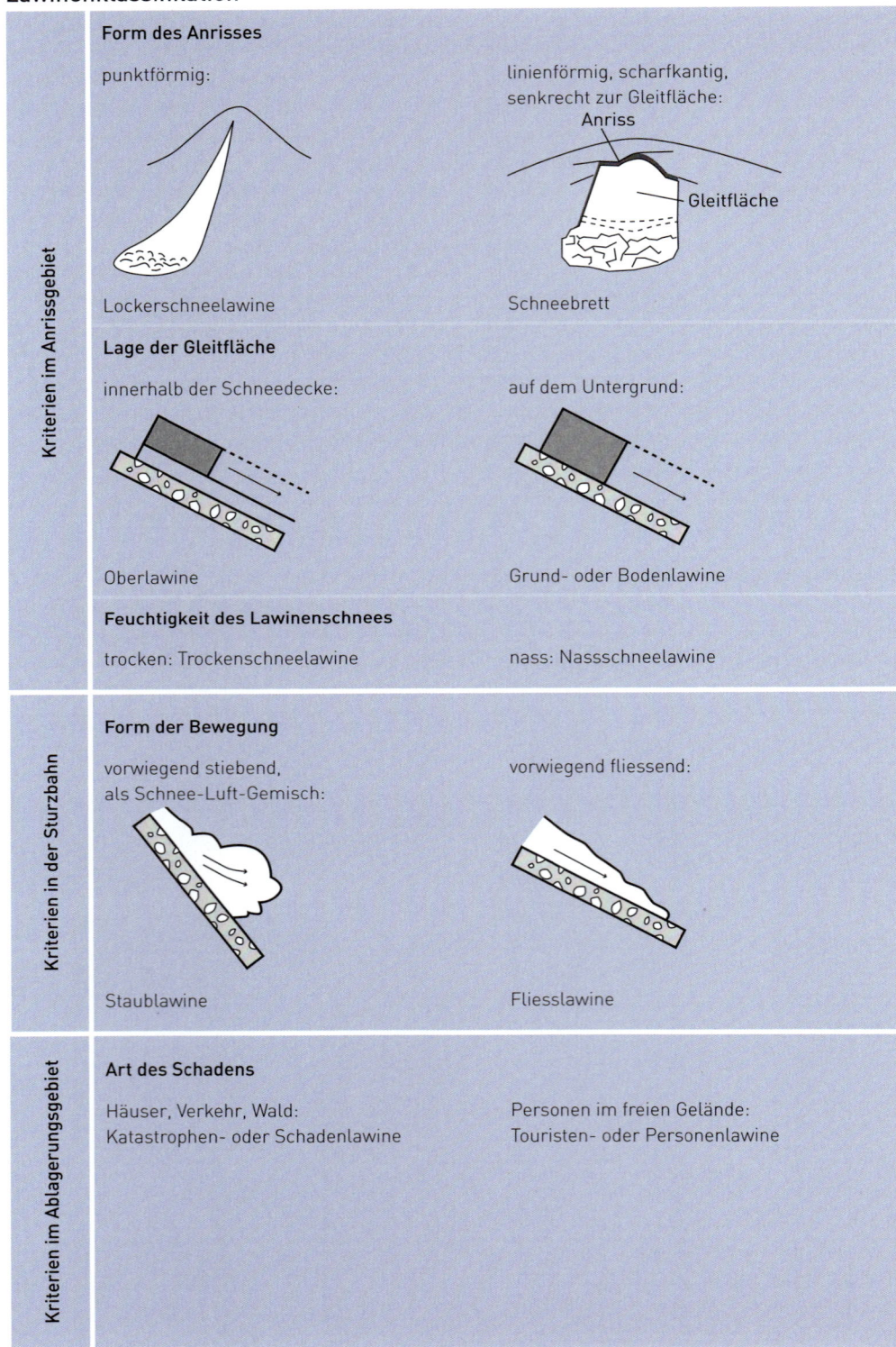

Kriterien im Anrissgebiet

Form des Anrisses

punktförmig:

Lockerschneelawine

linienförmig, scharfkantig, senkrecht zur Gleitfläche:
Anriss
Gleitfläche

Schneebrett

Lage der Gleitfläche

innerhalb der Schneedecke:

Oberlawine

auf dem Untergrund:

Grund- oder Bodenlawine

Feuchtigkeit des Lawinenschnees

trocken: Trockenschneelawine

nass: Nassschneelawine

Kriterien in der Sturzbahn

Form der Bewegung

vorwiegend stiebend, als Schnee-Luft-Gemisch:

Staublawine

vorwiegend fliessend:

Fliesslawine

Kriterien im Ablagerungsgebiet

Art des Schadens

Häuser, Verkehr, Wald:
Katastrophen- oder Schadenlawine

Personen im freien Gelände:
Touristen- oder Personenlawine

Der Wald kann Lawinengefahr in unterschiedlicher Weise vermindern. Baumkronen fangen beträchtliche Neuschneemengen auf, es bildet sich eine weniger mächtige Schneedecke. Da die Windgeschwindigkeit im Wald reduziert ist, kommt es kaum zu grossflächigen Schneeverwehungen und sogenannten Triebschneeansammlungen, die häufig zu Lawinen führen. Baumstämme, Wurzelstöcke und liegengebliebene Bäume stabilisieren die Schneedecke und hindern mit ihrer Rauigkeit die Schneemassen daran, abzugleiten. Wald verhindert das Anreissen von Lawinen, kann aber eine oberhalb der Waldgrenze losgelöste Lawine nicht aufhalten, unter Umständen jedoch abbremsen.

Eine **Schneedecke** besteht aus **Schneeschichten**, die durch die einzelnen Schneefall- oder Schönwetterperioden während des ganzen Winters aufgebaut, umgewandelt oder abgebaut werden. Die einzelnen Schneeschichten unterscheiden sich daher bezüglich Art der Schneekörner, Schneehärte und Mächtigkeit sowie Temperatur und Feuchtigkeit. Die Stabilität der Schneedecke hängt von der Zusammensetzung der Schneeschichten und ihrer Verbindung ab. Aufgrund ihrer Verformbarkeit und ihres Eigengewichts befindet sich die gesamte Schneedecke ständig in einer langsamen Kriechbewegung hangabwärts. Bewegen sich übereinanderliegende Schneedecken unterschiedlich schnell, so bauen sich Scherspannungen zwischen den Schichten auf. Die Haftreibung zwischen den Schneeschichten verhindert deren kontinuierliches Gleiten. Mit einer zusätzlichen Belastung (z. B. Skifahrer) kann die Scherspannung grösser als die Haftreibung werden, ein Scherbruch und damit ein Initialriss der Lawine ist die Folge. Dieser ist als dumpfer Knall hörbar, er setzt sich mit bis zu 100 m/s fort, und an seinen seitlichen Begrenzungsflächen entstehen Sekundärrisse. Sobald das **Schneebrett** durch Sekundärrisse vollständig abgelöst ist, fängt es an zu gleiten und kann Geschwindigkeiten bis zu 100 km/h erreichen.

Die Bildung einer **Staublawine** wird begünstigt, wenn die Sturzbahn plötzlich deutlich steiler wird oder wenn sie über steil abstürzende Felsbänder führt. Die Lawine löst sich vom Boden und kann als Schnee-Luft-Gemisch durch erheblich verminderte Reibung Geschwindigkeiten von gegen 300 km/h erreichen. Das Schnee-Luft-Gemisch erzeugt enormen Druck sowie nachfolgenden Sog und kann verheerende Schäden anrichten.

Im Gegensatz zu Staublawinen gleiten **Grundlawinen** bei Tauwetter als nasse Fliesslawinen ab. Die Sturzbahn ist meist durch Runsen kanalisiert, die Auslaufstrecke ist merklich kürzer und auch die Geschwindigkeit ist wesentlich geringer. Der schwere und nasse Schnee reisst bis auf den Grund Bäume, lockeren Fels und Boden mit sich und hinterlässt mächtige Lawinenkegel. Die grosse Schneelast führt zu beträchtlichen Schäden.

Viele Lawinen sind Mischformen aus Schneebrett-, Staub- und Grundlawinen. Als trockene Schneebrettlawinen brechen sie los und entwickeln sich auf ihrer Sturzbahn zunächst zu Staublawinen, um dann durch ihre Sturzwucht in tieferen Lagen die durchnässte Schneedecke mit sich zu reissen und sich schliesslich als relativ träge Grundlawinen in die Talböden zu wälzen. Personen im freien Gelände können das Risiko beträchtlich reduzieren, indem sie nur Hänge unter 30 Grad Neigung befahren sowie die aktuelle Lawinengefahrenstufe und die Exposition vor Ort berücksichtigen.

9.8 Ausblick: Veränderungen von Gefahr und Risiko

In der Schweiz entstehen durch Naturgefahrenprozesse im Durchschnitt jährlich Schäden von rund 320 Mio. Franken, wobei die Schadenssumme in erster Linie durch wenige Grossereignisse geprägt ist. Rund zwei Drittel aller Gemeinden der Schweiz sind seit 1972 von Schäden infolge Naturgefahrenereignisse betroffen.

Tendenziell nimmt das Schadenpotenzial in der Schweiz zu, und zwar aus drei Gründen: Erstens treten die Naturgefahrenereignisse infolge des **Klimawandels** häufiger auf und verändern auch das Gefahrenpotenzial massgeblich, zweitens wird der Boden als Folge der intensiveren Raumnut-

Ausblick: Veränderungen von Gefahr und Risiko

zung durch die **Siedlungsentwicklung** zunehmend versiegelt und drittens steigt die **Verletzlichkeit** durch Schadenssummen.

9.8.1 Klimawandel und Naturgefahren

Der **Klimawandel** ist in der Schweiz messbar geworden: Seit Beginn der systematischen Messungen im Jahr 1864 ist die **Temperatur** in der Schweiz im Jahresmittel um rund 1,8 Grad Celsius gestiegen. Die Erwärmung in der Schweiz erweist sich als rund zweimal stärker als der globale Mittelwert. Erklären lässt sich dies mit dem Eis- und Schneerückgang im Alpenraum: Dunklere Erdoberflächen nehmen zu, womit ein grösserer Teil der Sonneneinstrahlung absorbiert wird. Der Trend zu höheren Temperaturen ist an weiteren Klimaindikatoren zu beobachten, z. B. Anzahl Hitzetage, Auftauen des Permafrosts, Anstieg der Schneefallgrenze, Dauer der Schneebedeckung im Mittelland. Klimaprognosen für die Alpennordseite der Schweiz gehen davon aus, dass die Temperatur bis zum Jahr 2085 in allen Jahreszeiten um rund 3 Grad Celsius zunehmen wird.

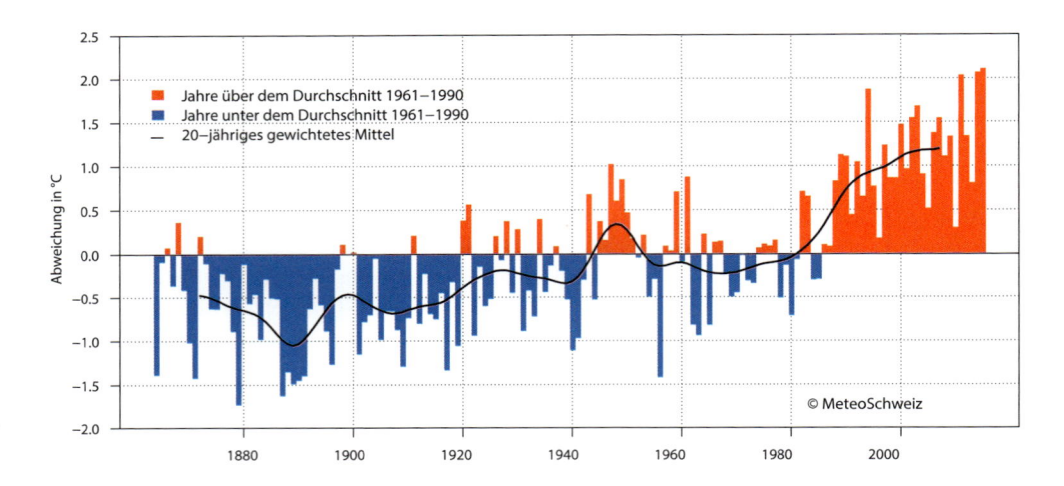

Abb. 9.13
Verlauf der Temperatur in der Schweiz seit Beginn der systematischen Messungen im Jahre 1864

Auch der **Niederschlag** verändert sich: In den letzten 100 Jahren nahm die Niederschlagsmenge im Norden (insbesondere im Winter) leicht zu, im Süden ging sie leicht zurück. Prognosen zeigen eine Fortsetzung dieser Tendenz, wobei von einer deutlichen saisonalen Umverteilung der Niederschläge auszugehen ist: Im Sommer werden die Niederschläge bis ins Jahr 2100 um rund einen Fünftel zurückgehen, während des übrigen Jahres werden sie hingegen zunehmen (ausser im Frühling im Süden).

Die künftigen Temperatur- und Niederschlagsverhältnisse werden zu verschiedenen schleichenden Veränderungen führen:
- Die **Schneefallgrenze** steigt um 150 Meter pro Grad Erwärmung an. In Folge wird der Niederschlag weniger als Schnee gespeichert und fliesst direkt ab.
- Während die Abflüsse der kleineren **Gletscher** bereits heute zurückgehen, kommt es bei volumenmässig grösseren Gletschern bis 2040 zu zusätzlichen Abflüssen, erst danach werden diese abnehmen. Bis 2100 wird voraussichtlich 30 Prozent des heutigen Eisvolumens in den Schweizer Alpen übrig bleiben. Das wirkt sich nicht nur auf das Landschaftsbild aus, sondern auch auf den Wasserhaushalt und die Stabilität von eisfrei gewordenen Felsflanken und Lockermaterial.
- Die **Abflüsse** nehmen im Winter aufgrund der zunehmenden Niederschläge und der ansteigenden Schneegrenze zu. Im Sommer ist wegen erhöhter Verdunstung, gesteigertem Wasserbedarf der Vegetation und abnehmendem Niederschlag häufiger mit Niedrigwasser zu rechnen.

9 Naturgefahren

- Ganzjährig gefrorener **Permafrost** existiert in den Alpen verborgen in Böden, Schutthalden, Felswänden und ganzen Gipfelregionen und hält diese zusammen. Der Permafrost kommt in den Alpen oberhalb der Waldgrenze (1800–2300 m ü. M.) partiell und ab einer Höhe von 3000 bis 3500 m ü. M. zusammenhängend vor. Er umfasst heute rund 4 bis 6 Prozent der Fläche der Schweiz, was etwa der doppelten Gletscherfläche entspricht. Mit steigender Temperatur taut der Permafrost in Hängen und Felspartien auf, sie werden instabiler und können abrutschen. Die Untergrenze des Permafrosts ist in den letzten 100 Jahren bereits um 150 bis 250 Meter angestiegen.
- Der Zustand und die Zusammensetzung der **Wälder** verändern sich und die Waldgrenze steigt an. Mit der Ausweitung des Waldes nimmt im Gebirgsraum das Gefahrenpotenzial zwar ab, es bleibt jedoch ungewiss, ob sich die langsam wachsenden Bergwälder genügend rasch an die klimatischen Veränderungen anpassen und weiterhin ihre Schutzfunktion übernehmen.

■ ☐ Abb. 9.14
Permafrost, Val de Nendaz, VS

☐ ■ Abb. 9.15
Permafrostgebiet mit Dirrugletscher (Blockgletscher) in 3300 m ü. M.

Der Klimawandel verändert die Naturgefahrenprozesse:
Hochwasser und Murgang nehmen zu: Im Mittelland, im Jura und in den Voralpen sind vor allem im Winter häufigere und höhere Abflussspitzen zu erwarten, da Niederschläge häufiger und intensiver auftreten und die Schneefallgrenze ansteigt. Im Sommer nimmt die Niederschlagsmenge zwar ab, die Niederschlagsintensität bei Einzelereignissen nimmt hingegen zu. Vorwiegend in kleinen Einzugsgebieten führen solche Sommergewitter zu noch höheren Abflussspitzen als im Winter. Im Alpenraum werden die saisonalen Abflussspitzen mit der Gletscher- und Schneeschmelze im Frühjahr und Sommer vorübergehend zunehmen.
Rutschungen und Sturzgefahren nehmen zu: In den wärmeren und niederschlagsreicheren Wintern dringt Wasser vermehrt in Felspartien, Schutthalden und Böden ein. Der erhöhte Wasserdruck und die Sättigung des Untergrunds vermindern die Hangstabilität.
Lawinengefahren nehmen nicht ab: Mit dem Temperaturanstieg verkürzt sich die Dauer der Schneebedeckung und damit die Periode von Lawinenniedergängen. Angesichts der Niederschlagszunahme im Winter wird die Lawinengefahr jedoch nicht abnehmen.

9.8.2 Siedlungsentwicklung und Risiko

Mit der **Siedlungsentwicklung** zwischen 1985 und 2009 nahm die verbaute Fläche in der Schweiz um 23,4 Prozent zu. Das Siedlungswachstum erfolgte fast ausschliesslich zulasten der Landwirtschaftsflächen in niedrigen und mittleren Höhenlagen (Mittelland, Talböden im Alpenraum, Jura und Alpennordrand), also in Gebieten mit erhöhtem Gefahrenpotenzial. Damit nahm auch das Schadenpotenzial kontinuierlich zu. In der Schweiz leben bereits heute rund 20 Prozent der Bevölkerung in Gebieten, welche von Hochwasser betroffen sein können. Schadensanalysen der

Ausblick: Veränderungen von Gefahr und Risiko

Versicherungen zeigen aber auch, dass die Sachschäden mehrheitlich in schwach gefährdeten Gebieten oder gar in restgefährdeten Gebieten entstehen. Bei einer zukünftigen risikobasierten Siedlungsentwicklung muss daher in der gesamten Schweiz das sich verändernde Gefahren- und Schadenpotenzial berücksichtigt werden.

Sachschäden nehmen auch durch **Wertsteigerung** der öffentlichen Infrastruktur und der privaten Sachwerte zu (z. B. Gebäude- und Hausratversicherungswert). Daher wird inzwischen auch dem naturgefahrengerechten Bauen eine hohe Wichtigkeit und Dringlichkeit beigemessen. Die **Verletzlichkeit** von Objekten und Menschenleben ist dadurch massgeblich reduzierbar.

Abb. 9.16
Zusammenfluss von Sihl (rechts) und Limmat beim Zürcher Hauptbahnhof im August 2005 (Bild: AWEL, Baudirektion Kanton Zürich)

Der Umgang mit Naturgefahren ist eine Dauer- und Verbundaufgabe für alle Beteiligten, bei welcher auch künftige Entwicklungen (Auswirkungen des Klimawandels und der Raumnutzung) berücksichtigt werden müssen. Geeignet ist hierfür die Methode des integralen Risikomanagements, weil sie im Gegensatz zur Gefahrenabwehr auch künftige Herausforderungen einbezieht. Ganz nach dem Grundsatz: Gefahren meiden, Risiken mindern und Restrisiken tragen.

Weiterführende Literatur

PLANAT, 2013: Sicherheitsniveau für Naturgefahren. Nationale Plattform für Naturgefahren PLANAT, Bern.
CAMENZIND R., LOAT R., 2014: Risikobasierte Raumplanung. Nationale Plattform Naturgefahren PLANAT, Bundesamt für Raumentwicklung, Bundesamt für Umwelt, Bern.

Internet

Nationale Plattform Naturgefahren: www.planat.ch
Bundesamt für Umwelt: www.bafu.admin.ch/naturgefahren
Institut für Schnee- und Lawinenforschung: www.slf.ch
Naturgefahrenfachstellen des Bundes: www.naturgefahren.ch

10 Bevölkerung und Gesellschaft

Martin Hasler, Sabin Bieri

Männer, Frauen, Kinder – sie alle machen täglich ihre persönlichen Geografien. Wohnen und Arbeiten sind meist ortsgebunden, das Pendeln zwischen Wohn- und Arbeitsort erzeugt Verkehr, der Umzugsentscheid von Familien ist raumwirksam. Auf Agrarflächen wird die Nahrungsmittelversorgung sichergestellt, und in den Alpen fordert die Natur die Freizeitsportler heraus.
Doch Menschen bewegen sich nicht nur im topografischen Raum. Sie sind Mitglieder einer sozialen Gemeinschaft, Teil einer Familie, besitzen einen Freundeskreis und betätigen sich in einem kulturellen Umfeld. Die Sprachen, die sie sprechen, dienen der Verständigung mit anderen Gesellschaften und verschaffen ihnen Zugang zu Informationen. Eine politische Landkarte widerspiegelt Interessen und Machtverhältnisse, und an religiös bedeutsamen Orten suchen Menschen Antworten auf das Geheimnis «Leben».

10.1 Einführung

Während die physische Geografie die räumliche Struktur und die Dynamik der physischen Umwelt untersucht, befasst sich die **Kulturgeografie** (es werden auch die Bezeichnungen **Humangeografie,** Anthropogeografie und Sozialgeografie verwendet) mit den Beziehungen zwischen Mensch und Raum. Dabei sind die Strukturen und die Dynamik von Kulturen und Gesellschaften Gegenstand der raumwissenschaftlichen Betrachtung. Räume wirken sich auf die menschliche Tätigkeit aus, aber auch der Mensch gestaltet Räume nach Regeln und Normen, die wiederum auf Wertvorstellungen basieren. Reisanbau ist nur unter bestimmten klimatischen Voraussetzungen möglich, doch der zur Selbstversorgung durchgeführte Terrassenanbau auf den Philippinen unterscheidet sich vom preisgestützten, mechanisierten Reisanbau für den nationalen Markt in Japan, und dieser wiederum vom vollmechanisierten und weltmarktorientierten Anbau in den USA.

Täglich treffen Menschen durch ihr Verhalten raumwirksame Entscheidungen. Als Pendler gelangen sie am frühen Morgen mit dem öffentlichen Verkehrsmittel oder dem Privatwagen an ihren Arbeitsplatz, als Konsumentinnen und Konsumenten entscheiden sie über Anbau- und Herstellungsgebiete und damit über Warenströme. Und Freizeitaktivitäten finden häufig in einer von Menschen zu Parkanlagen, Natur- und Freizeitparks umgestalteten Naturlandschaft statt. Wertvorstellungen prägen die Orientierungsmuster, von denen sich Menschen in ihrem räumlichen Verhalten leiten lassen und die sich – zumindest teilweise – in der Gestaltung der Umwelt ablesen lassen.

10.2 Bevölkerungsgeografie

10.2.1 Weltbevölkerung

Am 31. Oktober 2011 erreichte die Weltbevölkerung nach Angaben der UNO 7 Milliarden Menschen. Dabei wurden für das Jahr 2017 folgende **Zuwachszahlen für die Weltbevölkerung** angegeben:

Jahr 2017	82 557 224
Pro Monat	6 879 769
Pro Tag	226 184
Pro Stunde	9424
Pro Lektion (45 Minuten)	7065
Pro Minute	157
Pro Sekunde	2,6

Quelle: Statistik-Portal Statista

Um 1800 hatte die Menschheit vermutlich die erste Milliarde erreicht. Die weitere Entwicklung der Weltbevölkerung lässt sich mit folgenden Zahlen ausdrücken:

Jahr	Weltbevölkerung	Dauer zur nächsten Milliarde Menschen
ca. 1800	1 Milliarde	
1930	2 Milliarden	130 Jahre
1960	3 Milliarden	30 Jahre
1974	4 Milliarden	14 Jahre
1987	5 Milliarden	13 Jahre
1999	6 Milliarden	12 Jahre
2011	7 Milliarden	12 Jahre
2025 (?)	8 Milliarden	14 Jahre

10 Bevölkerung und Gesellschaft

Die Weltbevölkerung wächst immer noch, wenn auch leicht verlangsamt. Trotz Anstrengungen in der Familienpolitik, v. a. auch in Asien (China, Indien), und einem steten Rückgang der Geburtenzahlen in den Industrieländern beläuft sich die Zunahme der Weltbevölkerung zu Beginn des 21. Jahrhunderts immer noch auf 1,1 Prozent. Immerhin gilt festzuhalten, dass sich die absolute Zunahme seit 1990 leicht rückläufig entwickelt und sich damit das Wachstum der Weltbevölkerung verlangsamt hat.

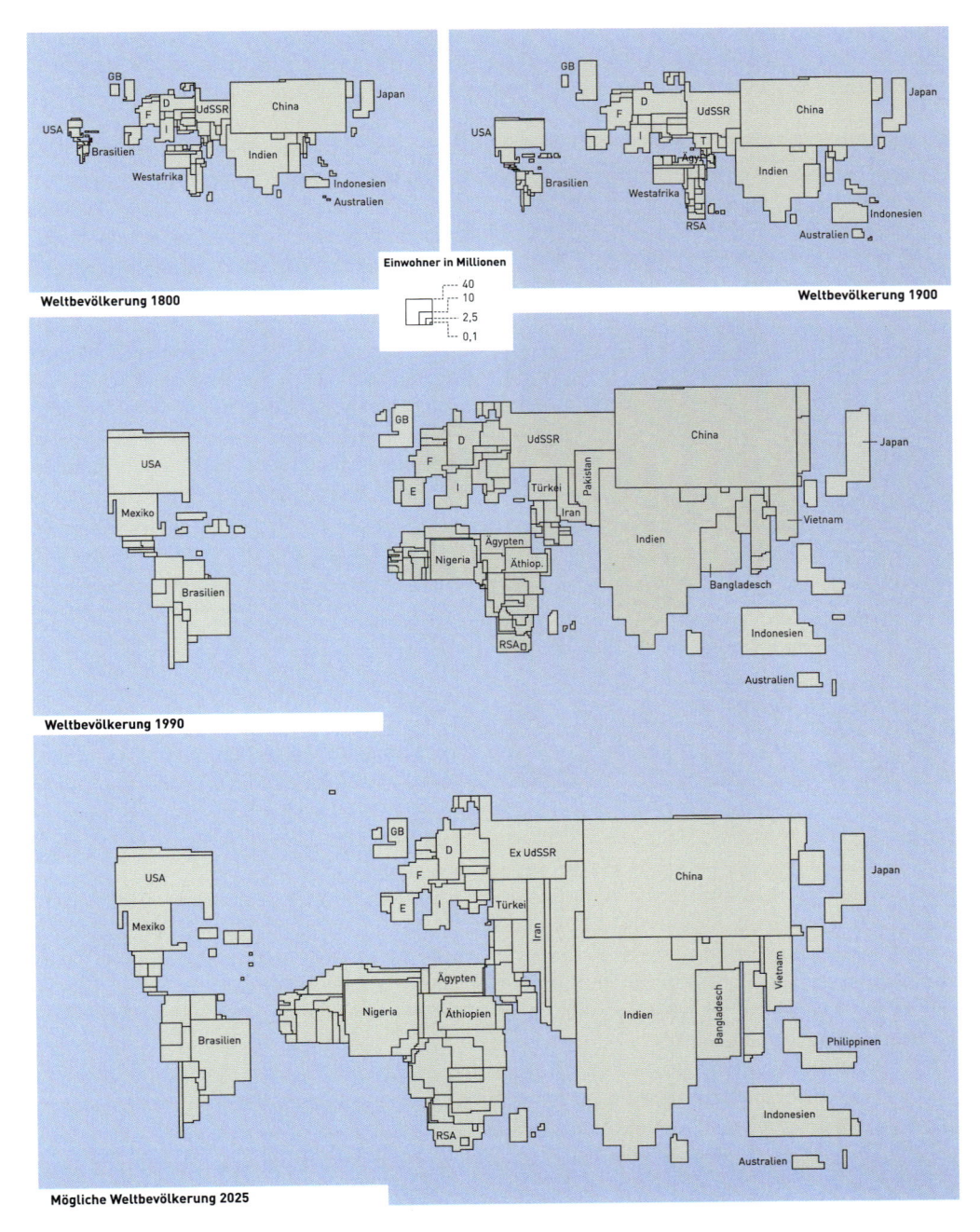

Abb. 10.1
Verteilung der Weltbevölkerung 1800, 1900, 1990 und 2025.

Bevölkerungsgeografie

Die starke Bevölkerungszunahme stellt die Weltgemeinschaft vor grosse Probleme: Die landwirtschaftlich nutzbare Fläche kann nicht beliebig erweitert werden, und die Erträge lassen sich auch durch Anwendung moderner Anbautechniken und den Einsatz von Hochertragssorten, von Düngemitteln und Insektiziden nicht unbegrenzt steigern. Aber auch industrielle Rohstoffe und Energieträger wie Erdöl und Erdgas sind nur beschränkt verfügbar. Wasser von guter Qualität dürfte im 21. Jahrhundert in weiten Teilen der Erde zu einem Mangelgut werden. Schliesslich ist die Umweltbelastung nicht nur in den Industriestaaten zu einer ernsten gesundheitlichen Bedrohung geworden. Die globale Erwärmung wird die Menschheit zusätzlich herausfordern, da sich dadurch labile Lebensräume wie Gebirgsregionen und Trockengebiete nachhaltig verändern, was grossräumige ökologisch und wirtschaftlich bedingte Wanderungsbewegungen auslösen könnte.

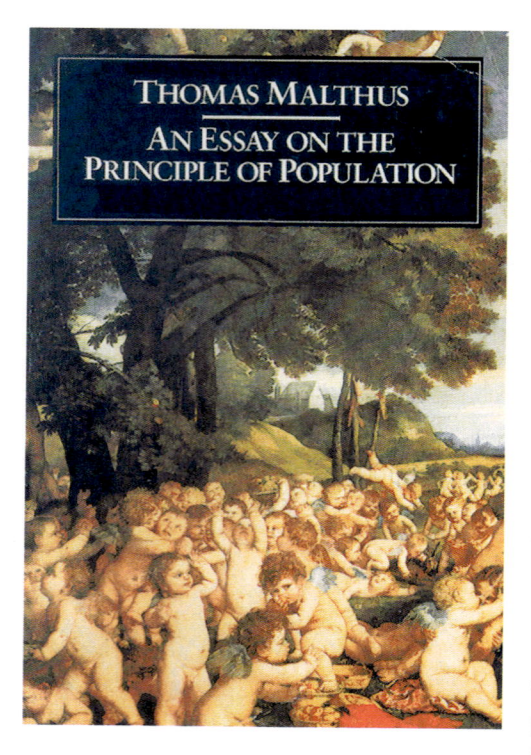

Abb. 10.2
Das «First Essay» von Thomas Malthus. Titelbild der Ausgabe 1983. Herausgegeben von Antony G. Flew, Penguin Books.

Die Frage nach der **Tragfähigkeit der Erde** beschäftigt die Menschheit nicht erst im 21. Jahrhundert. Bereits Thomas Robert **Malthus** befasste sich 1798 in England in seinem berühmten Aufsatz «An Essay on the Principle of Population» damit. Malthus (1766–1834) bildete sich am «Jesus College» der Universität Cambridge zuerst zum Pfarrer aus, beschäftigte sich dann vor allem mit Mathematik und Naturphilosophie. Das England des 18. Jahrhunderts war noch geprägt von der traditionellen Agrargesellschaft, wurde aber herausgefordert von einer wachsenden Bevölkerung. Armut und Hunger begannen in den grossen Städten rasch um sich zu greifen. Malthus begann sich deshalb kritisch mit den damaligen Ideen der Aufklärung und der Volkswirtschaft auseinanderzusetzen, wie sie u.a. von Jean-Jacques Rousseau, David Hume, Adam Smith und David Ricardo vertreten wurden, die der Ansicht waren, dass eine wachsende Bevölkerung für die Wirtschaft, die Wissenschaft und für den Krieg positiv zu bewerten sei. Als Antwort auf diese damals in wissenschaftlichen Kreisen weitverbreitete Meinung verfasste Malthus 1798 die erste Ausgabe seines Essays «An Essay on the Principle of Population», das als «First Essay» weltbekannt wurde.

Malthus glaubte, eine allgemeingültige Gesetzmässigkeit entdeckt zu haben: Die Bevölkerung würde sich exponentiell vermehren, während die Nahrungsmittelproduktion nur linear gesteigert werden könne. Durch Hungersnöte und Seuchen würde die Bevölkerung geschwächt und reduziert, bis wieder genug Nahrungsmittel zur Verfügung stehen würden, womit der Zyklus wieder von vorne beginne. Das ungebremste Wachstum einer Bevölkerung sah Malthus als Bedrohung für Grossbritannien und die Welt.

Die Frage nach der Tragfähigkeit der Erde beschäftigte nicht nur Malthus. Der Geograf Albrecht Penck (1858–1945) schätzte 1925 die grösstmögliche Einwohnerzahl der Erde auf 7689 Millionen Menschen. Neben optimistischen Schätzungen wie z. B. derjenigen von W. Hollstein 1937, der für die Tragfähigkeit der Erde 13,3 Milliarden Menschen annahm, warnte der erste Bericht des Club of Rome unter dem Titel «Die Grenzen des Wachstums» 1973 vor der Übervölkerung der Erde. Heute schätzen Wissenschaftler, dass sich die Weltbevölkerung bei knapp 10 Milliarden Menschen stabilisieren könnte, eine Zahl, bei der die Ernährung der Menschheit noch möglich sein könnte, allerdings mit grossen regionalen Unterschieden.

Die Verteilung der Weltbevölkerung

	2018	Projektion 2050
Welt	7621 Mio.	9725 Mio.
Afrika	1286 Mio.	2478 Mio.
Nordamerika	365 Mio.	433 Mio.
Lateinamerika	649 Mio.	784 Mio.
Australien, Ozeanien	41 Mio.	57 Mio.
Asien	4536 Mio.	5267 Mio.
Europa	746 Mio.	707 Mio.

Daten: «World Population Data Sheet», Population Reference Bureau, USA

10.2.2 Demografie

Es ist die Aufgabe der **Demografie** (Bevölkerungswissenschaft, griech. «demos» = Volk), Verteilung, Struktur und Entwicklung der Bevölkerung auf globaler, nationaler und regionaler Ebene zu untersuchen und nach den Ursachen und Hintergründen von Prozessen zu fragen, die Veränderungen steuern. Demografische Untersuchungen stützen sich dazu auf detaillierte und verlässliche Daten, die in den meisten Staaten über Volkszählungen erhoben werden.

Die **Bevölkerungsentwicklung** eines Raumes, z. B. eines Staates, setzt sich aus dem natürlichen Bevölkerungswachstum und der Bevölkerungsbewegung zusammen und kann in der folgenden **demografischen Grundgleichung** erfasst werden:

> Bevölkerung zum Zeitpunkt t_1 = Bevölkerung zum Zeitpunkt t_0 + (Zahl der Geburten − Zahl der Todesfälle + Einwanderung − Auswanderung) zwischen t_0 und t_1.

Gesteuert werden die Bevölkerungsbewegungen und das natürliche Wachstum durch verschiedene Faktoren:

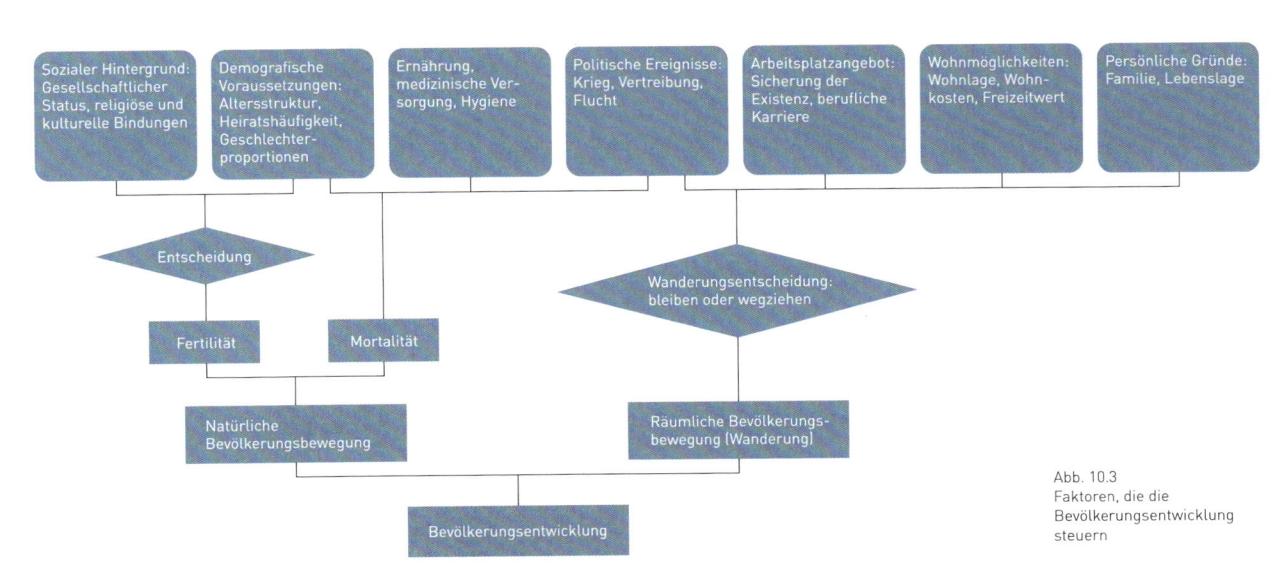

Abb. 10.3 Faktoren, die die Bevölkerungsentwicklung steuern

Bevölkerungsgeografie

10.2.3 Das natürliche Bevölkerungswachstum

Das **natürliche Bevölkerungswachstum** setzt sich aus der **Fruchtbarkeit (Fertilität)** und der **Sterblichkeit (Mortalität)** einer Bevölkerung zusammen. Geburten- und Sterbeziffern beschreiben als wichtige Indikatoren auch den Entwicklungsstand einer Region.

Die **Geburtenrate** berechnet sich aus der Zahl der Lebendgeborenen in einem Jahr pro tausend Menschen einer Region oder eines Staates. Aussagekräftiger ist die **Fruchtbarkeits- oder Fertilitätsrate.** Sie gibt an, wie viele Kinder eine Frau im gebärfähigen Alter (15–49 J.) durchschnittlich zur Welt bringt, und erlaubt daher Rückschlüsse auf die Wertvorstellungen und den gesellschaftlichen Wandel in einer Bevölkerung.

Fertilitätsraten ausgewählter Staaten im Jahre 2014

Niger	6,89	Mexiko	2,29	VR China	1,55
Burkina Faso	5,93	USA	2,01	Schweiz	1,54
Kenia	3,54	Iran	1,85	Deutschland	1,43
Ägypten	2,87	Brasilien	1,79	Japan	1,40
Indien	2,51	Russland	1,61	Welt	2,42

Daten: World Factbook des CIA, USA

Entsprechend der Geburtenrate lässt sich die Sterblichkeit über die **Sterberate** beschreiben. Dabei wird die Zahl der Todesfälle in einem Jahr pro tausend Menschen einer Region oder eines Staates ermittelt. Die altersabhängige Sterberate gibt die Zahl der Todesfälle nach Alterskategorie an und weist oft geschlechtsspezifische Unterschiede auf. Als Entwicklungsindikator wird etwa die **Säuglingssterblichkeit** angegeben. Sie gibt an, wie viele Kleinkinder auf tausend Neugeborene vor dem ersten Geburtstag sterben.

■ □ Abb. 10.4
Durchschnittliche Zahl der Kinder pro Frau in der Schweiz
Quelle: BFS

□ ■ Abb. 10.5
Bevölkerung und Bevölkerungswachstum in der Schweiz
Quelle: BFS

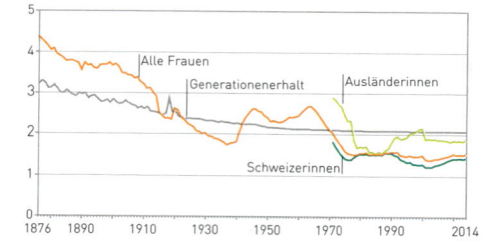

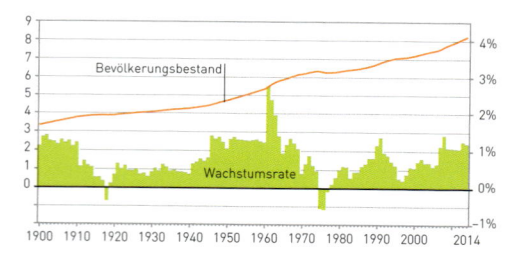

Die **Lebenserwartung** gilt als wichtiger Indikator für den Entwicklungsstand einer Region oder eines Staates und wird u. a. auch im Human Development Index HDI (vgl. Abschnitt 17.2.4) verwendet. Sie gibt die durchschnittliche Anzahl Lebensjahre an, die ein Neugeborenes voraussichtlich erreichen wird. In der Schweiz betrug die Lebenserwartung im Jahre 1900 für Männer 46,2 Jahre, für Frauen 48,8. Jahre, für das Jahr 2017 gibt das Bundesamt für Statistik für Männer 81,4 Jahre und für Frauen 85,4 Jahre an.

Aus der Differenz zwischen Geburten- und Sterberate lässt sich die natürliche Zuwachs- oder **Wachstumsrate** pro tausend Einwohner berechnen. Unter Anwendung der sogenannten Zinseszinsformel lässt sich damit bei natürlicher Bevölkerungsentwicklung (geschlossenes regionales System) der Bevölkerungszuwachs wie folgt ableiten:

$$B_{t_1} = B_{t_0} \cdot (1 + r)^n$$

Dabei stellen Bt_0 die Bevölkerung im Ausgangsjahr, Bt_1 die Bevölkerung zum Zeitpunkt t_1, n die Anzahl Jahre und r die Zuwachsrate in Dezimalschreibweise (eine Zuwachsrate von 2 Prozent entspricht dem Faktor r = 0,02) dar. Setzt man $Bt_1 = 2$ und $Bt_0 = 1$, kann man das Zeitintervall berechnen, in dem sich eine Bevölkerung verdoppelt. Die oben stehende Formel lässt sich als

$2 = (1 + r)^n$ schreiben,
wodurch $\log 2 = n \cdot \log(1 + r)$
und $n = \log 2 / \log(1 + r)$ wird.

Auf Kenia angewandt, würde sich demnach bei einer gleichbleibenden Zuwachsrate von 2,0 Prozent die Bevölkerung in 35 Jahren von 46 Mio. (2014) auf 92 Mio. verdoppeln.
Die demografische Grundgleichung fasst damit die wesentlichen Faktoren der Bevölkerungsentwicklung zusammen. Gutes Datenmaterial ist die Grundlage einer seriösen demografischen Arbeit, aber auch fundierte Kenntnisse der gesellschaftlichen Veränderungen und der politischen und wirtschaftlichen Prozesse sind unverzichtbar.

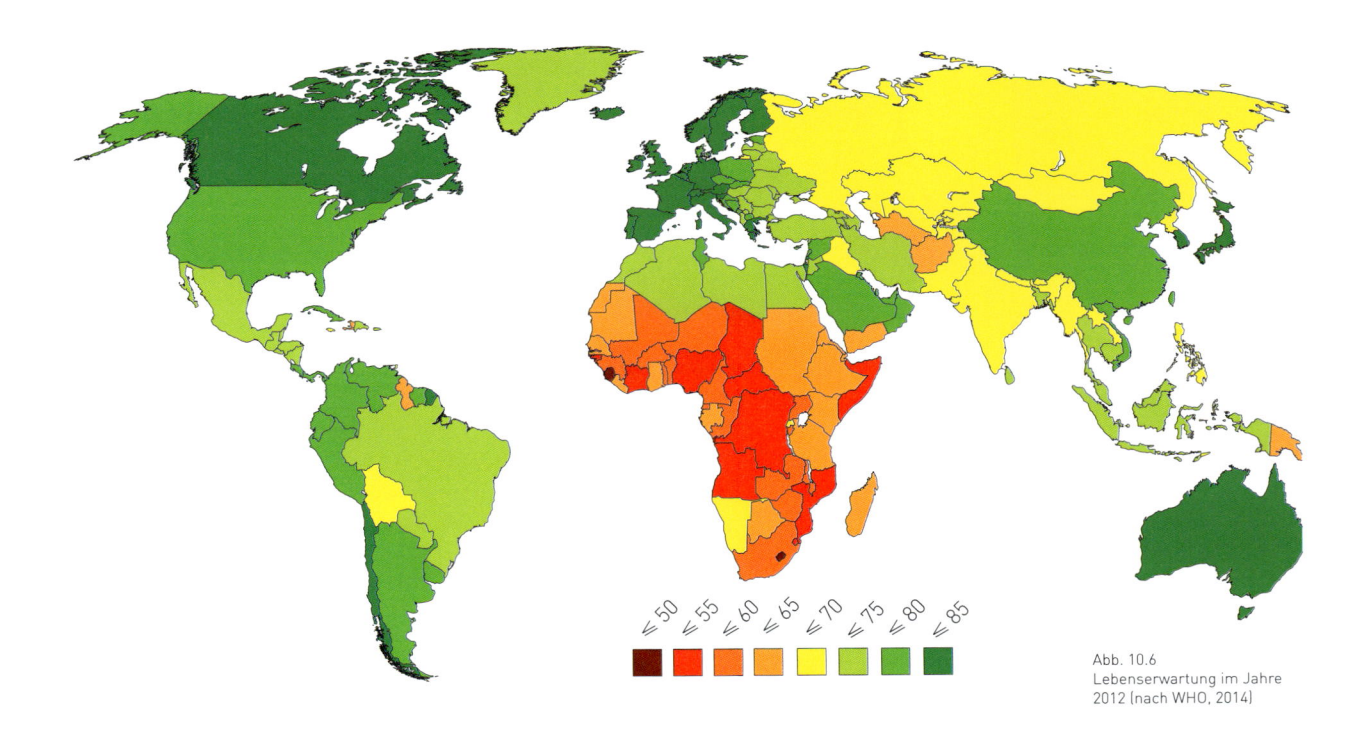

Abb. 10.6
Lebenserwartung im Jahre 2012 (nach WHO, 2014)

10.2.4 Der demografische Übergang
Als demografischer Übergang oder **demografische Transformation** wird ein Modell bezeichnet, das die Veränderungen der Geburten- und Sterberate beschreibt, die den Übergang von der traditionellen Agrargesellschaft über den Industriestaat zur modernen Konsum- und Dienstleistungsgesellschaft begleiten.

Bevölkerungsgeografie

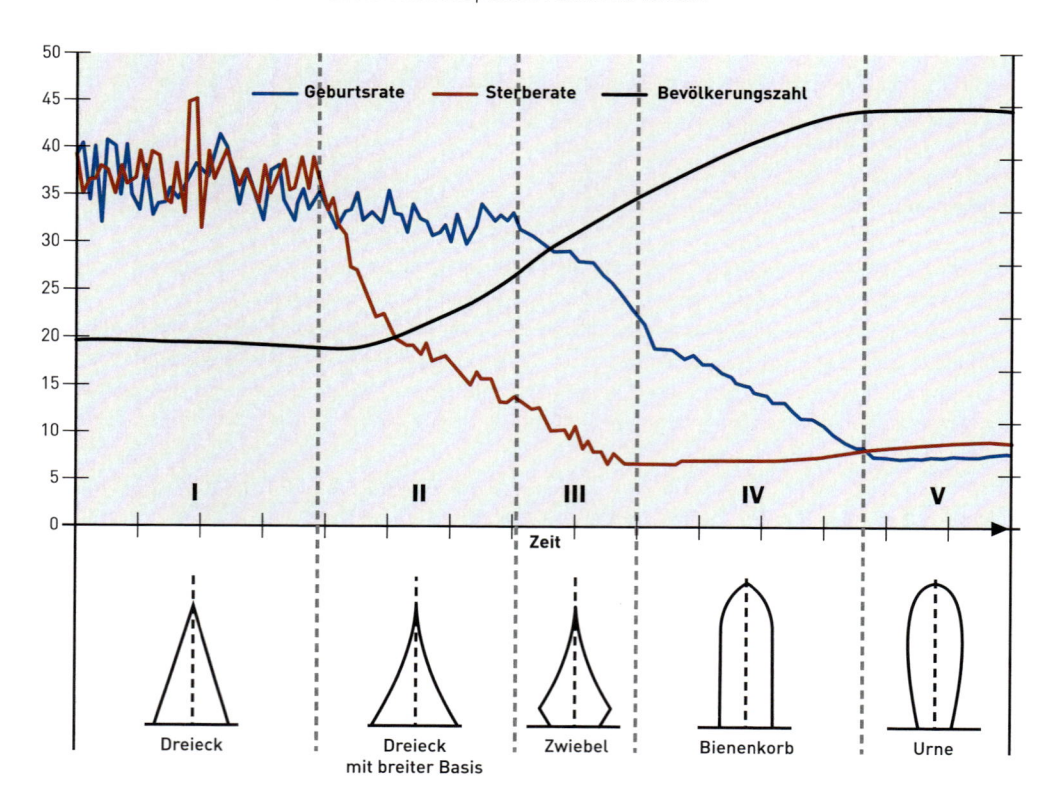

Im Modell lassen sich fünf Transformationsphasen unterscheiden:

Abb. 10.7
Modell der demografischen Transformation

I) Prätransformative Phase: Eine hohe Geburtenrate ist notwendig, um die hohe Sterberate, verursacht durch das weitgehende Fehlen einer medizinischen Versorgung, auszugleichen. Epidemien und Seuchen (z. B. die Pest), aber auch Kriege reduzieren die Lebenserwartung zusätzlich und führen zu grossen Schwankungen in der Gesamtbevölkerungszahl, die aber über grössere Zeiträume aufgrund etwa gleich hoher Geburten- und Sterberate weitgehend konstant bleibt.

II) Frühtransformative Phase: Während die Geburtenrate konstant bleibt, eventuell sogar leicht zunimmt, beginnt die Sterberate aufgrund stabilisierter Ernährungsgrundlage, medizinischer Fortschritte und besserer hygienischer Verhältnisse zu sinken. Dadurch öffnet sich die Bevölkerungsschere, und die Bevölkerungszahl beginnt zu steigen.

III) Mitteltransformative Phase: Eine langsam sinkende Geburtenrate bei weiterhin abnehmender Sterberate erzeugt eine hohe natürliche Zuwachsrate. In dieser Phase weist das Bevölkerungswachstum die höchsten Werte auf.

IV) Spättransformative Phase: Die Geburtenrate beginnt nun rasch zu sinken. Vermehrte Verstädterung, mehr Arbeitsplätze im industriellen Sektor und im Dienstleistungssektor, eine bessere Ausbildung v.a. auch der Frauen, Familienplanung, staatliche Altersvorsorge und anderes mehr kennzeichnen einen deutlichen gesellschaftlichen Wandel. Dadurch beginnt sich der Bevölkerungszuwachs zu verlangsamen und die Schere zwischen der Geburten- und der Sterberate zu schliessen.

V) Posttransformative Phase: Die Geburtenrate pendelt sich auf niedrigem Niveau im Bereich der Sterberate ein und kann diese sogar unterschreiten. Die Bevölkerungszahl stabilisiert sich und könnte mittelfristig sogar abnehmen.

10 Bevölkerung und Gesellschaft

Das Modell orientiert sich am Verlauf der Bevölkerungsentwicklung in Europa, Nordamerika und Japan. Ob es für die Dritte Welt auch zutreffen wird, ist zurzeit noch offen. Für die Transformationsstaaten Mittel- und Osteuropas (ehemaliger Ostblock) kann das Modell kaum angewandt werden, da sich dort aufgrund der gesellschaftlichen, wirtschaftlichen und sozialen Entwicklung bei sehr niedriger Geburtenrate ein Ansteigen der Sterberate einstellt. Damit sind auch die Grenzen des Modells aufgezeigt: Es liefert Erklärungsansätze, die aber durch die Untersuchung der Altersstruktur, der Geschlechterverteilung und des gesellschaftlichen Wandels noch zu vertiefen sind. Für Prognoseaussagen eignet sich das Modell daher nur bedingt.

10.2.5 Die Bevölkerungswanderungen

Räumliche **Bevölkerungsbewegungen** werden als Wanderung oder, wenn sie grenzüberschreitend und dauerhaft vollzogen werden, als **Migration** (lat. «migrare» = übersiedeln) bezeichnet. Millionen von Menschen sind jährlich auf der Suche nach einem neuen Wohnort unterwegs. Bei vielen geschieht dies freiwillig und wird durch den Wechsel des Arbeits- oder Ausbildungsplatzes bedingt. Verheerende Naturereignisse, ökologische Katastrophen, politische Konflikte und Kriege lösen aber immer wieder unfreiwillige Wanderungsbewegungen, Flüchtlingsströme aus, häufig über Landesgrenzen hinweg.

Seit der zweiten Hälfte des 20. Jahrhunderts lässt sich weltweit aber auch eine verstärkte Binnenwanderung in die Stadtregionen beobachten. Als **Push-Faktoren** (Faktoren, die zur Landflucht führen) werden die schlechten Lebensbedingungen und hemmende Sozialstrukturen (Druck der Grossfamilie auf junge Menschen, Kastenwesen), aber auch das geringe Preisniveau auf dem Weltmarkt für Agrarprodukte und das Fehlen qualitativ hochstehender Arbeitsplätze genannt. Umgekehrt gelten Städte als Orte, die gerade jungen Menschen viele Möglichkeiten und Chancen auf dem Arbeitsmarkt bieten, aber auch mit einem breiten kulturellen Angebot und vielfältigen Möglichkeiten der Freizeitgestaltung locken. Der Zugang zu einem breiten Warenangebot zählt ebenfalls zu den **Pull-Faktoren** (Faktoren, die die Stadt attraktiv machen).

Jedes Jahr wechseln viele Menschen den Wohnort von einem Land in ein anderes. Die Auswanderung wird als **Emigration,** die Einwanderung als **Immigration** bezeichnet. In den Industrieländern, wie z. B. der Europäischen Union, ist eine ständige berufsbedingte Umlagerung zu beobachten. Die Nachfrage nach Arbeitskräften und hohe Sozialleistungen steuern die Zuwanderung, während die hohe Arbeitslosigkeit in den Randregionen die Abwanderung fördert. Anderseits ziehen sich Menschen, die altersbedingt aus dem Arbeitsprozess ausscheiden, häufig in ihre alten Herkunftsgebiete oder in landschaftlich attraktive Regionen zurück. Mit der Anwendung von qualifizierenden Einwanderungskontrollen über ein Punktesystem, wie es zum Beispiel Australien anwendet, stellen Industrieländer sicher, dass junge, hoch qualifizierte Berufsleute vorrangig aufgenommen werden. So haben aus Staaten der Dritten Welt nur sehr gut ausgebildete Fachkräfte überhaupt eine Chance, dort eine Niederlassungsbewilligung zu erhalten. Das hohe Lohnniveau und die guten Anstellungsbedingungen bewirken dann meist eine rasche Integration der ganzen Familie in die Mittelschicht des Aufnahmelandes, wodurch eine Rückkehr meist nicht in Betracht gezogen wird. Neben der Aufnahme von Familiennachzüglern, Flüchtlingen und Arbeitsmigranten vergeben die Vereinigten Staaten zusätzliche Einwanderungsbewilligungen über eine Lotterie (sogenannte «Green Cards»).

10.2.6 Flüchtlinge

Grössere Naturkatastrophen, wirtschaftliche Krisen oder Umweltzerstörung, vor allem aber auch Armut, bewaffnete Konflikte und Menschenrechtsverletzungen zwingen Menschen zur Migration. Sie sind als **Flüchtlinge** auf der Suche nach einem sicheren Wohn- und Arbeitsort unterwegs und sehen, da sie überall als Belastung empfunden werden, einer unsicheren Zukunft entgegen. Die Genfer Flüchtlingskonvention fasst den Flüchtlingsbegriff enger und anerkennt als Flüchtling eine

Bevölkerungsgeografie

Person, die «... aus der begründeten Furcht vor Verfolgung wegen ihrer Rasse, Religion, Nationalität, Zugehörigkeit zu einer bestimmten sozialen Gruppe oder wegen ihrer politischen Überzeugung sich außerhalb des Landes befindet, dessen Staatsangehörigkeit sie besitzt, und den Schutz dieses Landes nicht in Anspruch nehmen kann oder wegen dieser Befürchtungen nicht in Anspruch nehmen will...». Damit steht diesen Menschen eigentlich das Aufenthaltsrecht in einem sicheren Staat zu, falls ihnen der Nachweis der Verfolgung gemäss der Genfer Flüchtlingskonvention gelingt.

Die **Integration** von Flüchtlingen gestaltet sich gerade in den reichen Industrieländern nicht immer einfach. Sie gelten bei der einheimischen Bevölkerung als soziale Belastung, ihre Bewegungsfreiheit wird durch spezielle Ausweise oft eingeschränkt, und sie dürfen längere Zeit keine Arbeit annehmen. Flüchtlinge werden häufig ausgegrenzt, grössere Flüchtlingsgruppen etwa in Lagern zusammengefasst und von der Uno oder vom Roten Kreuz betreut. Illegal in ein Land eingereiste Flüchtlinge tauchen unter und leben in ständiger Angst, entdeckt zu werden. Sie verfügen bei Krankheit oder Unfall über keinen Versicherungsschutz, ihre Kinder sind vom Schulbesuch ausgeschlossen. Ihnen droht die Ausschaffung, falls sie aufgegriffen werden und ihre Identität und Nationalität festgestellt werden kann.

Das Flüchtlingshilfswerk der UNO (UNHCR, U.N. High Commissioner for Refugees) verzeichnete Ende 2017 68,5 Millionen Menschen, die sich auf der Flucht befanden. 40 Millionen Menschen befanden sich als **Binnenvertriebene** innerhalb des eigenen Landes auf der Flucht, 28,5 Millionen Menschen haben ihre Heimat als **Flüchtlinge** verlassen.

Binnenvertriebene 2017

Kolumbien	7,678 Millionen
Syrien	6,150 Millionen
Demokratische Republik Kongo	4,351 Millionen
Irak	2,616 Millionen
Jemen	2,014 Millionen
Sudan	1,997 Millionen
Südsudan	1,904 Millionen

Die sieben grössten Herkunftsländer 2017

Syrien	6,455 Millionen
Afghanistan	2,958 Millionen
Südsudan	2,446 Millionen
Burma, Myanmar	1,198 Millionen
Somalia	1,045 Millionen
Demokratische Republik Kongo	757 000
Sudan	747 000

Die sechs grössten Aufnahmeländer 2017

Türkei	3,789 Millionen
Jordanien	2,910 Millionen
Gazastreifen und Westjordanland	2,158 Millionen
Libanon	1,478 Millionen
Deutschland	1,400 Millionen
Pakistan	1,397 Millionen

Eine **Bedrohung Europas** durch Flüchtlinge wird in den Massenmedien oft publikumswirksam aufgemacht. Die aktuelle Diskussion darf aber nicht darüber hinwegtäuschen, dass gerade im 19. Jahrhundert viele Menschen in Europa – auch in der Schweiz – aus wirtschaftlichen Gründen gezwungen waren auszuwandern, um sich in Osteuropa, Nord- oder Südamerika oder Australien eine neue Existenz aufzubauen. Nach dem Zweiten Weltkrieg schuf dann die Nachkriegs-Hochkonjunktur in Westeuropa ein hohes Arbeitsplatzangebot, sodass Fremdarbeiter mithelfen mussten, den Mangel an Erwerbstätigen zu überwinden. Dabei wanderten in die Schweiz nicht nur Arbeitskräfte, zuerst meist aus Italien, ein, sondern wenig später wurde oftmals die ganze Familie nachgezogen. Auf eine Rückwanderung nach dem Erreichen des Ruhestandes wurde häufig verzichtet, da sich die Kinder, die zweite Generation (heute als «Secondos» bezeichnet), durch den Schulbesuch und die berufliche Ausbildung bereits weitgehend integriert hatten und sich nur noch locker mit dem ursprünglichen Heimatland verbunden sahen.

Abb. 10.8
Unterwegs auf dem Balkan
Richtung Mitteleuropa

10.2.7 Der Altersaufbau der Bevölkerung

Als wichtiger demografischer Indikator für das Verständnis der Bevölkerungsstruktur eines Landes oder einer Region gilt die **Altersstruktur.** Sie ist das Ergebnis des natürlichen Wachstums und von Wanderungsbewegungen. Dabei wird der altersabhängige Aufbau der Bevölkerung in einer Jahres- oder Fünfjahreskategorie absolut oder in Prozent pyramidenförmig dargestellt. Man spricht deshalb von **Bevölkerungspyramiden,** auch wenn der Bevölkerungsaufbau oft mit einer Pyramide im geometrischen Sinne nichts mehr zu tun hat. Die Bevölkerungsstrukturen lassen sich modellhaft im Wesentlichen auf vier Grundformen zurückführen:

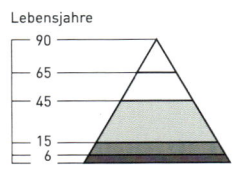

«Dreieck»: Bei hoher Sterberate und hohen Kinderzahlen entsteht eine klassische Pyramidenform, die auf ein exponentielles Bevölkerungswachstum hinweist (z. B. Kenia).

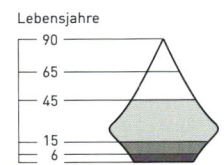

«Zwiebel»: Rückläufige Kinderzahlen zeichnen sich in der «Zwiebelform» ab. Das Wachstum der Gesamtbevölkerung verlangsamt sich (z. B. Brasilien).

Bevölkerungsgeografie

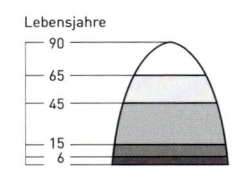

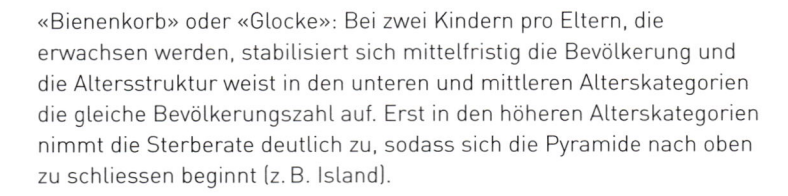

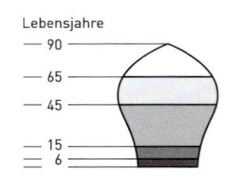

«Bienenkorb» oder «Glocke»: Bei zwei Kindern pro Eltern, die erwachsen werden, stabilisiert sich mittelfristig die Bevölkerung und die Altersstruktur weist in den unteren und mittleren Alterskategorien die gleiche Bevölkerungszahl auf. Erst in den höheren Alterskategorien nimmt die Sterberate deutlich zu, sodass sich die Pyramide nach oben zu schliessen beginnt (z. B. Island).

«Urne»: Bei geringer Kinderzahl (weniger als zwei Kinder pro Frau im gebärfähigen Alter) verengt sich die Pyramide im unteren Bereich. Die Bevölkerung wird ohne Zuwanderung mittelfristig abnehmen (z. B. Japan).

Die Altersstruktur der Schweizer Bevölkerung (Abb. 10.9) weist im Jahre 1900 eine Dreiecksform auf und belegt damit das stetige Bevölkerungswachstum im 19. Jahrhundert. 1950 zeichnet sich eine Glockenform ab, allerdings überlagert vom «Babyboom» der Nachkriegsgeneration. 2014 steht die Schweiz am Übergang von einer «Glocke» zur «Urne». Allerdings wächst die Bevölkerung aufgrund der Einwanderung und der Überalterung trotz niedriger, aber stabiler Geburtenrate weiterhin.

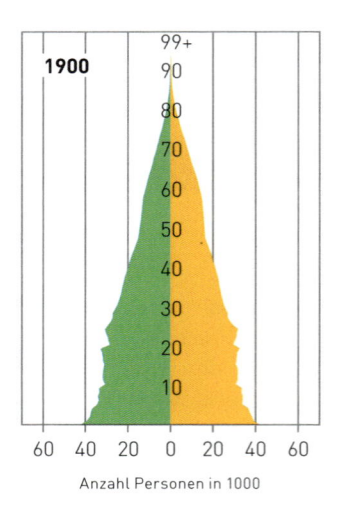

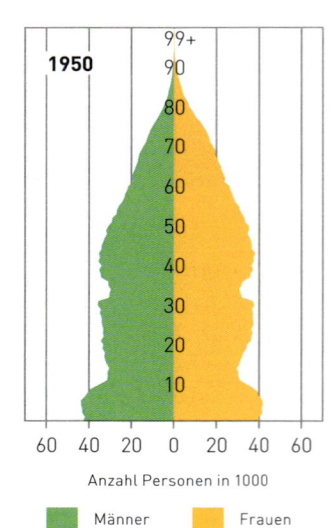

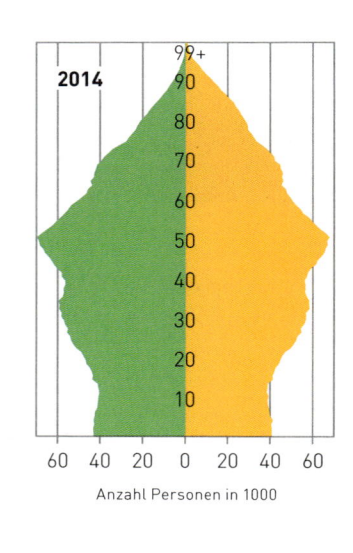

Abb. 10.9
Die Bevölkerungsstruktur der Schweiz 1900, 1950 und 2014
Quelle: BFS

Die Altersstruktur eines geografischen Raumes ist das Ergebnis sich überlagernder Faktoren. Der Zugang zur medizinischen Grundversorgung, zu Wasser und Nahrung, gewaltsame Konflikte und das Auftreten von Seuchen beeinflussen die Mortalität, wirtschaftliche und gesellschaftliche Strukturen steuern die Fertilität der Bevölkerung. Wanderungsbewegungen (Migration) werden durch wirtschaftliches Ungleichgewicht, Konflikte und Krisen erzeugt und schlagen sich ebenfalls im Altersaufbau nieder.

10.2.8 Die Bevölkerungsverteilung

Es ist üblich, in Statistiken und Ländervergleichen aus der Bevölkerungszahl dividiert durch die Fläche die durchschnittliche **Bevölkerungsdichte** in Einwohnern pro Quadratkilometer (E/km^2) als Mass für den Bevölkerungsdruck in einem Land oder einer Region anzugeben. Für die Schweiz beträgt der aktuelle Wert 203 E/km^2 (2014), wobei sich im Kanton Genf 1909 Menschen auf einem

Quadratkilometer konzentrieren, während der Kanton Graubünden als grösster Schweizer Kanton im Schnitt nur gerade 27 Einwohner auf einem Quadratkilometer aufweist. Für Bangladesch werden 1155 E/km^2 angegeben, während in der Mongolei für 2 Einwohner 1 km^2 zur Verfügung steht (World Factbook, CIA, USA). Für eine differenzierte Betrachtung genügen diese Angaben allerdings kaum. Bereits 1833 schuf deshalb der Engländer George Scrope eine erste Karte der Bevölkerungsverteilung. Solche Karten, die heute in jedem Schulatlas zu finden sind, liefern detaillierte Angaben, die sich geografisch interpretieren lassen. In den meisten Karten wird die Bevölkerungsverteilung in Stufen klassiert und flächenhaft dargestellt. Abb. 10.10 zeigt, dass andere Darstellungsweisen oftmals zweckmässiger sind und eindrückliche Ergebnisse liefern.

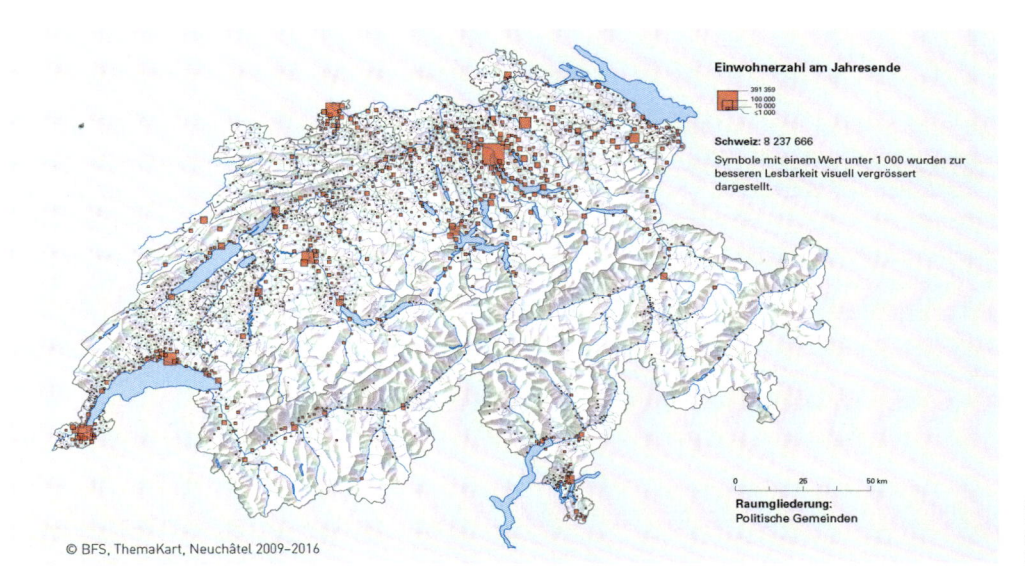

Abb. 10.10
Ständige Wohnbevölkerung
2014
Quelle: BFS

Für Ägypten lassen sich beispielweise 87 E/km^2 als Mittelwert errechnen, was aber wenig aussagt, da fast die gesamte Bevölkerung auf nur 3% des Landes im fruchtbaren Niltal lebt, während die ausgedehnten Wüstengebiete nahezu unbesiedelt sind. In Australien konzentriert sich die Bevölkerung an der Südostküste, während in Mexiko die Bevölkerung einen Schwerpunkt um die Hauptstadt Mexiko City im Landesinnern bildet. Natürliche Ressourcen wie Bodenfruchtbarkeit und die Verfügbarkeit von Wasser, aber auch historische Begebenheiten und wirtschaftliche Aspekte liefern wichtige Erklärungshinweise für das Verteilungsmuster.

10.2.9 Bevölkerungsprognosen

Bevölkerungsveränderungen in einem Raum stellen für Behörden eine wichtige Planungsgrundlage dar. Sowohl der Raumplanung wie auch der Wirtschaftsförderung und dem Ausbau der Infrastruktur liegen Annahmen über die zukünftigen Bevölkerungszahlen zugrunde. Die Abschätzung der zukünftigen Bevölkerungszahl und -struktur ist deshalb ein wichtiges Arbeitsfeld für die Demografen.

Wird eine vergangene Bevölkerungsentwicklung als mathematische Funktion der Zeit aufgefasst und mit einer exponentiellen Formel (vgl. Abschnitt 10.2.3, demografische Grundgleichung) beschrieben und in die Zukunft extrapoliert, lässt sich von einem Trend sprechen. So beschrieb Malthus (vgl. Abschnitt 10.2) die exponentielle Bevölkerungsentwicklung mit einer geometrischen Reihe. Von einer Prognose im eigentlichen Sinne kann dabei aber kaum gesprochen werden.

Genauere Aussagen über die zukünftige Bevölkerung lassen sich über die **Komponentenmethode** gewinnen. Diese anspruchsvolle Methode zur Abschätzung der zukünftigen Bevölkerung arbeitet mit dem aktuellen Altersaufbau der Bevölkerung, den Fertilitätsraten der Frauen im gebärfähigen Alter und den altersbedingten Mortalitätsraten. Mit diesen Vorgaben wird stufenweise eine neue zukünftige Alterspyramide berechnet, die wiederum als Ausgangspunkt für die nächste Berechnungsphase dient. Vorgegangen wird dabei meist in Fünfjahresschritten. Dabei wird deutlich, dass die Zuverlässigkeit der Ergebnisse mit zunehmender Entfernung von der Gegenwart abnimmt. Ebenfalls schwer abzuschätzen bleibt die Migration, insbesondere die Immigration, da politische Konflikte, die grosse Flüchtlingsströme auslösen, kaum vorhersehbar sind.

10.3 Kultur und Raum

Der Begriff **Kultur** stammt aus dem Lateinischen «cultura» und wird im weitesten Sinn für alles, was vom Menschen geschaffen wurde, verwendet. Für die Geografie ist die Fragestellung von Interesse, wie sich eine Kultur räumlich artikuliert. Eine Kultur verändert sich laufend, sodass das Beschreiben einer Kultur durch das Erfassen des Wandels ergänzt werden muss. Zudem steht jede Kultur meist im Austausch mit anderen Kulturen und baut laufend neue Elemente ein. Durch die globale Verfügbarkeit materieller Güter sehen sich Kulturen gerade heute durch neue Wertvorstellungen und Normen, die durch das globalisierte Warenangebot mitgeliefert werden, herausgefordert. US-Amerikanische und indische Spielfilme werden weltweit den Fernsehstationen angeboten und sind über Satellitenfernsehkanäle und im Internet nahezu global abrufbar.

Es gibt nicht nur verschiedenartige Kulturen, selbst was unter **Kultur** zu verstehen ist, wurde und wird unterschiedlich umschrieben. E. B. Tylor lieferte 1871 eine bekannte und klassische Definition:

> «Kultur ist jener ganze Komplex, der Wissen, Glauben, Kunst, Recht, Moral, Sitte und alle anderen Fähigkeiten umfasst, die der Mensch als Mitglied einer Gesellschaft erworben hat.»

Definitionen sind immer auch Ausdruck der Zeit: Tylor stellt das Beschreibende in den Vordergrund und stützt damit den methodischen Ansatz der europäischen Ethnologen und Kulturforscher, die fremden Kulturen im 19. Jahrhundert mit dem Forschungsauftrag einer möglichst vollständigen Bestandesaufnahme gegenübertraten und als Ergebnis ihrer Forschung materielle Kulturgüter wie Alltagsgegenstände, Kleider, Masken und vieles andere mehr in europäischen Museen zur Schau stellten.

Der englische Geograf Peter Haggett betont in seiner Umschreibung des Begriffs «Kultur» die Weitergabe von **Normen** und **Wertvorstellungen** von einer Generation zur nächsten (P. Haggett, 2004):

> «Kultur beschreibt Muster angelernten Verhaltens, die eine beständige Schablone bilden, mit deren Hilfe Gedanken und Vorstellungen von einer Generation auf die andere oder von einer Gruppe auf die andere überliefert werden können.»

Knox und Marston (2001) schliessen sich in ihrem neusten Standardwerk über die Humangeografie Haggett an und sehen im Begriff «Kultur» das gemeinsame **Inventar an Bedeutungen**, die tagtäglich durch materielle und symbolische Bräuche gelebt werden. Die Autoren erkennen daher in der Kultur eine «Lebensweise, die einen spezifischen Bestand von Fertigkeiten, Werten und Bedeutungen umfasst». Zur Kultur zählt nicht allein der materielle Bestand einer Gesellschaft, son-

10 Bevölkerung und Gesellschaft

dern sie schliesst auch soziale und geistige Bereiche wie gesellschaftliche Organisationsformen und Wirtschaftssysteme, Denk- und Verhaltensweisen, Normen und Wertvorstellungen mit ein. Der englische Biologe Julian Huxley (1887–1975; 1946–1948 erster Generaldirektor der Unesco) erkannte, dass sich Kulturen auf drei Ebenen erfassen und verstehen lassen:

1. Jede Kultur wird von aussen zuerst auf der **materiellen und sinnlich wahrnehmbaren Ebene** über jene Güter wahrgenommen, die sie hervorbringt. Nahrung, Kleidung, Unterkunft und Gebrauchsgegenstände des täglichen Lebens sind Merkmale, durch die sich eine Kultur äusserlich manifestiert. Darunter werden westliches Fast Food, der australische Bumerang und das japanische Sumoringen genauso verstanden wie afrikanische Masken, indische Filme und die brasilianische Sambamusik.
2. Hinter den materiellen Gütern stehen **Normen,** gedankliche Orientierungsmuster, die den Gütern einen Platz und eine Funktion zuordnen. Normen leiten auch die Beziehungen zwischen dem Einzelnen und der Gruppe und steuern das soziale Verhalten. Familienstrukturen, das Erziehungssystem, die Machtverhältnisse und die politische Entscheidungsfindung werden dabei erklärend beschrieben.
3. Normen werden von **Wertvorstellungen und Wertsystemen** geleitet. Werte stützen die dauerhaften Elemente einer Kultur nachhaltig und stellen die gedanklich-geistige Ebene einer Kultur dar. Diese Wertvorstellungen werden durch die Lebenseinstellung, die Religion und die Sprache zum Ausdruck gebracht.

Kultur wird durch die Mitglieder einer **Gesellschaft** gelebt und weitergegeben. Jedes Mitglied einer Gesellschaft verwirklicht seine Persönlichkeit durch die Kultur. Die Achtung der Persönlichkeit ist deshalb eng mit der Achtung der Kultur verbunden. «Die **Originalität** jeder Kultur beruht vielmehr auf ihrer besonderen Weise, Probleme zu lösen und Werte herauszustellen», betonte der französische Ethnologe Claude Lévy-Strauss.

■ □ Abb. 10.11
Bewässerungslandwirtschaft in der Gebirgsoase Nakhl, Oman

□ ■ Abb. 10.12
Alpine Kulturlandschaft im Goms: Ulrichen

Menschen prägen durch ihre Kultur Räume. Sie schufen aus der Naturlandschaft eine **Kulturlandschaft,** die auch heute weiter umgestaltet wird. Selbst die Mitglieder der frühen Jäger- und Sammler-Gesellschaften definierten ihr Verhältnis zur Natur und entschieden über Veränderungen. Ackerbaukulturen formten im Mittelalter aus der Naturlandschaft das Agrarsystem des schweizerischen Mittellandes, in Asien entstanden Reiskulturen und im Iran das Qanat-Bewässerungssystem. Die industriellen und postindustriellen Gesellschaften schufen weitläufige Bergbau- und Fabrikareale, nutzten die Fühlungsvorteile sich ergänzender Produktions- und

Kultur und Raum

Dienstleistungsbetriebe in Technoparks und erstellten Arbeitersiedlungen. Die Freizeit- und Konsumgesellschaft des 20. und 21. Jahrhunderts arbeitet, bildet und erholt sich immer mehr in künstlichen Welten, besucht Ski-Resorts, Aqua- und Tropenparks und entwickelt sich zunehmend zu einer «Hors-Sol»-Gesellschaft.

Abb. 10.13
Der Ocean Dome in Miyazaki, Japan. Eine künstliche Freizeitlandschaft auf der Südinsel Kyushu

Oft ist der Landschaftswandel der räumlich sichtbare Ausdruck kultureller Veränderungen. Neue Entwicklungen und Erfindungen prägen den **kulturellen Wandel** genauso wie fremde Elemente, die von einer anderen Kultur übernommen werden. Neue kulturelle Elemente wie materielle Güter, Ideen und Praktiken, aber auch Werte und Wertvorstellungen fliessen über Kontakte zu Menschen anderer Kulturen in die eigene Lebensweise ein. Die Kulturgeografie beschreibt mit Ausbreitungsmustern die **Diffusion** (lat. «diffundere» = verbreiten, zerstreuen) u. a. kultureller Innovationen. So tauchte 2002 auf einer australischen Internetseite erstmals der Begriff «Selfie» auf, eine Art Selbstporträt, aufgenommen mit einem Mobil- oder Smartphone und ohne den Selbstauslöser einer konventionellen Kamera. Über die Sozialen Medien (Facebook u. a. m.) verbreitete sich die Aufnahmetechnik rasch weltweit. Dazu wurde der Selfie-Stick erfunden, noch 1995 (als Stick für herkömmliche Kameras) in Japan als nutzloseste Erfindung bezeichnet, jedoch 2014 vom Time-Magazine zu den 25 besten Erfindungen gezählt. Ab 2014 verbreitete sich die «Erfindung» rasch weltweit und wird mittlerweile vor allem von Touristinnen und Touristen intensiv eingesetzt (Abb. 10.14).

Die umfassende Übernahme kultureller Elemente kann dabei auch zur Anpassung oder Angleichung an eine andere, dominant auftretende Kultur führen, was als **Akkulturation** bezeichnet wird. Mit Menschen, ihren Lebenseinstellungen und ihrem Lebensraum beschäftigt sich die Völkerkunde oder **Ethnologie** (griech. «ethnos» = Volk). Eine **Ethnie** oder eine ethnische Gruppe zeichnet sich durch ein gemeinsames «Wir-Gefühl» aus, das eine gemeinsame Kultur, eine gemeinsame Geschichte und einen ursprünglich gemeinsamen Lebensraum einschliesst. Eine Ethnie unterscheidet sich durch ihre sozialen Strukturen und ihre Verhaltensweisen von anderen Ethnien und wird von diesen als eigenständige Gruppe wahrgenommen. Aus der **Volkskunde** entwickelte sich die **Kulturanthropologie**, die sich mit dem Verhältnis des Menschen zu seiner Kultur befasst.

10 Bevölkerung und Gesellschaft

Abb. 10.14
Selfie-Aufnahme vor dem
Bosporus in Istanbul

Die Vereinigten Staaten gelten als Modellfall für die **Integration** unterschiedlichster eingewanderter Volksgruppen. Die amerikanische Sozialgeografie prägte dafür die Bezeichnung **«Melting Pot»** (Schmelztiegel). Allerdings stellt die Sozialforschung fest, dass in den Grossstädten mehr und mehr das Phänomen der **Segregation** auftritt: Es bilden sich neben den Wohnvierteln der Weissen und der Schwarzen auch Quartiere mit Ethnien asiatischer Herkunft und der Spanisch sprechenden Bevölkerung (Abb. 10.16). Dabei erleichtern die bereits Ansässigen den Neuankömmlingen den Zugang zum Wohnungs- und Arbeitsmarkt und vermitteln ihnen in einem ethnisch homogenen Wohnquartier eine gewisse Geborgenheit. Es wird heute denn auch in den Vereinigten Staaten vermehrt von einem **ethnischen Pluralismus,** einer «Salad Bowl» und einer **multikulturellen Gesellschaft** gesprochen, in der die Minderheiten als Teil der amerikanischen Gesellschaft betrachtet werden, wirtschaftlich durchaus integriert sein können, jedoch ihre eigene ethnische Identität bewahren. Doch auch hier sind Spannungen und Auseinandersetzungen möglich, wenn die gegenseitige Akzeptanz und ein Dialog der Kulturen fehlen.

Eine ethnisch bedingte Abgrenzung kann sich auch in einer regionalen Abtrennung niederschlagen: So wurden in Staaten wie den USA der indigenen Bevölkerung einige Restgebiete als **Reservate** zugeteilt, in denen eine beschränkte Selbstverwaltung ermöglicht wird. Eine ähnliche Politik betreibt Australien gegenüber den Aborigines, um damit den Forderungen der Urbevölkerung nach Rückgabe von weggenommenem Land entgegenzukommen. Andere Staaten kennen ebenfalls ethnisch bedingte Autonomieregelungen. In Kanada wurde 1999 Nunavut («Unser Land») geschaffen, ein Territorium mit einem hohen Grad an Selbstverwaltung für mehr als 20 000 Inuit (Abb. 10.17). Gerade in Australien, aber beispielsweise auch in den USA, Brasilien und Kanada entzünden sich an den Landrechten der Urbevölkerung Konflikte um die Ausbeutung der Bodenschätze. Bodenschätze werden dabei als nationales Kapital angesehen, das für die Entwicklung des ganzen Landes eingesetzt werden soll. Die Ansprüche der Urbevölkerung sollen dabei nach Auffassung der betreffenden Regierungen den Fortschritt der ganzen Nation nicht behindern dürfen.

Kultur und Raum

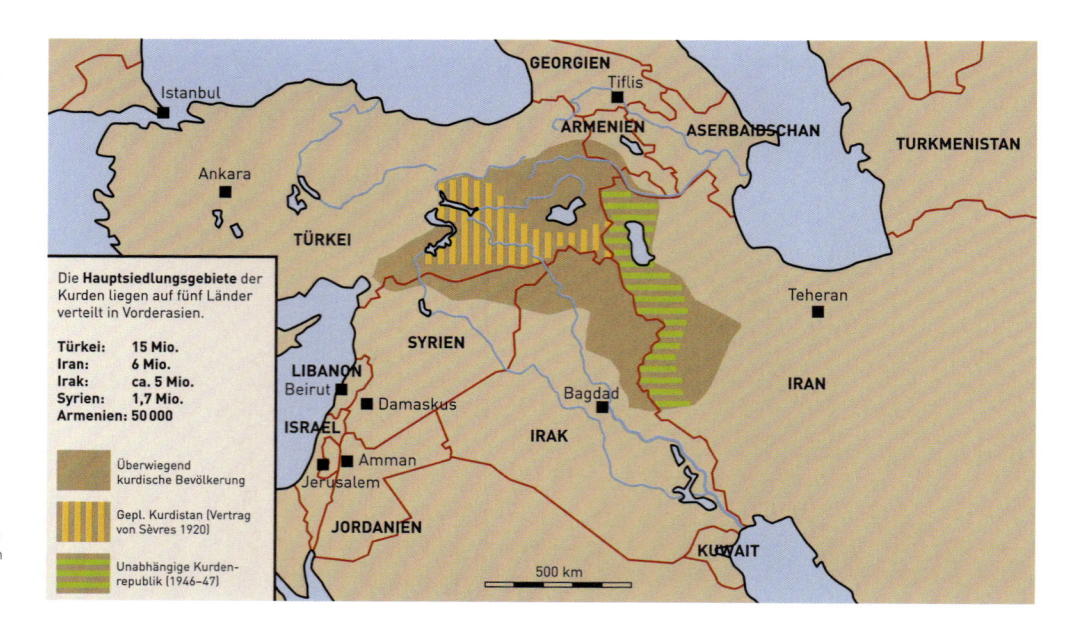

Abb. 10.15
«Volk ohne Staat»: Das Wohngebiet der kurdischen Bevölkerung, die sprachlich und kulturell eine Einheit bildet.

Die **Hauptsiedlungsgebiete** der Kurden liegen auf fünf Länder verteilt in Vorderasien.

Türkei: 15 Mio.
Iran: 6 Mio.
Irak: ca. 5 Mio.
Syrien: 1,7 Mio.
Armenien: 50 000

- Überwiegend kurdische Bevölkerung
- Gepl. Kurdistan (Vertrag von Sèvres 1920)
- Unabhängige Kurdenrepublik (1946–47)

Oftmals wird die Bildung von Regionen nach ethnischen Kriterien von der Zentralgewalt für eine bessere Kontrolle und zur **Diskriminierung von Minderheiten** missbraucht, wie das Vorgehen etwa der Volksrepublik China in Tibet oder in Xinjiang (Uiguren) zeigt. Eine Politik räumlicher Ausgrenzung von Menschen anderer Hautfarbe stellt die in Südafrika jahrzehntelang betriebene **Apartheidpolitik** dar: Spezielle Gebiete wurden als sogenannte «Homelands» für die schwarze Bevölkerung ausgeschieden und in den Städten Wohnquartiere und das öffentliche Leben (Verkehrsmittel, Verwaltung, Postbüros, Banken usw.) vollständig getrennt.

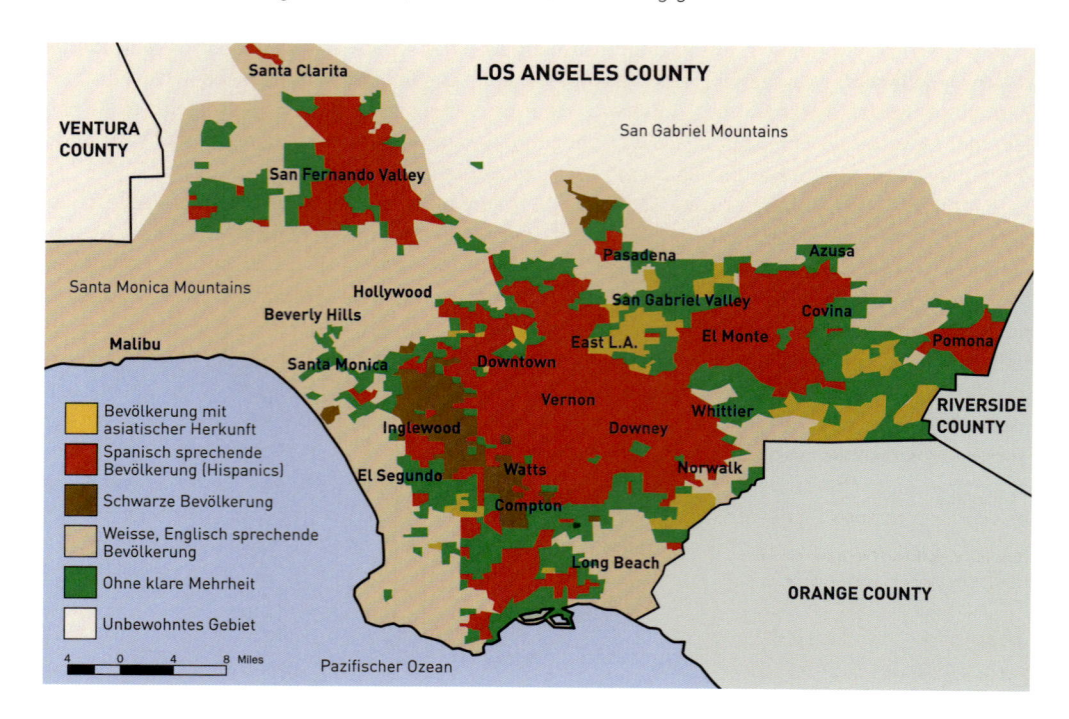

Abb. 10.16
Ethnische Gruppen in Los Angeles im Jahre 2000

- Bevölkerung mit asiatischer Herkunft
- Spanisch sprechende Bevölkerung (Hispanics)
- Schwarze Bevölkerung
- Weisse, Englisch sprechende Bevölkerung
- Ohne klare Mehrheit
- Unbewohntes Gebiet

10 Bevölkerung und Gesellschaft

Die Überzeugung, eine Ethnie oder Kultur sei einer anderen Ethnie oder Kultur überlegen, wird mit **Ethnozentrismus** umschrieben. Ethnozentrische Haltungen beginnen meist mit sozialen Vorurteilen, die sich zu Stereotypen verdichten. Solche (ab)wertende Aussagen dienen letztlich dazu, Mitglieder anderer Ethnien auszugrenzen und die Überlegenheit der eigenen Kultur zu betonen. An dieser Stelle sei noch auf den Begriff der **Rasse** hingewiesen. Dem Konzept liegt die pseudowissenschaftliche Haltung aus dem 19. Jahrhundert zugrunde, die Gattung Mensch (homo sapiens) lasse sich aufgrund äusserer Merkmale in Gruppen einteilen. Dieses Vorgehen wird heute mehrheitlich als «ein äusserst problematisches Schema zur Einteilung der Menschheit, das auf Hautfarbe und anderen körperlichen Merkmalen basiert» (Knox, Marston, 2001), scharf kritisiert. Der Begriff ist durch die Geschichte der ersten Hälfte des 20. Jahrhunderts derart vorbelastet, dass auf seine Verwendung verzichtet werden sollte.

Abb. 10.17
Kanada: autonome Gebiete der Inuit-Bevölkerung. Das Nunavut Territory umfasst 26 745 Einwohner (85 % Inuit) auf einer Fläche von 2 093 190 km² und ist rechtlich dem Yukon Territory und den Northwest Territories gleichgestellt.

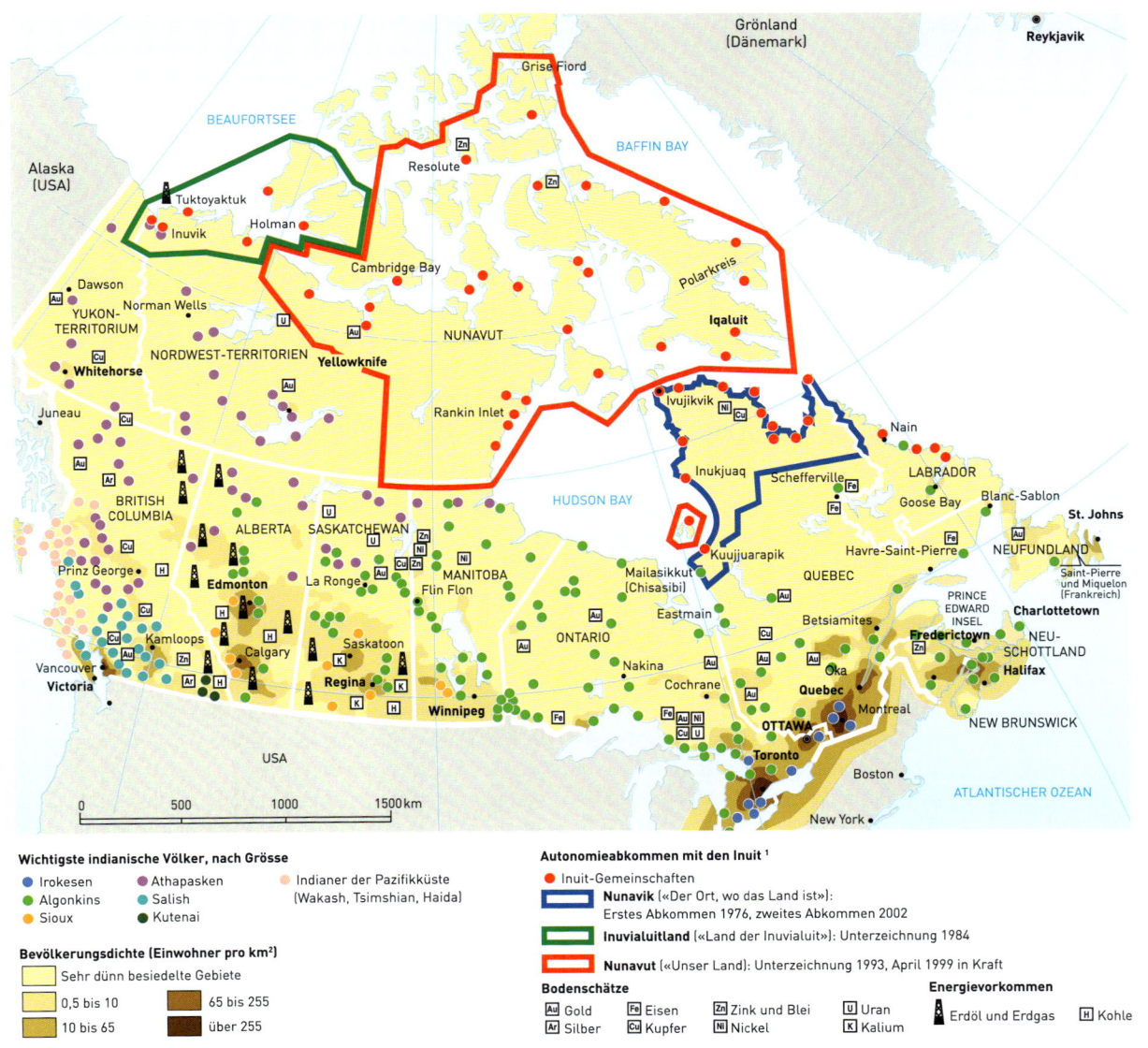

(1) Die Verträge wurden von allen Inuit-Völkern unterzeichnet ausser von den Labradors. Die indianischen Völker unterzeichneten nur einige Verträge, vor allem in British Columbia und im Gebiet der James Bay. Über weitere Abkommen wird verhandelt.

219

10.4 Sozialgeografie

Menschen leben in Gemeinschaften. Der gesellschaftliche Rahmen bestimmt die Regeln für das Zusammenleben. In städtischen Gesellschaften Europas grenzt sich beispielsweise der **private Raum**, das eigene Haus oder die Wohnung, vom **öffentlichen Raum,** der Strasse, dem Verkehr und den öffentlichen Dienstleistungen, ab. Abgesehen von wenigen, genau definierten Ausnahmen beschränkt sich das staatliche Rechtssystem auf den öffentlichen Raum, während im privaten Umfeld traditionelle bzw. kulturspezifische Konventionen gelten.

Die **Sozialgeografie** versteht sich als die «Geografie(n) der Menschen» im eigentlichen Sinne. Im Mittelpunkt des Interesses stehen die Gesellschaft-Raum-Beziehungen. Die Sozialgeografie befasst sich mit Fragestellungen, wie räumliche Faktoren das gesellschaftliche Zusammenleben der Menschen beeinflussen und wie sich Gesellschaften räumlich organisieren. Sie untersucht einerseits die Inwertsetzung natürlicher Grundlagen, andererseits Alltagswelten bzw. die tägliche Wirklichkeit, wie sie von den Mitgliedern einer Gesellschaft wahrgenommen wird, und mit welchen Mitteln der Alltag bewältigt wird.

Abb. 10.18
Zweimal Treppe im öffentlichen Raum: Im Hauptbahnhof Bern wird das Absitzen untersagt, Treppen sind zum Zirkulieren da. Auf der Treppe der Heiliggeistkirche am Bahnhofplatz in Bern ist das Absitzen dagegen gestattet.

In einer Gesellschaft gestalten persönliche Bindungen die zwischenmenschlichen Beziehungen. In der europäisch-westlichen Gesellschaftsordnung bildete sich nach dem Zweiten Weltkrieg die **Kernfamilie** (Kleinfamilie) als kleinste gesellschaftliche Zelle heraus. Ergänzt wurde die Kernfamilie durch einen beruflichen und freizeitbedingten Freundeskreis. Die Mobilität der Industrie- und Freizeitgesellschaft, der Individualismus, aber auch veränderte Rollenvorstellungen und ökonomische Besserstellung der Frauen durch ihre vermehrte Integration in den Arbeitsmarkt führten zur Lockerung herkömmlicher familiärer Bindungen. **Patchworkfamilien,** Alleinerziehende und Singles sind heute in den westlich orientierten Industrie- und Dienstleistungsgesellschaften keine Ausnahme mehr. Umgekehrt steht in einer traditionell orientalischen Gesellschaft die **Grossfamilie** im Vordergrund. Hier unterstützt der Onkel die berufliche Karriere seiner Neffen, und die Tanten stehen einer jungen Frau in Kinderbetreuungsfragen beratend zur Seite. Das familiäre Umfeld reduziert zwar die freie Entscheidungsmöglichkeit des Einzelnen, garantiert ihm aber ein hohes Mass an sozialer Sicherheit.

Die meisten Gesellschaften weisen eine **hierarchische Struktur** auf. Das äussert sich in der westlichen Gesellschaft meist in einkommensbezogenen Kriterien, die dann in Statussymbolen wie Markenartikeln, in der persönlichen elektronischen Ausstattung, mit dem Besitz eines Autos oder Motorrades und in der Wohnlage und Wohnausstattung zum Ausdruck gebracht werden. In Japan und Nordamerika sind eine elegante Kleidung bzw. Anzug und Krawatte Ausdruck einer Tätigkeit im Bürobereich und verraten die Zugehörigkeit zum Mittelstand. Die herrschenden Wertvorstellungen werden weitgehend durch die soziale Stellung vermittelt.

10 Bevölkerung und Gesellschaft

Die Sozialgeografie zeigt auf, wie sich hierarchische Gesellschaftsstrukturen räumlich niederschlagen: In nordindischen Dörfern bewohnen Familien höherer Kasten in der Dorfmitte oft zweistöckige Häuser, die unberührbaren Parias dagegen leben am Rande des Dorfes in Hütten. Die Sozialgeografie spricht von sozialen und räumlichen **Disparitäten** (lat. «dispar» = ungleich, verschieden) und der **Marginalisierung** (lat. «margo» = Rand, Grenze) einzelner Bevölkerungsgruppen. In den Vereinigten Staaten entwickelten sich aus dem Sicherheitsbedürfnis des gehobenen Mittelstandes sogenannte **«Gated Communities»,** umzäunte, bewachte Siedlungen mit Eingangskontrolle. Die Zahl dieser geschlossenen Wohnkomplexe nimmt weltweit zu, genaue Angaben sind allerdings nicht verfügbar. Die Gated Communities stehen im Gegensatz zu den heruntergekommenen, zentrumsnahen Quartieren der Grossstädte, in denen Arbeitslosigkeit, Alkoholismus und Kriminalität das tägliche Leben der sozialen Unterschicht bestimmen. Aus diesen abgeschotteten Siedlungen entwickeln sich vermehrt Hochsicherheitsstädte, isolierte Welten, in denen die Daseinsgrundfunktionen (Abb. 10.19) möglichst umfassend angeboten werden und man somit die Siedlung kaum mehr verlassen muss. Gerade in den ärmeren Ländern sind derartige «Charter Cities» geplant, die Staaten stellen das Land zur Verfügung, die reichen Investoren liefern das Know-How, sorgen für die Sicherheit, verwalten die Siedlung und erlassen Vorschriften für das Leben im Innern dieser Städte. Eine derartige privatisierte Enklave für Wohlhabende ist etwa bei Lagos geplant: Das Projekt «Eko Atlantic City» soll Wohnraum für 250 000 Menschen und 150 000 Arbeitsplätze bieten. Die Menschen sollen dort in einer sicheren Umgebung wohnen, arbeiten, die Freizeit verbringen und konsumieren. Eine demokratische Mitbestimmung ist nicht vorgesehen, die «Eko Atlantic City» gehört den Geldgebern, sie ist nicht öffentlich zugänglich und die Investoren leisten ihre Dienste profitorientiert.

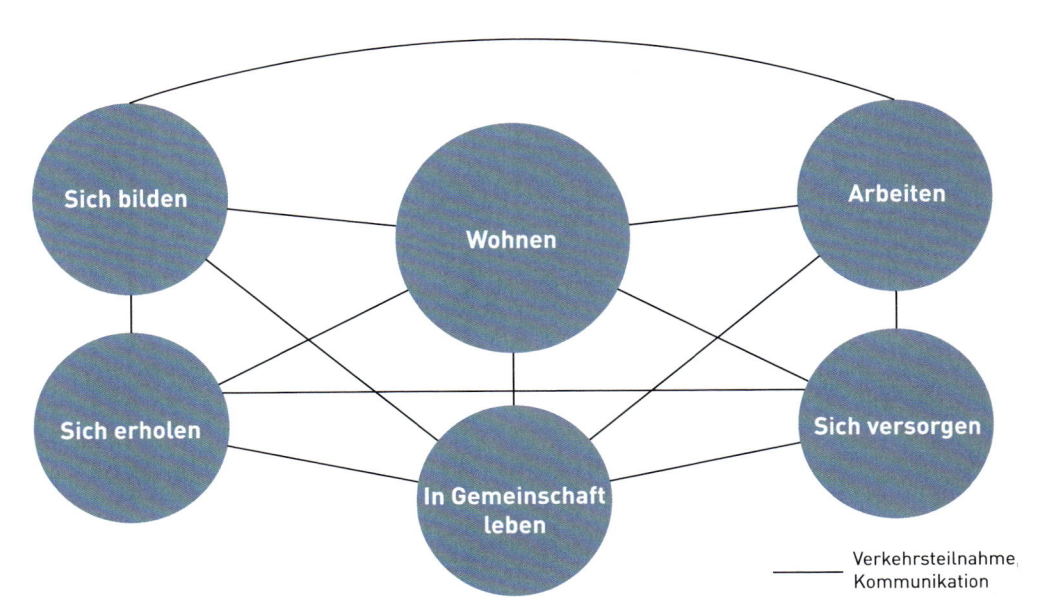

Abb. 10.19 Grundfunktionen menschlichen Daseins

(Sich bilden, Wohnen, Arbeiten, Sich erholen, In Gemeinschaft leben, Sich versorgen — Verkehrsteilnahme, Kommunikation)

Schliesslich gibt es auch Gesellschaftsstrukturen, die auf einem vererbbaren Status beruhen. Das indische **Kastensystem** stützt sich auf die hinduistische Auffassung, dass der soziale Status eine Belohnung oder eine Bestrafung für Taten, die im vorherigen Leben begangen wurden (sogenanntes Karma), sei. Damit bleiben Menschen ein Leben lang in ihrer Kaste sozial gefangen, was für sie bedeutet, dass Beruf, Heirat und Brauchtum vorbestimmt sind.

10.5 Geschlecht und Raum

Geschlecht ist, in Kombination mit anderen Faktoren der sozialen Zuweisung wie Nationalität, Alter, Ethnizität oder soziale Herkunft, eines der am stärksten verankerten Ordnungsprinzipien moderner Gesellschaften. **Geschlecht funktioniert als sozialer Platzanweiser.** In welchem Zusammenhang auch immer wir über **gesellschaftliche Differenz** nachdenken, Geschlecht spielt mit hoher Wahrscheinlichkeit eine Rolle. Die Sozialgeografie problematisiert, wie soziale Ungleichheit über räumliche Zuordnungen in Gesellschaften eingelassen und verfestigt wird. Dies lässt sich an alltäglichen Raummustern ablesen, etwa am nahe beim Autobahnzubringer gelegenen Arbeiterquartier, welches sich so augenfällig vom Villenviertel im Grünen unterscheidet, oder daran, dass auf der Piazza ein heftig gestikulierendes Grüppchen älterer Männer sitzt, während ältere Frauen im öffentlichen Raum des sizilianischen Kleinstädtchens kaum sichtbar sind. Sozialgeografische Kriterien sind im Rahmen politischer Entscheidfindung von Bedeutung. Wenn die Diskussion um Südanflüge des Zürcher Flughafens national Wellen schlägt, so liegt die Erklärung nicht einzig darin, dass die Zahl der betroffenen Anwohnerinnen und Anwohner besonders gross ist. Ausschlaggebend ist vielmehr, dass sich darunter reiche Gemeinden und privilegierte Wohnlagen an der steuergünstigen Zürcher «Goldküste» befinden.

Ein- und Ausschlüsse lassen sich an räumlichen Mustern ablesen, und sie schlagen sich im räumlichen Handeln von Individuen nieder. Darüber hinaus bewirkt die räumliche Anordnung des Sozialen eine Naturalisierung der Verhältnisse: Der Eindruck entsteht, es gebe eine natürliche und damit unhinterfragbare Grundlage für geltende Hierarchien. Aus der bürgerlichen Gesellschaft des 19. Jahrhunderts stammt das Konzept der strikten Trennung zwischen dem öffentlichen, von Männern besetzten Raum und dem Privatraum, in welchem sich die Frauen von der Öffentlichkeit abgeschirmt im Kreis ihrer Familie bewegen. Für «anständige» Frauen – so die herkömmliche Deutung – sind Strassen lediglich Transiträume. Halten sich Frauen nicht an diese Regel, kann dies, gerade im Fall von sexuellen Übergriffen, gegen sie verwendet werden. Für Männer hingegen ist und war das Herumstehen im öffentlichen Raum in kaum einer Gesellschaft verpönt.

Tradition, Gewohnheit oder diffuse Ordnungsvorstellungen sind jedoch keine hinreichenden Gründe für die systematische Benachteiligung bestimmter Raumnutzerinnen oder -nutzer. Ein kritischer Ansatz bricht durch das Hinterfragen scheinbar selbstverständlicher Raumnutzungsformen sowie «natürlichen» Verhaltens («weil sie eine Frau ist», «weil er ein Ausländer ist» usw.) ausschliessende Normen auf: Beispiele für **sozial-räumliche Ordnungsmuster,** die gleichzeitig gesellschaftliche Machtstrukturen spiegeln, sind etwa reglementierte Sitzordnungen in einer Synagoge, verschiedene Hauseingänge für die Herrschaft und das Dienstpersonal, die Landsgemeinde in den Schweizer Kantonshauptorten, bevor das Frauenstimmrecht eingeführt wurde, oder das noch heute wirksame Verbot für Frauen, am Zürcher Sechseläutenmarsch die gleiche Route zu beschreiten wie die Zünfte.

Ein Beispiel, wie eine rigide Trennung weiblicher und männlicher Sphären in der Praxis umgangen wird, findet sich in der muslimischen Kultur. Das Kopftuch mag für den westlichen Blick zwar ein Symbol der Diskriminierung sein, für den arabischen Kontext muss es jedoch differenziert gedeutet werden. Das Kopftuch – das in der öffentlichen Diskussion der letzten Jahre schnell und beinahe unbemerkt zum «Schleier» wurde – symbolisiert die Unantastbarkeit der Frauen und bietet ihnen Schutz vor Übergriffen. Mit dem Kopftuch können sich Frauen zumindest teilweise ohne männliche Begleitung in der Öffentlichkeit bewegen. Tatsächlich ist das Kleidungsstück ein mit kontroversen Bedeutungszuschreibungen versehenes, hochaufgeladenes Symbol, über welches in jüngerer Zeit auch in europäischen Parlamenten und Gerichten heftig gestritten wird. So ist in Frankreich das Tragen jeglicher religiöser Symbole in öffentlichen Gebäuden – also auch in Schulen – verboten worden. Im Kanton Bern widersetzte sich der Erziehungsdirektor einem muslimischen Elternpaar, das seine Tochter aufgrund von Kleidervorschriften vom Schwimmunterricht dispensieren lassen wollte. Juristisch argumentierte er mit den Grundrechten des Mädchens (Recht auf Bildung, Chancengleichheit), welche über religiösen Konventionen stehen.

■ ☐ Abb. 10.20
Das Kopftuch – modisches Accessoire und gleichzeitig ein Symbol mit zahlreichen Bedeutungen

☐ ■ Abb. 10.21
Damenbadeanstalt Basel 1918

Aus der Stadtforschung kennen wir historische Beispiele, wie Frauen- und Männerräume im Sinne der Wahrung der gesellschaftlichen Ordnung getrennt wurden. So gab es in Zürich um die Jahrhundertwende nach Geschlechtern getrennte Badeanstalten. Die sittlichen Grundsätze der damaligen Zeit verboten sogar «das Beschwimmen» der für das andere Geschlecht vorgesehenen Seezone. Die soziale Trennung wurde durch den Preis geregelt, sodass der «unbemittelten Klasse» die Benutzung der Seebäder möglich war, während die Begüterten für den «bescheidenen Comfort» spezieller Anlagen Eintritt bezahlten. Interessant ist die Entwicklung, welche nach der durch veränderte moralische Vorstellungen ermöglichten Aufhebung der Segregation der Geschlechter eintrat: An ihrer Stelle wurden nun verschärfte Kleidervorschriften durchgesetzt.
Der Bedarf nach einem «öffentlichen» Raum für bürgerliche Frauen war massgebend beim Bau der ersten grossen Warenhäuser im New York des späten 19. Jahrhunderts. Damals war der Aufenthalt auf der Strasse für die bürgerliche Frau tabuisiert, wollte sie nicht ihren untadeligen Ruf aufs Spiel setzen. Mit den grossen Warenhäusern wurde eine neue Art von öffentlichem Raum geschaffen, der es den bürgerlichen Damen ermöglichte, einer standesgemässen Beschäftigung nachzugehen, ohne dabei auf ihre Privaträume beschränkt zu sein oder ihren sittlichen Ruf und damit ihre Heiratsfähigkeit zu gefährden.
Ausserhalb solcher historischer, formaler oder ritueller Ordnungssysteme finden wir in unserem Alltag Beispiele für räumliche Ein- und Ausgrenzung, die sich aufgrund unausgesprochener Normen, Werte und Zuschreibungen vollziehen. Auf Spielplätzen sind Frauen und Kinder als Folge der dominanten Rollenteilung meist unter sich. Die geschlechtstypische Berufswahl sorgt dafür, dass in den Gängen der Abteilung für Bauingenieure der ETH fast nur Männer anzutreffen sind, während man in einem Spital mehrheitlich von Frauen betreut wird.
Das Geschlecht prägt auch die Art und Weise, wie Menschen ihre Lebensräume wahrnehmen und wie sie sich den Raum aneignen. Schlecht beleuchtete Parkhäuser, Treppenaufgänge oder Fusswege werden von vielen Frauen als «Angsträume» gemieden. Architektonische Verbesserungen

wie gläserne Liftschächte, bessere Beleuchtung oder Alarmsäulen sind aber nicht nur für Frauen angenehmer, sondern für alle, die diese Räume nutzen. Statistisch sind Frauen zudem weniger häufig Opfer von Gewalt im öffentlichen Raum als Männer. Viel häufiger werden ihnen der private Raum und damit eher bekannte als unbekannte Täter zum Verhängnis. Es zeigt sich hier eine Diskrepanz zwischen der **Geografie der Angst** und der **Geografie der Gefahr.**
Orte wie «das Zuhause», «das Quartier», «die Gemeinde» oder «die Stadt» werden je ebenfalls unterschiedlich gedeutet. **«Zu Hause»** sein bedeutet normalerweise, sich in Abgrenzung vom öffentlichen Leben und dessen Herausforderungen entfalten und an einem Ort sein zu können, in dem man Sicherheit empfindet und über den man in hohem Mass Kontrolle ausübt. Die in westlichen Kulturen sakrosankte «Privatsphäre», wohin der Staat kaum eindringt, kann sich jedoch in bestimmten Konstellationen negativ und schädlich auswirken. Dies betrifft Fälle von häuslicher Gewalt, aber auch im sogenannt «normalen» familiären Umfeld gibt es Konstellationen von Zwang, Konflikt, Druck oder Rollenerwartung. Ein Beispiel dafür sind homosexuelle Jugendliche, die ihre sexuelle Orientierung in einem konservativen Elternhaus verbergen müssen. Sie verbinden das «Zuhause» in keiner Weise mit der Bezeichnung «home sweet home».
Die Sozialgeografie nähert sich also dem Raum als einem von komplexen Machtbeziehungen geprägten Phänomen. **Wertvorstellungen und Normen** prägen, auch wenn sie unausgesprochen bleiben, räumliches Verhalten und dessen Wahrnehmung. Räume erlangen ihre Bedeutung erst über emotionale, normative oder symbolische Zuschreibungen. Dieser Zuschreibungen werden wir uns häufig erst dann bewusst, wenn implizite Verhaltenscodes durchbrochen werden. Übertretungen wie eine «Velo-Demo», Teenager mit ihren Skateboards auf dem leeren Platz vor dem Regierungsgebäude, Häuserbesetzungen oder ein Protestpicknick im Naherholungsgebiet, welches für den Bau einer Fabrik umgezont wurde, Fussgängerinnen, die hartnäckig die Strasse überqueren, statt die düstere Unterführung zu benützen, Kinder, die eine Quartierstrasse behelfsmässig sperren, um vorübergehend eine Spielstrasse einzurichten – dies alles sind Beispiele, wie soziale Gruppen Räume verändern.
Das Wissen über diese sozial-räumlichen Zusammenhänge findet in der Forschung und nachfolgend in der Planung ihren Niederschlag, wenn unterschiedliche Raumwahrnehmungen und **Nutzungsansprüche** betroffener sozialer Gruppen in den Planungsprozess einbezogen werden und in die Umsetzung einfliessen. Ergebnis partizipativer Verfahren können neue städtische Wohnsiedlungen sein, wie etwa das im 2015 fertig gestellten Hunzikerareal in Zürich, in denen spezifisch auf Bedürfnisse, wie sie mit neuen Formen des Zusammenlebens entstehen (alleinerziehende Eltern, Patchworkfamilien, Wohngemeinschaften behinderter Menschen u. Ä.), eingegangen wird. Dies äussert sich etwa in der Gestaltung eines kindergerechten Wohnumfeldes, flexiblen Wohnungsgrössen, einer hohen sozialen Durchmischung der Bewohner, der Gestaltung von Gemeinschaftsräumen, der Verbindung von Wohn- und Erwerbsnutzung, ökologischer Bauweise, moderaten Mieten, der Reduktion von Parkplätzen sowie der Integration von Kindertagesstätten oder Beratungsstellen innerhalb der Siedlung.
Die Frage nach Geschlecht und Raum kann aber auch in eine ganz andere Richtung weisen, beispielsweise im Gesundheitsbereich. So hat eine GIS-gestützte Studie über die Häufung von Brustkrebsfällen auf Long Island, New York, neue Hinweise auf Zusammenhänge zwischen Umweltfaktoren und Krankheitsrisiken ergeben. Eine andere Studie befasst sich mit der Beziehung zwischen Körper – sozusagen der unmittelbarsten Geografie – und Raum. Das dominierende Schlankheitsideal prägt die **Körperwahrnehmung** vieler Frauen in einer Weise, dass sie das Gefühl entwickeln, zu viel Platz einzunehmen – die Antwort suchen junge Frauen häufig in der buchstäblichen Minimierung ihres Körpervolumens: Sie entwickeln Essstörungen. Auf der anderen Seite wird «dicken» Menschen zu verstehen gegeben, dass sie nicht erwünscht sind – etwa als Sitznachbarn

im Kino oder Tram. Diese Forschungsarbeiten verweisen auf räumlich vermittelte moralische Zuschreibungen. Nicht zuletzt wirkt sich die gebaute Umwelt oft ausschliessend auf Personen mit besonderen Bedürfnissen aus: Treppen oder hohe Stufen zwischen dem Trameinstieg und dem Perron erschweren die Mobilität und Unabhängigkeit von älteren und behinderten Personen.

Zusammenfassend: Geschlecht strukturiert sozial-räumliche Prozesse und ist somit eine zentrale Analysekategorie in der Sozialgeografie. Männlichkeit und Weiblichkeit werden in und durch spezifische räumliche Gegebenheiten geformt. Häufig verbindet sich die Kategorie Geschlecht mit weiteren Faktoren sozialer Zuordnung, darunter besonders soziale Herkunft (Klasse), Alter oder nationale und ethnische Zugehörigkeit. Der Einbezug dieser Dimensionen sensibilisiert den geografischen Blick für die vielfältigen Machtbeziehungen, die in unser räumliches Umfeld eingelassen sind.

10.6 Geografie der Religionen

Religion bezeichnet ein **Glaubenssystem,** ein religiöses Orientierungssystem, eine Geisteshaltung, mit dessen Hilfe der Mensch die Existenz einer höheren Macht oder Gesetzmässigkeit anerkennt, ohne deren Vorhandensein beweisen zu können. Der religiöse Mensch glaubt an diese höhere Macht und ordnet sich ihr unter, indem er das Leben harmonisch auf sie ausrichtet und dadurch seinem eigenen Leben eine Aufgabe und eine religiös-geistige Existenzberechtigung gibt. Der Mensch akzeptiert in seiner religiösen Haltung ein Wertesystem, das er nicht selbst geschaffen hat, und eine Autorität, die man nicht zu hinterfragen, sondern der man sich zu unterstellen hat. Religiös gestützte Argumente benötigen keine Rechtfertigung, sie werden als absolut wahr deklariert und entziehen sich damit der Diskussion. Religionen prägen dadurch die **Wertvorstellungen** einer Kultur nachhaltig.

Allgemein lassen sich in der Beschreibung **religiöser Erfahrungen** sieben Merkmale unterscheiden:
a) ritueller Aspekt: Gottesdienste, Predigten, Gebete, Yogaübungen, Meditationen,
b) emotionaler Aspekt: Erfahrungen auf der Gefühlsebene bei Riten, Lehren und Mythen die die Gläubigen bewegen
c) mythischer Aspekt: überlieferte Schriften und Erzählungen, z. B. über die Entstehung der Erde und das Ende der Welt oder über Heilige und Religionsgründer
d) dogmatischer Aspekt: intellektuelle Aussagen, entwickelt aus den mythischen Erzählungen über die Grundlage des Glaubens
e) ethischer Aspekt: Werte, Regeln und Gesetze (Gebote und Verbote)
f) sozialer Aspekt: Bedeutung der Religion in der Gruppe und innerhalb der sozialen Gemeinschaft
g) materieller Aspekt: religiöse Gebäude, Kunstschätze und natürliche Objekte (Flüsse, Berge usw.)

Im **Landschaftsbild** zeigen sich die Aspekte religiösen Lebens vor allem in **Symbolen** wie Wegkreuzen, Kirchen, Tempeln und Moscheen, aber auch im Vorhandensein von heiligen Orten, von Kult- und Pilgerstätten. Einige religiöse Gruppierungen haben sich im Verlaufe der Zeit komplexe Organisationsformen zugelegt, die in einzelnen Fällen sogar staatliche bzw. staatsähnliche Organisationsformen **(Theokratie)** umfassen. Es sei an den Kirchenstaat Vatikan (er definiert sich als souveränes Bistum) erinnert oder an den Gottesstaat Iran, wo der religiöse Wächterrat die islamische Verfassung kontrolliert.

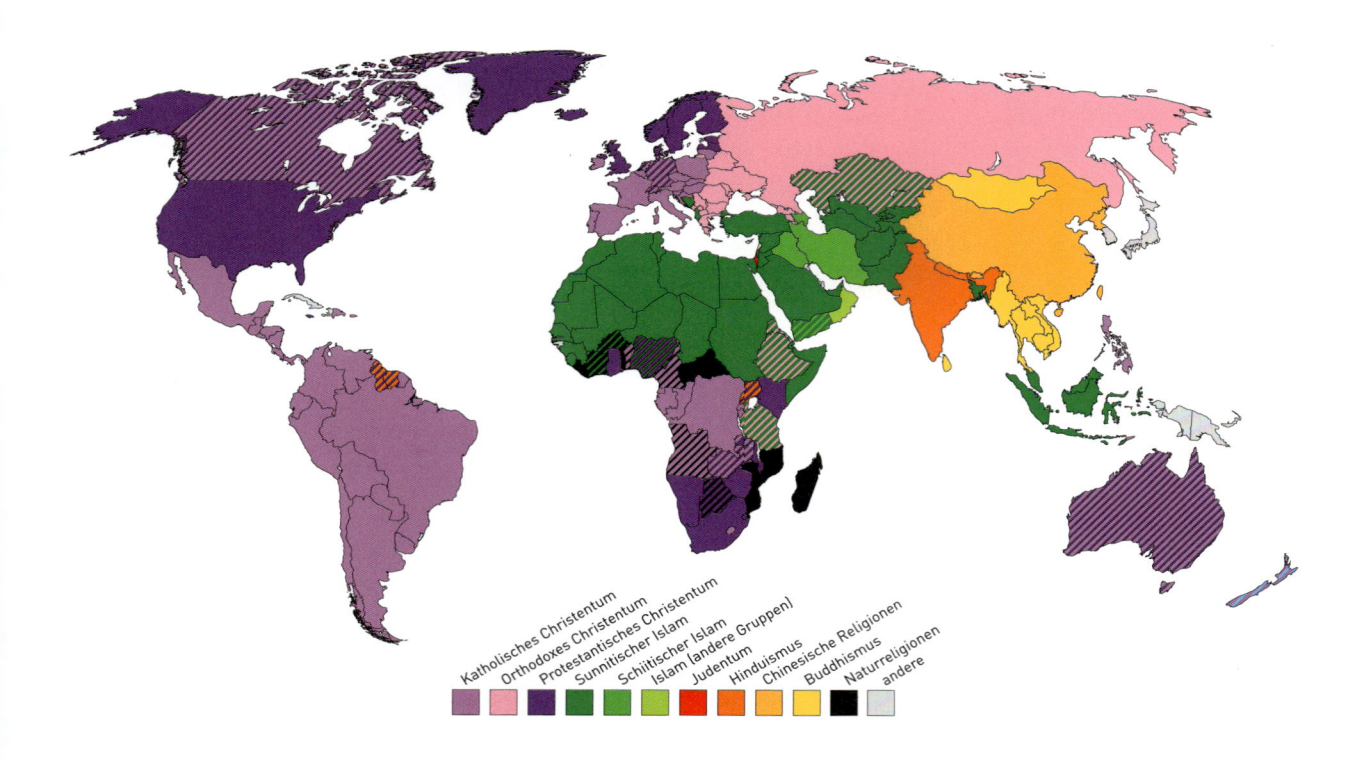

Geografie der Religionen

Abb. 10.22
Die Verbreitung der Weltreligionen

Katholisches Christentum
Orthodoxes Christentum
Protestantisches Christentum
Sunnitischer Islam
Schiitischer Islam
Islam (andere Gruppen)
Judentum
Hinduismus
Chinesische Religionen
Buddhismus
Naturreligionen
andere

Die **Religionsgeografie** befasst sich mit den Beziehungen zwischen religiöser Grundhaltung und Raum. Dabei wird sichtbar, dass das Glaubensverständnis auch unterschiedliche Haltungen des Menschen gegenüber der Natur bedingt:

Nach **jüdisch-christlicher Auffassung** schuf Gott zuerst die Natur (Schöpfungsgeschichte) und dann den Menschen. Der Mensch ist damit ein Geschöpf Gottes, den Gott «nach seinem Bilde» schuf. Der Mensch unterscheidet sich dadurch von der Natur, die auch die Tierwelt einschliesst. Die eher ältere Auffassung, der Mensch stehe über der Natur und müsse diese beherrschen, steht dabei im Widerspruch zu neueren christlichen Tendenzen, die die Achtung und die Bewahrung der Schöpfung Gottes betonen. Der Glaube an die Auferstehung und das ewige Leben und die bedingungslose Ausrichtung des Lebens auf das Jenseits lässt bei fundamental christlichen Kreisen allerdings Irdisch-Weltliches wie den Bezug zur Umwelt in den Hintergrund treten.

Das **islamische Naturverständnis** schliesst sich der jüdisch-christlichen Schöpfungslehre an und betont im Koran, dass Himmel und Erde erschaffen wurden, damit dem Menschen das Leben ermöglicht werde. Der Mensch steht in der Schöpfungshierarchie an oberster Stelle, ist aber angehalten, mit der Natur verantwortungsvoll umzugehen und damit Allah Respekt und Achtung entgegenzubringen.

Der **Buddhismus** vertritt die Auffassung, dass über allem ein absolutes Weltgesetz steht. Der Buddhismus übernimmt die hinduistische Vorstellung einer allumfassenden Ordnung (Dharma) und sieht Natur und Mensch als Teil dieser Ordnung. Die einzelnen Bestandteile bilden ein komplexes und dynamisches Gefüge, in dem dem Menschen eine besondere Aufgabe zukommt, ist er doch fähig, sich verantwortungsbewusst zu verhalten und sich bescheiden als Teil des Ganzen zu verstehen und einzufügen.

Die **chinesischen Religionsphilosophien** wie der Taoismus gehen in ihrem Naturverständnis von der Auffassung aus, dass die Natur einen Selbstwert besitzt. Sie findet ihre Berechtigung nicht in der Inwertsetzung durch den Menschen. Der Mensch ist angehalten, eine umfassende Harmonie anzustreben und den Einklang mit den Lebenskräften der Natur zu suchen, was sich etwa in der geomantischen Lehre des Feng-Shui (chin. für Wind und Wasser) niederschlug.

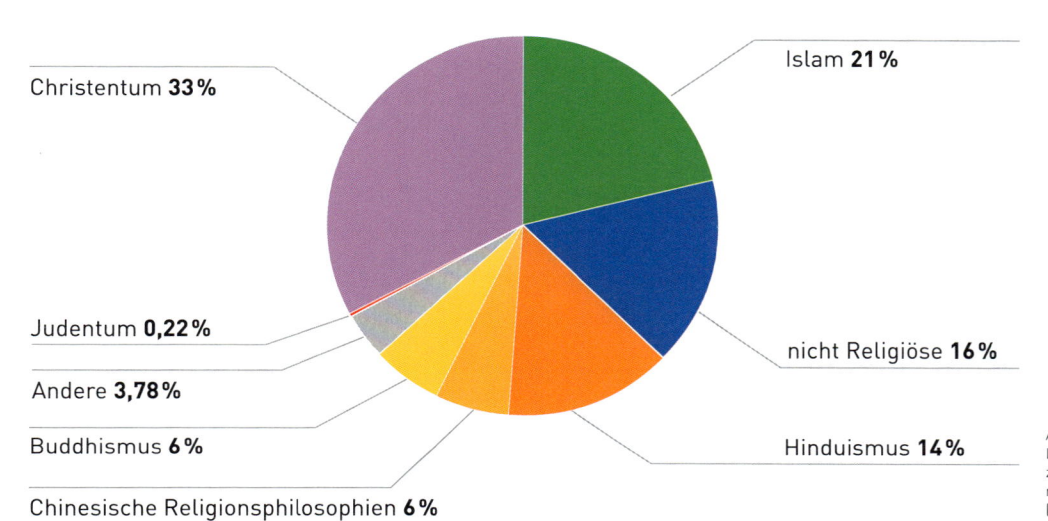

Christentum **33 %**
Islam **21 %**
nicht Religiöse **16 %**
Hinduismus **14 %**
Chinesische Religionsphilosophien **6 %**
Buddhismus **6 %**
Andere **3,78 %**
Judentum **0,22 %**

Abb. 10.23
Die geschätzten Anhängerzahlen der grossen Weltreligionen im Jahr 2000 (jeweiliger Anteil an der Weltbevölkerung von 6,1 Mia.)

Geografisch auffallend ist die Tatsache, dass gewisse Religionen, die heute in scharfer Konkurrenz zueinander auftreten, **gemeinsame Wurzeln** aufweisen: Das Christentum entstand im Nahen Osten aus dem Judentum, der Islam sieht sich als Fortführung des Juden- und Christentums. Dass sich im Buddhismus auch hinduistisches Gedankengut findet, kommt daher, dass Buddha aus Nordindien stammte und hinduistisch erzogen worden war.

Religionen unterscheiden sich zudem durch ihr Ausbreitungsverhalten: Grundsätzlich gibt es Religionen, die sich als **Universalreligionen** sehen. Sie sehen ihre Heilsbotschaft nicht an eine Kultur oder Nationalität gebunden, sondern streben die Zuwendung aller Menschen zum «richtigen» Glauben an. Eine mehr oder weniger intensive Missionstätigkeit ist das Merkmal der Universalreligionen. Das Christentum, der Islam und der Buddhismus werden, wenn auch mit unterschiedlichem Missionseifer, zu den Universalreligionen gezählt, in geringerem Umfang treten aber auch Schulen fernöstlicher Religionsphilosophien missionarisch auf. Als Gegenbeispiel wären etwa der japanische **Shintoismus** zu nennen, der sich eng an die japanische Kultur anlehnt, und das Judentum, das Teil der jüdischen kulturellen Identität ist.

Starke Bindungen zwischen Glaube und kultureller Identität fördern gesellschaftliche **Abgrenzungstendenzen**. Durch ein sichtbares Bekenntnis einer religiösen Haltung, ausgedrückt durch ein öffentliches Gebet, das Einhalten des Sabbats oder des Ramadans, das Meditieren, die Ausführung eines Gelübdes oder den Kirchgang, wird die Zugehörigkeit zu einer Religion zum Ausdruck gebracht. Die scharfe Trennung zwischen den Dazugehörenden und das Ausgrenzen der Andersgläubigen erzeugt religiöse Spannungen und Konflikte.

Ein historischer Rückblick zeigt auf, dass Religionen im Verlaufe ihrer Geschichte mehrfach instrumentalisiert wurden, um **Gebietsansprüche** geltend zu machen. Mit der Verknüpfung von Politik und Religion wird auch heute noch versucht, Machtpositionen religiös zu begründen und durchzusetzen. Begriffe wie «Gottesstaat» (Iran), Islamismus und Zionismus sind politisch besetzt, religiös untermauert und weisen auf räumliche Ambitionen hin.

10.7 Die Ausbreitung der Menschheit

Die Anthropologie (griech. «anthropos» = Mensch) ist die Wissenschaft, die sich mit der Entwicklung des Menschen und der Ausbreitung der Menschheit befasst. Die Anthropologie geht heute davon aus, dass sich Mensch und Menschenaffe auf einen gemeinsamen Stammbaum zurückführen lassen. Diese These stützt sich auf die Evolutionstheorie (lat. «evolutio» = Entwicklung, Entfaltung), die auf die Abstammungslehre von Charles Darwin (1809–1882) zurückgeht und die von christlich-religiösen Kreisen mit dem Hinweis auf die Schöpfung abgelehnt wird.

Die Anthropologie sieht im aufrechten Gang des Menschen die äussere Besonderheit, die ihn von anderen Lebewesen unterscheidet. Durch den aufrechten Gang konnte der Homo erectus (lat. «erectus» = aufgerichtet), der aufrecht gehende Mensch, seine Hände frei zum Pflücken gebrauchen, aber auch Werkzeuge herstellen und damit im Gegensatz zu den anderen Primaten den tropischen Regenwald und die Feuchtsavanne verlassen und weitere Lebensräume erobern.

Die Ausgrabungen der letzten Jahrzehnte zur Entschlüsselung der Herkunft und der Entwicklung des Menschen konzentrierten sich auf Ostafrika, wo sich die ersten Frühmenschen ausgebreitet haben sollen. 1974 wurde in Hadar (Äthiopien) ein etwa 3,1 Mio. Jahre altes Skelett gefunden und als «Lucy» benannt. Weitere ähnliche Funde in Ostafrika folgten.

Für die Besiedlung der Erde geht man mehrheitlich davon aus, dass sich der Homo erectus vor etwa 1,8 Mio. Jahren von Afrika aus in Richtung Osten nach Asien ausbreitete («Out of Africa»-Theorie). In einer zweiten Welle vor etwa 100 000 Jahren folgte dann der Homo sapiens (lat. «sapiens» = wissend, weise), also der moderne Mensch, und erreichte über den Nahen Osten Eurasien, die südostasiatische Inselwelt und Australien und fand während der letzten Eiszeit über die Landbrücke zwischen Ostsibirien und Alaska (die heutige Beringstrasse) den Weg nach Amerika. Neue Funde fordern die anthropologische Forschung heraus ihre Theorien stets neu zu überdenken.

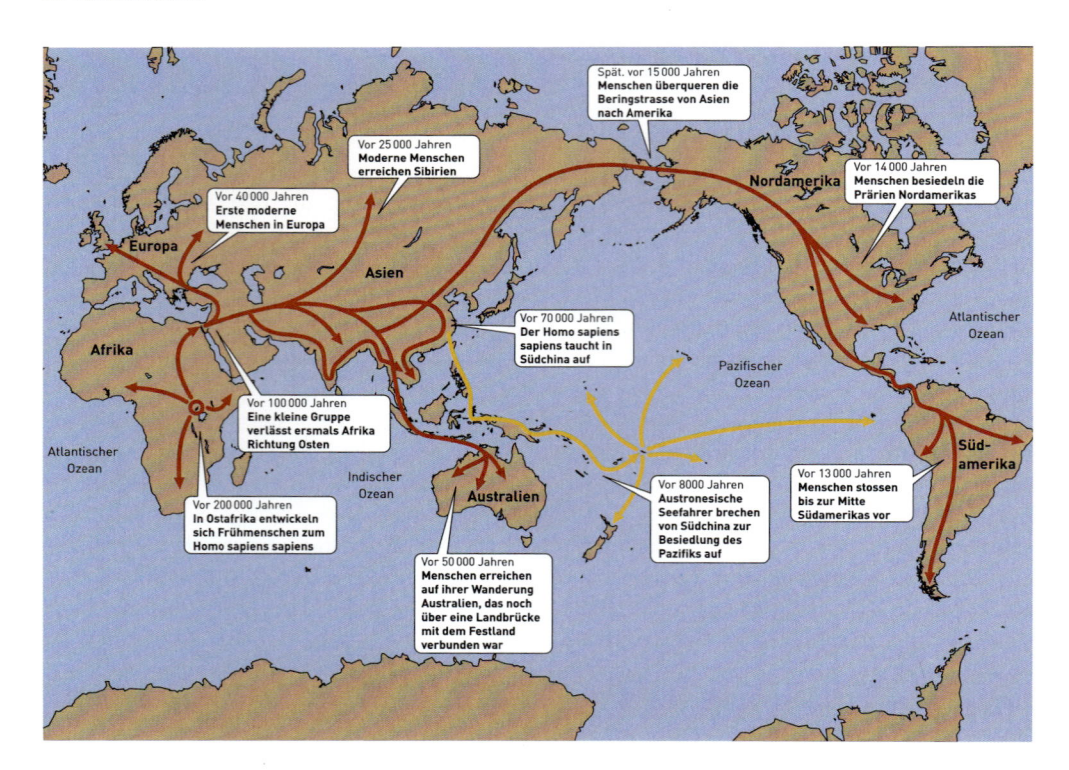

Abb. 10.24
Die Ausbreitung der Menschheit

10.8 Geografie der Sprachen

Die Sprache ist ein zentraler Bestandteil der kulturellen Identität. Über die Sprache werden Wertvorstellungen, Normen, aber auch Bräuche weitergegeben und Kultur wird täglich im sozialen Kontakt gelebt. Die Sprache ermöglicht die verbale **Kommunikation** und den kulturellen Austausch. Die Sprache wird denn auch häufig zur kulturellen Identifikation herangezogen: Ein Baske ist, wer baskisch spricht. Diese kulturelle Identifikation wiederum wird für die Definition einer staatlichen Identität benutzt: Ein ungarischer Staatsbürger ist, wer ungarisch spricht. Zu Staaten mit einer multikulturellen Bevölkerungszusammensetzung und einem föderativen Aufbau des Staatswesens wie der Schweiz, die die regionale kulturelle Eigenständigkeit betont, fühlen sich auch Minderheiten zugehörig. In der Slowakei hingegen wird die ungarische Minderheit als Fremdkörper betrachtet und dadurch als eigentlich nicht «echte Slowaken» oftmals ausgegrenzt. Die Türkei schränkte die Benutzung der kurdischen Sprache im öffentlichen Raum (Bildungswesen, Medien) stark ein und diskriminiert diese kulturelle Minderheit als «Bergtürken». Eine einheitliche Sprache, eine sogenannte **Standardsprache,** erleichtert die Durchsetzung von Gesetzen, Anordnungen und Massnahmen in zentralstaatlichen Herrschaftsformen. Während sich Frankreich über Jahrhunderte hinweg um die Durchsetzung eines einheitlichen Französisch bemühte und damit die regionalen Sprachen als Dialekte verdrängte, fördert die Regierung seit den 80er-Jahren des 20. Jahrhunderts die lokalen Sprachen als Ausdruck einer kulturellen Vielfalt. Gleichzeitig wird in Frankreich versucht, das Vorrücken des Englischen in den französischen Sprachbereich einzudämmen. In der Europäischen Union erschweren die vielen Landessprachen die gegenseitige Verständigung und die politische Entscheidungsfindung erheblich.

Sprachen verändern sich ständig und sind damit Ausdruck der Zeit und des gesellschaftlichen Wandels. So haben sich in der Schweiz Begriffe wie Quai, Perron, Tearoom schon lange durchgesetzt, während heute Lehnwörter oder Anglizismen («Neudeutsch») immer mehr Verbreitung finden. Wir fahren im Intercity, mailen mit dem Smartphone, chillen und sind über die Sozialen Medien mit dem Freundeskreis verbunden.

Wenn Verbreitungsmuster interpretiert werden sollen, muss zwischen der **Muttersprache,** jener Sprache, in der ein Mensch denkt und im Familien- und vielleicht auch im Freundeskreis spricht, der Schrift- oder Standard- bzw. der Amtssprache, die in der Schule vermittelt wird, der **Landessprache,** in der der offizielle Schriftverkehr und die Publikationen von Verwaltungsmaterial wie Gesetzestexten, Verordnungen usw. erfolgt, und der **Verkehrssprache,** die der Kommunikation im öffentlichen Raum dient, unterschieden werden. So wird der Brienzer Dialekt im dörflichen und regionalen Rahmen im Dorf Brienz (BE) gesprochen, die deutsche Schriftsprache als **Standardsprache** an der Brienzer Grundschule gelehrt und gelernt, und auch die Protokolle und Erlasse der Gemeindebehörden werden in der Schriftsprache verfasst. Im Touristen-Informationszentrum und in den bekannteren Hotels ist jedoch häufig das Englische Kommunikations- und Verkehrssprache.

Die am häufigsten gesprochenen Sprachen in der Schweiz im Jahre 2000 sind: Deutsch, Französisch und Italienisch, gefolgt von Serbokroatisch und Albanisch. Die vierte offizielle Landessprache, das Rätoromanische, folgt dagegen erst auf Platz 10 (Volkszählung 2000).

Weltweit soll es etwa 7000 Sprachen geben, wobei es für die Abgrenzung zwischen Dialekt und Sprache keine klaren Kriterien gibt. Mit **Dialekt** wird eine regional abweichende Form innerhalb einer Sprachengemeinschaft bezeichnet. Sprachen, von denen man annimmt, dass sie einen gemeinsamen Ursprung haben, und in denen noch heute Sprachelemente ausgemacht werden können, die auf eine Verwandtschaft hindeuten, werden zu **Sprachfamilien** zusammengefasst.

Sprachen können auch verschwinden: Gemäss Ethnologue (www.ethnologue.com) gelten von 7102 Sprachen 1531 als «gefährdet», 916 als «vom Aussterben bedroht». Die Sprache (und Kultur) der tasmanischen Urbevölkerung existiert beispielsweise nicht mehr, der letzte Vertreter starb 1876.

Politische Geografie

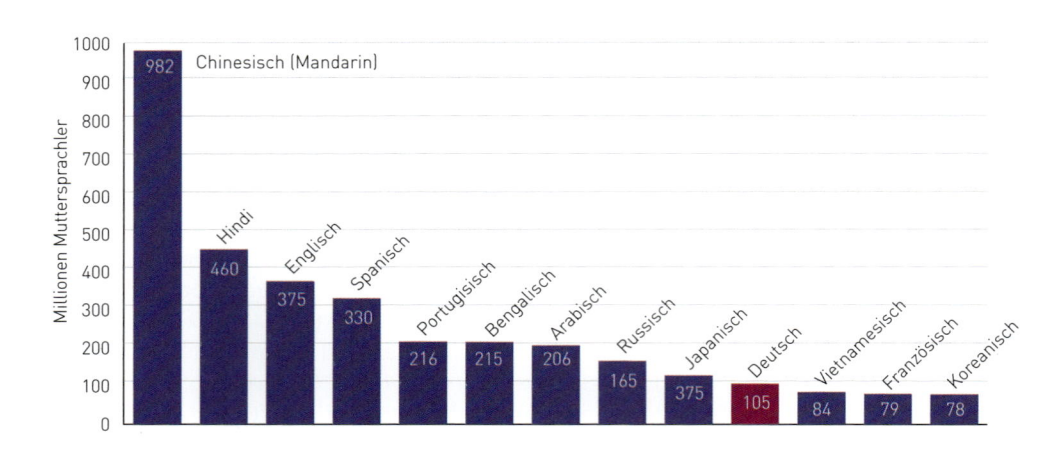

Abb. 10.25
Die 13 meistgesprochenen
Muttersprachen der Welt,
2009

Millionen Muttersprachler: Chinesisch (Mandarin) 982, Hindi 460, Englisch 375, Spanisch 330, Portugiesisch 216, Bengalisch 215, Arabisch 206, Russisch 165, Japanisch 375, Deutsch 105, Vietnamesisch 84, Französisch 79, Koreanisch 78

10.9 Politische Geografie

Die politische Geografie befasst sich mit den räumlichen Aspekten **politischer Entscheidungen**. Nicht nur Gemeindezusammenlegungen, Zonenplanänderungen und neue Verkehrswege finden ihren Niederschlag in den Landkarten, auch die Förderung und Subventionierung der Berglandwirtschaft oder die Vernachlässigung von Randgebieten zeigen sich in der sorgfältigen Pflege einer alpinen Kulturlandschaft oder in der Verbuschung von steilem Gelände.

Der Geograf **Friedrich Ratzel** (1844–1904) gilt als Begründer der politischen Geografie in Deutschland. 1897 veröffentlichte er ein Werk zur politischen Geografie. Über den Eigentums- und Ordnungsbegriff versuchte Ratzel, «natürliche» Grenzen für die Nationalstaaten Europas zu definieren. Dabei ging er geodeterministisch vor und postulierte einen Zusammenhang zwischen dem Naturpotenzial, der Kultur und damit den Grenzen eines Nationalstaates. Mit seiner These, dass ein wachsendes Volk das Recht habe, seinen Raum auszudehnen, schuf er die Grundlage für die geopolitische Argumentation der nationalsozialistischen Bewegung in Deutschland. 1905 führte der schwedische Staatsrechtler Rudolf Kjellén (1864–1922) den Begriff **Geopolitik** ein. Er untersuchte den Einfluss des geografischen Raumes auf die Politik.

Karl Haushofer (1869–1946) argumentierte, dass es einen Zusammenhang gebe zwischen der räumlichen Ausstattung einer Nation und dem «Volk». Durch die engen Kontakte mit Rudolf Hess, bis 1941 Stellvertreter Hitlers, galt Haushofer deshalb im **Nationalsozialismus** als Begründer deutscher Raumansprüche im Osten. Seit dem Zweiten Weltkrieg geht die deutsche Geografie mit dem Begriff Geopolitik deshalb zurückhaltend um und spricht lieber von **politischer Geografie.**

In den letzten Jahren zeichnen sich zwei unterschiedliche Entwicklungen ab: Die klassische Geopolitik versucht, die räumlichen Auswirkungen politischer Entscheidungen zu erklären und wertneutral die politische Welt zu beschreiben. Doch die Einsicht, dass sich Politik auch auf geografische Grundlagen abstützt, und die kritische Aufarbeitung der geopolitischen Vergangenheit liessen ein neues Verständnis und einen problemorientierten Umgang mit geopolitischen Fragestellungen entstehen. In den letzten Jahren hat sich eine **«Critical Geopolitics»** etabliert, die das Verhältnis zwischen Geografie, Politik und Macht anspricht, die Hintergründe von politischen Vorstellungen und Weltbildern untersucht und danach fragt, wie sich diese geografisch niederschlagen. Dadurch wird die Geografie einerseits auch als politisch prägende Wissenschaft verstanden, andererseits sind es die politisch-gesellschaftlichen Entwicklungen, denen sich die politische Geografie nicht entziehen kann.

10 Bevölkerung und Gesellschaft

Vollständige Demokratien
■ 9,0–9,9 ■ 8,0–8,9

Unvollständige Demokratien
■ 7,0–7,9 ■ 6,0–6,9

Hybridregime (Mischformen)
■ 5,0–5,9 ■ 4,0–4,9

Autoritäre Regime
■ 3,0–3,9 ■ 2,0–2,9 ■ 1,0–1,9

Abb. 10.26
Demokratie-Index 2014

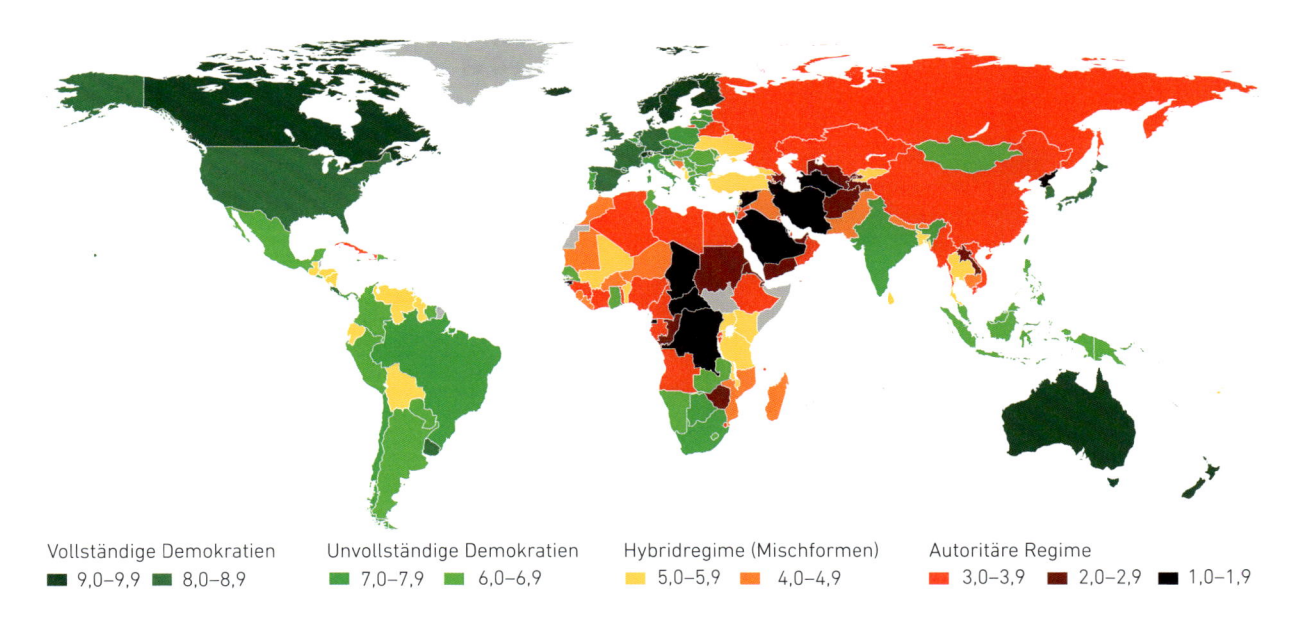

Bekannt wurden geopolitische Fragestellungen in einer breiten Öffentlichkeit 1993 durch Samuel Huntingtons Publikation «Clash of Civilizations» («Kampf der Kulturen», 1996 in deutscher Übersetzung). Er nahm eine Idee von Albert Kolb aus dem Jahre 1962 auf und versuchte, mit der Ausscheidung von acht **«Kulturkreisen»** eine alte geopolitische Konzeption neu zu fassen und mit diesem geografischen Weltbild die Entwicklung am Ende des 20. Jahrhunderts zu deuten. Huntington stellt bei seiner Gliederung die Religion in den Vordergrund, berücksichtigt aber auch Ethnie, Geschichte, Sprache und Tradition. Er unterscheidet folgende Kulturkreise:

- westlich-christlich,
- orthodox-christlich,
- konfuzianisch,
- islamisch,
- hinduistisch,
- japanisch,
- lateinamerikanisch,
- afrikanisch.

Die Grenzen seiner Kulturkreise bezeichnet er als **Bruchlinien** und spricht folgerichtig von Bruchlinienkriegen. Der Anschlag auf die beiden Türme des World Trade Center am 11. September 2001 in New York liess die Diskussion um die Theorie Huntingtons neu aufflammen.
Die politische Geografie beschäftigt sich zudem mit den räumlichen Auswirkungen politischer Prozesse. Wertvorstellungen lassen sich auch in einer Karte ablesen. So wird zwischen «natürlichen» und «künstlichen» **Grenzen** unterschieden. Als natürliche Grenzen gelten Grenzziehungen, die sich an Naturlandschaftselementen orientieren, wie Wasserscheiden, Flussläufen, Meerengen usw., während künstliche Grenzen entlang von geografischen Breiten- oder Längengraden gezogen werden oder zwei Punkte in der Landschaft geradlinig miteinander verbinden.
Da sich räumliche **Konflikte** oft an Grenzfragen entzünden, untersucht die politische Geografie, nach welchen Kriterien sich Räume abgrenzen lassen, um dann in Fallstudien Hinweise auf die Hintergründe von räumlichen Auseinandersetzungen zu bekommen. Dabei sind vorhandene Ressourcen, kulturelle und historische Aspekte ebenso zu berücksichtigen wie die aktuelle weltpolitische Lage. Die Grenzziehung in Afrika ist ein Produkt europäischer Interessen im Zeitalter des Kolonialismus und berücksichtigt kaum die ethnischen Voraussetzungen und die afrikanische Geschichte. Die Unterdrückung von ethnischen und religiösen Minderheiten, Sezessionsbestrebungen, der Streit um die Ausbeutung wirtschaftlicher Ressourcen wie Erdöl und Wasser, aber auch terroristische Anschläge zeigen, wie sich Macht räumlich artikuliert und Konflikte auslösen kann.

Politische Geografie

Um gewaltsame Konflikte zu vermeiden oder einer friedlichen Lösung zuzuführen, wurde bereits nach dem Ersten Weltkrieg der **Völkerbund** mit Sitz in Genf gegründet. Nach dem Zweiten Weltkrieg wurde der Völkerbund durch die **Vereinten Nationen (Uno)** abgelöst. Bis 2010 traten **193** Staaten (inkl. Südsudan) der Organisation bei, 2002 auch die Schweiz. Aus einer Vielzahl von Unterorganisationen und Programmen seien etwa die WMO (World Meteorological Organization), das UNHCR (U.N. High Commissioner for Refugees), das WFP (World Food Programme) und die WHO (World Health Organization) erwähnt.

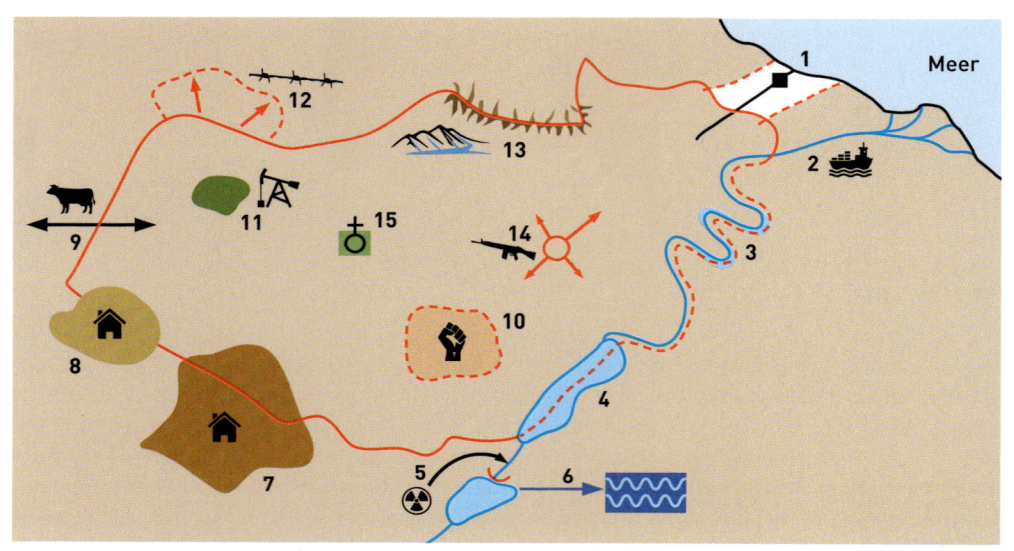

Abb. 10.27
Eine Auswahl möglicher räumlicher Konfliktmuster

1 Recht auf einen Korridor für Binnenstaaten
2 Durchfahrtsrechte auf Flüssen, Wasserstrassen
3 Mäandrierender Fluss ohne klare Grenzlinie
4 Grenzlinie in einem Binnensee
5 Einleiten von Schadstoffen
6 Wasserentnahme stromaufwärts
7 Grenzüberschreitende Lage der Heimatregion einer ethnischen Gruppe
8 Überlaufgebiet einer Minderheitengruppe des Nachbarstaates
9 Jahreszeitliche Grenzwanderungen der Viehhirten
10 Interne Seperatistenbewegung
11 International bedeutsame Ressourcen
12 Zur Sicherung der Grenze beanspruchtes Gebiet
13 Interpretation der Wasserscheide
14 Aktivitäten von Terrorgruppen
15 International bedeutsames religiöses Zentrum

Auch andere Organisationen fördern die **internationale Zusammenarbeit**. Für Europa erlangte die OSZE (Organisation für Sicherheit und Zusammenarbeit in Europa) eine gewisse Bedeutung. Als zentraler Faktor der politischen Stabilität in Europa prägt die aus der Europäischen Gemeinschaft für Kohle und Stahl (gegründet 1951) hervorgegangene **Europäische Union (EU)** das friedliche Zusammenleben und die wirtschaftliche Entwicklung in der vielfältigen europäischen Völkerwelt. Bei territorialen Streitigkeiten und offenen Grenzfragen sucht die Uno durch Vermittlung oder über den **Internationalen Gerichtshof** nach einer Lösung. So konnte im Falle des Grenzkrieges zwischen Eritrea und Äthiopien im Jahre 2000 ein Friedensabkommen erreicht werden. Der Streit zwischen Kamerun und Nigeria um die Bakassi-Inseln im Golf von Guinea wurde 2002 vom Internationalen Gerichtshof weitgehend zugunsten von Kamerun entschieden. Fragen von globalem Interesse werden in speziellen Verträgen und internationalen Abkommen behandelt. Beispielsweise soll der Antarktisvertrag die Forschung und wirtschaftliche Nutzung der südpolaren Gebiete regeln.

10 Bevölkerung und Gesellschaft

Historische Entwicklung im Nahen Osten

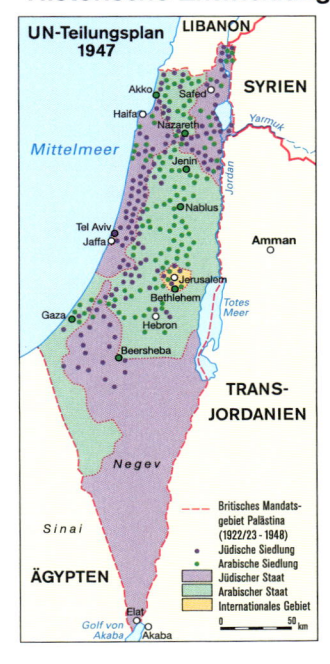

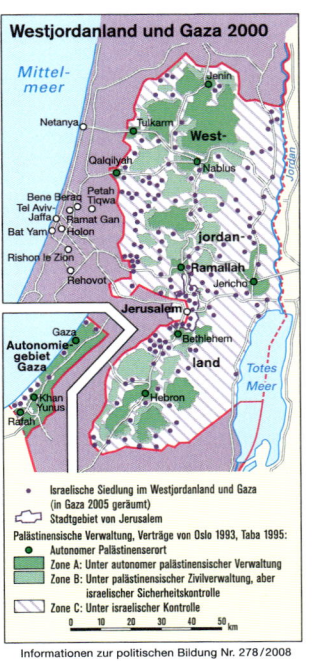

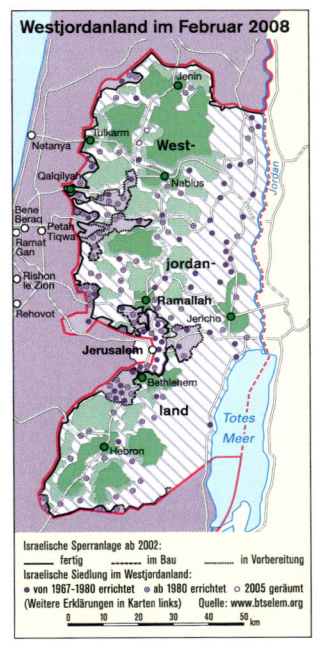

Abb. 10.28
Die territoriale Entwicklung in Palästina und Israel: 1948 wurde der Staat Israel gegründet. 1967 besetzte Israel im Sechstagekrieg das Westjordanland (Westbank), den Gazastreifen und die Golanhöhen. In der Folge förderte Israel die Gründung jüdischer Siedlungen in den besetzten Gebieten gegen den Widerstand der ansässigen arabischen Bevölkerung.

Politische Geografie

Das internationale **Seerecht** dient dazu, die Nutzung der Weltmeere für die Schifffahrt, die Fischerei und den Rohstoffabbau zu regeln. Nach jahrelangen Verhandlungen konnte 1982 das dritte Seerechtsabkommen (UNCLOS III) zur Unterschrift aufgelegt und 1994 in Kraft gesetzt werden. Das Abkommen umfasst 436 Artikel und wurde bis zum Herbst 2002 von 138 Staaten unterzeichnet. Das internationale Seerecht unterscheidet zwei Küstenbereiche mit unterschiedlicher staatlicher Souveränität (Abb. 10.29). Streitigkeiten werden am **Internationalen Seegerichtshof** in Hamburg verhandelt. Die Piraterie, die Überfischung, die Ausrottung von Meeressäugetieren (Walfang), die Bedrohung der Küsten (Korallenriffe) und die Verschmutzung der internationalen Gewässer vor allem durch Ölrückstände und Plastikabfälle fordert die internationale Staatengemeinschaft allerdings weiter heraus.

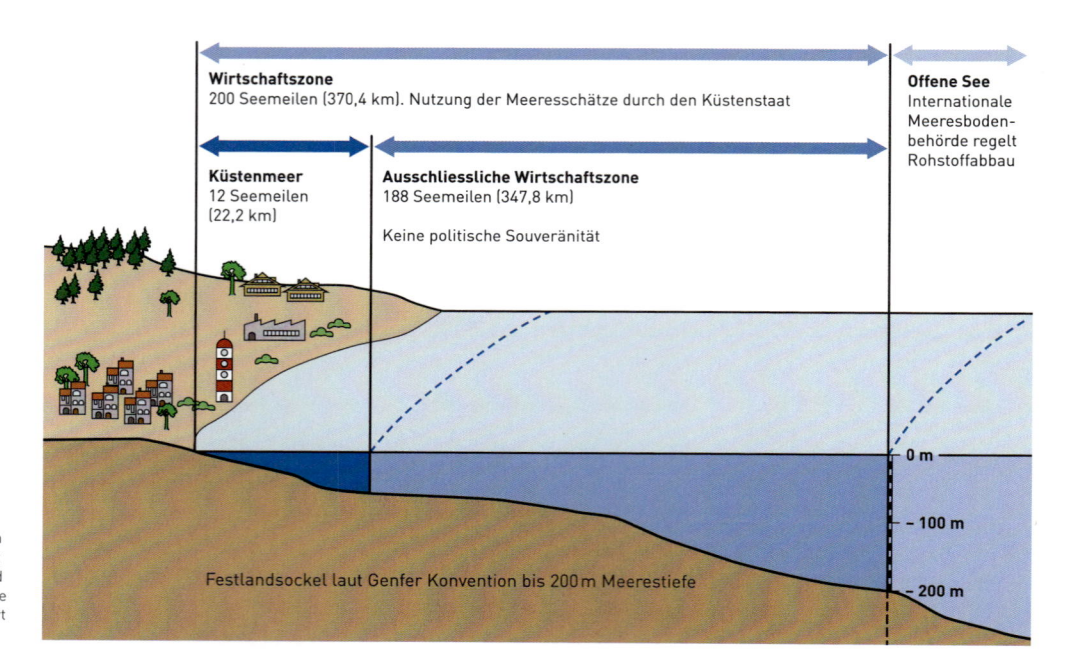

Abb. 10.29
Das 3. Seerechtsabkommen 1994 regelt die Souveränität in den Küstenzonen. Es wird eine 12-Seemeilen- und eine 200-Seemeilenzone definiert (1 Seemeile = 1,852 km).

Weiterführende Literatur

BAEHR J., 2010 (5. Auflage): Bevölkerungsgeographie. Verteilung und Dynamik der Bevölkerung in globaler, nationaler und regionaler Sicht. Stuttgart.
BUNDESAMT FÜR STATISTIK: Statistisches Jahrbuch der Schweiz.
HAGETT P., 2004: Geographie – eine globale Synthese. Stuttgart.
KNOX P. L., MARSTON S. A., 2001: Humangeographie. Herausgegeben von Hans Gebhardt, Peter Meusburger, Doris Wastl-Walter. Heidelberg und Berlin.

11 Wirtschaft und Raum

Konstantin Moser, Ernst Stauffer, Stefan Manser

Was wäre, wenn wir alle Güter des täglichen Gebrauchs selbst herstellen müssten? Zum Beispiel das spannende Buch, die Pfanne fürs Spaghettiwasser oder das Handy? Wie viele der konsumierten Güter könnten überhaupt selbstständig hergestellt werden? Bei einer ernsthaften Beantwortung dieser Frage wird schnell klar, dass die grosse Vielfalt alltäglicher Gebrauchsgegenstände nur dank einem hohen Spezialisierungsgrad produziert werden kann. Die zunehmende Spezialisierung und immer komplexere Arbeitsprozesse führen zu Veränderungen in der Produktionsweise. Dabei verändern sich auch die räumlichen Muster der ökonomischen Prozesse: Weltweit agierende und verflochtene Grosskonzerne treten als «Global Player», als Weltkonzerne auf. International tätige Konzerne gestalten das Geschehen in einem zunehmend grösseren Weltmarkt. Ein Weltmarkt, der immer mehr durch grenzenlose Verflechtung und Vereinheitlichung von Standards und Produkten gekennzeichnet ist. Dieser Prozess wird heute allgemein mit dem Begriff **Globalisierung** umschrieben. Einerseits gestaltet jedes Unternehmen diese Globalisierung mit, beispielsweise regional oder überregional tätige kleine bis mittlere Unternehmungen (KMU), welche Rohstoffe und Maschinen aus diversen Teilen der Welt beziehen. Andererseits kann zum Beispiel jeder Mensch bequem von zu Hause aus das aktuelle Wettergeschehen in Auckland per Livecam verfolgen oder sich mittels Spendengeldern an einem Entwicklungsprojekt in Indonesien beteiligen.

11.1 Die kulturelle und wirtschaftliche Entwicklung des menschlichen Tuns

Der Übergang vom nomadisierenden Jäger und Sammler zum sesshaften (oder halbnomadisch lebenden) Ackerbauern und Viehzüchter vollzog sich vor etwa 10 000 Jahren unabhängig voneinander in drei Räumen: Im sogenannten fruchtbaren Halbmond (Naher Osten), in Südchina und in Mittelamerika. Mit der Landwirtschaft lebte der Mensch nicht mehr nur von «passiver» Entnahme von Ressourcen aus der Natur, sondern er griff selbst in die Natur ein und veränderte sie. Dieser Wendepunkt in der Geschichte der Menschheit wird als **neolithische Revolution** bezeichnet. Die Entwicklung und Ausbreitung der neuen Lebensweise dauerte mehrere tausend Jahre. Die klimatischen Veränderungen am Ende der letzten Eiszeit dürften diesen Prozess stark geprägt haben. Mit dem Schmelzen der Gletscher und dem wärmeren Klima veränderte sich auch die Vegetation. Im Gebiet des fruchtbaren Halbmondes wuchsen beispielsweise Gräser, aus welchen später Roggen, Weizen und Gerste wurden. Die immer grösser werdende Bevölkerung begann, die verschiedenen Grasarten anzubauen und zu züchten. Der Anbau von Pflanzen bewirkte, dass Felder und Vorräte die Menschen an einen festen Ort banden und somit auch die Tierhaltung gegenüber der Jagd an Bedeutung gewann. Dies führte zur Domestizierung von Wildziegen und -schafen.

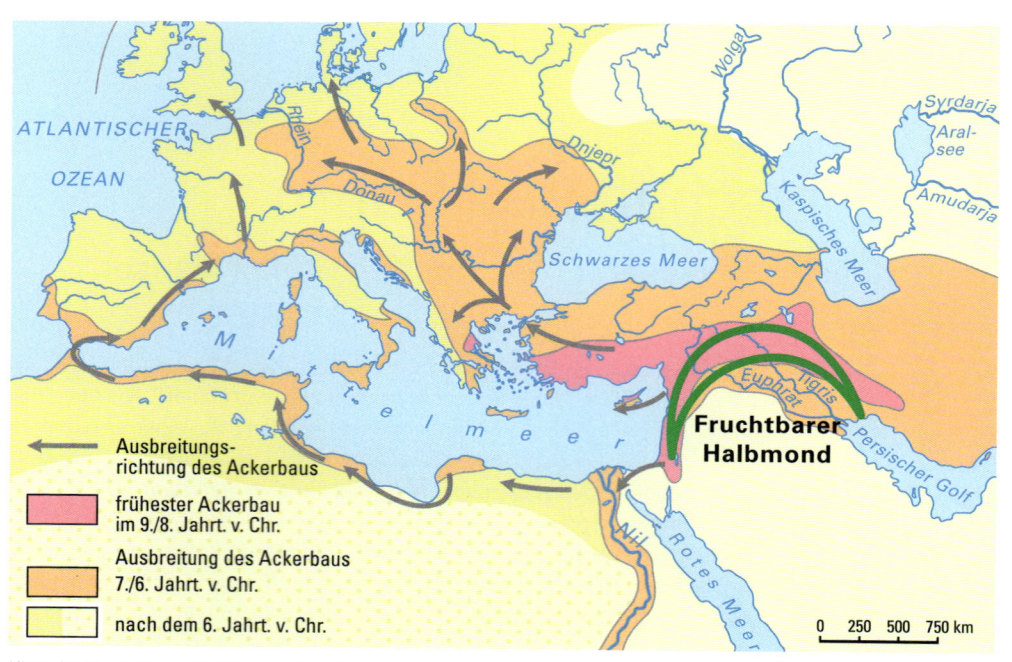

Abb. 11.1
Ausbreitung des Ackerbaus in Europa ausgehend vom fruchtbaren Halbmond

Klett-Archiv © Ernst Klett Verlag GmbH

Im Zweistromland (Naher Osten) oder im Niltal entwickelten sich Hochkulturen mit komplexeren Städten und Städtesystemen. Auch in andern Gebieten der Erde entstanden im Zuge dieser **urbanen Revolution** immer grössere Städte, die eigene Verwaltungseinheiten mit einer eigenen Rechtsprechung bilden konnten.
Die **industrielle Revolution** nahm um 1750 in England ihren Anfang. Die Kraft fossiler Energieträger (zunächst Kohle), eingesetzt in technischen Errungenschaften wie der Dampfmaschine, er-

11 Wirtschaft und Raum

setzte zusehends die Arbeit tausender menschlicher Hände. Am Anfang der Entwicklung standen die Textilindustrie und die Schwerindustrie. Die mit der Industrialisierung Hand in Hand gehende Verbesserung der Lebensgrundlagen führte zu einem starken Bevölkerungswachstum und einem markanten Schub in der Verstädterung in den industrialisierten Gebieten.

Die industrielle Revolution kann in vier Bereiche und Ausgangsregionen unterteilt werden:
- Textil- und Schwerindustrie (ab ca. 1750) in England
- Chemie und Pharmazie, Elektrizität (ab ca. 1880) in Deutschland und den Vereinigten Staaten Amerikas (USA)
- Elektronik, Atomtechnologie (ab ca. 1940) in den USA
- Biotechnologie (ab ca. 1980) in den USA

Im «Manufacturing Belt» in den vereinigten Staaten wurde die Massen- oder Fliessbandproduktion entwickelt. Sie ermöglichte es, Maschinen und Geräte kostengünstig zu produzieren, was sie für breitere Bevölkerungsschichten erschwinglich machte. Jahrzehnte später nahm auch die sogenannte **digitale Revolution** (vgl. Abschnitt 11.6) in der Elektronik ihren Anfang.

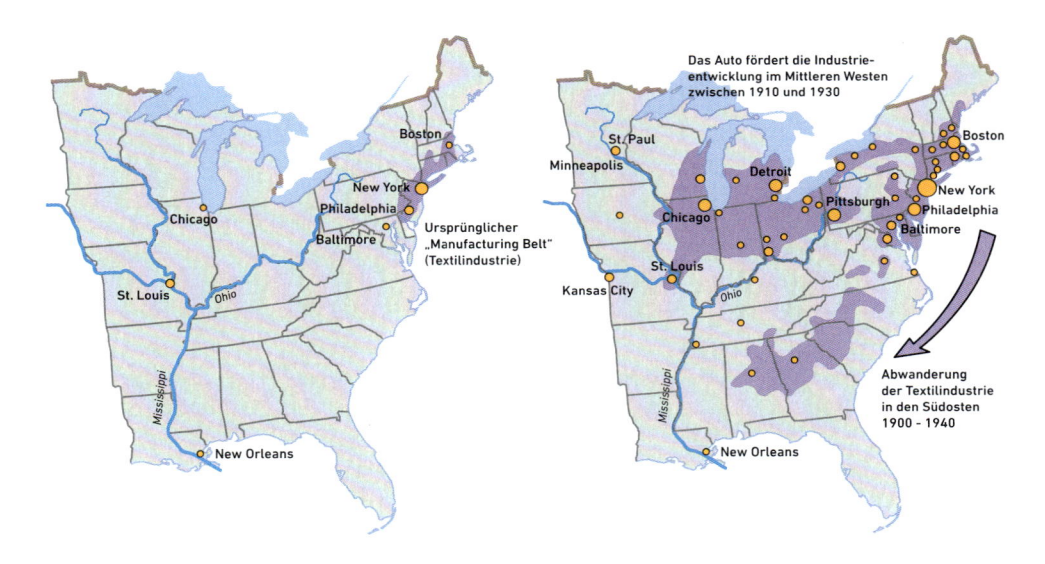

Abb. 11.2
Entwicklung der US-amerikanischen Industrie 1860–1920

11.2 Menschliche Bedürfnisse als Ausgangspunkt der wirtschaftlichen Inwertsetzung des Raumes

Menschliche Bedürfnisse bilden den Antrieb für die Wirtschaft. Der US-amerikanische Psychologe Abraham Maslow (1908–1970) hat ein Modell der Hierarchie menschlicher Bedürfnisse erstellt. Dargestellt wird diese Abfolge in der Maslowschen Bedürfnispyramide (siehe Abb. 11.3). Die Pyramide zeigt, dass bei Befriedigung von Grundbedürfnissen neue Bedürfnisse entstehen. Die Basis dieser Pyramide bilden existenzielle physiologische Bedürfnisse wie Essen, Trinken oder Schlafen. Ohne Befriedigung dieser Bedürfnisse könnte ein Individuum nicht überleben. Diesen physiologischen Bedürfnissen folgen Sicherheitsbedürfnisse wie eine ruhige politische Situation oder eine sichere Arbeitsstelle. Den oberen Teil dieser Pyramide bilden Individualbedürfnisse wie Anerkennung oder das Bedürfnis nach Selbstverwirklichung, etwa die Ausübung von Hobbys.

Menschliche Bedürfnisse als Ausgangspunkt der wirtschaftlichen Inwertsetzung des Raumes

Selbstverwirklichung
Kreativität, Selbstbestimmung

Individualbedürfnisse
Anerkennung, Prestige, Respekt der Mitmenschen

Soziale Bedürfnisse
Liebe, sozialer Kontakt, Gruppenzugehörigkeit

Sicherheitsbedürfnisse
Schutz vor Gefahren, materielle und berufliche Sicherheit: Wohnen, Arbeit

Physiologische Bedürfnisse
Existenzbedürfnisse: Essen, Trinken, Schlafen

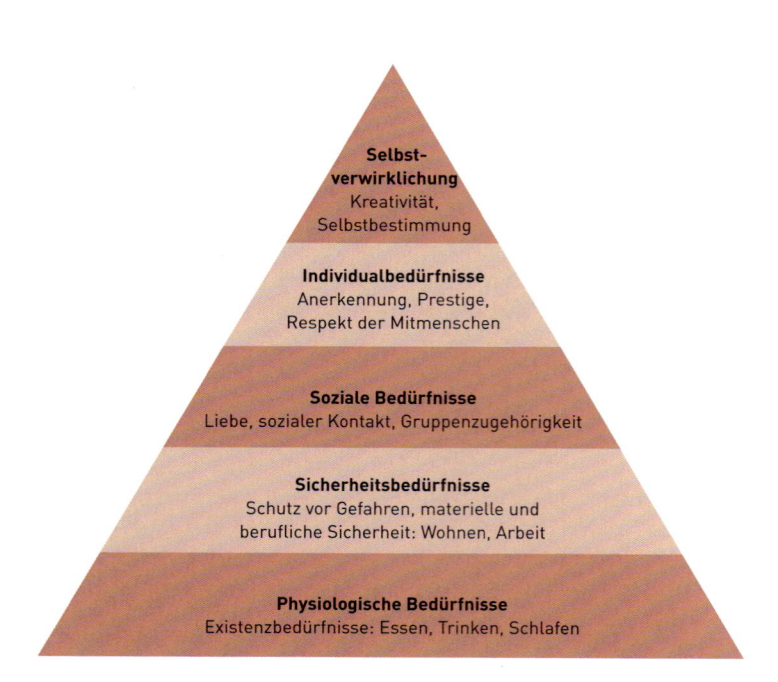

Abb. 11.3
Bedürfnispyramide nach Maslow

Die Wirtschaft versucht, Güter und Dienstleistungen für diese Bedürfnisse bereitzustellen. Dazu sind verschiedene Ressourcen wichtig: Arbeit (z. B. Arbeitskräfte), Boden (z. B. Bodenschätze) Kapital (z. B. Humankapital, Bildung).

Die Ressourcen zur Produktion von Gütern und Dienstleistungen sind nicht in unendlichem Masse vorhanden und räumlich nicht gleich verteilt. Verschiedene Räume bieten eine unterschiedliche Ausstattung von Faktoren, welche für die Wahl des Standortes einer Unternehmung eine Rolle spielen. Optimale Rahmenbedingungen wie eine gut ausgebaute Infrastruktur (z. B. Verkehrslinien, digitale Übertragungsleitungen) oder die uneingeschränkte Verfügbarkeit von Energie sind Faktoren, die für eine Unternehmung zentral sind. Aus unternehmerischer Sicht interessiert deshalb die Frage, welche Räume sich für die Ansiedlung eines Betriebes als **optimaler Standort** anbieten.

Welchen Einfluss haben etwa die Topografie oder klimatische Faktoren auf die Ansiedlung eines bestimmten Betriebs? Welche kulturellen Gegebenheiten spielen eine Rolle? Woher stammen die Ressourcen, wie werden sie gewonnen und verarbeitet? Wie werden Ressourcen oder produzierte Güter transportiert und was geschieht mit den Gütern, wenn diese nicht mehr gebraucht werden? Kriterien, die die Eignung eines Ortes als Standort für ein Unternehmen beeinflussen, werden Standortfaktoren genannt. Die Tabelle gibt eine Übersicht über die wichtigsten dieser Faktoren:

Harte und weiche Standortfaktoren

Harte Standortfaktoren	Erläuterung
naturgegebene	Klima, Rohstoffe (auch Wasser), Relief
Arbeitsmarkt	quantitativ/qualitativ
Abgaben, Steuern	Steuersätze, besondere Vergünstigungen
Gesetzliche Vorgaben	Umweltauflagen, Bauvorschriften
Grundstückpreise	sind in städtischen Räumen höher als auf dem Land
Infrastruktur	Verkehrsbindung, z. B. Strassen, Eisenbahn, Flugverbindungen
Absatzmarkt	Anzahl und Finanzkraft potenzieller Kunden
Agglomerationseffekte	Nähe zu Zuliefer- bzw. weiterverarbeitenden Betrieben (und möglicher Konkurrenz), Nähe zu Bildungsinstitutionen usw.

11 Wirtschaft und Raum

Weiche Standortfaktoren	
Image einer Region, eines Ortes	Prestige (kann für ein Modehaus in einer bestimmten Stadt wichtig sein)
Kulturangebot, Freizeitmöglichkeiten	Attraktive Angebote für Angestellte
Mentalität	z. B. Einstellung einer Bevölkerung der Wirtschaft gegenüber
Politische Verhältnisse	Stabiles politisches Klima, sodass ein freier Handel gewährleistet ist.

Die Schweiz zählt im internationalen Vergleich zu den Ländern mit den besten Standortfaktoren. Die gut ausgebaute Infrastruktur, hervorragend ausgebildete Arbeitskräfte, niedrige Steuersätze für Unternehmen und auch die stabile politische Lage sind für die Standortwahl zentral. Nachteile des Standortes Schweiz wie kaum abbauwürdige Rohstoffe (Erdöl, Erze) oder die im internationalen Vergleich hohen Lohnkosten werden dadurch mehr als kompensiert.

11.2.1 Ressourcen

Ressourcen sind die Grundlage für die Produktion von Gütern, welche der menschlichen Bedürfnisbefriedigung dienen. Man nennt sie deshalb auch **Produktionsfaktoren.** Neben den natürlichen Ressourcen gehören das für den Produktionsprozess eingesetzte Realkapital, das Wissen und die Arbeit dazu. Die unbegrenzten menschlichen Bedürfnisse und die nur beschränkt verfügbaren Ressourcen machen das zentrale Problem, mit dem sich die Wirtschaft beschäftigt, klar: die Knappheit. Gelöst wird dieses Problem, indem den verschiedenen Gütern ein bestimmter Wert zugeschrieben wird. **Ökonomische Güter** sind also nur Güter, die einen Wert haben. Falls ein Gut in so grosser Menge vorhanden ist, dass jeder Mensch so viel davon konsumieren kann, wie er will, wird es als **freies Gut** bezeichnet. Freie Güter sind begrenzt, aber nicht knapp. Nehmen wir das Beispiel Luft: Diese ist zwar begrenzt (es gibt nicht unendlich viel Luft), aber es ist genügend davon vorhanden, um alle Bedürfnisse zu decken. Sie ist also nicht knapp und hat im Normalfall keinen Preis. Auch wenn dieser Umstand auf den ersten Blick positiv erscheint, so hat er doch einen gewichtigen Nachteil: Vielfach ist man sich der Begrenztheit dieser Güter nicht bewusst. Irrtümlicherweise wird «nicht knapp» mit «unbegrenzt» gleichgesetzt. Ein Autofahrer, der mit den Abgasen des Autos die Atemluft belastet, kommt für diese Kosten weder mit dem Kaufpreis des Autos, noch mit dem Preis, den er für den Treibstoff bezahlt, auf. Man spricht in diesem Zusammenhang von **externen Kosten.** Sie werden nicht vom Verursacher, sondern von einer anderen Person, Gruppe oder der Gesellschaft getragen. Neben den externen Kosten gibt es auch **externe Nutzen,** so werden etwa Restaurants stark von einer konsumfreudigen Kundschaft profitieren, wenn sie sich in der Nähe der Spielstätte eines sehr erfolgreichen Sportvereins befinden (ohne dass sie diesen mitfinanzieren müssen). Diese beiden Phänomene werden als **externe Effekte** (oder **Externalitäten**) bezeichnet. Ökonomisch betrachtet, sind externe Effekte – ob Kosten oder Nutzen – nicht wünschenswert, denn jedes Gut soll einen bestimmten Wert haben. Unter dem Stichwort **«Kostenwahrheit»** wird versucht, diese Kosten dem Verursacher direkt zu belasten **(Verursacherprinzip).** Häufig besteht allerdings das Problem, dass die Verursacher und die Profiteure nicht eindeutig benannt werden können.

11.2.2 Die Erwerbssektoren

Die meisten Produkte durchlaufen eine lange Produktionskette, bis sie in den Verkaufsregalen stehen und von den Konsumenten gekauft und ver- oder gebraucht werden. Dazu müssen zuerst die Rohstoffe gewonnen, verarbeitet und schliesslich zum Verbraucher gebracht werden. Dieser Logik folgend, wird die Wirtschaft traditionellerweise in drei Sektoren eingeteilt:
Der **Primärsektor** (Gütergewinnung, auch Urproduktion genannt): Er beinhaltet die Land- und Forstwirtschaft, die Fischerei und Fischzucht, in einer erweiterten Definition auch den Bergbau.
Der **Sekundärsektor** (Güterveredelung, auch industrieller Sektor genannt): Er umfasst das produzierende Gewerbe einer Volkswirtschaft, d. h. Industrie, Gewerbe, Handwerk, Baugewerbe.

Menschliche Bedürfnisse als Ausgangspunkt der wirtschaftlichen Inwertsetzung des Raumes

Der **Tertiärsektor** (Güterverteilung und Dienstleistungen): Zum tertiären Sektor werden Dienstleistungen erbringende Branchen und Unternehmen gerechnet. Das sind v. a. Handel, Verkehr, Tourismus, Gesundheitswesen, öffentliche Administration, Banken und Versicherungen.

In der zweiten Hälfte des 20. Jahrhunderts ist die Anzahl der Beschäftigten in Forschung und Entwicklung sowie in der Informationsverarbeitung und -verwaltung angestiegen. Deshalb wird nebst der klassischen Unterteilung in drei Sektoren oft bereits von einem Quartärsektor gesprochen.

Dieser **Quartärsektor** oder quartäre Sektor umfasst im Wesentlichen Berufsgruppen wie die gesamte IT-Branche (Software-Entwicklung, Webdesign, Telekommunikationsdienste usw.) oder den Hochtechnologiebereich («High-Tech», wie die Nano- oder Biotechnologie).

In den meisten Industrieländern hat sich der Anteil der Erwerbstätigen seit Beginn des Industriezeitalters ähnlich entwickelt. Die Arbeitskräfte werden zunächst vom wachsenden industriellen Sektor beansprucht, während in der Landwirtschaft mit der Mechanisierung und Spezialisierung (z. B. Monokulturen) die Beschäftigungszahl rasch abnimmt. Mit immer leistungsfähigeren Maschinen bzw. steigender Rationalisierung braucht jedoch auch die Industrie im Verlaufe ihrer Entwicklung weniger Arbeitskräfte.

Die zunehmende Globalisierung verlangt nach mehr Arbeitsstellen in Verteilung, Lagerung oder auch in Forschung und Entwicklung. Der Finanzsektor (Banken, Versicherungen) wird immer wichtiger. Alle diese Beschäftigten gehören dem Tertiär- oder Dienstleistungssektor an. In den 1930er-Jahren hat der französische Ökonom Jean Fourastié diesen Strukturwandel der Wirtschaft in einem Verlaufsmodell dargestellt (Abb. 11.4). Unter Berücksichtigung der steigenden Anzahl an Beschäftigten im oben beschriebenen Quartärsektor wird heute bei hochentwickelten Ländern häufig von der Informationsgesellschaft gesprochen.

Jedes Unternehmen wird statistisch nur einem Sektor zugeordnet, obwohl innerhalb eines Unternehmens weiter differenziert werden müsste: In einer Schreinerei werden alle anfallenden Arbeiten dem sekundären Sektor zugeordnet, obwohl das Schreiben von Offerten und Rechnungen eigentlich dem tertiären Sektor zugehörig wäre.

■ □ Abb. 11.4
Entwicklung der Erwerbssektoren im Laufe der Zeit

□ ■ Abb.11.5
Entwicklung der Erwerbssektoren in der Schweiz (1850–2015)
Quelle: BFS

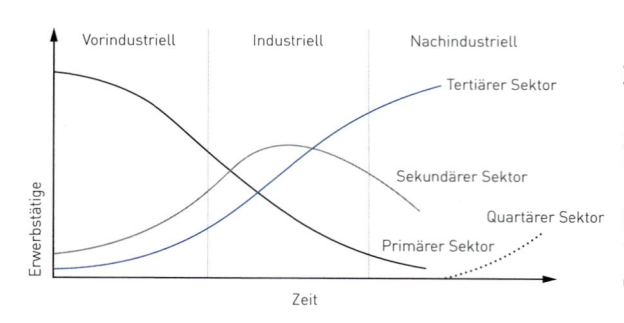

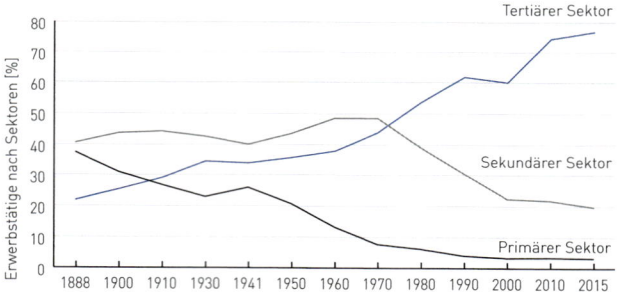

In der Schweiz war bis ca. 1870 mehr als die Hälfte der Beschäftigten in der Landwirtschaft tätig. Im Jahr 2010 betrug dieser Anteil noch rund 3,5 Prozent. Der sekundäre Sektor legte bis zum Jahr 1960 zu, die Anzahl der Beschäftigten in diesem Sektor nahm dann aber rasch ab, während die Anzahl der Beschäftigten im Dienstleistungssektor mit dem Aufkommen der «Wohlstandsgesellschaft» seit den 1960er-Jahren Zeit stark zunahm.

Aufgrund der Verteilung der Erwerbstätigen auf die Sektoren dürfte der in Wirtschaft und Politik (auch für die Schweiz) verwendete gängige Begriff «Industrieländer» für die frühindustrialisierten Länder Europas oder etwa die USA oder Kanada nicht verwendet werden – vielmehr handelt es sich um Dienstleistungsgesellschaften.

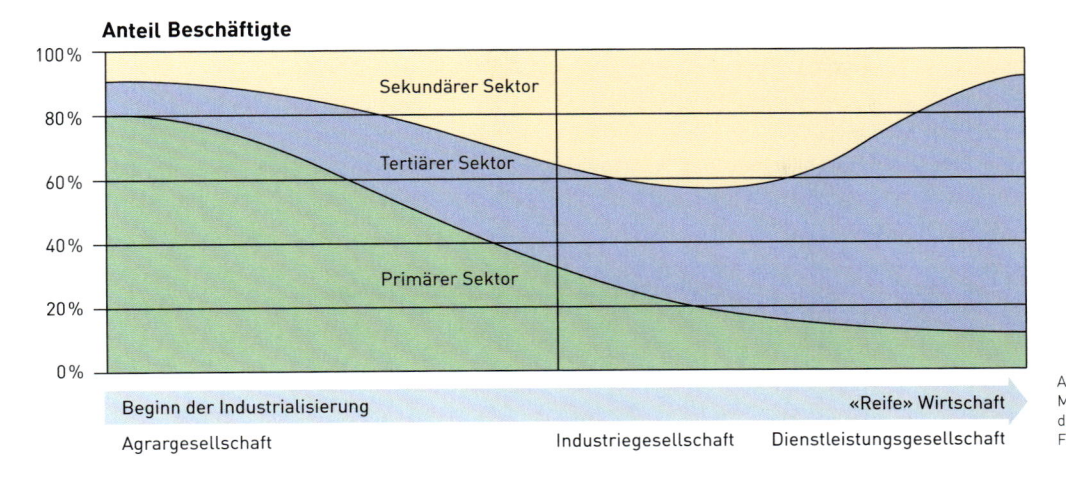

Abb. 11.6
Modell des Strukturwandels der drei Sektoren nach Fourastié

11.3 Primärer Sektor

Dieser Sektor umfasst die Rohstoffgewinnung. Rohstoffe werden meistens weiterverarbeitet und bilden die Basis zur Herstellung von Halbfertig- oder Fertigprodukten. Der Sektor umfasst die Land- und Forstwirtschaft, die Jagd und die Fischereiwirtschaft, sowie den Bergbau. In Ländern wie der Schweiz, wo die Landwirtschaft den wesentlichen Teil innerhalb des Sektors ausmacht, wird oft vom Agrarsektor gesprochen.

Der Anteil des Primärsektors an der Wertschöpfung der Schweizer Wirtschaft (Bruttoinlandprodukt, BIP) gehört mit 1,1 % im Jahre 2010 zu den weltweit schwächsten. Der Durchschnitt der EU-Länder (EU-27) liegt bei 1,6 %. In Ländern wie Grossbritannien oder Deutschland hat der primäre Sektor mit rund 1 % einen sehr geringen Anteil am Bruttoinlandprodukt (BIP), während er in Ländern des ehemaligen Ostblocks wie Bulgarien und Rumänien 6–7 % des BIP ausmacht.

11.3.1 Landwirtschaft

3,5 Prozent der Erwerbstätigen arbeiteten in der Schweiz im Jahre 2010 im primären Sektor. Auch hier liegt die Schweiz unter dem weltweiten Durchschnitt von etwa 40 Prozent. Neben der Forstwirtschaft, der Fischerei und der Fischzucht ist die Landwirtschaft zwar nicht der einzige, jedoch der stärkste Bereich des Primärsektors in der Schweiz (95 Prozent der Wertschöpfung). Die kontinuierliche Abnahme der Erwerbstätigen im Primärsektor ist auf Produktivitätssteigerungen zurückzuführen. Dabei wird die menschliche Arbeitskraft zunehmend ersetzt. Beispielsweise brauchten in der Mitte des 19. Jahrhunderts drei Personen mit einem Ochsengespann 100 bis 120 Stunden für das Pflügen eines Ackers von der Grösse eines Fussballfeldes (rund eine Hektare). Heute wird dieselbe Arbeit mit einem Traktor mit Dreischarpflug in zwei bis drei Stunden erledigt. Durch die enorme Steigerung der Produktivität können immer grössere Flächen in kürzerer Zeit bewirtschaftet werden, die Betriebe werden grösser und bei gleichbleibender oder steigender Leistungsfähigkeit werden immer weniger Arbeitskräfte benötigt. Was sich für die Konsumenten in sinkenden Preisen vorteilhaft auswirkt, wird für Beschäftigte in der Landwirtschaft zur Existenzfrage. Nur grosse, spezialisierte und mechanisierte Landwirtschaftsbetriebe können weiterexistieren.

Die geringe monetäre Bedeutung des Primärsektors bzw. der Landwirtschaft darf nicht generell mit einer geringen volkswirtschaftlichen Bedeutung gleichgesetzt werden. Die Landwirtschaft bildet die Basis für das Überleben der Menschheit und mit der Nahrungsmittelproduktion sind viele weitere Branchen eng verflochten. Grosse Konzerne beherrschen die industrielle Herstellung von

Primärer Sektor

Halbfertig- oder Fertigprodukten (Tiefkühlprodukte/Luxusprodukte). Diese Betriebe gehören zum sekundären oder tertiären Sektor. Zählt man in der Schweiz die der Landwirtschaft vorgelagerten Branchen und die Verarbeitungsindustrie dazu, beträgt der Anteil am BIP 7 Prozent (2010).

Global gesehen bildet die steigende Nachfrage nach Nahrungsmitteln eine grosse Herausforderung. Im Zusammenhang mit der Nahrungsmittelproduktion zeigen sich zunehmend Probleme wie die Übernutzung der Wasservorräte, die voranschreitende Desertifikation oder die Überfischung der Ozeane.

11.3.2 Die Struktur der Landwirtschaft und Standortfaktoren

Die Schweiz ist ein gebirgiges Land, was Auswirkungen auf die Landnutzung hat. Das Hochgebirge sowie viele steile Hänge und tiefe Täler kommen nicht oder nur für gewisse Nutzungsarten (z. B. Schafherden auf steilen Alpweiden) infrage. Total werden in der Schweiz rund 40 Prozent der Landesfläche für landwirtschaftliche Zwecke genutzt. Der überwiegende Anteil dient der Produktion von Fleisch, Milch und Milchprodukten. Dazu eignen sich vor allem Hügel- oder Berggebiete. Ackerbau wird überwiegend im klimatisch und topografisch vorteilhaften Mittelland betrieben. Hier stehen die landwirtschaftlichen Nutzflächen in Konkurrenz zum stark besiedelten Raum.

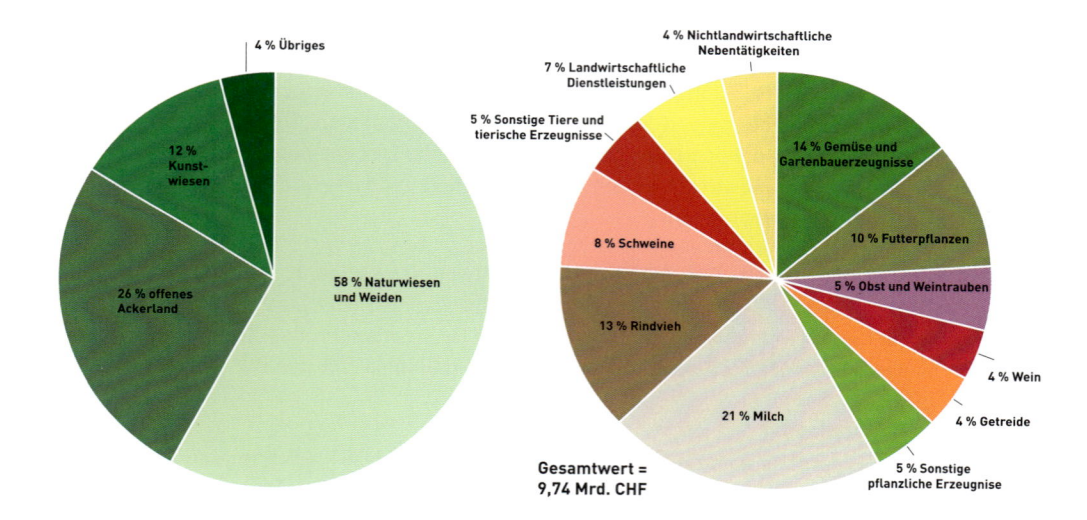

■□ Abb. 11.7
Landwirtschaftliche Nutzfläche 2015.
Quelle: Eurostat

□■ Abb. 11.8
Anteile der verschiedenen Güter/Produktionen 2012.
Quelle: BFS

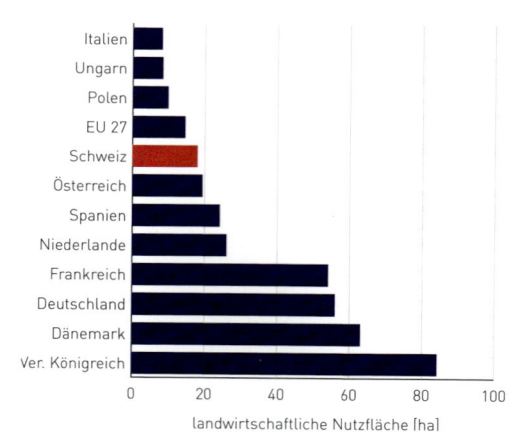

Abb. 11.9
Betriebsgrösse im europäischen Vergleich 2010.
Quelle: BFS

Die Topografie, die Fruchtbarkeit der Böden sowie die Verfügbarkeit von Wasser bilden die Grundvoraussetzung für die Landwirtschaft. Die Topografie der Schweiz ist sicherlich ein Nachteil im Vergleich zu den grossen Räumen mit weitläufigen Ebenen wie Frankreich, Holland oder den USA und Kanada mit sehr grossen Kornkammern in den Prärien des Mittleren Westens. Die Topografie erklärt demzufolge, weshalb die Betriebsgrösse der einzelnen Höfe im internationalen Vergleich eher gering ist (vgl. Abb. 11.9).

Ein weiterer Nachteil der Schweizer Landwirtschaft ist das hohe Lohnniveau. Im zusehends liberalisierten Agrarmarkt können Schweizer Betriebe nur bestehen, wenn sie hochwertige Nischenprodukte anbieten, für welche die Kundschaft bereit ist, einen höheren Preis zu bezahlen. Die Zahl der Landwirtschaftsbetriebe in der Schweiz hat in den letzten Jahrzehnten markant abgenommen. Die Betriebe sind flächenmässig grösser geworden und von einer fortschreitenden Mechanisierung gekennzeichnet. Mit immer weniger Arbeitskräften lassen sich mit grösseren Maschinen höhere Renditen erzielen, was die Preise fallen lässt. Aus diesem Grund sind kleinere Höfe nicht mehr konkurrenzfähig und werden aufgegeben. Hinzu kommt gerade in unserer Wohlstandsgesellschaft, dass sich immer weniger junge Menschen für das im Vergleich zu Arbeitsstellen im Dienstleistungssektor beschwerliche Bauernleben entscheiden und einer Arbeitsstelle im Büro den Vorzug geben.

Entwicklung der Anzahl Betriebe nach Grössenklassen

Grössenklasse	Anzahl Betriebe			Veränderung pro Jahr in %	
	2000	2016	2017	2000–2017	2016–2017
0–3 ha	8371	5451	5440	–2,5	–0,2
3–10 ha	18542	9717	9511	–3,9	–2,1
10–20 ha	24984	15724	15324	–2,8	–2,5
20–30 ha	11674	10884	10725	–0,5	–1,5
30–50 ha	5759	7807	7870	1,9	0,8
› 50 ha	1207	2680	2750	5	2,6
Total	70537	52263	51620	–1,8	–1,2

Quelle: BFS – Landwirtschaftliche Strukturerhebung

11.3.3 Die Aufgaben der Landwirtschaft in der Schweiz

Die vier Aufgaben der Landwirtschaft sind im Landwirtschaftsgesetz von 1988, das auf Artikel 104 der Bundesverfassung basiert, festgelegt. Sie bestimmen weitgehend die schweizerische Agrarpolitik:

Bundesgesetz über die Landwirtschaft (Landwirtschaftsgesetz, LwG)
vom 29. April 1998 (Stand 1. Januar 2015)

Art. 1 Zweck
Der Bund sorgt dafür, dass die Landwirtschaft durch eine nachhaltige und auf den Markt ausgerichtete Produktion einen wesentlichen Beitrag leistet zur:
a. sicheren Versorgung der Bevölkerung;
b. Erhaltung der natürlichen Lebensgrundlagen;
c. Pflege der Kulturlandschaft;
d. dezentralen Besiedelung des Landes;
e. Gewährleistung des Tierwohls.

Die sichere Versorgung der Bevölkerung

Die Versorgung der Bevölkerung mit qualitativ hochwertigen Nahrungsmitteln stellt das vorrangige Anliegen der Schweizer Landwirtschaft dar. Lange Zeit war es auch das einzige explizit genannte Ziel. Ab 1940 wurden durch Friedrich Traugott Wahlen der sogenannte «Plan Wahlen» umgesetzt, welcher in Anbetracht des Krieges die Selbstversorgung der Schweiz mit Nahrungsmitteln gewährleisten sollte. Der «Plan Wahlen» veranschaulicht den starken Einfluss der Politik auf den Agrarsektor. Die im Rahmen dieser Politik eingeführten Massnahmen zur Steigerung der landwirtschaftlichen Produktion werden unter dem Schlagwort «Anbauschlacht» zusammengefasst. Der Selbstversorgungsgrad stieg zwar von 52 Prozent bis zum Ende des Krieges auf 70 Prozent,

Primärer Sektor

und die Grundnahrungsmittel mussten nicht rationiert werden, was einzigartig war in Europa. Die Schweiz ist bei der Lebensmittelversorgung aber ein Importland, nur in wenigen Bereichen ist ein Exportüberschuss zu verzeichnen.

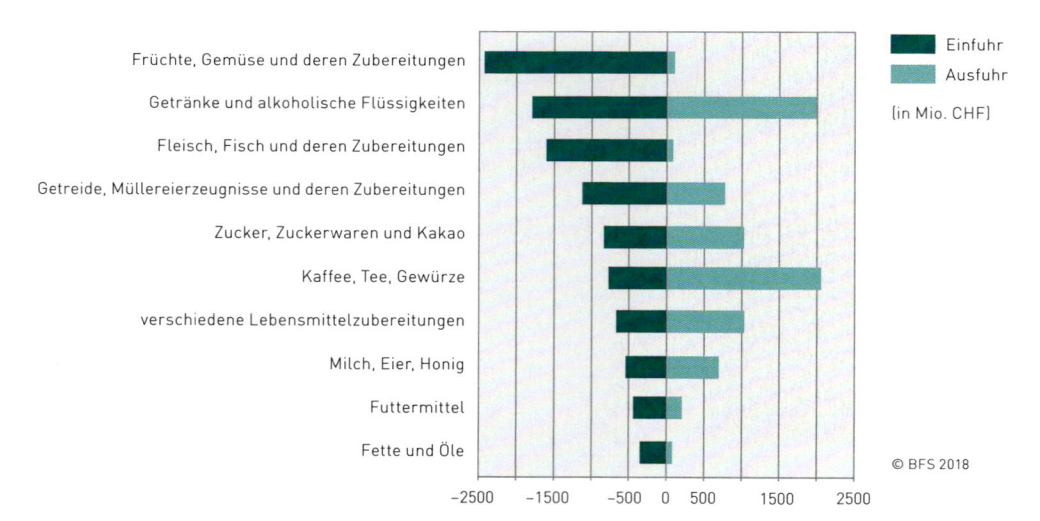

Abb. 11.10
Ein- und Ausfuhr von landwirtschaftlichen Erzeugnissen, 2016
Quelle: EZV – Schweizerische Aussenhandelsstatistik

Nutztierhaltung: Rindviehhaltung, Geflügelhaltung, Schweinehaltung, Schafhaltung, Ziegenhaltung, Pferdehaltung und Bienenvölker. Da der Markt für Milch und für Rind- oder Schweinefleisch gesättigt ist, suchen viele Bauern nach anderen Produktionsnischen. Daher trifft man seit einiger Zeit auf Schweizer Bauernhöfen auch «Exoten» wie Strausse, Lamas, Damhirsche, Schottische Hochlandrinder und sogar Büffel.

Pflanzenbau: Futterbau, Getreidebau, Zuckerrübenbau, Kartoffelbau, Rapsanbau, weitere Ackerfrüchte, Obstbau, Beerenbau, Rebbau, Gemüsebau und Waldwirtschaft.

Die Nutztierhaltung hat mit 55 Prozent des landwirtschaftlichen Produktionswertes zwar eine leicht gewichtigere Bedeutung, doch auch Pflanzenbau mit Graswirtschaft (Futterbau), Ackerkulturen und Spezialkulturen sind nicht zu vernachlässigen.

Die Pflege der Kulturlandschaft

Die Art der landwirtschaftlichen Nutzung wird durch Relief, Klima und Bodenbeschaffenheit beeinflusst. Umgekehrt wird die Landschaft durch die Art der Nutzung geprägt. Rein visuell sind beispielsweise die charakteristischen Terrassen des Rebbaus klar von der traditionellen oder modernen Agrarlandschaft zu unterscheiden. Als **Kulturlandschaft** wird eine vom Menschen genutzte und durch ihn gestaltete Landschaft bezeichnet.

Die eindrücklichen Rebbauterrassen von Epesses verdeutlichen exemplarisch die Problematik der Kulturlandschaften: Sie entstehen durch menschliche Arbeit und müssen gepflegt werden. Da kaum ein Einzelner bereit ist, für die Schönheit der Landschaft zu bezahlen (sie ist ein freies Gut), wird der Weinbauer für die Pflege dieser Landschaft nicht marktgerecht entschädigt. Eine abwechslungsreiche Landschaft macht jedoch ein Land für Bevölkerung und Touristen attraktiv und hat somit durchaus einen Wert. Durch Direktzahlungen wird unter anderem versucht, den Bauern diese Leistung zugunsten der Kulturlandschaft abzugelten.

Abb. 11.11
Weinbaulandschaft
Lavaux am Genfersee

Der Schutz der Umwelt: Landwirtschaft und Ökologie

Die Bedeutung der Umwelt wird in der Gesellschaft zunehmend bewusst und schlägt sich auch im Einkaufsverhalten nieder. Wissenschaft und Medienberichterstattung vermitteln klar, dass der weltweit steigende Ressourcenverbrauch ein akutes Problem darstellt. In dieser Diskussion spielt das Konzept der nachhaltigen Entwicklung eine wichtige Rolle. Das veränderte Umweltbewusstsein tangiert auch die Landwirtschaft: Die Konsumenten fordern vermehrt nach ökologischen und sozialen Kriterien produzierte Lebensmittel und Güter. Der im Jahr 1996 von der Bevölkerung angenommene Artikel 104 der Bundesverfassung ist Ausdruck dieser Entwicklung. Im Gegensatz zu diesen Forderungen steht der Wunsch nach tiefen Produktpreisen. Nur wenige Menschen sind bereit, für Grundnahrungsmittel einen höheren Preis zu bezahlen. Zwar wächst die Nachfrage nach Bioprodukten, doch die Problematik bleibt bestehen: Werden landwirtschaftliche Produkte nach einer extensiven Produktionsweise hergestellt, müssen die Regenerationszeiten der natürlichen Zyklen beachtet werden. Der Ertrag fällt tiefer aus, was sich in höheren Preisen niederschlägt. Einzig eine intensive Produktion mit hohem Energieeinsatz ermöglicht es, die hohe Nachfrage nach günstigen Produkten zu decken. Mit Direktzahlungen schafft der Staat Anreize für eine ökologisch orientierte Landwirtschaft. Damit werden die von der Gesellschaft geforderten Leistungen abgegolten. Unterschieden wird zwischen allgemeinen und ökologischen Direktzahlungen. Die allgemeinen Direktzahlungen haben das Ziel, eine flächendeckende Nutzung und Pflege der Landschaft sicherzustellen. Ökologische Direktzahlungen hingegen geben einen Anreiz für freiwillige Leistungen in den Bereichen Ökologie und Tierhaltung. Das kann die Förderung der Artenvielfalt oder eine Reduktion des Einsatzes von Hilfsstoffen sein.

Da der Konsument die Einhaltung dieser Richtlinien und Massnahmen nicht persönlich überprüfen kann, werden **Labels** geschaffen. Sie informieren über im Produktionsprozess eingehaltene Richtlinien und setzen so Standards fest. Im landwirtschaftlichen Bereich versucht man dadurch folgende Ziele zu erreichen:
- Produktion von gesunden Nahrungsmitteln,
- schonender Umgang mit Boden,
- ausgeglichene Nährstoffkreisläufe,
- artgerechte Tierhaltung.

Primärer Sektor

Integrierte Produktion: Die integrierte Produktion (IP) garantiert eine umwelt- und tiergerechte Bewirtschaftung und qualitativ hochstehende Produkte. Der rein vorsorgliche Einsatz von chemisch-synthetischen Düngern und Pestiziden ist nicht erlaubt. Erst bei tatsächlicher Bedrohung der Anbaukulturen durch Schädlinge oder Krankheiten ist die situative Verwendung von Spritzmitteln zugelassen. Gänzlich verboten sind gentechnisch veränderte Produkte. 1999 ist die IP zum Standard der Schweizer Landwirtschaft erklärt worden, und heute werden ca. 85 Prozent der landwirtschaftlichen Nutzfläche nach diesem Standard bewirtschaftet. Beiträge und Direktzahlungen vom Staat werden nur noch entrichtet, wenn der landwirtschaftliche Betrieb mindestens die Richtlinien der integrierten Produktion befolgt.

Abb. 11.12
IP-SUISSE: Das Label zeichnet Produkte aus, die nach den Richtlinien der integrierten Produktion angebaut wurden.

Biolandbau: Die biologische Landwirtschaft beruht auf dem Systemansatz natürlicher Kreisläufe und Prozesse und deren nachhaltiger Nutzung für die Produktion. Die Fruchtbarkeit des Bodens wird durch organischen Dünger, Kompost, Gründünger und durch eine vielseitige Fruchtfolge gefördert. Nutztiere werden artgerecht gehalten und gefüttert. Idealerweise bleiben dabei die Nährstoffkreisläufe geschlossen. In der Verarbeitung wird auf unnötige Zusatzstoffe wie künstliche Aroma- und Farbstoffe verzichtet. Die höheren Risiken und die arbeitsintensivere Produktion führen zu höheren Verkaufspreisen von Bioprodukten. Es zeigt sich jedoch, dass in der Schweiz immer mehr Konsumenten den Preis für die hohe Qualität zu zahlen bereit sind: Die biologisch bewirtschaftete landwirtschaftliche Nutzfläche stieg von unter 2 Prozent im Jahre 1993 auf heute gut 11 Prozent. Auch weisen die Bioprodukte einen beachtlichen Umsatzanteil im Lebensmittelsektor von 5,2 Prozent auf. Da die extensive Nutzung des Biolandbaus jedoch mehr Raum und Zeit benötigt, wird die hohe Nahrungsmittelnachfrage nur teilweise durch ihn gedeckt werden können. Einzelne Grossverteiler verfügen teilweise über eigene Biolabels.

Abb. 11.13
Bio-Knospe: Verbandslabel und Marke, die Schweizer Bioprodukte auszeichnet, die nach den privatrechtlichen Richtlinien von Bio Suisse hergestellt wurden.

Die dezentrale Besiedlung des Landes

In der Schweiz werden 37 Prozent der Gesamtfläche von der Landwirtschaft genutzt. Einen Grossteil dieser geernteten Fläche bilden Wiesen und Weiden, an zweiter Stelle steht das Ackerland. Dauerkulturen wie Obst-, Reb- und Gartenbau machen den kleinsten Anteil an der landwirtschaftlichen Nutzfläche aus. Genau diese sind es jedoch, welche die Landschaft der Schweiz ausgesprochen stark prägen, so zum Beispiel die Obst- und Gemüseanbaugebiete im Thurgau und im Seeland oder die Weinbaugebiete am Genfersee und im Wallis. Trotz des relativ hohen Anteils an unproduktiven Flächen trägt die Schweizer Landwirtschaft dazu bei, dass auch periphere Regionen besiedelt bleiben. Dabei sind gerade alpwirtschaftlich genutzte Flächen meist nur unter erschwerten Bedingungen (Hangneigung, karger Boden usw.) zu bewirtschaften. Zwischen 1985 und 2009 hat die Landwirtschaftsfläche um 4,5 Prozent abgenommen.

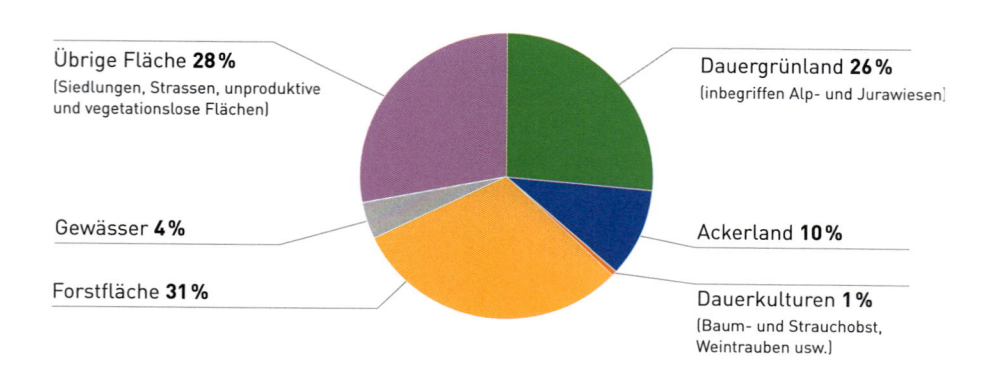

Übrige Fläche **28%** (Siedlungen, Strassen, unproduktive und vegetationslose Flächen)
Dauergrünland **26%** (inbegriffen Alp- und Jurawiesen)
Gewässer **4%**
Ackerland **10%**
Forstfläche **31%**
Dauerkulturen **1%** (Baum- und Strauchobst, Weintrauben usw.)

Abb. 11.14
Flächennutzung in der Schweiz

Die Agrarpolitik der Schweiz

Die vier Aufgaben zeigen es: Die Schweizer Landwirtschaft soll **multifunktional** sein. Veränderungen in den letzten Jahren im In- und Ausland haben in der Schweizer Agrarpolitik einiges bewirkt. Es gab einen eigentlichen Systemwechsel: Im Landwirtschaftsgesetz von 1951 wurde einerseits die Schweizer Landwirtschaft mittels Einfuhrkontingentierungen und Zollzuschlägen vor Importen geschützt, anderseits konnten durch staatliche **Subventionen** landwirtschaftliche Produkte aus der Schweiz – im Gegensatz zu importierten Produkten – günstiger angeboten werden. Der Bund garantierte den Bauern den Absatz ihrer Produkte und bezahlte für gewisse Produkte Mindestpreise (Beispiel: Milch). Subventionen lassen sich durch die Idee eines **Paritätslohns** rechtfertigen: Dieser entspricht einem durchschnittlichen Einkommen der Beschäftigten des sekundären und tertiären Sektors und soll Bauern und Bäuerinnen ein angemessenes Einkommen garantieren. Die produktgebundenen Subventionen führten zu einer Überproduktion («Butterberge», «Milchseen»), hohen Preisen und einer Umweltbelastung durch Überdüngung.

Auch von aussen geriet die Schweizer Landwirtschaft zusehends unter Druck. Seit Mitte der 1980er-Jahre wurde international darüber verhandelt (GATT), die Landwirtschaft in das (freie) Welthandelssystem zu integrieren. Dies bedeutet, dass, wie bei anderen Gütern, Zollschranken fallen. In der Schweiz führten diese Diskussionen zu einer umfassenden Agrarreform, die 1993 mit der Reduktion von Preisen für verschiedene Güter wie Fleisch und Milch eingeleitet wurde. Ein wichtiger Pfeiler dieser Reform bildete dabei die Einführung von einkommensergänzenden, aber produktionsunabhängigen **Direktzahlungen**.

Die Agrarreform, die am 1. Januar 1999 in Kraft trat, verwirklicht eine Trennung von Einkommens- und Preispolitik: Der staatliche Schutz von Produktepreisen wurde schrittweise abgebaut. Gleichzeitig sichert der Staat den Landwirten ein geregeltes Einkommen durch Direktzahlungen für Betriebe, die umwelt- und tierfreundliche Produktionsmethoden einhalten. Für zusätzliche Leistungen wie die Pflege von Magerwiesen werden zusätzliche Beträge ausbezahlt.

Die neue Agrarpolitik bietet mehr Spielraum für unternehmerisches Denken. Viele Landwirte vermarkten ihre Produkte direkt ab Hof oder beliefern die nahegelegene Filiale eines Grossverteilers, wo ihre Produkte als «Aus der Region – für die Region» vermarktet werden. Die Politik steht in engem Zusammenhang mit einer nachhaltigen Entwicklung. Die Schweizer Landwirtschaft soll mittels einer marktgerechten, sozialverträglichen und umweltfreundlichen Produktion ihre wichtige Rolle wahrnehmen, die sie in der Gesellschaft hat.

11.4 Sekundärer Sektor

Der sekundäre Sektor ist ausgesprochen heterogen. Vom Goldschmied bis zum Pharmakonzern umfasst er alle produzierenden und verarbeitenden Branchen. Zum zweiten Sektor gehört der Bereich Industrie und Energie, welcher in der Schweiz ca. 80 Prozent der Wertschöpfung des zweiten Sektors ausmacht. Grossen Anteil an der industriellen Wertschöpfung haben die chemische Industrie, die Mineralölverarbeitung, der Maschinenbau, die Herstellung von medizinischen und optischen Geräten und die Energie- und Wasserversorgung. Mit Nestlé, Novartis und Hoffmann-La Roche gehören drei Schweizer Industrieunternehmen zu den 100 weltweit grössten. Da die grossen Stückzahlen der industriellen Produktion auf dem bescheidenen Schweizer Markt keine Abnehmer finden, ist die Schweizer Industrie exportorientiert. Die restlichen 20 Prozent der Wertschöpfung des zweiten Sektors werden vom zweiten Bereich, dem Baugewerbe erbracht.

Etwa 21 Prozent der Erwerbstätigen in der Schweiz waren im Jahr 2010 im Sekundärsektor beschäftigt. Noch 1970 waren es ca. 45 Prozent. Wie im Primärsektor führten Veränderungen in den Produktionsabläufen in der zweiten Hälfte des 19. Jahrhunderts zu Produktivitätssteigerungen. Diese wiederum lösten tief greifende Strukturveränderungen aus. Bei der Einführung und Verbrei-

Sekundärer Sektor

tung industrieller Produktionsformen und der damit einhergehenden zunehmenden Bedeutung der Industrie in einer Volkswirtschaft spricht man von **Industrialisierung.**

Sie begann in der Schweiz bereits im 18. Jahrhundert: in der Ostschweiz mit der industriellen Heimarbeit im Textilbereich, im Jura mit der Herstellung von Uhren. In der folgenden Manufakturphase produzierten die Arbeiter in Fabrikgebäuden, aber noch vorwiegend manuell oder mit einfachen Geräten, wobei jede Person einen spezialisierten Arbeitsschritt übernahm. Erst in der Phase der industriellen Produktion wurden zuerst Dampfmaschinen, später elektrische Motoren eingesetzt, die eine enorme Produktivitätssteigerung ermöglichten.

Der Amerikaner Frederick W. Taylor hat die Arbeitsteilung im ausgehenden 19. Jahrhundert zu perfektionieren versucht. Er war der Überzeugung, dass Arbeiter denselben Gesetzen wie Teile einer Maschine gehorchen und sich Betriebsabläufe durch «wissenschaftliche» Untersuchungen rationalisieren liessen. Später wurden die einzelnen Arbeitsschritte mehr und mehr durch Maschinen übernommen. Die Nutzbarmachung neuer Energiequellen wie Kohle und Erdöl ermöglichte in Kombination mit technischen Erfindungen wie der Dampfmaschine, dem Verbrennungsmotor oder dem Fliessband die Steigerung der Industrieproduktion. Güter konnten nun in Massen hergestellt werden. Bei der Massenproduktion sinken mit zunehmender Stückzahl die Kosten für ein produziertes Gut, da die Fixkosten (Maschinen, Löhne usw.) konstant bleiben.

Das auf den japanischen Automobilhersteller Toyota zurückgehende Konzept der **«Just-in-time-Production»** versucht zu erreichen, dass Güter so weit wie möglich erst hergestellt und geliefert werden, wenn der Markt nach ihnen verlangt. Das Just-in-time-Modell setzt eine sehr gut organisierte Materialverwaltung und eine exakte Zeitplanung des Produktionsprozesses voraus. Ein weiteres Modell aus Japan ist die **«Lean-Production»** (schlanke Produktion). Sie setzt die Schwerpunkte auf die Vermeidung von Verschwendung, das Arbeiten in Netzwerken und die Übertragung von Verantwortung an Mitarbeiter – ein Gegenentwurf also zu Taylors Bestreben, möglichst wenig Verantwortung an die Arbeitskräfte abzugeben.

■ □ Abb. 11.15
Moderne, vollautomatische Autoproduktion

□ ■ Abb. 11.16
Massenprodukution bei Rivella in Rothrist (Kanton Aargau)

Weiter besteht beim klassischen Modell der Massenproduktion das Problem der fehlenden Flexibilität in der Produktion. Märkte verändern sich. Ein Unternehmen kann beispielsweise durch einen spezialisierten Maschinenpark nicht schnell genug auf diese Veränderungen reagieren. Mit hoch entwickelter und nicht zu stark spezialisierter Technologie, qualifiziertem Personal und einer Produktion, welche in innovative Klein- und Mittelbetriebe gegliedert ist, versucht die **«flexible Spezialisierung»** dieses Problem zu lösen. Ziel dieser Strategie ist die Balance zwischen Spezialisierung einerseits und grösstmöglicher Flexibilität andererseits zu finden. Eine weitere Möglichkeit bietet das **«Outsourcing»,** das heisst die Auslagerung von bisher in einem Unternehmen selbst erbrachten Leistungen an externe Auftragnehmer.

Die Bedeutung der industriellen Produktion ist längst nicht mehr auf ihr Ursprungsland England beschränkt. Sie hat sich im Laufe der letzten zwei Jahrhunderte in mehreren Phasen auf Europa,

11 Wirtschaft und Raum

die USA und Japan ausgebreitet. Nordamerika, Europa und Ostasien haben heute eine so zentrale volkswirtschaftliche Bedeutung, dass man bei ihnen von der **Triade** (Dreizahl, Dreiheit) der Wirtschaft spricht. Weltweit verzeichnen sie die grössten Handels- und Kommunikationsströme untereinander.

Die Europäische Union (EU), die nordamerikanische Freihandelszone (Nafta) und Ostasien wickeln drei Viertel des Welthandelsvolumens ab und konnten ihre Stellung in den letzten zwei Jahrzehnten noch weiter ausbauen.

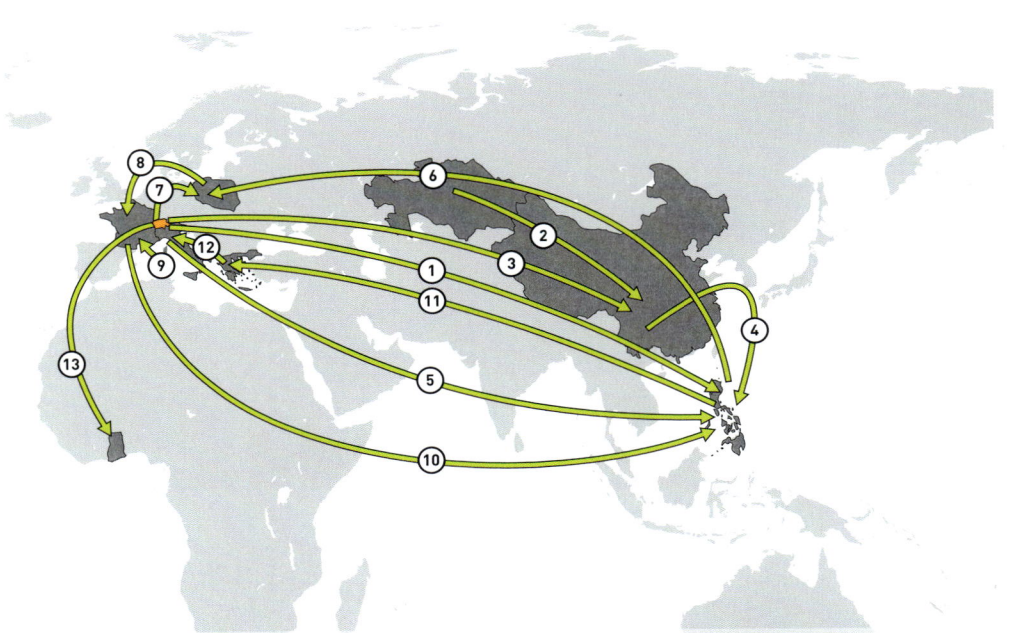

(1) Das Schnittmuster wird elektronisch von der Schweiz auf die Philippinen geschickt. (2) Kasachische Baumwolle wird in China mit Spinnmaschinen aus der Schweiz (3) verarbeitet. Die versponnene Baumwolle wird auf die Philippinen geliefert (4) und dort mit Farbe aus der Schweiz gefärbt (5). In Polen (6) wird das gefärbte Garn mit Webmaschinen aus der Schweiz (7) verarbeitet. In Frankreich (8) werden Innenfutter und Knöpfe aus Italien (9) zugefügt. Aus dem Material werden auf den Philippinen (10) Hosen genäht. Diese werden in Griechenland (11) mit Chemikalien bearbeitet und schliesslich in der Schweiz (12) verkauft. Nach einiger Zeit landen sie in der Altkleidersammlung und werden in Ghana (13) nochmals getragen

Abb. 11.17
Globalisierung der Produktion am Beispiel der Jeansherstellung
Quelle: Gerster, 2001

11.4.1 Die chemisch-pharmazeutische Industrie in Basel

Bereits im 16. Jahrhundert brachten protestantische Flüchtlinge aus Frankreich das Seidenbandgewerbe nach Basel. Da im angrenzenden Elsass die Seiden- und Baumwollindustrie verboten worden war, konnte sich das Gewerbe in Basel ohne Konkurrenz entwickeln. Die Farbstoffe für das Färben der Seidentücher kamen aus dem nahen Mülhausen. Im 19. Jahrhundert begann sich auch in Basel die Farbenproduktion zu etablieren. Als das Elsass 1871 an das Deutsche Reich angeschlossen wurde, führte dies zu einer Welle der Auswanderung von Elsässer Chemikern und Industriellen nach Basel und es konzentrierte sich immer mehr Know-how. In jener Zeit wurden auch verschiedene chemische Fabriken gegründet: 1884 die «Gesellschaft für chemische Industrie in Basel» (Ciba), 1886 Sandoz und 1896 Hoffmann-La Roche. Ciba (später als Ciba Geigy AG) und Sandoz fusionierten 1996 zur Novartis AG. Nebst den zwei «grossen» Basler Chemiefirmen

Sekundärer Sektor

sind in der Region Basel auch viele andere, internationale Schwergewichte ansässig wie die Ciba Spezialitätenchemie, Syngenta oder Clariant.

Die Region Basel ist die wichtigste Region für die chemisch-pharmazeutische Industrie in der Schweiz. Keine Branche in der Schweiz weist eine derartig hohe Konzentration in einer Region auf: 2008 wurden hier 52 Prozent der nominalen Bruttowertschöpfung (die Kenngrösse ist eng verwandt mit dem BIP) der Branche erzielt. Die Region gilt als europaweit führend im Bereich der «Life Sciences», darunter fallen Sparten wie die Molekularbiologie und die Agrartechnologie. Weltweit gesehen ist Basel eines der wichtigsten Zentren für die pharmazeutische Industrie.

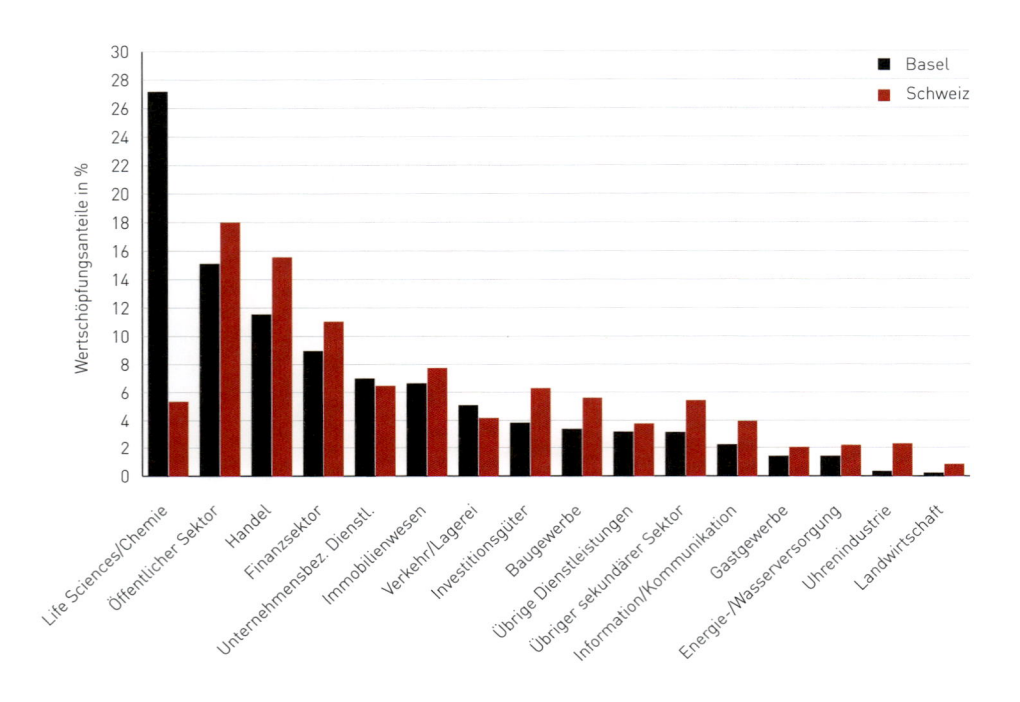

Abb. 11.18
Vergleich der Branchenstruktur der Region Basel mit derjenigen der Schweiz.

11.4.2 Das Ruhrgebiet früher und heute: Aufstieg, Niedergang und Neubeginn im ehemalig grössten Industriegebiet Europas

Das Ruhrgebiet war das bedeutendste Industriegebiet Deutschlands. Es liegt in einem Wirtschaftskorridor zwischen England und Oberitalien, der als «blaue Banane» bezeichnet wird. Ein Grossteil der Verkehrsströme Europas – sowohl von Personen als auch von Gütern und Informationen – konzentriert sich auf diesen Industrie- und Dienstleistungsgrossraum. Elf Grossstädte, darunter Dortmund, Bochum, Essen und Duisburg, liegen auf engstem Raum so nahe beieinander, dass ein polyzentrisches Städtesystem entstanden ist.

Die zentrale Bedeutung des Ruhrgebietes ist verknüpft mit der Geschichte der Industrialisierung. Noch um 1850 war das Ruhrgebiet eine ländliche Gegend. Zu dieser Zeit hatten sich in umliegenden Gebieten schon kleinere Industrie- und Wirtschaftszentren gebildet. Diese benötigten Brennmaterial, welches die dezimierten Wälder auf die Dauer nicht mehr liefern konnten. Die im Ruhrtal bisher in bescheidenem Rahmen abgebaute Steinkohle wurde zum hochwertigen Energielieferanten für die neu entstehenden Industriebetriebe. Sie eignete sich ausgezeichnet für Verhüttungs- und Schmiedeprozesse. Die Schiffbarmachung der Ruhr vereinfach-

11 Wirtschaft und Raum

te den Transport, sodass diese zeitweise zum meistbefahrenen Fluss Deutschlands wurde. Das Gebiet zog viele Menschen an, welche in den Zechen – den Bergwerken – Arbeit fanden. Der Bergbau blühte auf, es entstanden verschiedene Technologien zur Eisenerzerzeugung, und die Bevölkerungszahl stieg explosionsartig an. Das Ruhrgebiet war ein wichtiger Rohstofflieferant für die Industrialisierung Deutschlands und wuchs zum grössten industriellen Ballungszentrum Europas an. Die vorhandenen Kohleressourcen, qualifizierte Bergwerksarbeiter, gut ausgebaute Transportwege und Infrastruktur waren lange Zeit wichtige Standortvorteile.

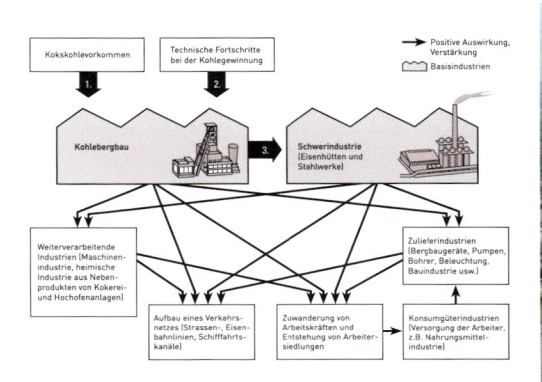

■ □ Abb. 11.19
Faktoren und Auswirkungen des industriellen Aufschwungs des Ruhrgebiets im 19. Jahrhundert

□ ■ Abb. 11.20
Das Bergwerk Prosper-Haniel in Bottrop ist eine der letzten Anlagen im Ruhrgebiet, die heute noch in Betrieb sind.

Die schwindende Nachfrage nach Kohle infolge des Bedeutungsgewinns von Erdöl führte ab 1957 zur sogenannten Kohlekrise im Ruhrgebiet. Der hohe Energiebedarf wird nun hauptsächlich aus dem Ausland befriedigt. Auch die Bedeutung des zweiten wichtigen Rohstoffes, des Eisenerzes, fiel der Stahlkrise und dem ab 1974 einsetzenden Strukturwandel zum Opfer. Viele Länder der Dritten Welt stellten eigene Stahlprodukte her und verdrängten zudem in Deutschland selbst die teuren einheimischen Stahlprodukte. Materialien wie Kunststoffe, Keramik und Aluminium ersetzten Stahl als Rohstoff. In der Folge waren viele Betriebe zur Schliessung gezwungen. Abwanderung und Arbeitslosigkeit stellen für die Region noch heute gravierende Probleme dar. Die strukturellen Veränderungen führten zu einer Neuorientierung der regionalen Wirtschaft: Die verlorenen Arbeitsplätze können teilweise durch neue in Fahrzeugbau, Biotechnologie- und Hightechunternehmen oder in Dienstleistungsfirmen ersetzt werden. Es findet ein Wechsel vom sekundären zum tertiären Sektor statt. Einkaufszentren, Bildungs- und Forschungseinrichtungen, Freizeitparks oder Messegelände prägen neben dem industriellen Vermächtnis das neue Erscheinungsbild des Ruhrgebietes.

11.5 Tertiärsektor

Der Tertiärsektor wird auch als «Dienstleistungssektor» bezeichnet. In diesem Sektor werden verschiedene Branchen zusammengefasst: Handel, Gastgewerbe, Verkehr, Versicherungs- und Bankenbranche und Immobilienwesen. Weiter öffentliche Dienstleistungen wie das Unterrichts-, Gesundheits- und Sozialwesen oder die Abfallbeseitigung, aber auch Dienstleistungen privater Haushalte. Berufsgruppen wie die IT-Branche oder der Hochtechnologiebereich, die ebenfalls Dienstleistungen erbringen, werden zunehmend in einem quartären Sektor zusammengefasst. Oft wird der quartäre Sektor als «Informationssektor» bezeichnet.
Produktivitätssteigerungen in der Industrie und die Verlagerung der gesamten Produktion oder einzelner Produktionsschritte in Niedriglohnländer führten in der Schweiz seit 1960 zu einer

Tertiärsektor

Deindustrialisierung. In der Industrie gingen dadurch viele Arbeitsplätze verloren. Mittlerweile sind über 70 Prozent der Erwerbstätigen im dritten Sektor tätig (vgl. Abb. 11.6). Wenn die Anzahl der Arbeitsplätze im ersten und zweiten Sektor vom dritten Sektor übertroffen wird, spricht man von **Tertiarisierung.** Die Industriegesellschaft wird zu einer Dienstleistungsgesellschaft.

Räumliche Aspekte des Tertiärsektors

Trotz der Möglichkeit einer flächendeckenden Bedienung aller Regionen durch Telefon-, Mobilfunk- und Kabelnetze bestehen **räumliche Disparitäten** (Ungleichheiten, Verschiedenheiten). Dienstleistungsangebote konzentrieren sich in zentralen Orten, da sie sich nach der Nachfrage richten. In den meisten Fällen sind dies Städte. Damit verbunden ist eine Konzentration des öffentlichen und privaten Personenverkehrs auf die grossen Zentren. Die räumliche Konzentration von Ressourcen (Arbeit, Boden, Kapital) ist ein positiver **Agglomerationseffekt,** also ein Agglomerationsvorteil. Eine zu starke Verdichtung kann unter Umständen jedoch auch zu Agglomerationsnachteilen wie Bodenknappheit oder Umweltverschmutzung führen.

11.5.1 Tourismus – bedeutender Bereich des Dienstleistungssektors

Die Geschichte des Tourismus ist eine Geschichte des Reisens, seien dies religiös motivierte Wallfahrten oder aus ökonomischer Notwendigkeit unternommene Handelsreisen. Reisen war lange Zeit nur für eine kleine Minderheit der oberen Volksschichten erschwinglich. Der sich später im Mittelalter ausbildende Pilgertourismus entwickelte mehr und mehr eine wirtschaftliche Dimension: Entlang der Handelsrouten entstanden Marktplätze. Doch auch die Aufklärung und die Herausbildung des freien Bürgertums und die damit einhergehenden Forschungs- und Bildungsreisen änderten nichts an der Tatsache, dass der grossen Mehrheit der Bevölkerung lange und teure Reisen unmöglich waren.

Der moderne Tourismus wird definiert als die Gesamtheit der Beziehungen und Erscheinungen, die sich aus der Reise und dem Aufenthalt von Personen ergeben, für die der Aufenthaltsort weder hauptsächlicher und dauernder Wohn- noch Arbeitsort ist. Der neuzeitliche Tourismus in Europa nahm seinen Anfang im Alpinismus.

Ausgelöst durch Berichte von Forschern und Dichtern wie Albrecht von Haller und Jean-Jacques Rousseau, gewannen die Alpen für Reisende an Interesse. In Kombination mit einem Ausbau des Eisenbahn- und Strassennetzes und dem Bau von Bergbahnen wurden die Alpen sukzessive für den Sommer- und später für den Wintertourismus erschlossen. Eine Reihe von Faktoren führte mit der fortschreitenden Industrialisierung zum Massentourismus, wie wir ihn heute kennen.

Das Bedürfnis nach Erholung, Entspannung und Selbstverwirklichung ausserhalb des Arbeitsplatzes ist sicher nicht neu. Und das breite Spektrum an Wünschen und Absichten, welche die Touristen zu ihrer Reise motivieren, bringt eine Vielzahl an Erscheinungsformen des Tourismus hervor. Doch erst die allgemein gestiegene Lebenserwartung, die Zunahme der Freizeit, der gesetzlich verankerte Urlaubsanspruch und die Wohlstandssteigerung führten dazu, dass Ferienreisen in unserer Gesellschaft zur Selbstverständlichkeit wurden. Diese Entwicklung steht im Zusammenhang mit der allgemeinen Zunahme der Mobilität und der Veränderung des Konsumverhaltens.

Abb. 11.21
Beginn des modernen Tourismus in den Alpen

11 Wirtschaft und Raum

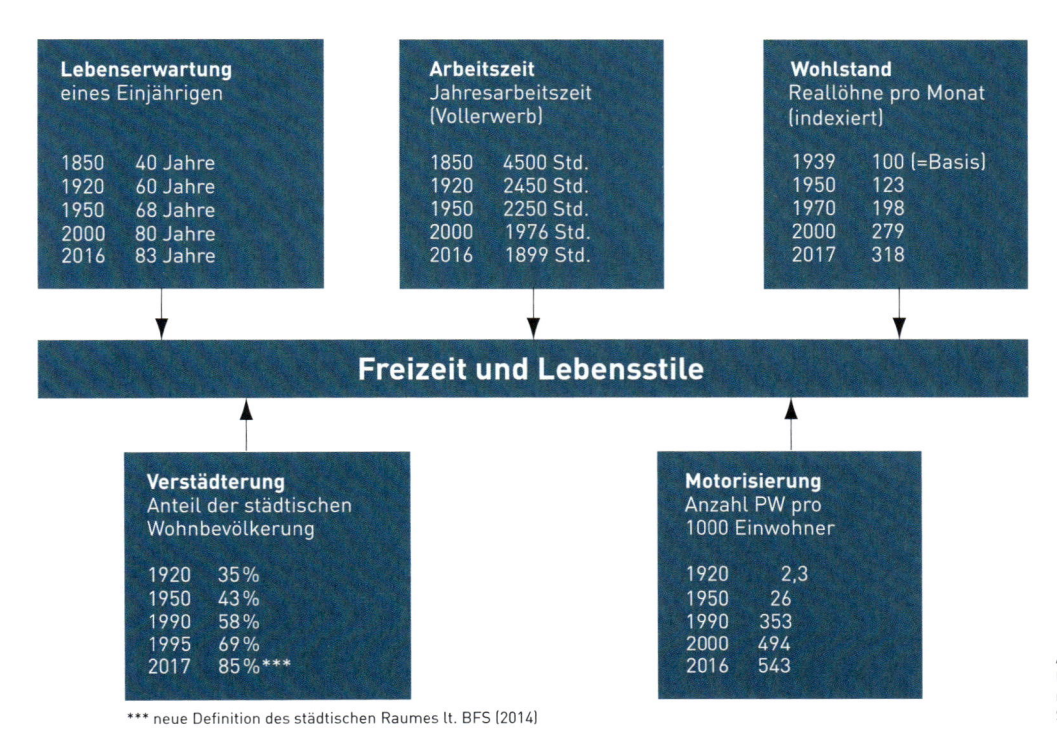

Lebenserwartung eines Einjährigen		Arbeitszeit Jahresarbeitszeit (Vollerwerb)		Wohlstand Reallöhne pro Monat (indexiert)	
1850	40 Jahre	1850	4500 Std.	1939	100 (=Basis)
1920	60 Jahre	1920	2450 Std.	1950	123
1950	68 Jahre	1950	2250 Std.	1970	198
2000	80 Jahre	2000	1976 Std.	2000	279
2016	83 Jahre	2016	1899 Std.	2017	318

Freizeit und Lebensstile

Verstädterung Anteil der städtischen Wohnbevölkerung		Motorisierung Anzahl PW pro 1000 Einwohner	
1920	35%	1920	2,3
1950	43%	1950	26
1990	58%	1990	353
1995	69%	2000	494
2017	85%***	2016	543

*** neue Definition des städtischen Raumes lt. BFS (2014)

Abb. 11.22
Entwicklung von Freizeitrahmenbedingungen in der Schweiz (Quelle: BFS)

Tourismus in den Schweizer Alpen – Fluch oder Segen?

Viele Randregionen der Schweiz haben mit ähnlichen Phänomenen zu kämpfen: fehlende Ausbildungsmöglichkeiten oder ungenügend ausgebaute Infrastruktur. Junge Menschen ziehen in die Städte, wo zahlreiche Ausbildungs- und Freizeitangebote vorhanden sind. Gleichzeitig wächst mit der zunehmenden Verstädterung die Nachfrage nach Erholung in der «intakten Natur». Dort erhofft man sich, dem Alltagsstress entfliehen zu können. Das Marketing der Tourismusanbieter und die Werbung verstärken diese Sehnsüchte zusätzlich. Die Präsenz von Touristen hat jedoch für die Reisedestination Auswirkungen in wirtschaftlichen, ökologischen und gesellschaftlichen Bereichen.

Tourismus und Wirtschaft

Für viele strukturschwache, meist periphere Gebiete stellt der Tourismus die einzige Möglichkeit dar, den Verlust von Arbeitsplätzen und Einkommen im primären Sektor zu kompensieren. Der durch die touristische Nachfrage ausgelöste Bedarf an Gütern oder Dienstleistungen führt zu einem wirtschaftlichen **Multiplikatoreffekt.** Das heisst, die durch den Tourismus ausgelöste Nachfragekette bekommt einen Wert, der weit grösser ist als die ursprünglichen Ausgaben der Reisenden. Beispielsweise bezahlt ein Tourist am Schluss seines Aufenthaltes (direkt) die Hotelrechnung. Indirekt ermöglicht er jedoch verschiedenen Branchen ein Einkommen, die das Hotel in irgendeiner Form beliefern (Getränkehandel, Lebensmittelhandel, Reinigungsfirmen, Baugewerbe usw.), und auch denjenigen, welche die Lieferanten beliefern (Getränkeproduzenten, Lebensmittelproduzenten, Rohstoffförderer usw.). Durch die Schaffung von Arbeitsplätzen werden zusätzliche Einkommen generiert. Dies stoppt die Abwanderung und ermöglicht einen Ausbau der örtlichen Infrastruktur, von der auch die einheimische Bevölkerung profitiert. Der Tourismus hat also eine direkte und eine indirekte Beschäftigungswirkung. Problematisch ist jedoch, dass ein Grossteil der Arbeitsplätze im Tourismus saison- und konjunkturabhängig ist.

Tertiärsektor

Politische Ereignisse oder eine schlechte Wirtschaftslage haben unmittelbare Folgen für die jeweilige Region, nämlich das Ausbleiben der Touristen und damit des Einkommens. Insbesondere etablierte, grosse Reisedestinationen mit einseitiger Wirtschaftsstruktur sind zusätzlich für langfristige Strukturveränderungen anfällig. Nachhaltig Abhilfe schafft eine Diversifizierung des Angebots.
Touristen können aus einem ständig wachsenden Angebot verschiedener Reiseveranstalter auswählen. Dank besserer Erschliessung sind viele Gebiete heute bequem erreichbar. Zudem können sich Reisende im Internet über ihre Reiseziele informieren, Angebote vergleichen und Buchungen selber tätigen. Damit wird der Preis für viele Touristen zu einem sehr wichtigen Entscheidungskriterium für die Wahl einer Reisedestination. Der Reisende profitiert dabei von der grossen Konkurrenz der Anbieter, die sich einen unerbittlichen Preiskampf liefern.
Gerade in diesem Gesichtspunkt verliert die Schweiz mit ihrem hohen Preisniveau bzw. dem hohen Wechselkurs des Schweizer Frankens viele Touristen und Touristinnen an andere Länder. Die Angebote im Ski- und Wellnesstourismus in Österreich sind vergleichbar mit jenen der Schweiz, oftmals aber günstiger.

Tourismus und Ökologie

Indem der Tourismus den landwirtschaftlichen Betrieben ein Nebeneinkommen ermöglicht, trägt er indirekt zur Landschaftspflege und zum Naturschutz bei. Dennoch sind die negativen Auswirkungen auf die Umwelt gravierend. Die aufgrund touristischer Nachfrage erstellte Infrastruktur, wie beispielsweise Parkplätze, Hotels, Ferienwohnungen oder Freizeiteinrichtungen, hat einschneidende Folgen für das Ökosystem. Der enorme Bodenverschleiss touristischer Infrastruktur konkurriert mit der bodenerhaltenden Nutzung der Landwirtschaft und den freien Naturflächen. Bezeichnenderweise bilden gerade diese Naturflächen das eigentliche Kapital einer Tourismusregion. Ein Grossteil des Bodenverbrauchs wird durch Ferien- und Zweitwohnungen verursacht, welche zur **Parahotellerie** gerechnet werden. Dazu gehören auch Campingplätze, Jugendherbergen, Gruppenunterkünfte und die Vermietung von Privatzimmern, zum Beispiel in Bauernhöfen. Der Flächenbedarf pro Bett übersteigt für Ferien- und Zweitwohnungen denjenigen eines Hotelbettes um das Fünfeinhalbfache. Die meist nur wenige Wochen im Jahr ausgelasteten Zweitwohnungen müssen, auch wenn sie leer stehen, unterhalten, insbesondere geheizt werden. Ökologische Nachhaltigkeit kann hier durch optimal ausgelastete Betten angestrebt werden.

> Am 11. März 2012 hat das Schweizer Stimmvolk der «Zweitwohnungsinitiative» zugestimmt. Diese beschränkt den Zeitwohnungs-Anteil je Gemeinde auf 20 Prozent. Seit Anfang 2013 wird die Initiative umgesetzt, was dazu führt, dass in über 400 Gemeinden (vorwiegend in den Kantonen Wallis, Graubünden, Bern, Tessin) faktisch ein Bauverbot besteht, da der Zweitwohnungsanteil bereits jetzt über 20 Prozent liegt.
>
> Die Umsetzung der Initiative hat zu Diskussionen über Ausnahmeregelungen geführt. Wann gilt eine Wohnung als Zweitwohnung? Es wurde auch versucht, möglichst viele Baugesuche «auf Vorrat» zu bewilligen, bevor das Gesetz in Kraft treten würde.

Weitere ökologische Beeinträchtigungen entstehen durch das Planieren der Skipisten. Der maschinell erzeugte und verdichtete Schnee schmilzt im Frühling später, sodass die Vegetationszeit verkürzt wird. Die Folgen sind eine kürzere Wachstumsperiode und eine Abnahme der Artenvielfalt. Zur Bodenbelastung kommt die Verkehrsbelastung. Um dem hohen Verkehrsaufkommen und der «ungesunden Stadtluft» zu entkommen, fahren Erholungssuchende mit dem Auto in die «Natur» und bringen so den Verkehr und damit Umweltbelastung und Lärm mit. Das eigentliche Kapital – die unberührte Natur – wird dadurch schrittweise abgebaut.

11 Wirtschaft und Raum

Tourismus und Gesellschaft

Wohl am gegensätzlichsten sind die Konsequenzen des Tourismus im sozialen Bereich in den Entwicklungsländern. Die Konfrontation der einheimischen Bevölkerung mit den Touristen, aber auch mit den Saisonarbeitskräften und Zuzügern aus anderen Regionen oder Kulturen kann einerseits zu einer Verstärkung des Selbstbewusstseins und einem wachsenden Zugehörigkeitsgefühl unter den Einheimischen führen. Andererseits steigt die Fremdbestimmung, und die Eigenart der einheimischen Kultur wird untergraben. Beides kann zu sozialen und politischen Spannungen führen. Ebenso verändert sich die «Atmosphäre» der oft kleinen Dörfer. In der Hochsaison werden alle Angebote aufrechterhalten, während in der Zwischensaison viele Geschäfte geschlossen bleiben.

In Tourismusgebieten entsteht durch den Kontakt zwischen Besuchern und der einheimischen Bevölkerung eine kulturelle Interaktion. Die in der Zielregion aufeinandertreffenden Kulturen sind nur in seltenen Fällen die alltäglichen, eigenen Kulturen. Während die Einheimischen des Zielgebietes eine Dienstleistungskultur annehmen, verhalten sich Touristen auf Reisen nicht wie zu Hause, sondern nehmen eine Ferienkultur an. So verändert beispielsweise die Anonymität beim Reisen das Verhalten.

Nachhaltiger Tourismus

Analog zur nachhaltigen Entwicklung (vgl. dazu Kapitel 16) wird der Begriff «umweltverträglicher und sozialverantwortlicher Tourismus» verwendet, oft auch als «sanfter Tourismus» bezeichnet. Die drei oben beschriebenen Nachhaltigkeitsdimensionen – Wirtschaft, Ökologie und Gesellschaft – müssen dabei gleichwertig berücksichtigt werden.

Ein umwelt- und sozialverträglicher Tourismus bildet die Basis für langfristiges Wirtschaftswachstum. Gerade weil Landschaft und Natur das eigentliche Kapital vieler Formen des Tourismus darstellen, ist das Konzept der Nachhaltigkeit so zentral.

Der Travelife Award z.B. ist eine Auszeichnung für Hotels, die Verantwortung für Nachhaltigkeit im Tourismus übernehmen. Rund 100 Kriterien werden bei der Beurteilung eines Hotels unter die Lupe genommen. Eine schonende Nutzung der Ressourcen Energie und Wasser, die Reduktion von Abfällen sowie der Bezug von Waren durch lokale Produzenten sind zentrale Kriterien. Ebenso wichtig sind die faire Behandlung der Mitarbeitenden und der intensive Austausch mit der Bevölkerung.

Abb. 11.23
Der Tourismus prägt das Dorfbild von Celerina, Graubünden: Zweitwohnungen mit geschlossenen Fensterläden. Im Hintergrund ein markantes Hotel.

Tertiärsektor

11.5.2 Konzentration der Finanzbranche in der Region Zürich/Aargau

Die Kantone Zürich und Aargau bilden die bevölkerungsreichste und wirtschaftsstärkste Region der Schweiz. Fast ein Viertel der Schweizer Bevölkerung, etwa zwei Millionen Menschen, leben in dieser Region. Rund 30 Prozent des BIP der Schweiz werden hier erarbeitet. Bezogen auf die Wirtschaftskraft wird gemeinhin von der «heimlichen Hauptstadt» Zürich gesprochen. Von den 100 grössten Schweizer Unternehmen haben 85 ihren Hauptsitz in der Stadt oder der Umgebung von Zürich, dazu kommen zahlreiche weltweit agierende Unternehmen.

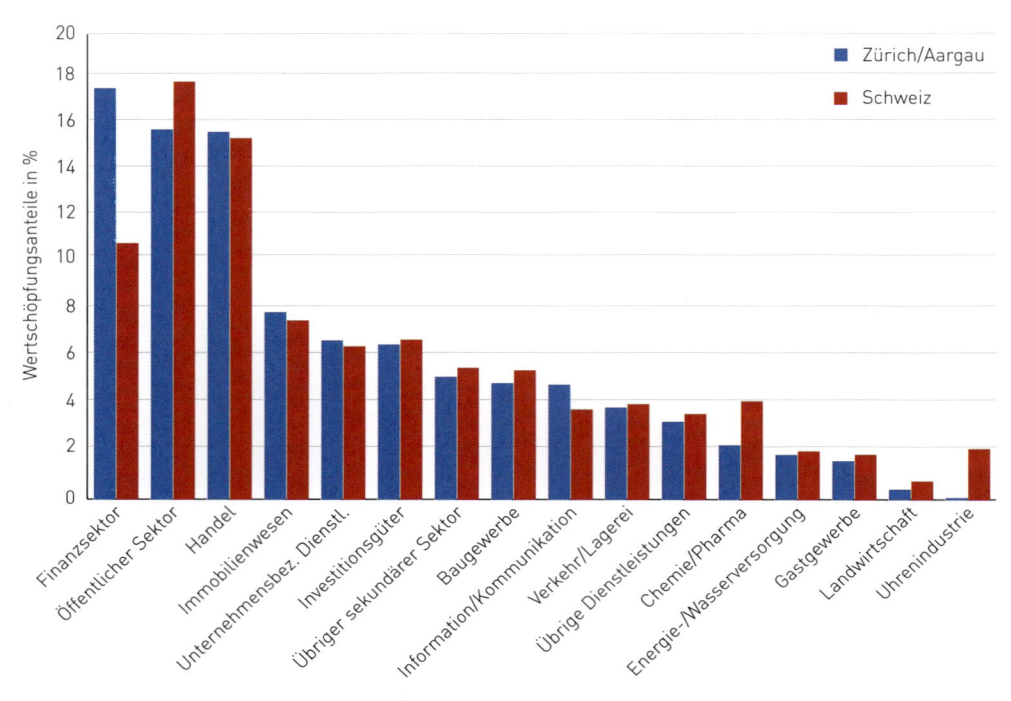

Abb. 11.24
Vergleich der Branchenstruktur der Region Zürich/Aargau mit jener der übrigen Schweiz.

Abb. 11.25
Der Paradeplatz: Das Symbol für den Finanzplatz Schweiz.

Ähnlich der Bedeutung der Chemie für die Region Basel ist jene der Finanzbranche für die Region Zürich/Aargau, auch wenn im Raum Zürich diese Dominanz einer einzelnen Branche nicht so stark ausgeprägt ist. Noch mehr als der Chemiestandort Basel hat der Finanzplatz Zürich weltweit gesehen eine herausragende Bedeutung. Zürich hat in der Finanzbranche den Status einer sogenannten «Global City».

Die Finanzbranche setzt sich aus Banken, Versicherungen und sonstigen Finanzdienstleistern wie etwa Vermögensverwaltern zusammen. Nebst der Region Zürich/Aargau, wo im Jahr 2008 48 Prozent der Wertschöpfung der Schweizer Finanzbranche erarbeitet wurden, findet sich ein weiterer Schwerpunkt in der Region Genfersee (Bassin Lémanique, 18 Prozent der Wertschöpfung entfallen auf dieses Gebiet).

11.6 Quartärsektor

Der Quartärsektor wird auch als Informationssektor bezeichnet. Er umfasst Berufsgruppen wie die gesamte IT-Branche oder den Hochtechnologiebereich, also Branchen, die im Wesentlichen Dienstleistungen anbieten und somit dem Tertiärsektor zugeteilt werden können. Dennoch kann man eine Abgrenzung zwischen diesen beiden Sektoren vornehmen.

Gegen Ende des 20. Jahrhunderts stieg die Beschäftigung in Forschung, Entwicklung und in der Informationsverarbeitung rasant an. Möglich wurde dies mit dem Aufkommen der elektronischen Datenverarbeitung (EDV) mittels Computer. Man verwendet in diesem Zusammenhang auch den Begriff «Digitalisierung» (analoge Begriffe oder Grössen werden umgewandelt, um sie elektronisch zu speichern oder zu verarbeiten). Die elektronische Speicherung und Verarbeitung von Daten und Informationen ist im 21. Jahrhundert Alltag. Erkenntnisse in der Erforschung und Entwicklung und nicht zuletzt die immer grössere Menge an Daten führen zu einer Beschleunigung in der Entwicklung von Technologien.

Zum Quartärsektor werden heute gezählt:
- IT-Dienstleistungen (Informationstechnologie: Entwicklung von Software und Webdesign)
- Hightech (engl. high technology = Hochtechnologie oder Spitzentechnologie: Nano- und Biotechnologie, Halbleitertechnik, Forschung)
- Kommunikationstechnologie (Telekommunikation: Mobiltelefonie, Satellitenkommunikation, Funktechnik, Drucktechnik)

Dem quartären Sektor wird beispielsweise auch die Beratung durch Ingenieure oder durch Rechtsanwälte zugeordnet. Es zeigt sich, wie schwierig eine Abgrenzung zum Tertiärsektor zu machen ist: Soll die Verwendung von Informationstechnologie (IT) das Kriterium sein? Dann würden im 21. Jahrhundert sehr viele Dienstleistungen in den Quartärsektor fallen. Es gibt auch eine weitere Definition, wonach Tätigkeiten aus dem Tertiärsektor, die besonders hohe intellektuelle Ansprüche stellen, dem quartären Sektor angerechnet werden können.

11.7 Energie

Keiner der vier Wirtschaftssektoren kommt ohne Energie aus. Der Energieverbrauch hat eine noch nie da gewesene Grösse erreicht. Die verbrauchte Energie nahm in den letzten 200 Jahren um 2% pro Jahr zu, was einer durchschnittlichen Verdoppelung des Energieverbrauchs alle 30 Jahre entspricht. Gründe dafür sind einerseits die wachsende Weltbevölkerung, andererseits der zunehmende Wohlstand und ein damit verbundener Anstieg des Konsums von energieaufwendigen Gütern.

Die Natur bietet verschiedene Energieformen. So können beispielsweise die Gezeiten oder die Sonne zur Energieproduktion genutzt werden. **Primärenergie** umfasst alle der Natur entnommenen Energieressourcen. Die gängigste Einteilung trennt diese in erneuerbare und nicht erneuerbare Energieformen. Zu den erneuerbaren Energieformen (auch regenerierbare oder nichterschöpfliche Energieformen genannt) werden diverse Formen der Bioenergie, der Geothermie, der Solarenergie, der Wasserkraft und der Windenergie gezählt. Nicht erneuerbare Energierohstoffe sind Kohle, Erdöl und Erdgas, aber auch Kernenergie. Die Bezeichnung «nicht erneuerbar» bezieht sich dabei auf menschliche Zeitmassstäbe. Erneuerbare Energiequellen werden genutzt, nicht erneuerbare Energiequellen werden verbraucht. Die Primärenergie kann nur in seltenen Fällen direkt genutzt werden. In den meisten Fällen muss sie umgewandelt werden.

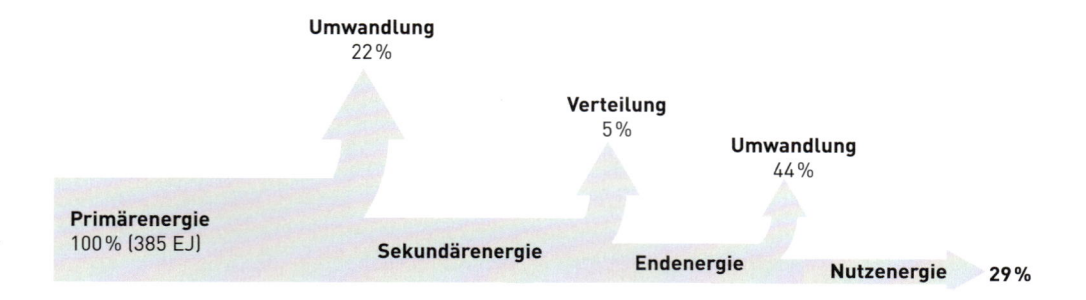

Abb. 11.26
Globaler Energiefluss:
von der Primärenergie zur
Energiedienstleistung

Nach der Umwandlung spricht man von **Sekundärenergie.** Elektrischer Strom beispielsweise ist eine Sekundärenergie, da er aus der Umwandlung von Primärenergien wie Wasserkraft oder Windenergie hervorgeht. Durch Transport und Verteilung wird erneut ein Teil der Energie gebraucht. Es bleibt die vom Verbraucher bezogene Endenergie – das Heizöl im Tank oder der Strom aus der Steckdose. Infolge von Umwandlungsverlusten entfällt auch hier wieder ein Teil der Energie. Die tatsächlich für eine bestimmte Energiedienstleistung zur Verfügung stehende Energie nennt man **Nutzenergie.** Bei der konventionellen Glühbirne beispielsweise beträgt die Nutzenergie lediglich 5 % der Endenergie, 95 % der aus der Steckdose kommenden Energie wird in Wärmenergie umgewandelt und nur 5 % in Licht, der eigentlich erwünschten **Energiedienstleistung**. Nur ein Bruchteil der ursprünglich ins Energiesystem eingespiesenen Energie dient am Ende der effektiven Nutzung (Abb. 11.26). Dieses Verhältnis – die genutzte Energie gemessen an der total eingeführten Energie – wird als Energieeffizienz bezeichnet.

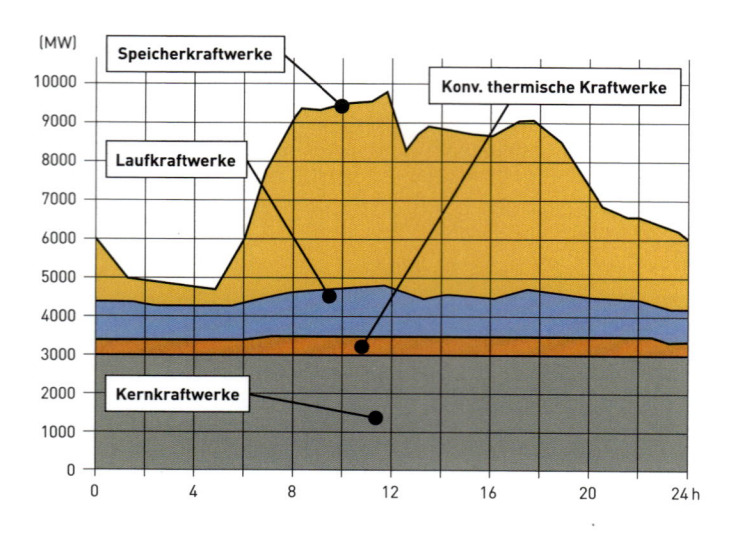

Abb. 11.27
Stromproduktion
im Tagesverlauf

11 Wirtschaft und Raum

Elektrizität machte im Jahr 2013 rund 24 Prozent der in der Schweiz verbrauchten Energie aus. Anlagen wie Kernkraftwerke, die ständig in Betrieb sind und deren Stromproduktion kurzfristig kaum reguliert werden können, liefern rund um die Uhr eine konstante Strommenge, die sogenannte **Bandenergie** (auch Grundlast genannt). Kraftwerke, die flexibler hoch- und runtergefahren werden können, können zur Produktion von **Spitzenenergie** verwendet werden. Die Durchflussmenge durch die Turbinen von Speicherkraftwerken kann zu Beginn eines Arbeitstages sofort erhöht werden, um den stark steigenden Strombedarf zu decken. In der Nacht wird die Stromproduktion zurückgefahren.

11.7.1 Energieträger

Die heute genutzten fossilen Energieträger Erdöl, Erdgas, Kohle, Ölsande und Ölschiefer sind Gemische von Kohlenwasserstoffen, die sich durch geologische Umwandlungsprozesse aus abgestorbenem, organischem Material gebildet haben. Solche Umwandlungsprozesse dauern mehrere Millionen Jahre. In den für uns Menschen relevanten Zeiträumen können keine neuen fossilen Energieträger entstehen. Deshalb werden die fossilen Energiereserven als **nicht erneuerbare Energien** bezeichnet. Im Jahre 2011 basierten fast 90 Prozent der weltweiten Energiebereitstellung auf Erdöl, Kohle und Erdgas.

Erdöl zeichnet sich durch einen im Vergleich zu Kohle und Erdgas höheren **Heizwert** (nutzbare Energie pro Kilogramm) aus. Es löste die Kohle in der Mitte des 20. Jahrhunderts als wichtigsten Energieträger ab und ist untrennbar mit der Entwicklung der modernen Wohlstandsgesellschaften (den Industrieländern) verbunden. Als Treibstoff leistete und leistet es den wesentlichen Beitrag für die Massenmotorisierung, als Heizöl bringt es Wärme in unsere Wohnräume. Ausserdem ist Erdöl Ausgangsstoff für eine breite Palette von Produkten wie Schmiermittel, Kunststoffe und Dünger.

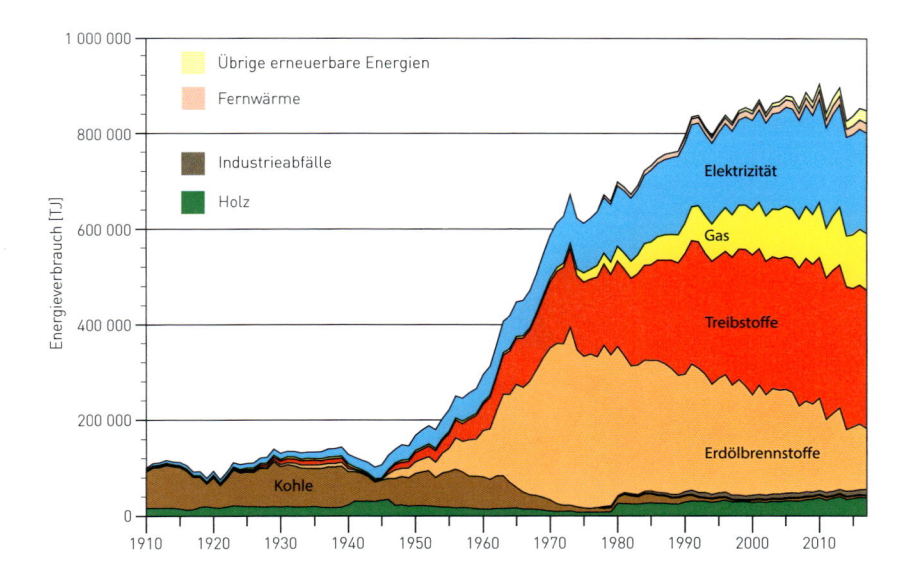

Abb. 11.28
Energieverbrauch der Schweiz nach Energieträgern
Quelle: BFE, Schweizerische Gesamtenergiestatistik 2017

Durch die grosse Abhängigkeit von Erdöl haben Länder mit Erdölvorkommen gute Einnahmequellen und eine gewisse Macht, was sich im kartellartigen Zusammenschluss der Organisation erdölexportierender Länder (OPEC) zeigt. Die strategische Bedeutung von Erdöl führt häufig zu territorialen Streitigkeiten oder gar Kriegen. Mit grossem Einsatz wird an der Erschliessung neuer Erdöl-Fördergebiete (z. B. offshore in der Arktis) gearbeitet. Bei der Förderung auf Ölplattformen

Energie

bzw. beim Transport in Pipelines oder mit Öltankern kommt es immer wieder zu ökologischen Katastrophen. Beim Verbrennen von Erdöl bilden sich schädliche Stoffe wie Kohlenmonoxid, Stickoxide und Russ und es wird das Treibhausgas CO_2 ausgestossen. Trotz dieser Problematik fahren wir weiterhin dieses Risiko, zu unverzichtbar sind die verschiedenen Produkte und Annehmlichkeiten geworden, die uns das Erdöl bringt.

Über die Begrenztheit der Erdölreserven besteht kein Zweifel, konkrete Prognosen sind jedoch ausgesprochen schwierig zu machen. In der Vergangenheit wurde davon ausgegangen, dass das Fördermaximum beim Erdöl, auch als **Peak Oil** bezeichnet, zwischen 2010 und 2030 erreicht würde. Mit dem Aufkommen des **Fracking** (engl. hydraulic fracturing = hydraulisches Aufbrechen) und den damit verbundenen Möglichkeiten, aus riesigen Vorkommen in Ölschiefergesteinen den begehrten Rohstoff zu gewinnen, dürfte sich dieser Peak eher gegen das Jahr 2030 hin oder gar darüber hinaus bewegen. Wird in der Zukunft die Nachfrage grösser sein als das Angebot, dürfte Erdöl (massiv) teurer werden. Entscheidend wird sein, wie weit bis dahin Erdöl als Brenn- bzw. Treibstoff und als Ausgangsstoff chemischer Produkte ersetzt werden kann.

Die Kohlereserven sind bedeutend grösser als die Erdölvorräte (etwa 200 Jahre). Kohle lieferte die Energie für die Industrialisierung, sie hat aber auch in der heutigen Zeit in vielen Ländern einen hohen Stellenwert. Kohle erlebt seit Beginn des 21. Jahrhunderts eine Renaissance und könnte in naher Zukunft sogar das Erdöl als meistgenutzten Energieträger ablösen. Die Gründe dafür sind die gewaltigen Reserven und der günstige Preis. Zudem lässt sich der steigende Verbrauch von Kohle auf den wirtschaftlichen Aufstieg bedeutender Volkswirtschaften wie China (2012 machte Kohle fast 70 Prozent der Primärenergie aus) zurückführen. Bei der Verbrennung von Kohle entweicht eine ungemein grössere Menge an CO_2 in die Atmosphäre als beim Einsatz von Erdöl oder Erdgas, dazu kommen bedeutende Feinstaubemissionen. Der oft tagelang andauernde Smog in vielen Städten Chinas ist zu einem wesentlichen Teil auf die vielen Kohlekraftwerke zurückzuführen. Viele dieser Kraftwerke werden mit veralteter Technik betrieben und die Schmutzpartikel werden nur ungenügend aus der Abluft gefiltert.

Energieverbrauch in der Schweiz

Abbildung 11.28 zeigt die Entwicklung des Gesamtenergieverbrauchs in der Schweiz. Die Verhältnisse stehen jedoch auch exemplarisch für die Mehrheit der industrialisierten Staaten. Erstens wurde die Kohle als **Hauptenergieträger** zwischen 1950 und 1960 vom Erdöl abgelöst. Zweitens ist

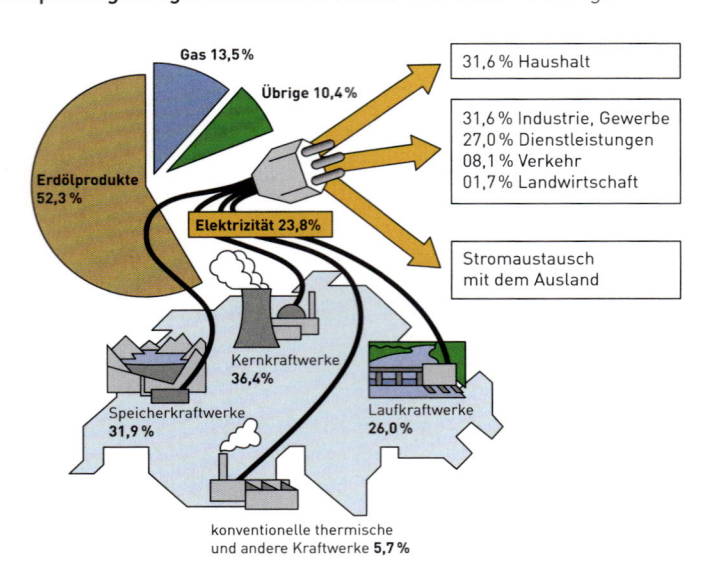

Abb. 11.29
Bereitstellung und Verbrauch von Energie in der Schweiz, 2008

seit den 1950er-Jahren ein sprunghafter Anstieg des Energieverbrauches zu beobachten. Dies gilt insbesondere für fossile Energieträger. Rund 80 Prozent der in der Schweiz verbrauchten Energie wird importiert, vor allem in Form von Erdöl und Erdgas. Der starke Anstieg des Energieverbrauches hängt mit der Zunahme der Mobilität – hauptsächlich im Bereich des Privat- und Flugverkehrs – und dem stark gestiegenen Heizbedarf zusammen. In der Folge stiegen dementsprechend die Schadstoffemissionen und die Abfallmenge stark an. Ereignisse wie die Ölkrise im Jahre 1973 vermochten den Erdölverbrauch nur vorübergehend zu verringern. Auch technische Fortschritte, welche eine erhöhte Energieeffizienz mit sich brachten, wurden durch vermehrte Nutzung und Konsum nach kurzer Zeit überkompensiert **(Rebound-Effekt)**. Abbildung 11.29 zeigt die Verhältnisse zur Bereitstellung und zum Verbrauch von Energie in der Schweiz auf. Die von Kraftwerken (hauptsächlich Wasser- und Kernkraftwerke) umgewandelte Primärenergie wird als Sekundärenergie transportiert und als Endenergie an unterschiedliche Nachfrager (Haushalte, Industrie usw.) im In- und Ausland geliefert.

11.7.2 Schweizerische Energiepolitik: Die Energiestrategie 2050

Die Reaktorkatastrophe im japanischen Atomkraftwerk Fukushima vom März 2011 erinnerte die Menschheit nach jener von Tschernobyl im Jahr 1986 erneut daran, sich ernsthaft Gedanken über eine umweltfreundlichere und gefahrlosere Energienutzung zu machen. Die Katastrophe von Fukushima wird wie das Unglück von Tschernobyl als Super-GAU (siehe Abschnitt 11.7.3) gewertet. Auch in der Schweiz führten die Ereignisse in Japan zu einem Umdenken. Waren schon in früheren Programmen wie etwa dem im Jahr 2001 lancierten Programm «EnergieSchweiz» die Förderung erneuerbarer Energien oder Massnahmen zur Einsparung von Strom angesagt, so greift die neue **Energiestrategie 2050** noch viel tiefer. Zentraler Punkt ist der schrittweise Ausstieg aus der Kernenergie. Um nicht in eine «Stromlücke» hineinzufallen, sind ein weiterer Ausbau der Wasserkraft und ein massiver Ausbau der Nutzung sogenannter neuer erneuerbarer Energien (Sonne, Wind, Biomasse, Geothermie) vorgesehen. Versorgungsengpässe können durch eine fossile Stromproduktion, welche die Energieträger effizient nutzt (z. B. Gaskombikraftwerke) und Importe gedeckt werden.

Das Programm «EnergieSchweiz» ist integraler Bestandteil der Energiestrategie 2050. Damit verbunden ist auch die CO_2-Abgabe auf fossilen Brennstoffen, die teils zur Förderung von energieeffizienteren Gebäuden verwendet wird und die mit der neuen Strategie nun erhöht wird, sodass das Gebäudeprogramm weiter gestärkt wird. Die CO_2-Abgabe ist Bestandteil des CO_2-Gesetzes aus dem Jahre 1999. Dieses geht auf das Kyoto-Protokoll zurück. Die Schweiz hat sich verpflichtet, die CO_2-Emissionen im Zeitraum von 2008 bis 2012 gegenüber jenen im Jahr 1990 um 8 Prozent zu senken.

Im Einzelnen sind folgende Massnahmen vorgesehen:
- Der Anteil neuer erneuerbarer Energien an der Stromproduktion soll bis zum Jahre 2035 von 2000 GWh oder 3 Prozent (2012) auf über 14 500 GWh erhöht werden. Hier sind verschiedene Unterstützungsbeiträge an Investitionskosten umweltgerechter Anlagen vorgesehen, wie sie zum Teil schon bestehen.
- Das Programm zur Förderung der energetischen Sanierungen von Gebäuden wird verstärkt. Projekte, die von einer Bauherrschaft einen sogenannten Gebäudeenergieausweis erhalten, werden mit Förderbeiträgen des Bundes und der Kantone belohnt. Im Zentrum steht eine bessere Wärme-

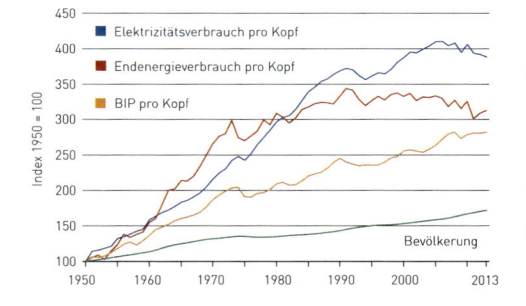

Abb. 11.30
Der Energieverbrauch ist seit den 1950er-Jahren deutlich angestiegen. Es zeigt sich jedoch in den letzten Jahren, dass die bisherigen Massnahmen trotz Bevölkerungswachstum zu einer Verminderung des Verbrauchs geführt haben.
Quelle: BFE, BFS, Umsetzung: BAFU

Energie

dämmung in der Gebäudehülle, sodass weniger Energie für die Beheizung eines Gebäudes aufgewendet werden muss. Es wird darauf geachtet, dass stromfressende elektrische Widerstandsheizungen und Ölheizungen durch umweltfreundlichere Systeme ersetzt werden.
- Industriebetriebe können sich von der CO_2-Abgabe befreien, wenn sie ihre Stromeffizienz verbessern und ihren CO_2-Ausstoss verringern.
- Die CO_2-Emissionsvorschriften für neue Personenwagen werden verschärft. Somit wird ein geringerer Verbrauch von fossilen Treibstoffen angestrebt.
- Für Elektrogeräte werden die bestehenden Effizienzvorschriften schrittweise verschärft.
- Die Speicherung von Strom ist eine der grossen Herausforderungen: Die Entwicklung von Energiespeichern wird durch verstärkte Forschung gefördert.

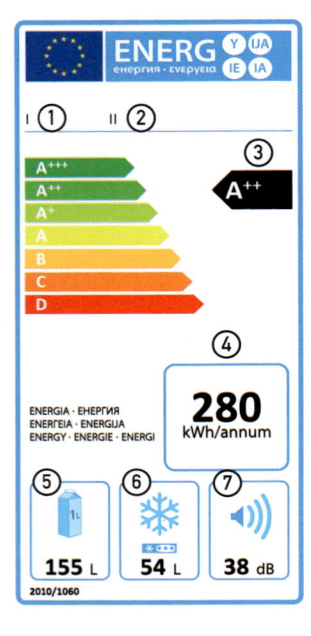

Abb. 11.31
Energieetikette für Kühl- und Gefriergeräte. Solche Geräte sind rund um die Uhr in Betrieb, weshalb ihr Stromverbrauch entsprechend ins Gewicht fällt. Laut Bundesamt für Energie (BFE) könnten über 1,2 Milliarden kWh Strom (rund 50 Prozent des derzeitigen Verbrauchs) eingespart werden, wenn alle 7 Millionen Kühlgeräte in der Schweiz die Effizienzklasse A+++ aufweisen würden.

Kernenergie

Anfang 2018 produzierten weltweit 447 Reaktoren rund 391 700 MW. Der Anteil der Kernenergie an der globalen Stromproduktion lag bei rund 11 Prozent. Von den derzeit 58 laufenden Neubauprojekten weltweit befinden sich 19 in China. In der Schweiz stammen rund 39 Prozent des Stroms aus den fünf Atomkraftwerken Beznau I und II, Mühleberg, Gösgen und Leibstadt.

In einem Atomkraftwerk können sehr grosse Mengen Strom an einem Ort hergestellt werden. Die Produktion kann jedoch kurzfristig schlecht reguliert werden, weshalb Atomkraftwerke rund um die Uhr immer die gleiche Strommenge (Bandenergie) produzieren.

Trotz Vorteilen birgt auch die Kernenergie Gefahren und gewichtige Nachteile: Während bei Normalbetrieb nur sehr kleine Mengen radioaktiven Materials aus dem Kernreaktor entweichen, kann das Versagen der Notkühlung zu einer Kernschmelze und im Extremfall zum Entweichen grosser Mengen radioaktiven Materials führen. Im Falle einer unkontrollierten Ausbreitung von radioaktivem Material spricht man von einem Super-GAU (grösster anzunehmender Unfall). Die freigesetzte Strahlung führt bei Lebewesen zu einer strahleninduzierten Mutation des Erbguts. Das Problem der Endlagerung der Spaltprodukte ist nicht gelöst. Die ausgebrannten Brennstäbe bleiben radioaktiv und müssen – sofern nicht wiederaufbereitbar – endgelagert werden. Sie sollen

11 Wirtschaft und Raum

so entsorgt werden, dass der dauernde Schutz von Mensch und Umwelt gewährleistet ist. Die Einlagerung in geologische Gesteinsschichten ist diesbezüglich nach heutigem Kenntnisstand die sicherste Lösung. Das Kernenergiegesetz der Schweiz schreibt deshalb als Entsorgungsweg die geologische Tiefenlagerung vor. Die Nationale Genossenschaft für die Lagerung radioaktiver Abfälle (Nagra) hat die Aufgabe, geeignete Standorte für mögliche Endlager zu ermitteln. Vorläufig werden die Abfälle in Würenlingen (AG) zwischengelagert oder exportiert.

AKW Mühleberg: Stilllegung und Rückbau

Im Jahr 2019 wird das Atomkraftwerk Mühleberg stillgelegt. Bis zum Jahr 2024 ist geplant, die Brennstäbe ins nationale Zwischenlager von Würenlingen zu transportieren. Bis ins Jahr 2031 sollen die radioaktiven Bestandteile des Kraftwerks abgebaut und Anlagenteile und Systeme dekontaminiert werden. Bei stark strahlendem Material werden Roboter zum Einsatz kommen. Was nicht dekontaminiert werden kann, kommt ebenfalls ins Zwischenlager und später in ein Tiefenlager. Bis 2034 soll der Rückbau abgeschlossen sein.

Abb. 11.32
Das Kernkraftwerk Mühleberg aus der Luft

11.7.3 Hydroenergie

Die Wasserkraft ist die bedeutendste erneuerbare Energieform für die Schweiz. Sie macht rund 58 Prozent (2013) der inländischen Stromproduktion aus. In der Schweiz finden sich drei Kraftwerktypen:

Speicherkraftwerke wandeln die Lageenergie des Wassers in Bewegungsenergie um und treiben damit eine Turbine an, die über einen Generator Strom produziert. Das Wasser erzeugt einen hohen Druck auf die Turbine, man spricht deshalb auch von **Hochdruckkraftwerken**. Die grösseren Niederschlagsmengen und die Schneeschmelze füllen den Speichersee im Sommer und ermöglichen im Winter – wenn der Stromverbrauch am höchsten ist – eine zeitlich versetzte Stromproduktion. Da Speicherkraftwerke sehr schnell an- und abgeschaltet werden können, werden sie hauptsächlich über Mittag und am Abend eingesetzt. Eine spezielle Form von Speicherkraftwer-

Energie

ken bilden die **Pumpspeicherkraftwerke.** Tagsüber wird Spitzenenergie produziert. Nachts und an Wochenenden, wenn die Stromnachfrage geringer ist und damit die Strompreise tiefer sind, wird aus einem Reservoir Wasser ins obere Staubecken gepumpt. Damit wird am nächsten Tag wieder teurer Strom produziert. Der Pumpvorgang benötigt zwar ca. 30% mehr Energie, als mit dem gepumpten Wasser schliesslich wieder erzeugt werden kann, dennoch ist diese Methode für das Elektrizitätswerk infolge des billigen Nacht- und Wochenendstroms finanziell rentabel.

Da für das Hochpumpen meist importierter Atom- und Kohlestrom eingesetzt wird, stehen Pumpspeicherkraftwerke in der Schweiz häufig in der Kritik. Unter diesem Gesichtspunkt betrachtet stellt sich die Frage, ob Pumpspeicherkraftwerke dazu verwendet werden könnten, mittels Wind- oder Sonnenkraftwerken produzierte Energie zu speichern: So könnte der überschüssige Strom bei starkem Sonnenschein bzw. guten Windverhältnissen dazu verwendet werden, Wasser in ein Staubecken hochzupumpen.

Mit viel Wasser, aber wenig Druck, dem Staudruck, erzeugen **Niederdruck-** oder **Laufkraftwerke** Strom. Sie stauen den Fluss um einige Meter und nutzen die Energie des ständig fliessenden Wassers. Je nach Wasserführung des Flusses variiert die Stromproduktion.

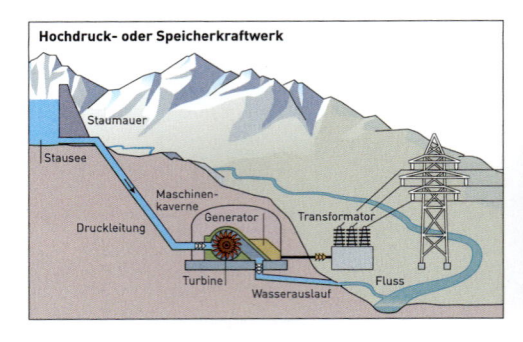

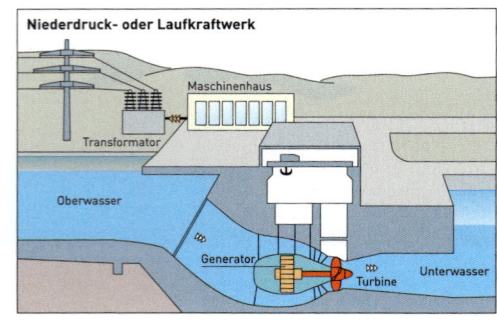

■ ☐ Abb. 11.33
Funktionsweise eines Hochdruck- oder Speicherkraftwerks

☐ ■ Abb. 11.34
Kraftwerk Grande Dixence (Kanton Wallis)

■ ☐ Abb. 11.35
Funktionsweise eines Pumpspeicherkraftwerks

☐ ■ Abb. 11.36
Funktionsweise eines Niederdruck- oder Laufkraftwerks

11.7.4 Weitere alternative Energieformen

Sollen eine Gesellschaft und ihre Wirtschaft nachhaltig wachsen, müssen sie den Verbrauch nicht erneuerbarer Energien reduzieren und vermehrt erneuerbare Energieformen nutzen. Ökonomisch betrachtet, ist davon auszugehen, dass dieser Wechsel durch einen Preismechanismus gesteuert wird. Eine Verknappung fossiler Brennstoffe wird unweigerlich zum Ansteigen der Preise führen, was zu einer abnehmenden Nachfrage und zur Verlagerung auf andere – jedoch nicht gezwungenermassen erneuerbare – Ressourcen führt. Alternative Energien sind kurzfristig als Ergänzung und erst längerfristig als Ersatz für fossile Energieträger zu betrachten. Dabei gibt es mehrere Möglichkeiten:

11 Wirtschaft und Raum

- Die Sonne als direkte Energiequelle nutzen: Die der Erde durch Sonneneinstrahlung zugeführte Energie pro Jahr ist zehntausendmal grösser als der globale jährliche Primärenergieverbrauch. Doch bestehen die technischen und wirtschaftlichen Mittel noch nicht, diese Energiequelle systematisch anstelle fossiler Energien zu nutzen. Es gibt jedoch schon heute Wohnhäuser oder Fabrikgebäude, die mittels Sonnenenergie mehr Energie (Gesamtenergie, also Strom und Wärme) produzieren, als sie verbrauchen. Die grosse Herausforderung besteht hauptsächlich darin, überschüssige Energie im Sommer vermehrt speichern zu können, damit in Zeiten geringer Sonneneinstrahlung kein Strom vom Netz bezogen werden muss.
- Energietechnisch moderne Häuser nutzen das Sonnenlicht doppelt. In **Sonnenkollektoren** werden die Sonnenstrahlen von einer schwarzen Fläche absorbiert und in Wärmeenergie umgewandelt. Das Gebäude kann so beheizt und mit Warmwasser versorgt werden. Eine **Photovoltaikanlage** (Solarzellen, Solarpanels) wandelt Sonnenlicht in elektrischen Strom um. Die Energie kann in einer Batterie gespeichert werden und liefert elektrische Energie für den täglichen Strombedarf oder sie wird dazu verwendet, eine Wärmepumpe zu betreiben.
- In grossen Sonnenwärmekraftwerken werden die Sonnenstrahlen im Brennpunkt von Parabolspiegeln gebündelt und mittels Dampfturbinen wird Strom produziert. Solche Anlagen sind vor allem dort sinnvoll, wo die jährliche Sonneneinstrahlung sehr hoch ist (z. B. Südeuropa, Nordafrika) und riesige Flächen an kaum nutzbarem Land vorhanden sind, sodass die meist grossflächigen Anlagen die Landschaft nur wenig beeinträchtigen.
- Die Sonne als indirekte Energiequelle nutzen: **Windenergie** und **Thermikkraftwerke** nutzen die mechanische Energie des Windes zur Erzeugung von elektrischem Strom. Windfarmen sind jedoch auf entsprechende klimatische Bedingungen angewiesen. Die grössten Windfarmen der Welt stehen in Kalifornien.

■ □ Abb. 11.37
Mont Soleil (Kanton Bern): grösstes Fotovoltaik-Kraftwerk der Schweiz

□ ■ Abb. 11.38
Windfarm in Palm Springs, Kalifornien

- Ähnlich wie Windenergiekraftwerke funktionieren Kraftwerke, welche die mechanische Energie des Wassers nutzen. Als Beispiel sind **Gezeitenkraftwerke, Meeresströmungskraftwerke** oder **Wellenkraftwerke** zu nennen, die zurzeit aber noch wenig effizient und teuer sind.

Die Erde als Energiequelle nutzen: Erdwärme **(Geothermie)** entsteht durch radioaktive Zerfallsprozesse im Innern der Erde. Diese Wärme steigt mit zunehmender Tiefe und kann sowohl für Kraftwerksanlagen als auch für einzelne Gebäude auf verschiedene Weise genutzt werden.

Biomasse als Energiequelle nutzen: Die durch die Fotosynthese in Pflanzen, Bioabfällen oder Exkrementen gespeicherte Energie kann durch Verbrennung oder Gärung zu Brenn- oder Treibstoff umgewandelt werden.

Auch die regenerierbaren Energieträger weisen Nachteile auf, zum Beispiel hohe Herstellungskosten, tiefer Wirkungsgrad, eventuell verwendete Schwermetalle in der Infrastruktur oder starke Eingriffe in die Landschaft.

11.8 Globalisierung

Der Begriff Globalisierung beschreibt die zunehmende internationale Verflechtung in den Bereichen Wirtschaft, Kultur, Kommunikation und Politik. Die Akteure können dabei sowohl Individuen als auch Institutionen, Unternehmungen oder Staaten sein.

Im engeren Sinne wird unter Globalisierung der Welthandel verstanden. Welthandel bedeutet eine weltweite wirtschaftliche Verflechtung mit umfassenden Warenströmen und mit Vereinheitlichung von Standards und Produkten. Möglich geworden ist dieser weltweite Waren- und Informationsaustausch durch immer effizientere Transport- und Informationssysteme (siehe Abschnitt 11.4, Abb. 11.17, Jeansherstellung). Die Hauptakteure sind heute sehr grosse Konzerne, die meist in vielen Ländern tätig sind. Bei transnational tätigen Unternehmungen handelt es sich auch um grosse Arbeitgeber mit wichtiger volkswirtschaftlicher Bedeutung. Grosskonzerne wählen für Produktionsstätten oder Firmensitze Standorte mit den für sie günstigsten Standortfaktoren. Die Unternehmungen wie auch die Wirtschaftsregionen und die Staaten stehen im Weltmarkt in starker Konkurrenz zueinander. Der permanente Kampf um Standortvorteile erweist sich als Motor der Globalisierung.

11.8.1 Ursprünge der Globalisierung

Als Beginn der Globalisierung kann die Kolonialisierung angesehen werden, die mit der Entdeckung Amerikas durch Kolumbus im Jahre 1492 ihren Anfang nahm. Aus den Kolonien wurden Naturprodukte und Agrargüter nach Europa gebracht, wo sie verarbeitet wurden. Zunächst spielten in diesem beginnenden und einseitig geprägten Welthandel Portugal und Spanien die Hauptrolle (siehe Abb. 11.39), später kamen Staaten wie Holland, England und Frankreich dazu.

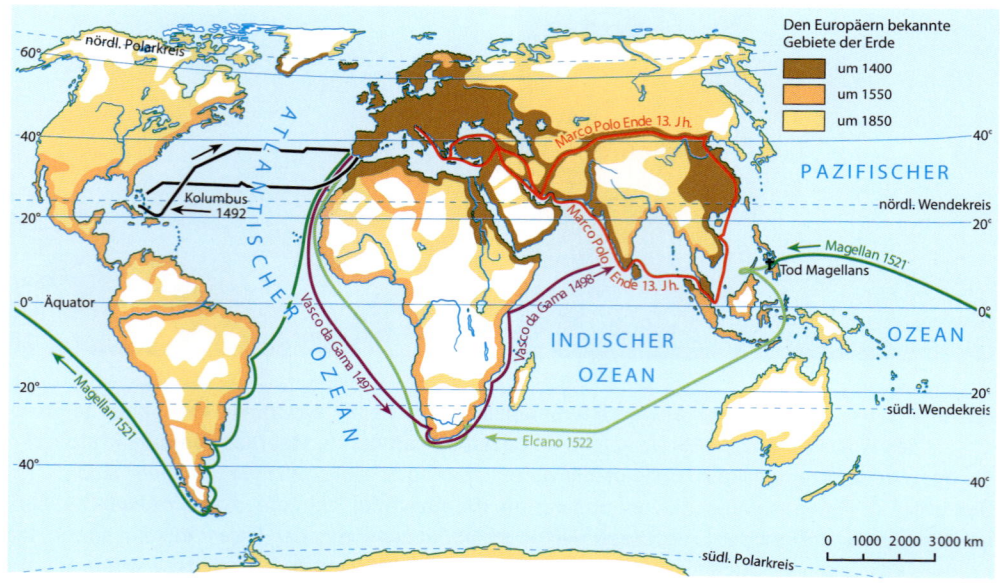

Abb. 11.39
Die Zeit von 1450 bis 1650 gilt als Zeitalter der grossen Entdeckungsfahrten.
In Europa war um 1450 nur ein Zehntel der Erdoberfläche bekannt, 1650 war es bereits mehr als die Hälfte. Afrika, Asien, Australien, Nordamerika und Südamerika sowie die unmittelbaren Verbindungen über die Weltmeere wurden entdeckt. Es wurden vor allem wirtschaftliche Ziele verfolgt: Die importierten Waren wie Edelmetalle, Elfenbein und Gewürze erzielten in Europa hohe Preise.

Im 17. und 18. Jahrhundert wurden die internationalen Beziehungen intensiviert. Die Industrialisierung in Westeuropa führte zu einem regen Seehandel, da zum Beispiel für die sich entwickelnde Textilindustrie Baumwolle in grossen Mengen aus einigen Kolonien importiert wurde. Die stark wachsende Bevölkerung in Europa verlangte nach immer mehr Nahrungsmitteln, die zum Teil aus den

11 Wirtschaft und Raum

Kolonien beschafft wurden. Die Landwirtschaft der kolonialisierten Länder wurde umstrukturiert, damit Exportprodukte angebaut werden konnten. In Europa war zu jener Zeit die Ansicht verbreitet, dass sich die Menschen in den eroberten Gebieten auf einer niedrigeren Entwicklungsstufe befänden das «überlegene» und «zivilisierte» Europa sie deshalb für seine Zwecke gebrauchen könne.

Westeuropa bildete die eigentliche Kernregion der Globalisierung. Die sich stark entwickelnden Gebiete wie Nordamerika, Süd- und Osteuropa und später Japan waren damals noch Übergangsgebiet zwischen dem **Zentrum** Westeuropa und den Randgebieten (der **Peripherie**), den aus europäischer Sicht noch kaum bekannten Gebieten der Welt.

Im 19. und 20. Jahrhundert stiegen die Handelsverflechtungen stark an, in Autos, LKWs, Schiffen und Flugzeugen konnten Distanzen schneller und leichter überwunden werden, was diesen Handel beschleunigte. Die Verfügbarkeit grösserer Mengen an Energie (vor allem Erdöl) war die Voraussetzung dafür. Die digitale Vernetzung ermöglicht es heute, dass die physische Distanz zwischen Handelspartnern oder politischen Entscheidungsträgern zum Austausch von Informationen und Wissen kaum noch eine Rolle spielt.

In der Zeit von 1950 bis 2011 ist das Volumen globaler Warenexporte real und relativ kontinuierlich um mehr als das 30-fache gestiegen. Die Abbildung 11.40 zeigt den globalen Warenverkehr 2011. In diesem Jahr wurden nach Angaben der Welthandelsorganisation (WTO) weltweit Waren im Wert von 18 217 Milliarden US-Dollar exportiert.

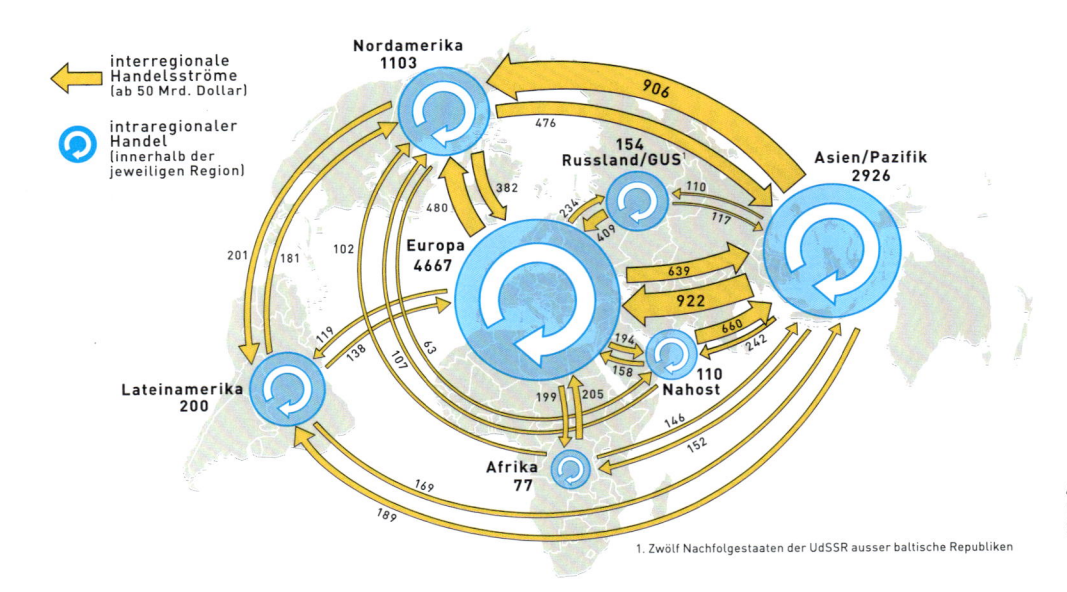

Abb. 11.40
Der globale Warenverkehr 2011 (Quelle: WTO)

1. Zwölf Nachfolgestaaten der UdSSR ausser baltische Republiken

Im 20. Jahrhundert wurden Institutionen gegründet und Rahmenbedingungen geschaffen, die den internationalen Handel und Austausch ermöglichen und dessen Regeln definieren. Die WTO, die den vollständigen Abbau internationaler Handelshemmnisse (z. B. Einfuhrzölle auf Waren) erreichen möchte, steht als Schrittmacher für die Globalisierung in der Wirtschaft. Diverse wirtschaftliche und politische Zusammenschlüsse in verschiedenen Grossregionen der Erde führten zu einer weiteren Internationalisierung des Handels, aber auch zu einer Annäherung in anderen Bereichen wie Politik und Kultur. Ein bedeutender Schritt in dieser Entwicklung ist die Gründung der Vereinten Nationen (UNO), welche die internationale Staatengemeinschaft verpflichtet, gemeinsame Grundsätze einzuhalten sowohl in wirtschaftlicher als auch auch in sozialer und ökologischer Sicht.

Globalisierung

11.8.2 Wie stark ist ein Land globalisiert?

An der Konjunkturforschungsstelle (KOF) der ETH Zürich wurde ein Index entwickelt, um den Grad der Globalisierung und dessen Veränderung zu messen. Es wurden 24 Indikatoren definiert und für 122 Länder der Erde für den Zeitraum von 1970 bis 2012 ermittelt. In die Messung der ökonomischen Globalisierung gehen etwa der Anteil ausländischer Direktinvestitionen am Bruttoinlandsprodukt, das Einkommen von im Ausland lebenden Staatsbürgern oder die Höhe von Steuern auf internationalen Handel ein. Zum sozialen Globalisierungsindex werden Indikatoren wie das Volumen des internationalen Telefonverkehrs, die Zahl der Internet-Benutzer oder die Zahl internationaler Touristen herangezogen. Die Dichte von Mc-Donalds-Restaurants und Ikea-Möbelhäusern gibt Auskunft über die Internationalisierung der Konsumgewohnheiten als Teil der sozialen Globalisierung. Der Grad politischer Globalisierung eines Landes wird bestimmt, indem die Anzahl ausländischer Botschaften, Mitgliedschaften des Landes in internationalen Organisationen und die Beteiligung an Missionen des UN-Sicherheitsrates in einem Indikator zusammengefasst werden. Nach dem KOF-Index 2012 ist Belgien mit knapp 93 Indexpunkten das am stärksten globalisierte Land weltweit, gefolgt von Irland und den Niederlanden. Die Schweiz steht auf Platz 10 mit rund 87 Punkten. Am wenigsten globalisiert sind Lesotho und Swaziland von den 166 in der Bewertung berücksichtigten Staaten. In Europa liegt der Balkanstaat Albanien ganz hinten – er erreicht nur Rang 78. Einige mittelosteuropäische Staaten haben gegenüber den westeuropäischen Industrienationen allerdings seit dem Fall des Eisernen Vorhangs rasch aufgeholt: Die Tschechische Republik rangierte auf Platz 13, die Slowakische Republik folgt auf Rang 19, Polen belegt den 25. Rang.

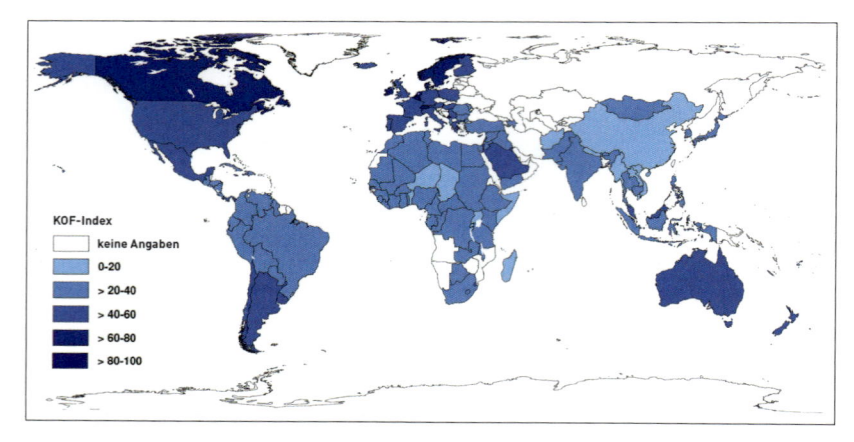

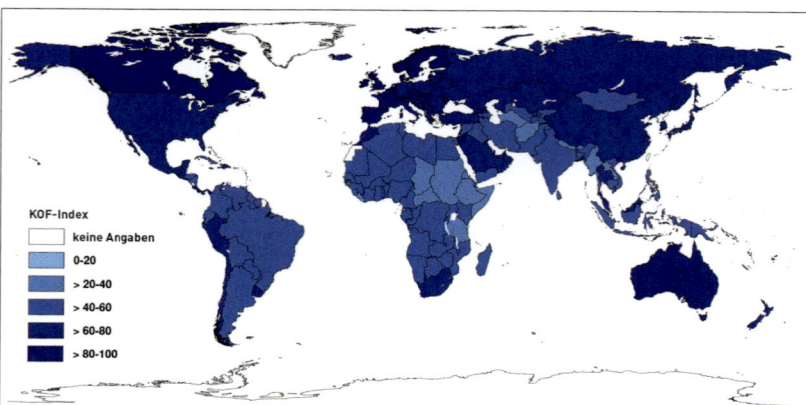

Abb. 11.41
Zunahme der Globalisierung zwischen 1970 (oben) und 2012 (unten).
Quelle: ETH Zürich

Zwischen 1970 und 2012 hat sich in allen Ländern der Grad der Globalisierung erhöht, am stärksten in Bangladesch. Auch wenn der südasiatische Staat noch immer einen vergleichsweise geringen Globalisierungsgrad aufweist, konnte er seinen Indexwert gegenüber 1970 mehr als verfünffachen. Auch Sri Lanka, China, Benin und Ägypten haben grosse Fortschritte gemacht, innerhalb Europas tat Rumänien den grössten Sprung nach vorn.

Weiterführende Literatur
BUNDESAMT FÜR LANDWIRTSCHAFT BLW: Agrarbericht 2014: www.blw.admin.ch/dokumentation, 5.2015.
BUNDESAMT FÜR STATISTIK (BFS), 2013: Die Bodennutzung in der Schweiz. Resultate der Arealstatistik. BFS, Neuenburg.
EISENHUT P., 1998: Aktuelle Volkswirtschaftslehre. Rüegger, Chur.
ERZNER F., 2002: Innovationsraum Ruhrgebiet. Cornelsen, Berlin.
GRESH A. ET AL., 2006: Atlas der Globalisierung. Die neuen Daten und Fakten zur Lage der Welt. Le Monde diplomatique, Berlin.
MÜLLER H., 2008: Freizeit und Tourismus. Eine Einführung in Theorie und Politik. Forschungsinstitut für Freizeit und Tourismus der Universität Bern, Bern.

12 Stadt

Hans-Rudolf Egli

Städte sind die vielfältigsten Raumgefüge, die Menschen geschaffen haben. Sie können aus unterschiedlichen Perspektiven betrachtet werden. Städte können einerseits als einzelne Siedlung untersucht werden. Dabei wird die Abgrenzung gegenüber dem Umland betrachtet, die innere Gliederung und die Entwicklungsphasen von der Stadtgründung bis zum heutigen Agglomerationsprozess. Für die Städte der verschiedenen Entwicklungsregionen der Welt wurden Stadtmodelle entwickelt. Andererseits werden Städtesysteme als regionale, nationale oder globale Netzwerke untersucht. Dabei geht es primär um die Beziehungen zwischen diesen Städten auf der regionalen, nationalen oder globalen Ebene. Im Zentrum der Stadtgeografie stehen die Determinanten der Stadtentwicklung und die Probleme der verschiedenen Stadttypen.

12.1 Stadtbegriffe

Der Begriff «Stadt» wird sowohl umgangssprachlich als auch wissenschaftlich verwendet. «Wir gehen in die Stadt» bedeutet in der Umgangssprache meistens, dass wir die Innenstadt besuchen, wer «bei der Stadt arbeitet» hat seinen Arbeitsplatz in der Stadtverwaltung. Auch wissenschaftlich lässt sich «die Stadt» weder im Rahmen der Stadtgeografie noch anderer Fachdisziplinen und erst recht nicht international oder global eindeutig definieren. Die regionalen Unterschiede sind gross und die Übergänge zwischen städtischen und ländlichen Siedlungen vielerorts fliessend. Allerdings können wir Städte nach vier verschiedenen Gesichtspunkten beschreiben: nach historischen, statistischen, formalen und funktionalen Merkmalen.

Abb. 12.1
Auf dem Luftbild von Solothurn ist der mittelalterliche Stadtkern beidseits der Aare noch deutlich zu erkennen.

Historischer Stadtbegriff

Historisch ist eine Stadt durch Sonderrechte gegenüber der Landschaft definiert. Die Bürger einer Stadt genossen gegenüber der Landbevölkerung besondere Rechte, wie das geflügelte Wort «Stadtluft macht frei» bezeugt. So wurde z. B. die Leibeigenschaft in den Städten schon früh aufgehoben. Die wichtigsten Sonderrechte der Städte waren das Markt- und das Befestigungsrecht. Zudem wurden Stadtrechtsurkunden von Königen oder anderen Feudalherren verfasst, die den Städten gegenüber lokalen Grundherren Unabhängigkeit und den Bürgern Rechte zusicherten. Weitere Merkmale der alten Städte sind die geschlossene Bauweise, der geplante und deshalb regelmässige Stadtgrundriss, die Konzentration von Gewerbe und Handel und die günstige Verkehrslage. Die Einwohnerzahl spielt beim historischen Stadtbegriff keine Rolle; es gab Städte mit weniger als 100 Einwohnern.

Die meisten historischen Städte in Mitteleuropa wurden im 13. oder 14. Jahrhundert gegründet (siehe Abb. 12.10). Oft ist die räumliche Stadtanlage aus der Gründungszeit auch heute noch im Stadtplan ersichtlich.

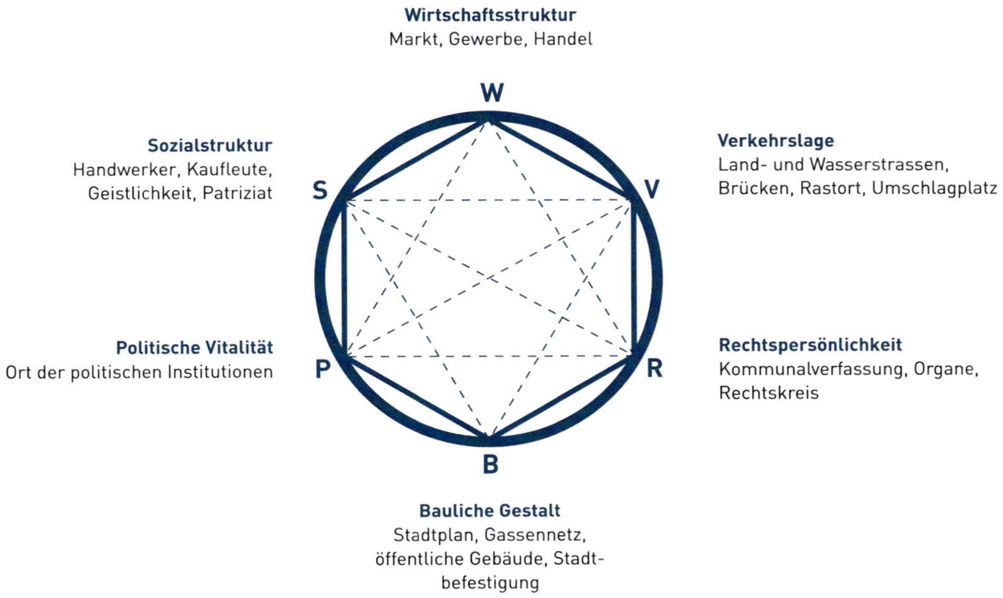

12 Stadt

Wirtschaftsstruktur
Markt, Gewerbe, Handel

Sozialstruktur
Handwerker, Kaufleute,
Geistlichkeit, Patriziat

Verkehrslage
Land- und Wasserstrassen,
Brücken, Rastort, Umschlagplatz

Politische Vitalität
Ort der politischen Institutionen

Rechtspersönlichkeit
Kommunalverfassung, Organe,
Rechtskreis

Bauliche Gestalt
Stadtplan, Gassennetz,
öffentliche Gebäude, Stadt-
befestigung

Abb. 12.2
Die sechs Merkmalsbereiche der historischen Stadt: In vielen Städten waren nicht alle Merkmale ausgeprägt, wichtig war das Zusammenspiel der verschiedenen Bereiche.

Statistischer Stadtbegriff
In der schweizerischen Statistik wird eine Gemeinde mit 10 000 oder mehr Einwohnern als Stadt bezeichnet. In Deutschland liegt die Grenze bei 2000 Einwohnern, in Japan bei 50 000. Dabei wird angenommen, dass ab einer bestimmten Einwohnerzahl auch die entsprechenden zentralen Einrichtungen sowie Industrie- und Dienstleistungsbetriebe vorhanden sind. Das muss aber nicht unbedingt so sein: Insbesondere Vororte grosser Städte zählen häufig viele Einwohner, sind aber weitgehend auf die Kernstadt ausgerichtet.

Formaler Stadtbegriff
Formal zeichnen sich Städte durch eine hohe Gebäude- und Strassendichte sowie eine grosse Flächenausdehnung aus. Grund- und Aufrissgestalt prägen sowohl historische als auch moderne Städte in starkem Masse. Viele Städte sind durch ihre einmalige Silhouette und durch ihre Grundrissgestalt eindeutig zu erkennen. Beide Merkmale sind Ausdruck vielfältiger Stadtgeschichten.

Funktionaler Stadtbegriff
Da in der Stadt nicht nur Güter und Dienstleistungen für die eigene Bevölkerung, sondern auch für das Umland angeboten werden, kann sie auch über ihre funktionale Bedeutung definiert werden. Man bezeichnet dies als Zentralität der Stadt, wobei zwischen wirtschaftlichen, sozialen, kulturellen und politischen Funktionen einer Stadt zu unterscheiden ist. Es gibt Städte, die in allen Funktionen von grosser Bedeutung sind, und andere, die beispielsweise nur Regierungs- und Verwaltungsstadt, Industriestadt, Bildungs- und Kulturstadt oder Finanzplatz sind.

Merkmale der Stadt
Keiner dieser vier Stadtbegriffe genügt jedoch, um die ausserordentliche Vielfalt und Komplexität der heutigen Städte eindeutig zu definieren. Man versucht deshalb, die Städte aufgrund ausgewählter Merkmale zu beschreiben und grenzt sie damit gegenüber nicht städtischen Siedlungen ab. Diese Merkmale sind:

Stadtbegriffe

- grössere Siedlung, hohe Einwohnerzahl,
- kompakter Siedlungskörper (geschlossene Bauweise, überwiegend mehrgeschossige Häuser, vor allem im Stadtkern),
- hohe Bevölkerungs- und Arbeitsplatzdichte,
- deutliche funktionale innere Gliederung: Geschäftszentrum, Wohnquartiere, Industrieareale, Verkehrsareale u. a.,
- differenzierte sozialräumliche Gliederung,
- die Erwerbstätigen arbeiten fast ausschliesslich im zweiten und dritten Sektor (Gewerbe, Industrie und Dienstleistungen),
- viele Menschen wohnen im Umland und pendeln täglich in die Stadt zur Arbeit,
- die Versorgungs- und Dienstleistungsfunktion der Stadt reicht weit über das Stadtgebiet hinaus,
- starke Umweltbelastung (u. a. durch Heizungen, Industrie und Verkehr), wodurch die Lebensqualität vielfach eingeschränkt ist.

Abb. 12.3 Stadtgrundrisse und Städtebauperioden in europäischen Städten (Quelle: Kross 1975; in Paesler, 2008)

Zusammenfassend kann festgehalten werden, dass es trotz der unendlichen Vielfalt der Städte grundlegende Merkmale gibt, die sie weltweit von ländlichen Siedlungen unterscheiden.

Typisierungs-kriterium Städtebau-epoche	Grundriss	Siedlungs-mittelpunkt	Verkehrswege	Wohnungen und Arbeitsstätten	Sonstige Bestim-mungsmerkmale
Mittelalter 10.–15. Jahrhundert	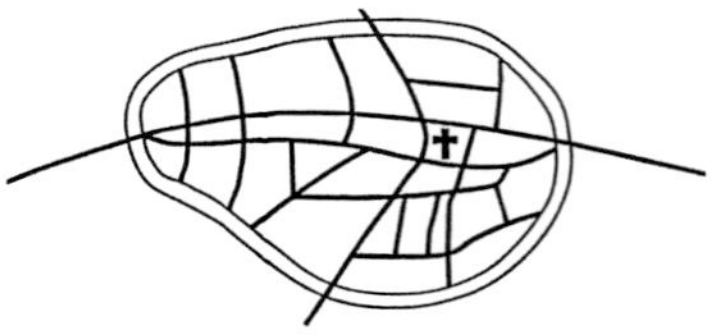	Pfarrkirche, Marktplatz, Rathaus	Handelsstrassen für Fuhrwerke Gassen für Trag-tiere oder Karren	Wohnung und Arbeitsplatz unter einem Dach	Mauer und Graben
Absolutismus, Barock 16.–18. Jahrhundert		Schloss	Alleen für Pferde-kutschen	Wohnung und Arbeitsplatz auf einem Grundstück Manufakturen	Festungsanlagen Schlosspark
Kapitalismus 19. Jahrhundert	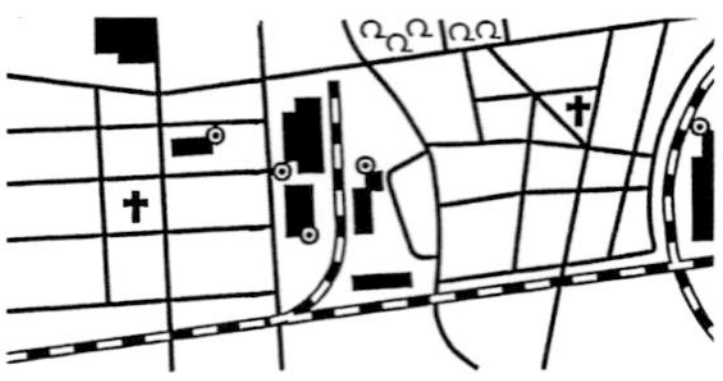	Fabrik (Gründerzeit ab 1871)	Eisenbahn (ab 1830)	Fabriken (mit Schornsteinen) und Mietskasernen innerhalb eines Strassenblocks, Villengebiete, Blockbebauung	Enge räumliche Verflechtung von Verkehrswegen, Wohnungen und Fabriken Stadtpark
20. Jahrhundert	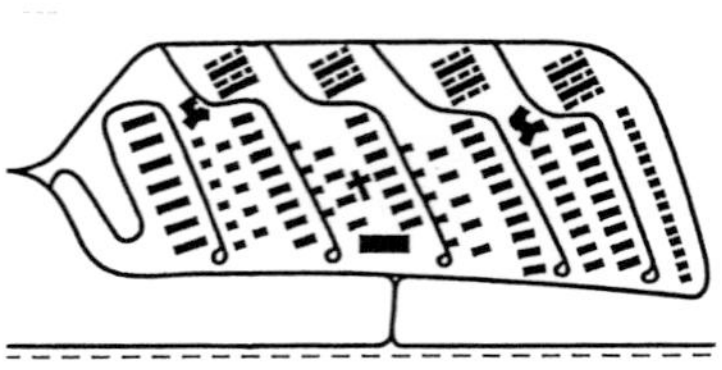	Einkaufszentrum	Gestuftes Strassennetz: Wohnstrassen und Schnellstrassen für Automobile	Wohnungen und Arbeitsstätten räumlich klar getrennt (Pendler-verkehr)	Nachbarschaften Grünflächen im Wohngebiet

12.2 Viertelbildung und innere Gliederung

Ein wichtiges Merkmal der meisten Städte ist ihre innere Differenzierung. Bereits die sehr geschlossen wirkenden mittelalterlichen Städte waren in Quartiere aufgeteilt. Es handelte sich dabei um politisch-administrative Einheiten, in denen die wehrfähigen Männer im Falle von kriegerischen Ereignissen je für die Verteidigung eines Viertels der Stadtmauer verantwortlich waren. Deshalb musste auch die Bevölkerung nach Vierteln registriert werden. Daraus wurde der Begriff **«Quartier»** als Stadtteil abgeleitet. Der Viertelbegriff geht allerdings schon auf die Antike zurück und erscheint erstmals in der ägyptischen Hieroglyphe für «Stadt», die entweder als Kreuz in einem Kreis oder in einem Rechteck dargestellt ist und die Gliederung der Stadt in vier Teile symbolisiert.

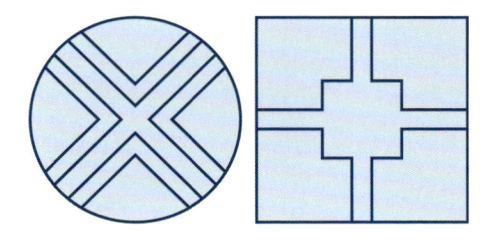

Abb. 12.4
Ägyptisches Symbol
für «Stadt» (nach
Lichtenberger, 2002)

Funktionale Stadtgliederung

Die **Flächen- und Gebäudenutzung** zählt zu den wichtigsten Merkmalen der inneren Differenzierung von Städten. Stadtgliederungen nach den jeweils vorherrschenden Nutzungen wie Wohnen, Gewerbe, Industrie, Geschäftsviertel, Parkanlagen, Verkehrsflächen usw. werden als funktionale Stadtgliederung bezeichnet.

Die Nutzungsart hängt einerseits eng mit der Stadtentwicklung zusammen, andererseits ist sie stark von der Erreichbarkeit der Standorte abhängig. So sind beispielsweise in der Nähe der Güterbahnhöfe die Industrie und um die Hauptbahnhöfe herum die Geschäftsviertel angesiedelt, während sich die Wohnquartiere vorwiegend in den Aussenquartieren befinden.

Im **Bodenrentenmodell** wird der Zusammenhang zwischen der besten Erreichbarkeit im Stadtzentrum und der Höhe der Bodenpreise und der Mieten grafisch dargestellt. Da Firmen und Haushalte unterschiedlich auf gute Erreichbarkeit angewiesen sind, trifft man nur diejenigen im Stadtzentrum an, die die höchsten Bodenpreise oder Mieten bezahlen können. Dies führt zu einer ringförmigen Anordnung der Nutzungen: Im Zentrum finden wir den Einzelhandel, dann folgen gegen aussen die kommerzielle Büronutzung und die Wohnnutzung, gefolgt von der Industrie und der Landwirtschaft. Aus der Mietpreiskarte von Zürich wird deutlich, dass die Mieten sehr stark vom Zentrum gegen den Stadtrand hin abnehmen. Es gibt

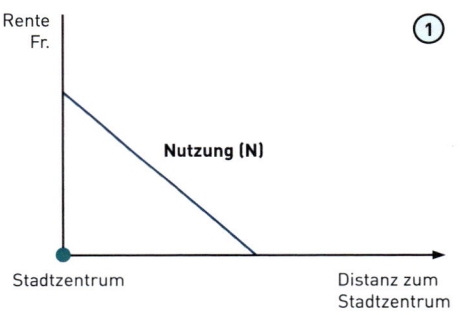

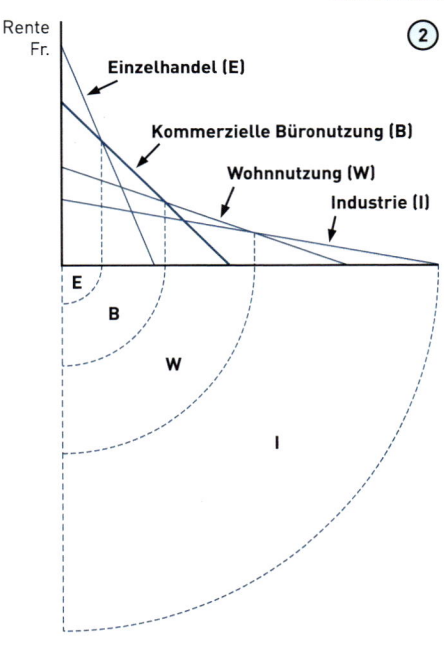

Abb. 12.5
Bodenrentenmodell

Viertelbildung und innere Gliederung

aber auch Quartierzentren mit höheren Preisen, wo sich um wichtige Plätze Nebengeschäftszentren entwickelt haben.

Kleinräumige Nutzungsunterschiede können bei einem Stadtrundgang sehr gut beobachtet werden: Die teuren Geschäfte mit Luxusgütern sind auf eine einzige oder auf einige wenige Strassen konzentriert, das Geschäftszentrum liegt in der Regel in unmittelbarer Nähe des Hauptbahnhofs, insbesondere wenn dort auch alle Bus- und Tramlinien zusammenlaufen. Meistens sind bereits wenige Strassenzüge vom Zentrum entfernt nur noch kleine Geschäfte, Büros und Praxen zu finden, in den oberen Geschossen der Gebäude häufig auch Wohnungen. Die räumliche Trennung der Grunddaseinsfunktionen «wohnen», «arbeiten», «sich versorgen», «sich bilden» und «sich erholen» führt zu hoher Verkehrsbelastung.

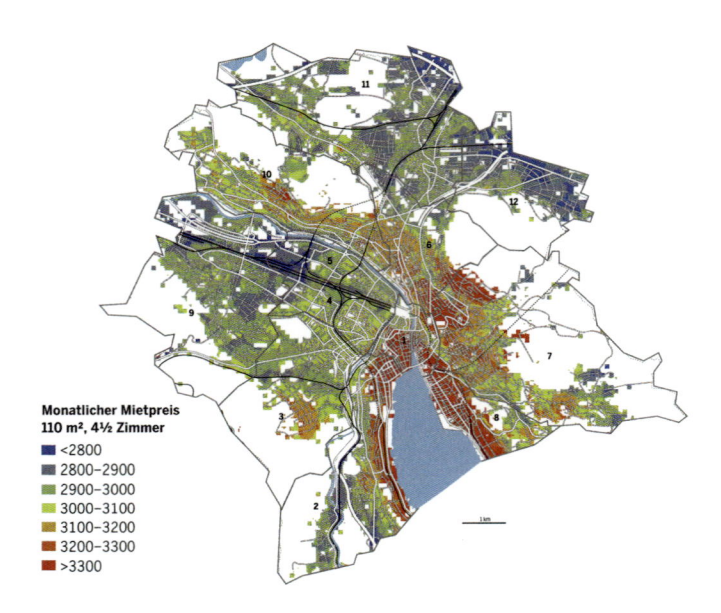

Abb. 12.6
Mietpreise in Zürich
in Franken
(Tagesanzeiger 2014)

Sozialräumliche Stadtgliederung

Die sehr unterschiedlichen Wohnlagen und Erreichbarkeiten innerhalb einer Stadt haben auch eine sozialräumliche Gliederung zur Folge. Das Ausmass der ungleichen Verteilung der Bevölkerungsgruppen wird Segregation genannt, wobei zwischen drei Formen unterschieden wird: der sozialen, der demografischen und der ethnischen **Segregation.**

Zählungen und Beobachtungen zeigen, dass die **sozialen Gruppen** in vielen Städten räumlich konzentriert in Sektoren vom Zentrum gegen den Stadtrand hin wohnen. Die Wohnquartiere der Unterschicht liegen oft in der Nähe der Industriezonen, und diese befinden sich wiederum entlang der Eisenbahnlinien. Entlang der lärmbelasteten Einfallsstrassen sind die Wohnungsmieten tiefer, was zur Folge hat, dass sie mehrheitlich von finanziell schwächeren Bevölkerungsschichten bewohnt werden. Umgekehrt meiden die wohlhabenderen Schichten diese Wohnsektoren und siedeln sich in den dazwischenliegenden Quartieren oder an bevorzugten Wohnlagen an.

Die **demografische Segregation,** d. h. die Entmischung nach Altersgruppen, erfolgt eher ringförmig um das Stadtzentrum herum und hängt vor allem vom Wohnungsangebot und vom unmittelbaren Wohnumfeld ab. Im Zentrum wohnen vorwiegend jüngere Leute in Ein- oder Zweipersonenhaushalten, in den traditionellen Stadtquartieren zunehmend ältere Menschen. Familien mit Kindern ziehen wenn möglich an den Stadtrand oder in die Umlandgemeinden. Die räumliche Entmischung von **ethnischen Gruppen,** die sich oft auch sprachlich oder konfessionell von der ursprünglichen Stadtbevölkerung unterscheiden, weist häufig ein Mehrkernemuster auf. Die Ursache liegt unter anderem darin, dass einwandernde Menschen in die Nähe von Verwandten oder Bekannten ziehen und dass eigene Dienstleistungszentren mit Schulen und Kirchen aufgebaut und eigene Geschäfte gegründet werden.

In den europäischen Städten wird mit politischen, rechtlichen und finanziellen Massnahmen versucht, der sozialen, demografischen und ethnischen Segregation entgegenzuwirken. Ein **Ghetto** ist ein Stadtviertel, das durch erzwungene oder freiwillige Absonderung nur von Angehörigen einer bestimmten Bevölkerungsgruppe bewohnt ist. Entstanden sind diese Viertel häufig im Zuge einer ethnischen Segregation oder als Folge von sozialem Auf- oder Abstieg. Ursprünglich bezeichnet der Begriff Ghetto die behördlich erzwungenen und räumlich beschränkten jüdischen Wohnviertel, die von aussen abgeriegelt wurden und mit nächtlichen Ausgehverboten belegt waren.

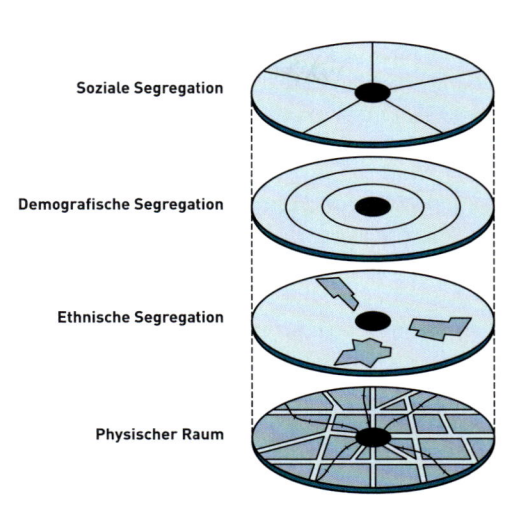

Abb. 12.7 Segregationsarten und Raummuster

In der räumlichen Gliederung sind die sozialökologischen Modelle zu erkennen, die für die US-amerikanischen Städte entwickelt wurden: das **Sektorenmodell**, das **Ringmodell** sowie das **Mehrkernemodell**. In den europäischen Städten überlagern sich die drei Gliederungsprinzipien, sowohl bei der sozialen Differenzierung wie bei der Grundrissgestalt, weil der Entwicklungszeitraum viel länger und die Determinanten vielfältiger sind als in den amerikanischen Städten (vgl. Abschnitt 12.5.1, Modell der europäischen Stadt).

Wahrnehmungsräume städtischer Strukturen

Jeder Mensch nimmt die räumliche Umwelt subjektiv wahr und bewegt sich unterschiedlich im Raum. Daraus entstehen für jeden Menschen eigene Raumbilder. Diese hängen einerseits von den persönlichen Bedürfnissen und Bedeutungen ab. So kennen zum Beispiel Kinder das eigene Wohnquartier, die Schulumgebung und das Gebiet entlang des Schulweges besonders gut, Erwerbstätige dagegen nehmen den Wohn- und den Arbeitsort, den Arbeitsweg sowie die Einkaufs- und Freizeitorte intensiv wahr. Andererseits hängen die **Wahrnehmungsräume** aber auch von den finanziellen Möglichkeiten und der Mobilität ab. Wer sich keine teuren Güter leisten kann, kennt wahrscheinlich die Strassen mit den Luxusgeschäften nicht, und wer über kein Auto verfügt, kennt vorwiegend Standorte und Quartiere, die zu Fuss, mit dem Fahrrad oder mit öffentlichen Verkehrsmitteln erreichbar sind. Einzelne randständige Gruppen halten sich auch in der Nähe der Luxusgeschäfte auf.

12.3 Stadtgründung – Stadterweiterung – Stadterneuerung – Stadtverfall

Neben der Gründung einer Stadt sind die Erweiterung, der Umbau und der Verfall wichtige Prozesse der Stadtentwicklung. Die drei Teilprozesse sind einerseits abhängig von der wirtschaftlichen und soziodemografischen Entwicklung, andererseits von den technischen Möglichkeiten und der bestehenden Bausubstanz, die der Erneuerung und dem Verfall mehr oder weniger Widerstand entgegensetzt. Stadterweiterung, Stadtverfall und Stadterneuerung sind drei Prozesse, die eng

Stadtgründung – Stadterweiterung – Stadterneuerung – Stadtverfall

miteinander verbunden sind. Die grossflächige Erweiterung einer Stadt hat vielfach gleichzeitig die Vernachlässigung der älteren Quartiere zur Folge. Wenn die Stadterweiterung nicht mehr möglich oder nicht mehr erwünscht ist, aber weiterhin Bedarf nach neuen Gebäuden und Infrastruktureinrichtungen besteht, findet die Entwicklung nach innen und damit eine Erneuerung statt.

12.3.1 Stadtgründungen und Gründungsstädte

Seit der Antike werden neue Städte aus politischen, gesellschaftlichen, wirtschaftlichen oder kulturellen Gründen geplant und gebaut. In der Grundrissform, in den Gebäuden und in der räumlichen Organisation der Funktionen steckt vielfach eine hohe Symbolik, die noch heute im Stadtbild abgelesen werden kann und bei uns Erstaunen und Bewunderung hervorrufen kann.

Die **römischen Städte** haben ihren Ursprung in der **griechischen Polis.** Im 5. Jahrhundert v. Chr. hatte Hippodamos die Stadt Milet mit einem regelmässigen Rastergrundriss und der Zuweisung von Handel, öffentlichen Gebäuden und religiösen Einrichtungen zu bestimmten Bereichen geplant. Die Stadt war von einer Mauer umgeben. Eine Vielzahl von Städten des Römischen Reiches wurden bis ins 4. Jahrhundert n. Chr. mit einem orthogonalen Grundriss erbaut, wie in Aventicum/ Avenches mit einer von Nordost nach Südwest verlaufenden Hauptachse, dem Cardo maximus, und einer von Nordwest nach Südost verlaufenden Hauptachse, dem Decumanus maximus.

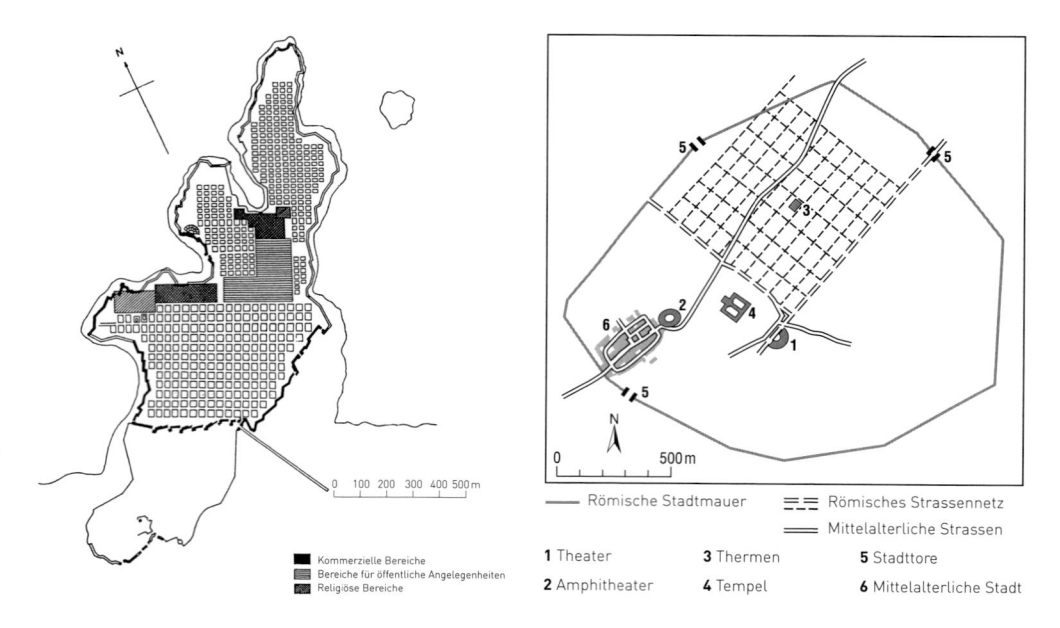

■ □ Abb. 12.8
Plan von Milet aus dem
5. Jahrhundert v. Chr.
(Quelle: Lichtenberger, 2002)

□ ■ Abb. 12.9
Grundriss der römischen
Stadt Aventicum (geo-
metrisches Strassenraster)
und der mittelalterlichen
Stadt Avenches.

Kommerzielle Bereiche
Bereiche für öffentliche Angelegenheiten
Religiöse Bereiche

— Römische Stadtmauer   ═══ Römisches Strassennetz
                        ═══ Mittelalterliche Strassen

1 Theater   **3** Thermen   **5** Stadttore
2 Amphitheater   **4** Tempel   **6** Mittelalterliche Stadt

Das Mittelalter ist in Europa eine eigentliche **Stadtgründungsperiode.** Die Neubildung der europäischen Stadt vollzog sich auf der Grundlage des Feudalsystems: Aus dem Zusammenschluss von politisch-herrschaftlicher Funktion und der Marktfunktion entstanden vom 12. bis ins 14. Jahrhundert die meisten der heute noch existierenden historischen Städte. Sie wurden in Anlehnung an eine bestehende Burg, unabhängig bestehender Siedlungskerne oder durch die Verleihung des Stadtrechts an eine ländliche Siedlung gegründet. Die meisten Planstädte weisen ein orthogonales Strassennetz auf, häufig mit einem oder mehreren zentralen Plätzen, an denen die Kirchenbauten dominierten.

Sehr wichtig für die Menschen und das Gewerbe in der Stadt waren die Wasserversorgung und die Abwasserentsorgung. Die Städte wurden in geschützter Lage – auf einem Hügel, in einer Flussschleife oder in einer Flussgabelung – und oft in der Nähe von wichtigen Verkehrswegen gebaut.

12 Stadt

Seit dem 16. Jahrhundert wurden **Festungsstädte** mit idealen Grundrissen und grossflächigen Bastionen gebaut. Noch weitgehend erhaltene Festungsstädte sind zum Beispiel Neuf-Brisach (1699) im Elsass, Palmanova (1593) in Oberitalien und Naarden (1675) in den Niederlanden.

Mit dem neuen politischen System des Absolutismus, mit dem die Fürsten und Könige in Europa die Macht des Staates verstärkten und zentralisierten, wurden im 17. und 18. Jahrhundert neue **Residenzstädte** als Manifestation der politischen und militärischen Zentralmacht gegründet. Im Zentrum stand nun die Residenz, das Schloss. Beispiele solcher Stadtgründungen sind Karlsruhe (1715), Versailles in Frankreich (Königsschloss ab 1661) und Sankt-Petersburg in Russland (1703). In der Schweiz wurden seit dem 17. Jahrhundert viele Städte mit Festungsanlagen ergänzt, es wurden jedoch keine neuen Städte gegründet.

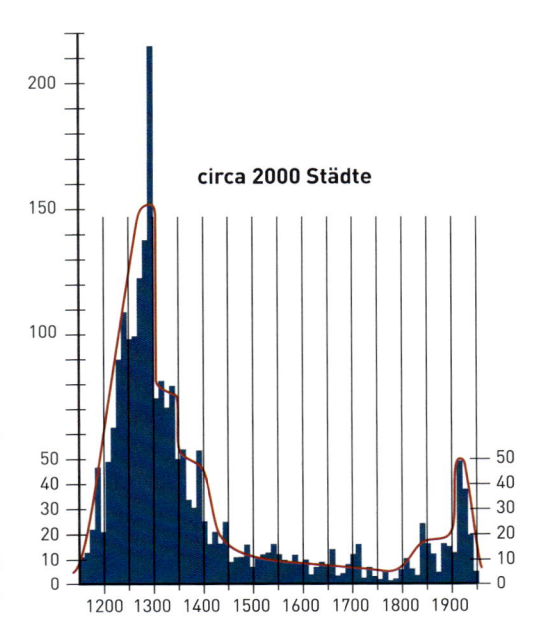

Abb. 12.10
Stadtgründungsphasen in Mitteleuropa

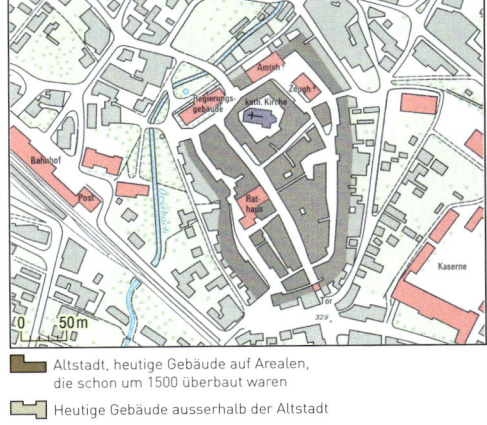

Abb. 12.11
Die mittelalterliche Gründungsstadt Liestal (Kanton Basel-Land) (Quelle: Atlas der Schweiz, 1970)

Abb. 12.12
Luftbild der Festungsstadt Palmanova, gegründet 1593

Als Reaktion auf das chaotische Wachstum vieler Industriestädte, das vielerorts zu katastrophalen Wohnverhältnissen führte, entwickelte der Engländer Ebenezer Howard am Ende des 19. Jahrhunderts die Idee der **Gartenstadt.** Mit einer Zentralstadt für 58 000 Einwohner und sechs Gartenstädten für je 32 000 Einwohner wollte er menschliche, überschaubare und geordnete Städte entwickeln, um damit die Vorteile der Stadt mit den Vorteilen des ländlichen Raumes zu verbinden. In jeder Gartenstadt sollten genügend Arbeitsplätze, Geschäfte, Schulen und Freizeiteinrichtungen vorhanden sein, sodass sie unabhängig von übergeordneten Zentren funktionieren konnte. Realisiert wurden jedoch nur die beiden Städte Letchworth und Welwyn Garden City in England. In vielen Städten Europas entstanden jedoch Gartenstadtquartiere, in denen die Ideen Howards aufgenommen wurden. Es sind aber fast ausschliesslich Wohnquartiere.

Stadtgründung – Stadterweiterung – Stadterneuerung – Stadtverfall

Zur Entlastung der im 20. Jahrhundert kaum mehr planbaren und steuerbaren Millionenstadt London wurde nach dem Zweiten Weltkrieg das Konzept der **New Towns** entwickelt. In der äusseren Zone der Metropolitanregion wurden neun Städte mit je mindestens 70 000 Einwohnern gebaut, in denen alle Grunddaseinsfunktionen vorhanden sind, damit die Leute weder zur Arbeit noch zum Einkaufen oder in der Freizeit nach London fahren müssen. Insgesamt wurden ab 1946 in Grossbritannien 28 New Towns gegründet, in denen heute insgesamt rund 2,2 Mio. Menschen wohnen. Frankreich nahm dieses Konzept ebenfalls auf und gründete neun **Villes nouvelles,** fünf davon im Grossraum Paris. In den Niederlanden wurde 1967 Lelystad als neue Provinzstadt im südlichen Flevolandpolder gegründet. Erfolgreicher entwickelte sich jedoch die ab 1969 erbaute Stadt Almere, rund 20 km östlich von Amsterdam gelegen.

Da, wo heute die Stadt Almere liegt, war vor 60 Jahren noch Meer. Erst mit der Trockenlegung des Süd-Flevoland-Polders in der Zuidersee war der Standort für die «neue Stadt» geschaffen worden, die 2018 bereits 206 000 Einwohner zählt und bis auf etwa 250 000 Einwohner anwachsen soll.

Nachdem bereits ab 1946 rund um London 20 neue Städte gegründet worden waren, um die Metropole vom Bevölkerungs- und Wirtschaftsdruck zu entlasten, wurde 1961 Almere als Entlastungsstadt für Amsterdam im zukünftigen Polder geplant. Da genügend Land zur Verfügung stand, wurde Almere dezentral mit mehreren Stadtkernen gebaut: Almere-Stad, Almere-Haven, Almere-Buiten, Almere-Hout und Almere-Poort, das sich noch im Bau befindet. Für den sechsten Stadtteil, Almere-Pampus, bestehen erst Entwürfe. Jeder dieser Stadtteile hat seinen eigenen Charakter. Mit Ausnahme des Zentrums in Almere-Stad besteht die Siedlung vorwiegend aus ein- bis viergeschossigen Häusern mit Gärten, 90 Prozent aller Gebäude sind zweigeschossige Einfamilienhäuser. Auch die Verkehrsflächen sind sehr grosszügig, da für den öffentlichen Verkehr, für den privaten Autoverkehr und für die Fahrräder je eigene Strassen realisiert wurden. Die ganze Stadt ist vom Ijsselmeer umgeben. Zwischen den Stadtteilen liegt ein künstlicher See.

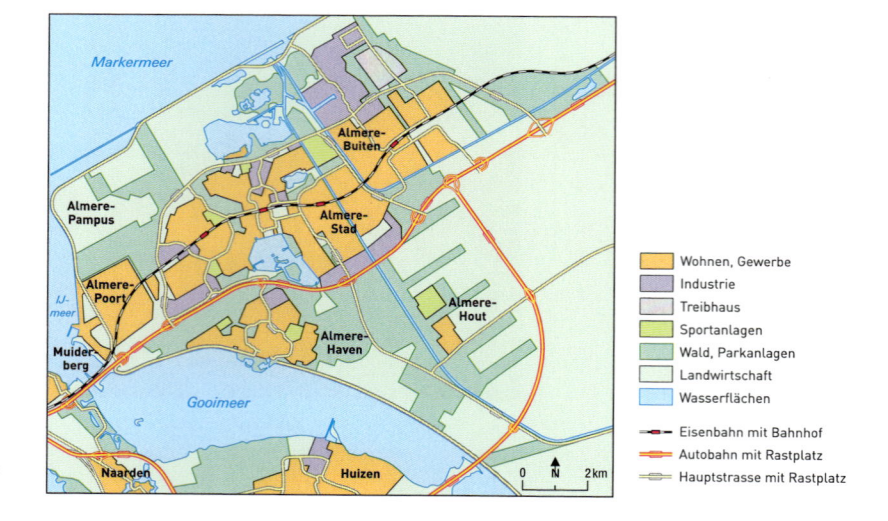

Abb. 12.13
Stadtteile und funktionale Gliederung der neuen Stadt Almere im Jahr 2008

Da die Stadt als selbstständige Siedlung und nicht als Vorort von Amsterdam konzipiert wurde, verfügt sie über Geschäfte, Schulen, Freizeit- und Erholungseinrichtungen sowie über grosse Industrie- und Gewerbeflächen am Stadtrand. Es stehen in Almere folglich auch Arbeitsplätze zur Verfügung. Im Jahr 2018 waren es etwa 80 000, was noch nicht für alle Erwerbstätigen genügte, sodass rund 50 Prozent ausserhalb von Almere arbeiteten. Um diese Situation nachhaltig zu verbessern, sollen in Almere-Poort nach der Fertigstellung mehr Menschen arbeiten als wohnen.

Neben den ausgezeichneten Freizeit- und Erholungsgebieten innerhalb und ausserhalb der Stadt gibt es auch Theater, Konzerte, Kinos, Discos usw. Allerdings ist Amsterdam so gut erreichbar, dass trotzdem viele Almere-Bewohner in der Freizeit in die Hauptstadt fahren.

Almere ist eine ausserordentliche Chance, eine Stadt für die heutigen Bedürfnisse zu planen und zu bauen, ohne auf bestehende Strukturen Rücksicht nehmen zu müssen. Allerdings entsprechen die heutigen Bedürfnisse bereits vielfach nicht mehr denjenigen der ersten Planungszeit in den 1960er-Jahren. Da aber die heutigen Bedürfnisse auch denjenigen in 20 oder 30 Jahren nicht mehr entsprechen werden, muss flexibel geplant werden: Die Stadt kann nicht als ideales, fertiges Bauwerk errichtet werden, wie das ursprünglich die Auffassung der Planer war.

Entscheidend für die weitere Entwicklung dieser Stadt wird sein, ob Almere sich als selbstständige Stadt wird behaupten können oder ob sie sich immer mehr zur Satellitenstadt von Amsterdam entwickeln und damit immer stärker von dieser abhängig werden wird. Almere wäre dann eine grosse Schlafstadt mit ausgezeichnetem Wohnumfeld inmitten schöner Erholungsgebiete.

Die «neue Stadt» ist ein Experiment, das noch lange nicht abgeschlossen ist!

12.3.2 Stadterweiterung

In der Entwicklung der einzelnen Stadt können **Wachstums-**, **Stagnations-** und **Rückbildungsphasen** unterschieden werden. Wirtschaftliche, soziodemografische, politische oder kulturelle Ursachen stehen häufig am Anfang einer neuen Phase, vielfach sind es auch grundlegende technische Entwicklungen, wie beispielsweise der Bau der Eisenbahnen, die Entwicklung des Stahlskelettbaus als Voraussetzung für den Bau von Hochhäusern oder die Entwicklung des Automobils.

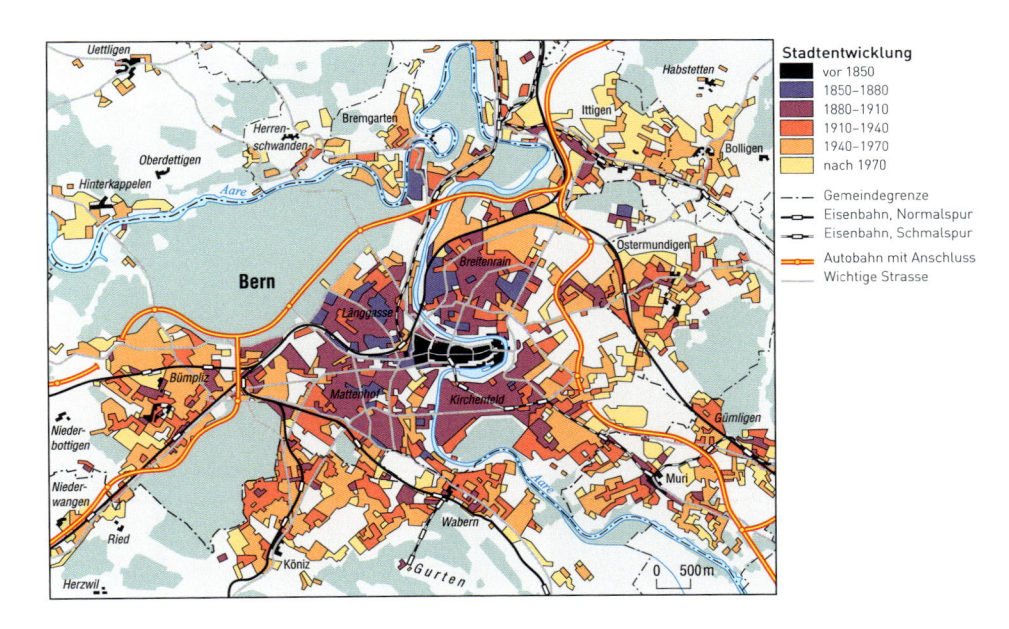

Abb. 12.14
Flächenwachstum Stadt Bern

Bis zur Aufhebung der Sonderrechte der Städte zu Beginn des 19. Jahrhunderts konnten diese nur sehr beschränkt wachsen. Stadterweiterungen mussten von der Herrschaft bewilligt werden. Bereits im Mittelalter wurden einzelne Gebäude wie Siechenhäuser, stinkende Gerbereien oder feuergefährliche Schmieden nur ausserhalb der Stadtmauern bewilligt, flächenhafte Erweiterungen erfolgten nach dem gleichen Strassenraster wie dem der Gründungsstadt.

Zur Zeit des Absolutismus wurden zahlreiche Städte mit grossen **Festungsanlagen** ergänzt, da die mittelalterlichen Stadtmauern nur noch ungenügenden Schutz boten. Die neuen Schanzen-

Stadtgründung – Stadterweiterung – Stadterneuerung – Stadtverfall

anlagen schränkten jedoch die bauliche Stadterweiterung bis ins 19. Jahrhundert stark ein. Mit der Aufhebung der Rechtsunterschiede zwischen Stadt und Land zu Beginn des 19. Jahrhunderts wurde die wichtigste Voraussetzung für die grösste Stadterweiterungsphase geschaffen. Mit der **Industrialisierung** wurden die Arbeitsplätze in den Städten konzentriert, die Arbeitskräfte – und damit ein Grossteil der Bevölkerung – mussten ebenfalls in die Städte oder die unmittelbare Umgebung ziehen. Die Eisenbahn förderte ab etwa 1850 den Verstädterungsprozess sehr stark, der Bau der Tram- und der Buslinien ermöglichte und förderte ab etwa 1890 die Stadterweiterungen.
Mit der rasanten Verbreitung des Autos dezentralisierte sich nach dem Zweiten Weltkrieg zuerst die Wohnbevölkerung ins Umland (Bevölkerungssuburbanisierung), dann folgte ein Teil der Industriebetriebe und schliesslich verlagerten sich auch Teile des Dienstleistungssektors wie zum Beispiel Einkaufszentren, Lager- und Verteilzentren, Fachmärkte und Freizeitanlagen, die häufig in der Nähe der Autobahnausfahrten gebaut wurden.

12.3.3 Stadtverfall

Zur Stadtentwicklung gehört auch der **Stadtverfall.** Ruinenstädte kennen wir vor allem aus der Antike. So bewundern wir von Ephesus an der Westküste der heutigen Türkei, einer der bedeutendsten Städte des Römischen Reiches mit weit über 100 000 Einwohnern, heute nur noch Relikte einst grossartiger Bauwerke. Auch die Städte der mittelamerikanischen Hochkulturen mit teilweise über 10 000 Einwohnern sind nur noch Ruinen im tropischen Regenwald. In Mitteleuropa wurden keine grossen Städte aufgelassen, zahlreiche nicht überlebensfähige Kleinstädte verloren jedoch ihre Stadtfunktion wieder oder verschwanden vollständig.

■ ☐ Abb. 12.15
Ruinenstadt Mystras
bei Sparta, Griechenland

☐ ■ Abb. 12.16
Stadtverfall in
Leipzig-Südstadt

Der Verfall von Gebäuden, einzelnen Quartieren oder ganzen Stadtteilen ist auch in Europa ein weitverbreitetes Phänomen. Im Unterschied zu historischen Stadtzerfallsphasen ist der Zerfall von Innenstädten nicht nur eine Folge der Auflösung politischer Systeme oder von Wirtschaftskrisen, sondern mehr noch eine Folge politischer Stabilität und wirtschaftlicher Prosperität breiter Bevölkerungsschichten. Die grösstenteils wirtschaftskräftigere und mobilere Gesellschaft kann es sich leisten, sich von historischen Besitzstrukturen zu lösen, historische Leitbilder aufzugeben und schliesslich die Stadt zu verlassen.

Die «Unüberschaubarkeit» und «Unwirtlichkeit» der grossen Städte hat selbst bei Politikern häufig den Rückzug auf eine «anti-urbane Haltung» ausgelöst. Zudem stand bis vor wenigen Jahren «das Land», d. h. die nationalen Peripherien, als Problemregion im Vordergrund, von den innerstädtischen Peripherien – und städtische Zerfallsquartiere sind dies zweifellos – sprach kaum jemand. Wenn wir uns mit dem Verfall von Quartieren beschäftigen, dann wird der Begriff **«urban blight»** verwendet, was ursprünglich Pilzbefall bedeutete und sich auf einzelne Objekte, Wohnbauten, Industriebauten usw. beschränkte. Die Blight-Phänomene wurden als Folge des «natürlichen Alterungsprozesses» der Bauten und Anlagen, als wirtschaftliche Folge der abnehmenden Nachfrage nach bestimmten Gebäudetypen, als Folge von Umweltbelastungen oder als soziale Erscheinung erklärt, indem diskriminierte oder einkommensschwache Bevölkerungsgruppen in zerfallende Gebäude einziehen. Blight-Phänomene können aber auch die Folge aktiver Zerstörung durch Kriege oder eines politischen Programms sein, das bestimmte Bauten oder sogar ganze Stadtteile bewusst zerfallen lässt.

12.3.4 Stadterneuerung

Historisch sind **Stadterneuerungen** fast gleich alt wie die Städte selbst, weil sich Städte immer im Wandel befanden und deshalb Gebäude, Plätze, Strassen usw. verändert oder ersetzt werden mussten. Dazu kamen Brandkatastrophen oder Kriegsereignisse. Andere Ursachen grundlegender Stadtumbauten oder -erneuerungen waren repräsentative Bauten, Plätze, Strassen oder neue militärische Funktionen sowie politisch-wirtschaftliche Gründe, die zu neuen Verkehrsanlagen, Wirtschaftsarealen oder bestimmten Wohnquartiertypen führten.

Das enorme Städtewachstum im 19. Jahrhundert hatte einen grundlegenden **Funktionswandel** der historischen Innenstädte zur Folge: Sie wurden zu Dienstleistungszentren umgebaut. Die Altstadtgebäude wurden durch Geschäftshäuser ersetzt: Warenhäuser, Banken, Versicherungen usw. Das grossartigste Beispiel einer Stadterneuerung realisierte Georges-Eugène Haussmann als Präfekt in **Paris.** Von 1853 bis 1870 legte er ein rund 100 Kilometer langes Netz breiter Boulevards über die Stadt. Dafür wurden selbst im historischen Stadtkern flächenhafte Abbrüche vorgenommen. Mit diesen Boulevards, die noch heute die Stadt Paris prägen, wurden die Verkehrsverhältnisse verbessert, Wasser-, Abwasser- und Gasleitungen neu verlegt, Slumgebiete beseitigt und längs der Boulevards die Nobelbauten der Bourgeoisie angelegt. Die breiten, geraden Strassen ermöglichten auch rasche Truppenbewegungen. Ohne es voraussahen zu können, hat Haussmann damit einen Strassentyp geschaffen, der als einziger dem Fussgänger eine Gleichberechtigung neben dem Autofahrer einräumt.

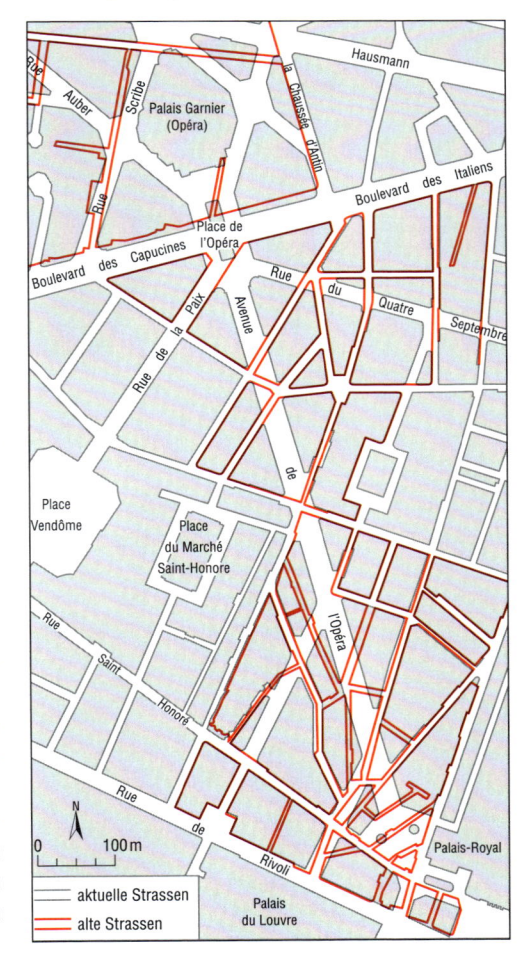

Abb. 12.17
Abbrüche und Neubau der Avenue de l'Opéra in Paris im Rahmen der Stadterneuerung von Haussmann, 1853–1870

Mit dem Ersten Weltkrieg ging die Epoche der grossflächigen Stadterneuerungen in Europa zu Ende. Nach dem Zweiten Weltkrieg wurden zwar noch einzelne Wohnquartiere abgebrochen und durch Neubauten ersetzt, die Städte wuchsen aber wieder hauptsächlich flächenhaft, weitgehend ungeplant ins Umland hinaus (Stadterweiterung).

12.4 Determinanten der Stadtentwicklung

Warum entwickeln sich Städte? Welches sind die wichtigsten Einflussfaktoren? Warum entwickeln sich Städte in unterschiedlichen Regionen und zu verschiedenen Zeiten anders oder gleich? Die **Einflussfaktoren der Stadtentwicklung,** von der Gründung bis zum Verfall, sind ausserordentlich vielfältig.

Die einzelnen Faktoren spielen im Laufe der Zeit eine unterschiedlich wichtige Rolle. Meistens beeinflussen mehrere Faktoren gleichzeitig die Entwicklung, die Bedeutung der einzelnen Determinanten kann nur annähernd bestimmt werden. Einige Faktoren werden vor allem durch die Akteure in der Stadt selbst beeinflusst (Bewohner, Behörden, ansässige Betriebe usw.), andere Faktoren sind überregional bis global, zum Beispiel die Klimaveränderungen oder die Globalisierung der Wirtschaft.

Naturräumliche Determinanten
Topografie und Relief, Wasserverfügbarkeit, Baugrund/Baumaterial, Klima

Politisch-administrative Determinanten
Politisches System, administrative Gliederung

Ökonomische Determinanten
Bodenpreistheorie, innerstädtische Zentralität, Suburbanisierung des zweiten und dritten Sektors

Segregationsprozesse
Soziale Segregation, ethnische Segregation, Alterssegregation, vertikale Segregation

Normative Determinanten
Leitbild, Stadtplanung/Städtebau, Urbanismus – antiurbane Haltung, Bauordnung und Zonenplan

Technologische Determinanten
Bautechnik, technische Infrastruktur, Verkehrstechnologie

Determinanten der Stadtentwicklung

Abb. 12.18
Die wichtigsten Einflussfaktoren der Stadtentwicklung

Die **naturräumlichen Voraussetzungen** spielten bei der Gründung eine wichtige Rolle: Bauen am Wasser im Zusammenhang mit der Verkehrslage, das Quellwasser zur Versorgung der Bevölkerung mit Trinkwasser, Bäche oder Flüsse zur Versorgung des Gewerbes mit Brauchwasser, später zum Antrieb der Mühlen und Maschinen. Die mittelalterlichen Städte wurden zur besseren Verteidigung auf Hügeln erbaut, die Neustädte der Barockzeit entstanden jedoch in den Ebenen, um freie Schussbahn für die Kanonen in den Festungsanlagen zu haben. Die Entwicklung seit dem 19. Jahrhundert ist sehr stark vom Relief und vom Baugrund beeinflusst: Industriestandorte, günstige Wohnlagen und Verkehrskorridore. Und das Klima spielt eine grosse Rolle für die Lebensqualität der Bewohner und Bewohnerinnen, besonders auch im Zusammenhang mit der Luftqualität.

Die wichtigste **politisch-administrative Determinante** ist die räumliche Abgrenzung der Kernstadt und der Umlandgemeinden. Wo die historischen Gemeinden in Verdichtungsräumen kleinflächig erhalten geblieben sind, ist die Lösung regionaler Probleme viel schwieriger als dort, wo grossflächig eingemeindet wurde. Die Wohn- und Gewerbepolitik, der Bau und Betrieb der öffentlichen Einrichtungen (öffentlicher Verkehr, Wasser- und Elektrizitätsversorgung, Strassen usw.) sind weitere wichtige Rahmenbedingungen für die Stadtentwicklung.

Der **Markt als Wirtschaftsfaktor** war bereits bei der Gründung vieler Städte enorm wichtig. Mit der Industrialisierung rückte die ökonomische Entwicklung wieder ins Zentrum. Die überregionalen und globalen Entwicklungen wurden dabei immer wichtiger. Für die innerstädtische Lokalisierung der Betriebe spielen die unterschiedliche Erreichbarkeit und die Bodenpreise eine wichtige Rolle. Die Dienstleistungsbetriebe konzentrierten sich im 20. Jahrhundert immer mehr in den Stadtzentren, die Industriebetriebe wanderten ins Umland ab oder wurden sogar ins Ausland verlagert oder sie wurden aufgegeben. Einkaufs- und Freizeitzentren, Fachmärkte sowie Lagerhäuser entstanden als Teil des Dienstleistungssektors vielfach an den Stadträndern oder sogar im ländlichen Raum, meistens in der Nähe der Autobahnanschlusswerke.

Eine weitere Gruppe von wichtigen Einflussfaktoren der Stadtentwicklung bilden die **demografischen und gesellschaftlichen Determinanten**. Die Bevölkerungsentwicklung, besonders die Zu- und Abwanderung, gehört zu den wichtigsten Faktoren. Im Weiteren spielen die Altersgruppen eine wichtige Rolle: Alte Menschen haben andere Bedürfnisse als Kinder. Die verschiedenen sozialen Schichten und ethnischen Gruppen beeinflussen die Entwicklung der Städte ebenfalls stark: direkt als Folge der unterschiedlichen Raumbedürfnisse, indirekt als Folge des wirtschaftlichen Verhaltens oder politischer Massnahmen.

Seit dem 19. Jahrhundert sind **technologische Innovationen** immer wichtiger geworden. Mit der Entwicklung der Bautechnik konnten immer höhere Gebäude konstruiert werden, wodurch u. a. die innerstädtische Nutzungsdichte stark erhöht werden konnte («Wolkenkratzer»). Die Entwicklung der Verkehrsmittel von der Pferdebahn über die Untergrundbahn bis zur innerstädtischen Autobahn hat die Städte ausserordentlich stark geprägt, einzelne Standorte wurden aufgewertet, andere gerieten ins Abseits. Und schliesslich spielt auch der «unterirdische Städtebau» eine sehr wichtige Rolle, indem die Wasser-, Abwasser-, Elektrizitäts- und Glasfasernetze wichtige Voraussetzungen zur baulichen Entwicklung bilden.

Eine weitere wichtige Determinante sind die **Leitbilder** der Stadtentwicklung. Die Idealvorstellungen von Städten spielten bei der Gründung für die bauliche Entwicklung und die räumliche Anordnung der Funktionen eine zentrale Rolle. Besonders wichtig für die Stadterweiterung und die Stadterneuerung wurden Leitbilder aber erst im 20. Jahrhundert. Mit 95 Thesen forderten 1933 führende Städteplaner auf einem Kongress in Griechenland die konsequente räumliche Trennung der Funktionen Wohnen, Arbeiten, Freizeit und Verkehr. Dieses als **«Charta von Athen»** bekannte, vor allem vom Architekten und Städteplaner Le Corbusier verbreitete Leitbild hat die Stadtentwicklung in den Industrieländern während Jahrzehnten, zum Teil bis heute geprägt. Nach dem Zweiten Weltkrieg orientierten sich viele Städte als Folge der starken Zunahme des motorisierten Individualverkehrs am Leitbild der **«autogerechten Stadt»**: Auf Expressstrassen und Autobahnen sollte das Stadtzentrum erreicht werden, ober- und unterirdische Parkplätze wurden für den ruhenden Verkehr geplant. Seit den 1980er-Jahren gewinnt das Leitbild **«ökologischer Städtebau»** zunehmend an Bedeutung. Elemente dieser Idee sind Revitalisierung der Innenstädte, die Entwicklung nach innen anstelle der zunehmenden Zersiedlung, die Bedeutungszunahme des Wohnens in den Städten, die Förderung des Fussgänger- und Veloverkehrs sowie der Ausbau des öffentlichen Verkehrs, um die Umweltbelastung zu reduzieren und die Städte nachhaltiger zu entwickeln.

12.5 Stadtmodelle

Stadtmodelle sind vereinfachte, abstrakte Abbilder der Realität. Dabei sind nur die als wichtig angesehenen Eigenschaften der realen Städte berücksichtigt. Dem **kulturgenetischen Konzept** zur Definition von Stadtmodellen liegt die Auffassung zugrunde, dass in den verschiedenen Kulturräumen der Erde unterschiedliche Voraussetzungen auch in Zukunft zur Folge haben, dass sich einzelne Merkmale grundsätzlich verschieden entwickeln, weil die Stadtbehörden, die Bewohner und

Stadtmodelle

die Wirtschaftsakteure aufgrund der unterschiedlichen Erfahrungen auch heute und in Zukunft verschieden reagieren und ähnliche Probleme unterschiedlich lösen. Daneben gibt es zweifellos einzelne Entwicklungen, die weltweit zu ähnlichen Strukturen führen. Beispielsweise die Entwicklung der Verkehrsmittel wie Strassen- und Untergrundbahnen oder der Bau von Fabriken. Der Stadtgeograf Burkhard Hofmeister hat für den europäischen, russischen, chinesischen, orientalischen, indischen, südostasiatischen, tropisch-afrikanischen, lateinamerikanischen, angloamerikanischen, südafrikanischen, australisch-neuseeländischen und den japanischen Kulturraum je ein Stadtmodell beschrieben. Im Folgenden werden Modelle der europäischen, der angloamerikanischen und der orientalischen Stadt vorgestellt.

12.5.1 Modell der europäischen Stadt

Die Kleinkammerung des europäischen Raumes, seine hohe Besiedlungsdichte und die historische Vielschichtigkeit haben eine solche Formenvielfalt hervorgebracht, die es schwierig macht, gemeinsame Merkmale in einem Modell zusammenzufassen.

Im hier vorgestellten **Modell der europäischen Stadt** sind die Grunddaseinsfunktionen und die Gebäudetypen als wichtigste Merkmale dargestellt. Die Grundrissstruktur, insbesondere das Strassennetz, reicht vielerorts bis in die mittelalterliche Gründungsphase zurück. Die Gebäude zeigen die historische Schichtung mindestens seit der frühen Neuzeit. Und in den Gebäudetypen sind weitgehend auch die Funktionsräume abgebildet.

Wenn wir eine Stadt erstmals besuchen, orientieren wir uns meistens an der Altstadt, die vielerorts seit dem 19. Jahrhundert das Geschäftszentrum bildet, sowie am Bahnhof. Nach aussen folgt die konventionelle Stadtkernbebauung mit sehr hoher Dichte aus der Zeit der Industrialisierung im 19. Jahrhundert. Diese Quartiere entstanden nach der Eröffnung der Eisenbahnlinien in unmittelbarer Umgebung des Bahnhofs. Die neue Bahnhofstrasse entwickelte sich zu einer wichtigen Geschäftsstrasse. Für die rasch wachsende Bevölkerung entstanden die ebenfalls sehr dichten Quartiere mit Blockrandbebauungen. Die 3- bis 5-geschossigen, zusammengebauten Häuser stehen dicht am Trottoir, weisen jedoch einen mehr oder weniger grossen Innenhof auf.

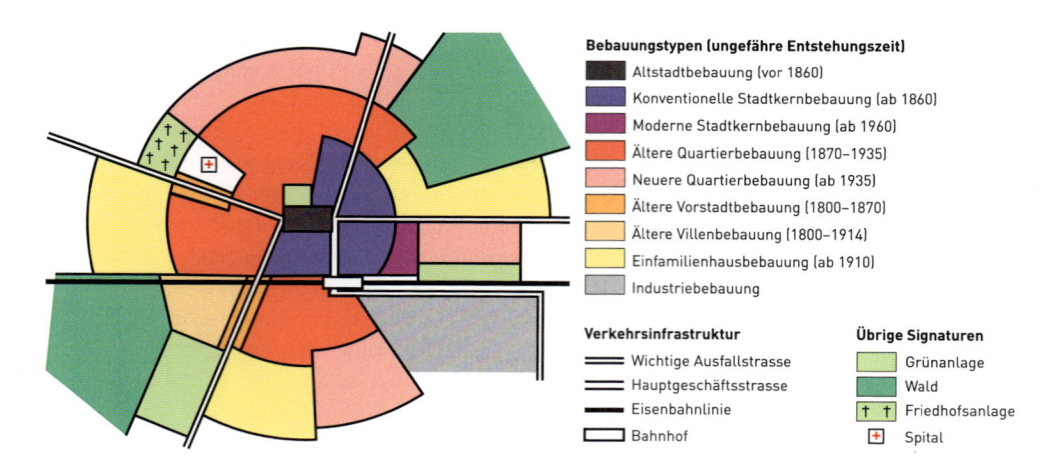

Abb. 12.19
Modell der europäischen Stadt
(Entwurf: Egli, 2010)

Entlang der Ausfallstrassen, die zusammen mit den Eisenbahnlinien und den Ringstrassen der neuesten Zeit die wichtigsten Linienelemente bilden, entstanden bereits im 19. Jahrhundert einzelne Wohn- und Gewerbegebäude. Ebenfalls im 19. Jahrhundert entstanden in den bevorzugten Lagen Villenquartiere, als Einfamilien- oder als Doppelhäuser. Ihre Gärten weisen heute oft mächtige Bäume auf, die Quartierstrassen sind nur schmal, da sie noch nicht für den Autoverkehr gebaut wurden. Viele dieser alten Villen werden heute von Dienstleistungsbetrieben genutzt (Anwaltskanzleien, Arztpraxen, Architekturbüros, Beratungsunternehmen).

Nach dem Ersten Weltkrieg wurden am Stadtrand ganze Quartiere mit Reiheneinfamilienhäusern oder mit Mehrfamilienhäusern gebaut. Beide Quartiertypen weisen eine niedrige bis mittlere Dichte auf, viele entstanden als Genossenschaftssiedlungen.

Und schliesslich bilden die Industriequartiere entlang der Eisenbahnlinien typische Elemente vieler europäischer Städte. Diese Areale sind heute wichtige Flächen für die Stadterneuerung. Ab 1950 wurden als Folge der starken Bevölkerungszunahme zahlreiche Wohnquartiere in differenzierter Bauweise mit Hoch- und Scheibenhäusern erbaut. Ab etwa 1965 wurden an südexponierten Hanglagen Terrassensiedlungen erbaut, die eine Mittelstellung zwischen Reiheneinfamilienhaus und mehrgeschossigem Haus einnehmen und eine recht hohe Bebauungsdichte aufweisen.

Für die Lebensqualität besonders wichtig sind die innerstädtischen Grünanlagen (Stadtparks, Friedhofsanlagen) und die nahen Stadtwälder, ohne die eine Stadt nicht existieren und sich entwickeln kann.

12.5.2 Modell der angloamerikanischen Stadt

Für den angloamerikanischen Raum wurden mehrere Modelle entwickelt. Das hier vorgestellte bezieht sich vor allem auf die **Suburbanisierung der Wohnbevölkerung.** Dieser Prozess hat nach dem Zweiten Weltkrieg zu einer tief greifenden Veränderung der Stadtlandschaften in den USA geführt. Die Ursachen sind in erster Linie das starke Wirtschaftswachstum, der verbreitete Wunsch nach einem eigenen Wohnhaus, die hohe Wohnsitzmobilität und die enorme Verbreitung des Automobils. Neben dem früher dominanten **Central Business District** (CBD) der Kernstadt entstand eine Vielzahl von Aussenstadtzentren, die Shoppingcenters (shopping malls), Industrie- und Gewerbeparks umfassen. In unmittelbarer Nähe wurden auch gemischte Wohn- und Büroviertel erbaut, in denen grosse Dienstleistungsunternehmen die Mehrzahl der Arbeitsplätze ihrer Mitarbeitenden, die nicht direkte Kundenkontakte pflegen, konzentrierten. Zum Teil wurden auch

Abb. 12.20
Modell der angloamerikanischen Stadt
(Quelle: Heineberg, 2006)

Stadtmodelle

die Hauptsitze der Unternehmen in die modernen Geschäftsviertel verlegt. Das dichte Autobahnnetz innerhalb des Stadtgebietes zeigt, dass die grossflächige Siedlungserweiterung praktisch ausschliesslich auf das Auto ausgerichtet ist. Die dezentrale Siedlungsentwicklung ist aber auch nur mit der Autobahnerschliessung möglich. Die geringe Wohndichte der Aussenquartiere steht ebenfalls im Zusammenhang mit der hohen individuellen Automobilität. Die im Modell dargestellten Verkehrsströme zeigen, dass die Wechselpendler zwischen Vorort und Vorort – in der Regel zwischen Wohnort, Arbeitsplatz und Einkaufs- und Freizeitzentrum in je einem andern Vorort – am häufigsten sind. Die Pendlerströme in den Innenstadtbereich sind dagegen gar nicht mehr dargestellt, weil die zentralen Industrie- und Gewerbegebiete weitgehend aufgelassen sind. Die Flughäfen befinden sich heute zum Teil innerhalb des Stadtgebietes.

In diesem Modell nicht dargestellt, aber für die US-amerikanischen Städte ebenfalls typisch ist die ausgeprägte soziale, ethnische und demografische Segregation. Diese findet kleinräumig innerhalb der einzelnen Wohngebiete statt. Einzig die Konzentration der schwarzen Bevölkerung in der Innenstadt ist grossflächig und deshalb eingezeichnet.

12.5.3 Modell der orientalischen Stadt

Kulturgeschichtlich ist der Orient zwar das geschlossene Hauptverbreitungsgebiet des Islam, da die meisten Merkmale dieses kulturgeschichtlichen Stadttyps jedoch vorislamisch sind, bezeichnen wir ihn als orientalisch. Einzig der Basar, das Zentrum von Handel und Gewerbe, ist eine eigenständige Kulturleistung des islamischen Mittelalters. Die Wohnfunktion wurde aus dem Basar verdrängt, um ihn nachts und an Feiertagen ganz oder teilweise abschliessen zu können. Seinen verschiedenen gewerblichen Funktionen entsprechend, weist er offene oder überdachte Basargassen für Einzelhandel und Handwerk sowie einen absperrbaren Gebäudekomplex für den Grosshandel auf. Im Zentrum des Basars steht die Freitagsmoschee als religiöser und gesellschaftlicher Mittelpunkt.

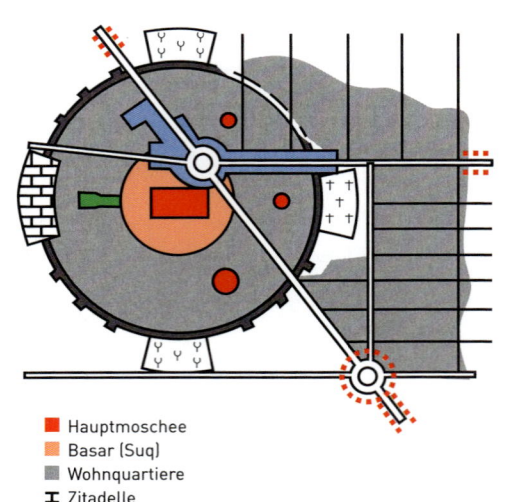

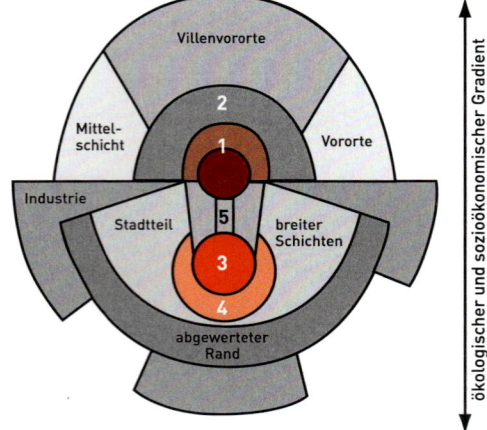

■ ☐ Abb. 12.21
Modell der Stadt im islamischen Orient

☐ ■ Abb. 12.22
Die Erweiterung der islamisch-orientalischen Stadt mit einem westlich-modernen Teil zu einer zweipoligen Stadt

■ Hauptmoschee
■ Basar (Suq)
■ Wohnquartiere
⊥ Zitadelle
Ұ † Muslimischer / christlicher Friedhof
■ Subzentrum mit Moschee, lokalem Basar, öffentlichem Bad u. a.
■ Stadtmauer
▪▪▪ Reparaturläden, Tankstellen, Garagen
■ Einkaufs- und Geschäftsstrassen mit westlichem Warenangebot

1 Westlicher CBD mit Kern und Mantel
2 Appartementbebauung
3 Basar
4 Altstadt
5 Ältere Geschäftsstrassen und überrollter vormaliger Villenbereich

ökologischer und sozioökonomischer Gradient

12 Stadt

Zu den wichtigsten Merkmalen der **orientalischen Stadt** gehört das baumartig verzweigte System von Sackgassen, Knickgassen und überwölbten Tunnelgassen. Die Sackgassen sind Ausdruck des Bestrebens nach Sicherung und Ausdehnung der Privatsphäre der Bewohner. Das Prinzip der Absonderung ist auch im Innenhofhaus verwirklicht. Neben den Sackgassen existieren seit jeher aber auch breitere, gerade verlaufende Durchgangsstrassen.

Rund um den Basar schliessen die nach Ethnien und Religionen getrennten Wohnquartiere mit eigenen Gotteshäusern und Geschäftssubzentren an. Die Mauer, die alte Stadt und der Palast sind Ausdruck der politischen Macht. Ausserhalb der Stadtmauer liegen die Friedhöfe der einzelnen Wohnquartiere.

Viele orientalische Städte wurden in der Kolonialzeit mit einem modernen Europäerviertel ergänzt oder sogar zu einer orientalisch-europäischen Doppelstadt erweitert.

12.6 Von der Stadt zur Agglomeration

Mit der starken Bevölkerungs- und Arbeitsplatzzunahme wuchsen im 20. Jahrhundert viele Städte über ihre Stadtgrenzen hinaus ins Umland. Die Städte wurden zu Agglomerationen (**Agglomeration** = Zusammenballung, Anhäufung, wirrer Haufen). Agglomerationen bilden baulich zusammenhängende Siedlungsflächen mit einem dichten Beziehungsnetz, insbesondere durch die Arbeitspendler, aber auch durch die Versorgung der Bevölkerung. Durch das Wachstum der Städte gehören immer mehr Gemeinden zur Agglomeration. Diese wird also flächen- und bevölkerungsmässig immer grösser.

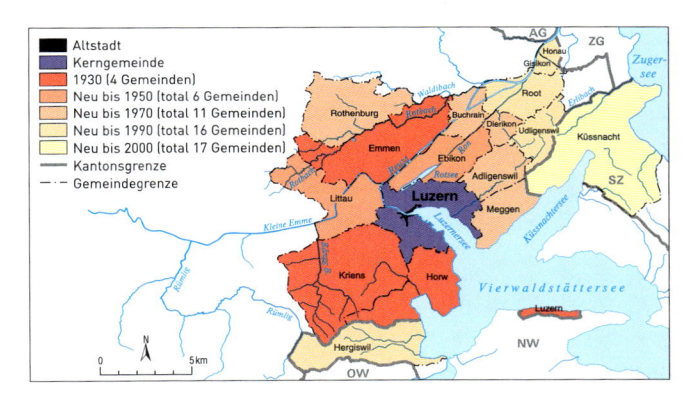

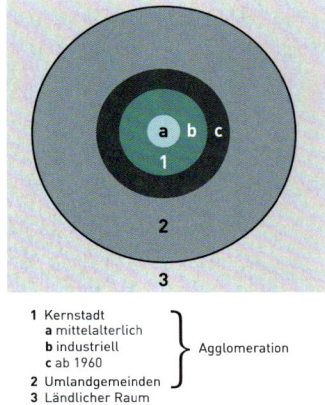

Abb. 12.23 Agglomerationsentwicklung Luzern 1930–2000

Abb. 12.24 Kerngemeinde, Umlandgemeinden, ländlicher Raum

12.6.1 Stadtentwicklungsphasen

Aus dem unterschiedlichen Bevölkerungswachstum in der Kernstadt und in den Umlandgemeinden werden vier **Stadtentwicklungsphasen** unterschieden, die weltweit in den meisten Städten beobachtet werden können.

In der **Urbanisierungsphase** wächst die Bevölkerung in der Kernstadt durch Zuwanderung aus den Umlandgemeinden und aus dem ländlichen Raum sehr stark an. Man spricht von Landflucht. **Verstädterung** wird oft synonym zum Begriff Urbanisierung verwendet. Als Verstädterung wird aber vor allem der steigende Anteil städtischer Siedlungen an der Gesamtzahl der Siedlungen eines Landes bezeichnet sowie der zunehmende Anteil der in Städten lebenden Menschen.

In der **Suburbanisierungsphase** wächst die Bevölkerung in den Umlandgemeinden stärker als in der Kernstadt, weil Stadtbewohner die Stadt verlassen (Stadtflucht) und weil sich Zuwanderer

Von der Stadt zur Agglomeration

aus dem ländlichen Raum direkt in den Vororten niederlassen. Vor allem Familien mit Kindern ziehen aus der Kernstadt ins «Grüne», viele davon in ein Einfamilienhaus. Für die Suburbanisierung der Bevölkerung spielen sowohl **Push-** als auch **Pull-Faktoren** (engl. push = stossen, pull = ziehen) eine Rolle. Ein unzureichendes Wohnangebot zu angemessenen Preisen, Mängel der Wohnumwelt, Verkehrslärm und Gefahren im Strassenverkehr sind Gründe für den Wegzug aus den Kernstädten (Push-Faktoren). Verfügbares Bauland, günstige Preise, die Nähe zur Natur und zu Erholungsräumen bei gleichzeitiger Nähe zum Arbeitsplatz und zu Ausbildungsstätten, zu Versorgungs- und Kultureinrichtungen sowie zu Freizeiteinrichtungen sind Gründe für den Zuzug in die Umlandgemeinden (Pull-Faktoren).

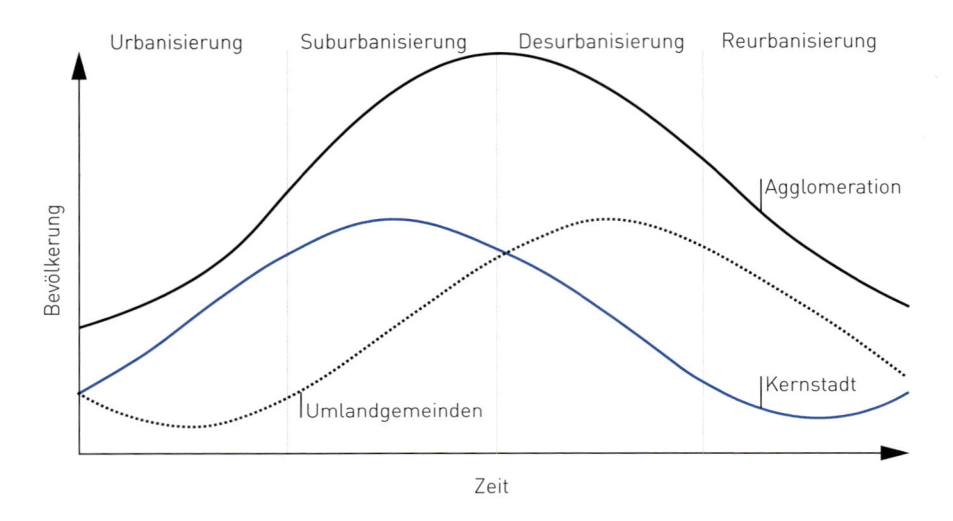

Abb. 12.25
Die vier Stadtentwicklungsphasen und die Bevölkerungsentwicklung in der Kernstadt und den Umlandgemeinden

Auch die Industrie verlagert sich aus der Kernstadt ins Umland, sodass von einer Industriesuburbanisierung gesprochen werden kann. Mit der Internationalisierung und Globalisierung der Produktion nehmen die innerregionalen Verlagerungen jedoch ab, die Fabriken werden in den Industrieländern stillgelegt und die Halb- oder Fertigprodukte aus dem Ausland importiert.

Ein Teil der Betriebe des Dienstleistungssektors wird ebenfalls ins Umland verlagert oder dort neu angesiedelt (Suburbanisierung des tertiären Sektors), insbesondere Lagerhäuser, Einkaufszentren und Fachmärkte, die einen hohen Flächenbedarf aufweisen und auf der Strasse sehr gut erreichbar sein müssen. Zunehmend werden auch ganze Bürokomplexe im Umland angesiedelt, wenn möglich an Standorten mit guten Anschlüssen ans öffentliche Verkehrsnetz, damit die Angestellten nicht mit dem Auto zur Arbeit fahren müssen.

In der **Desurbanisierungsphase** vermag die Bevölkerungszunahme in den Umlandgemeinden die Bevölkerungsabnahme in der Kernstadt nicht mehr auszugleichen, sodass die ganze Agglomeration Einwohner verliert. Dies ist vor allem eine Folge der Abwanderung in den ländlichen Raum, wobei vielfach der Arbeitsplatz innerhalb der Agglomeration beibehalten wird, sodass längere Arbeitswege die Folge sind und damit mehr Verkehr verursacht wird. Diese Entwicklung setzt deshalb gute Verkehrswege voraus, insbesondere Autobahnen und gut ausgebaute Hauptstrassen. Nur ein kleiner Anteil des Verkehrsaufkommens lässt sich mit den öffentlichen Verkehrsmitteln bewältigen, weil das Netz ausserhalb der Agglomerationen zu wenig dicht ist. Bei der **Reurbanisierung** wird die Bevölkerung erneut in der Kernstadt konzentriert, meistens als Folge von politischen und planerischen Massnahmen, indem die Stadterneuerung gefördert, mehr Wohnraum zur Verfügung gestellt und das Wohnumfeld innerhalb der Stadt verbessert wird.

Als Massnahme zur Förderung der Reurbanisierung wird in der Schweiz vor allem die **bauliche Verdichtung** in den Agglomerationen gefördert, wodurch aber oft Grün- und Freiflächen überbaut werden.

In der Schweiz wird auch noch der Begriff **Periurbanisierung** verwendet, der die Ausdehnung städtischer Merkmale im ländlichen Raum, d. h. ausserhalb der Agglomerationen, bezeichnet. Die periurbanen Gemeinden sind vor allem das erweiterte Pendlereinzugsgebiet der Städte, wobei wegen der grösseren Distanzen und der geringen Bevölkerungsdichte vorwiegend das Auto als Verkehrsmittel verwendet wird.

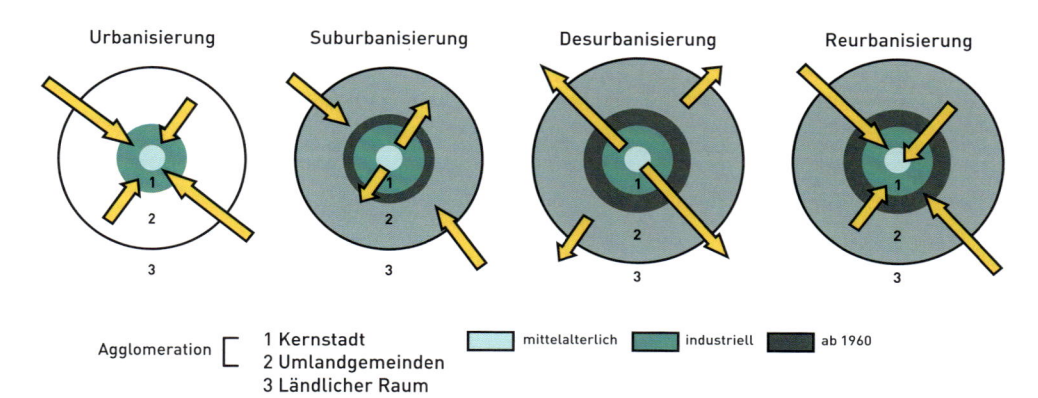

Abb. 12.26
Wanderungsströme der Wohnbevölkerung in den vier Stadtentwicklungsphasen

12.6.2 Probleme des Städtewachstums

Die städtischen Gebiete sind die Motoren der wirtschaftlichen Entwicklung. In den Städten sind nebst den Arbeitsplätzen auch die Einkaufsmöglichkeiten, die Schulen sowie die Kultur- und Freizeitangebote konzentriert. Deshalb üben die Städte eine grosse Anziehung auf die Bevölkerung aus. Dank dem hohen Motorisierungsgrad in den Industrieländern und der guten Erschliessung der Stadtregionen mit öffentlichen Verkehrsmitteln sind die meisten Leute jedoch nicht darauf angewiesen, in der Kernstadt zu wohnen. Im Gegenteil: Der Wunsch, im «Grünen» zu leben und trotzdem von allen Vorteilen der Stadt zu profitieren, ist dank des Wohlstandes für viele Leute möglich. Diese Entwicklung hat jedoch vier Problemkreise zur Folge (Abb. 12.27).

Verkehrsprobleme: Viele Erwerbstätige, die in eine Umlandgemeinde ziehen, behalten ihren Arbeitsplatz in der Kernstadt. Dadurch wird der Arbeitsweg länger. Wenn der Arbeitsplatz aber auch an den Stadtrand verlegt wird, wird der Arbeitsweg meistens noch länger und ist noch schlechter mit einem öffentlichen Verkehrsmittel möglich. Ein Grossteil der Arbeitnehmer, die früher zu Fuss, mit dem Fahrrad, dem Tram oder dem Bus zur Arbeit gingen, nimmt nun das Auto. Das Volumen des Strassenverkehrs steigt, es kommt zu Stau, es werden breitere oder neue Strassen gebaut, die wiederum mehr Autoverkehr zur Folge haben und zu neuen Verkehrsproblemen führen (vgl. Kapitel 13, Verkehr).

Umweltprobleme: Die Zunahme des Verkehrs hat negative Folgen für die Umwelt. Anwohner von Hauptverkehrsachsen und Bewohner von Quartieren mit Durchgangsstrassen leiden unter Lärm und Abgasen am meisten. Diese Strassen sind für Velofahrer und Fussgänger gefährlich. Wer kann, zieht in eine Vorortsgemeinde. Gemeinden, die unter Umweltbelastungen leiden, können gut erschlossene Parzellen nicht als Wohngebiete einzonen. Es fehlt an Wohnraum für Zuzugswillige.

Wohnungsmangel und Abbau von Arbeitsplätzen: Die Bevölkerung der Kernstadt wird immer einseitiger, weil nicht alle Gruppen die Möglichkeit haben, sich in den Umlandgemeinden niederzulassen. In der Kernstadt bleiben Arme, Alleinstehende, Alleinerziehende, Abhängige, Auszubildende, Arbeitslose, Ausländer und Aussteiger zurück. Man spricht von einer A-Stadt. Der Wegzug

Städteverbindungen und Städtenetze

von Familien hat eine Abnahme der Bevölkerungszahl in der Kernstadt zur Folge: Die sozialen Probleme und die sozialen Kosten häufen sich. Das Problem der Überalterung hat sich in den vergangenen 20 Jahren von den Kernstädten in die Umlandgemeinden verlagert.

Öffentliche Finanzen: Die Entmischung der Bevölkerung hat zur Folge, dass die Steuererträge in der Kernstadt unterdurchschnittlich, in den Umlandgemeinden jedoch überdurchschnittlich wachsen. Allerdings nehmen in den Umlandgemeinden auch die Kosten für neue öffentliche Einrichtungen wie Schulen, Versorgungs- und Entsorgungseinrichtungen usw. stark zu, sodass finanziell nicht alle Umlandgemeinden vom Agglomerationsprozess gleichermassen profitieren.

Abb. 12.27
Vier Problemkreise der Sub- und Desurbanisierung

Die Probleme der Agglomerationen lassen sich heute nicht mehr allein in einzelnen Gemeinden lösen. Eine engere Zusammenarbeit einer Stadtregion drängt sich auf. Im Ausland haben sich einzelne Stadtregionen zu neuen politisch-administrativen Institutionen zusammengeschlossen. In der Schweiz engagiert sich der Bund im Rahmen der neuen Agglomerationspolitik vermehrt, vor allem mit finanzieller Unterstützung.

12.7 Städteverbindungen und Städtenetze

Städte stehen nicht nur mit ihrem Umland in enger Verbindung, sondern fast ausnahmslos auch mit anderen Städten. Bereits im Mittelalter haben sich Handelsstädte zusammengeschlossen und sich gegenseitig Privilegien und Sicherheiten gewährt, von denen die Handelsleute profitieren konnten. Eine solche Verbindung war die Hanse, ein Zusammenschluss von über 100 Städten im Nord- und Ostseeraum vom 13. bis ins 17. Jahrhundert.

12.7.1 Rang-Grössen-Regel und Modell der zentralen Orte

Heute werden in der Regel die Städte einer Region oder eines Staates als **Städtesystem** bezeichnet. Zur Beschreibung und Erklärung von Städtesystemen sind verschiedene Ansätze entwickelt worden. Die bekanntesten sind die Rang-Grössen-Regel und das Modell der zentralen Orte.

Mit der **Rang-Grössen-Regel** wird eine Beziehung zwischen den Einwohnergrössen und den Rangplätzen der Städte innerhalb einer Region dargestellt. Für ein ausgewogenes Städtesystem, z.B. dasjenige der Schweiz, erhält man annähernd eine Gerade mit der Steigung −1. Bei der Dominanz einer einwohnermässig absolut führenden Haupt- oder Grossstadt, einer sogenannten **Primatstadt,** ergibt sich eine herausragende Spitze im Kurvenverlauf, wie beispielsweise für Chile. Wenn die Kurven einer bestimmten Region für verschiedene Zeitpunkte dargestellt werden, kann festgestellt werden, ob sich das Städtesystem der idealtypischen Kurve nähert oder sich immer weiter davon entfernt.

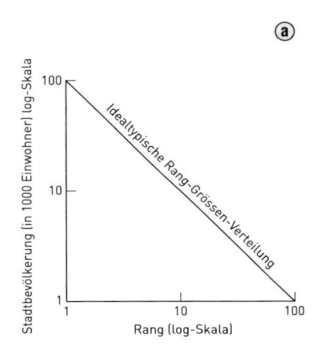

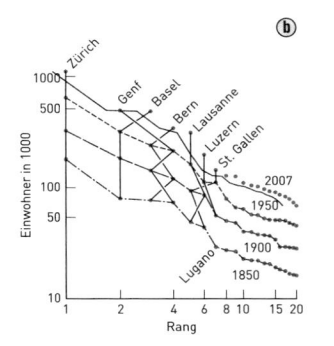

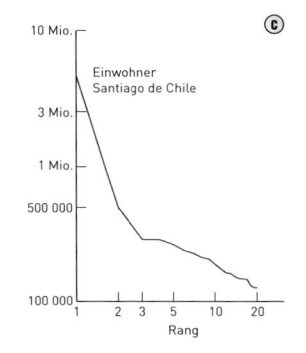

Abb. 12.28
Die Rang-Grössen-Klassierung von Städten.
(a) idealtypisch
(b) in der Schweiz (1850, 1900, 1950, 2007)
(c) in Chile (2000)

Da die Rang-Grössen-Regel einzig und allein auf der Bevölkerungszahl basiert, kann damit nur beschränkt etwas über die Bedeutung der Städte ausgesagt werden. Zudem lässt sich nichts über die räumliche Verteilung innerhalb der dargestellten Region eruieren. Vergleiche zwischen verschiedenen Staaten sind ebenfalls nur eingeschränkt möglich. Ein räumlicher Ansatz zur Beschreibung und Analyse von Städtesystemen basiert auf dem **Modell der zentralen Orte.** Dieses geht von der Beobachtung aus, dass die verschiedenen zentralen Dienste einer Stadt unterschiedliche Reichweiten bzw. Einzugsgebiete über die Stadt hinaus aufweisen.

Mit der Mobilitätszunahme der Bevölkerung werden heute Güter und Dienstleistungen vielfach nicht mehr vom nächstgelegenen Standort bezogen. Deshalb überlagern sich die Einzugsgebiete vielfach. Zudem spezialisieren sich auch die Angebotsstandorte und selbst ganze Städte immer mehr, sodass unter Umständen am einen Ort die Versorgungsdienstleistungen, am andern Ort die Gesundheitsdienstleistungen und am dritten Ort die Freizeitdienstleistungen dominieren. Zudem entwickeln sich in den grossen Ballungsräumen mehrere zentrale Orte, während in den Randregionen die Städte insgesamt an Bedeutung verlieren oder sogar verschwinden.

12.7.2 Städtenetze als Leitbilder für die Raumordnung

In vielen Staaten und Regionen werden Städte und Agglomerationen nicht nur als Einzelsiedlungen gefördert, sondern als Elemente eines Städtenetzes. Seit Anfang der 1990er-Jahre versucht die Europäische Union, auch das europäische Städtesystem im Rahmen der Regionalpolitik zu stärken.

Mit den «Grundzügen der Raumordnung» von 1996 wird in der Schweiz versucht, mit einem **vernetzten Städtesystem** die spezifischen Standorteigenschaften der einzelnen Städte im bestehenden dezentralen Städtesystem zu festigen und weiterzuentwickeln.

Weltweite Verstädterung

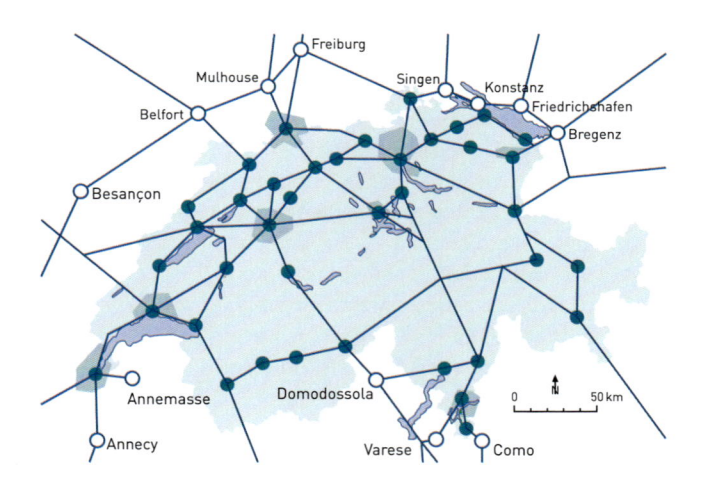

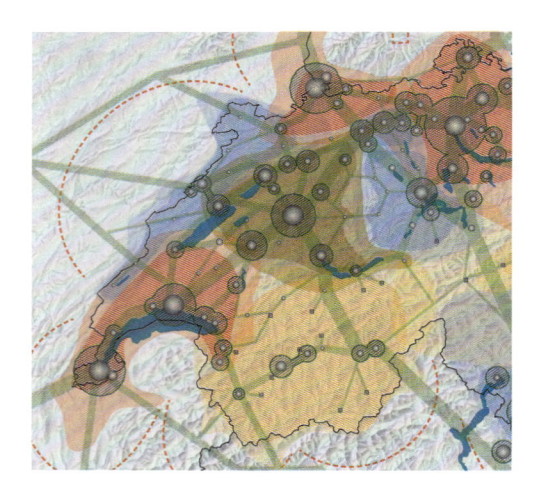

Abb. 12.29
Die Schweizer Städte als vernetztes System in den «Grundzügen der Raumordnung» (1996) und im «Raumkonzept Schweiz, Strategie 1»

Mit einem leistungsfähigen Verkehrssystem sollen die Städte gut miteinander verbunden werden, damit die verschiedenen Zentren besser voneinander profitieren können. Ziel ist es, das Städtesystem Schweiz gesamthaft gegenüber den europäischen Grossstädten (z. B. Mailand, Paris oder Frankfurt) konkurrenzfähig zu machen. Der Grossraum Zürich spielt als bedeutendes Wirtschaftszentrum eine herausragende Rolle, das mit Basel und dem Verdichtungsraum Genf-Lausanne zusammen ein Dreieck über den zentralen Bevölkerungs- und Wirtschaftsraum der Schweiz aufspannt. Mit der dezentralen Stadtentwicklung soll das überdurchschnittliche Wachstum der grossen Städte vermieden und damit die Landschaft geschont sowie die Lebensqualität erhalten werden. Gleichzeitig will man Ballungskosten vermeiden, die durch Verkehrsstaus, Umweltbelastungen und soziale Probleme entstehen (vgl. Abschnitt 14.2, Raumplanung in der Schweiz).

Mit der Strategie 1 des Raumkonzeptes von 2012 sollen Handlungsräume gebildet und das polyzentrische Netz von Städten und Gemeinden gestärkt werden. Im Gegensatz zu den Grundzügen von 1996 wird das Städtenetz nicht nur auf der nationalen Ebene, sondern auch auf der Ebene der funktionalen Räume gefördert. Dies sind die grossstädtisch geprägten Handlungsräume (Metropolitanräume und Hauptstadtregion), die klein- und mittelstädtisch geprägten sowie die alpinen Handlungsräume. Die Kantone und Gemeinden sind damit stärker ins Konzept des vernetzten Städtesystems und die ländlichen Gebiete und der Alpenraum sind flächendeckend als Umland der Städte ins Städtenetz eingebunden.

12.8 Weltweite Verstädterung

In den Agrargesellschaften von 1800 stagnierte die Bevölkerungszahl bei hoher Geburten- und hoher Sterberate. Der Verstädterungsgrad, der Anteil der städtischen Bevölkerung an der Gesamtbevölkerung, war weltweit gering: Von den etwa 900 Mio. Menschen lebten nur 2 bis 3 Prozent in Städten mit mehr als 20000 Einwohnern. Mit der Liberalisierung und den Agrarreformen, u.a. der Bauernbefreiung und der Verbesserung der Anbaumethoden, wurden auf dem Land Hunderttausende von Arbeitskräften frei. Gleichzeitig wuchs die Bevölkerung v. a. in den Industrieländern aufgrund rasch sinkender Sterberaten. Die Folge war eine auf die jungen Industriestädte und die expandierenden vorindustriellen Wirtschaftszentren gerichtete Massenwanderung (Landflucht). Seit dem zweiten Weltkrieg vollzieht sich insbesondere in den Entwicklungsländern ein verstärkter Verstädterungsprozess. Während 1950 noch knapp 30 Prozent der Weltbevölkerung von damals rund 2,5 Mrd. in Städten lebten, waren es 2017 bereits 55 Prozent von 7,55 Mrd. und im Jahre 2025 werden es über 60 Prozent von geschätzten 8,5 Mrd. Menschen sein. Da die Statistiken auf unterschiedlichen Stadtdefinitionen beruhen und insbesondere die räumliche Abgrenzung der Stadtgebiete sehr verschieden ist, ist ein internationaler Vergleich schwierig. Zudem gelten viele informelle Stadtgebiete in den Einwicklungsländern als illegal, sodass keine genauen Daten vorliegen.

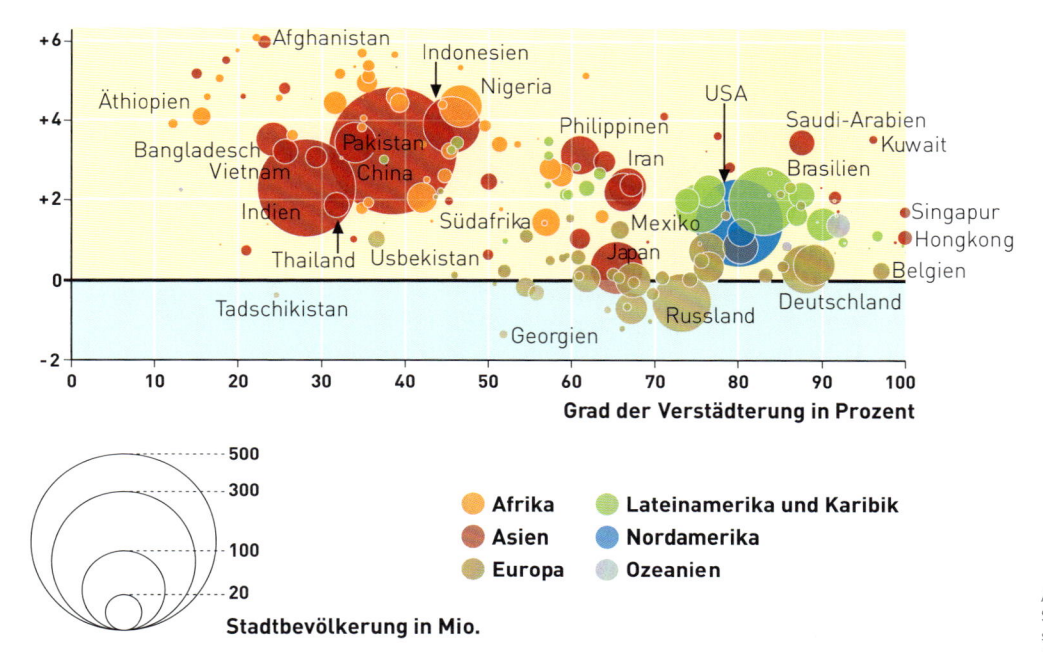

Abb. 12.30
Städtewachstum (Durchschnitt 2000–2005) und Grad der Verstädterung (2003)

12.8.1 Megastädte und Global Cities

Städte mit mehr als 10 Millionen Einwohnern werden als **Megastädte** bezeichnet, einige Autoren setzen die Grenze bereits bei 5 Millionen, die UN-Statistik bei 8 Millionen. 1950 gab es mit New York eine einzige Stadt dieser Grösse, 1975 waren es bereits fünf, und bis ins Jahr 2018 existierten über 35, die Mehrzahl liegt in Entwicklungs- oder Schwellenländern.

Die Einwohnerzahl ist nicht das einzige Merkmal, sie wird aber verwendet, weil sie für die meisten Städte mehr oder weniger genau bekannt ist. Als weiteres Merkmal wird etwa die Bevölkerungsdichte verwendet, die für die Megastädte bei 2000 E/km² als untere Grenze angesetzt wird. Ein Problem für den weltweiten Vergleich ist die ganz unterschiedliche administrative Abgrenzung der Stadtgebiete. Wo der ganze suburbane Raum ebenfalls zur Stadt zählt, ist die Bevölkerungszahl um ein Mehrfaches grösser als bei kleinräumigen Abgrenzungen. In vielen Entwicklungs- und Schwellenländern sind die Megastädte auch Primatstädte, in denen die administrativ-politischen, wirtschaftlichen, sozialen und kulturellen Funktionen des Landes in überproportionellem Masse konzentriert sind. Es sind aber auch die kaum messbaren sozialen, wirtschaftlichen und ökologischen Probleme, die in den Megastädten konzentriert sind.

Streng genommen sind Megastädte keine Erscheinung des 20. Jahrhunderts. Im Verhältnis zur Gesamtbevölkerung des Landes hat es bereits in der Antike und im Mittelalter sehr grosse Städte gegeben: In Rom lebten im ersten und zweiten nachchristlichen Jahrhundert schätzungsweise 650 000 Menschen. London zählte zu Beginn des 19. Jahrhunderts rund 1 Mio. Einwohner. Die Arbeitsplatzkonzentration der industriellen Entwicklung sowie die technologischen Innovationen wie Dampfschiff, Eisenbahn, Elektrizität und Telegraf waren die wichtigsten Voraussetzungen der ersten modernen Megastädte. Während in Wien (seit 1914), in London (seit 1914) und in New York

Elendssiedlungen und Marginalisierung

(seit 1970) die Bevölkerungszahlen der Kernstädte bereits wieder abnahmen, wuchs die Zahl der Megastädte in den Entwicklungsländern rapid an. Ursache ist vor allem die Zuwanderung vom Land, wichtigster Pull-Faktor ist das vielfältige Angebot an Arbeitsplätzen, insbesondere in Industrie, Bauwirtschaft und im informellen Sektor, d. h. in Tätigkeitsfeldern in Bereichen ausserhalb von staatlichen Regulationen. In Entwicklungsländern ist es allerdings vielfach nur die Hoffnung auf einen Arbeitsplatz, nicht aber das effektive Angebot.

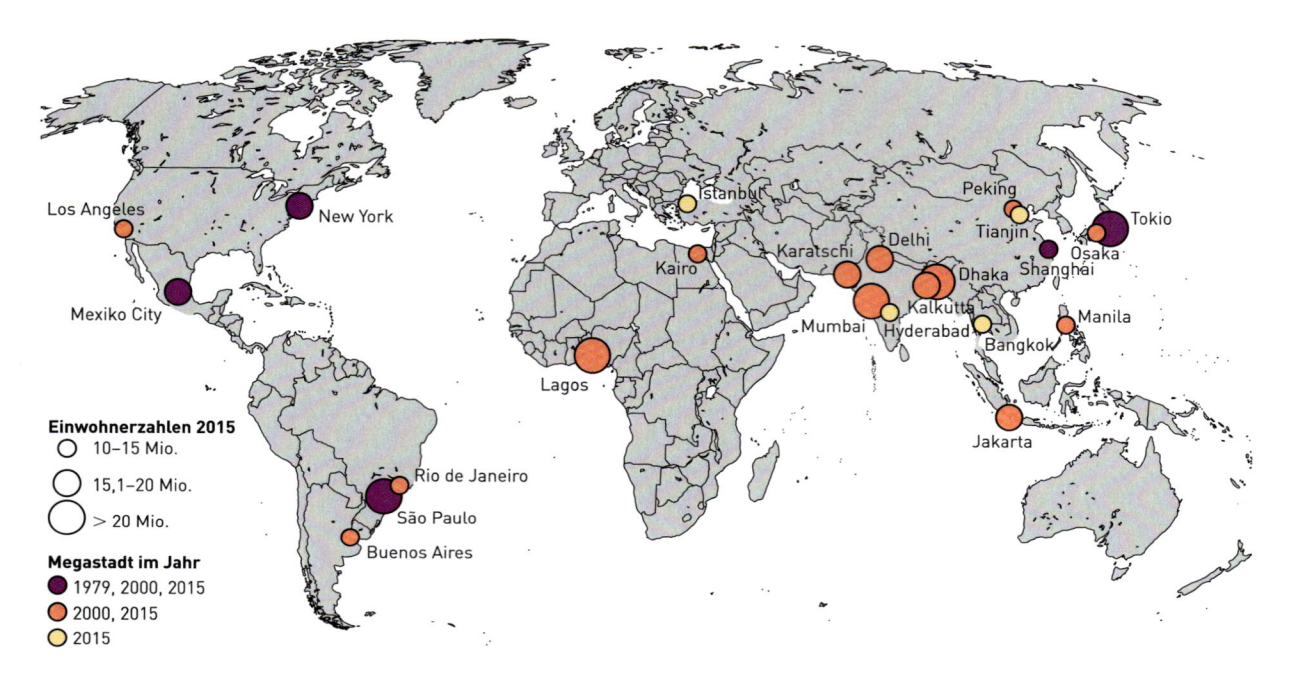

Abb. 12.31
Megastädte 1979, 2000 und 2015

Als **Global City** oder **Weltstadt** werden diejenigen Megastädte bezeichnet, die Organisations- und Kontrollfunktionen der global verflochtenen Wirtschaft bündeln. Von diesen Zentren aus erfolgt die Steuerung der Kapital- und Informationsströme, sie sind die Knotenpunkte des weltweiten Handels. Zugleich sind sie kulturelle und geistige Vermittler zwischen den Kontinenten mit einer entsprechenden Lebensqualität für Fachleute, Manager, Verwaltungsspezialisten und Diplomaten, die weltweit mobil sind. Zur Kategorie der Weltstädte gehören New York, London, Tokio, Paris, Hongkong und Singapur.

12.9 Elendssiedlungen und Marginalisierung

Im Jahr 2016 lebten nach Angaben von UN-Habitat rund 1 Milliarde Menschen in **Elendssiedlungen** – also etwa ein Drittel aller Stadtbewohner. Diese Menschen leben in Siedlungen ohne Wasser- und Abwasserversorgung, ohne Bildungssystem, geordnete Gesundheitsversorgung und sanitäre Einrichtungen, ohne regelmässige Abfallbeseitigung und ausreichenden Wohnraum.
Aber die Slums sind längst mehr als das hässliche Nebenprodukt des urbanen Molochs. Sie sind «eher die Norm als die Ausnahme», wie die Vereinten Nationen festhalten. Die Slums seien die «physische Dimension der Armut», heisst es in einem Bericht, aber sie seien auch Ausdruck eines erfolgreichen Überlebenskampfes und repräsentierten die Stadt. In Mumbai etwa leben 2 Millionen Menschen auf der Strasse (pavement dwellers) und 7 Millionen in Slums. 42 Prozent der

Slumbehausungen weisen eine Wohnfläche von weniger als zehn Quadratmetern auf. Dharavi, Asiens grösster Slum, dehnt sich über 1,75 km^2 aus und beherbergt mehr als 1 Million Menschen. Zu unterscheiden sind in den Entwicklungsländern die innerstädtischen Elendssiedlungen, die Slums, von den randstädtischen Elendssiedlungen, den Marginalsiedlungen. Beide haben in vielen Städten einen so raumbestimmenden Einfluss, dass sie vielerorts eigene Bezeichnungen erhalten haben:
- innerstädtische Elendssiedlungen: z. B. bazaars (Indien), compounds (Mittlerer Osten), tugurios (Peru, Bolivien)
- randstädtische Elendssiedlungen: bustees (Indien), bidonvilles (ehemalige französische Kolonien), barriadas (Peru), favelas (Brasilien)

Ursprünglich beschrieb **Slum** die armseligen Unterkünfte der Arbeiter nahe der Fabriken und in den verfallenden Innenstadtvierteln, die von ihren früheren Bewohnern der Mittel- und Oberschichten verlassen worden waren. Generell wird unter einem Slum ein innerstädtisches Gebiet verstanden, bestehend aus vorwiegend permanenter Bebauung. Kennzeichen der Slums sind die heruntergekommene Bausubstanz, eine hohe Wohndichte, geringe Einkommen der Bewohner, ein hohes Mass an sozialem Verfall, z. B. Kriminalität, Drogenkonsum, Prostitution sowie die gesellschaftliche Ausgrenzung vieler Bewohner.

Typischer für die metropolitanen Stadtstrukturen in Entwicklungsländern sind die randstädtischen **Marginalsiedlungen** der zugewanderten Landbevölkerung. So wohnen im Ballungsraum Buenos Aires (Argentinien) etwa 1,1 Millionen Menschen (9 Prozent der Einwohner) in informellen Siedlungen, in Rio de Janeiro (Brasilien) etwa 19 Prozent und in einigen Städten Afrikas über 50 Prozent. Viele Kriterien für Slums treffen auch auf die Marginalsiedlungen zu, so die mangelhafte Bausubstanz, die hohe Wohndichte und der hohe Anteil an Erwerbspersonen mit niedrigem bzw. unregelmässigem Einkommen. Im Gegensatz zu den innerstädtischen Slums besitzen sie jedoch in der Regel eine noch unzureichendere öffentliche Infrastruktur. In den Marginalsiedlungen herrscht eine grosse Dynamik, die als Ausdruck des Bestrebens der Bewohner nach wirtschaftlichem und sozialem Aufstieg zu werten ist. Die Familienstrukturen und die sozialen Interaktionssysteme unter den Bewohnern der Marginalsiedlungen sind vielerorts intakt. So haben sich auch viele ehemalige Hüttensiedlungen inzwischen zu respektablen Vororten entwickelt. Ein besonders gutes Beispiel ist El Alto in Bolivien, das sich von einer informellen Siedlung von La Paz zu einem eigenständigen Vorort mit eigener Gemeinde entwickelt hat.

Als **Squattersiedlungen** werden Hüttensiedlungen bezeichnet, die ohne Erlaubnis der Behörden oder des Landeigentümers auf fremdem Boden errichtet worden sind. Viele Marginalsiedlungen aber nur wenige Slums sind Squattersiedlungen.

Weiterführende Literatur
BENEVOLO L., 1983: Die Geschichte der Stadt. Frankfurt am Main.
BRONGER D., 2004: Metropolen, Megastädte, Global Cities, Darmstadt.
GAEBE W., 2004: Urbane Räume. Stuttgart.
HEINEBERG H., KRAAS F., KRAJEWSKI CH., 2017: Stadtgeographie. Paderborn (5. Aufl.).
HOFMEISTER B., 1991: Die Stadtstruktur. Darmstadt.
HOFMEISTER B., 1994: Stadtgeographie. Braunschweig.
LICHTENBERGER E., 2002: Die Stadt. Von der Polis zur Metropolis. Darmstadt.
PAESLER R., 2008: Stadtgeographie. Darmstadt.
ZEHNER K., 2001: Stadtgeographie. Gotha/Stuttgart.

13 Verkehr

Hans-Rudolf Egli

In einer mobilen Gesellschaft und einer weltweit vernetzten Wirtschaft spielt der Verkehr als räumliche Mobilität von Personen, Gütern und Nachrichten eine zentrale Rolle. Der Verkehr kann einerseits als Nachfrage und andererseits als Angebot untersucht werden. Als Erscheinung der **Verkehrsnachfrage** drückt er das Bedürfnis der Menschen nach Ortsveränderungen aus und die Notwendigkeit, Güter vom Standort des Ausgangsmaterials zum Produktionsort, zum Verbrauchsort und schliesslich bis zum Ort des Rückbaus oder der Entsorgung zu transportieren. Beim **Verkehrsangebot** werden die Infrastrukturanlagen, die Transportmittel, die Fahrpläne, die Transportkosten und die Verkehrsorganisationen untersucht.

13.1 Mobilität und Verkehr in der Schweiz

Pro Jahr legt jeder Einwohner und jede Einwohnerin der Schweiz rund 24 850 km zurück, 43 Prozent davon per **motorisiertem Individualverkehr** (mit dem Auto oder dem Motorrad), mehr als ein Drittel im Flugzeug und 16 Prozent mit öffentlichen Verkehrsmitteln. Der **Langsamverkehr** zu Fuss oder mit dem Velo macht rund 750 Kilometer aus. Im Mittel legt jede in der Schweiz wohnhafte Person (älter als 5 Jahre) täglich 37 Kilometer zurück und benötigt dazu ohne Umsteige- und Wartezeiten 83 Minuten. Mit Abstand wichtigster Verkehrszweck ist die Freizeit mit 44 Prozent der zurückgelegten Distanzen. An zweiter und dritter Stelle folgen der Pendlerverkehr zwischen Wohnort und Arbeitsort mit 24 Prozent und der Weg für den Einkauf mit 13 Prozent. In Agglomerationen wohnende Menschen legen pro Tag 36 Kilometer zurück, jene in den ländlichen Gemeinden 43 Kilometer.

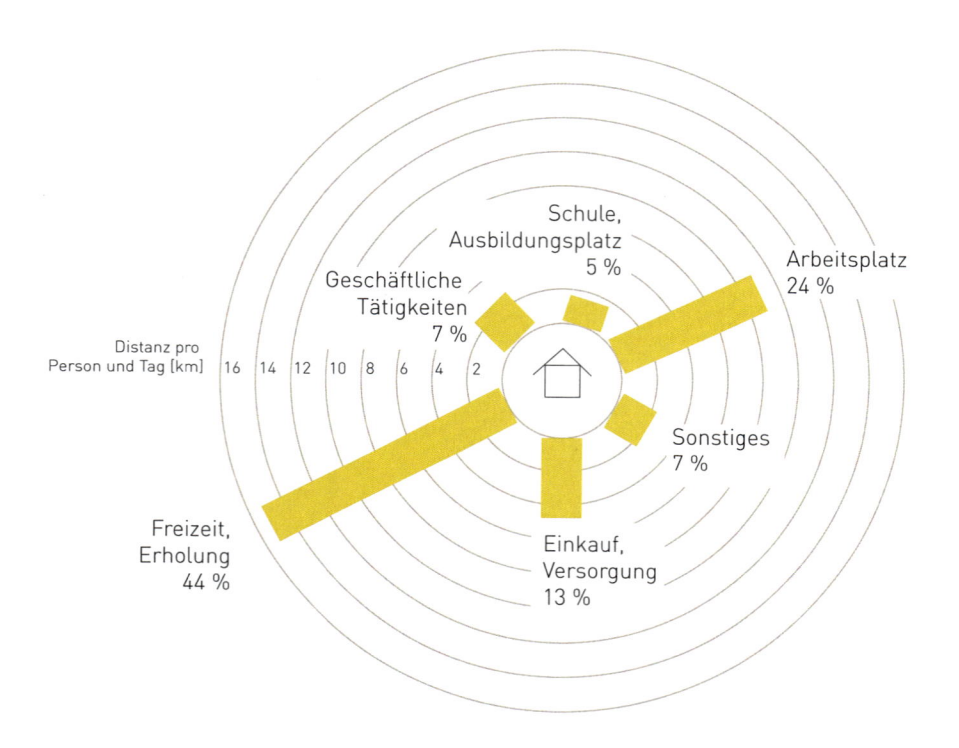

Abb. 13.1
Mittlere Tagesdistanz pro Person und Verkehrszweck in der Schweiz im Jahr 2015
(Quelle: BFS, ARE 2017)

2017 wurden in der Schweiz zudem 27,3 Mrd. **Tonnenkilometer** (Ladung in Tonnen mal Distanz in Kilometer) Güter befördert. Rund zwei Drittel davon sind Binnenverkehr, ein Drittel ist Transitverkehr mit Ausgangs- und Zielort im Ausland. 63 Prozent der Tonnenkilometer wurden auf der Strasse transportiert, der Rest vorwiegend mit der Bahn.
Voraussetzung für diese Transportleistungen sind eine sehr gute **Verkehrsinfrastruktur** und entsprechende Transportunternehmen. Den rund 71 400 Kilometern im Strassennetz (1800 km Nationalstrassen, 18 000 km Kantonsstrassen, 51 600 km Gemeindestrassen) steht das 5100 Kilometer messende Bahnnetz gegenüber. Zudem sind 650 Zahnrad-, Standseil- und Luftseilbahnen in Betrieb, die vor allem von Touristen benützt werden. Der öffentliche Verkehr verfügt über 2100 Bahnhöfe, 10 200 Haltestellen der Trambahnen und Busse und weiteren 14 200 Haltestellen der Postautolinien. Die Schweiz verfügt damit nicht nur über ein sehr dichtes öffentliches Verkehrsnetz, mit über drei Kilometern pro Person und Tag wird dieses auch intensiv genutzt.

13.2 Verkehr als Nachfrage

Das Bedürfnis nach Mobilität und Verkehr hat seit dem 20. Jahrhundert mit der Globalisierung der Wirtschaft und der Gesellschaft enorm zugenommen. Die wichtigsten Gründe für diese Bedürfnisse entstehen durch
- die ungleiche Verteilung der natürlichen Ressourcen: Erzlagerstätten, Erdöl- und Erdgas, spezielle Mineralien usw. können nur an vereinzelten Standorten abgebaut werden und müssen oft über weite Distanzen zum Verarbeitungsort transportiert werden;
- die Spezialisierung der Produktion: Güter wie Computer und Medikamente werden nur noch an wenigen Standorten produziert, sodass die Rohstoffe oder Halbfabrikate zugeführt werden müssen;
- die Massenproduktion: die Absatzgebiete und damit die Transportwege vom Produktionsort zum Verbraucher werden immer grösser;
- die unterschiedliche Verteilung der Bevölkerung: kleinräumig durch die Trennung von Wohn- und Arbeitsplatz (Pendlerwege), grossräumig durch die unterschiedliche Tragfähigkeit der Lebensräume, die Migration zur Folge hat. Naturkatastrophen und der Klimawandel lösen ebenfalls grossräumige Wanderungsströme aus;
- den freiwilligen oder erzwungenen Wechsel des Ausbildungs- oder Arbeitsortes: Dieser ist oft mit dem Wechsel des Wohnortes verbunden. In der Folge werden die Wege zur Pflege der persönlichen sozialen Beziehungen länger;
- die Nachfrage nach kulturellen und sportlichen Tätigkeiten: Massenveranstaltungen wie grosse Sportanlässe, Musikfestivals oder Aufführungen in grossen Stadien sind auf grosse Einzugsgebiete angewiesen mit entsprechend langen Anfahrtswegen;
- das menschliche Verlangen nach Bewegung als Selbstzweck, das sich z. B. durch Lust am Wandern, Motorradfahren oder Fliegen ausdrücken kann: der Verkehr wird damit zu einer eigenständigen Grunddaseinsfunktion neben wohnen, arbeiten, sich versorgen, sich bilden und sich erholen;
- geopolitische und militärische Nachfragen: damit ein Territorium beherrscht werden kann, muss es mit Strassen, Eisenbahnlinien, Häfen und mit Flughäfen erschlossen sein. Zudem führen Krisen und Kriege zu Flüchtlingsströmen.

Der Personenverkehr kann den verschiedenen Stufen der Bedürfnispyramide von Maslow zugeordnet werden (vgl. Abschnitt 11.2). Die kurz- und langfristigen Mobilitätsbedürfnisse der Menschen werden im Rahmen der Sozialgeografie untersucht und dargestellt, der Gütertransport ist Teil der Wirtschaftsgeografie.

13.3 Verkehr als Angebot

Die Bedürfnisse nach Mobilität entsprechen der Verkehrsnachfrage. Mit dem Bau der **Verkehrswege** und dem Betrieb von **Verkehrsmitteln** wird das Verkehrsangebot geschaffen. Je grösser die Nachfrage ist, desto mehr Verkehrswege und Verkehrsmittel werden gebaut und betrieben, was wiederum zu einer grösseren Nachfrage führt. Es handelt sich um einen **Aufschaukelungsprozess**, der nur politisch gesteuert werden kann, indem nicht jede Nachfrage nach zusätzlichen Strassen, Eisenbahnverkehr oder zusätzlichen Landepisten bewilligt wird.

Dieser Aufschaukelungsprozess kann an folgendem Beispiel aufgezeigt werden: Nachdem ein Standort besser erschlossen wurde, werden neue Bauzonen ausgeschieden. Sobald diese überbaut sind, steigt die Nachfrage nach Verkehr und nach wenigen Jahren müssen die Strassen erweitert werden, was wiederum eine Siedlungserweiterung zur Folge hat. Dieser Prozess kann besonders deutlich bei den Anschlusswerken der Autobahnen beobachtet werden: Dort entstanden

Verkehr als Angebot

vielerorts Gewerbezonen mit Logistikzentren und Einkaufszentren, die beide viel zusätzlichen Verkehr auslösen. Auch die Erschliessung von Regionen mit besseren Bahn- oder Busverbindungen fördert die Nachfrage nach Baugebieten, die ihrerseits die Verkehrsnachfrage erhöhen.

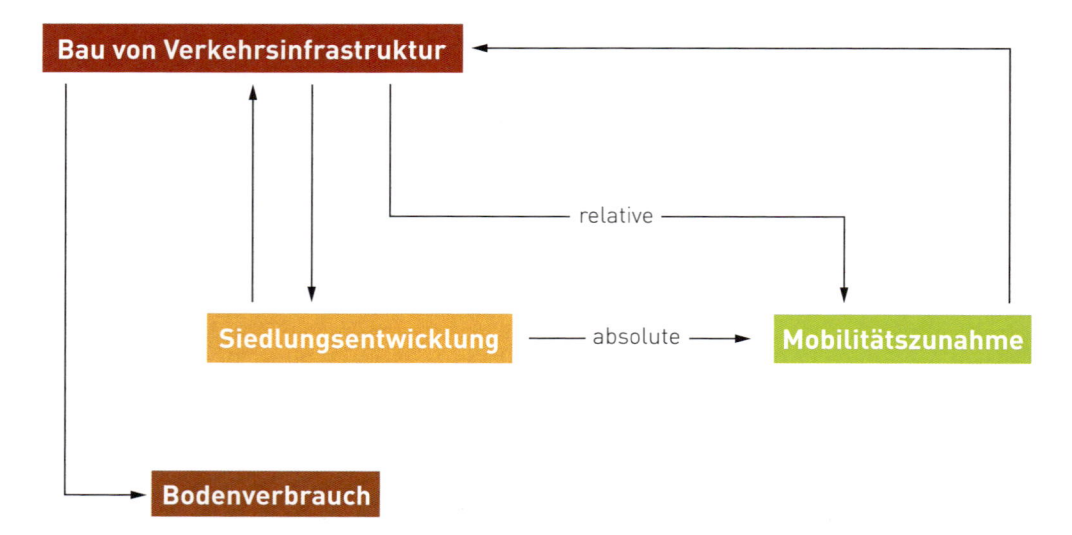

Abb. 13.2
Der Zusammenhang zwischen einer neuen Verkehrsanlage und der Siedlungsentwicklung

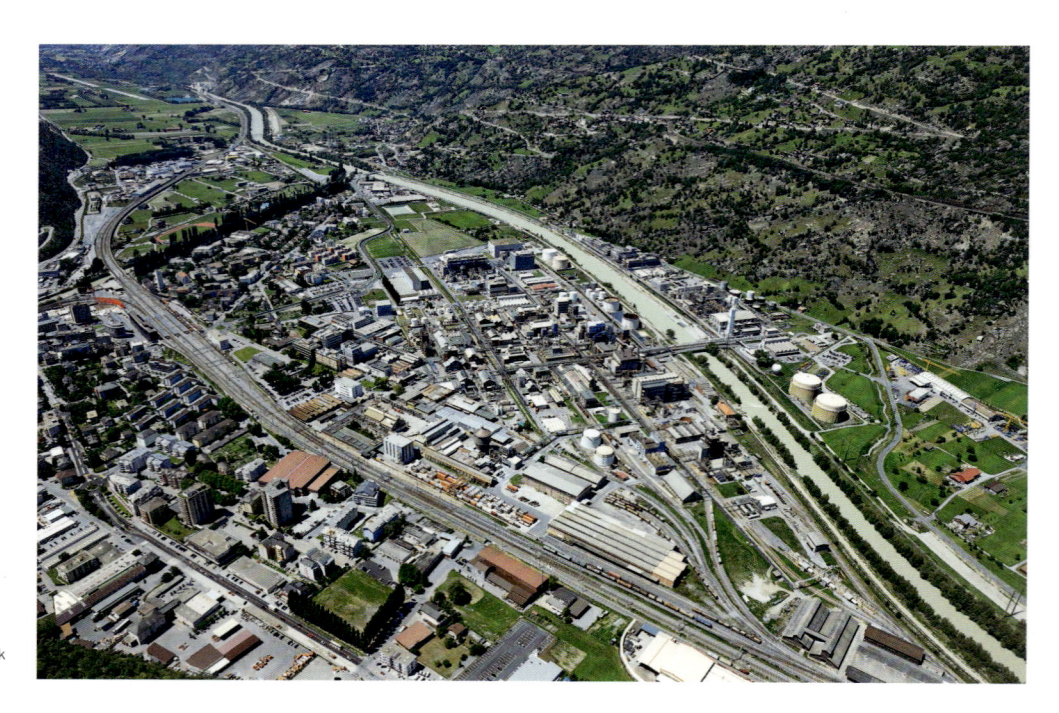

Abb. 13.3
Der neue Lötschberg-Basistunnel hat die Entwicklung von Visp (Kanton Wallis) stark befördert

13.3.1 Das Beharrungsvermögen der Verkehrsanlagen

Der Verkehr wird sehr stark durch die bestehenden Verkehrswege und Verkehrsmittel gesteuert. Je grösser die Mobilität ist, desto grösser ist in der Regel der Bedarf nach Infrastrukturanlagen. Und je grösser die Investitionen in die Verkehrsanlagen sind, desto grösser ist ihr **Beharrungsver-**

mögen (**Persistenz**): Ein Feldweg kann nach einigen Jahren aufgehoben werden, eine Autobahn wird kaum zurückgebaut. Noch stärker ist der Verkehr im Alpenraum von den gebauten Anlagen abhängig, insbesondere von den Tunnels und Brücken. Diese müssen entsprechend langfristig geplant und gebaut werden, weil die Kosten im Gebirge noch höher sind als im Flachland.

Das Verkehrsangebot ist viel weniger flexibel als die Verkehrsnachfrage: einerseits als Folge des grossen Beharrungsvermögens der Verkehrsinfrastruktur, andererseits wegen der **Kapazitätsgrenzen** der einzelnen Verkehrswege und Verkehrsmittel. Die Überlastung einer Strasse, einer Bahnlinie oder eines Flughafens führt zum Zusammenbruch des gesamten Verkehrsnetzes, beispielsweise zu Staus auf den Strassen. Allein auf dem Nationalstrassennetz der Schweiz wurden 2017 insgesamt 25 800 Staustunden registriert. (Die Anzahl Staustunden ist die Dauer aller Staus von dem Beginn bis zur Auflösung; die Staus werden pro Strassenabschnitt erhoben.) Bei der Bahn kann die Überlastung zu Verspätungen und Zugsausfällen führen, im Flugverkehr zu Wartezeiten in der Luft oder am Boden.

13.3.2 Verkehrsträger und Verkehrsmittel

Die Verkehrsmittel und die Verkehrswege wurden sehr unterschiedlich entwickelt, entsprechend der Nachfrage, den jeweiligen technisch-industriellen sowie den finanziellen Möglichkeiten der öffentlichen und privaten Verkehrsträger.

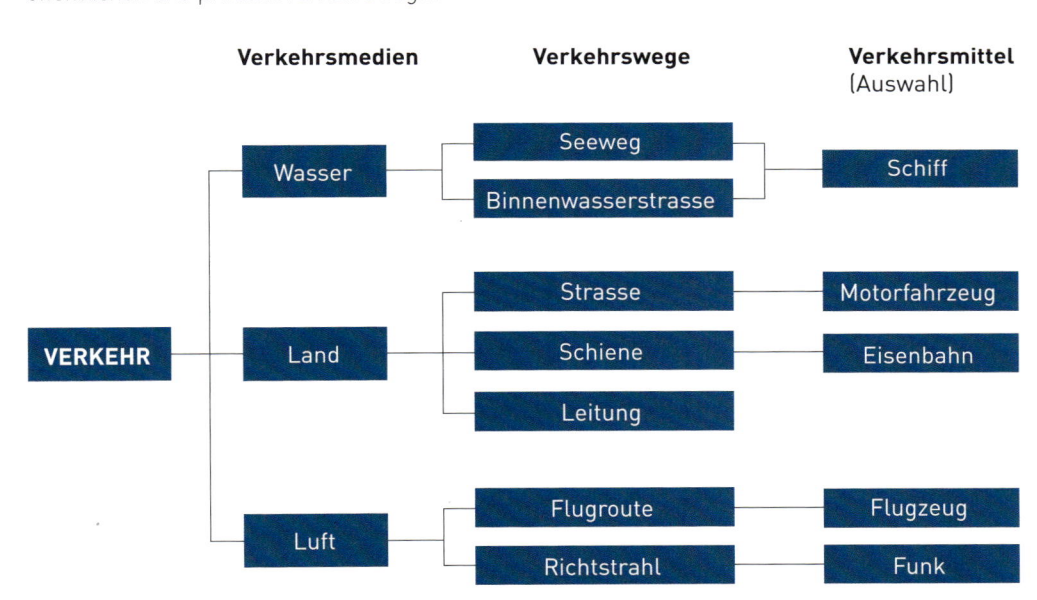

Abb. 13.4 Verkehrswege und Verkehrsmittel

13.3.3 Landverkehr

Der Verkehr zu Land ist die älteste Verkehrsform und die Füsse sind das ursprünglichste Verkehrsmittel. Zu Fuss ist das Festland nahezu flächendeckend erschlossen. Während Jahrtausenden entstanden «Strassen» nur aus **Trampelpfaden**. In Europa waren die meisten Strassen bis ins 18. Jahrhundert ohne festen Belag und kaum mit Wagen zu befahren. Dann wurden sogenannte «Kunststrassen» (Chausseen) nach dem Vorbild der längst verfallenen römischen Strassen gebaut. Damit waren die Voraussetzungen geschaffen, Menschen mit Kutschen und Güter mit Wagen über längere Distanzen transportieren zu können. Nach den Holz- und Steinbrücken wurden seit dem 19. Jahrhundert Eisenbrücken und im 20. Jahrhundert Betonbrücken zur Überwindung immer grösserer Hindernisse gebaut. Heute misst allein das befahrbare Strassennetz in der Schweiz

Verkehr als Angebot

rund 120 000 Kilometer; jährlich kommen 100 Kilometer dazu. Praktisch jedes ganzjährig genutzte Gebäude der Schweiz ist heute mit einer Fahrstrasse erschlossen. Erst nach dem Zweiten Weltkrieg wurden in der Schweiz Autobahnen geplant, in den meisten europäischen Ländern waren solche bereits in der Zwischenkriegszeit erbaut worden. Die Zahl der Personenwagen ist seit 1950 von 188 000 auf 4,6 Millionen (2017) gestiegen.

Das schweizerische Nationalstrassennetz
Ab 1954 wurde mit den **Nationalstrassen** erster Klasse (Autobahnen) ein 1300 km langes Hochleistungsnetz geplant. Davon sind bis heute 1200 km gebaut und in Betrieb. Bisher wurden rund 59 Mrd. Franken ins gesamte Nationalstrassennetz investiert. Grundidee war eine West-Ost-Hauptachse von Genf an den Bodensee und eine Nord-Süd-Hauptachse von Basel durch den Gotthard nach Chiasso. Zusammen mit weiteren Autobahnen und Autostrassen wurden dann jedoch alle grösseren Städte des Landes erschlossen. Die ersten Projekte sahen vor, die Autobahnen möglichst nahe an den Stadtzentren vorbeizuführen, um auch die Innenstädte direkt zu erschliessen. Wo es möglich war, wurden dann aber Umfahrungsautobahnen gebaut. Der zunehmende Pendlerverkehr in die Kernstädte und der Güterverkehr belasten das Autobahnnetz mittlerweile so stark, dass es in den Agglomerationsräumen fast täglich zu Staus kommt. Waren 1950 erst 20 500 Lastwagen in der Schweiz registriert, betrug die Zahl 1970 rund 106 000 und heute sind es über 410 000.

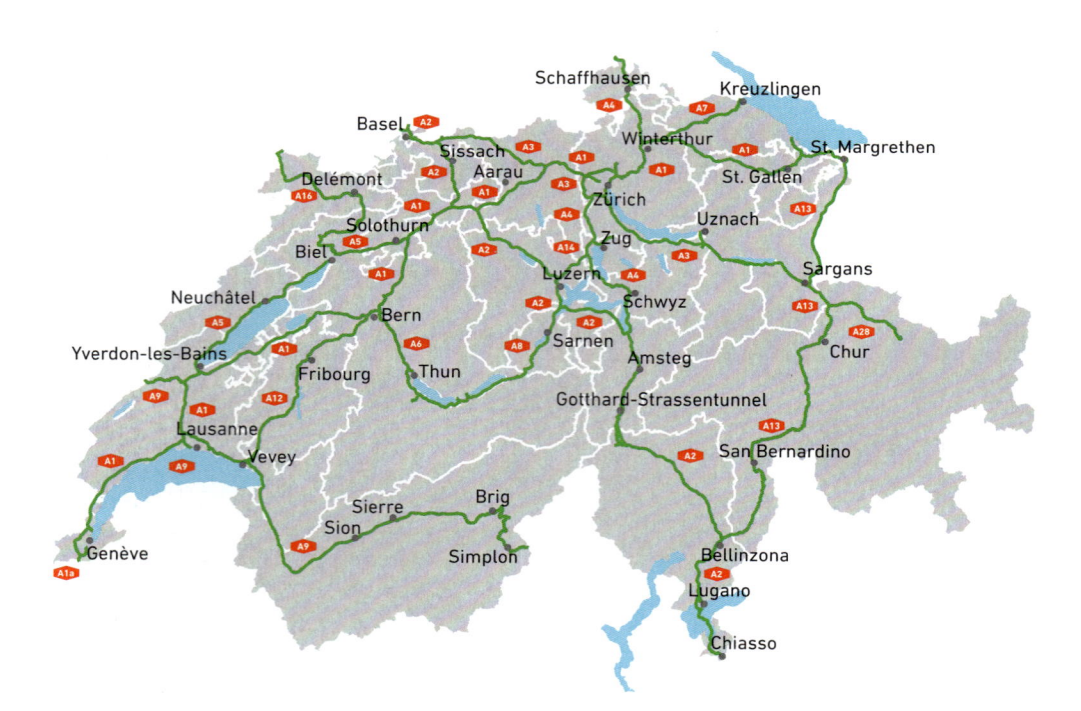

Abb. 13.5
Das schweizerische Nationalstrassennetz
(Quelle: Astra)

Die Eisenbahn
Mit der **Eisenbahn** wurde im 19. Jahrhundert ein grundlegend neues Verkehrsmittel eingeführt. Wegen der hohen Baukosten ist das Eisenbahnnetz viel weniger dicht als das Strassennetz. Da auch die Kosten für die Bahnhöfe sehr hoch sind, werden nur ausgewählte Standorte erschlossen. Die Bahn eignet sich vor allem für grosse Transportmengen, die zeitliche und räumliche Flexibilität ist jedoch wesentlich geringer als beim Strassenverkehr. 1825 fuhr die erste dampfbe-

triebene Eisenbahn in England, 1847 die erste in der Schweiz, von Zürich nach Baden, die sogenannte «Spanisch-Brötli-Bahn». (Mit dieser Bahn wurden unter anderem die Spanisch Brötli, ein spezielles Gebäck aus Baden, zum Verkauf nach Zürich transportiert.) Die Erschliessung mit der Eisenbahn steht auch in der Schweiz im 19. und frühen 20. Jahrhundert in enger Verbindung mit der Industrialisierung. Das Eisenbahnnetz wurde vor allem nach den Bedürfnissen der Wirtschaft entwickelt, und Fabriken wurden an Standorten gebaut, die mit der Eisenbahn erschlossen waren. Die Eisenbahn selbst wurde zu einem wichtigen Zweig der Industrie (Bau der Lokomotiven, der Waggons u.a.). Heute verfügt die Schweiz über das dichteste Eisenbahnnetz der Welt und ist das Bahnland Europas.

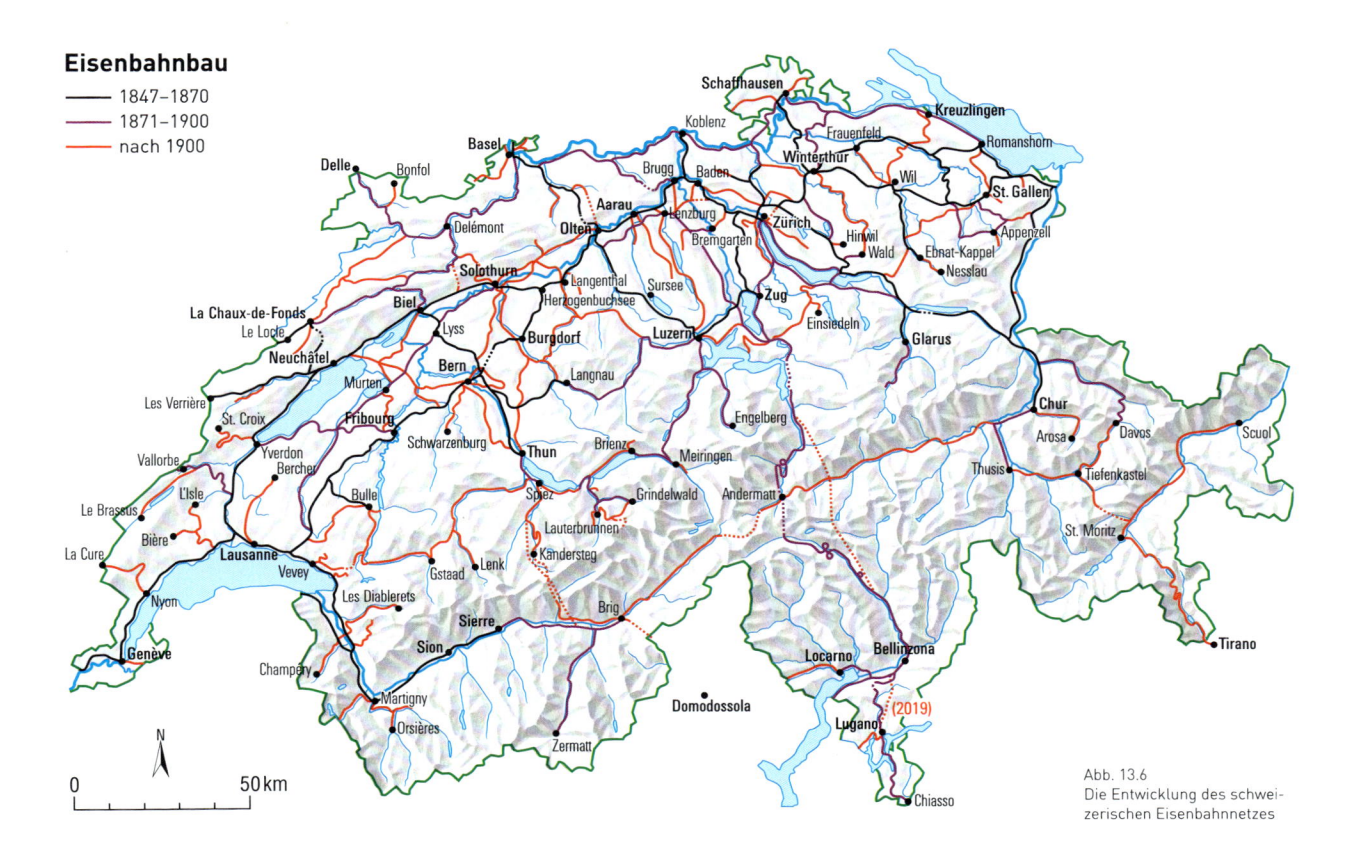

Eisenbahnbau
— 1847–1870
— 1871–1900
— nach 1900

Abb. 13.6
Die Entwicklung des schweizerischen Eisenbahnnetzes

Die Eisenbahnlinien wurden in der Schweiz zunächst von fünf privaten Gesellschaften erbaut und finanziert, jedoch mit finanzieller Beteiligung von Gemeinden und Kantonen. 1901 wurden die Bahngesellschaften zur Schweizerischen Bundesbahn (SBB) zusammengeschlossen. 1882 wurde die Gotthardbahn mit dem 15 km langen Tunnel als dritte alpenquerende Eisenbahnlinie eröffnet (1867 Brennerbahn, 1871 Mont-Cenis), 1906 wurde der Simplon- und 1913 der Lötschbergtunnel dem Betrieb übergeben. Damit war das rund 5000 km messende Eisenbahnnetz der Schweiz weitgehend abgeschlossen.

Seit 1987 wird das Eisenbahnnetz mit den Neubaustrecken der **«Bahn 2000»** sowie den neuen Basistunneln durch den Lötschberg, den Gotthard und den Ceneri und ihren Zubringerlinien wieder stark ausgebaut. Die Investitionen des Bundes in Neubau, Ausbau und baulichen Unterhalt der Eisenbahn sind seither etwa gleich gross wie für das Strassennetz.

Verkehr als Angebot

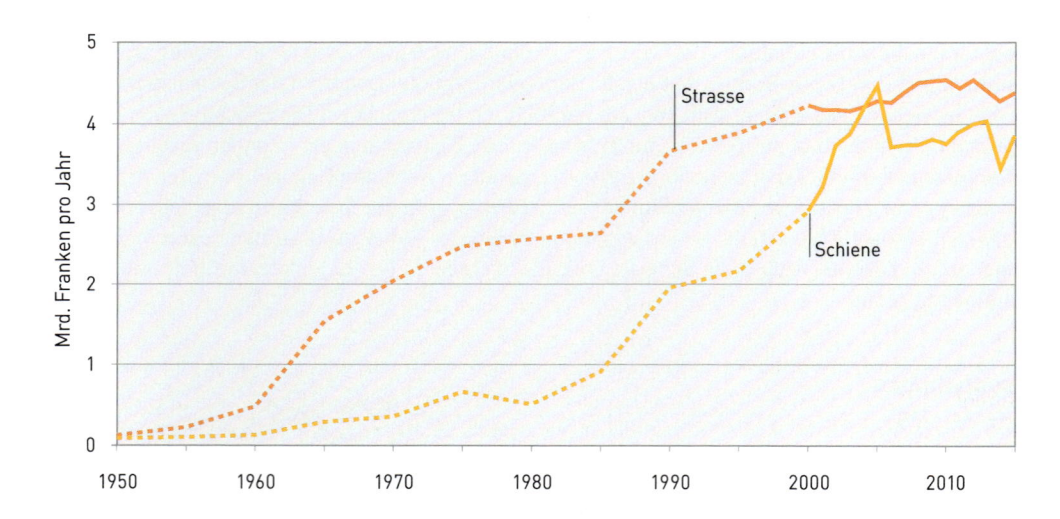

Abb. 13.7
Infrastruktur-Investitionen in der Schweiz in Schiene und Strasse 1950–2015
(Quelle: LITRA 2018)

Der Gütertransitverkehr durch die Alpen

Aufgrund der geopolitischen Lage der Schweiz im zentralen Alpenraum und in Europa spielt der Verkehr über die Alpen seit Jahrhunderten eine wichtige Rolle. Die Alpen waren nie unüberwindbar, jedoch ein physisches Hindernis, das nur mit grossem menschlichem Einsatz und technischen Errungenschaften überwunden werden konnte. Das Hochgebirge hat Unternehmer, Ingenieure und die Politik beflügelt, Wege zu finden, den Transportwiderstand in Zeit und Kosten zu reduzieren. Drei Konstanten spielen dabei bis heute eine wichtige Rolle: der hohe Aufwand für die Verkehrserschliessung, die zunehmende Emanzipation der Verkehrsträger vom Naturraum und das hohe Beharrungsvermögen einmal gebauter Verkehrswege.

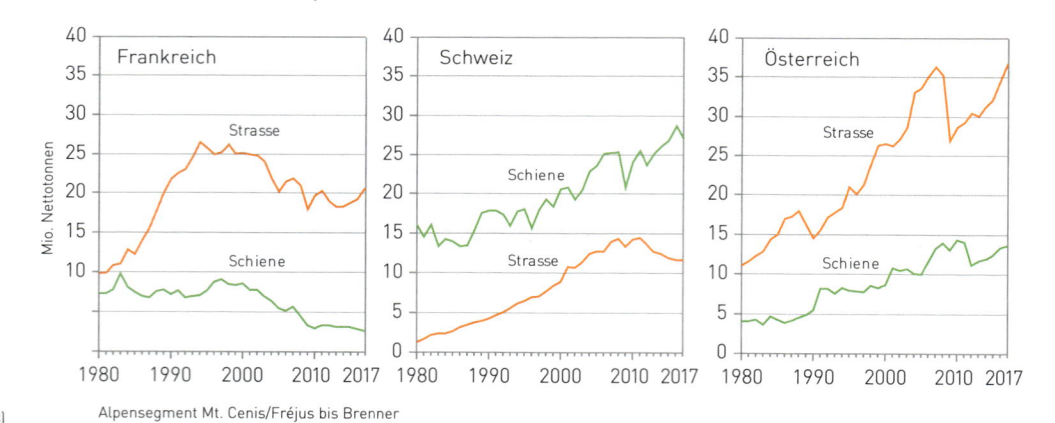

Abb. 13.8
Der Gütertransitverkehr durch die Alpen auf der Strasse und auf der Schiene in Frankreich, der Schweiz und Österreich
(Quelle: BFS, Neuchâtel 2018)

Ein bedeutender Teil des internationalen Güterverkehrs zwischen Nord- und Südeuropa nutzt die Schweizer Alpenübergänge. Die auf Strasse und Schiene über die Schweizer Alpen transportierte Gütermenge belief sich 2013 auf insgesamt 38 Millionen Nettotonnen. Das ist mehr als doppelt so viel wie 1981, dem Jahr nach der Eröffnung des Gotthard-Strassentunnels. Im Gegensatz zu den Nachbarländern wird der alpenquerende Güterverkehr in der Schweiz mehrheitlich über die

13 Verkehr

Schiene abgewickelt, weil einerseits der Strassengüterverkehr beschränkt ist (Nachtfahrverbot, Sonntagsfahrverbot, Gewichtslimite, Leistungsabhängige Schwerverkehrsabgabe LSVA) und andererseits die Bahninfrastruktur seit einigen Jahrzehnten stark gefördert wird: 2013 wurden 66 Prozent der Nettotonnen per Bahn durch die Alpen transportiert. Dabei ist der Anteil des **kombinierten Verkehrs** (Lastwagen, LKW-Sattelauflieger und Container auf Eisenbahnwagen) am Schienenverkehr zwischen 1981 und 2017 von 17 Prozent auf 74 Prozent angestiegen.

Nachdem die öffentlichen Mittel nach dem 2. Weltkrieg und bis in die 1970er-Jahre vorwiegend in den Nationalstrassenbau geflossen waren, fand ab etwa 1980 eine grundlegende Wende zugunsten der Bahn statt, da festgestellt worden war, dass die Strasse nicht alle Probleme lösen kann und vor allem zahlreiche neue verursacht werden. In Volksabstimmungen wurden die beiden Grossprojekte **«Bahn 2000»** (1987) und **«neue Eisenbahn-Alpentransversale NEAT»** (1992) genehmigt. 1998 beschlossen die Schweizer Stimmberechtigten zudem die notwendige Bahnfinanzierung. Zum Projekt der NEAT zählen die Basistunnel an Gotthard, Lötschberg und Ceneri sowie der Ausbau der Zubringertrassen. 1994 wurde zudem mit der Alpeninitiative die Bundesverfassung mit dem Artikel 84 ergänzt, der unter anderem verbietet, die Transitstrassen-Kapazität im Alpenraum zu erhöhen.

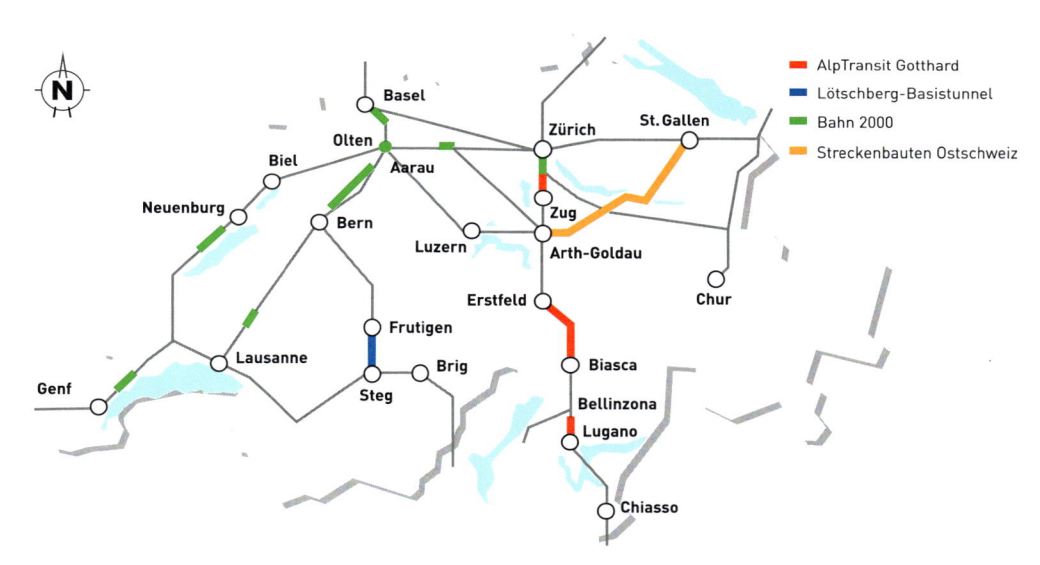

Abb. 13.9
Die Neubaustrecken der Neuen Eisenbahn-Alpentransversalen NEAT und der Bahn 2000

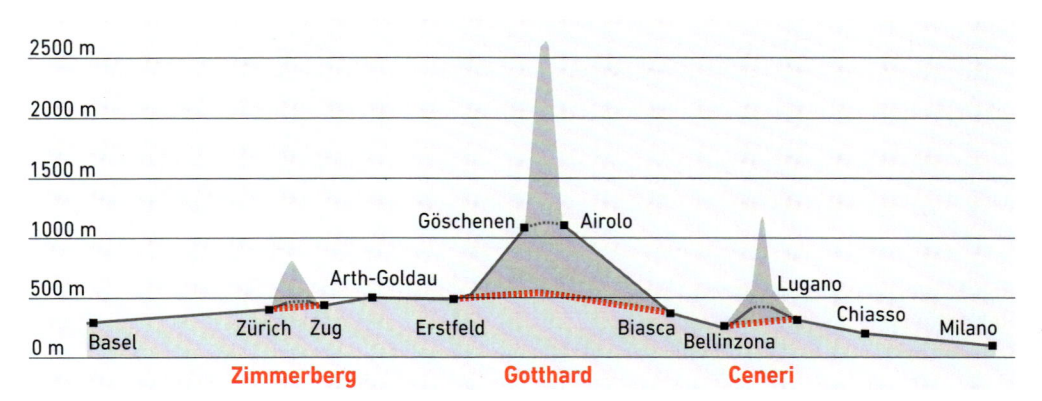

Abb. 13.10
Streckenprofil der Neuen Eisenbahn-Alpentransversale Gotthard-Ceneri

Verkehr als Angebot

Der 35 Kilometer lange Lötschberg-Basistunnel nahm am 9. Dezember 2007 den Vollbetrieb auf. Seitdem rollen täglich 40 Personen- und 70 Güterzüge auf der Flachbahn von Frutigen nach Visp. Die Reisezeit durch die Alpen hat sich damit um eine Stunde verkürzt. Der 2016 in Betrieb genommene Gotthard-Basistunnel ist mit 57 Kilometern der längste Eisenbahntunnel der Welt. Er stellt das Kernstück der NEAT dar, die vor allem der Verlagerung des Schwerverkehrs auf die Schiene dient. Der neue Basistunnel bringt aber auch rasche Zugverbindungen zwischen der Nord- und der Südschweiz: Mit den Hochgeschwindigkeitszügen werden auf der neuen Verbindung Geschwindigkeiten von 200 bis 250 km/h erreicht, die Reisezeit von Zürich nach Mailand verkürzt sich um eine Stunde. Ebenso wird durch den Bau des Gotthard-Basistunnels die Kapazität auf 200 bis 220 Züge täglich erhöht. Dies entspricht einem Volumen von 40 Mio Tonnen Gütern pro Jahr und damit einer Verdoppelung gegenüber 2015.

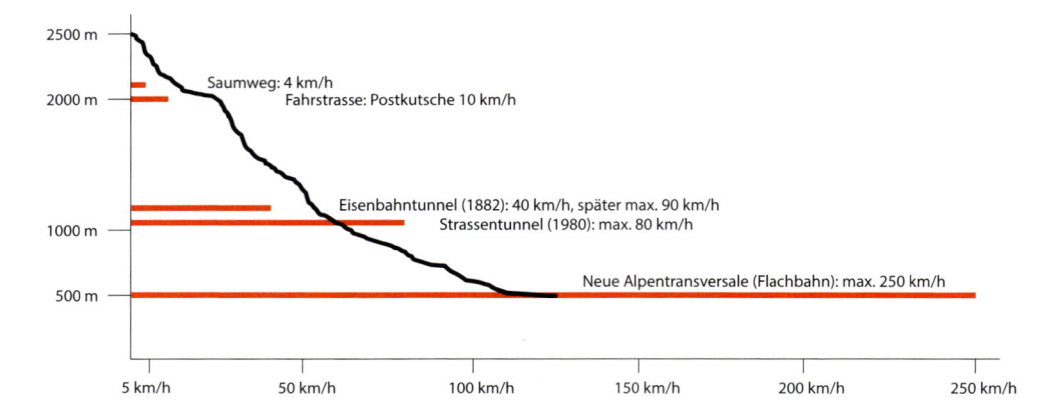

Abb. 13.11
Zunahme der Transportgeschwindigkeit durch den Ausbau der Strassen und Eisenbahntrassen. Der Widerstand der Alpen wird weitgehend aufgehoben.

Als logische Fortsetzung des Gotthard-Basistunnels gilt der 11.5 Kilometer lange Ceneri-Basistunnel. Er bildet die südliche Ergänzung der Gotthardstrecke und vervollständigt die Nord-Süd-Achse zu einer Flachbahn, sodass Güterzüge von mehr als 2000 Tonnen Anhängelast mit einer einzigen Lokomotive und ohne Halt durch die Schweiz geführt werden können. Die kommerzielle Inbetriebnahme ist auf Ende 2019, nach der Eröffnung des Ceneri-Tunnels, geplant.

Bergbahnen und städtische Standseilbahnen

Neben der Eisenbahn sind in der Schweiz über 2400 **Seilbahnen** in Betrieb. Mit Ausnahme der vorwiegend in den Städten betriebenen Standseilbahnen dienen die meisten dieser Anlagen vorwiegend dem Freizeitverkehr. Die rund 1600 Schlepplifte und Kleinskilifte sind nur für den Wintersport in Betrieb. Die Zahl dieser Anlagen hat in den letzten Jahren abgenommen, weil viele durch Pendelbahnen mit höherer Kapazität ersetzt wurden. Die meisten der rund 640 Standseilbahnen, Pendelbahnen, Sessel- und Kabinenbahnen sind ganzjährig in Betrieb und für den Tourismus im Alpenraum von zentraler Bedeutung. Waren die Bergbahnunternehmen ursprünglich wichtige Arbeitgeber für Bauern, die vor allem im Winter einen zusätzlichen Verdienst hatten, fallen viele dieser Arbeitsplätze durch den Rückgang und durch die Automatisierung weg. Durch den Rückgang der Bauernbetriebe ist allerdings auch die Nachfrage nach dieser Erwerbsergänzung stark zurückgegangen.

Rohrleitungen und Kabelnetze

Rohrleitungen und **Kabel** gehören ebenfalls zu den Landverkehrsmitteln. Sie dienen dem Transport spezieller Güter, deren Konsistenz stets gleich ist und die zwischen wenigen, von vornherein fixierten Punkten transportiert werden. Eine Besonderheit besteht darin, dass Verkehrsweg,

Transportmittel und Transportbehälter eine Einheit bilden. Am weitesten verbreitet sind Wasser-, Abwasser- und Elektrizitätsleitungen sowie Kabelnetze für Fernsehen, Radio, Telefonie und Internet.

Über grössere Strecken werden Erdöl und Erdgas in Pipelines transportiert, wobei das Erdgas in den Städten auch feinverteilt wird. Durch die hohen Investitionskosten für Leitungen und Übertragungsnetze ist deren Beharrungsvermögen besonders gross. Zudem beeinflussen sie auch die Industriestandorte und die Siedlungsentwicklung sehr stark. So steht beispielsweise die Industrialisierung in den Bergtälern in direktem Zusammenhang mit den hydroelektrischen Produktionsstandorten und die Siedlungsentwicklung ist unmittelbar mit den Versorgungs- und Entsorgungsleitungen verbunden. Auch sind die Strassen innerhalb der Siedlungen durch die im Boden verlegten Leitungsnetze praktisch nicht mehr zu verlegen.

13.3.4 Wasserverkehr

Auf dem Wasser ist die Fortbewegung leichter als auf dem Land, weil die Wege bereits bestehen, der Wasserverkehr erfordert jedoch spezielle Transportmittel. Bei den Verkehrswegen zu Wasser werden Seeverkehrswege und Binnenwasserwege unterschieden. Im Mittelalter war der Transport auf Seen und Flüssen (Binnenwasserwege) das leistungsstärkste Verkehrssystem, seit der Neuzeit ermöglichte es, Kontinente vollständig zu erschliessen. In vielen Teilen der Erde hat der Binnenschiffsverkehr die siedlungs- und wirtschaftsräumlichen Strukturen grundlegend geprägt, so liegen zahllose Städte an grossen und kleinen Wasserwegen.

Abb. 13.12
Containerschiff im Terminal Hamburg

Seeverkehrswege sind die kürzest möglichen Verbindungen zwischen zwei Häfen unter Berücksichtigung der natürlichen, technischen und politischen Verhältnisse. Mit Ausnahme der Seeschifffahrtskanäle (Sueskanal, Panamakanal u. a.) und ausgebaggerten Fahrrinnen der Hafenzufahrten sind die Seeverkehrswege ungebahnt. **Hafenstandorte** haben sich vor allem in den Industrieländern zu grossen Industriestandorten entwickelt. Mit der Einführung der Container ab 1956 wurde der Seegüterverkehr und in der Folge auch der Binnenschifffahrtsverkehr und der Landgüterverkehr (Eisenbahn und Strasse) revolutioniert. Durch die Verlagerung der Hafenareale an neue Standorte ausserhalb der Städte boten sich für die Stadtentwicklung neue Möglichkeiten an. So wurden zum Beispiel die Docklands in London, die Eastern Docklands in Amsterdam und die Hafencity in Hamburg zu neuen, zentrumsnahen Dienstleistungszentren und Wohngebieten.

Verkehr als Angebot

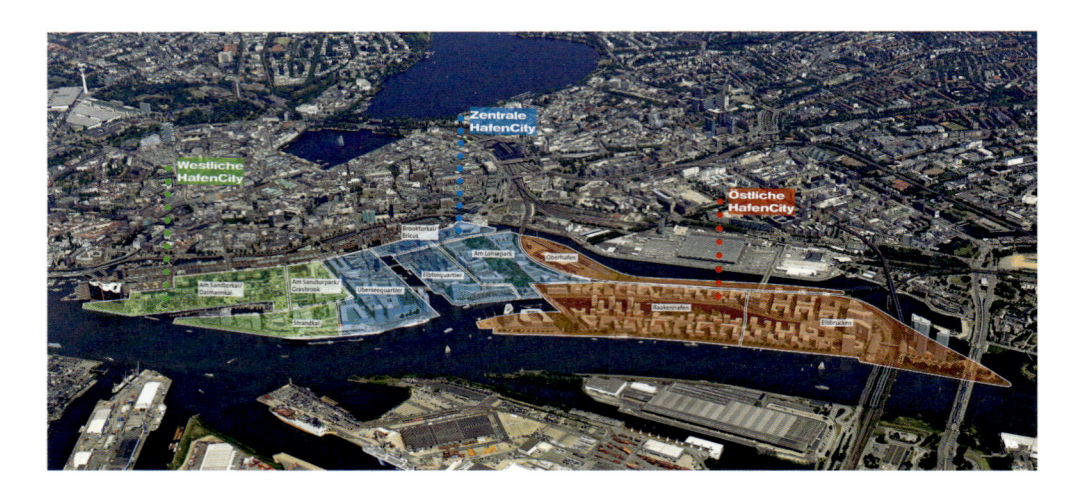

Abb. 13.13
Hafencity Hamburg:
Quartierübersicht

Für den Personenverkehr auf den Meeren sind heute nur noch der Fährverkehr über Meerengen, der Inselverkehr und die touristischen Kreuzfahrten von Bedeutung. Der interkontinentale Personenverkehr wurde weitgehend vom Flugzeug übernommen. Auf den Binnenseen dienen die Weissen Flotten auch in der Schweiz fast ausschliesslich dem Tagesausflugsverkehr. Die Schweizer Schifffahrtsgesellschaften beförderten im Jahr 2016 rund 11,3 Mio. Personen. Auf den schiffbaren Flüssen haben in den letzten Jahren die Angebote mit Hotelschiffen weltweit stark zugenommen, und auf den historischen Binnenkanälen, die vom 18. Jahrhundert bis ins Eisenbahnzeitalter für den Güterverkehr in Europa von zentraler Bedeutung waren, verkehren heute vorwiegend Freizeitkapitäne mit in der Regel gemieteten Hausbooten. Allein in Frankreich sind pro Jahr rund 160 000 Touristen auf den Binnenkanälen unterwegs.

Abb. 13.14
Rheinhafen Klybeck und
Westquai in Basel

In der Schweiz spielt heute für den Güterverkehr nur noch die Rheinschifffahrt eine wichtige Rolle. In Konkurrenz mit der Eisenbahn wurden 1904 erste Versuchsfahrten mit Motorschiffen rheinaufwärts bis Basel gemacht. Ab 1905 wurde die Hafenanlage zu St. Johann ausgebaut, 1923 der Hafen

Kleinhünigen und ab 1937 der Rheinhafen Birsfelden. Nach der Regulierung der Oberrheinstrecke und dem Bau des Verbindungskanals zwischen Rhone und Rhein in Frankreich erreichte die Rheinschifffahrt um 1960 gewichtsmässig einen Anteil von 40 Prozent am gesamten Aussenhandel der Schweiz, 2015 machte dieser nur noch 12 Prozent aus. Im Jahr 2017 wurden in den Schweizerischen Rheinhäfen insgesamt 5,8 Mio. Tonnen Güter umgeschlagen; der Grossteil davon wurde zugeführt: Rheinaufwärts kamen 2,5 Mio. Tonnen Erd- und Mineralöl sowie 705 000 Tonnen Steine, Erden und Baustoffe. An der Ausfuhr machten die Erdöl- und Mineralerzeugnisse, die chemischen Produkte sowie die Fahrzeuge und Maschinen je 15 Prozent aus.

13.3.5 Luftverkehr

Auf den ersten Blick scheint der **Luftverkehr** am wenigsten «wegehaft» festgelegt zu sein. Dieser Eindruck trügt allerdings: Auch die Luftverkehrswege sind aus Sicherheitsgründen als Luftkorridore festgelegt. Flughäfen sind in Bau und Betrieb wie die Seehäfen ausserordentlich kosten- und flächenintensiv. Eine Verlegung ist in dicht besiedelten Ländern wie der Schweiz kaum mehr möglich. Ein weiterer Grund für die **Standortpersistenz** sind die zahlreichen Transport-, Gewerbe- und Dienstleistungsunternehmen, die sich in unmittelbarer Umgebung der Flughäfen angesiedelt haben und die auf die Nähe zum Flughafen angewiesen sind.

Flugverkehr Landes- und Regionalflugplätze der Schweiz 2017

	Zürich	Genf	Basel-Mulhouse	Bern-Belp	Lugano-Agno	St. Gallen Altenrhein	Sion
Starts und Landungen	236 418	147 615	70 368	5832	4008	2501	521
Passagiere	29 361 201	17 259 942	7 868 537	167 566	135 534	109 776	9349
Luftfracht (t)	350 960	40 061	64 270	0	51	0	0

Abb. 13.15
Der Flughafen Zürich-Kloten wird zunehmend von Wohn- und Gewerbequartieren umgeben

Die Flughäfen mit dem grössten Passagieraufkommen im Jahr 2017

Rang	Flughafen	Passagiere (Mio.)
1	Hartsfield-Jackson Atlanta International Airport, USA	103,9
2	Beijing Capital International Airport, Volksrepublik China	95,8
3	Dubai International Airport, Vereinigte Arabische Emirate	88,2
4	Los Angeles International Airport, USA	84,6
5	O'Hare International Airport, USA	79,8
6	London Heathrow Airport, Grossbritannien	78,0
7	Tokyo Haneda International Airport, Japan	76,5
8	Hong Kong International Airport, Hongkong	72,7
9	Shanghai Pudong International Airport, Volksrepublik China	70,0
10	Aéroport Paris-Charles de Gaulle, Frankreich	69,5
11	Amsterdam Airport Schiphol, Niederlande	68,5
12	Dallas/Fort Worth International Airport, USA	67,1

Im Vergleich mit den grössten Flughäfen der Welt sind die Passagierzahlen der drei Schweizer Flughäfen beträchtlich.

13.4 Container-Revolution

Die wichtigste technische Entwicklung des Gütertransportes im 20. Jahrhundert war die Einführung standardisierter Transportbehälter im Strassen-, Schienen- und Schiffsverkehr, die sogenannte Container-Revolution. Bereits in den 1930er-Jahren waren in den USA standardisierte Transportbehälter im Einsatz, während des Zweiten Weltkriegs vor allem bei der US-Armee. Als eigentlicher Erfinder gilt aber der Amerikaner Malcom P. McLean, der 1956 erstmals Grosscontainer auf Lastwagen und Schiffen einsetzte. Auf der ersten Fahrt wurden 58 Container auf einem umgebauten Tanker transportiert. 1966 fuhr erstmals ein Schiff mit Containern in einen europäischen Hafen. Da die amerikanischen Masse nicht den europäischen Strassenverhältnissen angepasst waren, konnten die Container vorerst nicht auf Lastwagen verladen werden. Es wurden dann aber weltweit gültige Normen festgelegt und heute haben sich die 20- und die 40-Fuss-Container durchgesetzt (6 bzw. 12 m lang, 2,4 m breit, 2,6 m hoch), die Kapazität von Schiffen wird in Twentyfoot Equivalent Unit (TEU = Standardcontainer) angegeben.

Abb. 13.16
Das im August 2015 grösste Containerschiff «CSCL Globe» ist 400 m lang, 58 m breit, hat ein Ladungsvermögen 19 000 TEU und fährt mit einer maximalen Geschwindigkeit von 46 km/h.

Container lassen sich gut stapeln, bieten Schutz vor Beschädigungen und können abgeschlossen und plombiert werden. Mit den normierten Containern wird heterogenes Stückgut in homogenes Massengut umfunktioniert. Dadurch konnte der Transport und vor allem der Umladevorgang stark rationalisiert werden. Entscheidend ist der grosse Zeitgewinn beim Umladen vom Schiff auf Zugwaggons oder Lastwagen. Für die Umladestationen mussten viele Häfen weitgehend umgebaut oder sogar verlegt werden. Zehntausende von Hafenarbeitern verloren bei diesem Prozess ihre Stelle. Während das Entladen eines Schiffes früher mehrere Tage dauerte, sind es heute nur noch einige Stunden.

Der Containertransport erfordert grosse Lagerflächen, die meistens ausserhalb der bestehenden Häfen angelegt werden mussten. Der Umlad erfolgt mit Krananlagen und Fahrzeugen. In Shanghai, dem grössten Containerhafen der Welt, wurden 2016 rund 37 Mio. Container umgeschlagen, in Rotterdam, dem grössten europäischen Terminal, rund 12 Mio. Container.

Durch die Containerisierung haben sich die Kosten vom Transport zur Infrastruktur verlagert: die reinen Transportkosten pro Tonne und Kilometer sind gesunken, aber die Bau- und Betriebskosten der Verlade- und Umladestationen haben stark zugenommen; die Transportdistanz spielt deshalb nur noch eine geringe Rolle. Der Containertransport ist neben der Informationstechnologie der wichtigste Faktor für die zunehmende Globalisierung der Wirtschaft.

13.5 Vom Transport zur Logistik

In engem Zusammenhang mit dem Güterverkehr steht die Logistik, dank der das richtige Gut in der richtigen Menge zum richtigen Zeitpunkt am richtigen Ort ankommt. Die Bedeutung der Logistik hat mit der Ablösung der Massenproduktion, oft mit Fliessbandarbeit verbunden und konzentriert an einem oder wenigen Standorten («Fordismus»), durch die Produktion auf Bestellung stark zugenommen. Heute werden viele Produkte erst nach dem Bestellungseingang produziert, beispielsweise in der Autoindustrie. Die vielen Typen- und Ausstattungsvarianten, die sich zudem jährlich ändern, erfordern anpassungsfähige Produktionsweisen. Diese «flexible Spezialisierung» setzt auch innovative Klein- und Mittelbetriebe voraus, die lokal oder regional miteinander vernetzt sind. Es wird nicht mehr auf Lager produziert, sondern die einzelnen Bestandteile und Halbfabrikate werden in kleineren Mengen und genau terminiert hergestellt und zum Endmontagewerk transportiert («Just-in-Time»), was hohe Anforderungen an die Logistik stellt. Um die Transportkapazitäten optimal zu nutzen sind Logistik- und Verteilzentren notwendig, in denen die Güter umgeladen werden.

Abb. 13.17
Logistikzentrum

Die moderne Kommunikationstechnologie ist Voraussetzung für die ganze Logistikkette, vom Ausgangsmaterial über die Transportwege der Komponenten und Fertigprodukte bis zum Endnutzer. Später auch bis zum Recycling oder zur Entsorgung. Wie beim Güterverkehr wurde auch die Nachrichtenübermittlung in den letzten Jahrzehnten immer günstiger, die notwendige Übermittlungsinfrastruktur, beispielsweise die Nachrichtensatelliten, hingegen anspruchsvoller und teurer.

13.6 Verkehrswege als Netzwerk

Netzwerke spielen heute in vielen Lebens- und Fachbereichen eine zentrale Rolle, seien es soziale, wirtschaftliche, politische, kulturelle Netzwerke oder Computernetzwerke. Alle bestehen sie aus einzelnen Elementen, als Knoten bezeichnet, die durch sogenannte Kanten verbunden sind. Eine besonders wichtige Rolle spielen die Verkehrsnetzwerke bei der Erschliessung eines Raumes. Abb. 13.18 zeigt die drei Typen von Netzwerken an einem Beispiel mit fünf Standorten (Knoten), die mit einer unterschiedlichen Anzahl Kanten verbunden werden.

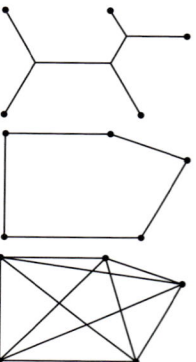

Sternnetzwerk: Minimierung des Streckennetzes, Maximierung der Summe der Entfernung zwischen allen Standorten.

Kettennetzwerk: «Route des Handelsreisenden». Alle Knoten sind hintereinander angeordnet.

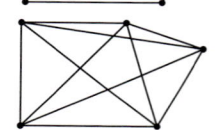

Vermaschtes Netzwerk: Jeder Standort ist direkt mit jedem andern Standort verbunden. Minimierung der Entfernungen zwischen den Standorten, Maximierung des Streckennetzes.

Abb. 13.18
Drei Typen von Netzwerken

Netzwerküberlegungen haben bei der Planung eines neuen Verkehrssystems schon immer eine wichtige Rolle gespielt, beispielsweise bei der Neuanlage des schweizerischen Eisenbahnnetzes, bei der Entwicklung eines Nationalstrassennetzes oder in Grossstädten bei der Anlage der Linien des Öffentlichen Verkehrs.

Während für die Erschliessung mit dem Auto im schweizerischen Mittelland ein vermaschtes Netzwerk besteht, entspricht die Erschliessung im Alpenraum weitgehend einem Kettennetzwerk. Mit der Bahn sind praktisch nur Stern- oder Kettennetzwerke möglich. Auf offenen Gewässern und im Luftraum sind theoretisch vermaschte Netzwerke möglich, aber aus Kostengründen nur mit einer geringen Anzahl Knoten, den Häfen und Flughäfen.

Der Bau von Verkehrsnetzen wird zum einen durch die Kosten für die Infrastruktur und andererseits durch den zukünftigen **Transportaufwand** (Zeit und Kosten) bestimmt. Als Bahnbenützer oder als Autofahrerin möchte man auf direktem Weg vom Ausgangsort zum Zielort gelangen, aus der Sicht des Steuerzahlers und zur Schonung der Umwelt, etwa zur Vermeidung von Zerschneidung von Lebensräumen, sollte die Länge der Verkehrswege minimiert werden.

Neben den Verkehrswegen spielen für die Erschliessung des Raumes auch die technische Leistungsfähigkeit der Strecken, die Geschwindigkeit und die Transportkapazität der Verkehrsmittel sowie die Kosten für die Infrastruktur und den Transport eine entscheidende Rolle, beim Personenverkehr zusätzlich der Reisekomfort. Deshalb müssen bei jedem neuen Verkehrsprojekt die Minimierung des Streckennetzes und die Minimierung des Transportaufwandes gegeneinander abgewogen werden, unter Berücksichtigung der bestehenden und der zukünftigen Nachfrage.

13.7 Formen des Verkehrs am Beispiel des Personennahverkehrs in Agglomerationen

Die hohe Dichte und besonders die räumliche Trennung der Grunddaseinsfunktionen innerhalb der Städte und Agglomerationen haben einen dichten Verkehr zur Folge. Während der Güterverkehr durch die Verlagerung der Industrie an den Stadtrand, in den ländlichen Raum oder sogar ins Ausland innerhalb der Verdichtungsräume abnimmt, wächst der Personenverkehr stetig. Auch die neuen Einkaufszentren ausserhalb der Städte tragen zu dieser Verlagerung bei. Beim Personenverkehr wird zwischen dem **Individualverkehr** (IV) und dem **öffentlichen Verkehr** (ÖV) unterschieden. Mit dem Auto und dem Motorrad, als **motorisierter Individualverkehr** (MIV) bezeichnet, werden auch innerhalb der Agglomerationen die grössten Distanzen zurückgelegt: in Zürich waren es 2015 rund 20 Kilometer pro Person und Tag, in Bern 22 Kilometer, in Basel 18 Kilometer und in Genf 17 Kilometer, im Durchschnitt rund 60 Prozent der zurückgelegten Tagesdistanzen. Zu Fuss werden in den Agglomerationsgemeinden 53 Prozent und mit dem Velo 5 Prozent aller Etappen zurückgelegt, beide zusammen werden als **Langsamverkehr** (LV) bezeichnet. Eine **Etappe** ist zum Beispiel die Fahrt mit dem Auto vom Wohnort zum Arbeitsplatz. Wenn der Arbeitsweg mit einem öffentlichen Verkehrsmittel zurückgelegt wird, besteht er meistens aus drei Etappen: zu Fuss zur Haltestelle, Fahrt mit dem Bus oder Zug, zu Fuss zum Betrieb.

Das Besondere am **Agglomerationsverkehr** ist der hohe Anteil des öffentlichen Verkehrs, der in den meisten europäischen Städten seit dem Ende des 19. Jahrhunderts stetig verbessert wurde. Mit der steigenden Nachfrage wurde das Bus- und Tramnetz ausgebaut, die Fahrpläne verdichtet sowie der Komfort für die Fahrgäste und das Personal verbessert.

Die Anteile der einzelnen Verkehrsmittel oder Verkehrsmittelgruppen Langsamverkehr (LV), motorisierter Individualverkehr (MIV) und öffentlicher Verkehr (ÖV) am Gesamtverkehr wird als **Modalsplit** bezeichnet. Dieser spielt im Agglomerationsverkehr eine wichtige Rolle, weil aus verkehrs- und umweltpolitischen Gründen ein hoher ÖV-Anteil angestrebt wird.

Der **Personennahverkehr** wird vorwiegend von öffentlichen Betrieben oder konzessionierten Privatunternehmen als **Linienverkehr** angeboten. Die Anbieter unterliegen der Fahrplanpflicht und müssen die Fahrpläne auch einhalten, wenn die Nachfrage zu bestimmten Zeiten und auf einzelnen Linien sehr gering ist (Betriebspflicht). Zudem müssen die Tarife genehmigt und veröffentlicht sein (Tarifpflicht), und jeder Fahrgast muss befördert werden (Beförderungspflicht). Allfällige Ausnahmen, etwa für grössere Gruppen, müssen publiziert sein. Diese vier Pflichten werden durch Subventionen der öffentlichen Hand abgegolten.

Die Gesamtheit des Verkehrsangebotes innerhalb einer Region wird als **Verkehrssystem** bezeichnet. Durch den Zusammenschluss aller Verkehrsanbieter zu einem **Tarifverbund** wird die Benützung der öffentlichen Verkehrsmittel wesentlich einfacher und attraktiver.

13.8 Verkehr und Raumentwicklung

Da die **Verkehrsflächen** in der Schweiz mit 950 km^2 (fast die Fläche des Kantons Thurgau) rund einen Drittel der gesamten Siedlungsfläche ausmachen, ist die Verkehrsplanung auf eidgenössischer, kantonaler und kommunaler Ebene von zentraler Bedeutung. Und weil die meisten Verkehrsanlagen von der öffentlichen Hand gebaut, unterhalten und betrieben werden, können der Bund, die Kantone und die Gemeinden direkt Einfluss nehmen, viel stärker als bei der Siedlungsentwicklung.

Mit der **Verkehrserschliessung** können einzelne Standorte oder ganze Regionen aufgewertet werden, was die Wirtschafts- und Bevölkerungsentwicklung positiv beeinflusst. Dies bedeutet aber gleichzeitig, dass nicht oder schlecht erschlossene Gebiete weiter benachteiligt werden, selbst wenn ihr Verkehrsangebot nicht verändert wird. Da der Verkehr die Umwelt (Luftverschmutzung, Lärm, Zerschneidung der Landschaft) stark belastet, ist **Verkehrspolitik** auch Umweltpolitik. Und da der Energieverbrauch durch den Verkehr rund 35 Prozent des gesamten Energieverbrauchs der Schweiz beträgt, ist der Verkehr ein wichtiger Teil der **Energiepolitik.**

Abb. 13.19
Autobahn als Standortgunst für flächenintensive Gewerbe- und Dienstleistungsunternehmen: Autobahndreieck Härkingen.

In den 1990er-Jahren hat in der **Verkehrsplanung** ein grundlegender Perspektivenwechsel von der **nachfrageorientierten** zur **angebotsorientierten** Sichtweise stattgefunden. Während Jahrzehnten wurde versucht, die erweiterte Nachfrage nach Verkehrsleistungen durch den Bau neuer Anlagen zu befriedigen, jede Verbesserung erzeugte aber zusätzlichen Verkehr. Seither wird versucht, das bestehende Verkehrsangebot effizienter zu nutzen und allenfalls neue Bedürfnisse nach zusätzlichen Erschliessungen nicht zu befriedigen oder den Verkehr auf einzelnen Abschnitten sogar zu reduzieren, zum Beispiel mit Geschwindigkeitsbeschränkungen in städtischen Wohnquartieren.
Die Verkehrsentwicklung ist somit eine Querschnittsaufgabe, die fast alle Politikbereiche betrifft. Zudem verbindet der Verkehr alle räumlichen Ebenen von lokal bis global miteinander und er wird sowohl von öffentlichen und von privaten Institutionen organisiert, die verschiedenen Transportmittel werden immer stärker kombiniert. Um die Vorteile des Verkehrs zu fördern und die Nachteile zu reduzieren oder zu vermeiden, muss das Verkehrsangebot im Rahmen von **Gesamtverkehrskonzeptionen** geplant werden. In der Praxis überwiegen jedoch noch häufig sektorale und räumliche Einzelinteressen.

Weiterführende Literatur
BUNDESAMT FÜR STATISTIK: Mobilität und Verkehr. Statistischer Bericht 2018. Neuchâtel, 2018.
HEINEBERG H.: Einführung in die Anthropogeographie/Humangeographie.
 (Grundriss Allgemeine Geographie, UTB 2445). Paderborn, 2007 (3. Aufl.).
NUHN H., HESSE M.: Verkehrsgeographie. (Grundriss Allgemeine Geographie, UTB 2687). Paderborn, 2006.

Internet
Bundesamt für Statistik: http://www.bfs.admin.ch/bfs/portal/de/index.html
Informationsdienst für den öffentlichen Verkehr: http://www.litra.ch/de/

14 Landschaftswandel und Raumplanung

Stefan Manser, Ernst Stauffer

Durch das Wirtschaftswachstum und den Strukturwandel in Wirtschaft und Gesellschaft steigen die Ansprüche an die Landschaft als Lebensgrundlage des Menschen stetig an.
Da der Boden nicht vermehrt werden kann – Boden ist eine endliche Ressource –, wird er zum knappen Gut. Ziel der Raumordnungspolitik ist es nun, die unterschiedlichen Ansprüche und Interessen so aufeinander abzustimmen, dass mit einem haushälterischen Umgang mit der Landschaft der Lebensraum auch für zukünftige Generationen nachhaltig gesichert werden kann.
Die Kulturlandschaft mit den ländlichen und städtischen Siedlungen ist nicht nur das Ergebnis der Wirtschafts- und Gesellschaftsentwicklung, sie bietet auch Ressourcen für heutige und zukünftige Tätigkeiten. Die Siedlungen sind Wohnraum für einen grossen Teil der nichtlandwirtschaftlichen Bevölkerung, die Fluren sind gleichzeitig Erholungsraum, und die Landschaft ist besonders im Gebirge eine ausserordentlich wichtige Grundlage für den Tourismus. Siedlungen, Fluren und Landschaft müssen deshalb geschützt, gepflegt und weiterentwickelt werden.

Landschaftswandel und Landnutzung in der Schweiz

14.1 Landschaftswandel und Landnutzung in der Schweiz

Die Raumplanung in der Schweiz hat die Aufgabe, durch haushälterische Bodennutzung und geordnete Besiedlung des Landes langfristig eine Vielfalt von Nutzungen sicherzustellen.

Solange man Entfernungen nur zu Fuss, per Fahrrad oder mit öffentlichen Verkehrsmitteln überwinden konnte, blieben der Zersiedlung der Landschaft Grenzen gesetzt. Erst nach dem Zweiten Weltkrieg setzte eine starke Siedlungsentwicklung ein. Mit der Zunahme des motorisierten Individualverkehrs wuchs die Mobilität, das tägliche Überwinden grösserer Distanzen wurde möglich. Der Wohnort musste nicht mehr in unmittelbarer Nähe des Arbeitsortes sein. Damit wurde auch die Art der Nutzungsansprüche an den Boden vielfältiger, beispielsweise für Wohn-, Verkehrs-, Industrie- und Erholungsflächen. Es wurde nötig, eine gesetzliche Grundlage zu schaffen, die zum Ziel hat, die Raumentwicklung in die gewünschten Bahnen zu lenken. Durch die klare Abgrenzung von Siedlungs- und Nicht-Siedlungsgebiet versuchte man einerseits, der Landschaftszerstörung durch Zersiedlung einen Riegel zu schieben und andererseits genügend grosse und geeignete Flächen für die Landwirtschaft zu erhalten. Die Hauptanstrengungen der Raumplanung galten zuerst aber vorwiegend dem Baugebiet.

Die Landschaft hat sich im Laufe der Zeit stetig gewandelt. Die Entwicklung führte in den meisten Fällen über mehrere Stufen hinweg von der ursprünglichen Naturlandschaft zur vom Menschen geschaffenen Kulturlandschaft (vgl. hierzu auch Kapitel 15).

Unter **Naturlandschaft** versteht man Gebiete, die sich ohne Einflüsse des Menschen entwickelt haben, die vom Menschen kaum betreten und insbesondere nicht bewirtschaftet werden. Solche Gebiete findet man in der Schweiz nur noch selten, am ehesten noch im Alpenraum. Als Reste der Naturlandschaft kann man beispielsweise vergletscherte Gebiete, Felsregionen, Moore oder Schuttkegel bezeichnen.

Als **naturnahe Landschaften** bezeichnet man Gebiete, die vom Menschen kaum oder nur marginal bewirtschaftet werden. Die Landschaft ist vom Menschen wenig beeinflusst, die naturlandschaftlichen Elemente, z. B. Wald oder natürliche Bachläufe, prägen das Landschaftsbild.

■ □ Abb. 14.1
Naturlandschaft Rhonegletscher

□ ■ Abb. 14.2
Traditionelle Agrarlandschaft im Napfgebiet (hinter Schwarzenegg, Kanton Bern)

Die **Kulturlandschaft** ist durch den Menschen geschaffen worden. Sie ist der von Menschen bewusst oder unbewusst beeinflusste Teil unseres Lebensraumes. In der Kulturlandschaft sind zahllose Spuren gesellschaftlicher, wirtschaftlicher und kultureller Handlungen gespeichert. Sie ist deshalb ein wichtiges Archiv menschlicher Tätigkeiten. Die Spuren sind teilweise jahrhunderte-

oder sogar jahrtausendealt. Die Kulturlandschaft ausserhalb der Städte ist neben der räumlichen Verteilung des Waldes und der ländlichen Siedlungen vor allem durch die Fluren geprägt. Als Flur wird die parzellierte, von den einzelnen Landwirtschaftsbetrieben bewirtschaftete Nutzfläche einer Siedlung bezeichnet.

In der **traditionellen Agrarlandschaft** sind die landwirtschaftlichen Nutzflächen und die Wälder unregelmässig parzelliert. Das natürliche Relief mit Mulden, Böschungen und Gräben ist kaum verändert. Die Landschaft ist vielfältig, umfasst viele landschaftliche Elemente wie Äcker, Wiesen, Weiden oder Hecken und bietet damit Lebensraum für verschiedene Pflanzen und Tiere. Ebenso vielfältig wie die Nutzungs- und Flurformen sind die traditionellen Siedlungen: Einzelhöfe, Weiler und Dörfer, die meistens unregelmässig und mehr oder weniger dicht bebaut sind.

Die **moderne Agrarlandschaft** ist geprägt durch Merkmale wie Begradigung von Fluss- und Bachläufen, den Ausbau von Flurwegen, das Verschwinden von naturnahen Elementen wie Hecken und Einzelbäumen und das Auftreten von plantageartigen Kulturen. Die landwirtschaftliche Nutzung ist gekennzeichnet durch einen hohen Grad an Mechanisierung. Durch Meliorationen (Bodenverbesserungen, z.B. Drainage) und Güterzusammenlegungen wurden viele kleinparzellierte Fluren zu grossflächigen Blockfluren mit grossen und geometrischen Parzellen umgestaltet, die mit Maschinen rationell bewirtschaftet werden können. Meistens entstand dabei auch ein völlig neues, geometrisch angelegtes Wegnetz. Im Rahmen der Güterzusammenlegungen wurden oft auch einzelne Landwirtschaftsbetriebe aus den Dörfern in die Fluren verlegt. Es entstanden sogenannte Siedelhöfe, moderne Einzelhöfe.

Abb. 14.3
Moderne Agrarlandschaft im Seeland (Treiten, Kanton Bern)

Als **Stadtlandschaft** bezeichnet man ein grösseres Gebiet, in dem im Landschaftsbild die dichte Bebauung, das dichte Strassennetz sowie die städtischen Gebäudetypen im Zusammenhang mit der städtischen Bevölkerungs- und Wirtschaftsstruktur dominieren (vgl. Kapitel 12).

Der ländliche Raum hat wichtige Funktionen für die gesamte Gesellschaft und Wirtschaft übernommen, beispielsweise als Wohn- und Lebensraum für die nichtlandwirtschaftliche Bevölkerung, als Erholungsraum, zur Erhaltung bzw. Schaffung des ökologischen Gleichgewichts und gesunder Umweltbedingungen. Der ländliche Raum ist aber auch Standort zahlreicher Gewerbe- und Industriebetriebe sowie Standort von Verkehrs-, Versorgungs- und Entsorgungsanlagen. Nachdem lange Zeit in den Industrieländern die ländlichen Räume politisch und planerisch vernachlässigt wurden, werden sie heute gleichwertig mit den städtischen Räumen als eigenständige Gebiete behandelt. Eine nachhaltige Entwicklung grosser Regionen der Erde ist ohne Einbezug der ländlichen Räume nicht möglich.

Zunehmend gewinnt auch die **Freizeit- und Tourismuslandschaft** an Bedeutung. Touristisch geprägte Gebiete mit entsprechender Infrastruktur wie Hotellerie, Parahotellerie, touristischen Spezialverkehrsmitteln finden sich in der Schweiz vor allem im Alpenraum und an den grösseren Seen. Touristen dringen durch Tätigkeiten wie Klettern, Canyoning und Gleitschirmfliegen immer stärker in ehemals naturnahe Landschaften oder sogar in Naturlandschaften vor.

Abb. 14.4
Tourismuslandschaft
Crans-Montana sur Sierre

14.1.1 Veränderungen der Landschaft

Die schweizerische Landschaft verändert sich, was sich in der Studie «Bodennutzung in der Schweiz» auf der Basis der Arealstatistik 2013 für den Untersuchungszeitraum 1985/1997/2009 zeigt: 15 Prozent der Landesfläche werden heute nicht mehr gleich genutzt wie im Jahr 1985. Im Mittelland sind die Siedlungsflächen zulasten der Landwirtschaftsflächen grösser geworden. Im Alpenraum war die Zunahme von Wald und Gehölzen prägend. Die Oberfläche der Schweiz zeigt ein vielgestaltiges Puzzle unterschiedlicher Nutzungen. Die Arealstatistik fasst diese zu vier Hauptbereichen zusammen: Siedlungsflächen, Landwirtschaftsflächen, bestockte Flächen (Wald und Gehölze) sowie unproduktive Flächen (Gewässer, unproduktive Vegetation, Fels und Geröll, Gletscher und Firn). Die Siedlungsflächen sind mit einem Anteil von 7,5 % an der Landesfläche der kleinste, die Landwirtschaftsflächen mit 35,9 % der grösste Hauptbereich. Die bestockten und die unproduktiven Flächen beanspruchen 31,3 % beziehungsweise 25,3 % des Bodens. Die Anteile der vier Hauptbereiche und deren Veränderungen variieren je nach Region stark.

Die Siedlungsflächen sind von 1985 bis 2009 um fast einen Viertel gewachsen. Ihre Zunahme fiel grösser aus als das Bevölkerungswachstum. Die stärksten absoluten Zunahmen erfolgten in den Agglomerationsgürteln sowie in den städteübergreifenden Metropolitanräumen, zum Beispiel zwischen Genf und Lausanne oder zwischen Olten und Zürich.

14 Landschaftswandel und Raumplanung

Abb. 14.5
Veränderungen in der Bodennutzung 1985–2009.
Quelle: BFS

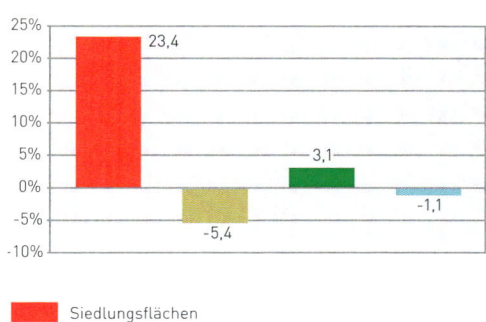

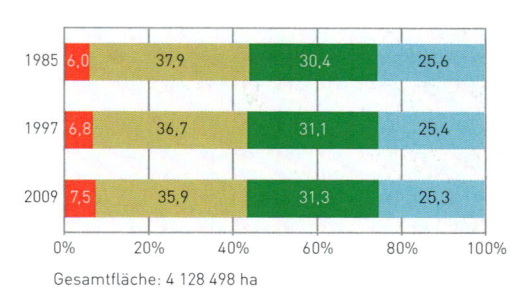

Abb. 14.6
Hauptbereiche der Bodennutzung in der Schweiz 1985, 1997 und 2009.
Quelle: BFS

Siedlungsflächen: 23,4
Landwirtschaftsflächen: −5,4
Bestockte Flächen (Wald und Gehölze): 3,1
Unproduktive Flächen: −1,1

Jahr	Siedlungsflächen	Landwirtschaftsflächen	Bestockte Flächen	Unproduktive Flächen
1985	6,0	37,9	30,4	25,6
1997	6,8	36,7	31,1	25,4
2009	7,5	35,9	31,3	25,3

Gesamtfläche: 4 128 498 ha

Die Siedlungsflächen umfassen Bauten und Anlagen des Wohnens, des Arbeitens, der Freizeit und der Mobilität. Auch Grünräume für die Erholung gehören dazu. Die überwiegende Mehrheit der neuen Siedlungsflächen, nämlich rund 90 %, entstand auf vormaligen Landwirtschaftsflächen, lediglich 10 % waren zuvor bestockte (Wald und Gehölze) oder unproduktive Flächen. Ein knappes Drittel der Siedlungsflächen entfällt auf die Verkehrsflächen, welche aber langsamer wachsen als der Verkehr. Während die Strassenflächen zwischen 1985 und 2009 um insgesamt 14,7 % zunahmen, stieg die Zahl der in der Schweiz immatrikulierten Motorfahrzeuge um 64 % und die Fahrleistung des motorisierten Strassenverkehrs (zurückgelegte Fahrzeugkilometer) um 36 %. Der Verkehr hat somit stärker zugenommen als der ihm zur Verfügung stehende Raum.

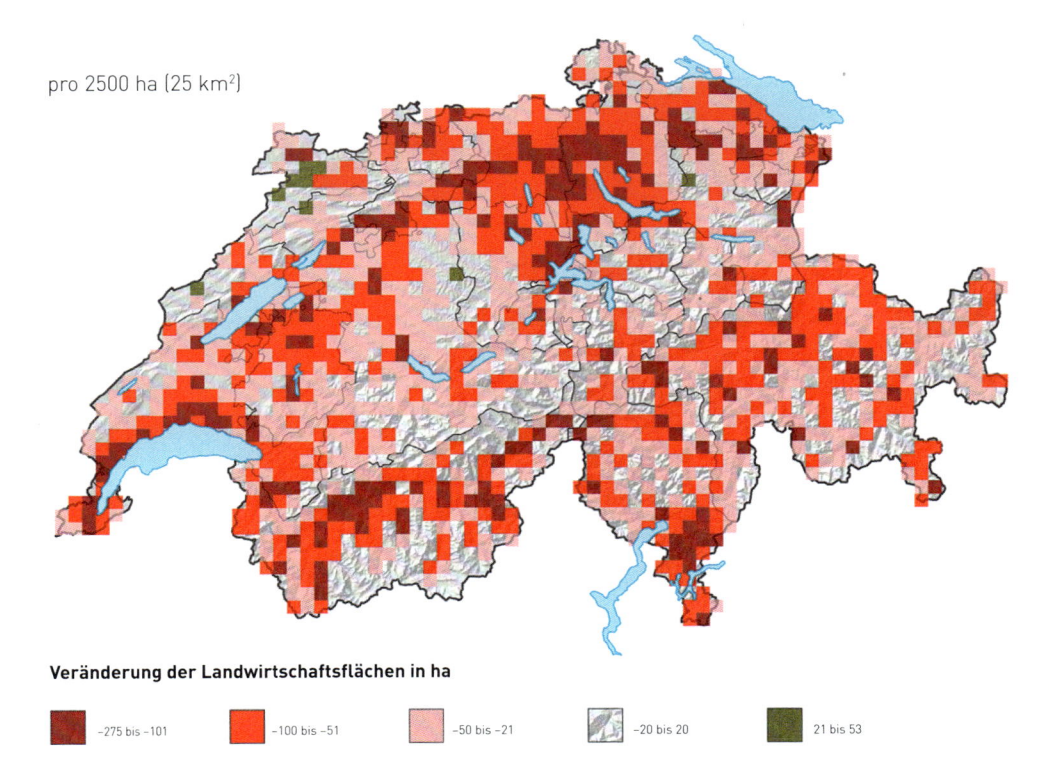

pro 2500 ha (25 km²)

Veränderung der Landwirtschaftsflächen in ha

−275 bis −101 | −100 bis −51 | −50 bis −21 | −20 bis 20 | 21 bis 53

Abb. 14.7
Veränderung der Landwirtschaftsflächen 1985–2009
Quelle: BFS

Raumplanung in der Schweiz

Jede Sekunde geht in der Schweiz ungefähr ein Quadratmeter Kulturland verloren. An dessen Stelle treten Siedlungsflächen oder es wächst Wald. Die flächenmässig grössten Verluste von Landwirtschaftsland betreffen die städtischen Regionen, darunter insbesondere die Metropolitanräume Genf–Lausanne und Zürich. Intensiv verlief der Prozess im Walliser Rhonetal und im Tessin in der Magadinoebene oder in der Agglomeration Lugano, was sich in der Abbildung 14.7 zeigt. Die bestockten Flächen haben zwischen 1985 und 2009 zugenommen, wobei die Ausdehnung vor allem in höheren Lagen im Alpenraum erfolgte. Wald und Gebüschwald entstand meist anstelle von nicht mehr bewirtschafteten Alpweiden. Im Mittelland und im Jura blieb die Waldfläche dagegen stabil.

14.1.2 Nutzungskonflikte werden häufiger

Alle menschlichen Tätigkeiten, alle Daseinsgrundfunktionen wie das Wohnen, Arbeiten, die Erholung, die Versorgung, die Bildung, die Verkehrsteilnahme, das Gemeinschaftsleben usw. beanspruchen Raum. Verschiedene Nutzungen oder Nutzungsinteressen, die sich auf den gleichen Raum ausrichten, sich aber gegenseitig stören oder sogar ausschliessen, können daher zu Nutzungskonflikten führen. Die zukünftige Raumgestaltung kann auf der Grundlage von übergeordneten Zielsetzungen, zum Beispiel mit einem Leitbild, definiert werden. Nutzungskonflikte müssen dabei rechtzeitig erkannt und gelöst werden.

Abb. 14.8
Nutzungskonflikte in Niederwangen im Westen der Stadt Bern: Suburbanisierung zwischen 1946 und 2000

Die Schweiz weist von ihren natürlichen Grundlagen her mit 26 % einen hohen Flächenanteil an «unproduktivem» Land auf. Somit verschärft sich der «Wettkampf um den Boden» auf den verbleibenden Flächen noch zusätzlich. Dies manifestiert sich in der Abbildung 14.8. Zwischen 1946 und 2000 hat sich dieses Gebiet grundlegend verändert. Waren grosse Bereiche 1946 noch landwirtschaftlich genutzt, hat sich als Folge der guten Verkehrslage und der Nähe zur Stadt die Siedlung auf Kosten der Landwirtschaftsfläche stark ausgedehnt (vgl. Kapitel 12, Stichwort Suburbanisierung).

14.2 Raumplanung in der Schweiz

Seit dem 19. Jahrhundert wird der Raum als Folge der technischen Entwicklung viel stärker umgestaltet als in den vorangehenden Jahrhunderten, um den Bedürfnissen des Menschen gerecht zu werden. Dazu zählen beispielsweise die Gewässerkorrektionen, der Eisenbahnbau oder die Nutzbarmachung von ehemaligen Sumpfebenen als Landwirtschaftsflächen. Die ersten Bauplanungen erfolgten an der Wende zum 20. Jahrhundert mit dem 1893 erlassenen Baugesetz des Kantons Zürich. Als erste Gemeinde gab sich im Jahre 1926 Winterthur einen Nutzungszonenplan. Darin wurde den einzelnen Parzellen bereits eine klare Nutzung zugewiesen. Die Massenmotorisierung und der Bauboom der Nachkriegsjahre erforderten schliesslich eine national ausgerichtete Raumplanung. 1969 wurden im Bodenrechtsartikel (Art. 75 der neuen Bundesverfassung) die Anliegen der Raumplanung in der Bundesverfassung verankert und 1980 im **Bundesgesetz über die Raumplanung** (Raumplanungsgesetz, RPG) auf Gesetzesebene festgelegt.

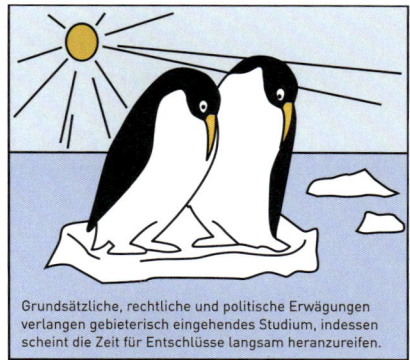

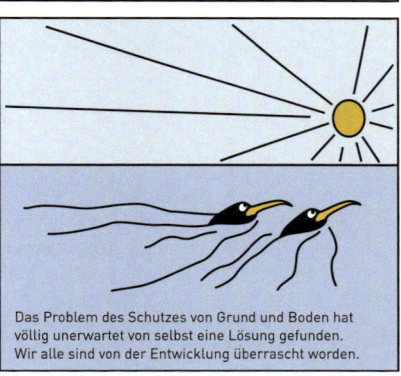

Abb. 14.9
Geschichte des Bodenrechts bei Pinguinen
Quelle: Nebelspalter

Aus Artikel 75 der Bundesverfassung geht hervor, dass die Raumplanung eine Angelegenheit der Kantone ist. Der Bund hat unterstützende und koordinierende Funktion. Die Kantone sorgen für eine haushälterische und zweckmässige Nutzung der knappen Ressource Boden.

> **Bundesverfassung der Schweizerischen Eidgenossenschaft vom 18. April 1999, Stand 01.01.2018; Art. 75 Raumplanung**
> [1] Der Bund legt Grundsätze der Raumplanung fest. Diese obliegt den Kantonen und dient der zweckmässigen und haushälterischen Nutzung des Bodens und der geordneten Besiedlung des Landes.
> [2] Der Bund fördert und koordiniert die Bestrebungen der Kantone und arbeitet mit den Kantonen zusammen.
> [3] Bund und Kantone berücksichtigen bei der Erfüllung ihrer Aufgaben die Erfordernisse der Raumplanung.

14.2.1 Ziele und Herausforderungen der Raumplanung in der Schweiz

Im Raumentwicklungsbericht aus dem Jahr 2005 werden die wichtigsten raumplanerischen Herausforderungen der Zukunft näher umschrieben.
Rund 75 Prozent der Schweizer Bevölkerung lebt in den Städten und Agglomerationen. Der Urbanisierungsprozess übt einen wachsenden Druck auf die städtischen Gebiete aus und bringt ver-

schiedene Nachteile mit sich (vgl. Kapitel 12). Diese Probleme beeinträchtigen die wirtschaftliche Attraktivität der Städte und die Lebensqualität ihrer Bevölkerung. Die Städte können nicht alle Schwierigkeiten im Alleingang lösen. Die Herausforderungen überschreiten oft ihre Möglichkeiten und Kompetenzen. Seit den 1980er-Jahren sind die Agglomerationen mit einer Reihe von Problemen der Sub- und Desurbanisierung – d. h. der Ausbreitung von Siedlungen in die Fläche – konfrontiert. Die Wohnbevölkerung nimmt zwar in einzelnen Kernstädten wieder zu, in der Schweiz wachsen aber nach wie vor in erster Linie die Umlandgemeinden. Dadurch vergrössern sich die Agglomerationen, die herkömmlichen Ortsgrenzen werden gesprengt. Hauptziel der Agglomerationspolitik ist die Erhaltung der Wettbewerbsfähigkeit der Agglomerationen.

Das Raumkonzept Schweiz beinhaltet nebst Strategien im nationalen oder internationalen Kontext auch Ideen für eine künftige Entwicklung in städtischen und ländlichen Räumen. Die Vernetzung mit Europa soll optimiert werden (Anbindung Hochgeschwindigkeitsnetz der Bahn). Die Siedlungsentwicklung und der Ausbau der Verkehrsinfrastruktur sollen aufeinander abgestimmt werden, drohende Naturgefahren müssen in die Planung einfliessen.

Raumentwicklungsbericht 2015

Rahmenstrategien	Beispiele von Stossrichtungen
Räumliche Einbindung in Europa	Anschluss an das europäische Hochgeschwindigkeitsnetz der Bahn
Haushälterische Bodennutzung	Wohnungsbau: Anreize für verdichtete Wohnsiedlungen als Alternative zum Einfamilienhaus Verdichtung von Industrie- und Geschäftsbauten Regulierung des Zweitwohnungsbaus
Verbesserte Koordination von Siedlungs- und Verkehrsentwicklung	Siedlungsentwicklung vorrangig in Gebieten mit guter Erschliessung durch den öffentlichen Verkehr: – Verdichtung der bahnhofnahen Quartiere – angemessenes Parkplatzmanagement in den Städten – Förderung des Langsamverkehrs
Schutz vor Naturgefahren	Die Raumplanung muss gewährleisten, dass in Gefahrengebieten das Schadenpotenzial langfristig vermindert wird
Strategien für städtische Räume	**Beispiele von Stossrichtungen**
Agglomerationsprogramme	Entwicklung einer demokratischen und verbindlichen Form der Zusammenarbeit in den Agglomerationen, Weiterentwicklung und Umsetzung der Agglomerationsprogramme; Ausweitung auf weitere Sachbereiche (neben Siedlung und Verkehr)
Städtebauliche Projekte	Entwicklung städtebaulicher Projekte in Entwicklungsschwerpunkten
Strategien für ländliche Räume	**Beispiele von Stossrichtungen**
Erhaltung und Schutz der Landschaft	Erhaltung der unbebauten Landschaft und deren Multifunktionalität (Landwirtschaft, Freizeit/Erholung, ökologischer Ausgleich)
Alpine Tourismuszentren: Festigung der internationalen Wettbewerbsfähigkeit und langfristige Erhaltung des Kapitals «Landschaft»	Klare Marktpositionierung; koordinierte Marketingaktivitäten; Erhaltung von kulturellen und landschaftlichen Eigenheiten Verbesserung der Umweltqualität; Infrastrukturerweiterungen, vorrangig in bereits erschlossenen Gebieten

14 Landschaftswandel und Raumplanung

> **Bundesgesetz über die Raumplanung vom 22. Juni 1979, Stand 01.01.2018**
>
> **Art. 1 Ziele**
>
> [1] Bund, Kantone und Gemeinden sorgen dafür, dass der Boden haushälterisch genutzt und das Baugebiet vom Nichtbaugebiet getrennt wird. Sie stimmen ihre raumwirksamen Tätigkeiten aufeinander ab und verwirklichen eine auf die erwünschte Entwicklung des Landes ausgerichtete Ordnung der Besiedlung. Sie achten dabei auf die natürlichen Gegebenheiten sowie auf die Bedürfnisse von Bevölkerung und Wirtschaft.
>
> [2] Sie unterstützen mit Massnahmen der Raumplanung insbesondere die Bestrebungen:
> a. die natürlichen Lebensgrundlagen wie Boden, Luft, Wasser, Wald und die Landschaft zu schützen;
> a[bis]. die Siedlungsentwicklung nach innen zu lenken, unter Berücksichtigung einer angemessenen Wohnqualität;
> b. kompakte Siedlungen zu schaffen;
> b[bis]. die räumlichen Voraussetzungen für die Wirtschaft zu schaffen und zu erhalten;
> c. das soziale, wirtschaftliche und kulturelle Leben in den einzelnen Landesteilen zu fördern und auf eine angemessene Dezentralisation der Besiedlung und der Wirtschaft hinzuwirken;
> d. die ausreichende Versorgungsbasis des Landes zu sichern;
> e. die Gesamtverteidigung zu gewährleisten.

14.2.2 Planungsebenen, Planungsinstrumente und Planungsablauf

Konkrete Raumplanung in der Schweiz erfolgt im Wesentlichen auf drei Stufen: Der Bund, die Kantone und die Gemeinden haben bestimmte Aufgaben und Kompetenzen. Das hierarchische System mit klaren Vorgaben der nächsthöheren Stufe bringt den Vorteil mit sich, dass nicht jeder Kanton respektive jede Gemeinde ihre eigene Raumordnungspolitik verfolgen kann.

Die wichtigste Planungsebene in der Raumplanung sind die Kantone, weil sie sowohl auf der konzeptionellen als auch auf der ausführenden Ebene tätig sind.

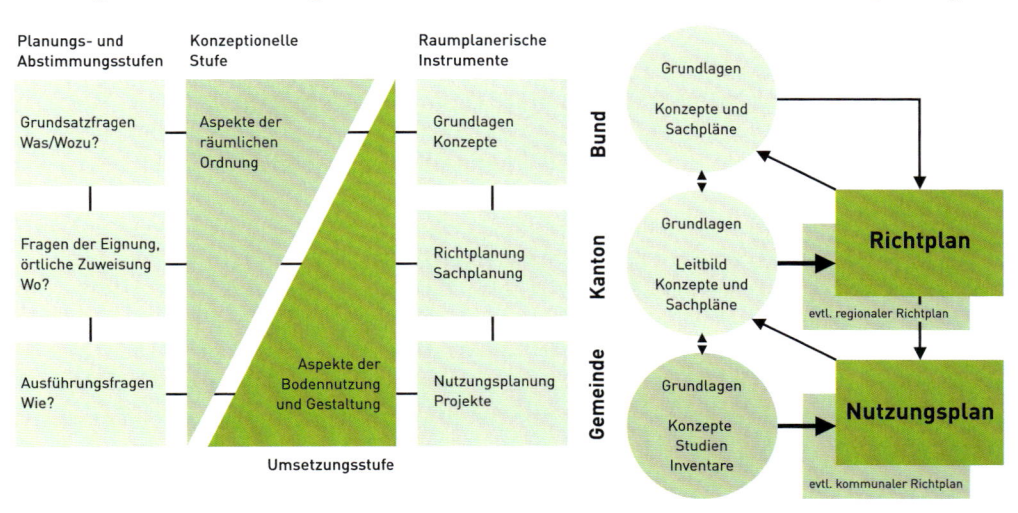

Abb. 14.10
Planungsmittel, Planungsstufen und Instrumente der Raumplanung
Quelle: Bundesamt für Raumentwicklung ARE

Der Bund hat vor allem die Aufgabe, die kantonalen Richtpläne zu prüfen und zu koordinieren sowie Richtlinien und Konzepte zur Raumplanung zu erlassen und Sachpläne für spezielle Bereiche wie beispielsweise die Eisenbahn oder militärische Anlagen zu erstellen. Im Rahmen der Richtplanung werden die Aufgaben von Bund, Kantonen, Regionen und Gemeinden in den Bereichen Siedlung, Infrastruktur, öffentliche Bauten und Anlagen, Landwirtschaft, Umwelt und Landschaft aufeinander abgestimmt und wird eine anzustrebende räumliche Entwicklung festgelegt.

Die Kantone legen in ihrem Richtplan die Grundzüge der Raumplanung fest und koordinieren die Interessen der Gemeinden. Dieses zentrale Mittel liegt deshalb in den Händen der Kantone, weil ihnen die Verfassung die Hauptverantwortung in der Raumplanung übertragen hat. Der Richtplan ist für die Behörden (Kantonsregierung, Gemeinderat) verbindlich, nicht aber für den privaten Grundeigentümer.

Die eigentliche Umsetzung der Planung erfolgt auf der Stufe der Gemeinden. Hier wird im Nutzungsplan die zulässige Nutzung parzellengenau und grundeigentümerverbindlich geregelt, d. h., jeder einzelnen Parzelle wird eine klar umschriebene Nutzung und die Art der möglichen Bebauung, beispielsweise eine dreigeschossige Wohnzone, zugewiesen. Dies wird in den Baureglementen und Bauzonenplänen der Gemeinden näher festgelegt. In den Nutzungsplänen wird gemäss Raumplanungsgesetz (Art. 14–18) geregelt, welche Gebiete als Bauzonen, welche als Landwirtschaftszonen und welche überlagernd als Schutzzonen zu behandeln sind. Sowohl die Richt- als auch die Nutzungsplanungen sind immer wieder den neuen Gegebenheiten und Entwicklungen anzupassen. Richt- und Nutzungsplanung sind daher eine rollende Aufgabe.

14.2.3 Planungsinstrumente

Das **Konzept** fasst Ziele und Massnahmen zu einer einheitlichen Aussage zusammen. Es ist normativ abgefasst. Als raumplanerisches Konzept fasst es die vorgesehenen und die zu erfassenden Ziele sowie die abgestimmten Massnahmen zu einer Grundlage raumplanerischen Handelns zusammen, welche die räumlichen Wirkungszusammenhänge nachvollziehbar macht und die Massnahmen in die Relation zur angestrebten Wirkung setzt.

Der **Sachplan** regelt die Planung eines begrenzten Sachgebietes (z. B. Verkehr, Energie). Die Sachplanung wird auch als Bereichsplanung angesprochen, und das im Gegensatz zur Ressortplanung einer Amtsaufgabe oder zur Objektplanung eines konkreten Gegenstandes.

Das **Leitbild** beschreibt einen anzustrebenden Zustand (Raumordnung). Es ist normativ und ziellastig angelegt. In der Praxis sind mit den Leitbildern meistens generelle Massnahmenprogramme gemeint. In der Regel werden raumplanerische Leitbilder inhaltlich nach den raumrelevanten Strukturen der Siedlung, der Landschaft und des Transportes respektive der Versorgung gegliedert. Denkbar ist eine ganzheitliche materielle Ausrichtung raumplanerischer Teilprobleme auf Staat, Wirtschaft, Gesellschaft und die natürlichen Lebensvoraussetzungen.

14.2.4 Der Richtplan als Planungsinstrument auf der Stufe des Kantons

Der Richtplan ist der behördenverbindliche Plan, der, abgestimmt auf den Bund, für die Nachbarkantone und das angrenzende Ausland vorzeichnet, wie sich der Raum entwickeln soll. Der kantonale Richtplan ist nicht Entwurf eines «wünschbaren Endzustandes», sondern ein Prozessplan für die Koordination und Lenkung der stets fortschreitenden räumlichen Entwicklung. Artikel 6 des Raumplanungsgesetzes definiert die wesentlichen Inhalte der Richtpläne. Auf der Basis heutiger Gegebenheiten werden Gebiete ausgeschieden, die von Naturgefahren bedroht sind oder sich für eine bestimmte Nutzung besonders eignen, beispielsweise als landwirtschaftliche Nutzfläche, als Erholungsraum oder als Siedlungs- und Verkehrsfläche.

14 Landschaftswandel und Raumplanung

> **Bundesgesetz über die Raumplanung vom 22. Juni 1979, Stand 01.01.2018**
>
> **Art. 6 Grundlagen**
>
> [2] Für die Erstellung ihrer Richtpläne erarbeiten die Kantone Grundlagen, in denen sie feststellen, welche Gebiete:
> a. sich für die Landwirtschaft eignen;
> b. besonders schön, wertvoll, für die Erholung oder als natürliche Lebensgrundlage bedeutsam sind;
> b[bis]. sich für die Produktion von Elektrizität aus erneuerbaren Energien eignen;
> c. durch Naturgefahren oder schädliche Einwirkungen erheblich bedroht sind.
>
> [3] In den Grundlagen geben sie auch Aufschluss über den Stand und die bisherige Entwicklung:
> a. ihres Siedlungsgebietes;
> b. des Verkehrs;
> b[bis]. der Versorgung, insbesondere mit Elektrizität aus erneuerbaren Energien;
> b[ter]. der öffentlichen Bauten und Anlagen;
> c. ihres Kulturlandes.
>
> [4] Sie berücksichtigen die Konzepte und Sachpläne des Bundes, die Richtpläne der Nachbarkantone sowie regionale Entwicklungskonzepte und Pläne.

Artikel 6 des Raumplanungsgesetzes wird im Richtplan umgesetzt: Die Abbildung 14.11 zeigt exemplarisch ausgewählte Zonen des Richtplans des Kantons Solothurn. Nebst Siedlungsgebieten, Wald, Uferzonen wird zusätzlich ein Siedlungstrenngürtel von kantonaler Bedeutung definiert. Damit soll ein weiteres Zusammenwachsen von Siedlungsteilen verhindert werden oder zusammenhängende Kulturlandgürtel sollen erhalten bleiben.

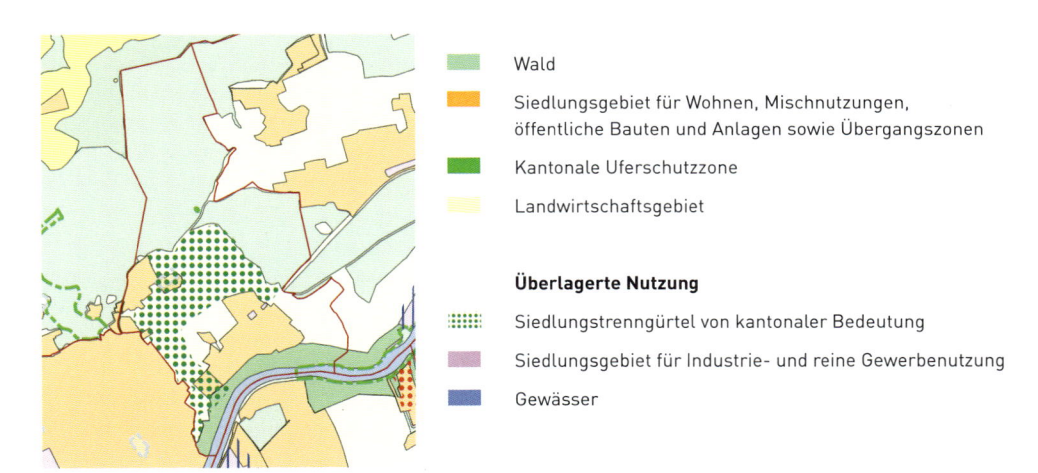

Abb. 14.11 Richtplanung des Kantons Solothurn in der Gemeinde Feldbrunnen-St. Niklaus (Stand 1. Januar 2015)

14.2.5 Der Nutzungszonenplan auf der Stufe der Gemeinde

In den Nutzungszonenplänen legen die Gemeinden verbindlich fest, wie der Boden genutzt werden kann und darf. Die Nutzungszonenpläne müssen den Vorgaben des Bundes und der Kantone entsprechen und werden von den jeweiligen Kantonen überprüft und genehmigt. Die Nutzungszonenpläne sind detaillierter als die kantonalen Richtpläne, weil unter anderem die Grenze zwischen Bauzone und Nichtbauzone festgelegt wird. Die Beschränkung des Bauens auf Bauzonen ist nur dann sinnvoll, wenn die für den Bedarf von fünfzehn Jahren ausgeschiedenen Bauzonen auch in angemessenen Etappen baureif gemacht werden. Die kommunale Nutzungsplanung soll sich nicht nur auf die Bauzone erstrecken, sondern auch das Gebiet ausserhalb der Bauzone einbeziehen. Auch die auf eine Landschaftsplanung abgestützte Ausscheidung von Schutzzonen ist unerlässlich.

Der Nutzungszonenplan überträgt damit die gesetzlich zulässigen Nutzungsarten durch das Instrument des Plans parzellenscharf und grundeigentumsverbindlich auf den Raum. Er besteht aus einer Karte und den dazugehörenden Vorschriften (Baureglement). Darin werden auf Gemeindeebene die Nutzungsarten und Nutzungsintensitäten für jede einzelne Parzelle definiert. In Sondernutzungsplänen (z. B. Baulinien-, Überbauungs-, Gestaltungsplan) können besondere Nutzungsanweisungen für Teilräume oder Bebauungsarten (z. B. Flachdachzone oder eingeschossige Einfamilienhauszone) verbindlich definiert werden.

Bundesgesetz über die Raumplanung vom 22. Juni 1979, Stand 01.01.2018

Art. 14 Begriff
[1] Nutzungspläne ordnen die zulässige Nutzung des Bodens.
[2] Sie unterscheiden vorab Bau-, Landwirtschafts- und Schutzzonen.

Art. 15[1] Bauzonen
[1] Die Bauzonen sind so festzulegen, dass sie dem voraussichtlichen Bedarf für 15 Jahre entsprechen.
[2] Überdimensionierte Bauzonen sind zu reduzieren.
[3] Lage und Grösse der Bauzonen sind über die Gemeindegrenzen hinaus abzustimmen; dabei sind die Ziele und Grundsätze der Raumplanung zu befolgen. Insbesondere sind die Fruchtfolgeflächen zu erhalten sowie Natur und Landschaft zu schonen.
[4] Land kann neu einer Bauzone zugewiesen werden, wenn:
a. es sich für die Überbauung eignet;
b. es auch im Fall einer konsequenten Mobilisierung der inneren Nutzungsreserven in den bestehenden Bauzonen voraussichtlich innerhalb von 15 Jahren benötigt, erschlossen und überbaut wird;
c. Kulturland damit nicht zerstückelt wird;
d. seine Verfügbarkeit rechtlich sichergestellt ist; und
e. damit die Vorgaben des Richtplans umgesetzt werden.
[5] Bund und Kantone erarbeiten zusammen technische Richtlinien für die Zuweisung von Land zu den Bauzonen, namentlich die Berechnung des Bedarfs an Bauzonen.

Art. 16[1] Landwirtschaftszonen
[1] Landwirtschaftszonen dienen der langfristigen Sicherung der Ernährungsbasis des Landes, der Erhaltung der Landschaft und des Erholungsraums oder dem ökologischen Ausgleich und sollen entsprechend ihren verschiedenen Funktionen von Überbauungen weitgehend freigehalten werden. Sie umfassen Land, das:
a. sich für die landwirtschaftliche Bewirtschaftung oder den produzierenden Gartenbau eignet und zur Erfüllung der verschiedenen Aufgaben der Landwirtschaft benötigt wird; oder
b. im Gesamtinteresse landwirtschaftlich bewirtschaftet werden soll.
[2] Soweit möglich werden grössere zusammenhängende Flächen ausgeschieden.
[3] Die Kantone tragen in ihren Planungen den verschiedenen Funktionen der Landwirtschaftszone angemessen Rechnung.

14 Landschaftswandel und Raumplanung

> **Art. 16a[1] Zonenkonforme Bauten und Anlagen in der Landwirtschaftszone**
> [1] Zonenkonform sind Bauten und Anlagen, die zur landwirtschaftlichen Bewirtschaftung oder für den produzierenden Gartenbau nötig sind. Vorbehalten bleibt eine engere Umschreibung der Zonenkonformität im Rahmen von Artikel 16 Absatz 3.
> [1bis] Bauten und Anlagen, die zur Gewinnung von Energie aus Biomasse oder für damit im Zusammenhang stehende Kompostanlagen nötig sind, können auf einem Landwirtschaftsbetrieb als zonenkonform bewilligt werden, wenn die verarbeitete Biomasse einen engen Bezug zur Landwirtschaft sowie zum Standortbetrieb hat. Die Bewilligungen sind mit der Bedingung zu verbinden, dass die Bauten und Anlagen nur zum bewilligten Zweck verwendet werden dürfen. Der Bundesrat regelt die Einzelheiten.
> [2] Bauten und Anlagen, die der inneren Aufstockung eines landwirtschaftlichen oder eines dem produzierenden Gartenbau zugehörigen Betriebs dienen, sind zonenkonform. Der Bundesrat regelt die Einzelheiten.
> [3] Bauten und Anlagen, die über eine innere Aufstockung hinausgehen, können als zonenkonform bewilligt werden, wenn sie in einem Gebiet der Landwirtschaftszone erstellt werden sollen, das vom Kanton in einem Planungsverfahren dafür freigegeben wird.
>
> **Art. 17 Schutzzonen**
> [1] Schutzzonen umfassen
> a. Bäche, Flüsse, Seen und ihre Ufer;
> b. besonders schöne sowie naturkundlich oder kulturgeschichtlich wertvolle Landschaften;
> c. bedeutende Ortsbilder, geschichtliche Stätten sowie Natur- und Kulturdenkmäler;
> d. Lebensräume für schutzwürdige Tiere und Pflanzen.
> [2] Statt Schutzzonen festzulegen, kann das kantonale Recht andere geeignete Massnahmen vorsehen.

Nach Art. 14 des Bundesgesetzes über die Raumplanung (RPG) ordnen Nutzungszonenpläne die zulässige Nutzung des Bodens. Sie unterscheiden vorab Bau-, Landwirtschafts- und Schutzzonen. Auf der Basis der Vorgaben des kantonalen Richtplans (siehe Abb. 14.11) zeigt der Nutzungszonenplan der Solothurner Gemeinde Feldbrunnen-St. Niklaus (siehe Abb. 14.12) die zulässigen Nutzungen grundeigentumsverbindlich und parzellenscharf.

Die Gemeinde umfasst insgesamt eine Fläche von 247 Hektaren, wovon 109 Hektaren Wald sind. Die Bauzone umfasst 23 Hektaren, davon sind ca. 22 Hektaren erschlossen und überbaut. Das Dorf ist in den letzten Jahren stark gewachsen, die Bevölkerungszahl hat in 25 Jahren um einen Viertel auf knapp 1000 Einwohnerinnen und Einwohner zugenommen (vgl. Abb. 14.13). Um Feldbrunnens Kernzone (rosa) mit der höchsten Ausnutzungsziffer findet sich die Gewerbezone (pink). Die Parzellen für öffentliche Anlagen und Bauten wie Kindergarten und Primarschule, der Sportplatz und der Dorfplatz sind in grauer Farbe dargestellt. Angrenzend an die Kernzone findet sich die 2- bis 3-geschossige Wohnzone (gelb und orange), teils mit Gestaltungsplanpflicht wie beispielsweise in der «unteren Matte West» oder in der «Schürmatt» (gelb, schraffiert). Es ergibt sich gemäss raumplanerischen Grundsätzen ein recht geschlossenes Dorfbild nördlich und südlich von Baselstrasse und Bahnlinie. Der kleinere Dorfteil St. Niklaus umfasst vor allem Wohngebiete. Eine kleinere Quartierkernzone findet sich bei einem Restaurant in der Nähe der Kirche. Als Schutzzonen finden sich schützenswerte Kulturobjekte wie das Schloss Waldegg, die Villa Serdang oder die Kirche St. Niklaus sowie einzelne geschützte Naturobjekte wie spezielle Baumgruppen und Alleen. Die übrige Fläche dient landwirtschaftlichen Zwecken.

Raumplanung in der Schweiz

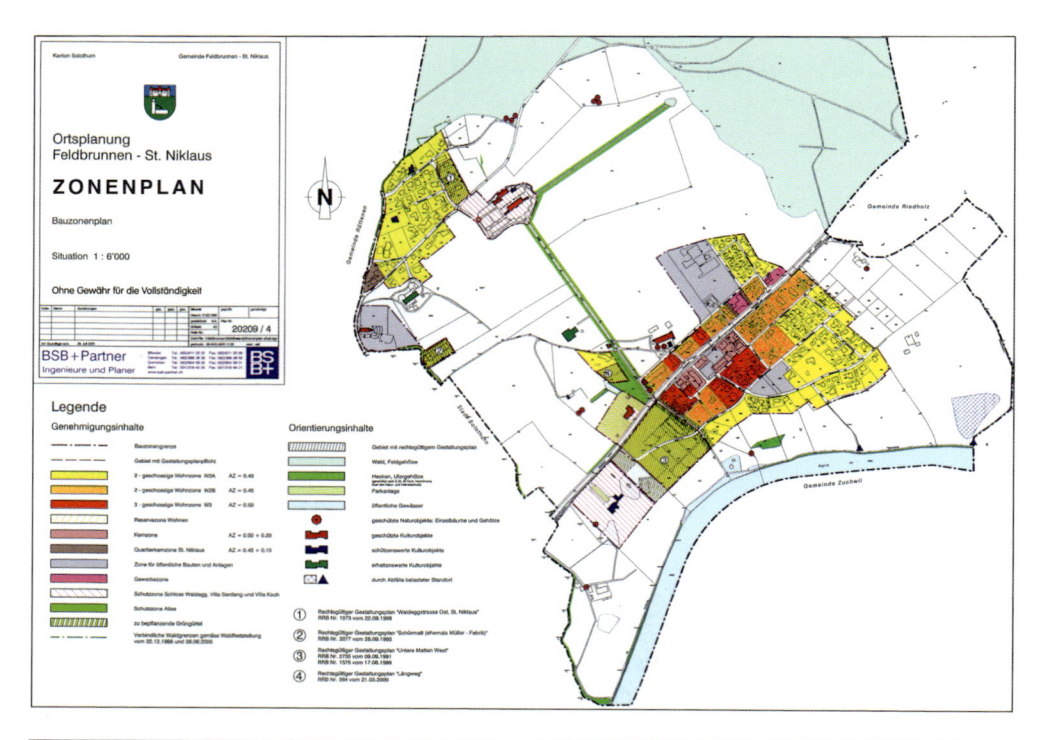

Abb. 14.12
Nutzungszonenplan der
Gemeinde Feldbrunnen-
St. Niklaus

Abb. 14.13
Landschaftswandel
Feldbrunnen St. Niklaus
1954/2008

14.2.6 Herausforderungen und Strategien der Raumplanung im Raumkonzept Schweiz

Die Schweiz hat sich in den vergangenen Jahrzehnten rasant verändert. Lebten 1950 noch rund 4,7 Millionen Menschen in der Schweiz, sind es heute mehr als 8 Millionen. Viele Siedlungen sind unkoordiniert gewachsen. Die Ausdehnung der Siedlungen geht vor allem auf Kosten des Kulturlandes. Mehr als 90 Prozent der neu gebauten Siedlungsfläche entsteht auf ehemaligen Landwirtschaftsflächen. Auch Industrie- und Gewerbeareale, die auf grosse ebene Parzellen angewiesen sind, verbrauchen sehr viel Kulturland.

Neben dem starken Bevölkerungswachstum in den letzten Jahren wirken sich auch veränderte Wohnpräferenzen auf die räumliche Entwicklung der Schweiz aus. Die Anzahl Wohnungen wächst schneller als die Bevölkerung. Die durchschnittliche Personenzahl pro bewohnte Wohnung ist gesunken, gleichzeitig ist die durchschnittliche Wohnfläche pro Person auf circa 45 Quadratmeter gestiegen. Eine weitere Zersiedelung der Landschaft durch hohen Flächenkonsum bei geringer Ausnützung muss aus raumplanerischen Überlegungen vermieden werden.

14 Landschaftswandel und Raumplanung

Wertschöpfungsstarke Wirtschaftsaktivitäten konzentrieren sich zunehmend in den Metropolitanräumen und Agglomerationen. Diese sehen sich einem harten internationalen Standortwettbewerb ausgesetzt. Die Arbeitsplätze konzentrieren sich ebenso in den urbanen Regionen. Auf einem Viertel der Landesfläche finden sich drei Viertel der Bevölkerung und 82 Prozent der Arbeitsplätze. Das hochwertige Angebot an Verkehrsinfrastrukturen (Strasse/Schiene) bringt eine hohe Nachfrage nach Mobilität mit sich. Im Durchschnitt legt jede in der Schweiz wohnhafte Person pro Jahr 20 500 Kilometer mit irgendeinem Verkehrsmittel oder zu Fuss zurück, zwei Drittel davon im Inland. Die täglich zurückgelegte Distanz vom Wohn- zum Arbeitsort und zurück beträgt in der Schweiz durchschnittlich 37 Kilometer (siehe auch Kapitel 13, Verkehr).

Vor diesem Hintergrund haben Bund, Kantone, Städte und Gemeinden mit dem Raumkonzept Schweiz eine Vorstellung einer nachhaltigen, räumlichen Entwicklung unseres Landes erarbeitet. Dieses Raumkonzept umfasst fünf Ziele:
- Siedlungsqualität und regionale Vielfalt fördern
- Natürliche Ressourcen sichern
- Mobilität steuern
- Wettbewerbsfähigkeit stärken
- Solidarität leben

Diese Ziele sollen anhand von **drei Strategien** erreicht werden. Diese ergänzen sich gegenseitig. Zudem werden entsprechende Handlungsansätze vorgeschlagen.

Mit der **ersten Strategie** sollen Handlungsräume gebildet und die polyzentrische Raumentwicklung gefördert werden. Damit können nicht nur die Ziele einer wettbewerbsfähigen und solidarischen Schweiz erreicht, sondern auch ihre regionale Vielfalt gestärkt und die Zusammenarbeit in funktionalen Räumen innerhalb der Schweiz und mit dem angrenzenden Ausland vertieft werden. Die Schweiz hat in Europa eine zentrale Lage und ist damit in die europäischen Raumentwicklungsprozesse integriert. Sie muss die räumlichen Entwicklungsvorstellungen mit denjenigen der Nachbarländer und der EU abstimmen und vor allem in den Regionen Genf, Basel und Lugano die Grenzlage besser nutzen.

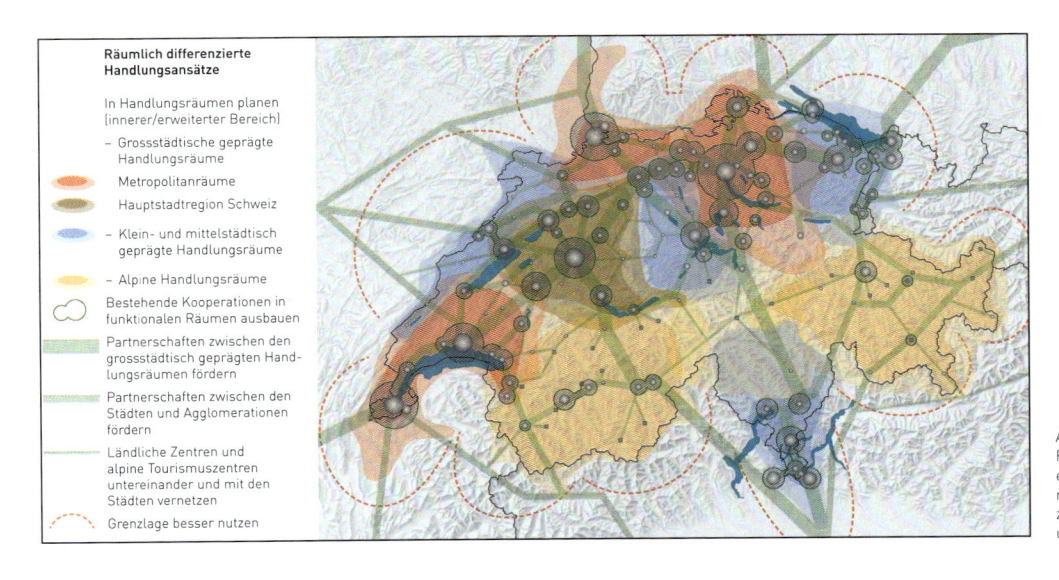

Abb. 14.14
Raumkonzept Schweiz, erste Strategie: Handlungsräume bilden und das polyzentrische Netz von Städten und Gemeinden stärken

Das Raumkonzept definiert die drei Metropolitanräume Genf-Lausanne, Basel und Zürich sowie die Hauptstadtregion Bern. Zudem werden klein- und mittelstädtisch geprägte Handlungsräume und alpine Handlungsräume ausgeschieden.

Raumplanung in der Schweiz

Die **zweite Strategie** will Siedlungen und Landschaften aufwerten. Mit einer haushälterischen Nutzung des Bodens, einer qualitätsvollen Verdichtung und einer frühzeitigen Berücksichtigung der Landschaften in der Planung können nicht nur die Siedlungsqualität und die regionale Vielfalt gefördert, sondern auch die natürlichen Ressourcen und das Kulturland gesichert werden.
Siedlungen sollen optimal mit dem Verkehr verknüpft, die Lebensqualität in den Siedlungen verbessert, das kulturelle Erbe geschützt werden. Konkret muss in Ortschaften und Quartieren für eine hohe Lebens-, Arbeits- und Wohnqualität gesorgt werden. Die bauliche Verdichtung soll die Qualität des urbanen Raums und der Siedlungen fördern und sich dabei dem Charakter des Orts anpassen. Gleichzeitig sind Freiräume, naturnahe Grünflächen und attraktive öffentliche Plätze zu integrieren und eine funktionale und soziale Durchmischung zu fördern.
Die städtebauliche Entwicklung soll sich positiv auf das Wohlbefinden der Bewohnerinnen und Bewohner auswirken. Um vorhandene und neue Risiken und Schäden an Infrastrukturen zu vermindern, soll die Bodennutzung den Naturgefahren angepasst werden. Siedlungen können mit raumplanerischen Massnahmen wirksam vor Naturgefahren geschützt werden. Für Hochwasser, Steinschlag, plötzlich anschwellende Wildbäche, Lawinen und andere Naturgefahren sind die notwendigen Freihalteräume einzuplanen und zu sichern. Herausragende Landschaften müssen erhalten und verantwortungsvoll genutzt werden.
See- und Flussräume übernehmen viele Funktionen: Sie sind Natur-, Naherholungs- und Siedlungsräume, liefern Trinkwasser, speisen das Grundwasser und erzeugen Energie.

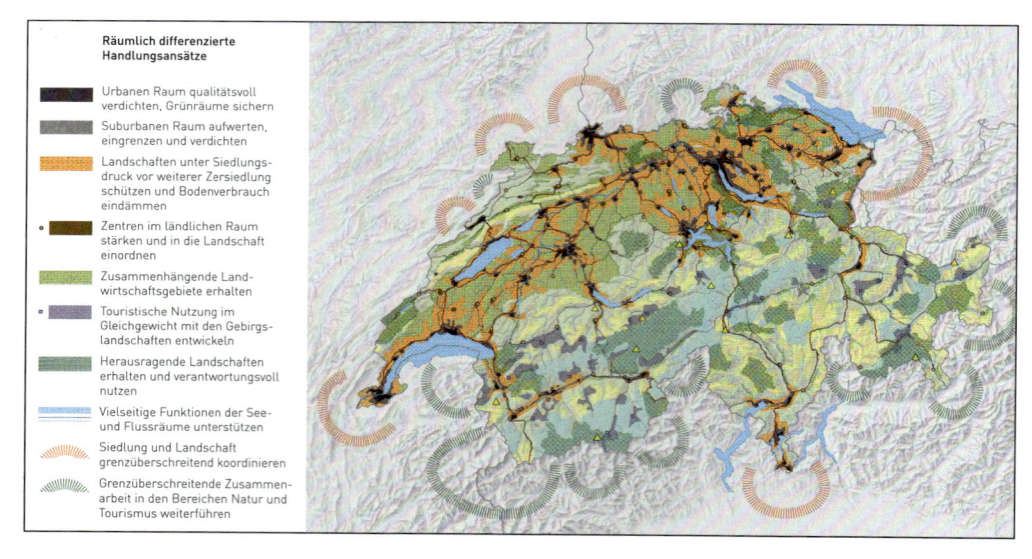

Abb. 14.15
Raumkonzept Schweiz, zweite Strategie: Siedlungen und Landschaften aufwerten.

Mit der **dritten Strategie** sollen Verkehr, Energie und Raumentwicklung besser aufeinander abgestimmt werden. Im Zentrum stehen dabei die bessere Koordination von Siedlung und Verkehr, die Sicherung der Energieversorgung, eine gute regionale und internationale Erreichbarkeit und ein finanziell tragbares Verkehrssystem. Es gilt die Weiterentwicklung des Verkehrssystems mit der Raumentwicklung optimal abzustimmen, dabei die Vernetzung der urbanen Räume zu optimieren und die Erschliessung des ländlichen Raumes zu gewährleisten. In den urbanen Verdichtungsräumen stossen die Verkehrsträger zunehmend an ihre Kapazitätsgrenzen. Der Verkehr soll effizienter werden, und Verkehr zwischen den Agglomerationen, öffentlicher Agglomerationsverkehr und Langsamverkehr müssen gestärkt werden.
Die Schweiz ist Teil eines internationalen Verkehrsnetzes. Insbesondere die Metropolitanräume

14 Landschaftswandel und Raumplanung

und die Hauptstadtregion Schweiz müssen besser an die europäischen Hauptachsen des Schienen- und Strassenverkehrs angeschlossen werden.

Erklärtes Ziel der schweizerischen Energiepolitik ist es, für eine sichere, wirtschaftliche und umweltverträgliche Energieversorgung zu sorgen. Die Raumplanung schafft die räumlichen Rahmenbedingungen für die Realisierung und den Betrieb der entsprechenden Infrastrukturen.

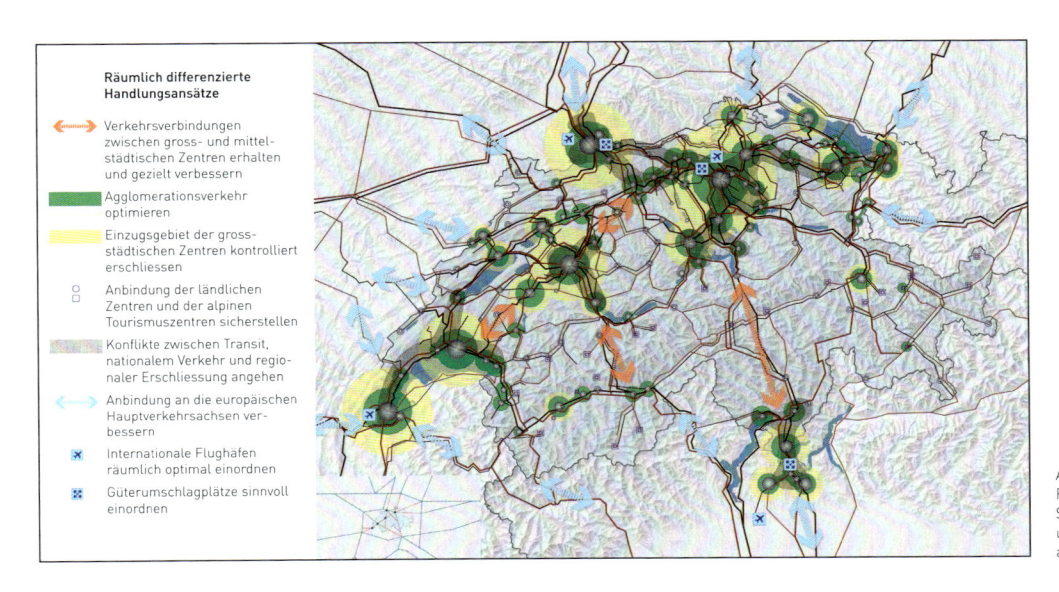

Abb. 14.16
Raumkonzept Schweiz, dritte Strategie: Verkehr, Energie und Raumentwicklung aufeinander abstimmen.

Nebst Vorgaben von Bund, Kantonen und Gemeinden, welche die möglichen oder nicht möglichen Raumentwicklungen regeln, sind Landschaftsveränderungen in der Schweiz von verschiedenen Faktoren abhängig. Treibende Kraft ist beispielsweise die Wirtschaftslage im internationalen Kontext. Innerhalb der Schweiz können Beschlüsse in der Landwirtschaftspolitik oder der Verkehrspolitik die Raumplanung wesentlich beeinflussen. Der Eisenbahnbau oder der Bau der Autobahnen haben die Siedlungsentwicklung stärker beeinflusst als gesetzliche Vorgaben. Ein Autobahnkreuz oder eine Autobahnausfahrt führt zu einer verkehrsgünstigen Lage und damit zu einer überregionalen Bedeutung. Die gute Erreichbarkeit begünstigt die Ansiedlung von Shoppingmeilen oder Logistikzentren an diesen Hotspots. Die zentrale Lage von Bahnhöfen in grösseren Städten oder des Flughafens in Zürich wirkt als Anziehungspunkt für Shoppingzentren, Büro- und Geschäftsliegenschaften, aber auch für hochwertigen Wohnraum.

Im Alpenraum sind die alpinen Tourismuszentren die Treiber der wirtschaftlichen Entwicklung. Es gilt, die Qualität der Gebirgslandschaften zu erhalten und intensive touristische Nutzungen räumlich zu konzentrieren und zu begrenzen. Die Problematik der Zweitwohnungen ist mit gemeindeübergreifenden regionalen Konzepten anzugehen und es ist dabei darauf zu achten, dass für die einheimische Bevölkerung an geeigneten Standorten genügend erschwinglicher Wohnraum zur Verfügung steht.

Weiterführende Literatur
BUNDESAMT FÜR RAUMPLANUNG, 1998: Vademecum Raumplanung Schweiz, Bern.
BUNDESAMT FÜR RAUMENTWICKLUNG, 2014: Zweitwohnungen – wie weiter? Chancen und Risiken einer neuen Ausgangslage, Bern.
SCHWEIZERISCHER BUNDESRAT, 2015: Agglomerationspolitik des Bundes 2016+. Für eine kohärente Raumentwicklung Schweiz. Bericht vom 18. Februar 2015, Bern.
BUNDESAMT FÜR RAUMENTWICKLUNG, 2015: ESPON-Synthesebericht aus Optik der Schweiz, Bern.
SCHWEIZERISCHER BUNDESRAT, KDK, BPUK, SSV, SGV, 2012: Raumkonzept Schweiz, überarbeitete Fassung, Bern.

15 Landschaftsökologie

Franz Xaver Troxler

Die Geografie befasst sich mit natur- und kulturräumlichen Zusammenhängen und Abhängigkeiten. Insbesondere ist es die Landschaftsökologie, welche Mensch-Umwelt-Wechselwirkungen analysiert. Der Mensch hat seit der neolithischen Revolution den Naturraum nach seinen Bedürfnissen zum Lebensraum umgestaltet und geprägt. Seither nehmen die Eingriffe des Menschen in die Natur zu, d. h. der Mensch verändert und gestaltet den Raum zunehmend. So macht sich der Mensch die Natur als seine Lebensgrundlage nutzbar, diese Lebensgrundlage wird jedoch gefährdet durch Übernutzung und Schadstoffe. Eine grosse Herausforderung ist es daher, die Lebensgrundlage trotz begrenzter Ressourcen nachhaltig zu bewahren. Die Landschaftsökologie liefert das Instrument, um die Mensch-Umwelt-Beziehung in geografischen Räumen umfassend zu betrachten.

15.1 Mensch-Umwelt-Beziehungen

Die **Landschaftsökologie** untersucht das Ursachen-Wirkungsgefüge zwischen Naturraum und Kulturraum und ist somit innerhalb der Geografie ein Teilgebiet mit stark integrativem Charakter. Die Untersuchungsobjekte der Landschaftsökologie sind Geoökosysteme. **Geoökosysteme** sind real vorhandene Ausschnitte der Geobiosphäre (Landschaft). Wegen der vielen verschiedenen Wechselwirkungen zwischen den Sphären handelt es sich um komplexe Raumeinheiten. Abbildung 15.2 zeigt die einzelnen Sphären in einem Geoökosystem, anhand derer die Landschaft beschrieben werden kann. Das Schema verdeutlicht die Vernetzung der abiotischen, biotischen und anthropogenen Faktoren im Geoökosystem. Das zu untersuchende Geoökosystem kann auf verschiedenen Massstabsebenen betrachtet werden: eine einzelne Stadt oder der Alpenraum. Themen wie Migration, Armut, Klimawandel oder Energieversorgung erfordern eine globale Betrachtungsweise.

Die Landschaftsökologie als interdisziplinäre Wissenschaft versucht die komplexen Wechselbeziehungen innerhalb der Natur- und Kulturlandschaft zu erfassen. In der Gestaltung der Landschaft durch die Nutzung des Menschen sind diese Interaktionen gut sichtbar. Kulturlandschaften widerspiegeln die gesellschaftlichen und politischen Werte und Normen einer Region. Das Foto zu Beginn des Kapitels und Abbildung 15.1 sind Beispiele hierfür.

Abb. 15.1
Kulturlandschaft mit verschiedenen Verkehrsträgern

Die **Landschaft** ist ein beliebig grosser, durch einheitliche Strukturen geprägter, dreidimensionaler Ausschnitt der Erdoberfläche. Der Naturraum ist charakterisiert durch die verschiedenen Sphären (siehe Abb. 15.2), die gleichzeitig Lebensgrundlage des Menschen sind und bestimmen, ob und wie die Landschaft genutzt werden kann. Der Landschaftsbegriff umfasst jedoch nicht nur die natürliche Ausstattung und ihre Wechselwirkungen mit dem Menschen, sondern auch den durch Menschen genutzten und geformten Kulturraum (siehe Abb. 15.2). Landschaften sind somit komplexe Wirkungsgefüge aus Faktoren der unbelebten Natur (abiotisch) und der belebten Natur (biotisch).

Der Mensch greift seit jeher nutzend, regelnd oder verändernd in die Naturlandschaft ein und hat je nach Grad seines Eingriffs naturnahe oder naturferne Kulturlandschaften geschaffen.

15 Landschaftsökologie

Eine **Naturlandschaft** ist eine vom Menschen nicht wesentlich beeinflusste Raumeinheit, während eine **Kulturlandschaft** vom Menschen beeinflusst und geformt ist. In dieser hat sich ein Gleichgewicht zwischen menschlichem Raumanspruch und ökologischer Potenz des (nun nicht mehr ursprünglichen) Naturraumes eingestellt. Horst Eichler definiert eine Urlandschaft als Zustand der Landschaft vor jeglichem menschlichen Einfluss, was heute nicht mehr gegeben ist.

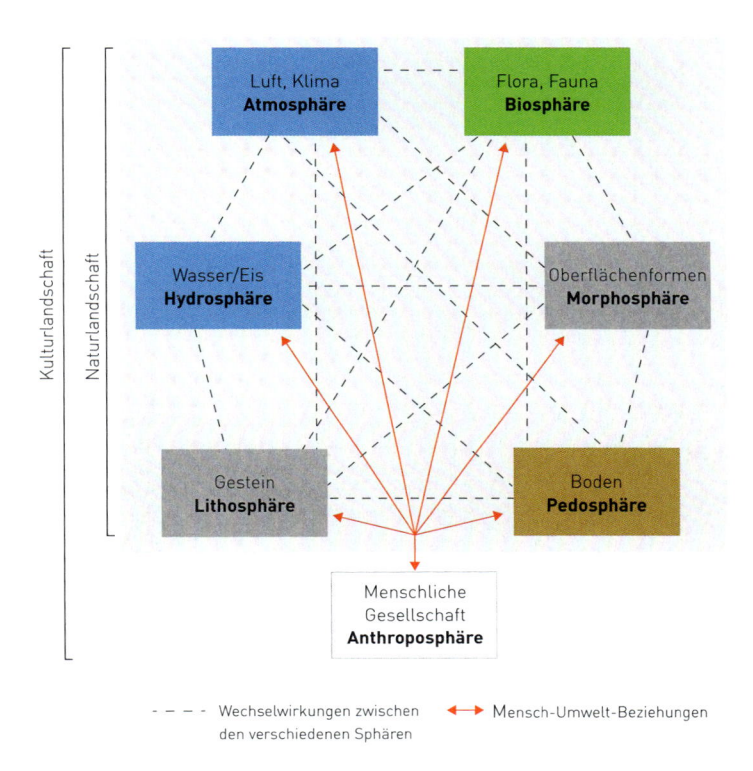

Abb. 15.2
Geoökosystem mit Sphären und Wechselwirkungen
(in Anlehnung an Diercke, 2014)

15.2 Entwicklung der Mensch-Umwelt-Beziehungen

Durch den zunehmenden Einfluss des Menschen seit der **neolithischen Revolution** (siehe Tabelle) entwickelte sich aus der Naturlandschaft die Kulturlandschaft. Die neolithische Revolution markiert einen wichtigen Umbruch in der Geschichte der Menschheit. Sie kennzeichnet den Übergang vom Jagen und Sammeln der Alt- und Mittelsteinzeit zu pflanzlichem Anbau und Tierhaltung der Jungsteinzeit. Davor hatten die Menschen über lange Zeiträume die Geoökosysteme nur geringfügig verändert, doch nun wurde die umherziehende Lebensweise mit Jagen und Sammeln nach und nach durch ein sesshaftes Bauerntum abgelöst. Mit der Landwirtschaft veränderte sich die Einstellung zur Natur umfassend: Die Menschen machten sich die Natur nutzbar, mussten sie fortan aber auch pflegen und kultivieren. Sie züchteten Schafe, Ziegen und Rinder und hatten so beispielsweise Fleisch und Milch zur Verfügung. Zudem wurden Vorräte wichtig, denn so stand das ganze Jahr über genug Nahrung zur Verfügung. Durch die Kultivierung von ertragreicheren Pflanzen konnte mit den Überschüssen gehandelt werden. Wohl mag der Einfluss auf die Naturlandschaft vorerst nur gering gewesen sein, trotzdem entstanden erste einfach organisierte Agrargesellschaften. Die Agrargesellschaft ist eine vormoderne Gesellschaft mit einem hohen

Entwicklung der Mensch-Umwelt-Beziehungen

Anteil an Beschäftigten in der Landwirtschaft, also dem primären Wirtschaftssektor. Die folgende Zusammenstellung mag verdeutlichen, wie sich insbesondere in Europa die Mensch-Umwelt-Beziehungen verändert haben. Die Zeitachse kann je nach Region kürzer oder länger sein.

Entwicklung der Mensch-Umwelt-Beziehungen in Eurasien

Zeitraum	Entwicklungsstand der Landschaft	Entwicklungsstand der Gesellschaft	Verhältnis der Gesellschaft zur Umwelt
Paläolithikum bis 7500 v. Chr.	Urlandschaft und Naturlandschaft	Wildbeuter (Jagen und Sammeln, kaum Siedlungen)	Umweltabhängig, Daseinsfunktionen determiniert durch die Natur und die fehlende Mobilität
Neolithische Revolution			
Subsistenzphase bis 1200 n. Chr.	Naturlandschaft	Agrargesellschaften (Ortsfeste ländliche Siedlungen)	Daseinsfunktionen angepasst an die Umweltbedingungen
Urbane Revolution			
Verdichtungsphase bis 1850 n. Chr.	Naturlandschaft und naturnahe Kulturlandschaft	Stadtgesellschaften (Stadtwirtschaftsräume)	Daseinsfunktionen wirken leicht umweltverändernd
Industrielle Revolution			
Industrielle Phase bis 1950	Naturlandschaft und naturferne Kulturlandschaft	Industriegesellschaften (Mobilität und Bevölkerungswachstum)	Daseinsfunktionen wirken stark umweltverändernd
Postindustrielle Revolution			
Postindustrielle Phase bis 1990	Künstliche Kulturlandschaft mit Resten von Naturlandschaften	Dienstleistungsgesellschaft (Wohlstand und Konsum)	Daseinsfunktionen wirken umweltbelastend, Umweltbewusstsein und -politik setzen ein
Postmoderne Revolution			
Postmoderne Phase nach 1990	Kulturlandschaften mit Relikten von naturnahen Landschaften (Naturparks, Biosphärenreservate)	Kommunikationsgesellschaft (Mobilitätszunahme und Globalisierung)	Daseinsfunktionen wirken umweltbelastend, Umweltpolitik und -handeln gewinnen an Bedeutung

in Anlehnung an Buchwald, 1971

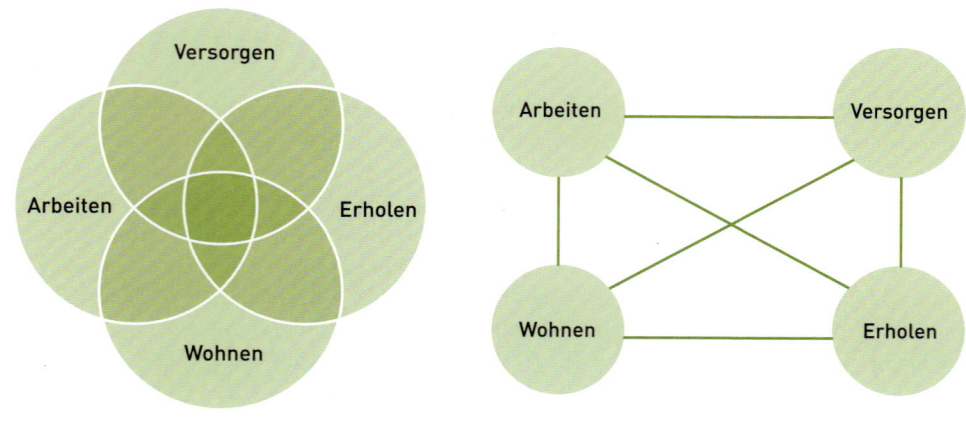

Abb. 15.3 Modell der räumlichen Dimensionen wichtiger Daseinsfunktionen

Agrargesellschaft

Industriegesellschaft

Der Mensch mit seinen Raumansprüchen ist in der Lage, Abläufe und Prozesse in der Umwelt lenkend oder raumgestaltend umzusetzen. Wohnen, Arbeiten, Versorgen und Erholen sind **Daseinsgrundfunktionen** des Menschen (siehe Abb. 15.3). Während in einer Agrargesellschaft diese Funktionen am gleichen Ort (Bauernhof) ausgeübt wurden, gibt es heute zwischen Wohnen, Arbeiten, Versorgen und Erholen eine klare räumliche Trennung, wodurch die Mobilität stark zunimmt.

15.3 Landschaftsökologische Systeme

Abbildung 15.4 verdeutlicht den Unterschied zwischen der räumlichen Betrachtungsebene (Beschreibung der Geofaktoren) und der funktionalen Betrachtungsebene (Analyse der Wechselwirkungen zwischen den Geofaktoren). In beiden Fällen werden zunächst einfache Strukturen beschrieben und dann komplexe. Am Anfang stehen die Geoökofaktoren wie Klima, Relief, Boden, Geologie, Wasser, Fauna und Flora. Von dort gelangt man über verschiedene Subsysteme wie Klimasystem oder Morphosystem und deren Wechselwirkungen zum Geoökosystem.

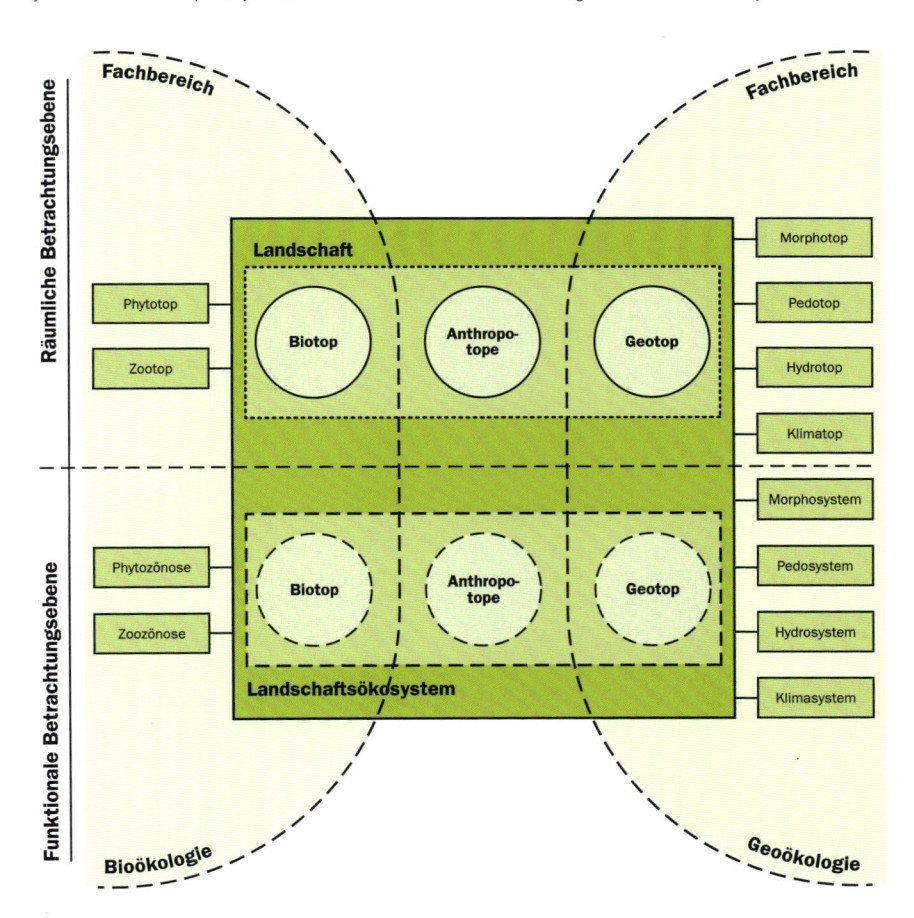

Abb. 15.4
Räumliche und funktionale Betrachtungsebene in der Landschaftsökologie

Die Landschaftsökologie vermag so bei der Analyse die raumprägenden Systemzusammenhänge aufzudecken. Dafür werden alle im Geoökosystem wirksamen Faktoren genau analysiert, insbesondere die menschlichen Einflüsse (siehe Abb. 15.5). Die Landschaftsökologie als integrierende Disziplin legt damit die Basis, um die nachhaltige Entwicklung des Raums auszuhandeln.

Wechselwirkungen im Geoökosystem

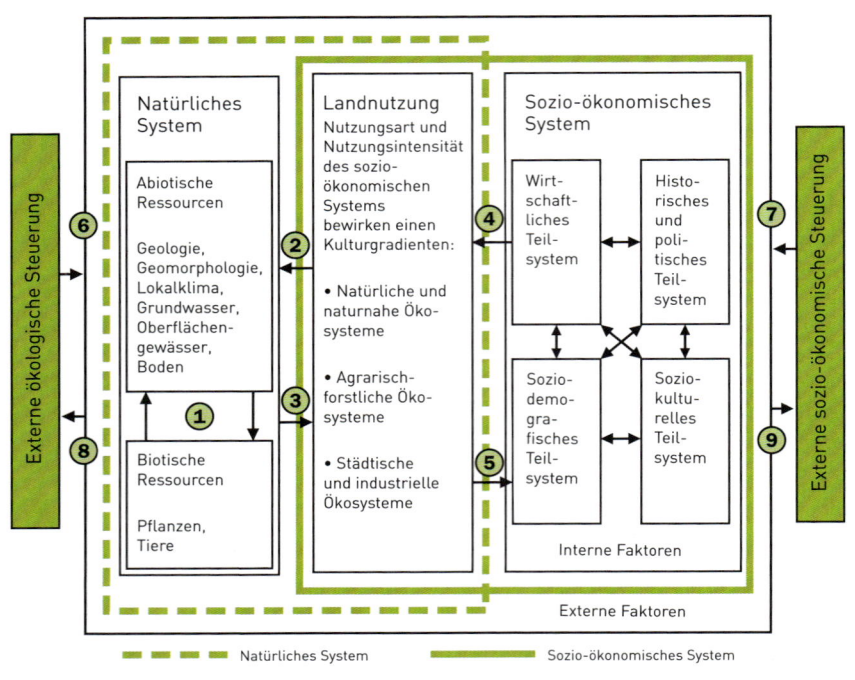

Abb. 15.5
Wirkungsfelder der Landnutzung (in Anlehnung an Messerli B./Messerli P. 1984: S. 81, Abb. 1)

1 Wechselwirkungen zwischen abiotischen und biotischen Ressourcen
2 Landnutzungsänderungen und menschlicher Einfluss
3 Rückwirkungen der Veränderungen im natürlichen Bereich auf die Landnutzung
4 Sozio-ökonomische Entwicklung und damit verbundener Nutzungswandel
5 Rückwirkung von Nutzungsänderungen
6 Externe ökologische Einflüsse und ihre Wirkungen auf das natürliche System
7 Externe sozio-ökonomische Einflüsse und ihre Wirkungen
8 Aus dem System abgegebene ökologisch wirksame Parameter
9 Veränderung sozio-ökonomischer Systemparameter

15.4 Wechselwirkungen im Geoökosystem

Grundlage der ökologischen Betrachtungsweise ist das vernetzte Denken. Einzelne Geofaktoren wie Klima, Wasser, Boden, Geologie, Relief, Flora und Fauna sowie das Wirken des Menschen werden in ihren gegenseitigen Abhängigkeiten untersucht, die ablaufenden Veränderungsprozesse werden erfasst (siehe Abb. 15.6).

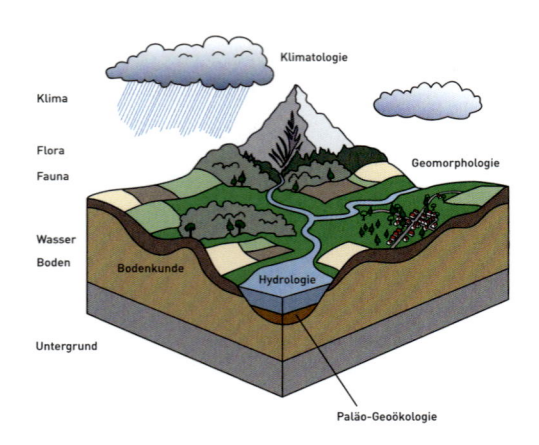

In der Geografie können anhand dieser Wechselbeziehungen im jeweiligen Ökosystem die raumprägenden Kräfte geklärt werden, das dynamische Gleichgewicht innerhalb des Untersuchungsraumes kann gedeutet werden und der Wandel durch externe Eingriffe kann abgeschätzt werden. **Negative Rückkopplungen** mit ihrer dämpfenden Wirkung zwischen den Elementen im Ökosystem führen zu einem Gleichgewichtszustand. **Positive Rückkopplungen** mit ihrer verstärkenden Wirkung fördern durch eine Aufwärts- oder Abwärtsspirale einen instabilen Zustand bis hin zur vollständigen Zerstörung.

Abb. 15.6
Geoökosystem mit Geofaktoren

Abbildung 15.7 zeigt am Beispiel des Bevölkerungswachstums, wie die verschiedenen Bestimmungsfaktoren dämpfend oder verstärkend wirken. Je besser sich die Wirtschaftslage präsentiert, desto mehr soziale Sicherheit ist möglich, sodass die Kinderzahl in einer Familie tendenziell von der Notwendigkeit der sozialen Sicherung abgekoppelt werden kann. Dadurch sinkt die Geburtenrate. Von der allgemeinen Wirtschaftslage ist aber auch die Sterberate abhängig: Mit steigender Lebensqualität sinkt die Sterberate. Positive und negative Rückkopplungen können einen Gleichgewichtszustand erzeugen.

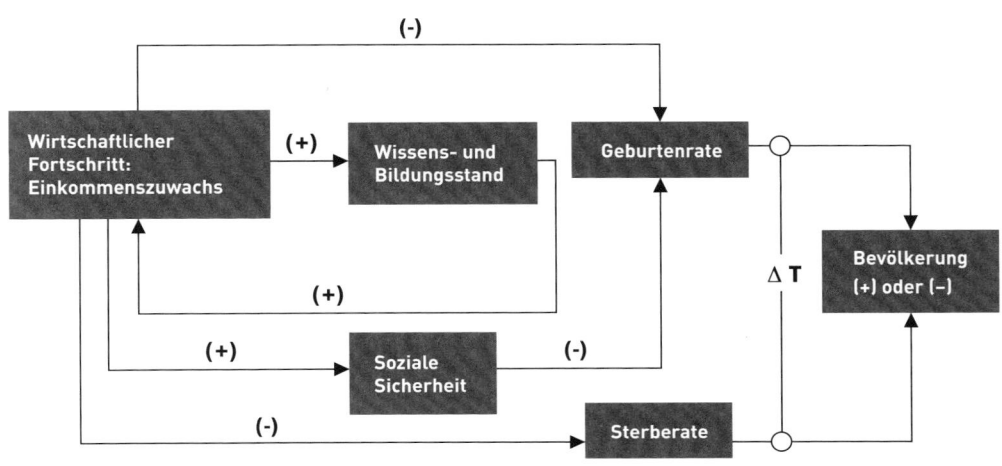

(+) = verstärkende Wirkung, je mehr...desto mehr oder je weniger... desto weniger
(-) = dämpfende Wirkung, je mehr... desto weniger oder je weniger... desto mehr

Abb. 15.7
Wirkungen und Rückkopplungen beim Bevölkerungswachstum

Auf diese Art und Weise kann die Landschaftsökologie die raumprägenden Wechselwirkungen aufzeigen. Voraussetzungen für die Erhaltung des ökologischen Gleichgewichts können geklärt werden, wobei dem Umfang und der Intensität menschlicher Einflüsse besondere Beachtung geschenkt wird. Die Landschaftsökologie ist somit eine integrierende Disziplin und kann einen wichtigen Beitrag zu einer nachhaltigen Nutzung leisten.

Weiterführende Literatur
ARNDT U. ET AL., 2008: Lehrbuch der Landschaftsökologie. Spektrum Akademischer Verlag, Heidelberg.
BUNDESAMT FÜR UMWELT, 2015: Magazin «Umwelt» 1/2015 – Die Umwelt beobachten. Bern.
KLEIN N., 2014: Die Entscheidung. Kapitalismus versus Klima. Fischer, Frankfurt am Main.
SCHWEIZERISCHER BUNDESRAT (HRSG.), 2015: Umwelt Schweiz 2015. Bericht des Bundesrats. Bern.

16 Nachhaltige Entwicklung

Fabian Piller, Matthias Probst

Die Menschheit muss innerhalb der atmosphärischen, hydrologischen, pedologischen und biologischen Grenzen des Planeten Erde agieren, um ihre Grundbedürfnisse nachhaltig sichern zu können. Gleichzeitig führen sozio-ökonomische Entwicklung, Bevölkerungswachstum und steigender Ressourcenverbrauch zu Knappheit und Verteilungsproblemen.
Nachhaltige Entwicklung ist ein Konzept, um die Deckung der Bedürfnisse für heutige und spätere Generationen in den drei Dimensionen Umwelt, Gesellschaft und Wirtschaft gleichberechtigt auf lokaler, regionaler und globaler Ebene zu sichern. Dieses Kapitel will zu einer vertieften Auseinandersetzung mit der zukünftigen Entwicklung der Menschheit auf diesem einen Planeten anregen.

16.1 Modelle der nachhaltigen Entwicklung

Nach dem Konzept der **planetarischen Belastbarkeitsgrenzen** von Johan Rockström muss der Mensch innerhalb dieser Grenzen agieren, um weiterhin seine Grundbedürfnisse sichern zu können (äusserer Ring in Abb. 16.1). Innerhalb von neun Bereichen werden Belastbarkeitsgrenzen nach aktuellem Forschungsstand festgelegt. Berechnungen zeigen, dass die Grenzwerte in den Bereichen Klimawandel, biologische Vielfalt und Stickstoffeintrag in die Biosphäre bereits überschritten sind.

Die Ökonomin Kate Raworth hat diese ökologische Betrachtung der planetarischen Belastbarkeitsgrenzen mit der gesellschaftlichen und der wirtschaftlichen Dimension erweitert. Der «sichere und gerechte Lebensraum» (mittlerer Ring in Abb. 16.1) ist sicher, wenn planetarische Belastbarkeitsgrenzen nicht überschritten werden, und gerecht, wenn jedem Menschen ein bestimmtes Mass an Gesundheit, Bildung oder Mitspracherecht zusteht (innerer Kreis in Abb. 16.1). Beispielsweise verlangt ein sicherer und gerechter Raum für die Menschheit die Berücksichtigung der festgelegten Süsswassernutzung (planetarische Belastbarkeitsgrenze), damit das Wohlergehen der Menschen (gesellschaftliche Grundlage) bezüglich Ernährungssicherheit, Wasserversorgung, Gesundheit und Gleichberechtigung nicht geschmälert wird.

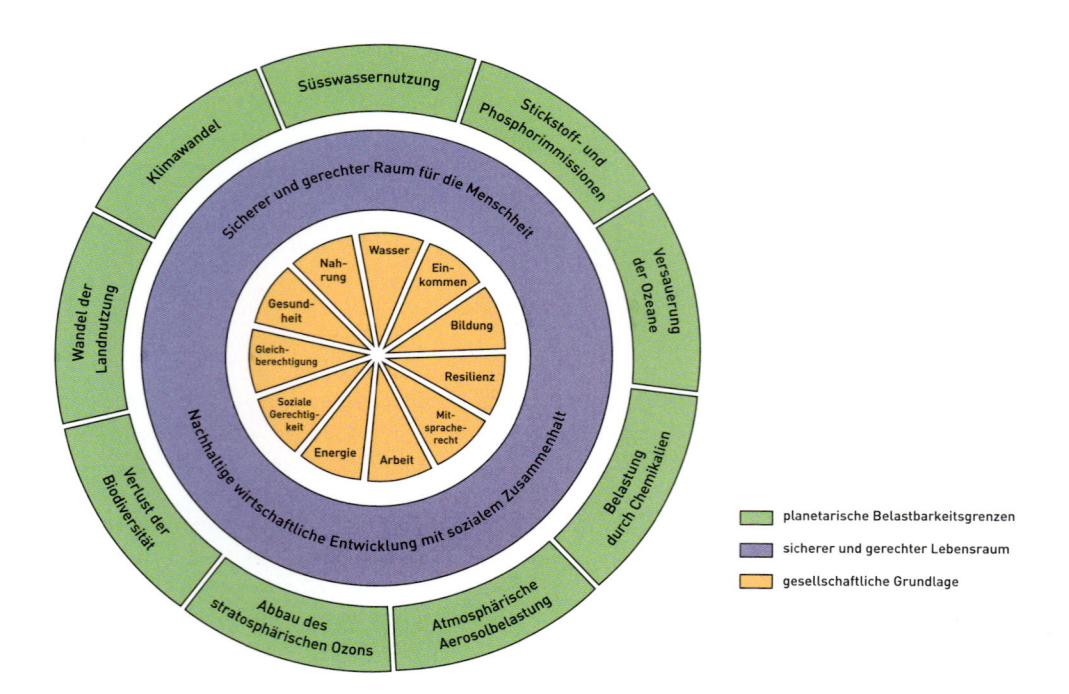

Abb. 16.1
Konzept der nachhaltigen Entwicklung nach Raworth

Eine andere Sichtweise auf die nachhaltige Entwicklung zeigt das sogenannte **Schnittmengenmodell** (Abb. 16.2). Dieses Modell bricht das Nebeneinander von Umwelt, Gesellschaft und Wirtschaft auf und integriert die räumliche und zeitliche Ebene. Die Überlappung der Kreise veranschaulicht, dass die verschiedenen Dimensionen eng zusammenhängen und die Übergänge fliessend sind. So sollen die Bedürfnisse in den drei Dimensionen Umwelt, Gesellschaft und Wirtschaft gleichberechtigt für heutige und spätere Generationen (zeitliche Achse) auf lokaler, regionaler und globaler Ebene (räumliche Achse) gedeckt werden.

16 Nachhaltige Entwicklung

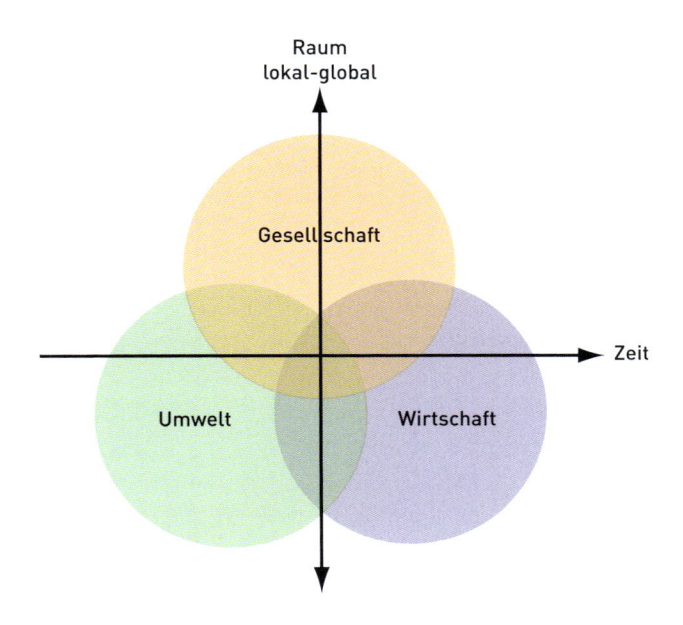

Abb. 16.2
Schnittmengenmodell der nachhaltigen Entwicklung

Nach dem Schnittmengenmodell soll nachhaltige Entwicklung stets nach ökologischer Rücksichtnahme und Verantwortung, wirtschaftlicher Leistungsfähigkeit und gesellschaftlicher Solidarität streben. Das Bundesamt für Raumentwicklung (ARE) konkretisiert diese Zielsetzung wie folgt:

- Wirtschaftliche, gesellschaftliche und ökologische Prozesse sind vernetzt. Das Handeln öffentlicher wie auch privater Akteure darf nicht isoliert und eindimensional erfolgen, sondern muss den Wechselwirkungen zwischen den drei Dimensionen Umwelt, Wirtschaft und Gesellschaft Rechnung tragen.
- Nachhaltige Entwicklung bedeutet mehr als Umweltschutz. Für die Befriedigung unserer materiellen und immateriellen Bedürfnisse benötigen wir wirtschaftliches Wohlergehen und eine solidarische Gesellschaft.
- Die Auswirkungen des heutigen Handelns in die Zukunft müssen einberechnet werden (intergenerationeller Aspekt), damit die künftigen Generationen ihre Bedürfnisse auch befriedigen können.
- Nachhaltige Entwicklung erfordert einen langfristigen Strukturwandel in unserem Wirtschafts- und Gesellschaftssystem mit dem Ziel, den Umwelt- und Ressourcenverbrauch unter Wahrung der wirtschaftlichen Leistungsfähigkeit und des sozialen Zusammenhalts auf ein dauerhaft tragbares Niveau zu senken.
- Globale Interdependenzen sind zu berücksichtigen (Nord-Süd-Aspekt). Der heutige Lebensstil in den Industrieländern, zunehmend aber auch in den Schwellenländern, ist ökologisch nicht globalisierbar. Nachhaltige Entwicklung will die Lebensqualität insbesondere auch für den grossen Teil der Menschheit, der in bitterer Armut und unter menschenunwürdigen Bedingungen lebt, langfristig verbessern.

In beiden Modellen versteht sich nachhaltige Entwicklung als Antwort und Zukunftsvision, um globalen Herausforderungen (z. B. Klimawandel, Ressourcenverknappung, Migration, Verteilungsgerechtigkeit) sinnvoll begegnen zu können. Diese Herausforderungen zeigen, wie sehr ökologische, ökonomische und gesellschaftliche Prozesse voneinander abhängen und sich beeinflussen.

16.2 Monitoring nachhaltiger Entwicklung

Wesentliche Voraussetzung für die Entwicklung eines nachhaltigen Umgangs mit den ökologischen, wirtschaftlichen und gesellschaftlichen Ressourcen ist ein **Monitoring**, das die Ausgangssituation und die Auswirkungen der Veränderungen erfasst, beobachtet und überwacht. Die Schweizer Bundesämter für Statistik (BFS), Raumentwicklung (ARE) und Umwelt (BAFU) haben zur Beobachtung der nachhaltigen Entwicklung in der Schweiz das Messsystem **Monitoring der nachhaltigen Entwicklung (MONET)** entwickelt. Dieses Instrument erhebt 17 Schlüsselindikatoren und ermöglicht damit eine regelmässige Berichterstattung über Stand und Verlauf der nachhaltigen Entwicklung auf nationaler Ebene (Abb. 16.3).

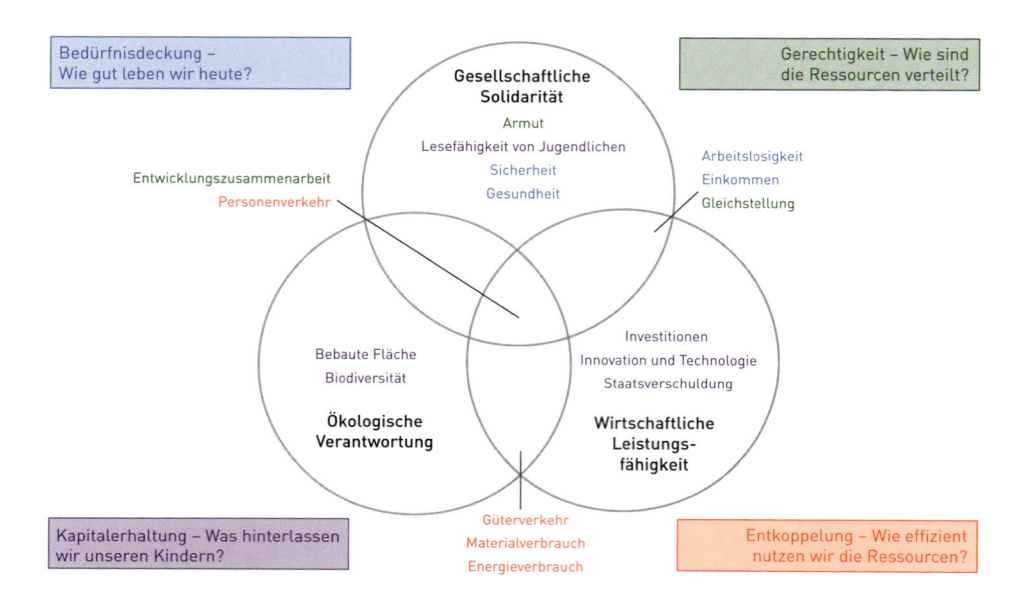

Abb. 16.3
Schlüsselindikatoren des Monitorings der nachhaltigen Entwicklung (MONET) (nach BFS, Nachhaltige Entwicklung in Kürze, 2015)

Das Monitoring hat für die Schweiz in den meisten Lebensbereichen Ansätze nachhaltiger Entwicklung aufgezeigt, gleichzeitig aber auch gegenläufige Trends festgestellt. In den Bereichen Lebensbedingungen, Produktion und Konsum von biologischen Produkten, Forschung und Technologie sowie Luftreinhaltung wurden Fortschritte nachgewiesen. Demgegenüber zeigt das Messsystem grosse Defizite in den Bereichen Verkehr, Boden- und Raumnutzung, Armut und internationale Solidarität. Je nach Zielsetzung können die drei Dimensionen der Nachhaltigkeit mit anderen Messmethoden und Indikatoren bestimmt werden: z. B. Energieverbrauch pro Person, CO_2-Emission pro Person, Human Development Index (HDI), Korruptionsindex (CPI), Gini-Koeffizient (vgl. Abschnitt 17.2).

Die Messmethode **ökologischer Fussabdruck** ermöglicht ein Monitoring auf individueller, regionaler und nationaler Ebene und eignet sich für Vergleiche. Der ökologische Fussabdruck gibt an, inwieweit der eigene Lebensstandard, das Wirtschaften eines Unternehmens oder die Lebens- und Produktionsweise in einer Region ökologisch und sozial verträglich sind. Dafür werden Ausmass der Nutzung und Belastung der Natur wie etwa Erdölverbrauch, Kleider- oder Nahrungsmittelkonsum in Flächen umgerechnet, die notwendig wären, um diese Ressourcen auf erneuerbare Weise bereitzustellen. Dazu gehören einerseits die zur Produktion benötigten Flächen, andererseits aber auch jene, die benötigt werden, um den erzeugten Abfall abzubauen und das freigesetzte Kohlendioxid zu binden.

Gewissermassen als Gegenstück zum ökologischen Fussabdruck ist die **Biokapazität** ein Mass für die biologische Produktivität einer Fläche, also ihre Fähigkeit, biologische Rohstoffe zu produzieren und Schadstoffe abzubauen. Der ökologische Fussabdruck wie auch die Biokapazität werden mit der konstruierten Einheit «globale Hektare» (gha) gemessen – wenn sie übereinstimmen, entsprechen sich Ressourcenverbrauch und Belastbarkeit der Natur.

Globaler ökologischer Fussabdruck in gha/Person

	1961	1965	1970	1975	1980	1985	1990	1995	2000	2005	2008	2010	2014	2016
Globaler ökologischer Fussabdruck	2,4	2,5	2,8	2,8	2,8	2,6	2,7	2,6	2,5	2,7	2,7	2,7	2,8	2,8
Globale Biokapazität	3,7	3,5	3,1	2,9	2,6	2,4	2,3	2,1	2,0	1,8	1,8	1,8	1,7	1,6
Fussabdruck/Biokapazität	0,63	0,73	0,88	0,97	1,06	1,07	1,18	1,24	1,29	1,45	1,51	1,54	1,65	1,69

Quelle: www.footprintnetwork.org/atlas (2019)

Seit Anfang der 1980er-Jahre ist der globale ökologische Fussabdruck grösser als die weltweite Biokapazität. Das heisst, die natürlichen Ressourcen werden schneller verbraucht, als sie sich regenerieren, und die Natur kann nicht mehr sämtliche Schadstoffe aufnehmen. Die Menschheit lebt damit auf Kosten nachkommender Generationen.

Der ökologische Fussabdruck der Schweiz ist aktuell mit 5,0 globalen Hektaren pro Person rund viermal so gross wie die Biokapazität der Schweiz (1,2 globale Hektaren pro Person). Dieses seit Jahrzehnten zunehmende **ökologisches Defizit** bedeutet, dass der Konsum zunehmend mit dem Import von Biokapazität gedeckt wird, das heisst, es werden natürliche Ressourcen importiert und Schadstoffe wie Kohlendioxid exportiert. Allein deshalb kann die Schweizer Bevölkerung so viel konsumieren, ohne das eigene Naturkapital drastisch zu übernutzen.

16.3 Umsetzungsebenen

Nachhaltige Entwicklung als gesamtgesellschaftliche Vision und Leitidee erfordert Aktivitäten auf verschiedenen Umsetzungsebenen; individuell und gesellschaftlich sowie lokal, regional, national und global. Die Aushandlung und Umsetzung nachhaltiger Entwicklung löst Lernprozesse aus, die zur Sensibilisierung der Akteure führen. Indem Menschen in der Folge ihr Handeln anpassen, ändern sich individuelle und gesellschaftliche Ordnungs- und Handlungsmuster. Kommt es dabei zu Interessens- und Zielkonflikten, können über politisch-gesellschaftliche Aushandlungsprozesse diese Muster verbindlich angepasst werden. Individuum und Gesellschaft bauen so Werte, Normen und Haltungen auf, die auf lokaler, nationaler und internationaler Ebene zu Handlungen führen.

Umsetzungsebenen von nachhaltiger Entwicklung

Individuum	Gesellschaft		
lokale Ebene	lokale Ebene	regionale und nationale Ebene	internationale Ebene
ethisch, normativ, politisch	normativ, politisch, strategisch		
Werte reflektieren und entsprechend handeln	Werte diskutieren und vereinbaren	Gesetze verhandeln, festlegen und durchsetzen	Strategien und Ziele aushandeln
Wie will ich handeln?	Wie wollen wir handeln?	Welche Handlungen sind für uns verbindlich?	Wie wollen wir in Zukunft handeln?

16.3.1 Meilensteine internationaler Nachhaltigkeitspolitik

Das Konzept der Nachhaltigkeit geht zurück auf Hans Carl von Carlowitz (1645–1714). Wegen grossflächiger Rodungen war die Energieversorgung im 18. Jahrhundert nicht mehr sichergestellt und der Schutz vor Lawinen und Überschwemmungen war verloren gegangen. Vor diesem Hintergrund forderte Carlowitz die nachhaltige Nutzung der Forstbestände im Erzgebirge. Seine Motivation war weniger die Sorge um die Umwelt als vielmehr die Sicherstellung der Holzversorgung für den Bergbau. Er setzte durch, dass fortan in einer Periode nicht mehr Holz genutzt wurde, als in der nächsten nachwächst. Auch das Forstgesetz der Schweiz von 1876 basiert auf diesem Grundsatz.

In den 1970er-Jahren wurden die Erdölbestände knapp, Nachhaltigkeit rückte wieder in den Vordergrund. 1972 fand in Stockholm die erste Weltumweltkonferenz der UNO statt, in deren Rahmen sich die Staaten zur Zusammenarbeit in Umweltschutzfragen bekannten. In der Folge wurden auch sozio-ökonomische Herausforderungen wie Armut und Migration thematisiert. Aus diesem Bewusstsein heraus hat im Jahr 1987 die Internationale Kommission für Umwelt und Entwicklung das Prinzip der Nachhaltigkeit wie folgt erweitert: «Nachhaltige Entwicklung ist eine Entwicklung, welche die heutigen Bedürfnisse zu decken vermag, ohne künftigen Generationen die Möglichkeit zu schmälern, ihre eigenen Bedürfnisse zu decken.»

1992 wurde an der UNO-Konferenz für Umwelt und Entwicklung in Rio de Janeiro von 179 Staaten (auch von der Schweiz) die **Lokale Agenda 21** unterzeichnet, ein weltweiter Aktionsplan, um die wichtigsten Umwelt- und Entwicklungsprobleme anzugehen. Es folgte 2002 in Johannesburg der Weltgipfel für nachhaltige Entwicklung, an dem die Bedeutung der Lokalen Agenda 21 bekräftigt und die Notwendigkeit für deren konsequente weltweite Umsetzung unterstrichen wurde. Schwerpunkt der Konferenz Rio+20 (2012) war eine **grüne Wirtschaft,** welche den Ressourcenverbrauch angesichts der Knappheit einbezieht und zur Armutsreduktion beiträgt. Zudem wurde nach zwanzig Jahren Aktionsplan Bilanz gezogen. Die Ziele der vergangenen Erdgipfel wurden kaum umgesetzt, weil konkrete Handlungskonzepte zu den Absichtserklärungen häufig fehlen, Verstösse gegen Vereinbarungen kaum sanktioniert werden können und die nötigen finanziellen Mittel nicht bereitgestellt wurden. Zudem liegen die Positionen der Industrie- und Entwicklungsländer zu weit auseinander. Die Industrieländer versuchen, den hohen Lebensstandard und ihre wirtschaftliche Vormachtstellung mit der Verwässerung von Vereinbarungen aufrechtzuerhalten. Den Entwicklungsländern fällt es dagegen schwer, strenge Umweltauflagen zu akzeptieren, da sie sich ihre eigenen Entwicklungsmöglichkeiten nicht verbauen wollen und aus ihrer Sicht vorwiegend die Industrieländer mit ihrem Wohlstand für die Umweltprobleme verantwortlich sind. Für die Umsetzung der nachhaltigen Entwicklung wurde an der Konferenz Rio+20 daher ein angemessenes Steuerungs- und Regelungssystem **(Gouvernanz)** auf nationaler sowie internationaler Ebene gefordert, kurzum verbesserte institutionelle Rahmenbedingungen für eine nachhaltige Entwicklung.

Um die internationale Nachhaltigkeitsgouvernanz zu verbessern, verabschiedete die Staatengemeinschaft 2015 die **Agenda 2030** für nachhaltige Entwicklung. Kernbestandteil sind die 17 Ziele für nachhaltige Entwicklung, die **Sustainable Development Goals (SDG),** und deren 169 Unterziele (Abb. 16.4). Zentrale Aspekte sind dabei das Voranbringen des Wirtschaftswachstums, die Reduzierung von Ungleichheiten im Lebensstandard und die Schaffung von Chancengleichheit sowie ein nachhaltiges Management von natürlichen Ressourcen, das den Erhalt von Ökosystemen gewährleistet. Die SDG greifen auch Aspekte wie Frieden und Sicherheit, Rechtsstaatlichkeit und gute Regierungsführung auf, welche für nachhaltige Entwicklung von fundamentaler Bedeutung sind.

Vereinte Nationen, Generalversammlung 18.9.2015
Transformation unserer Welt: die Agenda 2030 für nachhaltige Entwicklung – Präambel

Diese Agenda ist ein Aktionsplan für die Menschen, den Planeten und den Wohlstand. Sie will ausserdem den universellen Frieden in grösserer Freiheit festigen. Wir sind uns dessen bewusst, dass die Beseitigung der Armut in allen ihren Formen und Dimensionen, einschliesslich der extremen Armut, die grösste globale Herausforderung und eine unabdingbare Voraussetzung für eine nachhaltige Entwicklung ist.

Alle Länder und alle Interessenträger werden diesen Plan in kooperativer Partnerschaft umsetzen. Wir sind entschlossen, die Menschheit von der Tyrannei der Armut und der Not zu befreien und unseren Planeten zu heilen und zu schützen. Wir sind entschlossen, die kühnen und transformativen Schritte zu unternehmen, die dringend notwendig sind, um die Welt auf den Pfad der Nachhaltigkeit und der Widerstandsfähigkeit zu bringen. Wir versprechen, auf dieser gemeinsamen Reise, die wir heute antreten, niemanden zurückzulassen.

Die heute von uns verkündeten 17 Ziele für nachhaltige Entwicklung und 169 Zielvorgaben zeigen, wie umfassend und ambitioniert diese neue universelle Agenda ist. Sie sollen auf den Millenniums-Entwicklungszielen aufbauen und vollenden, was diese nicht erreicht haben. Sie sind darauf gerichtet, die Menschenrechte für alle zu verwirklichen und Geschlechtergleichstellung und die Selbstbestimmung aller Frauen und Mädchen zu erreichen. Sie sind integriert und unteilbar und tragen in ausgewogener Weise den drei Dimensionen der nachhaltigen Entwicklung Rechnung (...).

Die Ziele und Zielvorgaben werden in den nächsten fünfzehn Jahren den Anstoss zu Massnahmen in den Bereichen geben, die für die Menschheit und ihren Planeten von entscheidender Bedeutung sind.

Menschen – Wir sind entschlossen, Armut und Hunger in allen ihren Formen und Dimensionen ein Ende zu setzen und sicherzustellen, dass alle Menschen ihr Potenzial in Würde und Gleichheit und in einer gesunden Umwelt voll entfalten können.

Planet – Wir sind entschlossen, den Planeten vor Schädigung zu schützen, unter anderem durch nachhaltigen Konsum und nachhaltige Produktion, die nachhaltige Bewirtschaftung seiner natürlichen Ressourcen und umgehende Massnahmen gegen den Klimawandel, damit die Erde die Bedürfnisse der heutigen und der kommenden Generationen decken kann.

Wohlstand – Wir sind entschlossen, dafür zu sorgen, dass alle Menschen ein von Wohlstand geprägtes und erfülltes Leben geniessen können und dass sich der wirtschaftliche, soziale und technische Fortschritt in Harmonie mit der Natur vollzieht.

Frieden – Wir sind entschlossen, friedliche, gerechte und inklusive Gesellschaften zu fördern, die frei von Furcht und Gewalt sind. Ohne Frieden kann es keine nachhaltige Entwicklung geben und ohne nachhaltige Entwicklung keinen Frieden.

Partnerschaft – Wir sind entschlossen, die für die Umsetzung dieser Agenda benötigten Mittel durch eine mit neuem Leben erfüllte globale Partnerschaft für nachhaltige Entwicklung zu mobilisieren, die auf einem Geist verstärkter globaler Solidarität gründet, insbesondere auf die Bedürfnisse der Ärmsten und Schwächsten ausgerichtet ist und an der sich alle Länder, alle Interessenträger und alle Menschen beteiligen.

Die Querverbindungen zwischen den Zielen für nachhaltige Entwicklung und deren integrierter Charakter sind für die Erfüllung von Ziel und Zweck der neuen Agenda von ausschlaggebender Bedeutung. Wenn wir unsere Ambitionen in allen Bereichen der Agenda verwirklichen können, wird sich das Leben aller Menschen grundlegend verbessern und eine Transformation der Welt zum Besseren stattfinden.

Umsetzungsebenen

Die SDG sind weltweit gültig, alle Länder sollen gemäss ihren Kapazitäten einen Beitrag zum Erreichen der Ziele leisten. Als globales Rahmenwerk nimmt die **Agenda 2030** alle Länder in die Pflicht, gerechtere gesellschaftliche Verhältnisse zu schaffen und ihre Wirtschaft umzustrukturieren, hin zu einem nachhaltigen Umgang mit natürlichen Ressourcen. Daneben sollen Anreize geschaffen werden, damit auch nichtstaatliche Akteure vermehrt einen aktiven Beitrag zur nachhaltigen Entwicklung leisten. Damit die Agenda 2030 Wirkung entfalten kann, ist die Zivilgesellschaft gefordert.

1 Armut in jeder Form und überall beenden
2 Den Hunger beenden, Ernährungssicherheit und eine bessere Ernährung erreichen und eine nachhaltige Landwirtschaft fördern
3 Ein gesundes Leben für alle Menschen jeden Alters gewährleisten und ihr Wohlergehen fördern
4 Inklusive, gerechte und hochwertige Bildung gewährleisten und Möglichkeiten des lebenslangen Lernens für alle fördern
5 Geschlechtergleichheit und Selbstbestimmung für alle Frauen und Mädchen erreichen
6 Verfügbarkeit und nachhaltige Bewirtschaftung von Wasser und Sanitärversorgung für alle gewährleisten
7 Zugang zu bezahlbarer, verlässlicher, nachhaltiger und zeitgemässer Energie für alle sichern
8 Dauerhaftes, inklusives und nachhaltiges Wirtschaftswachstum, produktive Vollbeschäftigung und menschenwürdige Arbeit für alle fördern
9 Eine belastbare Infrastruktur aufbauen, inklusive und nachhaltige Industrialisierung fördern und Innovationen unterstützen
10 Ungleichheit innerhalb von und zwischen Staaten verringern
11 Städte und Siedlungen inklusiv, sicher, widerstandsfähig und nachhaltig machen
12 Für nachhaltige Konsum- und Produktionsmuster sorgen
13 Umgehend Massnahmen zur Bekämpfung des Klimawandels und seiner Auswirkungen ergreifen
14 Ozeane, Meere und Meeresressourcen im Sinne einer nachhaltigen Entwicklung erhalten und nachhaltig nutzen
15 Landökosysteme schützen, wiederherstellen und ihre nachhaltige Nutzung fördern, Wälder nachhaltig bewirtschaften, Wüstenbildung bekämpfen, Bodenverschlechterung stoppen und umkehren und den Biodiversitätsverlust stoppen
16 Friedliche und inklusive Gesellschaften im Sinne einer nachhaltigen Entwicklung fördern, allen Menschen Zugang zur Justiz ermöglichen und effektive, rechenschaftspflichtige und inklusive Institutionen auf allen Ebenen aufbauen
17 Umsetzungsmittel stärken und die globale Partnerschaft für nachhaltige Entwicklung wiederbeleben

Abb. 16.4
Ziele der Agenda 2030 für nachhaltige Entwicklung

16.3.2 Global denken, lokal handeln

Die globale Verbesserung der Lebensbedingungen unter Wahrung der Lebenschancen der künftigen Generationen, die bessere Bewirtschaftung der Ökosysteme und die Gewährleistung einer gesicherten Zukunft kann von einzelnen Ländern alleine nicht erreicht werden. Daher wurden mit der **Lokalen Agenda 21** und der **Agenda 2030** internationale Aktionspläne zur Lösung aller wichtigen Umwelt- und Entwicklungsprobleme erstellt. Diese global gedachten Initiativen müssen in den einzelnen Ländern national und lokal umgesetzt werden, um einen wirksamen, gesellschaftlich wie individuell getragenen Prozess in Gang zu setzen. Durch **Partizipation** möglichst vieler verschiedener Akteure und Interessengruppen werden Zielkonflikte frühzeitig erkannt und breit abgestützte Lösungen entstehen.

Auf lokaler Ebene getroffene Entscheidungen haben weltweite Auswirkungen – und umgekehrt. Der tägliche Konsum von Lebensmitteln und Waren und sowie Verbrauch von Energie und Rohstoffen hat Folgen auf die Lebensbedingungen von Menschen in anderen Ländern und Regionen. In der globalisierten Welt sind Themen wie faire Welthandelsbeziehungen, Verantwortung von internationalen Konzernen, Arbeitsbedingungen, Umweltschutz und insbesondere Verteilungsgerechtigkeit unumgänglich. Alle Gemeinden der Erde sind aufgefordert, ihre eigene, den besonderen Bedingungen vor Ort angepasste Agenda aufzustellen. In der Schweiz haben Kantone und Gemeinden dank dem föderalen Staatsaufbau Kompetenzen und Gestaltungsspielräume in vielen nachhaltigkeitsrelevanten Themenfeldern wie Energie, Raumentwicklung, Mobilität, Wohnqualität, Gesundheit, Beschäftigung, Konsumverhalten und Integration. Die beiden Agenden ermöglichen es, diese Themenfelder zu vernetzen, um damit die Wirksamkeit der Umsetzung zu erhöhen.

16.4 Wirtschaftlicher und gesellschaftlicher Wandel hin zur nachhaltigen Entwicklung

16.4.1 Positionen der Nachhaltigkeit

Nachhaltige Entwicklung ist kein harmonisches Konzept. Wegen der unterschiedlichen wirtschaftlichen, sozialen und ökologischen Anliegen können Zielkonflikte in Politik und Gesellschaft entstehen. Die Herausforderung besteht darin, die zum Teil gegenläufigen Ziele und Interessen aufeinander abzustimmen und einen Kompromiss zu finden. Zielkonflikte müssen international, national und lokal in fairen und demokratischen Prozessen bewältigt werden. Die ausgehandelte Position in Politik und Gesellschaft eines Staates oder einer Region lässt sich zwischen schwacher und starker Nachhaltigkeit einordnen (vgl. Abb. 16.5).

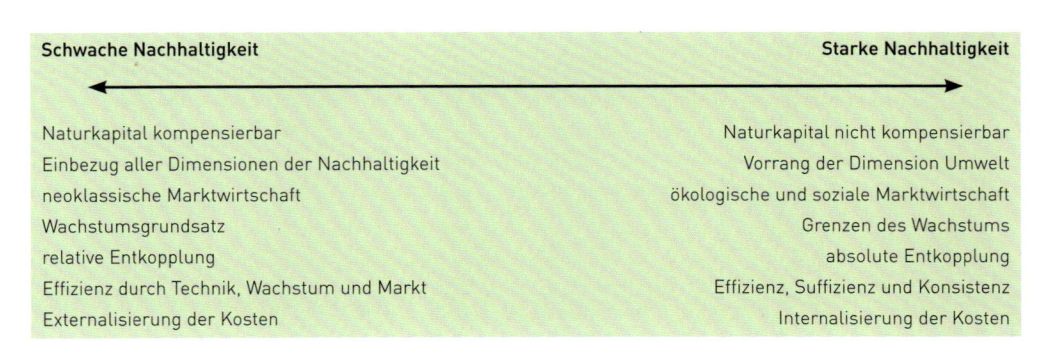

Schwache Nachhaltigkeit	Starke Nachhaltigkeit
Naturkapital kompensierbar	Naturkapital nicht kompensierbar
Einbezug aller Dimensionen der Nachhaltigkeit	Vorrang der Dimension Umwelt
neoklassische Marktwirtschaft	ökologische und soziale Marktwirtschaft
Wachstumsgrundsatz	Grenzen des Wachstums
relative Entkopplung	absolute Entkopplung
Effizienz durch Technik, Wachstum und Markt	Effizienz, Suffizienz und Konsistenz
Externalisierung der Kosten	Internalisierung der Kosten

Abb. 16.5
Kontinuum zu Positionen der Nachhaltigkeit (in Anlehnung an Pufé, 2014)

Als **schwache Nachhaltigkeit** bezeichnet man die Vorstellung, dass der Verlust an Naturkapital (Dimension Umwelt) durch Errungenschaften im Humankapital (Dimension Gesellschaft) und im Sachkapital (Dimension Wirtschaft) ersetzt oder kompensiert werden kann. Damit werden in dieser Sichtweise stets alle drei Dimensionen einbezogen (vgl. Abb. 16.2). Für Vertreter dieser Form von Nachhaltigkeit ist ein System nachhaltig, solange das Gesamtkapital (bestehend aus natürlichen Ressourcen, Human- und Sachkapital) gleich bleibt oder wächst. Damit ist der Abbau von Rohstoffen oder der Verlust natürlicher Lebensräume auch dann noch nachhaltig, wenn dieser durch steigendes Kapital in den anderen Bereichen ausgeglichen wird.
Bei der **starken Nachhaltigkeit** wird die Umwelt über Wirtschaft und Gesellschaft gestellt. Wer diese Position vertritt, betrachtet die natürlichen Ressourcen als Grundvoraussetzung für jede Entwicklung. Natürliche Ressourcen können nicht durch Human- oder Sachkapital kompensiert

werden. Erneuerbare Ressourcen sollen nur in dem Mass genutzt werden, in dem sie sich regenerieren (vgl. Abb. 16.1). Nicht erneuerbare Ressourcen (wie fossile Energiequellen) dürfen gemäss dieser Position gar nicht genutzt werden, da deren Verbrauch das Naturkapital verringert.

Der Bundesrat vertritt eine Position zwischen starker und schwacher Nachhaltigkeit, die auch als **schwache Nachhaltigkeit Plus** bezeichnet wird. Eine begrenzte Austauschbarkeit zwischen dem Natur-, Human- und Sachkapital ist zulässig, sofern die für jeden Kapitalstock geltenden kritischen Grenzen nicht unterschritten werden. Kritische Grenzen, wie zum Beispiel gesundheitlich relevante Umweltnormen (z. B. Ozongrenzwert) oder die Gewährleistung der Menschenrechte, sind nicht verhandelbare Mindestanforderungen.

Die **grüne Wirtschaft** (green economy) positioniert sich ebenfalls zwischen den beiden Positionen und setzt auf einen innovativen Strukturwandel, ohne aber die kapitalistische Logik von Konkurrenz und Wettbewerbsfähigkeit zu verändern. Für den Wohlstand und Fortschritt der Gesellschaft wird Wirtschaftswachstum als wünschenswert und notwendig betrachtet. Umweltschutz darf aber nicht generell als Kostenfaktor angesehen werden, sondern birgt ökonomische Chancen; nachhaltige Entwicklung und wirtschaftlicher Fortschritt widersprechen sich somit nicht. Das Konzept der grünen Wirtschaft zielt auf eine Veränderung von Rahmenbedingungen ab, die gleichzeitig umwelt-, gesellschafts- als auch wirtschaftspolitischen Interessen dienen. Grundlage für den Umsetzungsprozess ist das Aushandeln bestimmter Zielgrössen.

16.4.2 Zielgrössen

Ein für alle Positionen zentrales Ziel der nachhaltigen Entwicklung ist es, Wirtschaftswachstum von Ressourcenverbrauch und Umweltbelastung zu entkoppeln, um so die Lebensqualität zu steigern. Wirtschaftswachstum soll in Zukunft mit weniger Ressourcenverbrauch und Umweltbelastung erzeugt werden (Abb. 16.6).

Die **relative Entkopplung** ist die Zielgrösse, welche den geringsten Wandel der wirtschaftlichen Aktivitäten bedingt. Sie verlangt, dass Ressourcenverbrauch und Umweltbelastung weniger stark zunehmen als die Wirtschaft wächst. Beispielsweise wächst in den Industrieländern der absolute Ressourcenverbrauch Jahr für Jahr, obschon gleichzeitig die Ressourceneffizienz verbessert wurde. Eine **absolute Entkopplung** bedeutet, dass Ressourcenverbrauch und Umweltbelastung konstant bleiben oder sogar sinken, obschon die Wirtschaft wächst. Eine absolute Entkopplung ermöglicht sowohl eine Steigerung des Wirtschaftswachstums innerhalb der planetarischen Belastbarkeitsgrenzen als auch eine Zunahme der Lebensqualität.

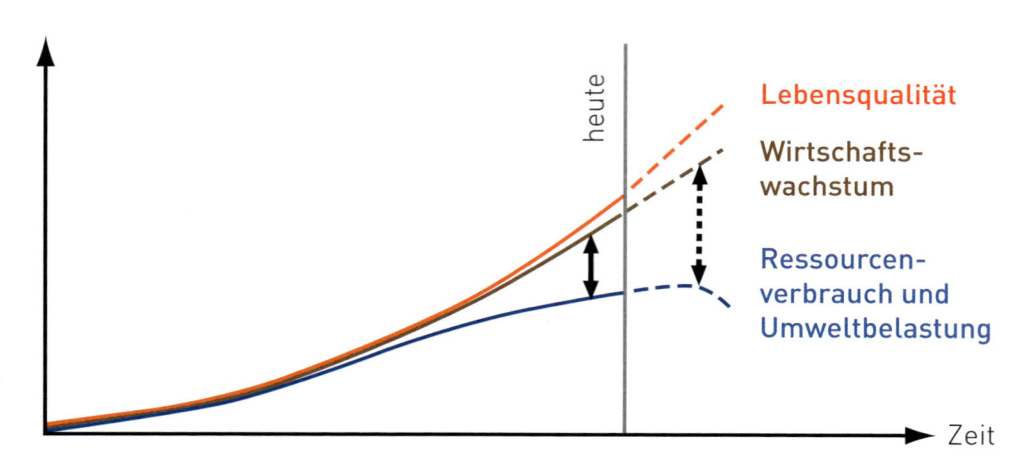

Abb. 16.6
Modellhafte Darstellung der relativen ◄─► und absoluten ◄┈┈► Entkopplung
(nach UNEP, International Resource Panel, 2015)

16.4.3 Leitstrategien

Bei der Umsetzung des Nachhaltigkeitskonzepts bieten sich Effizienz, Suffizienz und Konsistenz als drei sich ergänzende Strategien an. Anhand dieser Leitstrategien sollen Handlungen bezüglich des Ressourcenverbrauchs und der Umweltbelastung so angepasst werden, dass ein nachhaltiges Niveau erreicht wird.

Die **Effizienz-Strategie** setzt auf die Erhöhung der Ressourcenproduktivität. Sie ist ökologisch wie ökonomisch vorteilhaft, weil sie zu Einsparungen führt und Erneuerungen bei Produkten und Prozessen stimuliert. Von den drei Strategien wird sie deshalb auch am häufigsten angewendet. Kritisiert wird der ihr zugrunde liegende Technikoptimismus, der verhindere, Probleme an der Wurzel zu packen. Beispielsweise führen Effizienzverbesserungen durch technologische Lösungen zu **Rebound-Effekten**, wenn die verbesserte Ressourcen- und Energieeffizienz zu einem nicht beabsichtigten Mehrverbrauch führt. Indem effizienzbedingt Produkte günstiger angeboten werden (z. B. Smartphone, Computer), kaufen Konsumenten mehr Produkte oder ersetzen die Produkte häufiger. So werden nach einem Kauf eines effizienteren Autos mit deutlich geringerem Ressourcenverbrauch mit gutem Gewissen längere Strecken gefahren oder Kosteneinsparungen direkt für andere Konsumzwecke verwendet.

Die **Suffizienz-Strategie** setzt darauf, sozial- und umweltverträgliche Obergrenzen bei wirtschaftlichen Aktivitäten und Bedürfnissen einzuhalten. Hier liegt die Überzeugung zugrunde, dass ein gedrosselter Ressourcen- und Umweltverbrauch nicht zu Verdruss und Missmut, sondern im Gegenteil zu einem zufriedenstellenden, suffizienten Leben mit insgesamt mehr Lebensqualität führt. Die Suffizienz-Strategie ist zudem ein massgeblicher Baustein der Postwachstumsökonomie (alternatives Lebens- und Wirtschaftsmodell mit Stärkung von lokaler und regionaler Selbstversorgung), die auf der Annahme basiert, dass eine Umgestaltung Richtung Nachhaltigkeit nicht ohne grundlegende Zugeständnisse an einen übertriebenen Ressourcenverbrauch zu realisieren ist. «Lebensqualität statt Wirtschaftswachstum» und «weniger ist mehr» sind typische Credos.

Die **Konsistenz-Strategie** fordert, dass menschliche bzw. wirtschaftliche Aktivitäten und deren Stoff- und Energieströme der Biokapazität der Natur entsprechen. Ziel sind geschlossene Kreisläufe, die keine Abfälle und Verluste verursachen und deswegen umwelt- und wirtschaftsverträglich sind. Der Schwerpunkt liegt folglich auf naturverträglichen Technologien (mit wirtschaftlichen und gesellschaftlichen Anreizen und Geboten), welche die Ökosysteme nutzen, ohne sie zu belasten. Neuartige Produkte sind nach dem Recycling-Prinzip am Ende ihres Lebens kein Müll, sondern Rohstoffe für neue Waren. Diese Herangehensweise setzt allerdings voraus, dass Produktions- und Konsummuster verändert werden.

Leitstrategien der nachhaltigen Entwicklung

Leitstrategie	Effizienz	Suffizienz	Konsistenz
Wertschöpfungskette	Ressourcen ⇨	Produktion ⇨	Konsum ⇨ Abfälle
Umsetzung	Produktivitätssteigerung mit geringerem Ressourceneinsatz	sparsame Konsummuster, Entschleunigung	Kreislaufwirtschaft, Prinzipen der Natur und Abläufe in der Biosphäre kopieren
Trend	Technikoptimismus	Postwachstumsgesellschaft	Wiederverwertung, «Cradle-to-Cradle»
Beispiel	Hybridauto	Carsharing, ÖV	Biotreibstoff aus organischem Abfall

Massnahmen der nachhaltigen Entwicklung

16.5 Massnahmen der nachhaltigen Entwicklung

Die heutige Gesellschaft steht vor der grossen Herausforderung, die wachsenden Bedürfnisse aller Menschen zu befriedigen und gleichzeitig weniger Ressourcen zu verbrauchen sowie die Umweltbelastung zu vermindern. Massnahmen für eine nachhaltige Entwicklung sollen über Generationen die Bedürfnisse innerhalb der planetarischen Belastbarkeitsgrenzen sichern und Umwelt, Gesellschaft und Wirtschaft gleichwertig beachten. Um die Wirkung verschiedener Massnahmen zu verstehen, muss die Entstehung und Vermeidung von externen Kosten betrachtet werden.

16.5.1 Entstehung externer Kosten

Umweltgüter wie Luft, Wasser, Boden, Artenvielfalt und Landschaft stehen meist allen zur Verfügung; sie werden daher als öffentliche Güter bezeichnet. Im Gegensatz zu privaten Gütern kann niemand von ihrer Nutzung ausgeschlossen werden. Weil öffentliche Güter kostenlos konsumiert werden und sich kaum jemand für Pflege und Erhalt verantwortlich fühlt, kann ihre Qualität abnehmen und eine Übernutzung mit negativen Auswirkungen auf Wirtschaft und Gesellschaft die Folge sein. Dies zeigt sich am Beispiel des Flugreisenden, der zwar für sein Flugticket bezahlt, nicht aber für die Kosten der Klimaauswirkungen oder Gesundheitsschäden (als Folge von CO_2- oder Lärmemission) aufkommt. Diese ökologischen und sozialen Kosten werden nicht vom Verursacher (hier Fluggesellschaft, Passagiere), sondern von der Allgemeinheit und der Umwelt getragen und daher als **externe Kosten** bezeichnet. Sie fliessen weder in die Rechnung der eigentlichen Verursacher ein, noch sind sie im Marktpreis enthalten. Im Konkurrenzkampf können Unternehmen daher Kosten sparen, wenn sie öffentliche Güter nutzen. Weil die Kosten für die Ressourcennutzung und Umweltbelastung im Preis der hergestellten Güter unberücksichtigt bleiben, sind diese Produkte zudem günstig und werden deshalb auch stärker nachgefragt, als es für eine nachhaltige Entwicklung zielführend wäre (vgl. Abb. 16.7).

Abb. 16.7
Sondermülldeponie Kölliken: Die Sondermülldeponie Kölliken wurde 1978 nach dem damaligen Wissensstand konzipiert. In der Betriebszeit bis 1985 wurden rund 300 000 m³ bzw. 475 000 t Sonderabfälle abgelagert. Als Anreiz für Industrie, Gewerbe und die öffentliche Hand wurde der Annahmepreis möglichst tief angesetzt. Der damals erhobene Preis von 50 bis 70 Fr./m³ reicht bei weitem nicht, um die heutigen Sanierungskosten von rund 860 Mio. Franken zu decken.

Kostenwahrheit ist dann erreicht, wenn der Verursacher sämtliche Kosten deckt, die durch sein Handeln entstehen. Dafür werden die externen Kosten dem Verursacher angelastet. Durch diese **Internalisierung der externen Kosten** erhöhen sich in der Regel zunächst die Preise der sozial- und umweltschädlichen Produkte und ihre Nachfrage nimmt ab. Unternehmen beginnen, preiswertere, sozialverträgliche und umweltschonende Produkte zu entwickeln, um ihr Image aufzuwerten und gleichzeitig ein nachgefragtes Qualitätsprodukt anzubieten. So pendelt sich nach einer gewissen Zeit ein neues Gleichgewicht zwischen Angebot und Nachfrage ein, bei dem ökologische und soziale Anforderungen im Entscheidungsprozess integriert sind. Aus marktwirtschaftlicher Sicht deckt der angepasste Preis zumindest die externen Kosten, eine Verhaltensänderung in der Gesellschaft (z. B. Suffizienz) ist aber noch nicht vollzogen.

Wirtschaft und Gesellschaft sind herausgefordert, mit Massnahmen die externen Kosten für Gesellschaft und Umwelt einzudämmen und eine nachhaltige Lebensweise in der Gesellschaft zu fördern.

16.5.2 Freiwillige Vereinbarungen

Freiwillige Vereinbarungen setzen kooperatives und verantwortungsvolles Verhalten von Wirtschaftsakteuren und Privatpersonen gegenüber Umwelt und Gesellschaft voraus.

Mit **Branchenvereinbarungen** fordert der Staat die Unternehmen auf, Massnahmen für soziale und ökologische Verbesserungen zu treffen. Mit der Realisierung dieser Massnahmen können Unternehmen drohende staatliche Eingriffe (z. B. Gesetze, Verbote) abwenden, Unterstützung einfordern, Imagegewinn erreichen sowie angepasste, unbürokratische und kostengünstige Lösungen treffen. Beispielsweise konnte die Getränkeindustrie mit dem PET-Flaschen-Recycling eine drohende Verteuerung von Getränkeflaschen (staatliche Pfandabgabe) abwenden. Mit dem überall präsenten Sammelsystem müssen gemäss Branchenvereinbarung über 75 Prozent der Verpackungen aus PET wiederverwertet werden.

Ein **Label** ist ein Gütesiegel, das die Qualität eines Produkts transparent aufzeigt. Durch die Einhaltung bestimmter Kriterien kann ein Produkt dieses Label erhalten. Nachhaltigkeitslabel geben Aufschluss über die sozialen und ökologischen Produktionsbedingungen und Produkteigenschaften. Es gibt sie in den Bereichen Nahrungsmittel, Gastronomie, Tourismus, Energie, Mobilität, Bauen und Wohnen. Die hohe Zahl verschiedener Labels kann Konsumenten jedoch verunsichern. Eine gestiegene Nachfrage nach umwelt- und sozialverträglichen Produkten mit Labels beeinflusst das Angebot und die Produktion hin zu mehr Nachhaltigkeit.

Beispielsweise steht das Label «Fair Trade» für einen fairen Handel mit Produzentengenossenschaften, denen langfristige Handelsbeziehungen, Mindestpreise, Mindestlöhne und Prämien für Gemeinschaftsprojekte garantiert werden. Dafür bauen die Betriebe ihre Produkte gemäss strengen sozialen Richtlinien und möglichst umweltschonend an und genügen damit den Qualitätsanforderungen.

Bei der **Zertifizierung** weisen unabhängige Stellen nach, ob festgelegte Anforderungen erfüllt sind. Unternehmen, Organisationen und Gemeinden können ihre Bemühungen hin zur nachhaltigen Entwicklung von einer unabhängigen Organisation nach vordefinierten Anforderungen überprüfen und zertifizieren lassen. Dadurch entsteht Rechtssicherheit für eine transparente Durchsetzung von Normen und den Unternehmen werden Wettbewerbsvorteile, Imagegewinn und Kosteneinsparungen ermöglicht (Effizienz, Suffizienz, Konsistenz). Es lassen sich jedoch nur einzelne Bereiche eines Betriebs zertifizieren und die Kosten für die Überprüfungsverfahren müssen die Antragsstellenden tragen. Beispielsweise existieren Zertifizierungen nach internationalen Normen für die nachhaltige Entwicklung von Gemeinden (ISO 37120), für Umweltmanagementsysteme (ISO 14001) oder für die soziale und gesellschaftliche Verantwortung von Unternehmen und Organisationen (ISO 26000 oder SA8000).

Massnahmen der nachhaltigen Entwicklung

16.5.3 Juristische Massnahmen

Vorschriften und Verbote sollen präventiv Umweltschäden, soziale Missstände oder generelles Marktversagen verhindern. Diese Gesetze sind Grundlage der Umwelt-, Gesellschafts- und Wirtschaftspolitik der Schweiz. Bis neue Vorschriften oder Verbote mehrheitsfähig sind, braucht es in der Regel viele Debatten und einen langen Weg durch alle politischen Instanzen, bis sie in der Gesellschaft akzeptiert werden. Einmal in Kraft gesetzt, wirken sie jedoch schnell, sicher und gerecht, da sie von allen eingehalten werden müssen. Vorschriften und Verbote fördern zudem technische Innovationen, da diese juristischen Massnahmen ein Umdenken erwirken und eine Anpassung erfordern. Trotzdem werden diese Instrumente immer wieder kritisiert, da sie einschränken statt Anreize zu schaffen und die notwendigen Kontrollen zu höheren Verwaltungs- und Vollzugskosten führen.

Der Staat kann strenge **Vorschriften** erlassen für potenziell umweltschädigende, sozial heikle (z. B. Anstellungsbedingungen, Löhne) oder wirtschaftlich unerwünschte (z. B. Korruption, Monopolbildung) Aktivitäten. Vorschriften werden vielfach nicht strikt eingehalten, was ihre Wirksamkeit einschränkt (z. B. Ozon-Grenzwert). Beispielsweise müssen die Bauherren bei grösseren Bauprojekten, wie Einkaufszentren oder Sportstadien, anhand von Umweltverträglichkeitsprüfungen (UVP) die Einhaltung von umweltrelevanten Gesetzen nachweisen. Die projektbegleitenden Behörden überprüfen das Projekt hinsichtlich wirtschaftlicher, öffentlicher und ökologischer Interessen. Der Staat kann **Verbote** auf umweltbelastende Stoffe, Produkte und Produktionsweisen sowie sozial und wirtschaftlich untragbare Aktivitäten erlassen. Beispielsweise gilt in der Schweiz ein vollständiges Verbot von ozonschichtabbauenden FCKW-Gasen, die vorwiegend als Treibgase oder als Kühlmittel verwendet wurden.

16.5.4 Raumplanerische Massnahmen

Wegen des Bevölkerungs- und Wirtschaftswachstums und des gesellschaftlichen Wandels wird in der Schweiz seit Jahrzehnten wertvolles Kulturland mit Siedlungs- und Verkehrsflächen verbaut. Pro Sekunde geht so knapp ein Quadratmeter fruchtbarer Boden verloren. Wichtige Antreiber dieser Entwicklung sind auch die steigenden Ansprüche jeder Einzelperson an Wohnraum und Mobilität. Beispielsweise beansprucht heute eine Person mit 45 m^2 Wohnfläche doppelt so viel wie vor

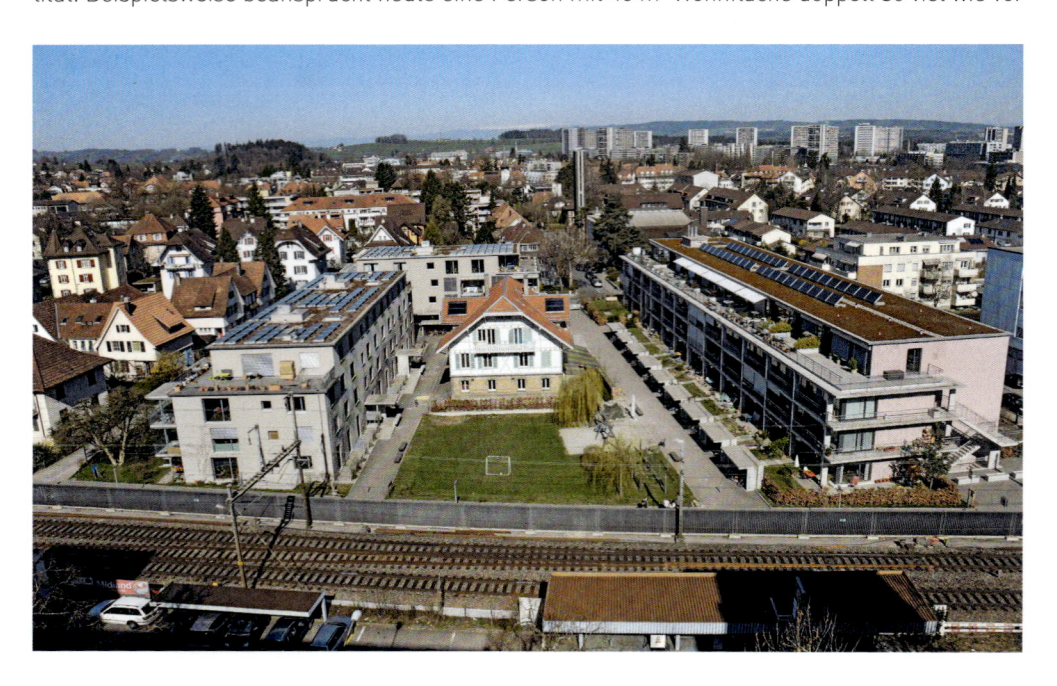

Abb. 16.8
Burgunder-Quartier in Bern

50 Jahren. Die Siedlungsausdehnung führt jedoch nicht nur zu Kulturlandverlust, sondern auch zu mehr Verkehr und höherem Energieverbrauch. Die Verkehrs- und Energienetze stossen vielerorts an ihre Kapazitätsgrenzen und die Kosten für Betrieb, Unterhalt und Erneuerung steigen. In Anbetracht dieser Herausforderungen strebt die **Raumplanung** einen sorgsamen und nachhaltigen Umgang mit dem knappen Boden und der Energie an (siehe Kapitel 14). Ziel ist es, eine nachhaltige Raumstruktur zu schaffen und zu erhalten, in der es sich mit hoher Qualität wohnen, effizient wirtschaften, bedarfsorientiert versorgen und nachhaltig erholen lässt.

Beispiele für nachhaltige Siedlungsentwicklung finden sich in vielen städtischen Wohnquartieren der Schweiz; Tribschenstadt in Luzern, Sulzer-Areal in Winterthur, La Praille in Genf, Kalkbreite in Zürich, Burgunder in Bern (Abb. 16.8). Hier verfolgt die nachhaltige Quartierentwicklung eine soziale und funktionale Durchmischung, eine hohe Lebensqualität mit gestalteten Freiflächen, kurze Wege zwischen Wohnen, Arbeiten, Versorgen und Erholen sowie tiefen Energie- und Ressourcenverbrauch.

16.5.5 Marktwirtschaftliche Massnahmen

Die schweizerische Umweltpolitik setzt vermehrt auf anreizorientierte marktwirtschaftliche Massnahmen wie Lenkungsabgaben oder Emissionshandel. Diese ermöglichen es Unternehmen und Konsumenten, die Umweltbelastung dort zu reduzieren, wo mit geringem Aufwand viel erreicht werden kann, und erlauben dem Einzelnen grössere Handlungsfreiheit als Vorschriften und Verbote. Die Kosten der Umweltbelastung werden mit marktwirtschaftlichen Instrumenten vermehrt von den Verursachenden statt von der Allgemeinheit getragen.

Beim **Emissionshandel** wird die maximale Emissionsmenge für einen Grossraum festgelegt und auf Teilräume (z. B. Staaten) verteilt. Diese Emissionsmenge wird kontinuierlich über Perioden ausgehandelt und gesenkt. Ausgehend von dieser Menge verteilt der Staat an Unternehmen sogenannte Umweltzertifikate (= Verschmutzungsrechte), mit denen die Emissions-Obergrenze für das Unternehmen festgelegt wird. Unternehmen, die mehr Schadstoffe ausstossen, als ihnen Emissionsrechte zur Verfügung stehen, müssen zusätzliche Emissionsgutschriften erwerben. Unternehmen, die weniger emittieren, können überschüssige Emissionsrechte entweder an andere Unternehmen verkaufen oder als Guthaben für die nächste Verpflichtungsperiode aufbewahren. Der Preis für Umweltzertifikate wird nicht vom Staat festgelegt, sondern über Angebot und Nachfrage gebildet (Abb. 16.9).

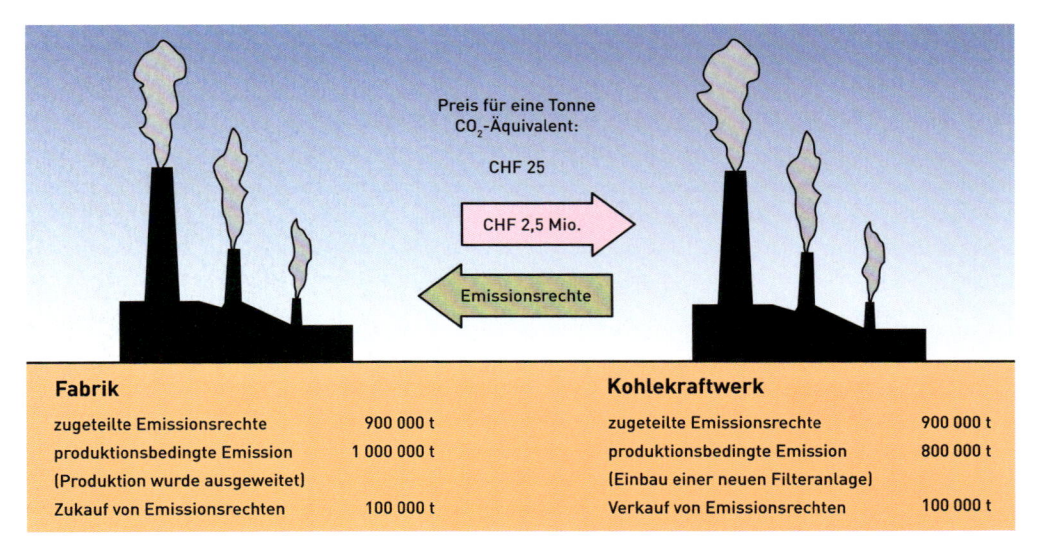

Preis für eine Tonne CO_2-Äquivalent: CHF 25

Fabrik		Kohlekraftwerk	
zugeteilte Emissionsrechte	900 000 t	zugeteilte Emissionsrechte	900 000 t
produktionsbedingte Emission	1 000 000 t	produktionsbedingte Emission	800 000 t
(Produktion wurde ausgeweitet)		(Einbau einer neuen Filteranlage)	
Zukauf von Emissionsrechten	100 000 t	**Verkauf von Emissionsrechten**	100 000 t

Abb. 16.9 Handel mit Emissionszertifikaten, Preise 2018

Der Emissionshandel schafft damit eine marktwirtschaftliche Basis, um Emissionen dort zu reduzieren, wo es am effizientesten ist. Ökologisch wirksames Handeln wird nach wirtschaftlichen Kriterien umgesetzt und gibt daher den Unternehmen bei der Umsetzung ihrer Ziele mehr Flexibilität.

Im Rahmen des Klimaschutzabkommens von Paris 2015 wurden die CO_2-Emissionsrechte den beteiligten Staaten entsprechend ihrer Reduktionsverpflichtung verteilt. Die Schweiz vergibt diese Rechte im Rahmen des nationalen Emissionshandelssystems an Unternehmen mit CO_2-Reduktionsverpflichtungen. Die Unternehmen treffen marktwirtschaftliche Entscheide: Entweder investieren sie in Massnahmen und generieren Einnahmen mit dem Verkauf von überschüssigen Emissionsrechten oder sie produzieren in gleicher Weise weiter und müssen Emissionsrechte hinzukaufen.

Lenkungsabgaben streben eine Kostenwahrheit an, indem sie sozial- und umweltschädigende Tätigkeiten und Produkte verteuern. Wegen der höheren Kosten suchen Produzenten und Konsumenten nach Alternativen. Mit diesem Anreiz wird die Nachfrage in Wirtschaft und Gesellschaft hin zu nachhaltigen Produkten und Aktivitäten gelenkt und Innovationen zur Vermeidung der Umweltbelastung werden unterstützt. Die Höhe der Abgabe wird in einer politischen Konsensfindung festgelegt: Je höher die Abgabe, umso grösser ist der Lenkungseffekt, es muss jedoch die Sozial- und Wirtschaftsverträglichkeit berücksichtigt werden. Die Einnahmen muss der Staat zweckgebunden verwenden, d. h. Erträge aus den Lenkungsabgaben im Verkehr müssen in umwelt- und gesellschaftsorientierte Mobilitätsprojekte fliessen. Nicht verwendete Erträge werden gleichmässig und ohne Berücksichtigung der effektiv bezahlten Abgaben als Ökobonus an die Bevölkerung zurückverteilt.

In der Schweiz sind Lenkungsabgaben beispielsweise mit der CO_2-Abgabe auf Heizöl und Erdgas, der leistungsabhängigen Schwerverkehrsabgabe (LSVA) und der VOC-Abgabe auf Lösungsmittel (z. B. Farben, Reinigungsmittel) eingeführt worden.

Mit der **ökologischen Steuerreform** soll in der Schweiz statt Arbeit und Kapital der Energieverbrauch besteuert werden, um Anreize für eine erhöhte Energieeffizienz zu schaffen. Der Energieverbrauch wird mit diesem Preissignal bei Konsum-, Investitions- und Produktionsentscheidungen vermehrt berücksichtigt. Die angestrebte Kostenwahrheit unterstützt zudem einen langfristig optimalen Umgang mit knappen Energieressourcen. Dafür würden Steuern vermehrt auf die nicht erneuerbaren Primärenergieträger Erdöl, Erdgas und Kohle oder auf Endenergieträger wie Benzin, Heizöl und Strom erhoben werden.

Im Unterschied zu Lenkungsabgaben werden Steuereinnahmen nicht zweckgebunden verwendet, sondern fliessen dem Staatshaushalt und damit der Allgemeinheit zu. Die ökologische Steuerreform soll nicht in erster Linie Geld einbringen, sondern einen Anreiz zum sparsamen Umgang mit Ressourcen schaffen und Innovationen fördern. Eine Verbrauchssenkung können Steuern jedoch nur dann erreichen, wenn sie auf solche Produkte erhoben werden, die das Budget der Verbraucher spürbar belasten. Die Belastungshöhe muss allerdings die soziale Verträglichkeit für Haushalte und die Umsetzbarkeit für energieintensive Betriebe berücksichtigen. Nur so kann die ökologische Steuerreform gleichzeitig die Wettbewerbsfähigkeit und Innovationskraft der Schweizer Wirtschaft stärken.

Die Festlegung eines solchen Steuersystems und der Steuerhöhe erfordert daher eine langwierige politische Konsensfindung. Die Schweizer Bevölkerung hat sich in Abstimmungen bisher gegen eine ökologische Steuerreform entschieden. Der Bundesrat verfolgt mit der Energiestrategie 2050 einen anderen Weg; bis 2021 soll eine Gesetzesvorlage ausgearbeitet werden, um die Klima- und Energiepolitik neu auszurichten. Ab 2021 soll ein Übergang vom Förder- zum Lenkungssystem stattfinden.

16.5.6 Technische Massnahmen

Technische Massnahmen haben zum Ziel, die knapp werdenden Ressourcen effizienter als bisher zu nutzen und damit ein Wirtschaftswachstum mit geringeren Umweltbelastungen und weniger sozialen Missständen zu ermöglichen. Damit technische Massnahmen finanziell interessant werden, sind marktwirtschaftliche Massnahmen für die Kostenwahrheit notwendig. Beispielsweise ist der Anreiz für das Umsteigen auf energieeffiziente Elektrogeräte bei hohen Energiepreisen grösser. Bei tiefen Energiepreisen sind Vorschriften und Verbote zur Durchsetzung von technischen Massnahmen notwendig (z. B. Katalysatorenpflicht). Einsparungen mit technischen Massnahmen werden vielfach durch die gleichzeitige Konsumzunahme wieder zunichte gemacht (siehe Rebound-Effekt).

16.6 Nachhaltige Entwicklung als zukunftsweisendes Konzept

In einem begrenzten Umweltraum kann nachhaltige Entwicklung nur unter zwei Bedingungen erreicht werden. Zum einen muss die Menschheit innerhalb der Biokapazität der Erde leben, um eine weitere Ressourcenverknappung abzuwenden. Zum anderen muss sie sich der zunehmenden Bevölkerung und dem wachsenden Konsum pro Person (ökologischer Fussabdruck) stellen, um zu vermeiden, dass sich das Problem der Verteilungsgerechtigkeit und den damit verbundenen sozialen Spannungen verschärft. Den anzustrebenden Wandel müssen Forschung, Bildung, Politik und Gesellschaft konkretisieren, aushandeln und stützen. Die Umsetzung des Wandels muss über Pioniere, Institutionen, Regionen und Staaten erfolgen.

Ob eine Gesellschaft auf dem Weg hin zu einer nachhaltigen Entwicklung ist, kann anhand von vier Grundfragen beurteilt werden (Abb. 16.10):

- **Bedürfnisdeckung – Wie gut leben wir heute?**
  Wird allen Menschen ein Leben in Würde und eine hohe Lebensqualität mit ausreichender Bedürfnisdeckung ermöglicht?
- **Gerechtigkeit – Wie sind die Ressourcen verteilt?**
  Werden Ungerechtigkeiten und Armut auf nationaler und internationaler Ebene bekämpft, sodass alle Menschen entsprechend ihren Grundbedürfnissen Zugang zu Bildung, Arbeit, Gesundheit, Nahrung, Wasser und sauberer Luft haben?
- **Kapitalerhaltung – Was hinterlassen wir unseren Kindern?**
  Welche ökologischen, wirtschaftlichen und gesellschaftlichen Ressourcen hinterlässt die Generation heute der Generation morgen (Enkeltauglichkeit)?
- **Entkoppelung – Wie effizient nutzen wir die Ressourcen?**
  Wird eine wirtschaftliche und gesellschaftliche Entwicklung mit rationelleren und effizienteren Produktions- und Konsumformen gefördert, ohne dabei der Umwelt zu schaden?

(BFS, Nachhaltige Entwicklung, Neuchâtel 2014)

Nachhaltige Entwicklung stellt sich der zentralen Herausforderung, die Bedürfnisbefriedigung aller Menschen zu gewährleisten und gleichzeitig den Umwelt- und Ressourcenverbrauch zu senken. Dies erfordert einen langfristigen grundlegenden Strukturwandel von Wirtschaft und Gesellschaft, bei dem die hoch entwickelten Industrieländer mit ihrem grossen ökologischen Fussabdruck und der damit verbundenen Verantwortung voranschreiten müssen, die Schwellen- und Entwicklungsländer aber angesichts ihrer Wachstumsdynamik rasch mitziehen sollten. Letztlich steht jede einzelne Person in der Pflicht, Verantwortung für die Gestaltung der zukünftigen Entwicklung zu übernehmen.

Nachhaltige Entwicklung als zukunftsweisendes Konzept

Entkoppelung – Wie effizient nutzen wir die Ressourcen?

Gesellschaftliche Solidarität
Kapitalstock

Gerechtigkeit – Wie sind die Ressourcen verteilt?

Ökologische Verantwortung
Kapitalstock

Wirtschaftliche Leistungsfähigkeit
Kapitalstock

Kapitalerhaltung – Was hinterlassen wir unseren Kindern?

Bedürfnisdeckung – Wie gut leben wir heute?

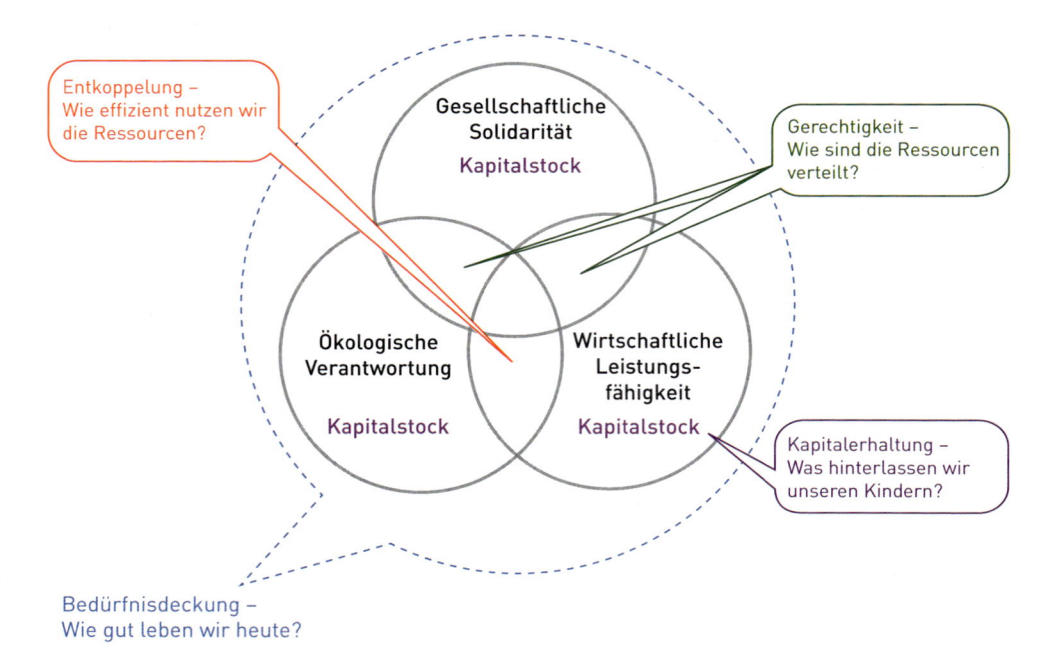

Abb. 16.10
Herausforderungen der nachhaltigen Entwicklung
(BFS, Nachhaltige Entwicklung, Neuchâtel 2014)

Weiterführende Literatur

BUNDESAMT FÜR UMWELT, 2015: Naturverträgliches Mass und Schweizer Fussabdrücke gestützt auf planetare Belastbarkeitsgrenzen. Genf.
BUNDESAMT FÜR RAUMENTWICKLUNG, 2012: Strategie Nachhaltige Entwicklung 2012–2015.
INTERDEPARTEMENTALER AUSSCHUSS NACHHALTIGE ENTWICKLUNG, 2012: Nachhaltige Entwicklung in der Schweiz – Ein Wegweiser. Bern.
BUNDESAMT FÜR STATISTIK, 2015: Nachhaltige Entwicklung in Kürze. 17 Schlüsselindikatoren messen den Fortschritt.
PUFE I., 2014: Nachhaltigkeit. UTB.
WACHTER D., 2012: Kompakt Wissen. Nachhaltige Entwicklung. Rüegger.

Internet

Bundesamt für Umwelt: www.bafu.admin.ch/wirtschaft
Bundesamt für Raumentwicklung: www.are.admin.ch/nachhaltige-entwicklung
MONET und weitere Daten: www.bfs.admin.ch/bfs/portal/de/index/themen/21.html
UNO: https://sustainabledevelopment.un.org

Infografik

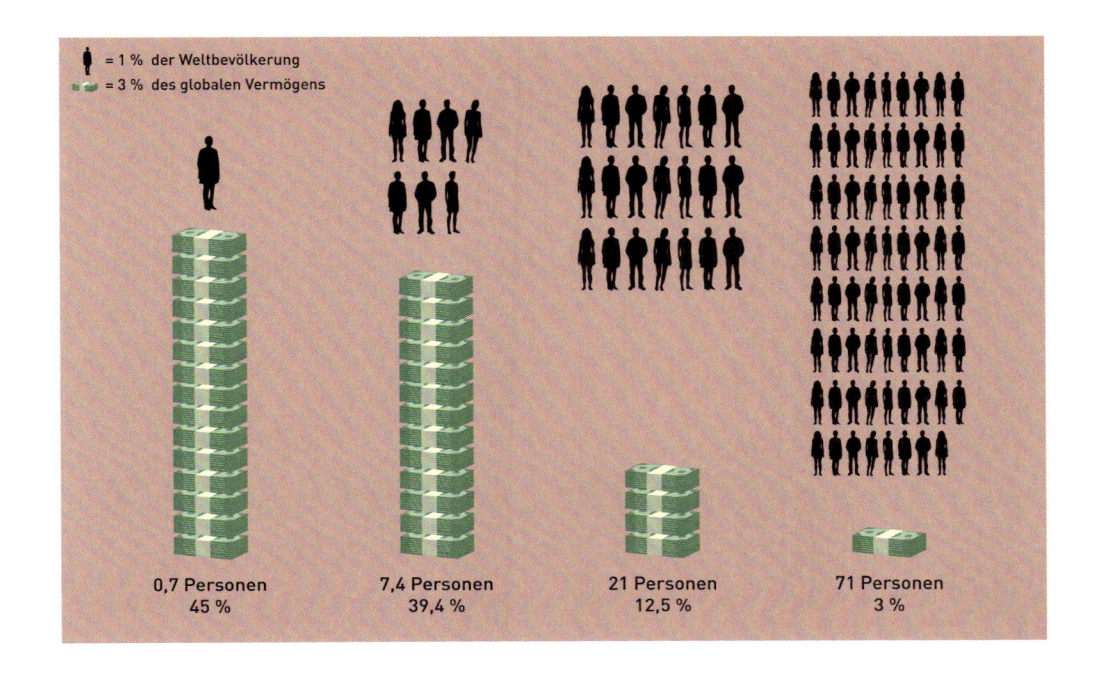

- ● = 1 % der Weltbevölkerung
- 💵 = 3 % des globalen Vermögens

0,7 Personen	7,4 Personen	21 Personen	71 Personen
45 %	39,4 %	12,5 %	3 %

17 Globale Ungleichheit und Entwicklung

Sabin Bieri

Der reichste Mann der Welt, der US-Amerikaner Jeff Bezos, bräuchte 370 Jahre, um sein heutiges Vermögen auszugeben – bei einem Budget von einer Million Dollar pro Tag. Im Jahr 2018 legten die Vermögen der 1892 reichsten Personen jede Minute um 1,7 Millionen Dollar zu.
Eine andere Statistik zählte 2015 über 730 Millionen Menschen, die pro Tag mit weniger als 1,90 Dollar auskommen müssen. Dies hat sich seit 1970 nicht wesentlich verändert, heute ist jede 10. Person betroffen.

Dies ist die Bilanz nach der Millenniumskampagne, die 2015 zu Ende ging. Unter dem Motto «Make Poverty History» setzte sich die Weltgemeinschaft das Ziel, die Armut um die Hälfte zu senken. Tatsächlich wurden bedeutende Fortschritte erreicht, doch der Erfolg wird von einem neuen Phänomen überschattet: der wachsenden Ungleichheit. Wir leben in einer Welt, die reicher ist als je zuvor – doch die Armut ist längst nicht Geschichte.

17.1 Geteilte Welt: Bestandsaufnahme und Debatten

Wäre die Welt ein Dorf mit 100 Einwohnerinnen und Einwohnern, ergäbe sich folgende Verteilung:

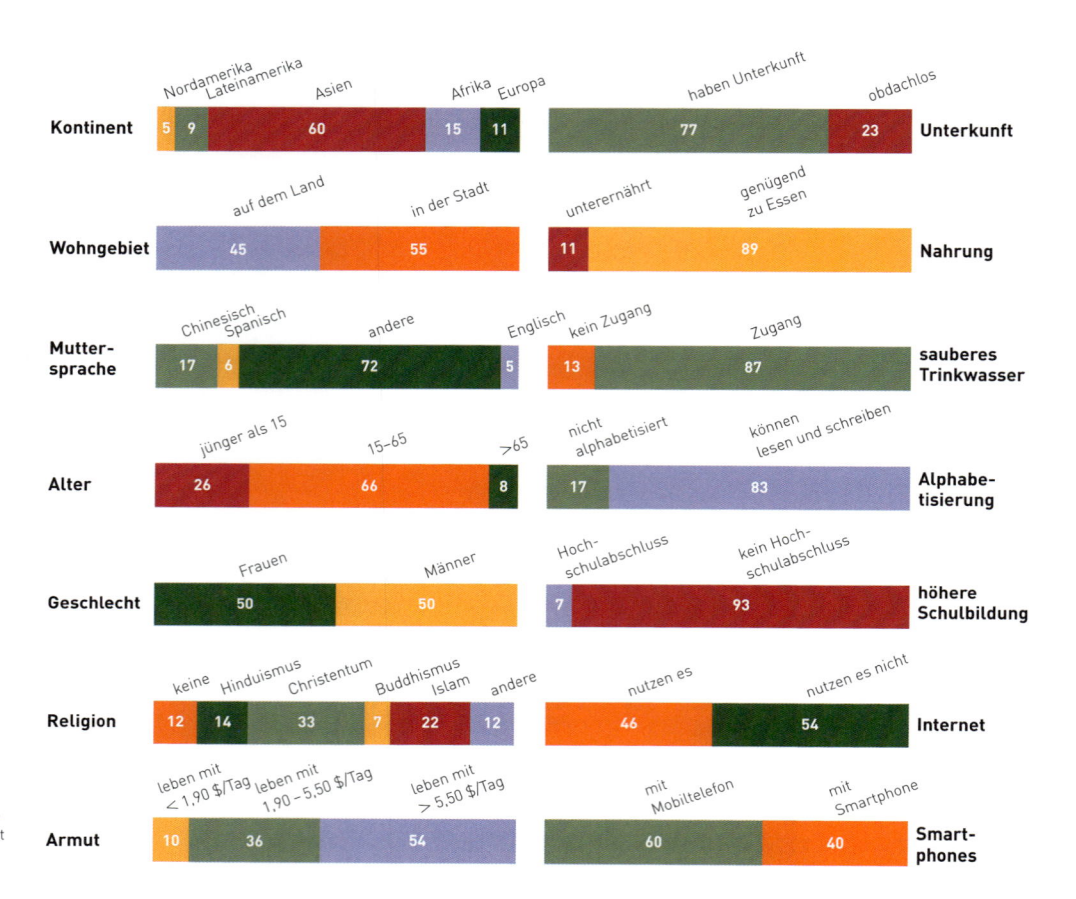

Kontinent	Nordamerika 5, Lateinamerika 9, Asien 60, Afrika 15, Europa 11
Unterkunft	haben Unterkunft 77, obdachlos 23
Wohngebiet	auf dem Land 45, in der Stadt 55
Nahrung	unterernährt 11, genügend zu Essen 89
Muttersprache	Chinesisch 17, Spanisch 6, andere 72, Englisch 5
sauberes Trinkwasser	kein Zugang 13, Zugang 87
Alter	jünger als 15: 26, 15–65: 66, >65: 8
Alphabetisierung	nicht alphabetisiert 17, können lesen und schreiben 83
Geschlecht	Frauen 50, Männer 50
höhere Schulbildung	Hochschulabschluss 7, kein Hochschulabschluss 93
Religion	keine 12, Hinduismus 14, Christentum 33, Buddhismus 7, Islam 22, andere 12
Internet	nutzen es 46, nutzen es nicht 54
Armut	leben mit <1,90 $/Tag: 10, leben mit 1,90–5,50 $/Tag: 36, leben mit >5,50 $/Tag: 54
Smartphones	mit Mobiltelefon 60, mit Smartphone 40

Abb. 17.1
Die Welt als Dorf: Merkmale globaler Ungleichheit verteilt auf 100 Personen

Der Wohlstand ist ungleich verteilt, und so ist der Ort, an dem jemand lebt, eine zuverlässige Grösse für den Lebensstandard. Wer in den USA geboren wird, verdient in seinem Leben etwa 100-mal mehr als eine Person in Sambia. Die US-Bürgerin darf sich ausserdem auf ein 30 Jahre längeres Leben freuen. Ein Bolivianer, der neun Jahre lang zur Schule gegangen ist, wird ein durchschnittliches Monatseinkommen von 450 Dollar erzielen, sein amerikanischer Altersgenosse mit derselben Schulbildung verdient das Dreifache. Die Ungleichheit lässt sich geografisch festmachen, wie die Weltbank schreibt: «Den grössten Einfluss auf das Einkommen hat heutzutage nicht, was man weiss oder wen man kennt, sondern, wo man arbeitet.»

Im Jahr 2000 lancierte die globale Gemeinschaft die Millenniumskampagne, um weltweit gegen Armut, Hunger und Ungerechtigkeit zu kämpfen. Zwar ist es gelungen, Armut und Hunger substanziell zu reduzieren: Dennoch hungert weiterhin fast eine Milliarde Menschen. Angesichts dieser Tatsache muss man sich fragen: Hat die Staatengemeinschaft versagt? Wurde der Kampf gegen Hunger und Armut mit den falschen Mitteln geführt? Oder mangelte es der internationalen Gemeinschaft an Entschlossenheit, wirksame politische Massnahmen durchzusetzen?

Dieses Kapitel setzt sich mit der Ungleichheit zwischen dem globalen Norden und Süden auseinander und diskutiert die Herausforderungen internationaler Entwicklung. Leitend sind die Fragen, warum heute noch immer so viele Menschen arm sind, und weshalb die Kluft zwischen arm und reich sich weiterhin öffnet. Zudem werden Lösungsansätze vorgestellt, und nicht zuletzt die Verantwortung der Schweiz im weltweiten Engagement für eine zukunftsfähige und gerechte Entwicklung beleuchtet: eine Entwicklung für alle Menschen auf diesem Planeten, ganz gleich, wo sie leben.

17.1.1 Was bedeut Armut?

Zunächst müssen wir den Begriff «Armut» definieren. Der Wirtschaftswissenschaftler Amartya Sen beschreibt Armut als eine Situation, in der es Menschen nicht gelingt, aus eigener Kraft ihre Grundbedürfnisse zu befriedigen. Diese Definition liegt dem Ansatz der **multidimensionalen Armut** zugrunde. Der Ansatz betont die unterschiedliche Ausprägung von Armut je nach Lebensform und der sozialen und wirtschaftlichen Situation einer Person. Grundbedürfnisse wie Nahrung, Gesundheit, Arbeit, Wohnen, Bildung und soziale Gerechtigkeit fliessen in die Einschätzung ein. In einer Subsistenzgesellschaft, in der fast ausschliesslich für den eigenen Bedarf produziert wird, sind Land sowie der Zugang zu produktiven Ressourcen, allen voran Wasser, aber auch Saatgut oder Dünger, die kritischen Faktoren für die Deckung der Grundbedürfnisse. In einer modernen Wirtschaftsgesellschaft dagegen ist das Einkommen der entscheidende Faktor.

Die Weltbank stuft eine Person als arm ein, wenn sie mit 1,90 Dollar pro Tag durchkommen muss. Um die **absolute Armut** zu beziffern, wird also ein Existenzminimum festgelegt. Dieses wurde aus dem durchschnittlichen Konsum der 15 ärmsten Länder berechnet und wird in **kaufkraftbereinigten Dollar** angegeben. Es wird also berücksichtigt, dass man mit einem Dollar in Zimbabwe weiter kommt als in Schweden. Die Rechnung vernachlässigt jedoch, dass gerade in armen Ländern ein beträchtlicher Teil der Grundbedürfnisse nicht über Konsum, sondern über Selbstversorgung gedeckt wird. Trotz dieser Schwächen hat sich diese Erhebungsform durchgesetzt. Danach waren im Jahr 2015 mehr als 700 Millionen Menschen extrem arm. 1981 wurden noch 1,9 Milliarden gezählt. Die Verbesserung ist deutlich – aber sie ist zu langsam, um die Armut bis im Jahr 2030 zu beseitigen.

17.1.2 Warum gibt es heute immer noch 700 Millionen Arme auf der Welt?

Über die Gründe, weshalb Armut und Ungleichheit weiterhin verbreitet sind, sind sich Fachpersonen uneins. Dies wird im Folgenden an vier prominenten Positionen illustriert: Jeffrey Sachs, Dambisa Moyo, Danny Quah und Esther Duflo forschen seit vielen Jahren auf diesem Gebiet.

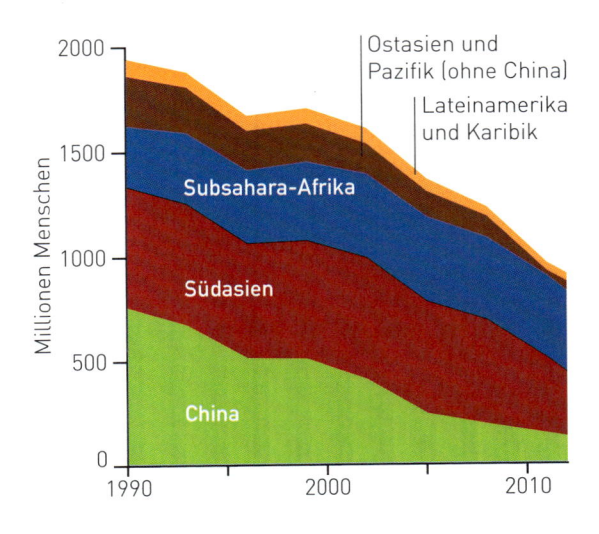

Abb. 17.2 Armutsreduktion nach Regionen zwischen 1990 und 2014 (Daten: Weltbank)

Jeffrey Sachs, Ökonom, Direktor des Earth Institute an der Columbia University
Für den US-Amerikaner Jeffrey Sachs, einer der «Väter» der Millenniumskampagne, liegt das Problem im mangelnden politischen Willen reicher Staaten. Er vergleicht die Militärausgaben seines Landes mit jenen für die Entwicklungshilfe. Mit den 1,5 Milliarden Dollar, die die USA täglich für das Militär ausgeben, könnten in malariaverseuchten Gebieten Afrikas Moskitonetze für 300 Millionen Betten zur Verfügung gestellt werden. Damit würde das Ansteckungsrisiko massiv gesenkt. Sachs fordert neue Prioritäten für die Politik, um geografische Nachteile der Länder des globalen Südens zu kompensieren, etwa das tropische Klima, das Krankheiten fördert und die landwirtschaftliche Produktion erschwert. Als erschwerende Faktoren nennt er Binnenlagen und Gebirge, welche den Aufbau und Erhalt von Infrastruktur hemmen, Städtebildung verlangsamen und die Verbreitung von technischen Innovationen verhindern. Von dieser «bad geography» ist Afrika überdurchschnittlich betroffen. Sachs spricht von einer gesundheitsbezogenen Armutsfalle. Seine Daten zeigen, dass ein deutlicher Zusammenhang zwischen hohen Malaria-Infektionsraten und steigenden Armutszahlen besteht. Ein jährlicher Beitrag von 195 Milliarden Dollar zwischen 2005 und 2025 könnte die Armut laut Sachs weltweit beenden (heute sind es 27 Milliarden jährlich). Als Beispiel nennt er Ruanda, das nach dem Genozid 1994 massive Auslandhilfe erhielt. Sämtliche messbaren Werte des wirtschaftlichen und gesellschaftlichen Wohlergehens haben sich seither erhöht, das Land gilt als Musterschüler der Millenniumskampagne. Sachs will mit einem «neuen Marshall-Plan» ökonomisches Wachstum und Wohlstand für alle Länder ermöglichen – allen voran im südlichen Afrika.

Dambisa Moyo, Wirtschaftswissenschaftlerin und Autorin
Für das Gegenteil setzt sich Dambisa Moyo ein. Obwohl in 60 Jahren über drei Billionen ($3 \cdot 10^{12}$) Dollar an Hilfsgeldern nach Afrika geflossen seien, stünden die afrikanischen Länder heute schlechter da. Die US-Amerikanerin mit sambischen Wurzeln verurteilt westliche Hilfe für Afrika, da sie falsche Anreize setze. Statt dass die Leute Eigeninitiative entwickeln und dafür Wertschätzung erfahren, würden Hilfsgelder Faulheit und Passivität belohnen. Zudem würden dadurch korrupte Regimes gestützt und afrikanische Bürgerinnen und Bürger entrechtet. Investitionen, Unternehmertum und Innovation würden durch die Hilfsgelder erstickt. Für die über 60 Prozent der Bevölkerung, die unter 24 Jahren alt sind, fehle es an jeder Perspektive: Es gebe keine Arbeit und keine Möglichkeit, sich ein eigenes Leben aufzubauen. Für Moyo bringt die Entwicklungshilfe paradoxerweise Unterentwicklung hervor. Moyo vertritt die Vision von einem afrikanischen Kontinent, der ohne Hilfe auskommt, von afrikanischen Staaten, die Partner auf Augenhöhe sind, einer afrikanischen Gesellschaft, die für den Bau von Schulen und Strassen nicht auf Nichtregierungsorganisationen angewiesen ist, sondern selbst für öffentliche Sicherheit sorgt und Gesundheitszentren betreibt.
Was Afrika bräuchte, sei mehr Handel unter fairen Rahmenbedingungen, ausländische Investitionen, Rimessen, Zugang zu internationalen Kapitalmärkten und die Unterstützung individuellen Unternehmertums, beispielsweise durch Mikrofinanzierung. Ausländische Hilfe sende die falsche Nachricht aus: Afrika werde als defizitär wahrgenommen, negative Botschaften würden die weltweite Information über Afrika dominieren. Auch Moyo zitiert das Beispiel Ruanda: Dort hat Präsident Paul Kagame begonnen, ausländische Hilfe zurückzuweisen. Ruanda müsse nun, da die Krise bewältigt sei, eigenständig vorangehen. Moyo sieht sich bestätigt: Krisenhilfe toleriert sie, längerfristig würden Hilfsgelder jedoch niemals dazu führen, Afrika zum gleichwertigen Partner zu machen.

Danny Quah, Professor für Volkswirtschaftslehre an der London School of Economics
Danny Quah sieht das Problem darin, dass wirtschaftliches Wachstum nicht wirkungsvoll in die Armutsbekämpfung und in die Verbesserung der Lebensqualität überführt wird. Quah geht noch weiter: Wirtschaftswachstum, sagt er, wird mit Entwicklung gleichgesetzt – eine unzulässige Verkürzung, wie in Abb. 17.3 zu sehen ist.
Eine hohe Lebenserwartung geht in den meisten Fällen mit einem hohen Bruttonationalprodukt einher – und umgekehrt. Interessant sind die Unterschiede bei ähnlichen Einkommensstufen – etwa Indien und Vietnam. Vietnam hat es offenbar besser verstanden, wirtschaftlichen Erfolg in die Verbesserung der Lebensqualität der Bevölkerung umzusetzen. Quah vertritt im Grunde eine **wirtschaftsliberale Sicht,** plädiert jedoch für flankierende Massnahmen, die die Gewinne des Wachstums an die Bevölkerung verteilen, sodass nicht nur eine schmale Elite davon profitiert. Ein besonders eindrückliches Bild zeigt sich in China: Wie kaum ein anderes Land hat China die Zahl der Armen reduziert. Das Ziel der Vereinten Nationen, die Halbierung der Armut bis 2015, wurde hauptsächlich dank des Beitrags von China erreicht. Fast jede Person, die in den letzten 35 Jahren den Sprung aus der Armut geschafft hat, ist ein Chinese oder eine Chinesin.

Esther Duflo, Professorin für Armutsbekämpfung und Entwicklungsökonomie am Massachusetts Institute of Technology
Die Diskussion um Armut und Entwicklung sei nach wie vor stark von Ideologien geprägt und weniger von wissenschaftlich bewiesenen Fakten, meint Esther Duflo, und genau dies will die Französin ändern. Dazu gründete sie mit ihrem Kollegen Abhijit Banerjee das «Poverty Lab». Duflo und Banerjee erforschen, welche Art von Hilfe wirkt.
Duflo und ihr Team entwickelten neuartige Vorgehensweisen, um die **Handlungslogiken** der Ärmsten zu verstehen. Eine wichtige Rolle spielen darin Methoden, die normalerweise in der medizinischen Forschung zur Anwendung kommen: Zufallsexperimente und Kontrollgruppen, sogenannte **randomisierte kontrollierte Studien.**
Die Forschungsgruppe des Poverty Labs hat seit der Gründung im Jahr 2003 über 300 experimentelle Studien zu verschiedenen Themen in 46 Ländern veröffentlicht. Ziel ist, die Gründe zu verstehen, warum Armutsbetroffene bestimmte Dinge verändern – oder eben nicht. Armutsbetroffene misstrauen den Plänen, die Entwicklungsexpertinnen für sie entwerfen, folgert Duflo, denn sie leben in einer Welt, in der Pläne selten funktioniert haben. Zudem lässt sich die Wirkung von Veränderungen oft nicht unmittelbar beobachten – etwa bei verbesserter Nahrung. Wenig Anreiz zum Handeln besteht, wenn andere davon profitieren – zum Beispiel, wenn Geld in die Ausbildung von Töchtern gesteckt wird, die später verheiratet werden. Im Gegensatz zu den Söhnen werden sie nichts zur Alterssicherung ihrer Eltern beitragen. Die Entscheidung von Eltern ist also nicht einfach rückständig, sondern ökonomisch vernünftig.

Geteilte Welt: Bestandsaufnahme und Debatten

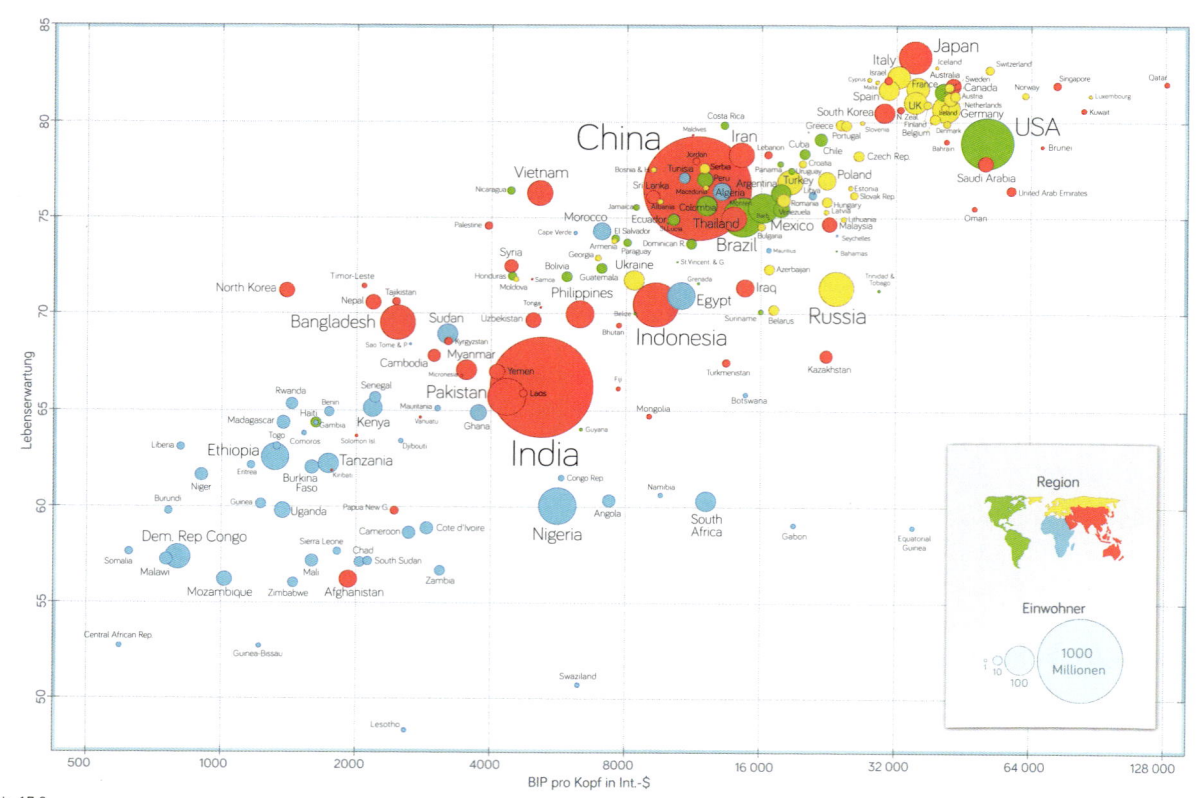

Abb. 17.3
Bruttonationaleinkommen und Lebenserwartung: Wirtschaftswachstum und Entwicklung sind nicht dasselbe.

Drei Beispiele von Armutsstudien aus dem Poverty Lab: In einer Studie zu Mangelernährung in China stellten die Forscherinnen und Forscher fest, dass Subventionen auf Grundnahrungsmittel nicht unbedingt sinnvoll sind. Wenn mittels Hilfsgeldern auf Reis oder Nudeln ein Rabatt gewährt wurde, wurde das ersparte Geld nicht für zusätzliche und wertvollere Lebensmittel wie Gemüse verwendet, sondern für Prestigegüter wie Fernsehgeräte. Das Ziel des Programms, die Ernährung der Bevölkerung zu verbessern, wurde also nicht erreicht.

Bei Feldstudien zur Malariaprävention in Afrika fiel auf, dass Moskitonetze zwar verfügbar waren, häufig jedoch nicht benutzt oder zweckentfremdet wurden, etwa als Fischernetze oder Hochzeitsschleier. Waren die Anschaffungskosten für ein Moskitonetz zu hoch? Oder stimmt das Gegenteil: Sind gratis abgegebene oder verbilligte Netze zu günstig, sodass sie nicht wertgeschätzt werden? Was bringt die Menschen dazu, das Moskitonetz nicht nur zu erwerben, sondern es auch richtig einzusetzen?

Duflo und ihr Team testeten drei verschiedene Situationen: Das Moskitonetz wurde kostenlos abgegeben, es wurde für 2 Dollar verkauft oder zum kostenlosen Moskitonetz wurde zusätzlich Mehl oder ein Paket Linsen abgegeben. Das Ergebnis war eindeutig: kostenlos abgegebene Netze werden häufiger abgeholt und richtig verwendet.

Interessant ist auch das Ergebnis einer Studie zum Schulbesuch in Kenia: Subventioniertes Schulmaterial, die regelmässige Anwesenheit der Lehrerin oder die Abgabe einer Mahlzeit erhöhten die Präsenztage von Schülerinnen und Schülern weniger als eine andere Massnahme: die Abgabe von Entwurmungsmittel. Gesunde Kinder, so das letztlich triviale Fazit, fehlen seltener in der Schule. Zudem sind sie lernfähiger als ihre Kolleginnen und Kollegen, die von Hunger und Müdigkeit geplagt die Schulbank drücken. Die Bildungsziele der Regierung können demnach durch einfache Massnahmen und ohne hohe Kosten erreicht werden.

17 Globale Ungleichheit und Entwicklung

Das Fazit der vier Perspektiven: Ein oberflächlicher Blick reicht nicht aus, um die Entstehung sozialer Ungleichheit zu erfassen. Ungleiche Entwicklung beruht auf globalen Zusammenhängen und der Wechselwirkung von internationalen Strukturen (Makroebene). Zugleich findet Entwicklung jedoch vor Ort statt und ist das Ergebnis von lokal geformten wirtschaftlichen, politischen und sozialen Prozessen sowie den Umweltbedingungen (Mikroebene). Die Geografie untersucht Probleme kontextbezogen sowohl auf der **Mikroebene** als auch ihre Verbindungen mit der **Makroebene.** Ziel geografischer Entwicklungsforschung ist es, die Entstehung und Auswirkung globaler Ungleichheit an der Schnittstelle von Wirtschaft, Gesellschaft und Umwelt zu analysieren, um gemeinsam mit Betroffenen Lösungen für eine Erhöhung des Wohlstands und die Verbesserung der Lebensqualität zu erarbeiten. Voraussetzung dafür ist eine Debatte darüber, was Entwicklung bedeutet.

17.2 Ungleiche Entwicklung verstehen und bestimmen: Begriffe und Methoden

> The objective of development is to create an enabling environment for people to enjoy long, healthy and creative lives.
> Mahbub ul-Haq, ehemaliger Direktor des Human Development Report Office

Auf den ersten Blick erscheint Mahbub ul-Haqs Wunsch nicht übertrieben anspruchsvoll zu sein. Die Zahlen aus dem globalen Dorf (siehe Abb. 17.1) zeigen jedoch, wie radikal seine Forderung ist. Die Mehrheit der Weltbevölkerung ist weit von den für ein würdiges Leben geforderten Zielen entfernt.

Abb. 17.4
Entwicklung durch mehr Einkommen: Massai-Frauen auf dem Markt

Ungleiche Entwicklung verstehen und bestimmen: Begriffe und Methoden

Der Begriff **Entwicklung** setzt bestimmte Zielvorstellungen voraus. Diese müssen geklärt werden – sowohl auf der Ebene des Individuums als auch für die Gesellschaft. Entwicklung ist demnach ein normativer Begriff: Er beschreibt einen Soll-Zustand, der aus spezifischen, von einer bestimmten Gesellschaft für erstrebenswert gehaltenen Komponenten besteht. Was genau entwickelt werden soll und für wen, ist je nach gesellschaftlichem, geografischem und historischem Kontext unterschiedlich. Die zentrale Frage lautet: Welche Entwicklung wollen wir?

17.2.1 Entwicklungsländer

«Dritte Welt», «Entwicklungsländer», der «globale Süden» – diese Begriffe werden in der Entwicklungsdebatte gleichzeitig verwendet. Was bedeuten sie, und wie sind sie voneinander abzugrenzen? Die traditionelle Bezeichnung «Entwicklungsländer» weist die betreffenden Regionen als «unterentwickelt», rückständig oder «nicht entwickelt» aus. Diese Bezeichnung ist unpräzise und gleichzeitig abwertend: Sie unterstellt nicht nur ein Defizit an «Entwicklung», sondern suggeriert ein für

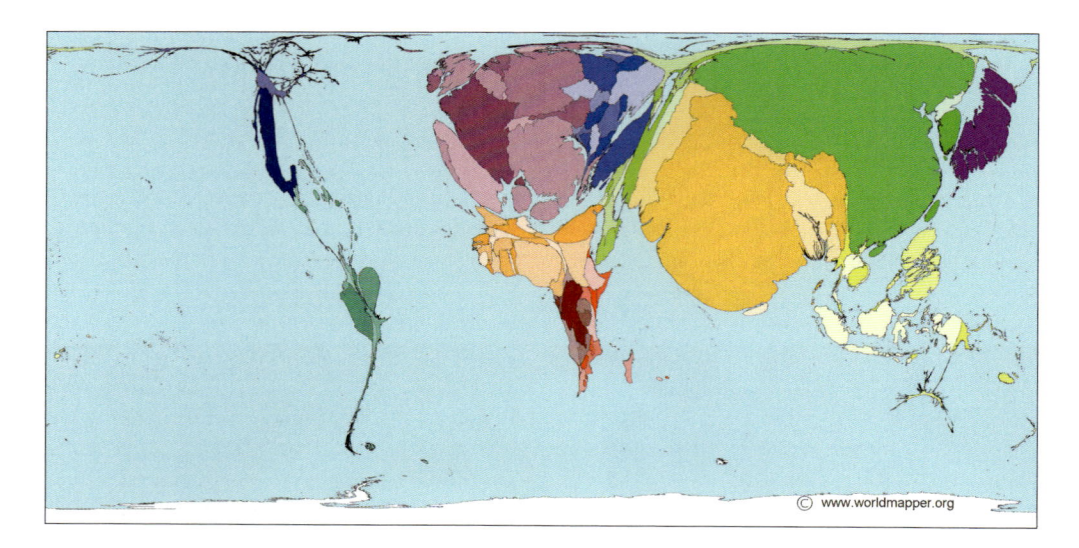

Abb. 17.5
Die Verteilung des Wohlstands in der Welt um 1500 (oben) und 2015 (unten)

alle geltendes Entwicklungsmodell, das sich an den westlichen Ländern ausrichtet. Im englischen Sprachgebrauch weicht man behelfsmässig auf die Bezeichnung «Less Developed Countries» (weniger entwickelte Länder) oder «Least Developed Countries» (am wenigsten entwickelte Länder) aus. Die Bezeichnung «Industrieländer» ist im Übrigen genauso unzureichend, handelt es sich doch bei dieser Kategorie mehrheitlich um postindustrielle Dienstleistungsgesellschaften.

Der überholte Begriff «Dritte Welt» entspringt einem Diskurs aus dem Ost-West-Konflikt. Mit der Auflösung der Kolonialreiche in den 1950er- und 1960er-Jahren entstanden selbstständige Staaten, die sich weder der «Ersten Welt» des kapitalistischen Westens noch der «Zweiten Welt» der sozialistischen Ostblockstaaten zuordnen liessen, jedoch von beiden Seiten heftig umworben wurden. Es ist keine Rangierung, sondern eine **geopolitische Zuordnung** aus dem Kalten Krieg. Mit dem Zerfall der kommunistischen Systeme verlor die Bezeichnung ihren Sinn.

Die Zuordnung zum «Süden» ist unscharf, da sich auch wohlhabende Staaten wie Neuseeland und Australien auf der Südhalbkugel befinden. Zudem suggeriert diese Benennung einen ursächlichen Zusammenhang von Armut und südlicher Breite.

Die Bezeichnung **Schwellenländer** bezieht sich auf Nationen mit einer rasch wachsenden Wirtschaft und einem fortschreitenden Industrialisierungsgrad. Häufig ist die wirtschaftliche Entwicklung dieser Staaten der gesellschaftlichen voraus. Brasilien, Russland, Indien, China und Südafrika werden in dieser Kategorie erfasst und als **BRICS-**Staaten bezeichnet. Noch figurieren China, Indien und Südafrika gleichzeitig auf der Liste der Entwicklungsländer der OECD. Dies kann man rechtfertigen, indem man statt von Ländern von den Menschen, die dort leben, spricht: In Indien etwa müssen trotz des wirtschaftlichen Erfolgs insgesamt 70 Millionen Menschen mit dem absoluten Existenzminimum auskommen.

17.2.2 «The West and the rest»

Seit den 1990er-Jahren setzen sich unter dem Eindruck der **Globalisierung** neue Begriffe durch. Die Verflechtung zwischen den Regionen der Welt wird als **Zentrum-Peripherie-Modell** skizziert. Kulturelle Vereinheitlichung und globale Kommunikationsnetzwerke sind ebenso Elemente dieses Modells wie internationale Arbeitsteilung, Macht-, Wissens- und Qualifikationsgefälle. Die Kernregionen als «beschleunigte Welt» mit einem Anteil von rund 15 Prozent der Weltbevölkerung stehen den peripheren, langsameren Regionen gegenüber. Die Erwartung, mit der Globalisierung würden die Gegensätze schwinden und die Welt würde zu einem demokratischen, egalitären «globalen Dorf» schrumpfen, hat sich nicht bestätigt. Im Gegenteil, die Globalisierung scheint eine fragmentierende Entwicklung mit einer beschränkten Anzahl globaler Orte hervorzubringen, in denen sich Arbeitsplätze, Innovationsräume, Bildungschancen und kulturelle Einrichtungen und damit der Wohlstand konzentrieren. Dem gegenüber steht eine zunehmend ausgegrenzte «Restwelt», die Peripherie, in der die Mehrheit der Menschheit leben wird. Die aktive Teilnahme an der globalisierten Welt ist der Mehrheit verwehrt. Als Ergebnis öffnet sich eine gefährliche Kluft zwischen ausschweifendem Reichtum und verzweifelten Überlebensstrategien.

17.2.3 Merkmale von Entwicklungsländern

Mozambique und Bolivien, Bosnien-Herzegowina, Indien und Afghanistan: Alle diese Staaten erscheinen auf der 146 Länder umfassenden Liste der OECD als sogenannte «Entwicklungsländer». Politisch kann es durchaus im Interesse eines Staates sein, auf dieser Liste zu erscheinen, denn dies berechtigt zum Erhalt von internationalen Entwicklungsgeldern. Ein Blick auf die Strukturdaten zeigt jedoch grosse Unterschiede zwischen diesen Ländern. Aus diesem Grund schlug die Weltbank 2016 vor, den Begriff «Entwicklungsländer» abzuschaffen. Gebräuchliche Klassifizierungen beziehen demografische, ökonomische, soziale und politische sowie ökologische Merkmale mit ein.

Merkmale für die Klassifizierung als Entwicklungsland

demografisch	ökonomisch	sozial und politisch	ökologisch
– niedrige Lebenserwartung – hohe Säuglings- und Kindersterblichkeit – rasche Bevölkerungszunahme	– geringes Pro-Kopf-Einkommen – Mangel an qualifizierten Arbeitskräften – unzureichende Infrastruktur – geringer Industrialisierungsgrad – Abhängigkeit von der Ausfuhr weniger Rohstoffe – hohe Auslandverschuldung	– unzureichende medizinische und sanitäre Versorgung – verbreitete Unter-/Mangelernährung – niedrige Alphabetisierung – starke Urbanisierung und Slumbildung – unzureichende demokratische Legitimität – politische Instabilität (failing states)	– Erosion – Desertifikation – Wasserknappheit – Verschmutzung natürlicher Ressourcen – Abholzung – intensivierte Landwirtschaft – agro-industrielle Produktion von Lebensmitteln, Tierfutter und Agrotreibstoffen

Die Kategorie «Entwicklungsland» umfasst ein Spektrum sehr unterschiedlicher Länder. Was die Klassifikationsversuche zusätzlich belastet, ist der Umstand, dass Entwicklungsländer über ihre Defizite in Bezug auf die Industrieländer definiert werden.

Abb. 17.6
Bildung ist ein entscheidender Entwicklungsfaktor. Kinder in ihrem Schulzimmer im Westen Kubas.

17.2.4 Wie wird Entwicklung gemessen?

Um Entwicklung zu messen und Länder zu vergleichen, greifen internationale Organisationen auf Indikatoren zurück. Ein Indikator ist eine Messgrösse, die wichtige Hinweise auf einen bestimmten Gegenstand liefert. Mit Indikatoren können komplexe Sachverhalte zumindest annähernd quantitativ erfasst werden. Ein statistischer Indikator ist dann aussagekräftig, wenn er auf einen Sachverhalt hinweist, den er selbst nicht oder nur teilweise beeinflusst – die zu messende Grösse wird also durch andere Faktoren bestimmt. Ein Indikator ist also eine auf angenommenen Wirkungszusammenhängen basierende Teil- oder Ersatzmasseinheit. Ein zentraler Indikator für «Unterentwicklung» ist die Verbreitung von **Armut**.

Die Aussagekraft von Indikatoren lässt sich am Beispiel der Fertilitätsrate (Fruchtbarkeitsrate) und des Anteils von Frauen in Parlamenten illustrieren: Die Fertilitätsrate gibt die Anzahl Kinder pro Frau im gebärfähigen Alter an. In der Schweiz betrug sie im Jahr 2016 1,54, in Schweden 1,85, in Äthiopien 4,20. Die Fertilitätsrate ist ein Indikator für das Bevölkerungswachstum. Sie könnte zudem Hinweise geben auf die Bildungschancen von Frauen, die Lebenserwartung von Kindern oder die Verhältnisse auf dem Arbeitsmarkt. Die Fertilitätsrate wird durch kulturelle Werte beeinflusst, jedoch auch durch die Gesundheitsversorgung, die Alterssicherung, die wirtschaftliche Situation oder die Umwelt. Die Repräsentation von Frauen im Parlament sagt sowohl etwas über die Stellung der Frau als auch über das politische System eines Landes aus.

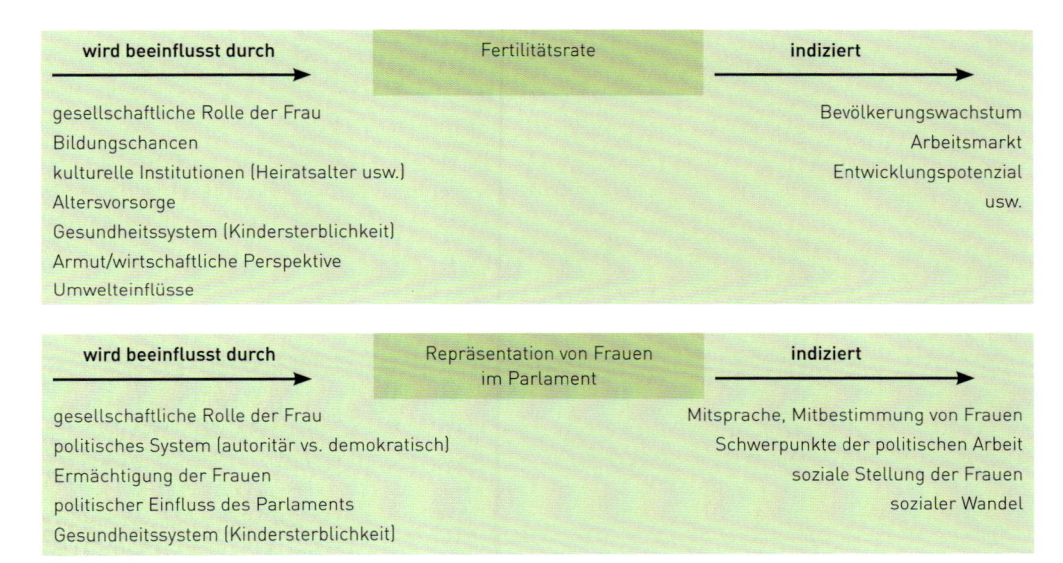

wird beeinflusst durch →	Fertilitätsrate	indiziert →
gesellschaftliche Rolle der Frau		Bevölkerungswachstum
Bildungschancen		Arbeitsmarkt
kulturelle Institutionen (Heiratsalter usw.)		Entwicklungspotenzial
Altersvorsorge		usw.
Gesundheitssystem (Kindersterblichkeit)		
Armut/wirtschaftliche Perspektive		
Umwelteinflüsse		

wird beeinflusst durch →	Repräsentation von Frauen im Parlament	indiziert →
gesellschaftliche Rolle der Frau		Mitsprache, Mitbestimmung von Frauen
politisches System (autoritär vs. demokratisch)		Schwerpunkte der politischen Arbeit
Ermächtigung der Frauen		soziale Stellung der Frauen
politischer Einfluss des Parlaments		sozialer Wandel
Gesundheitssystem (Kindersterblichkeit)		

Der Nutzen und die Schwierigkeiten von Indikatoren und den davon abgeleiteten Klassifikationen werden im Folgenden am Beispiel der gebräuchlichsten Entwicklungsindikatoren illustriert.

Das Bruttonationaleinkommen

Wirtschaftliche Parameter sind die erste Wahl, wenn es um Ländervergleiche und die Klassifizierung von Entwicklung geht. Die Weltbank erstellt jährlich eine Rangliste nach Bruttonationaleinkommen (BNE) oder **Pro-Kopf-Einkommen.** Das BNE erfasst sämtliche Güter und Dienstleistungen, die von Angehörigen eines Staates während eines Jahres produziert werden. Es ist ein Indikator für die **wirtschaftliche Leistungsfähigkeit** eines Staates. Allerdings ist die Aussagekraft limitiert, denn es fliessen nur wirtschaftliche Aktivitäten in die Rechnung ein, die auf dem Markt gehandelt werden. Soziale, politische und kulturelle Dimensionen sind im BNE also nur enthalten, wenn sie bezahlt werden. Ein Ehrenamt im Verein für Naturschutz, Hausarbeit, Kinderbetreuung durch die Grosseltern oder Fussballtraining für die Junioren – das alles sind gesellschaftliche Leistungen mit erheblichem Wirtschaftswert, die nicht in der Bilanz erscheinen. Für Entwicklungsländer, wo ein wesentlicher Teil der wirtschaftlichen Aktivitäten in die Selbstversorgung fliesst oder als Schattenwirtschaft im informellen Sektor geleistet wird, ist das BNE eine unzureichende Messgrösse.

Zudem sagt das BNE nichts über die Kaufkraft aus, und Einkommensunterschiede sind nicht ersichtlich. Gar nicht ausgewiesen sind ökologische und humane Kosten wie der Verbrauch von natürlichen Ressourcen, wie Boden, Luft und Wasser, oder die Folgen schlechter Arbeitsbedingungen für die Gesundheit, ebenso wenig die politische und soziale Situation der Menschen.

Ungleiche Entwicklung verstehen und bestimmen: Begriffe und Methoden

Ungeachtet dessen bleibt das BNE die dominierende Grösse für die Messung wirtschaftlicher Leistungsfähigkeit und den Ländervergleich. Das BNE ist einfach zu erheben und weltweit etabliert. Allerdings gibt es Bestrebungen, die Indikatoren zu verfeinern, um ein differenziertes Bild globaler Entwicklungsunterschiede zu erstellen.

Abb. 17.7
Schattenwirtschaft: 80 bis 130 km radeln diese Holzkohlehändler aus Tansania, um die aus illegalem Holzschlag erworbene Kohle in der nächstgrösseren Stadt zu verkaufen.

Der Human Development Index

Einen erweiterten Ansatz zur Beurteilung von Entwicklung verwendet das Entwicklungsprogramm der Vereinten Nationen (UNDP) mit dem Human Development Index (HDI). Er kombiniert drei Faktoren:
1. Lebenserwartung bei der Geburt;
2. Bildungsstand: voraussichtliche und durchschnittliche Schulbesuchsdauer;
3. Pro-Kopf-Einkommen gemessen an der Kaufkraft.

Die Lebenserwartung ist ein Indikator für Ernährung, Hygiene und Gesundheitsfürsorge. Das Verhältnis zwischen tatsächlich geleisteten und möglichen Schuljahren sagt etwas über das Bildungssystem und die Chancengleichheit aus und damit über das Ausmass der politischen Teilhabe. Kriterien wie politische Rechte, Umweltbelastung oder soziale Ungleichheit sind jedoch auch im HDI nicht enthalten. Wird der HDI innerhalb eines Landes nach Regionen oder Einkommensstufen aufgeschlüsselt, erlaubt dies Aussagen zu den **Disparitäten** innerhalb eines Landes. Der HDI ist ein Indexwert: Um ihn zu berechnen, wird der höchste Wert gleich 1, der niedrigste gleich 0 gesetzt. Die Indexierung ist notwendig, weil unterschiedliche Einheiten (Dollar, Jahre) einfliessen.
Im Folgenden berechnen wir den HDI für Mozambique (Daten von 2017). Zunächst den Index für die Lebenserwartung (LE) in Mozambique:

$$\frac{\text{LE in Mozambique} - \text{niedrigste LE}}{\text{höchste LE} - \text{niedrigste LE}} = \frac{58{,}9 - 20}{85 - 20} = 0{,}598$$

Die Indexwerte für die Bildungsdimension (0,386) und für das Pro-Kopf-Einkommen (0,361) werden analog berechnet. Der HDI von 0,437 ist der Durchschnitt der drei Werte. Länder mit sehr hohem HDI (über 0,8; blau in Abb. 17.8) positionieren sich auf den vorderen Rängen gegenüber Ländern mit hohem und mittlerem (0,5–0,8; grün und hellgrün) oder niedrigem HDI (unter 0,5; gelb). Mozambique befindet sich auf Rang 180 von 189 Ländern.

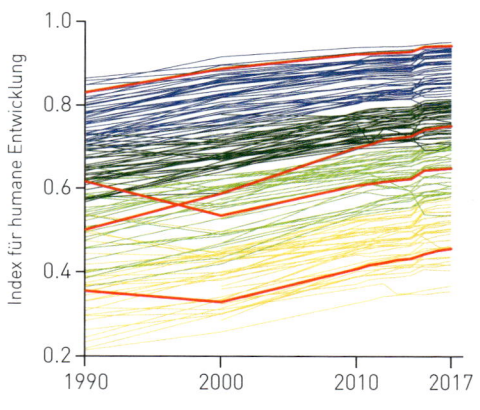

Abb. 17.8
HDI-Entwicklung weltweit, 1990–2017. Rote Linien von unten nach oben (2017): HDI der Demokratischen Republik Kongo, von Tadschikistan, China, Schweiz.
Quelle: Human Development Report, 2018

Die HDI-Rangliste des Jahres 2017 wird von den westlichen Staaten angeführt, allen voran Norwegen, die Schweiz (Frauen: 0,937; Männer: 0,949) und Australien. Einige Länder, die bei der BNE-Rangierung vordere Positionen einnehmen, liegen bei der Beurteilung nach HDI zurück, beispielsweise Katar (HDI 0,856, Rang 37; BNE 116 799 $, Rang 1). Auf den Schlussrängen liegen fragile Staaten Afrikas und Kriegsgebiete wie Tschad (0,350/0,452), der Südsudan (0,348/0,422), die Zentralafrikanische Republik (0,319/0,409), und Niger (0,317/0,391). (Jeweils für Frauen/Männer)

Singapur, die Türkei, Iran, China, Ruanda – diese Länder fallen auf wegen ihres grossen Sprungs im HDI-Ranking zwischen 2008 und 2017. Die Gründe dafür sind unterschiedlich. Während in China, Singapur und der Türkei hauptsächlich das Wirtschaftswachstum zu diesem Fortschritt beigetragen hat, sind in Iran und in Ruanda andere Faktoren ausschlaggebend – etwa Erfolge in der Bildung oder Verbesserungen im Gesundheitswesen. Insbesondere Ruanda, das nach dem Bürgerkrieg und dem Genozid von 1994 völlig am Boden lag, vermochte den Wiederaufbau zu einem Wendepunkt in der Entwicklung des Landes zu machen. Zwar sind die Bürgerrechte stark eingeschränkt, und für die Mehrheit der Bevölkerung gibt es keine politische Mitbestimmung, dennoch hat sich die Lebensqualität für die meisten deutlich verbessert.

Über alle Länder hinweg haben sich sämtliche Komponenten des HDI zwischen 1990 und 2017 verbessert. Im Ausmass und in der Geschwindigkeit sind die Unterschiede jedoch beträchtlich: Länder mit mittlerem und hohem Einkommen weisen höhere Zuwachszahlen und schnellere Entwicklungsfortschritte aus als Länder mit tiefem Einkommen. Nur bei der Lebenserwartung legten die ärmsten Länder stärker zu.

Der Multidimensional Poverty Index

Seit 2010 verwendet das UN-Entwicklungsprogramm ein neues Armutsmass, den Multidimensional Poverty Index (MPI). Dieser Indikator ergänzt die einkommens- oder konsumbasierten Indizes. Das 1,90-Dollar-Armutsmass der Weltbank ist zwar bestechend einfach, aber auch wenig aussagekräftig. Denn Armut ist mehr als ein knappes Budget. Armut ist, wenn die Behausung notdürftig und dunkel ist, fliessendes Wasser und Strom fehlen und sie jederzeit abgerissen werden könnte, weil sie illegal errichtet wurde. Armut ist, keinen Zugang zu einer Ausbildung zu haben und keine Chance darauf, einer Arbeit nachgehen zu können. Armut bedeutet Krankheit, weil die Brunnen verschmutzt sind und medizinische Versorgung zu teuer ist. Armut ist insbesondere Machtlosigkeit, Mangel an Mitbestimmung und Wahlfreiheit. Auch wer über 2 Dollar pro Tag verfügt und damit statistisch nicht mehr als extrem arm gilt, ist weit davon entfernt, ein menschenwürdiges Leben führen zu können. Auch das Umgekehrte ist möglich: Lebensqualität trotz monetärer Armut. Genau dies macht der MPI sichtbar.

Der MPI erhebt die Grundbedürfnisse und damit die Mehrdimensionalität von Armut (vgl. Abschnitt 17.1.1). Er berücksichtigt, dass eine monetäre Armutsgrenze das Phänomen unzureichend darstellt, insbesondere für subsistenzorientierte Gesellschaften. Der MPI setzt sich aus zehn Indikatoren zusammen, die den drei Bereichen Gesundheit, Bildung und Lebensstandard zugeordnet sind. Das Einkommen fliesst nicht in die Berechnung ein. Die Untersuchungseinheit ist der Haushalt, eine Lebensgemeinschaft, in der Ressourcen umverteilt werden. MPI-Analysen sind aussagekräftig, weil sie zeigen, welche Faktoren in einer Armutssituation besonders stark ins Gewicht fallen. Das folgende Beispiel illustriert dies für zwei verschiedene Provinzen in Laos.

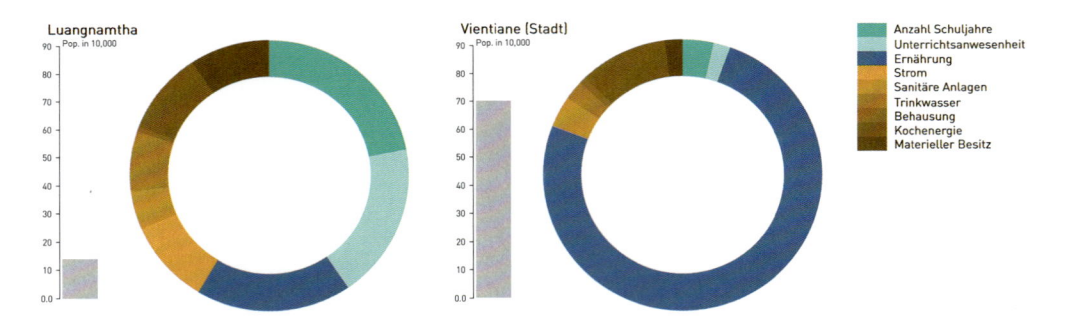

Abb. 17.9
Armutsfaktoren in zwei Provinzen in Laos gemäss MPI

Die meisten Armen sind von mehreren Armutsfaktoren betroffen. Der MPI bildet dies ab und macht somit eine Aussage zur Schwere oder **Intensität** der Armut. Durch die Aufnahme weiterer Dimensionen können spezifische Verhältnisse in einem Land wiedergegeben werden. Mexico, Kolumbien und Vietnam sind Pionierländer, die einen **nationalen MPI** entwickelt haben, um die Ursachen von Armut, Unterentwicklung und Ungleichheit besser analysieren und wirksam bekämpfen zu können. Der von Kolumbien entwickelte MPI berücksichtigt zusätzlich Indikatoren zur Situation von Kindern und Jugendlichen sowie zur Arbeit.

Die hier vorgestellten Indikatoren sind nicht die einzigen Grössen, die zur Messung von Entwicklung verwendet werden. Weitere sind beispielsweise der Gini-Koeffizient, der die Einkommensunterschiede zwischen Regionen darstellt (vgl. Abb. 17.13), oder der Gender-related Development Index GDI, der den Entwicklungsrückstand aufgrund von Geschlechterungleichheiten dokumentiert. Mit der Wahl der Indikatoren und der Zuordnung zu bestimmten Entwicklungskategorien ist noch nichts über die Ursachen von Entwicklungsunterschieden ausgesagt. Die meisten Erklärungen basieren auf zwei theoretischen Modellen.

17.3 Entwicklung erklären: Entwicklungstheorien

Wie sind die globalen Disparitäten entstanden? Unter welchen Bedingungen findet Entwicklung statt, und welche Faktoren bremsen sie? Oft ist es schwierig, Ursachen und Folgen des Entwicklungsrückstands zu unterscheiden: Bevölkerungswachstum, Analphabetismus, Korruption – sie alle können Ursachen, aber auch Folgen von «Unterentwicklung» sein.

Grundsätzlich unterscheiden sich die Erklärungsansätze dadurch, dass sie vorwiegend **endogene** oder **exogene** Faktoren heranziehen. Sind kulturelle Gründe für die düsteren Zukunftsperspektiven grosser Teile Afrikas, Lateinamerikas und Asiens verantwortlich? Ist es eine Frage der Breitenlage? Sind die Ursachen der «Unterentwicklung» hausgemacht? Hat der Kolonialismus die Disparitäten zwischen dem Süden und Norden hervorgebracht? Oder liegt es daran, dass die Gesetze des freien Handels und der liberalen Marktwirtschaft zu wenig konsequent umgesetzt werden?

Zwei der einflussreichsten Erklärungsansätze werden im Folgenden skizziert: erstens, die Modernisierungstheorie (endogene Ursachen) und zweitens die Dependenztheorie (exogene Ursachen). Welchen theoretischen Standpunkt eine Person wählt, hängt auch von ihrer ideologischen Position ab, die die Perspektive auf «Unterentwicklung» entscheidend formt.

17.3.1 Modernisierungstheorie

Nach dem Ende des Zweiten Weltkriegs entstand bei den Siegermächten das Bedürfnis, die Welt neu zu ordnen. Wegweisend waren dabei technisch-industrielle Massstäbe. Aus der Perspektive der Modernisierungstheoretiker erscheint die Welt zweigeteilt in «traditionelle» und «moderne» Staaten. Wirtschaftliche Entwicklung nach westlichem Vorbild, so die optimistische Annahme, transportiere die entsprechenden Werte und Normen und übertrage diese automatisch auf eine sich entwickelnde Gesellschaft, man spricht vom **«trickle-down»-Effekt.** Zu diesen Werten gehört das Prinzip der Nutzenmaximierung, wonach die Natur erschlossen und ihre Bewirtschaftung technisch perfektioniert wird, damit sie einen höheren Ertrag abwirft. Die Vertreter der Modernisierungstheorie orientierten sich an einem Modell, das für die industrialisierten Staaten funktioniert hat, obschon die Übertragbarkeit auf andere Kontexte nicht erwiesen ist. Insbesondere ist unklar, inwiefern das Modell für subsistenzorientierte Gesellschaften gültig ist. Modernisierungstheoretische Ansätze orten die Ursache für Entwicklungsrückstände in den betroffenen Regionen selbst (endogene Ursachen). Für das Entwicklungsdefizit wird unter anderem die lokale Bevölkerung verantwortlich gemacht, der es an der notwendigen Arbeitsmoral mangle. Schuld sei auch die naturräumliche Ausstattung dieser Gebiete. Solche geodeterministischen Ansätze haben ebenfalls Eingang gefunden in den modernisierungstheoretischen Diskurs.

Abb. 17.10
Binnenstaat, Wassermangel, Höhenlage und karge Böden als geografische Faktoren der «Unterentwicklung»: Quinoa-Produzent im Süden Boliviens

Der **Geodeterminismus** geht davon aus, dass naturräumliche Faktoren wie Klima, Boden, Wasser oder Vegetation die Menschen und die Kultur weitgehend bestimmen. Bereits Aristoteles (384–322 v. Chr.) beschrieb unterschiedliche Klimazonen und verknüpfte sie modellhaft mit der Bevölkerungsverteilung. Geodeterministische Ideen hielten sich im Mittelalter und in der Renaissance. Besonders einflussreich war das Werk des Aufklärers Charles Montesquieu (1689–1755), der in «De l'esprit des lois», 1748, klimatische Bedingungen für das Erstarken und den Zerfall bestimmter Kulturen verantwortlich machte. Gemäss Montesquieu sind sämtliche Aspekte menschlichen Lebens – von der Physiognomie über die Religion bis hin zu moralischen Werten – abhängig von der Geografie: Die Natur bestimmt die Kultur. Im 19. Jahrhundert wurden auch Rassenunterschiede als eine Folge räumlicher Differenz betrachtet, und geodeterministische Ideen spielten in der Evolutionstheorie von Charles Darwin (1809–1882) eine wichtige Rolle. Mit dem Konzept des

«Lebensraums» knüpfte Friedrich Ratzel, einer der Gründerväter der modernen Geografie, an geodeterministische Ideen an. Als Zoologe vertrat er das Konzept eines organisch wachsenden Staates, dessen Veränderung und Wachstum natürliche Erscheinungen seien, denen die Politik Rechnung tragen müsse. Völker befänden sich in innerer Bewegung, und die logische Folge davon seien Ausbreitung und Landnahme. Nur wenn er stetig wachse, sei ein Staat gesund und überlebensfähig.

Die darwinistische Interpretation ist unschwer zu erkennen: Nur starke Staaten setzen sich durch, während die kleineren Staaten schrumpfen und schliesslich von der Landkarte verschwinden. Ausschlaggebend für die Stärke eines Staates sind die Kulturstufe des jeweiligen Volkes sowie das natürliche Potenzial des von ihm beherrschten Territoriums. Die Lebensraumideologie des Dritten Reiches basierte wesentlich auf Ratzels Modell (vgl. Abschnitt 10.9, Politische Geografie).

In jüngster Zeit erhalten geodeterministische Ideen wieder Auftrieb. Die Modernisierungstheorie erklärt Unterentwicklung überwiegend durch endogene Faktoren, wie traditionell bestimmte Verhaltensweisen und Haltungen, kulturelle Werte oder naturräumliche Bedingungen. Um diese zu überwinden, müssten sich die Menschen des Südens dem Norden anpassen. Erst nach dieser Transformation könne auch der globale Süden vom «Geist des Kapitalismus» durchdrungen werden und seinen Entwicklungsrückstand wettmachen. Dem Staat kommt dabei die Rolle zu, ideale Rahmenbedingungen für Entwicklung zu gestalten.

Auch wenn einige enthaltene Kausalverknüpfungen fragwürdig sind, enthält die Modernisierungstheorie einige wichtige Kerngedanken zu den endogenen Faktoren von Entwicklung.

> **Endogene Entwicklungsfaktoren**
> - Die Transformation von Agrargesellschaften zu Industriegesellschaften ist grundsätzlich möglich. Sie muss von einem umfassenden Wandel der Arbeitsstrukturen und der gesellschaftlichen Ordnung begleitet werden.
> - Industrielle Produktion verlangt eine Rationalisierung von Arbeit und Zeit sowie den Transfer von technischem Know-how.
> - Korruption und Kapitalflucht blockieren die Entwicklungsfähigkeit.
> - Die Politik schafft Rahmenbedingungen, um den Entwicklungsprozess zu fördern und zu steuern.

Die Kritik an der Modernisierungstheorie macht geltend, dass zahlreiche Beispiele der Theorie widersprechen. So erzielen z. B. Länder mit einer konfuzianischen Tradition wie China, Südkorea, Taiwan und Singapur sehr hohe Wachstumsziffern. Die von der dortigen Tradition geforderten Tugenden wie Fleiss, Disziplin und Leistungswillen förderten den Entwicklungsschub. Indien, ein Land mit tief verwurzelten religiösen Kulturen und einer hierarchischen Gesellschaftsstruktur, hat sich zu einem der weltweit führenden Softwarehersteller entwickelt. Diese Länder machen vor, dass auch vom westlichen Modell abweichende Wege zum Erfolg führen können.

17.3.2 Dependenztheorie

Initiiert durch lateinamerikanische Wirtschafts- und Sozialwissenschaftler, begann in den 1970er-Jahren eine **imperialismuskritische Diskussion,** die unter dem Sammelbegriff «Dependenztheorie» (span. dependencia = Abhängigkeit) zum wichtigsten Gegenentwurf der Modernisierungstheorie wurde. Im Unterschied zur Modernisierungstheorie unterstreicht die Dependenztheorie vor allem exogene Faktoren für «Unterentwicklung». Um das Gefälle zwischen dem globalen Norden und dem Süden zu verstehen, müsse der Süden als Teil eines internationalen Systems betrachtet werden.

> **Zentrale Positionen der Dependenztheorie**
> - Unterentwicklung kann nicht durch hausgemachte Faktoren erklärt werden.
> - Die Entwicklungsländer befinden sich als ehemalige Kolonien in einem wirtschaftlichen Abhängigkeitsverhältnis.
> - Die Alternative lautet Abkoppelung und eine selbstständige, auf den Süden konzentrierte Entwicklung.

Klassische dependenztheoretische Modelle erklären die systematische Benachteiligung der Volkswirtschaften Afrikas, Lateinamerikas und Asiens durch die historisch gewachsene Abhängigkeit. Da sie auf den Profit des Mutterlandes ausgerichtet waren, wurden die kolonialen Wirtschaften auf die **Rohstoffproduktion** und wenige Exportgüter mit tiefer Mehrwertschöpfung beschränkt. Das ausländische Kapital steckte in Plantagen und im Bergbau, wo Einheimische als schlecht entlöhnte und beliebig ersetzbare Arbeitskräfte ausgebeutet wurden. Als Folge wurde die Selbstversorgung in den Kolonien vernachlässigt und die Abhängigkeit von westlichen Mächten wuchs. Während der dynamische Exportsektor in den Weltmarkt integriert wurde, erstellten die Mutterländer **Handelsschranken** zum Schutz der einheimischen Produktion. Die aussengesteuerte Entwicklung der kolonialen Wirtschaft zog kaum **Beschäftigungseffekte** nach sich, in der Folge verarmten ganze Bevölkerungsgruppen. Zugespitzt wurde die Situation dadurch, dass der Erlös aus dem Export von Rohstoffen für den Import von Luxusgütern für eine schmale Elite in den Kolonien eingesetzt wurde. Die übrigen Geldmittel wurden von den Schuldzinsen aufgefressen, die für die Kredite aus dem Norden entrichtet werden mussten.

Die Dependenztheorie legt den Schwerpunkt auf exogene Faktoren. Sie betrachtet Entwicklungsländer als Teil des globalen Systems und untersucht die historischen, politischen und wirtschaftlichen Bedingungen, die Entwicklung begünstigen oder behindern. Mit ihrer Gewichtung der exogenen Faktoren hat die Dependenztheorie trotz erkannter Einseitigkeit viel zum Verständnis der Disparitäten zwischen Erster und Dritter Welt beigetragen. Die entscheidende Schwäche dieses Ansatzes liegt in seiner Unfähigkeit, den subjektiven Faktor, also das Denken und die Handlungsspielräume individueller Menschen, mit einzubeziehen. Die klassische Dependenztheorie kann beispielsweise nicht erklären, warum unter den «weissen Kolonien» Staaten wie Kanada, Südafrika oder Australien trotz ihrer Einbindung in ein koloniales System eine industrielle Entwicklung durchlaufen haben, während dies bei Argentinien nicht der Fall ist. Zudem werden die Klassenunterschiede und Machtverhältnisse innerhalb eines Landes nicht berücksichtigt.

Neuere Erklärungen von Unterwicklung verknüpfen **exogene und endogene** Faktoren. Die Kategorie «Entwicklungsländer» ist zunehmend heterogen und die Grenze zwischen den Schwellen- und Industrieländern fliessend geworden. Jüngere Debatten tragen dem Rechnung, indem sie auf der Idee der **fragmentierten Entwicklung** aufbauen oder **Zentrum-Peripherie-Modelle** (vgl. Abschnitt 17.2.2) entwerfen, die nicht an die Grenzen von Nationalstaaten gebunden sind. Diese **Globalisierungstheorien** liefern teilweise angemessenere Beschreibungen der weltweiten Ungleichheitsverhältnisse.

Abb. 17.11
Paradigma der 1970er-Jahre: Entwicklungshilfe für die am stärksten von Armut betroffenen Menschen wie dieser Strassenjunge in Kathmandu

17.4 Armut bekämpfen: Weltweite Entwicklungsstrategien

Schwerpunkte, Methoden und Ausrichtung der internationalen Zusammenarbeit haben sich im Laufe der Zeit verändert. Die zweite Hälfte des 20. Jahrhunderts lässt sich in vier entwicklungspolitische Dekaden einteilen.

	1950/60er	1970er	1980er	1990er
	Wirtschaftswachstum, Modernisierung und Einbindung in den Welthandel (Aid by trade)	Kampf gegen extreme Armut	Verlorenes Jahrzehnt: Zerfall der Rohstoffpreise, Anstieg der Verschuldung	Nachhaltige Entwicklung: Jahrzehnt der Hoffnung
Grundidee	Nachholende Entwicklung durch Industrialisierung und Grossprojekte via Regierung und Eliten (Top-down-Prinzip/ Trickle-down-Effekt).	Befriedigung der Grundbedürfnisse: Wachstum und effektive Verteilung, Bottom-up-Prinzip.	Schuldenkrise durch Strukturanpassungszwang beheben; «Magie des Marktes»: Privatisierung, Reduktion von staatlichen Leistungen.	Globale und nachhaltige Umweltpolitik, Wirtschaftswachstum, Friedenssicherung, Weiterführung der Grundbedürfnisstrategie, Partizipation.
Ziele	Geopolitische Einordnung der «Dritten Welt», Zurückdämmen des Kommunismus; Modernisierung der Landwirtschaft, rasche Industrialisierung und technologischer Fortschritt, Erschliessen neuer Märkte.	Hilfe zur Selbsthilfe, angepasste Technologien, ländliche Entwicklung, Frauenförderung.	Steigerung des Exports, ausgeglichene Staatsbudgets.	Paradigmenwechsel: von der Entwicklungshilfe zur Entwicklungszusammenarbeit; Umwelt- und Sozialverträglichkeit von Entwicklung; Sicherung von Zugang zu Ressourcen und Infrastruktur für alle.
Folgen	Wirtschaftliche Abhängigkeit und Verschuldung steigen, Einkommensschere öffnet sich, Armut nimmt zu, ökologische Belastung durch Übernutzung und unangepasste Technologien; undemokratische Regimes werden aus geopolitischen Gründen unterstützt.	Punktuelle Erfolge in Bildung und Gesundheit, Probleme von Verschuldung und Umweltschäden.	Der Lebensstandard der ärmsten Bevölkerungssegmente verschlechtert sich massiv; Raubbau an der Umwelt, Verschuldungsspirale, Abhängigkeit des Südens von den westlichen Industrieländern steigt.	Fokus verschiebt sich von wirtschaftlicher Entwicklung zu menschlicher Entwicklung; Industrieländer stehen in der Pflicht, nachhaltige Entwicklung umzusetzen. Formierung einer globalen Entwicklungspartnerschaft.

Die Entwicklungsziele für das 21. Jahrhundert: Millennium Development Goals
Im September 2000 wurde die United Nations Millennium Declaration von den Regierungen der UNO-Mitglieder unterschrieben und in Kraft gesetzt. Diese gemeinsame Erklärung war der Beginn einer weltweiten Partnerschaft gegen extreme Armut. Sie markiert einen Meilenstein in der Geschichte des internationalen Engagements für Entwicklung, weil sie klar kommunizierbare und messbare Ziele formulierte und einen konkreten Zeitrahmen für die Zielerreichung definierte.

Die Millennium Development Goals 2000–2015

Ziel	Vorgaben und Indikatoren (Auswahl)	Bilanz (Änderung zwischen 1990/2000 und 2015)
Ziel 1: Armut und Hunger halbieren	Der Anteil an Menschen, die unter 1,25 US$ pro Tag ausgeben, halbiert sich. Die Anzahl Hungernde wird halbiert.	Das Ziel wurde vorzeitig erreicht. Der Anteil an extrem Armen in den Entwicklungsländern sank von 50% auf 14%. Weltweit sank die Zahl von 1,9 Milliarden (1990) auf 836 Millionen (2015). Die Unterernährung wurde massiv reduziert: von 23,3 auf 12,9%.
Ziel 2: Grundbildung für alle	Alle Kinder erhalten eine Grundschulbildung. Gemessen werden die Einschulungsrate, die Anzahl Kinder im Schulalter, die keine Schule besuchen, und die Alphabetisierung bei Jugendlichen.	Ziel beinahe erreicht. Die Einschulungsrate in Entwicklungsländern beträgt 91%, verglichen mit 83% im Jahr 2000. Die Anzahl Kinder im Schulalter, die keine Schule besuchen, hat sich beinahe halbiert: von 100 Millionen im Jahr 2000 auf 57 Millionen. Den grössten Fortschritt erzielten die Länder des südlichen Afrikas mit einem Anstieg der Einschulungsrate um fast 30% seit 1990.
Ziel 3: Gleichstellung der Geschlechter	In der Grundbildung wird die Benachteiligung von Mädchen bis 2005 aufgehoben, in allen anderen Bildungsbereichen bis 2015. Die Beteiligung von Frauen in politischen, wirtschaftlichen und sozialen Feldern nimmt zu.	Ziel nicht erreicht, aber Fortschritte. In der Grundschulbildung machten die Mädchen ihren Rückstand wett. In Asien wurden 1990 auf 100 Knaben 74 Mädchen eingeschult, heute sind es 103. Frauen stellen weltweit 41% der Arbeitskräfte ausserhalb des Agrarsektors, ein Anstieg um 6% seit 1990. Die Repräsentation von Frauen in nationalen Parlamenten ist in 90% der 174 Länder, die Daten vorweisen können, gestiegen; der Anteil wurde ungefähr verdoppelt, aber auf tiefem Niveau: Durchschnittlich ist nur eines von fünf Mitgliedern eines Parlaments eine Frau.
Ziel 4: Kindersterblichkeit verringern	Die Sterblichkeit von Kindern unter fünf Jahren wird bis zum Jahr 2015 um zwei Drittel verringert.	Ziel nicht erreicht, die globale Sterberate ging um etwas mehr als die Hälfte zurück, von 90 auf 43 Fälle pro 1000 Lebendgeburten, eine Reduktion von 12,7 auf 6 Millionen seit 1990. Starke Verbesserungen sind im südlichen Afrika zu verzeichnen.
Ziel 5: Gesundheit von Müttern stärken	Die Sterblichkeitsrate bei Müttern wird um drei Viertel reduziert.	Keine Region der Welt hat dieses Ziel erreicht. In Afrika stirbt jede 200. Mutter bei der Geburt ihres Kindes. Weltweit wurde die Müttersterblichkeitsrate um 45% reduziert, in Südasien um 64%. Über 71% der Geburten wurden von ausgebildetem Personal begleitet – auf dem Land ist der Anteil deutlich tiefer. 64% der Frauen zwischen 15 und 49 verwendeten im Jahr 2015 Verhütungsmittel (1990: 55%).
Ziel 6: HIV/AIDS, Malaria und andere schwere Krankheiten bekämpfen	Die Ausbreitung von Malaria, AIDS und andern Krankheiten wird gestoppt.	Ziel nicht erreicht, aber Teilerfolge. Die Neuinfektionsrate mit HIV sank seit 2000 von 3,5 auf 2,1 Millionen. 13,6 Millionen HIV-Infizierte erhielten antiretrovirale Medikamente (2003: 800 000). Über 900 Mio. Moskitonetze wurden in Malariagebiete geliefert.
Ziel 7: Ökologische Nachhaltigkeit stärken	Der Ressourcenverbrauch wird gedrosselt. Zugang zu sauberem Trinkwasser und sanitären Anlagen. Verbesserung der Lebensbedingungen in Slums.	Ziel nicht erreicht. Der Ressourcenverbrauch nimmt zu, die Klimaerwärmung ebenso. Die Zerstörung der Ozonschicht konnte gestoppt werden. 91% der Weltbevölkerung hat Zugang zu sauberem Trinkwasser. 2,1 Milliarden Menschen profitieren von verbesserter Infrastruktur für Abwasser. 2,6 Milliarden haben keinerlei Zugang zu angemessenen Toiletten.
Ziel 8: Globale Partnerschaft für Entwicklung	Aufbau einer globalen Partnerschaft, Verbesserung der Rahmenbedingungen für Entwicklung und Erhöhung der Entwicklungsgelder.	Das globale Budget für Entwicklungsmassnahmen wurde seit dem Jahr 2000 um 66% aufgestockt. Dänemark, Luxemburg, Norwegen, Schweden und das Vereinigte Königreich erreichten die UN-Vorgabe von 0,7% des BNE für Entwicklungszusammenarbeit. Die Schweiz wendete 2017 0,46% auf, Tendenz sinkend.

Armut bekämpfen: Weltweite Entwicklungsstrategien

Die Millenniumskampagne ist ein Erfolg, auch wenn nicht alle Ziele erreicht wurden. Am Anfang dieses Erfolgs steht die weltweite Partnerschaft von 189 Ländern, die sich auf einen gemeinsamen Zielkatalog verpflichteten.

Im Detail sieht die Schlussrechnung durchzogen aus. Die erfreuliche Bilanz des Bildungsziels beispielsweise verdeckt, dass die Qualität des Unterrichts in vielen Regionen unzureichend ist. Kinder lernen wenig oder wenig Brauchbares, die Lehrkräfte sind schlecht ausgebildet, selten anwesend, unterbezahlt und daher unmotiviert.

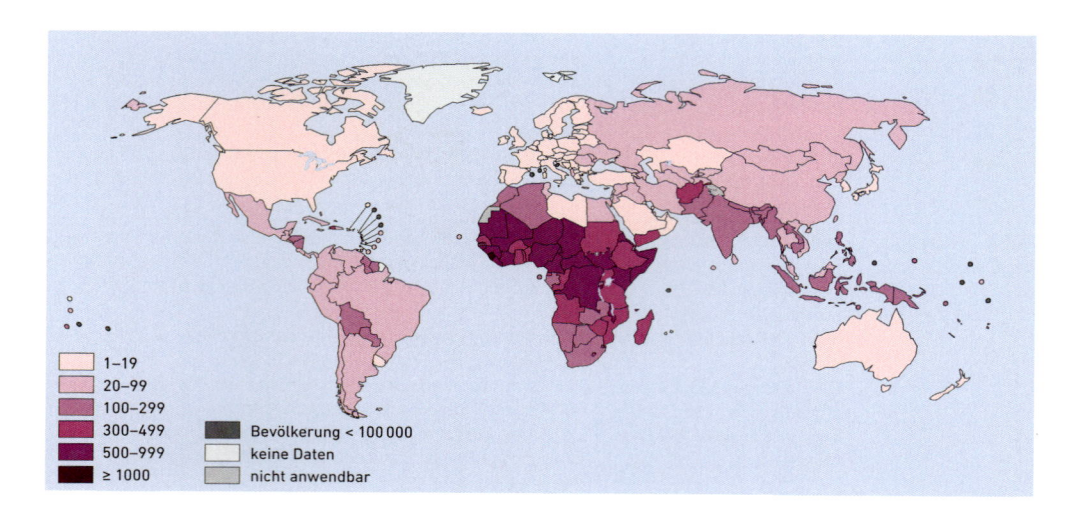

Abb. 17.12
Müttersterblichkeit 2015:
Todesfälle pro 100 000
Lebendgeburten
(Quelle: WHO)

Die Millenniumsziele sind zwar globale Ziele, sie müssen jedoch in den einzelnen Ländern erreicht werden – wobei die Ausgangsbedingungen enorm unterschiedlich sind. Einige Länder erwiesen sich als Musterschüler, sie erzielten grosse Fortschritte: Bangladesch bei der Bildung, Ghana bei der Verbesserung der Ernährungssituation. Benin hat die Malariaprävention substanziell verbessert, Indien erzielte markante Erfolge bei der Tuberkulosebehandlung. Andere Länder treten an Ort oder haben ihre Bilanz sogar verschlechtert – darunter besonders von Kriegen betroffene Staaten, wie Sudan oder Sierra Leone, oder solche, die von einer Naturkatastrophe heimgesucht wurden, wie Haiti (Erdbeben 2010). Einige Millenniumsziele fallen durch besonders schlechte Werte auf: Die Bilanz bei der Reduktion der Kindersterblichkeit ist ungenügend, und obwohl bei der Müttersterblichkeit eine Reduktion um die Hälfte gemessen wird, sind die Zahlen ernüchternd: 800 Frauen sterben täglich an den Folgen einer Schwangerschaft oder einer Geburt, 99 Prozent davon in Entwicklungsländern. In Sierra Leone stirbt 1,1 Prozent der Frauen bei der Geburt. In der Schweiz ist der Anteil 100-mal kleiner. Das Risiko, an einer Schwangerschaft oder bei der Geburt zu sterben, ist bei Frauen im Alter zwischen 15 und 19 die häufigste Todesursache in Entwicklungsländern. Die Tradition der Frühheirat ist dafür ein Grund. Eines der besten Mittel dagegen ist die Bildung der Mütter sowie der jungen Frauen selbst.

Für die Verwirklichung der MDGs gaben sich die Vereinten Nationen 15 Jahre Zeit. Die bisherigen Ergebnisse zeigen, dass noch sehr viel zu tun bleibt. Zu den grössten Entwicklungshindernissen gehören der Mangel an Beschäftigungsmöglichkeiten für Jugendliche, die Ungleichstellung der Geschlechter, die rasche und planlose Verstädterung, die Entwaldung, die zunehmende Wasserknappheit, steigende CO_2-Emissionen und die Ungewissheit über die Folgen des Klimawandels, die hohe HIV-Infektionsrate, grossflächige Landkäufe im Süden sowie die sich öffnende Schere zwischen sehr reichen und sehr armen Menschen (siehe Abb. 17.13). Eine massive Erhöhung der

Mittel, um diese Probleme wirkungsvoll anzupacken, muss von andern Massnahmen begleitet werden. Neben fairen Handelsbedingungen müssen die westlichen Industriestaaten wirtschaftsethische Standards einhalten, beispielsweise im Rohstoffhandel.

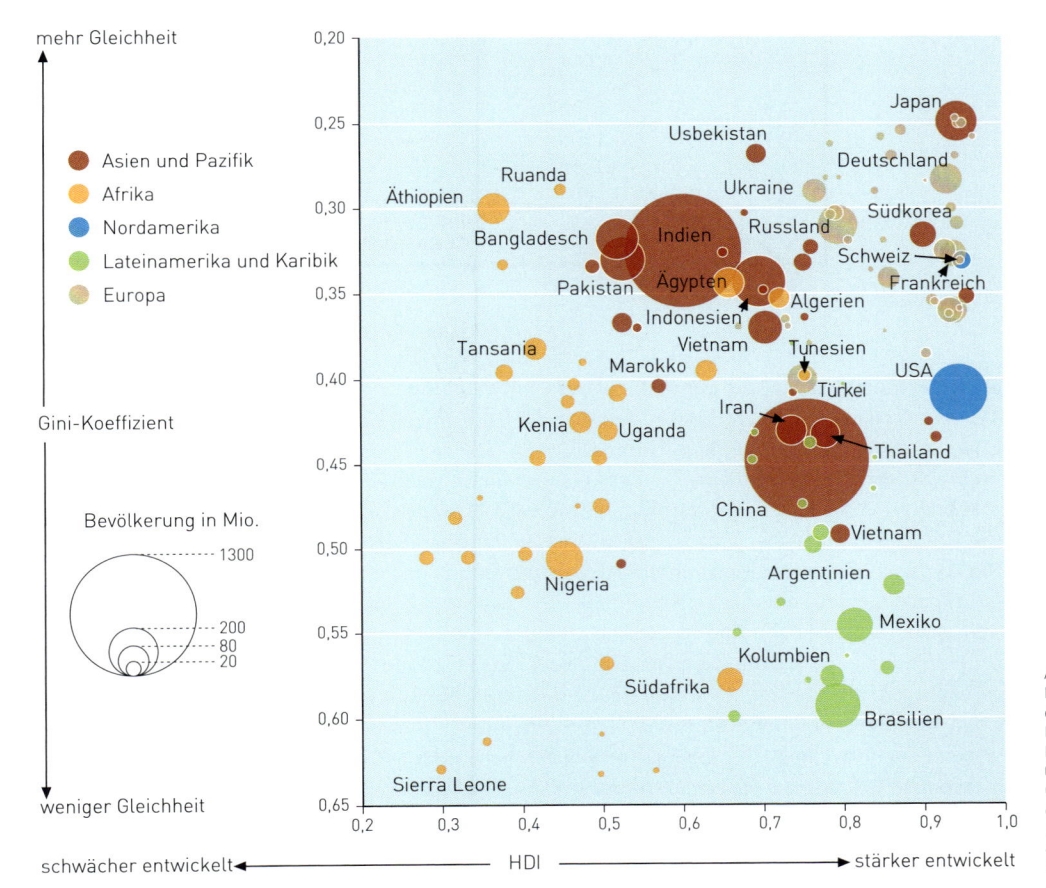

Abb. 17.13
Der Gini-Koeffizient misst die Ungleichverteilung von Einkommen innerhalb eines Landes: Je näher die Zahl bei 0 liegt, desto egalitärer ist das Geld verteilt. Der HDI misst den Entwicklungsstand eines Landes anhand wirtschaftlicher und sozialer Faktoren.
Quelle: Le Monde diplomatique

Im Jahr 2015 lief die Millenniumskampagne aus und die Welt setzte sich neue Ziele. Die Initiative baut auf den Erfolgsfaktoren der MDGs auf und soll gleichzeitig einige ihrer Defizite überwinden. Ehrgeizig, aber realistisch, messbar und einfach verständlich sollen die neuen Ziele sein, mit einem verbindlichen Zeithorizont. Eine wichtige Herausforderung für die Weltgemeinschaft ist es, die Agenda der Armutsbekämpfung mit der Agenda für eine nachhaltige Entwicklung zu verknüpfen.

Die MDGs beruhen auf der Annahme, dass eine leistungsstarke Wirtschaft in den reichen Ländern Wohlstand schafft, während Entwicklungsgelder Verfehlungen kompensieren und das grösste Elend mildern. Die Nachhaltigkeitsziele sollen nicht nur für die Entwicklungsländer, sondern für alle Länder verbindlich sein, womit die industrialisierten Länder ebenso gefordert sein werden, eigene Reformen voranzutreiben. Mehr noch: Während im globalen Süden bezüglich Wirtschaftswachstum und Lebensstandard ein gewisser Nachholbedarf besteht, braucht es im Norden Interventionen, um den viel zu grossen ökologischen Fussabdruck (vgl. Abschnitt 16.2) zu reduzieren.

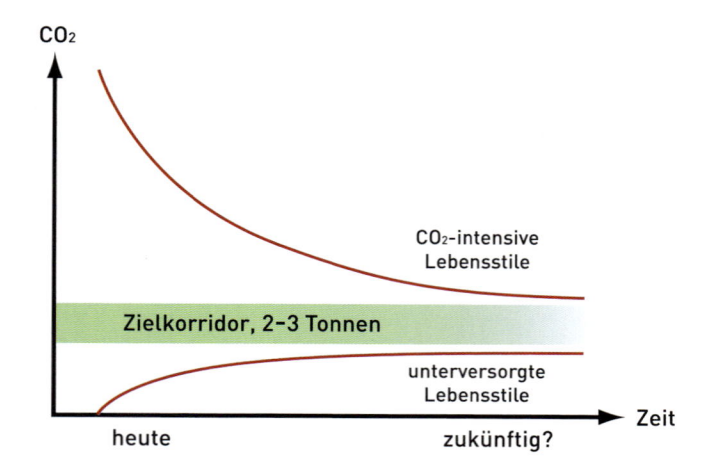

Armut bekämpfen: Weltweite Entwicklungsstrategien

Abb. 17.14
Globale Gerechtigkeit und nachhaltige Entwicklung: Anpassung des ökologischen Fussabdrucks

Von der Armutsbekämpfung zur nachhaltigen Entwicklung

2015 verabschiedeten die Vereinten Nationen 17 neue Entwicklungsziele, die die Umweltagenda mit der Millenniumskampagne zusammenführen. Mit der Formulierung dieser Sustainable Development Goals (SDGs) geht die Ära der klassischen Entwicklungshilfe für den Süden zu Ende. Im Rahmen der neuen Kampagne verpflichten sich alle Nationen, nachhaltige Entwicklung innerhalb ihrer Grenzen und darüber hinaus voranzutreiben. Eine solche Verpflichtung orientiert sich einerseits an den planetaren Grenzen und andererseits an den gesellschaftlichen und wirtschaftlichen Bedürfnissen, die für ein menschenwürdiges und gerechtes Zusammenleben auf der ganzen Welt erfüllt sein müssen (siehe Kapitel 16, Abbildung 16.1).

Die neue Agenda für globale nachhaltige Entwicklung beinhaltet soziale, wirtschaftliche, politische und ökologische Ziele (vgl. Abschnitt 16.3.1, Meilensteine internationaler Nachhaltigkeitspolitik). Zu den 17 Hauptzielen gehören 169 Unterziele, zu jedem Ziel werden durchschnittlich 10 konkrete Massnahmen formuliert. 231 Indikatoren werden herangezogen, um die Fortschritte zu messen.

Die Agenda 2030, wie die Nachhaltigkeitsziele auch genannt werden, wird als historischer Durchbruch gefeiert. Kritische Stimmen meinen, die Initiative sei überambitioniert und überladen. Warum eine neue Agenda, wenn längst nicht alle Millenniumsziele erreicht worden sind?

Der Vorteil der Agenda 2030 besteht darin, dass diesmal alle Länder aufgefordert sind, ihren Beitrag zu leisten. Nachhaltige Entwicklung ist eine gemeinsame, globale Verpflichtung, keine Verordnung. Die Einsicht, dass Armutsbekämpfung nicht isoliert vorangetrieben werden kann, sondern Teil einer gesellschaftlichen Transformation in Richtung nachhaltige Entwicklung darstellt, hat sich durchgesetzt.

Auch wenn viele gerne einen schlankeren Vorschlag gesehen hätten: Die Liste mit 17 Zielen ist das Ergebnis eines partizipativen Prozesses, in den die Stimmen aus den Entwicklungsländern viel stärker eingeflossen sind als bei der Millenniumsagenda. Dies trägt dazu bei, dass die Ziele auch im Süden breiter abgestützt sind.

Die Ziele sind zudem besser integriert: Die nachhaltige Landwirtschaft soll nicht nur dazu beitragen, den Hunger zu bekämpfen, sondern auch die Biodiversität erhalten und die Böden schützen. Damit bedient sie auch den Ressourcenschutz, der im Ziel Nummer 15 festgeschrieben ist.

Die neue Agenda ist ambitionierter als die MDGs. Umstrittene Themen wie Verteilungsgerechtigkeit oder gute Regierungsführung wurden aufgenommen. Das Ziel Geschlechtergerechtigkeit misst sich nicht nur an der Primarschulbildung und der politischen Repräsentation von Frauen, sondern verlangt Initiativen in den politisch sensiblen Bereiche reproduktive Gesundheit und

17 Globale Ungleichheit und Entwicklung

häusliche Gewalt. Parallel zu den Verhandlungen diskutierte die internationale Gemeinschaft auch die notwendigen Mittel und die Möglichkeiten zur Finanzierung der Agenda 2030.

Fokus Armut und Disparitäten (MDGs)
Konkret formulierte Ziele für Entwicklungsländer

Fokus nachhaltige Entwicklung (Umwelt, Gesellschaft und Wirtschaft, Agenda 21)
Globale Erklärung

Armut, Gerechtigkeit und Umwelt (Agenda 2030, SDGs)
Konkrete und messbare Nachhaltigkeitsziele für alle Länder

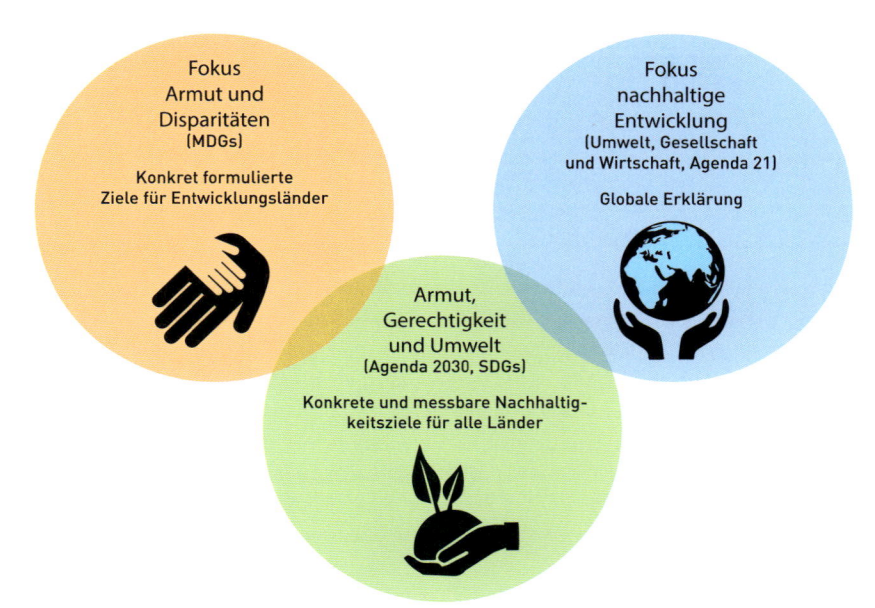

Abb. 17.15
Die Sustainable Development Goals vereinen Armutsbekämpfung mit den Bestrebungen für eine weltweite nachhaltige Entwicklung.

An der Agenda 2030 wird kritisiert, die Ziele seien schwammig formuliert, es seien keine Sanktionsmöglichkeiten vorgesehen, die Zielvorgaben seien zu tief angesetzt und die Mittel für die Umsetzung nicht ausreichend. Die Nachhaltigkeitsziele, so die Kritik, werden die Machtverhältnisse nicht entscheidend verschieben. Das zeigt sich etwa in der internationalen Steuerpolitik, wo die Entwicklungsländer viel Geld verlieren, weil transnationale Unternehmen ihre Steuern bevorzugt im Norden zahlen.

Die Agenda 2030 wurde an der Generalversammlung der Vereinten Nationen vom September 2015 in Anwesenheit von mehr als 150 Staatsoberhäuptern unterzeichnet und trat am 1. Januar 2016 in Kraft. Sie lässt berechtigte Hoffnungen aufkommen für eine bessere Zukunft für alle Menschen. Und sie wird die Entwicklungszusammenarbeit in den nächsten 15 Jahren wesentlich beeinflussen.

17.5 Verantwortung übernehmen: Die schweizerische Entwicklungszusammenarbeit

Warum engagiert sich ein Land wie die Schweiz in der Entwicklungszusammenarbeit (EZA)? Im Gegensatz zu seinen europäischen Nachbarn hatte der schweizerische Staat nie koloniale Ambitionen, ein unmittelbares Motiv für «Wiedergutmachung» gibt es also nicht. Dennoch profitierte die Schweizer Wirtschaft in hohem Masse von der Ausbeutung der Kolonien. Billige Rohstoffe wie Baumwolle und Kakao waren die Basis der erfolgreichen schweizerischen Industrialisierung, und Schweizer Kaufleute beteiligten sich am Sklavenhandel. Neben den historischen Beweggründen gibt es weitere Motive für das Engagement der Schweiz.

Politische Motive	Die Schweiz kann sich mit einem glaubwürdigen Einsatz für benachteiligte Regionen international profilieren. Als neutraler Staat geniesst sie in vielen Entwicklungsländern hohes Ansehen.
Ökonomische Motive	Der Absatz von eigenen Produkten und die Sicherstellung des Zugangs zu Rohstoffen spielen in der Platzierung von Angeboten der EZA eine wichtige Rolle.
Ethische/humanitäre Motive	Die Schweiz anerkennt ihre Verpflichtung, einen Beitrag zur Sicherung von Frieden und Wohlstand in der Welt zu leisten. Zur Haltung, dass Ungleichheit stossend ist, kommen die Solidarität mit Benachteiligten und das Bekenntnis zum Weltfrieden.
Ökologische Motive	Seit der Rio-Konferenz von 1992 stehen umweltpolitische Beweggründe weit vorne in der entwicklungspolitischen Agenda der Schweiz. Dahinter steht die Einsicht, dass die Bewahrung und der Schutz der Lebensgrundlagen auf der Erde eine Aufgabe der Weltgemeinschaft ist.

In einem globalen System ist Entwicklungszusammenarbeit sinnvoll, wie beispielsweise in Bezug auf die globale Umweltproblematik deutlich wird. Die ressourcenintensive Wirtschaft der westlichen Industriestaaten verursacht Umweltschäden, deren Konsequenzen den Süden genauso stark oder gar stärker betreffen. Die auf fossilen Energieträgern basierende Wirtschaft hat das Klima in den letzten 50 Jahren massiv erwärmt. Dürren und Überschwemmungen sind Folgen, die die Ärmsten am heftigsten treffen, nicht nur, weil sie direkt von natürlichen Ressourcen abhängen, sondern auch, weil sie in Staaten leben, die wenig oder gar nichts zur Milderung der Katastrophen beizutragen vermögen. Die Entwicklungszusammenarbeit ist also mehr als ein Akt der Solidarität. Vielmehr leistet sie einen Beitrag zur Lösung globaler Probleme, die kein Land alleine bewältigen kann.

Die Schweiz hat die Millenniumsdeklaration mit den MDGs unterzeichnet und setzt sich für die neuen Nachhaltigkeitsziele der Agenda 2030, die SDGs, ein. 2017 gab der Staat 3,1 Milliarden Franken für öffentliche Entwicklungszusammenarbeit aus, 439 Millionen weniger als im Vorjahr (zum Vergleich: Sozialversicherungen 159 Mia., Landwirtschaft 4,1 Mia., Bildung 16 Mia., Armee 5 Mia.). Das entspricht 0,46 Prozent des Bruttonationaleinkommens (2007 waren es 0,37 Prozent). Verglichen mit andern Geberländern steht die Schweiz damit im Mittelfeld – sie belegt Rang 8 von 29 Mitgliedstaaten des Entwicklungsausschusses der OECD. Zu beachten ist, dass der Schweizer Beitrag auch Ausgaben fürs Asylwesen sowie Mittel der bilateralen Entschuldung enthält (insgesamt knapp 300 Mio. Franken). Die 15 alten EU-Länder wollten ihre Quoten bis 2015 gemäss der Vorgabe aus den MDGs auf 0,7 Prozent des BNE erhöhen – das Schweizer Parlament beschloss eine Erhöhung auf 0,5 Prozent, derzeit sind es 0,45 Prozent, ohne den Asylbereich sinkt der Betrag auf 0,4 Prozent.

17.5.1 Die gesetzliche Grundlage für die internationale Zusammenarbeit

Die internationale Zusammenarbeit liegt in der Verantwortung des Bundes. Das entsprechende Gesetz wurde 1976 vom Nationalrat unter Bezugnahme auf die Bundesverfassung erlassen. In der neuen Bundesverfassung vom 18. April 1999 wurde diese Verpflichtung bekräftigt:

> **Art. 54 Abs. 2**
> Der Bund setzt sich ein für die Wahrung der Unabhängigkeit der Schweiz und für ihre Wohlfahrt; er trägt namentlich bei zur Linderung von Not und Armut in der Welt, zur Achtung der Menschenrechte und zur Förderung der Demokratie, zu einem friedlichen Zusammenleben der Völker sowie zur Erhaltung der natürlichen Lebensgrundlagen.

Das Engagement der Eidgenossenschaft beruht auf einer klaren gesetzlichen Grundlage. Im Gesetzestext werden der Gegenstand, die Grundsätze, das Vorgehen, die Verantwortlichkeiten, Ziele sowie die Formen der EZA spezifiziert.

> **Auszug aus dem Bundesgesetz über die internationale Entwicklungszusammenarbeit und humanitäre Hilfe vom 19. März 1976** (Stand 1. Juni 2007)
>
> **Art. 2 Grundsätze**
> [1] Die internationale Entwicklungszusammenarbeit und humanitäre Hilfe sind Ausdruck der Solidarität, die eines der Prinzipien darstellt, nach denen die Schweiz ihr Verhältnis zur internationalen Gemeinschaft gestaltet, und entsprechen der weltweiten Verflechtung. Sie beruhen auf der gegenseitigen Achtung der Rechte und Interessen der Partner.
> [2] Die Massnahmen nach diesem Gesetz berücksichtigen die Verhältnisse der Partnerländer und die Bedürfnisse der Bevölkerung, für die sie bestimmt sind.
> [3] Die Leistungen des Bundes erfolgen unentgeltlich oder zu Vorzugsbedingungen. Sie ergänzen in der Regel eigene Anstrengungen der Partner.
>
> **Art. 5 Ziele**
> [1] Die Entwicklungszusammenarbeit unterstützt die Entwicklungsländer im Bestreben, die Lebensbedingungen ihrer Bevölkerung zu verbessern. Sie soll dazu beitragen, dass diese Länder ihre Entwicklung aus eigener Kraft vorantreiben. Langfristig erstrebt sie besser ausgewogene Verhältnisse in der Völkergemeinschaft.
> [2] Sie unterstützt in erster Linie die ärmeren Entwicklungsländer, Regionen und Bevölkerungsgruppen. Sie fördert namentlich
> a. die Entwicklung ländlicher Gebiete;
> b. die Verbesserung der Ernährungslage, insbesondere durch die landwirtschaftliche Produktion zur Selbstversorgung;
> c. das Handwerk und die örtliche Kleinindustrie;
> d. die Schaffung von Arbeitsplätzen;
> e. die Herstellung und Wahrung des ökologischen und demografischen Gleichgewichts.

Mit der internationalen Zusammenarbeit verfolgt die Schweiz das Ziel einer gerechten und sicheren Welt ohne Armut, gewaltsame Konflikte und ökologische Zerstörung. Im Sinne des Bundesgesetzes ist die EZA darauf ausgerichtet, **Hilfe zur Selbsthilfe** zu betreiben: Die Länder werden in ihren Anstrengungen unterstützt, die Lebensbedingungen ihrer Bevölkerung zu verbessern.
Die EZA ist dem Eidgenössischen Departement für auswärtige Angelegenheiten (EDA) unterstellt. Zudem ist das Eidgenössische Departement für Wirtschaft, Bildung und Forschung (WBF) involviert. Dort ist **das Staatssekretariat für Wirtschaft (SECO)** federführend im Bereich der **Entschuldungsstrategien** sowie bei der Definition der **Wirtschafts- und Handelsmassnahmen** in der EZA. Im EDA ist die **Direktion für Entwicklung und Zusammenarbeit (DEZA)** ausführendes Organ und Koordinationsstelle für die schweizerische EZA. Die DEZA verantwortet die internationale Zusammenarbeit und die humanitäre Hilfe sowie die Zusammenarbeit mit Osteuropa. Im Rahmen der **multilateralen Zusammenarbeit** setzt sich die DEZA von 2017 bis 2020 innerhalb der Organisationen des Uno-Systems, der Weltbank und der regionalen Entwicklungsbanken für die Erreichung der 17 Ziele der Agenda 2030 ein. Armut, Klimawandel, Ernährungssicherheit und Migration sind die Leitthemen der globalen Zusammenarbeit der Schweiz. Zudem verpflichtete sich die Schweiz im Rahmen der bilateralen Verträge mit der EU, die zehn Partnerländer der erweiterten EU zu unterstützen.
Das Parlament ist die Aufsichtsbehörde, die die mehrjährigen Rahmenkredite bewilligt. Diese werden alle vier Jahre aufgrund einer bundesrätlichen Botschaft beantragt. Die Legislative kontrolliert Quantität und Qualität der EZA und stellt die Verbindung zu andern Geschäften her, etwa der Menschenrechts- oder der Asylpolitik.

17.5.2 Nichtregierungsorganisationen

Rund 30 Prozent der schweizerischen Entwicklungsgelder fliessen direkt an Nichtregierungsorganisationen. Die Zusammenarbeit zwischen dem Bund und den privaten Hilfswerken ist ein wichtiger Pfeiler der schweizerischen EZA. Nichtregierungsorganisationen (NRO bzw. engl. **Non-governmental Organization,** NGO) verfügen zwar über einen beschränkten finanziellen Handlungsspielraum, können aber dank ihrer relativen Unabhängigkeit schnell und flexibel auf Probleme reagieren und politisch pointierte Positionen vertreten. In der Bevölkerung geniessen sie hohes Vertrauen, und ihr Einfluss auf die staatliche EZA ist nicht zu unterschätzen. Viele NGOs haben sehr gute internationale Beziehungen, sie entwickeln Projekte in enger Partnerschaft mit lokal verankerten Organisationen. Über ihre Verbindungen zu Bundesstellen leisten sie Lobbyarbeit.

Biobaumwolle aus Burkina Faso: Ein schweizerisches Entwicklungsprojekt

Das Zusammenspiel verschiedener entwicklungspolitischer Akteure lässt sich an einem Projekt der DEZA in Burkina Faso illustrieren. Bauernfamilien sollen in diesem Projekt zur ökologischen Produktion von Baumwolle motiviert werden. Biobaumwolle kann ressourcenschonend produziert werden, die Böden werden weniger ausgelaugt, und die Arbeit ist nicht gesundheitsschädigend, weil auf Insektizide und Pestizide weitgehend verzichtet wird. Das Ergebnis ist ein besseres Produkt, für das in der westlichen Welt eine erhöhte Nachfrage besteht. Die Produktionsausfälle, die zu erwarten sind, sollen durch den höheren Preis wettgemacht werden.

Abb. 17.16
Zusammenarbeit mit lokalen Organisationen verbessert die Ergebnisse von Entwicklungsprojekten: Vereinigung von Kleinbauern und -bäuerinnen in Ruanda.

Umgesetzt wird dieses Projekt von einer Schweizer NGO. Diese arbeitet mit lokalen Partnern – häufig wiederum NGOs, die die örtlichen Verhältnisse sehr gut kennen und durch ihre Herkunft und Sprachkompetenz Vertrauen aufbauen und den Zugang zu potenziellen Interessenten für das Projekt herstellen können. Die Experten in Burkina Faso kümmern sich um die Ausbildung der Bäuerinnen und Bauern, betreuen diese im Verlauf des Anbau- und Erntezyklus, unterstützen die Produzenten bei der Einhaltung der Qualitätsstandards, beschaffen Informationen zur Marktsituation und zum Verkaufspreis usw. Ein Teil des Gewinns wird in einem Fonds für Projekte der Produktionsgemeinschaft geäufnet. Mit diesen Mitteln können Maschinen für die Weiterverarbeitung finanziert oder Speicher, in denen die Baumwolle gelagert wird, gebaut werden. Über derartige Investitionen befinden die Produzentengruppen unabhängig von den Geldgebern. Die DEZA verlangt jedoch, dass sowohl Frauen als auch Männer mitbestimmen.

Die Schweizer NGO erstattet der DEZA regelmässig Bericht über die Projektergebnisse, basierend auf Informationen der Partner in Burkina Faso. Die Finanzierung von weiteren Projektphasen hängt von der Auswertung der Ergebnisse ab. Initiativen, die keine deutliche Verbesserung der bäuerlichen Lebenssituation nachweisen können, werden nicht weiter unterstützt.

17.5.3 Was ist eine zukunftsfähige und gerechte Entwicklung?
Welche Wirkung hat die EZA? Nach mehr als 50 Jahren halten sich Hoffnung und Ernüchterung die Waage: Noch immer leben 760 Millionen Menschen in extremer Armut – also mit weniger als 1,90 Dollar pro Tag. Gleichzeitig wurden mit der Millenniumskampagne bemerkenswerte Fortschritte erzielt. Wenn trotz EZA der Hunger nicht merklich gesunken ist, zahlreiche Staaten instabil sind und natürliche Ressourcen nicht nachhaltig bewirtschaftet werden, inwiefern waren die bisherigen Ansätze falsch?

Boom in Asien, Stillstand in Afrika?
Eine Reihe von asiatischen Ländern, darunter Taiwan, Südkorea, Singapur und Thailand, haben den Sprung in eine modernisierte Produktion geschafft und die Armut erfolgreich bekämpft. Diese Länder, zu denen mittlerweile auch China und Indien gezählt werden, so lautet eine These, hätten ihre Leistungen auch ohne Entwicklungszusammenarbeit erbracht. Anders sieht die Situation in Afrika aus: Südlich der Sahara ist die Unterstützung pro Kopf und Jahr mit 46 Dollar sehr hoch. Öffentliche Entwicklungsgelder machen dort gemäss Weltbank 3 Prozent des BNE aus, privatwirtschaftliche Direktinvestitionen erreichen nur knapp die Hälfte dieses Werts. Es überrasche daher nicht, wenn afrikanische Regierungen sich eher um zusätzliche Entwicklungshilfe bemühen als um ausländische Investoren. Solange ein Land arm bleibt, kann es auf Hilfe zählen. Die These von Dambisa Moyo (vgl. Abschnitt 17.1.1) scheint naheliegend: Ist die Entwicklungshilfe mitverantwortlich für die hartnäckige Misere im südlichen Afrika?

Drei Hindernisse für wirksame Entwicklungszusammenarbeit
Entwicklungshilfe als Dauersubvention korrupter Regimes: Als Relikt des Kalten Krieges, in dem die Hilfsgelder an eine ideologische Position gebunden waren, flossen die Mittel an mächtige Eliten und Clans. Korrupte Regierungen und undemokratische Strukturen waren kein Grund, die Hilfe einzustellen. Beispiele wie Somalia oder Burundi zeigen, wie sich die jahrzehntelange Bevorzugung einzelner Schichten in blutigen Konflikten entlädt.

Verhinderte Eigeninitiative: Automatisch fliessendes Geld erzeugt eine Nehmermentalität und entmündigt die Empfängerländer. Zudem leistet es einer aufgeblähten Entwicklungsbürokratie Vorschub. Eigeninitiative wird unterdrückt, da es für Menschen mit guten Ideen und etwas Ehrgeiz interessanter ist, sich als Staatsangestellte an den Entwicklungsgeldern zu bedienen, statt sich den Risiken des Marktes auszusetzen.

Konzentration auf grosse Infrastrukturprojekte: In der Annahme, dass vorerst die Infrastruktur erstellt werden müsse, investieren die Geberländer in grosse und kapitalintensive Objekte wie Staudämme, Industrieanlagen und Verkehrswege. Internationales Prestige ist dabei wichtiger als der Effekt auf die Armut, der meist gering ausfällt. Grossprojekte sind für die Geberländer ideal, da mit den Bauten und langfristig gesicherten Folgeaufträgen an die einheimische Industrie eigene finanzielle Interessen bedient werden. Nicht zuletzt sind solche Projekte anfällig für Korruption.
Die öffentliche Verschuldung der Empfängerländer steigt wegen der Kreditfinanzierung und wegen des aufwendigen Unterhalts, sodass bis zu 20 Prozent des Staatshaushalts in den Abbau der Schulden fliessen. Rechnet man die Aufwendungen für die Abzahlung der Schulden gegen neue Hilfsgelder auf, bleibt kaum etwas übrig.

Die OECD stützt die EZA, trotz anerkannter Schwächen. Sie hält fest, dass die Weltbevölkerung ohne die internationalen Anstrengungen um 500 Millionen grösser wäre – mit entsprechenden Folgen für Energieverbrauch, Nahrungsmittelbedarf und Ressourcenbelastung. Die EZA hat zur Verbesserung der Wasserversorgung, der Wasserqualität und der sanitären Anlagen beigetragen. Prekäre Trockengebiete in Afrika sind dank moderner Bewässerungsanlagen fruchtbar geworden. Millionen von Familien konnten sich mit Mikrokrediten aus der Abhängigkeit von Wucherkrediten befreien und existenzsichernde Kleinstunternehmen aufbauen. Um Korruption und Misswirtschaft zu unterbinden, befasst sich die EZA vermehrt mit dem Konzept der guten Regierungsführung und baut diesen Aspekt in ihre Programme ein.

Abb. 17.17
Schön, aber arm: Das strukturschwache Safiental überlebt nur wegen hoher Subventionen des Bundes.

Die Entwicklungszusammenarbeit steht, gerade in finanziell schwierigen Zeiten in den Geberländern, unter scharfer Beobachtung. Wenn viele Leute den Gürtel enger schnallen müssen, ist die Frage naheliegend, warum die Schweiz Milliarden ausgibt für Massnahmen, die anscheinend nicht die erhoffte Wirkung erzielen.
Die Schweiz betreibt seit Jahrzehnten «Entwicklungshilfe» im eigenen Land. Strukturschwache Regionen überleben einzig aufgrund von staatlichen Subventionen und dem nationalen Finanzausgleich, so etwa das Safiental: Während die Einkünfte aufgrund von Einwohnersteuern 10 Prozent der Einnahmen ausmachen, fliessen 74 Prozent der Mittel über Agrarsubventionen. Ohne diese sowie weitere staatliche Leistungen könnten weder Schulen, Strassen noch andere Gemeindeausgaben finanziert werden.
Die Kritik an der Entwicklungszusammenarbeit ist zudem ahistorisch: Auch in europäischen Staaten dauerte der Demokratisierungs- und Modernisierungsprozess mehrere Jahrzehnte oder gar Jahrhunderte. Es ist zwar stossend, wenn Mitglieder korrupter Regimes Entwicklungsgelder zu ihrer persönlichen Bereicherung einsetzen. Die Hilfsgelder einzustellen, greift jedoch zu kurz: Die Bemühungen um den Aufbau stabiler Bildungs- und Gesundheitssysteme würden innert kurzer Zeit zunichtegemacht, während die Ausgaben für Rüstung oder prestigeträchtige Bauten stabil blieben.

17.5.4 Die EZA als Teil der Aussenwirtschaftspolitik
Bauer Thomas Asamoah aus Ghana baut Tomaten an, wie sein Vater und sein Grossvater. Tomaten versprechen ein gutes Geschäft im westafrikanischen Land, denn fast kein lokales Gericht kommt ohne sie aus.

2007 schloss die EU mit Ghana ein Wirtschaftspartnerschaftsabkommen ab. Der neue Handelsvertrag sieht vor, dass landwirtschaftliche Produkte aus der EU praktisch zollfrei importiert werden dürfen. Seitdem wird der Markt von Accra mit Tomaten, Tomatenkonserven und Tomatenpüree aus Europa überschwemmt. Die hoch subventionierten Produkte von Europas grossflächigen Industriefarmen sind günstiger zu haben als die Ware von Asamoahs Acker. Nicht zuletzt deshalb, weil Europa auf ein unerschöpfliches Reservoir an billigen Arbeitskräften zurückgreifen kann. In Süditalien arbeiten mehrere Hunderttausend ausländische Erntehelfer auf den Tomatenplantagen und in den Abfüllanlagen, die meisten von ihnen aus Osteuropa – und aus Afrika. Es sind sogenannte Wirtschaftsflüchtlinge, die teilweise unter sklavereiähnlichen Bedingungen leben und arbeiten. Die Fabrik für Tomatenkonserven in der Nähe des Dorfs von Bauer Asamoah musste schliessen, weil sie mit der Konkurrenz aus Europa nicht mithalten konnte. Während der Anteil an einheimischen Tomaten sinkt, wuchs der Import zwischen 1998 und 2013 laut der FAO um das 34fache.

Dieses Beispiel zeigt, dass neue Ansätze allein das Problem der globalen Ungleichheit nicht lösen werden. Die EZA funktioniert nur im Zusammenspiel mit der internationalen Wirtschaftspolitik und der Migrationspolitik. Neue Strategien für eine wirksame EZA müssen deshalb im Gesamtkontext der internationalen Beziehungen der Schweiz entworfen werden. Wichtig sind zunächst **faire Handelsbedingungen.** Die Abschottung Europas gegenüber Importen aus den Entwicklungsländern kostet Schweizer Bürgerinnen und Bürger etwa doppelt so viel wie die gesamte EZA und behindert die eigenständige Entwicklung der Länder im Süden. Auch die Schweiz bevorteilt mit bilateralen Freihandelsabkommen ihre Landwirtschaft, die Pharma- und die Chemieindustrie. Eine konkurrenzfähige Produktion im Süden ist nur möglich, wenn der Norden Exportsubventionen für die eigene Landwirtschaft abbaut und die Zollschranken für Importe aus dem Süden senkt.
Eine umfassende **Entschuldung** der ärmsten Länder ist ein weiterer Baustein für Entwicklung. Solange die Zinsbelastung auf Schulden das Wirtschaftswachstum der betroffenen Länder auffrisst, kommen diese nicht vom Fleck.
Zu einer Stärkung der wirtschaftlichen Entwicklung im Süden gehört eine Reform der **internationalen Steuerpolitik.** Mittels komplizierter Firmenkonstrukte vermeiden transnationale Unternehmen Steuern in den Ländern, in denen sie wertvolle Rohstoffe abbauen. Damit entgehen diesen Ländern jährlich Milliarden, mit denen sie gute Rahmenbedingungen für die eigene Wirtschaft aufbauen könnten. Zudem sollten international tätige Firmen rechtlich an den **Arbeitsschutz** und die **Umweltauflagen** gebunden werden, die für das Land des Firmensitzes gelten.
Schliesslich braucht es eine Stärkung der **Mitbestimmung der Entwicklungsländer** in den **internationalen Finanzinstitutionen,** der Weltbank und dem Internationalen Währungsfonds. Als Mitglieder in den Steuerungsgremien dieser Institutionen sollen sie über die Weichenstellungen der internationalen Wirtschaftspolitik mitentscheiden und damit die Rahmenbedingung ihrer eigenen Entwicklung beeinflussen können. Als G77 beanspruchten die Entwicklungsländer eine starke Position in den Verhandlungen zu den SDGs. Dies zeigt, dass **Süd-Süd-Netzwerke** durchaus schlagkräftige Interessengruppen bilden und ihre Positionen auf dem internationalen Parkett durchsetzen können.

17.5.5 Strategien für eine wirkungsvolle Entwicklungszusammenarbeit

Leistet die Schweiz genug – und vor allem: Tut sie das Richtige? Verbesserungen lassen sich über mehr Kohärenz über die verschiedenen Sektoren hinweg, eine Konzentration der Mittel, die Stärkung des politischen Dialogs unter Einbezug der Zivilgesellschaft sowie mit der ernsthaften Verpflichtung auf gute Regierungsführung erzielen.
1. **Kohärenz:** Meist werden politische Projekte sektoriell entworfen. Kohärenz verlangt, dass vermehrt zwischen den Sektoren diskutiert und geplant wird. Projekte zur Anpassung an den Klimawandel beispielsweise müssen sich auch um die Frage der Nahrungssicherheit und um Aspekte einer nachhaltigen Landwirtschaft kümmern und umgekehrt.

2. **Armutsbekämpfung:** Entwicklungsgelder müssen dort eingesetzt werden, wo die grössten Probleme bestehen und Armut vorherrscht. Für das südliche Afrika bedeutet dies einen Fokus auf ländliche Entwicklung und die Stärkung des landwirtschaftlichen Sektors, wo nach wie vor über 70 Prozent der Bevölkerung beschäftigt sind. Die Ausrichtung auf die am stärksten von Armut Betroffenen – gemäss der Vorgabe der Agenda 2030 «Leave no one behind» – muss die Massgabe für das Schweizer Engagement für eine zukunftsfähige Entwicklung sein.
3. **Politischer Dialog:** Der Einbezug zivilgesellschaftlicher Organisationen und lokaler Interessengruppen in die Entscheidungsfindungsprozesse ist ein wirksames Mittel für nachhaltige und gerechte Entwicklung. Die Unabhängigkeit der Zivilgesellschaft ist ein starker Pfeiler einer demokratischen Gesellschaft und ein Motor für Entwicklung. Vielversprechend ist die Zusammenarbeit mit Frauenorganisationen.
4. **Gute Regierungsführung:** EZA-Gelder, die direkt an die Regierungen fliessen, sollen an Bedingungen geknüpft werden, z. B. Transparenz, Rechenschaftspflicht und Verantwortungsbewusstsein gegenüber den Bürgerinnen und Bürgern. Zu den Richtlinien für «Good Governance» gehören zuverlässige staatliche Dienstleistungen für alle Bevölkerungssegmente, demokratische Aushandlungsprozesse, einschliesslich Debatten und Dissens, und die Bekämpfung von Korruption. Repressive Regimes sollten nicht unterstützt werden.

Entwicklungshilfe – Entwicklungszusammenarbeit – nachhaltige Entwicklung

Den Schritt von der Entwicklungshilfe in die **Entwicklungszusammenarbeit** haben die Schweizer Akteure weitgehend vollzogen. Die Schweiz verfügt mit ihren langjährigen Partnerschaften mit lokalen zivilgesellschaftlichen Organisationen über viel Erfahrung und eine hohe Glaubwürdigkeit. Als Gründerstaat des Internationalen Roten Kreuzes hat die humanitäre Hilfe eine starke Tradition. Nicht zuletzt ist es im Interesse der Schweizer Wirtschaft, die EZA vor parteipolitischen Angriffen zu schützen. Dazu gehört, Entscheidungen zur nationalen Politik, insbesondere der Wirtschafts- und der Flüchtlingspolitik, im Licht der globalen Verflechtungen zu treffen. Die Schweiz steht vor der Herausforderung, die EZA im Sinne der Agenda 2030 mit nachhaltiger Entwicklung zu verknüpfen und dabei auch Kurskorrekturen im eigenen Land – beispielsweise bezüglich unserer Konsumgewohnheiten oder der Mobilität – vorzunehmen.

Die Millenniumskampagne hat gezeigt, dass EZA wirkt. Die Schweiz ist eine kleine, aber einflussreiche Akteurin, die als vor Ort gut verankerte, glaubwürdige und verlässliche Partnernation gilt. Sie engagierte sich an vorderster Stelle für die Nachhaltigkeitsziele und ist nun umso mehr gefordert, ihr ganzes Gewicht einzusetzen, um eine gerechte, menschenwürdige und nachhaltige Entwicklung auf dem Planeten zu fördern.

17.6 Hunger und Ernährung

Am Anfang steht ein Widerspruch: Obwohl weltweit genügend Kalorien produziert werden, ist chronischer Hunger für Millionen von Menschen Alltag. Der schlechten Nachrichten sind noch mehr, seit drei Jahren verzeichnet das UNO-Ernährungsprogramm, die FAO, einen Anstieg der Hungernden. 2017 belief sich die Zahl auf 821 Millionen – so viele waren es zuletzt 2007, im Nachgang der weltweiten Finanzkrise. Diese Bilanz lässt befürchten, dass sich seit 1970 wenig verändert hat: Auch damals litten 800 Millionen Frauen, Männer und Kinder an Hunger. Und seither sind mehr als 150 Millionen Menschen an Hunger und schlechten sanitären Bedingungen gestorben – das sind mehr als in sämtlichen Kriegen des 20. Jahrhunderts. Die Erfolge der Millenniumskampagne sind in Gefahr, und das Menschenrecht auf Ernährung bleibt uneingelöst. Was ist passiert?

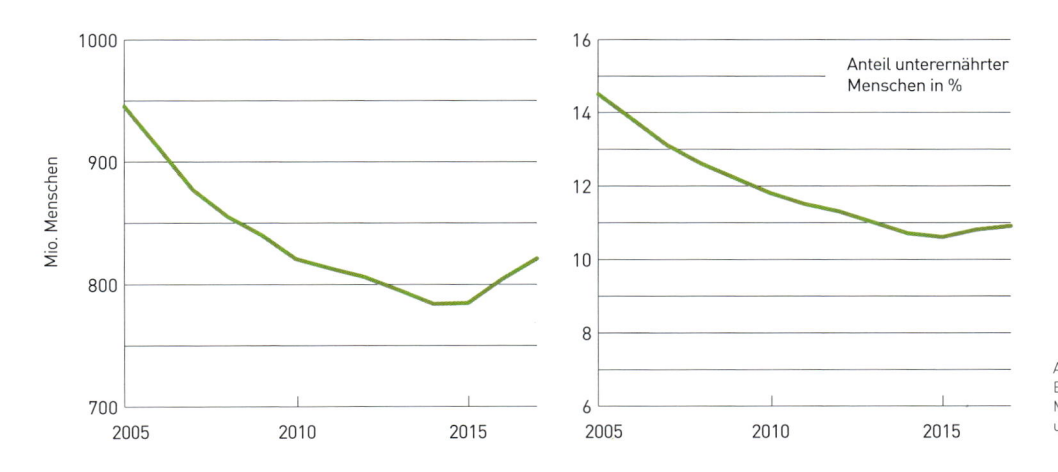

Abb. 17.18
Entwicklung hungernder Menschen weltweit, absolute und relative Zahlen.

17.6.1 Zu viele Lebensmittel für zu wenige Menschen

Die Geografie des Hungers
So sind die Hungernden verteilt: 515 Millionen Menschen in Asien, 256 Millionen in Afrika und 39 Millionen in Lateinamerika. Anteilmässig verzeichnet der afrikanische Kontinent die meisten Hungernden. In Lateinamerika registrieren die Behörden erstmals seit Jahrzehnten wieder einen Anstieg der Hungerrate. In Asien ist der Anteil hungernder Menschen zwar rückläufig, seit einigen Jahren ist jedoch eine deutliche Verlangsamung zu beobachten.

Die Mehrheit der Hungernden lebt in einem Entwicklungsland. Die meisten Familien sind in der Landwirtschaft tätig, oft besitzen sie jedoch kein eigenes Land, Arbeit und Einkommen sind nur saisonal gesichert. Und selbst wenn genug Essen vorhanden ist, gelingt es kaum, Vorräte für schlechte Zeiten anzulegen. In den Städten, wo die Möglichkeiten zur Selbstversorgung gering sind, ist die Bevölkerung den schwankenden Weltmarktpreisen für Grundnahrungsmittel ausgesetzt. Überproportional betroffen sind Länder, die von Naturkatastrophen und Extremereignissen heimgesucht wurden. Als Folge des Klimawandels treten diese gehäuft auf. Kriege, Konflikte und instabile staatliche Strukturen verschärfen das Hungerproblem, weil die Infrastruktur zerstört und Ernten vernichtet werden. Es fehlen zudem Arbeitskräfte, die die Felder bewirtschaften.

Wie viel ist genug? – Definition des Hungers
Die FAO definiert Hunger als **chronische Unterernährung**. Sie setzt die Grenze bei einem sesshaften Lebensstil ab einem Wert von unter 1800 Kalorien pro Tag. Zu den Hungrigen zählt sie Personen, bei denen dieser Zustand über die Dauer von einem Jahr anhält. Fachpersonen kritisieren, dass dieser Wert zu konservativ ist und man damit das Ausmass von Hunger unterschätzt. Zumal für die Mehrheit der von Hunger Betroffenen strenge körperliche Arbeit an der Tagesordnung ist – sei es als Landarbeiterinnen auf dem Feld oder als Tagelöhner in der Stadt.

Neben chronischer Unterernährung sind viele Menschen durch einseitige Nahrung nicht ausreichend mit Mineralstoffen und Vitaminen versorgt. Werden sie berücksichtigt, steigt die Zahl der von Hunger Betroffenen auf 1,35 Milliarden. Besorgniserregend ist die hohe Zahl unter- und mangelernährte Kinder, sie weisen Defizite in der kindlichen Entwicklung auf. Wissenschaftliche Studien zeigen, dass dieser Mangel zu Entwicklungsstörungen führt, die auch im Erwachsenenleben nicht kompensiert werden können. Mit der Vielfalt des familiären Menüplans werden also bereits die Weichen für die Zukunft eines Kindes gestellt.

Hunger und Ernährung

Hunger beeinträchtigt nicht nur die Gesundheit und die Lebensqualität der Menschen, er macht sie auch weniger leistungsfähig. Könnte die Unterernährung von Kindern in Indien beseitigt werden, so wäre es laut der Weltbank möglich, das Bruttonationaleinkommen des Landes um bis zu 28 Milliarden Dollar anzuheben. Dies entspricht der Summe, die der indische Staat heute für Ernährung, Gesundheitswesen und Ausbildung ausgibt.

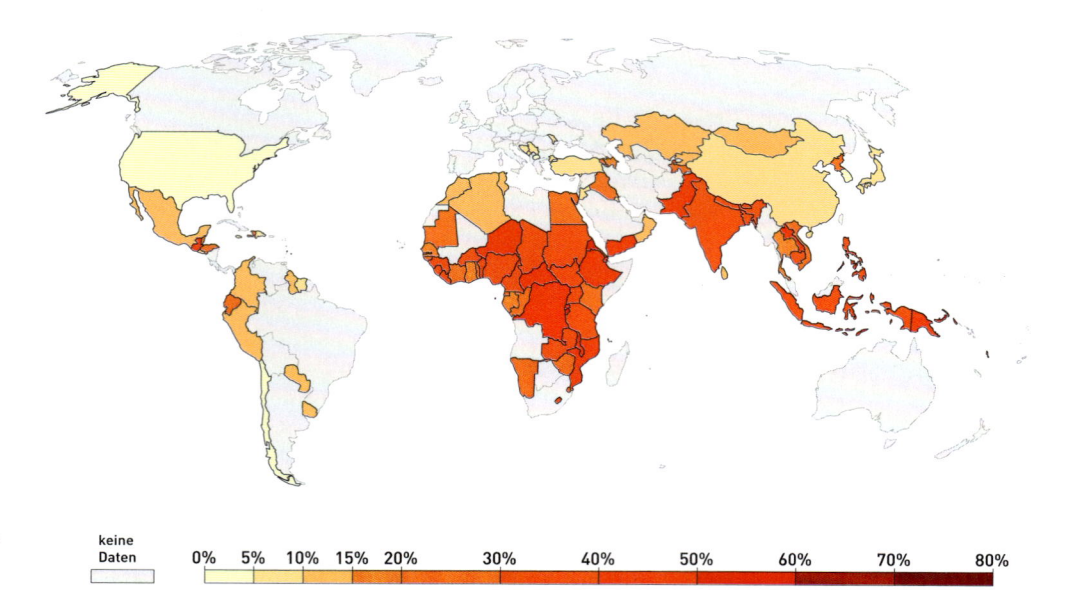

Abb. 17.19
Anteil der Kinder, die gemessen an ihrem Alter eine unterdurchschnittliche Körpergrösse aufweisen.
Daten: Weltbank, 2015

In den Debatten rund um Hunger ist das Konzept der **Ernährungssicherheit** von Bedeutung. Sie ist dann gewährleistet, wenn Nahrungsmittel über längere Zeit stabil verfügbar, zugänglich und verwertbar sind.

Verfügbarkeit	Nahrungsmittelangebot, Vorratssituation und Handelsbilanz.
Zugang	Physischer und finanzieller Zugang zum Nahrungsmittelangebot.
Verwertung	Qualität der Nahrungsmittel (Nährwert, Schadstoffe), Umgang mit Abfällen. Anteil an Nahrungsmitteln, die in andere Produktionszweige fliessen (etwa Energie oder Kunststoffe).
Stabilität	Langfristige Stabilität des Ernährungssystems. Institutionelle Rahmenbedingungen sowie der Zustand der natürlichen Ressourcen unter Einbezug von Umweltfaktoren, Klimawandel oder Seuchen.

Überschuss und Mangel

Die moderne Landwirtschaft verfügt über das Wissen und die Technologien, um Nahrung in genügend grossen Mengen zu erwirtschaften. Dies steht im Widerspruch zu den Zahlen, die das Welternährungsprogramm der Vereinten Nationen jährlich veröffentlicht. Ein weiterer Faktor stimmt in diesem Zusammenhang nachdenklich: Während die Ausrottung des Hungers, das zweite Nachhaltigkeitsziel, zunehmend ausser Reichweite gerät, steigt die Zahl der übergewichtigen Erwachsenen konstant an. Sie liegt derzeit bei über 600 Millionen Männer und Frauen. Das sind 13,2 Prozent der Weltbevölkerung. Noch mehr Menschen leiden an durch zu viel oder falsche Ernährung hervorgerufenen Beschwerden wie Herz- und Kreislaufkrankheiten, Diabetes oder bestimmten Typen von Krebs. Wie kommt es zu diesen Widersprüchen?

Beim Hunger handelt es sich nicht um ein Produktions-, sondern um ein **Verteilungsproblem**. Den 800 Millionen Hungernden stehen drei Milliarden Menschen gegenüber, die zu viel essen oder sich falsch ernähren. Produziert werden Güter, die von den vermögenden Bevölkerungssegmenten nachgefragt werden und auf dem Weltmarkt hohe Preise erzielen. Viele der produzierten Kalorien ernähren keine Menschen, sondern Tiere. 40 Prozent der gesamten Getreideproduktion wird zu Tierfutter verarbeitet. Die riesigen Sojafelder, die auf Kosten des Amazonas-Regenwalds ausgedehnt werden, sind dafür ein Beispiel. 9 Prozent des Gesamtertrags wird als Agrotreibstoffe verwertet.

> **Wenn wir den Fleischkonsum in den reichen Ländern reduzieren, ihn weltweit bis 2050 auf einem Pro-Kopf-Verbrauch auf dem Niveau von 2000 festschreiben – also auf jährliche 37,4 kg pro Kopf – dann könnten ungefähr 400 Millionen Tonnen Getreide für menschliche Ernährung freigesetzt werden. Das ist genug, um 1,2 Milliarden Menschen mit ausreichend Kalorien zu versorgen.**
> Olivier de Schutter, ehemaliger UN-Sonderbeauftragter für das Recht auf Nahrung

Von dem Getreide, das für den menschlichen Verzehr produziert wird, geht ebenfalls rund ein Drittel verloren. Entweder bei der Ernte und der Verarbeitung oder als «food waste» im Abfall.

17.6.2 Das Recht auf Nahrung

Neben ausreichender Menge an Nahrungsmitteln verweist das **Recht auf Nahrung** auf ausreichend qualitative und kulturell akzeptierte Nahrung. Mit diesem Menschenrecht sind bestimmte staatliche Pflichten verbunden. So muss der Staat beispielsweise sicherstellen, dass nicht einzelne Bevölkerungsgruppen vom Zugang zu an und für sich ausreichender Nahrung abgehalten werden. Mutwillige Zerstörung oder das Horten von Nahrungsmitteln in Zeiten der Knappheit sind untersagt. Ebenso gilt die besondere Berücksichtigung von Frauen und Kindern bei der Nahrungsmittelverteilung sowie der Schutz von Institutionen wie Alters- und Pflegeheimen.

17.6.3 Lösungsansätze

Die Vorschläge für die Lösung des Problems reichen von einer **neuen grünen Revolution** für Afrika über mehr **agroökologische Bewirtschaftung** bis hin zu Massnahmen zur Bevölkerungskontrolle. Die entscheidende Frage ist, welche Lösungen zu einer dauerhaften Ernährungssicherheit führen oder, um ein weiterreichendes Konzept zu nennen, zu Ernährungssouveränität – also heraus aus der Abhängigkeit von internationalen Preisschwankungen.

Landwirtschaft
Die internationale Zusammenarbeit hat sich seit der Wirtschaftskrise 2008 wieder vermehrt auf die Förderung der Landwirtschaft konzentriert. Der landwirtschaftliche Strukturwandel ist das Ziel dieser Entwicklungsstrategie: Statt auf **Selbstversorgung** setzt man auf Exportgüter wie Kaffee, Kakao, Erdnüsse oder Baumwolle, um das Einkommen der Bauernfamilien zu steigern. Dieser Ansatz ist nicht falsch – doch die Aufgabe der Selbstversorgung birgt grosse Risiken. Wenn die Preise am Weltmarkt einbrechen, verdienen die Kleinbauernfamilien fast nichts mehr. Weil sie sich häufig verschuldet haben, um Saatgut, Pflanzenschutzmittel oder Dünger zu besorgen, müssen viele dann ihr Land verkaufen. Auswanderung in die Städte, Armut und Hunger sind die Folgen.
Im Zentrum von Lösungsstrategien stehen die kleinen und mittleren bäuerlichen Betriebe. Sie produzieren 70 Prozent der Nahrungsmittel auf nur 30 Prozent der verfügbaren Fläche. Bei der industriellen Landwirtschaft ist das Verhältnis genau umgekehrt. Der Schlüssel liegt somit in der Balance zwischen Intensivierung der Landwirtschaft durch Verbesserung von Saatgut, dem Einsatz von Dün-

ger und dem Schutz der natürlichen Ressourcen. Es ist trügerisch, zu glauben, den empfindlichen Böden der Tropen könnten durch den Einsatz von chemischen Düngern und Pestiziden langfristig höhere Erträge abgetrotzt werden. Eine nachhaltige Bewirtschaftung beinhaltet alternative Anbaumethoden, schonende Bearbeitungsprozesse sowie Techniken der Bodenkonservierung.

Für die Produktionssteigerung und verbesserte Bewirtschaftung setzt die Agrarindustrie vor allem auf Hybrid-Saatgut und auf gentechnisch verändertes **Saatgut**. Durch Kreuzung erzeugte Hybridsorten liefern deutlich höhere Erträge, bei Mais sind sie teilweise doppelt so hoch als jene der Muttersorten. Deswegen werden beispielsweise von Mais, Reis oder Tomaten mittlerweile vor allem Hybridsorten angebaut. Wird jedoch ein Teil der Ernte als Saatgut verwendet, liefert dies tiefere Erträge als bei den Muttersorten. Bauernfamilien müssen also jedes Jahr Saatgut kaufen, zusätzlich oft spezielle Dünger und Pestizide – häufig nehmen sie dafür Kredite auf.

Gentechnisch veränderte Organismen, die resistent gegen Schädlinge, Wetterverhältnisse und Herbizide sind, wecken grosse Hoffnungen. Die Forschung ist jedoch verhältnismässig jung, und Kenntnisse über mögliche Langzeitfolgen für Mensch und Natur stehen aus. Hier ist es zwar möglich, Saatgut zu gewinnen, jedoch meistens verboten. In beiden Fällen führt das Saatgut am Ziel eines selbstbestimmten Ernährungssystems vorbei, die Bauernfamilien begeben sich auf lange Zeit in neue Abhängigkeiten der Agrarindustrie.

Internationale Handelsbestimmungen

Ein zentraler Hebel zur Verbesserung der Ernährungssysteme im globalen Süden sind die **internationalen Handelsbestimmungen**. In vielen Ländern des Südens ist die Landwirtschaft ein wichtiger wirtschaftlicher Pfeiler. Landwirtschaft schafft Arbeitsplätze und sichert die Ernährung eines grossen Teils der Bevölkerung. Häufig wird die lokale Produktion durch billige Importe unterhöhlt, die Produzentinnen und Produzenten können mit ihren Erzeugnissen nicht mit den subventionierten europäischen Produkten konkurrieren. Hier müssten internationale Vereinbarungen gleich lange Spiesse schaffen. Die Bedingungen für den Export von landwirtschaftlichen Produkten aus Entwicklungsländern nach Europa und in die USA – Bananen, Mango, Cashewnüsse, Sheanüsse oder Blumen – müssen auf ihre Auswirkungen im Sinne der Konkurrenzfähigkeit auf dem internationalen Markt überprüft werden. Das von der WTO eingeführte «special and differentiated treatment» für die ärmsten Länder ist dafür ein sinnvoller Ansatz. Allerdings werden die Bestimmungen nur unzureichend durchgesetzt, Entwicklungsländer haben die von der WTO gestellten Schlichtungsinstanzen bisher nur selten angerufen. Ausserdem finden die mächtigeren Wirtschaftsnationen Wege, Abkommen zu umschiffen. So dürfen zum Beispiel Sardinen aus Peru in Europa nicht als Sardinen verkauft werden, sondern laufen unter dem unbekannten Namen «Pilchards» – ein deutlicher Wettbewerbsnachteil für die peruanischen Exporteure zugunsten der europäischen Fischereiindustrie. Auch bilaterale Freihandelsabkommen zwischen zwei Handelsnationen ermöglichen den beteiligten Staaten präferierte Konditionen beim Export und damit die Umgehung internationaler Bestimmungen.

Weiterführende Literatur

BAUER B. ET AL. (HG.), ATLAS DER GLOBALISIERUNG, 2015: Weniger wird mehr. Berlin, Le Monde diplomatique, taz.
DUFLO E., 2013: Der Kampf gegen die Armut. Frankfurt, Suhrkamp.
IMMEL K.-A., TRÄNKLE K., 2011: Globalisierung in Texten und Grafiken. Wuppertal, Hammer.
NIGGLI P., 2003: Nach der Globalisierung. Zürich, Rotpunkt.
SACHS J., 2007: Das Ende der Armut. Ein ökonomisches Programm für eine gerechtere Welt. München, Pantheon.
STOCKMANN ET AL., 2010: Entwicklungspolitik. München, Oldenbourg.

18 Geografische Arbeitsmethoden

Martin Hasler, Hans-Rudolf Egli, Matthias Probst, Jeannine Wintzer

Geografische Arbeitsmethoden dienen der Erfassung räumlicher Strukturen und der Darstellung von Prozessen, die im Raum ablaufen. Dabei werden in der Geografie topografische und thematische Karten, Luft- und Satellitenbilder eingesetzt und interpretiert. Neben Recherchen vor Ort (Kartierungen, Messungen, Befragungen) gelangen auch Informationssysteme (Internet, Datenbanken) zum Einsatz. Die Bedeutung von Bild- und Filmmaterial nahm in den letzten Jahren in der geografischen Arbeit zu, und geografische Informationssysteme werden heute zur Bewältigung komplexer räumlicher Fragestellungen eingesetzt.

18.1 Einführung

Geografie ist eine **empirische Wissenschaft,** bei der die Untersuchung von realen Sachverhalten mittels Beobachtungen, Messungen und Interviews eine zentrale Rolle spielen. Aber auch wenn meistens konkrete Objekte, Handlungen und Wechselwirkungen untersucht werden, beispielsweise eine Moräne als Element der natürlichen Umwelt, ein Stadtquartier als Lebensraum oder ein Industriebetrieb als Teil der Wirtschaft, geschieht dies immer mit der Absicht, eine allgemeine Aussage zu diesen Untersuchungsgegenständen im Vergleich mit andern Moränen, Stadtquartieren oder Industriebetrieben zu machen oder übergeordnet Erkenntnisse zu gewinnen zu den Landschaftsformen, zur Stadtentwicklung oder zur Wirtschaft.

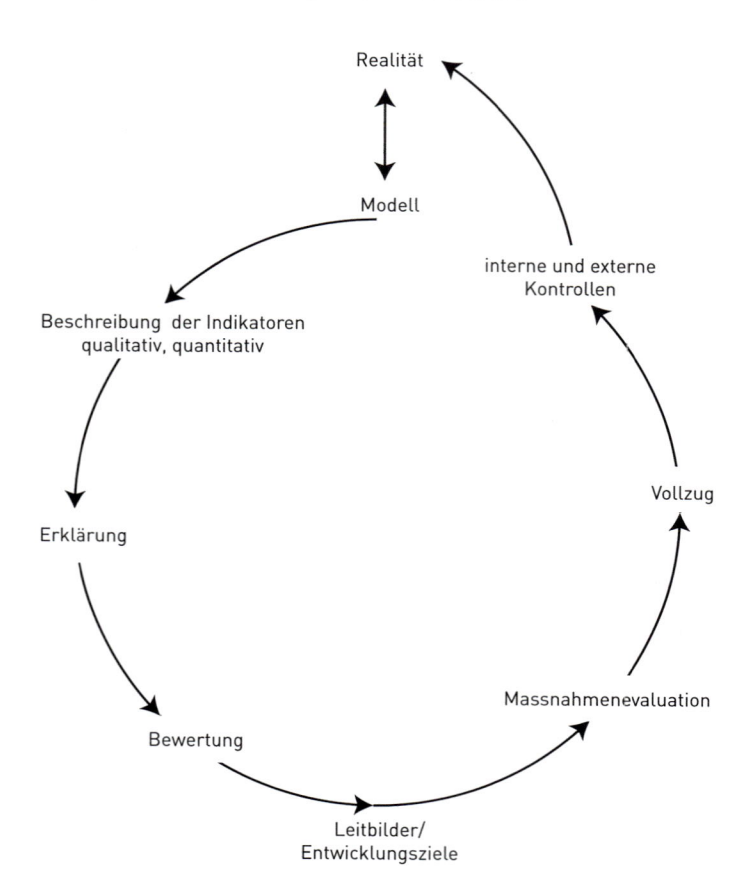

Abb. 18.1
Forschung und Praxis als zyklischer Vorgang

Auch eine Untersuchung kann niemals die vollständige Realität des Objekts und alle seine Wechselwirkungen und Beziehungen umfassen. Diese müssen deshalb immer auf ein **Modell** reduziert werden, das einzelne, je nach Fragestellung gezielt ausgewählte Merkmale, sogenannte **Indikatoren** umfasst. So besteht beispielsweise die zu untersuchende Moräne aus zahllosen einzelnen Steinen und Sandkörnern, aus den bereits gebildeten Böden und aus allen Pflanzen, die auf dieser Moräne wachsen. Das Modell kann jedoch nur ausgewählte Merkmale wie Länge, Breite, Höhe und die wichtigsten Gesteinsarten umfassen, sodass auf die Herkunft des Gletschers oder das Alter und die Entstehung der Moräne geschlossen werden kann. Noch viel komplexer ist das Stadtquartier, das aber unter Umständen nur mit der Fläche und der Einwohnerzahl beschrieben wird. Neben **quantitativen Indikatoren** werden oft auch **qualitative Merkmale** erhoben, beispielsweise anhand von Interviews bei Geschäftsinhabern oder Bewohnerinnen des Quartiers. Wichtig ist für die Beschreibung in jedem Fall die Verwendung exakter Begriffe und einer präzisen Sprache. Die Beschreibung ist in der Geografie wie in allen andern Wissenschaftsbereichen nur eine Voraussetzung. Das Ziel ist immer, die Phänomene zu verstehen und zu erklären. Dieses Handbuch heisst deshalb «Wissen und verstehen».

Wenn aus einer Untersuchung auch **Massnahmen** abgeleitet werden sollen, um eine Entwicklung in der Praxis zu steuern, müssen der aktuelle Zustand oder die Entwicklung, zum Beispiel des genannten Quartiers, bewertet werden. Eine **Bewertung** setzt in jedem Fall übergeordnete Zielsetzungen voraus, die eventuell in einem **Leitbild** zusammengefasst sind. Diese Ziele können niemals aus dem Untersuchungsgegenstand selbst abgeleitet werden, sondern basieren auf Normen und Werten, die die Gesellschaft definiert, vielfach formuliert durch die Politik. So setzen Verkehrsberuhigungsmassnahmen für eine Quartierstrasse Zielsetzungen zur Lebens- und Wohnqualität, zur Wirtschafts- und Umweltentwicklung in diesem Quartier voraus.

Die besten Massnahmenvorschläge nützen aber nichts, wenn sie nicht umgesetzt und ihre Wirkung kontrolliert werden. Und da die Massnahmen schliesslich die Welt verändern, zeigt sich oft, dass sie noch andere als die geplanten Veränderungen zur Folge haben, dass die **Nebenwirkungen** sogar stärker sein können als die erwünschte **Hauptwirkung.** So kann eine Verkehrsberuhigungsmassnahme in einem Quartier die Lebensqualität so stark aufwerten, dass die Bodenpreise und Mieten steigen und Familien mit geringem Einkommen verdrängt werden oder dass Läden geschlossen werden, weil sie jetzt weniger gut erreichbar sind.

Das Beispiel zur Stadtentwicklung zeigt auch, dass die **Komplexität** geografischer Fragestellungen sehr oft die Kombination ganz unterschiedlicher Methoden notwendig macht: Texte, Bilder, Karten, Statistiken, Umfragen, Interviews usw. müssen zur Beschreibung und Erklärung eingesetzt werden, um zu einer möglichst gesicherten Aussage zu kommen. Dies gilt aber nicht nur für humangeografische Untersuchungen, sondern in gleicher Weise für die Bereiche der physischen Geografie und besonders ausgeprägt bei integrativen Fragestellungen.

Ein besonderes Merkmal der Geografie ist neben der Vielfalt und Komplexität der Untersuchungsobjekte und Fragestellungen die **räumliche Mehrdimensionalität.** Darunter wird die Verknüpfung von Entwicklungen auf unterschiedlichen Massstabsebenen verstanden. So hat die Bezeichnung einer Quartierstrasse als Spielstrasse Einfluss auf das lokale Verkehrsverhalten, kann aber auch Verkehrsströme im ganzen Quartier oder sogar in der Stadt verändern. Wenn der motorisierte Verkehr dadurch reduziert wird, wird auch die regionale Luftqualität beeinflusst und, zumindest über die Bewusstseinsbildung, kann damit ein Beitrag zum globalen Klimawandel geleistet werden.

Und wenn wir die physisch-materielle, die soziale und die wirtschaftliche Welt verstehen und erklären wollen, müssen wir auch die zeitliche Entwicklung untersuchen. Dies können sehr kurzfristige Prozesse sein, beispielsweise bei einem Bergsturz, oder langfristige zum Verständnis der Entwicklung einer Stadt. Da zur Erklärung des Bergsturzes aber auch die Geologie und zum Verständnis der Stadt kurzfristige Entwicklungen wie die Gentrifizierung berücksichtigt werden müssen, sind oft gleichzeitig kurz-, mittel- und langfristige Prozesse zu beachten. Man kann deshalb neben der räumlichen auch von einer **zeitlichen Mehrdimensionalität** sprechen.

18.2 Schlüsselbegriffe

Lernkompetenzstufe	Arbeitsauftrag	Was wird erwartet?	Beispiel
Kenntnisse, Verständnis	benennen, feststellen	Geografische Sachverhalte erfassen und ohne Erläuterung aufzählen. Wesentliches mit den Fachbegriffen zutreffend benennen.	Nennen Sie die Staaten, die der ehemaligen Sowjetunion angehörten.
	beschreiben, wiedergeben, zusammenfassen	Sachverhalte mit eigenen Worten kurz zusammengefasst zum Ausdruck bringen.	Beschreiben Sie die Niederschlagsverteilung Chinas.
	darstellen	Einen Sachverhalt aussagekräftig (karto-)grafisch umsetzen.	Stellen Sie in einer Skizze den demografischen Übergang dar.
Anwendung, Analyse	ordnen, gliedern	Die einzelnen Aspekte eines Sachverhaltes logisch richtig aufführen und gemäss ihrer Bedeutung gewichten.	Gliedern Sie Nordamerika in landwirtschaftliche Nutzungszonen.
	charakterisieren	Einen Sachverhalt gliedern und einzelne wichtige Aspekte hervorheben.	Charakterisieren Sie den Aufbau einer orientalischen Altstadt.
	untersuchen, analysieren	Einen Sachverhalt mithilfe von ergänzenden Materialien systematisch aufarbeiten.	Analysieren Sie mithilfe einer Karte die Struktur des Eisenbahnnetzes im Zürcher Oberland.
	erläutern, erklären	Auf der Grundlage von Fakten einen Sachverhalt fachlich richtig, logisch aufgebaut und verständlich darstellen.	Erläutern Sie das geologische Profil entlang des Gotthard-Basistunnels.
	interpretieren	Geografische Arbeitsmaterialien (Karte, Statistik, Grafik, Bild usw.) fachlich fundiert interpretieren.	Interpretieren Sie die Karte der touristischen Erschliessung des Oberengadins.
Synthese, Bewertung	begründen	Auf eine Vermutung, These oder Meinungsäusserung unter Verwendung von Fachbegriffen sachlich antworten und argumentieren.	Begründen Sie die Aussage, San Francisco sei erdbebengefährdet.
	vergleichen	Mithilfe einer Beschreibung und einer Analyse gleicher Sachverhalte Unterschiede und Gemeinsamkeiten herausarbeiten, die auch eine Bewertung mit einschliessen können.	Vergleichen Sie den Altersaufbau der Bevölkerungen Indiens und Chinas.
	beurteilen, bewerten	Einen Sachverhalt fundiert bearbeiten und aus verschiedenen Gesichtspunkten betrachten. Die Bearbeitung mit einem eigenen Urteil abschliessen.	Beurteilen Sie die Auswirkungen des Lötschberg-Basistunnels für das Lötschental.
	entwickeln	Eigene Vorschläge, Massnahmen, Perspektiven sachbezogen weiterführen und formulieren.	Entwickeln Sie für die Stadt Luzern ein Stadtmodell.

18.3 Klimadiagramme auswerten

Klimadiagramme beschreiben mit einer grafischen Darstellung von Niederschlag und Temperatur das Klima eines Ortes. Klimadiagramme finden nicht nur in geografischen Lehrmitteln und wissenschaftlichen Publikationen Verwendung, sondern werden u.a. auch von Reiseveranstaltern eingesetzt und sind im Internet allgemein zugänglich.

Zur Darstellung des Klimas eines Ortes können für Niederschläge und Temperaturen Signaturen und Massstäbe durchaus frei gewählt werden. Der Ökologe Heinrich Walter (1898–1989) suchte nach einer einfachen Methode, um aride (trockene) und humide (feuchte) Monate zu unterscheiden. Zusammen mit Helmut Lieth entwickelte er das hygrothermische Klimadiagramm. In der Ordinate werden dabei die monatlichen Niederschlagswerte in mm den Monatsmitteltemperaturen in °C im Verhältnis 1:2 gegenübergestellt: So verläuft die hygrothermische Trockengrenze nach Walter/Lieth beispielsweise bei Monatswerten von 10 °C und 20 mm, 20 °C und 40 mm usw. Einschränkend muss festgehalten werden, dass diese Darstellung der Trockengrenze in polaren und subpolaren Regionen mit negativen Monatsmitteln bei den Temperaturen wenig Sinn macht. Soll zum Ausdruck gebracht werden, dass es sich bei den Niederschlagswerten um Monatssummen, bei der Temperatur um das Monatsmittel handelt, wird man für die Darstellung der Niederschläge einer Säulenstruktur, für die Temperaturen einer Linie, die die einzelnen Monatsmittelwerte verbindet, den Vorzug geben. Bei hohen Monatsniederschlägen, wie sie etwa für Monsungebiete typisch sind, werden die Werte, die 100 mm übersteigen, in verkürzter Form (mit Faktor 1:10) wiedergegeben, um damit noch darstellbare Werte zu erhalten.

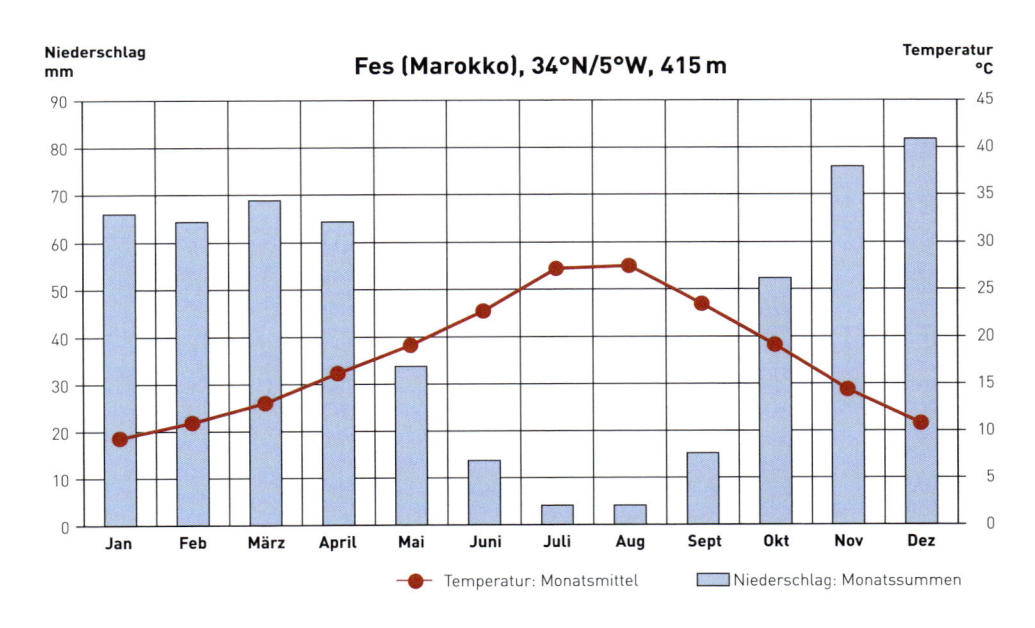

Abb. 18.2 Klimadiagramm von Fes nach Walther und Lieth. Jahresmitteltemperatur: 17,9 °C; Jahresniederschlag: 538 mm.

Auswertungsschritte:
1) Temperaturverlauf: eine Glockenkurve mit Spitze Juli/August: Nordhalbkugel
2) Höhe der Station: fällt nur unwesentlich ins Gewicht
3) Absolute Temperaturwerte: Jahres-, Januar-, Julitemperatur weisen auf die Subtropen hin
4) Jahresgang des Niederschlages: Regenzeit im Winter: Winterregenklima (Mittelmeerklima)
5) Hygrothermische Auswertung: Mai–September: aride Monate (Niederschlagsmenge < Verdunstung) Oktober–April: humide Periode (Niederschlag > Verdunstung)

18.4 Karten analysieren

Wie bei allen **Kommunikationsmitteln** soll anhand von Karten eine Information möglichst vollständig übermittelt werden. Da oftmals die Signaturen nicht allgemein bekannt sind, müssen sie auf jeder Karte als Legende aufgeführt werden. Die **Legende** ist deshalb der Schlüssel zum Verständnis der Karte und sollte als erstes studiert werden. Eine Karte ohne Legende ist wie ein Text in einer unbekannten Fremdsprache.

Karten spielen in der Geografie eine zentrale Rolle, weil die dargestellten Punkt-, Linien- und Flächenelemente genau lokalisiert sind. Da Karten heute oft nur noch digital gespeichert werden, werden sie heute als Modelle definiert.

Während bei einem Text die Informationen immer in einer bestimmten Reihenfolge übermittelt und gelesen werden, können alle Informationen einer Karte gleichzeitig, d. h. **synoptisch** erfasst werden. Zusammenhänge zwischen den einzelnen Merkmalen und der räumlichen Verteilung können jedoch, je nach Fragestellung und Interesse, einzeln analysiert werden. Bei einer topografischen Karte interessieren einmal nur die Gewässer, ein anderes Mal die Siedlungen oder nur die Wälder, entweder im gesamten Kartenausschnitt oder nur in einem Teilgebiet.

Trotz der Möglichkeit, eine Karte gesamthaft zu erfassen, muss vorab eruiert werden, welches der **Hauptinhalt** ist und welches **Nebeninhalte** sind. In einer Bevölkerungskarte sind eventuell zur Orientierung auch das Relief und die wichtigsten Gewässer dargestellt. Die Prioritäten der Karteninhalte gehen bei guten Karten aus der Reihenfolge der Signaturen in der Legende hervor.

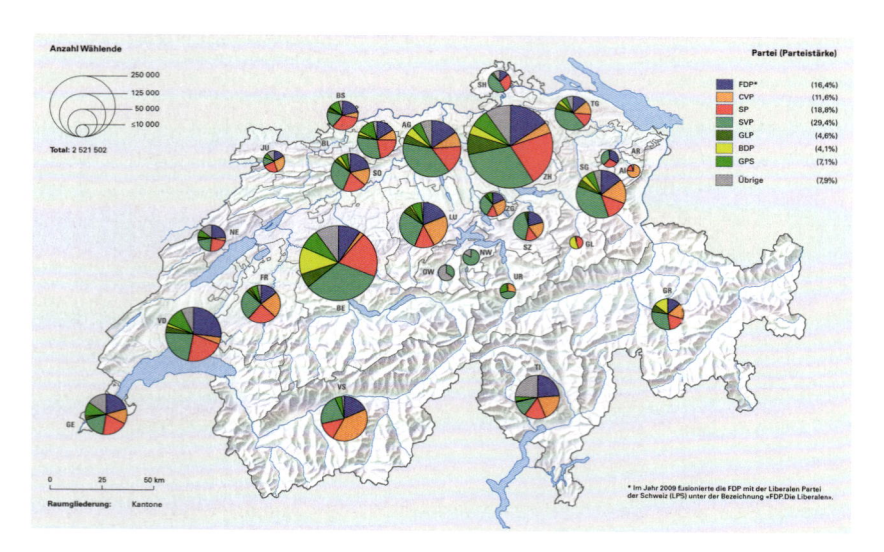

Abb. 18.3
Nationalratswahlen 2015:
Wähleranteile der wichtigsten
Parteien in den Kantonen
© BFS, ThemaKart

Der erste Schritt einer Kartenanalyse ist die Kenntnisnahme der Informationen, die zur Karte gegeben sind. Der Titel, der dargestellte **Raumausschnitt,** der dargestellte **Zeitpunkt** und das **Erscheinungsjahr** sind wichtige Angaben. Die **Signaturenlegende** ist der Schlüssel, um den Karteninhalt verstehen zu können. Ebenso wichtig sind in der Karte der Nationalratswahlen 2015 (Abb. 18.3) die Grössenklassen der Signaturen, die die absolute Zahl der Wähler und Wählerinnen pro Kanton darstellen. Wichtig ist aber auch, dass nicht alle Parteien dargestellt sind.

Jede Karte wird zu einem bestimmten **Kommunikationszweck** erstellt. Der dem Zweck dienende Inhalt ist umfassend und genau, Nebeninhalte sind lediglich Orientierungshilfen und meistens weniger detailliert. Der Zweck der Karte kann aus dem Titel oder der Kartenlegende abgeleitet werden. Jede Karte richtet sich als Kommunikationsmittel an ein mehr oder weniger breit definiertes **Zielpublikum.** Die Karten in einem Schulatlas sind grundlegend verschieden von jenen in einer Tages-

18 Geografische Arbeitsmethoden

zeitung, deren Aussage innerhalb von kurzer Zeit erfassbar sein muss. Hinweise auf den Zweck und das Zielpublikum einer Karte geben meistens die **Autorschaft** oder die **Herausgeber.**

Der Kartenzweck und das Zielpublikum spielen bei der Erarbeitung und bei der Analyse eine zentrale Rolle, weil Karten in jedem Fall eine starke Fokussierung auf das Thema bedingen. Man bezeichnet diesen Vorgang der Konzentration auf das Wesentliche als **Generalisierung.** Dies ist der wichtigste Unterschied zum Luft- und Satellitenbild, bei dem alles Sichtbare in gleicher Art und Intensität abgebildet ist.

Die Karte zu lesen ist immer nur der erste Schritt der **Karteninterpretation**. Mit dem Lesen der Karte werden die Darstellung und die räumliche Verteilung der Elemente beschrieben. Entscheidend ist jedoch die weiterführende Frage, wie diese Unterschiede zustande kommen und allenfalls welche Probleme dabei erkannt werden können. Bei der Wählerkarte (Abb. 18.4) beispielsweise, warum die verschiedenen Parteien in den Kantonen unterschiedlich stark vertreten sind. Ist ein bestimmtes räumliches Muster erkennbar? Gibt es einen Zusammenhang mit den Sprachregionen oder mit der städtischen bzw. ländlichen Bevölkerung?

Zur Interpretation einer Karte sind meistens weitere Quellen beizuziehen. Das können andere Karten, Statistiken, Texte oder Bilder sein. Vor allem bei thematischen Karten ist es zweckmässig, auch die der Karte zugrunde liegenden Tabellen zur Verfügung zu haben.

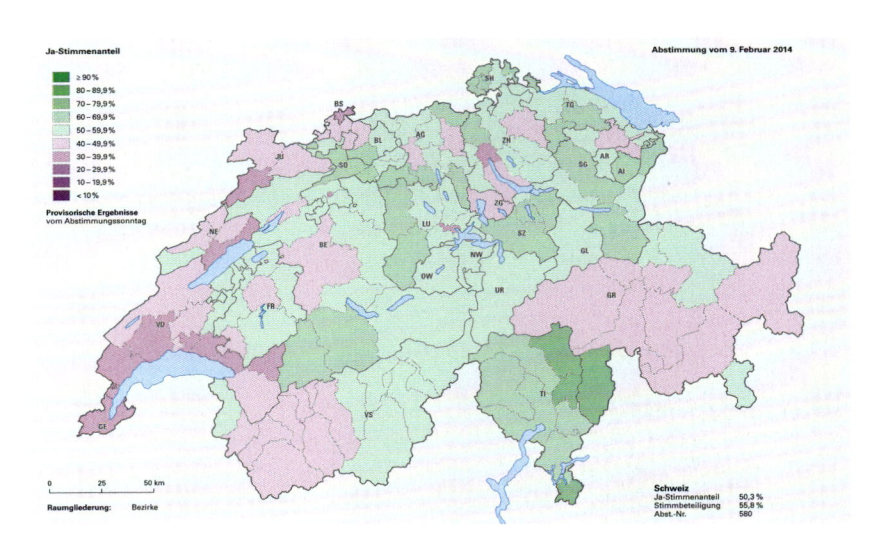

Abb. 18.4
Karte zur Abstimmung der «Initiative gegen Masseneinwanderung» von 2014, nach Bezirken
© BFS, ThemaKart

Da es dank **Grafik- und Kartografieprogrammen** heute sehr einfach ist, Karten auf dem Computer zu erstellen, finden wir auch in den Tageszeitungen und im Internet fast täglich neue Karten. Viele dieser Karten stellen als sogenannte Flächenmosaike auf der Grundlage von Gemeinde-, Bezirks- oder Kantonskarten einen Sachverhalt dar, wie das Beispiel der Karte zur Abstimmung der «Initiative gegen Masseneinwanderung» von 2014. Da es keine Beziehung gibt zwischen der Grösse eines Bezirkes und der Wahlbevölkerung, erhalten bei diesem Beispiel die Bezirke im Alpenraum ein viel zu starkes Gewicht gegenüber den Stadtregionen. Die Karte führt deshalb ohne zu lügen in die Irre. Bei allen Flächenmosaikkarten ist zu prüfen, ob tatsächlich eine direkte Beziehung besteht zwischen den dargestellten Objekten und der Bezugsfläche.

Im Geografieunterricht werden oft eigene Karten entworfen, insbesondere bei individuellen Arbeiten. Karten müssen in jedem Fall richtig, vollständig und zweckentsprechend sein. Wenn sie auch als Kommunikationsmittel für eine bestimmte Zielgruppe erarbeitet wird, sollte die Karte auch gut lesbar und wenn möglich schön sein, damit sie einlädt, betrachtet, gelesen und interpretiert zu werden.

18.5 Daten erheben

Begehungen vor Ort dienen dem genauen Erfassen von einzelnen überblickbaren geografischen Teilräumen oder von Prozessen, die sich darin abspielen. Datenerhebungen vor Ort zeigen aber auch, dass die Realität oft komplexer bzw. schwieriger zu interpretieren ist, als es theoretische Modelle erwarten lassen.

18.5.1 Planen von Datenerhebungen im Gelände

Vor einer Geländebegehung ist es unerlässlich, die **Frage- oder Problemstellung** und einen Lösungsweg präzise und klar als Text zu formulieren. Dabei ist es unerheblich, aus welchen Teilbereichen der Geografie die Fragestellungen stammen, ob es sich also um die Herkunft von Kunden eines Einkaufszentrums oder um die Wassermenge in einem Bach handelt. Die Untersuchungen haben zum Ziel, bestimmte Prozesse, Abläufe, räumliche Zusammenhänge oder die Funktion von Objekten besser zu verstehen.

18.5.2 Arbeitstechniken für die Durchführung

Vor Ort geht es darum, Informationen zu sammeln, um die Frage- oder Problemstellung beantworten zu können bzw. Hinweise zu deren Lösung zu erhalten. Je nach Problemstellung müssen verschiedene Techniken, meistens in Kombination, angewendet werden.

Messen und Zählen

Beim **Messen** wird der Wert einer Grösse bestimmt, meistens mit einem Messgerät. Unerlässlich ist ein genaues Messprotokoll. Darin werden die Messwerte sowie Ort und Zeitpunkt der Messungen protokolliert. Ohne detailliertes Messprotokoll können die Messungen anschliessend nicht korrekt ausgewertet und interpretiert werden. Als Beispiel kann die Messung der Lufttemperatur entlang einer bestimmten Route zwischen Stadtzentrum und Umland erwähnt werden. Je nach Art der Messung sollten die Messpunkte auch durch ein GPS oder auf einer Karte genau verortet werden. Durch **Zählen** (z. B. durch Verkehrszählungen) werden Daten quantitativ erfasst. Ort und Zeit der Zählung müssen ebenso klar ersichtlich sein wie die Merkmale der zu zählenden Objekte.

Beobachten und Dokumentieren

Durch genaues Beobachten werden bestimmte Merkmale, Prozesse oder Strukturen bewusst wahrgenommen. Beobachtungsergebnisse sind im Feld entweder bildlich (Skizzen) oder mit kurzen Texten zu protokollieren. Dazu gehören genaue Angaben zum Ort und Zeitpunkt der Beobachtung wie auch die genaue Beschreibung der beobachteten Phänomene. Beispielsweise können in einem Geländeausschnitt bestimmte Geländeformen beobachtet und kann deren räumliche Verteilung erfasst werden. Skizzen zwingen zum genauen Beobachten eines Sachverhaltes vor Ort. Digitale Aufnahmen ergänzen die Beobachtungen, dokumentieren Ereignisse und Befragungen und unterstützen damit die spätere Auswertung.

Befragungen

Umfragen mit Fragebogen drängen sich auf, wenn sich möglichst viele Personen zu den gleichen Fragen äussern sollten. Damit können innerhalb kurzer Zeit viele Personen erreicht werden, und ein standardisierter Fragebogen stellt sicher, dass alle Personen nach demselben Schema befragt werden und zu denselben Fragen Stellung nehmen können. Auf dem Fragebogen muss die Zielsetzung der Umfrage formuliert werden, ebenso wer sich verantwortlich für die Umfrage zeigt und an wen die ausgefüllten Fragebogen zurückgehen.
Standardisierte Interviews sind strukturierte Gespräche mit gezielt ausgesuchten Personen, die sich als Experten oder als Betroffene zu bestimmten Sachfragen äussern. Neben rein sachlichen

18 Geografische Arbeitsmethoden

Aussagen können in Interviews auch persönliche Haltungen und Wertungen durchschimmern. Interviews setzen eine gute Vorbereitung und Flexibilität voraus: Leitfragen sind vorgängig schriftlich festzuhalten und das Gespräch soll so geführt werden, dass der Standpunkt der Interviewpartnerin bzw. des Interviewpartners klar herausgearbeitet werden kann.

Kartieren

Die räumliche Verteilung bestimmter Sachverhalte wird kartografisch erfasst und dargestellt. Eigene Beobachtungen im Gelände, eigens gesammelte Informationen liefern die Grundlage für eine eigene Karte. Vorgängig zur Kartierung im Gelände müssen die zu beobachtenden Sachverhalte definiert und in eine Kartierungsliste aufgenommen werden. Im Gelände werden die Sachverhalte in einer Orientierungskarte festgehalten und die Beobachtungen protokolliert. Karten sind wohl das wichtigste Medium in der Geografie und für viele Darstellungen räumlicher Sachverhalte geeignet. Vor der Ausgestaltung der definitiven Karte muss festgelegt werden, welche Elemente zur Darstellung kommen, welche Symbole, Signaturen und Farben verwendet werden.

18.5.3 Auswertung

Ergebnisse sollen durch Karten, Diagramme, Bildmaterial etc. verständlich dargestellt, interpretiert und nach Möglichkeit präsentiert werden.
Als Beispiel für eine thematische Kartierung zeigt Abb. 18.5 die Nutzungsart von Erdgeschossen in der Fussgängerzone von Solothurn (Ergebnis einer Projektwoche an der Kantonsschule Solothurn unter Leitung von Dr. A. Ritler).

Abb. 18.5
Nutzungsarten von Erdgeschossen in Solothurn
Quelle: Mitteilungen der Naturforschenden Gesellschaft des Kantons Solothurn, 2002

18.6 Tabellen und Diagramme erstellen

In Zeitungen, Fernsehen, Internet und anderen Medien sind Diagramme heute nicht mehr wegzudenken. **Diagramme** (griech. «diagramma» = geometrische Figur, Umriss) sind grafische Darstellungen von Zahlenwerten. Sie nutzen die Erkenntnis, dass visualisierte Aussagen vom Auge schneller und vom Gedächtnis dauerhafter aufgenommen werden als abstrakte Zahlenreihen. **Tabellen** enthalten die genauen Zahlenwerte und dienen oft als Basis zur Erstellung von Diagrammen. In Diagrammen sind Werte anschaulicher dargestellt, wodurch komplexe Zusammenhänge einfacher zu erfassen sind. Die zentralen Aussagen einer Zahlenreihe werden hervorgehoben, Entwicklungstendenzen können abgeschätzt werden und mehrere Sachverhalte sind überschaubar und vergleichbar. Diagramme haben jedoch auch Nachteile gegenüber Zahlentabellen: Die Aussagegenauigkeit ist geringer, da Zahlenwerte meist weniger genau ablesbar sind. Mit einer gezielten Wahl bestimmter Darstellungsarten lassen sich Inhalte und Aussagen leicht irreführend verfremden.

18.6.1 Diagramme erstellen

Mit Computerprogrammen lassen sich heute schnell und mühelos Diagramme anfertigen. Damit die grafische Darstellung aussagekräftig ist und möglichst keine Fehlinterpretation zulässt, ist Folgendes zu beachten:
- Thema des Diagramms festlegen.
- eine für das Zahlenmaterial geeignete Diagrammform auswählen.
- Skalierung und Massstab festlegen und angeben.
- gut unterscheidbare Linien, Schraffuren und Farben wählen.
- Wesentliche Bestandteile beschriften: Achsenmassstäbe und -einheiten, Legende, usw.
- Titel, Datenquelle und Jahr angeben.
- Diagramm bezüglich Informationsübersicht und Aussage überprüfen.

Für die Anfertigung von Diagrammen kann das Zahlenmaterial aus Messungen (z. B. Schadstoffwerte), Zählungen (z. B. Verkehrsmittel), Befragungen (z. B. Mobilitätsverhalten) oder statistischen Unterlagen (z. B. Publikationen des Bundesamts für Statistik) zusammengetragen werden.

18.6.2 Diagrammarten

Welcher Diagrammtyp zu wählen ist, hängt ab vom Inhalt der Daten und vom Ziel der Darstellung. Neben den vier Hauptdiagrammarten Linien-, Flächen-, Kreis oder Säulendiagramm werden auch Dreiecksdiagramme (vgl. Abb. 11.3), Klimadiagramme (Abb. 18.2) oder Konzentrationsdiagramme sowie Bevölkerungspyramiden (vgl. Abschnitt 10.2.7) oder Kartogramme (z. B. Abb. 10.22) eingesetzt. Bei allen Arten sind dreidimensionale Diagramme heikel, da Informationen verdeckt werden und die Inhalte im Vordergrund in überproportionaler Grösse (Manipulation) dargestellt werden.

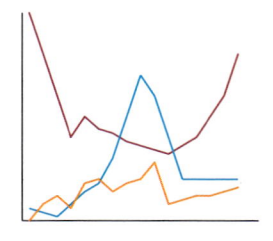

Kurven- oder Liniendiagramm
(siehe z. B. Abb. 2.8)
Kurven- oder Liniendiagramme zeigen Serien von Punkten, die durch Linien verbunden sind.
Sie eignen sich zur Darstellung von Zeitreihen und Entwicklungen, und zum Vergleich verschiedener Zeitreihen und Entwicklungen.
Beachtet werden muss, dass auf Abszisse (x-Achse) und Ordinate (y-Achse) keine Verzerrungen vorkommen (z. B. durch eine Verkürzung der Zeitintervalle auf der Abszisse oder sehr kleine Einheiten auf der Ordinate), die die Aussagen optisch verfälschen könnten.

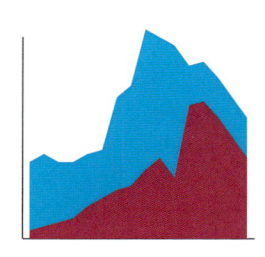

Flächendiagramm
(siehe z. B. Abb. 11.27 und 17.3)
Flächendiagramme sind erweiterte Kurvendiagramme, in denen die Kurven übereinander angeordnet und die Flächen zwischen den Kurven durch Schraffuren oder Farben kenntlich gemacht werden.
Sie eignen sich für die Darstellung der Entwicklung einer Gesamtgrösse und von Teilgrössen während eines bestimmten Zeitraumes.
Beachtet werden muss, dass Verzerrungen auf der Abszisse und Ordinate zu falschen Interpretationen führen (vgl. Liniendiagramm).

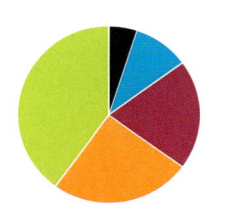

Kreisdiagramm
(siehe z. B. Abb. 10.23)
Der Kreis wird in Segmente unterteilt, proportional zum Anteil der Teilkomponenten an der Gesamtmenge. Will man die Gesamtmengen in verschiedenen Jahren nicht nur relativ, sondern auch absolut wiedergeben, stellt man verschieden grosse Kreise nebeneinander.
Sie eignen sich vor allem für die Darstellung der prozentualen Zusammensetzung einer Gesamtmenge (Kreisfläche = 100 %).
Beachtet werden muss, dass die absolute Bezugsgrösse angegeben ist.

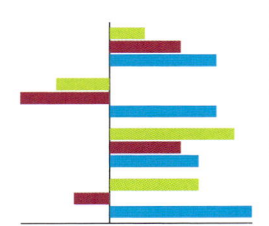

Säulen- und Balkendiagramm
(siehe z. B. Abb. 11.18)
Säulen- und Balkendiagramme veranschaulichen die Häufigkeitsverteilung von wenigen Komponenten. Bei vielen Komponenten (ab ca. 10) leidet die Anschaulichkeit und Liniendiagramme sind zu bevorzugen. Balkendiagramme unterscheiden sich von Säulendiagrammen lediglich durch die horizontale Lage der Stäbe.
Sie eignen sich vor allem für die Veranschaulichung statistischer Grössen in einer zeitlichen oder räumlichen Folge.
Beachtet werden muss, dass die Skala bei null beginnt, und dass die Skala proportional zum Maximalwert gewählt wird.

18.6.3 Interpretation von Tabellen und Diagrammen

Statistische Angaben in Tabellen, Diagrammen, Grafiken, Karten oder Texten können beabsichtigte oder unbeabsichtigte Fehler enthalten, unvollständig oder in einem falschen Raum-, Sach-oder Zeitbezug dargestellt sein.

Formales: Überprüfen Sie Überschrift, räumliche und zeitliche Einordnung, Quellenangaben, Zahlenwerte und Skala der Achsen (absolut, relativ, bei null beginnend, Verzerrungen).

Beschreibung: Beschreiben Sie den Inhalt der Tabelle bzw. des Diagramms. Ermitteln Sie dazu Maximal- und Minimalwerte, Veränderungen oder Entwicklungen.

Erklärung: Erläutern Sie die dargestellten Sachverhalte. Dazu vergleichen Sie einzelne Werte (räumlich, zeitlich), zeigen Zusammenhänge zwischen den Daten auf und recherchieren allenfalls zusätzliche Hintergründe.

Bewertung und Kritik: Beurteilen Sie die Darstellungsform und Aussagekraft der Tabelle bzw. des Diagramms bezüglich Korrektheit, Eindeutigkeit der Angaben, Genauigkeit.

18.7 Wirkungsgefüge analysieren

Ein Wirkungsgefüge bzw. ein Modellentwurf dient der fachlichen Analyse einer komplexen Problemstellung oder eines vielschichtig vernetzten Themas. Dabei werden die einzelnen Begriffe mit einem Begriffsnetz in ihren Beziehungen zueinander dargestellt. Eine **Mind-Map** ordnet Schlüsselbegriffe um einen zentralen Begriff logisch an und in einer **Concept-Map** werden Begriffe in einem Netzwerk dargestellt. Das komplexe Zusammenwirken von Faktoren lässt sich in einem **Wirkungsgefüge** darstellen, in dem die einzelnen Elemente strukturiert angeordnet werden und Verknüpfungen mit Linien oder Pfeilen dargestellt werden. Die komplexe Wirklichkeit lässt sich so übersichtlich darstellen und modellhaft abstrahieren. Am Beispiel des Assuan-Staudammes wird mit den Schlüsselbegriffen von positiven und negativen Auswirkungen ein Wirkungsgefüge zusammengestellt, um eine differenzierte Beurteilung der Folgen des Staudammes zu ermöglichen.

Beispiel: Der Assuan-Staudamm

Nach dem Zweiten Weltkrieg stand Ägypten vor der Herausforderung, für die rasch wachsende Bevölkerung Nahrung und Arbeit zu beschaffen, aber auch die Infrastruktur, Siedlungen, Bildungseinrichtungen und ein Gesundheitswesen auf- und auszubauen. Ägyptens Bevölkerung zählte um 1900 noch 12,5 Millionen Menschen, die Zahl wuchs bis 1950 auf 21 Millionen an, bis 2014 auf 87 Millionen Menschen. Ägyptens Ressourcen sind allerdings begrenzt: Der Staat verfügt nur über geringe Erdöl- und Erdgasvorkommen und der Tourismus beschränkt sich auf einige wenige Gebiete im Niltal, am Roten Meer und auf der Sinai-Halbinsel. Der Tourismus ist zudem stark krisenanfällig und brach durch politische Unruhen und Anschläge nach 2011 ein.

Um die Nahrungsmittel- und die Energieversorgung zu verbessern, baute Ägypten von 1960 bis 1971 mit sowjetischer Hilfe bei Assuan einen neuen grossen Nil-Staudamm. Damit sollte die natürliche Begrenzung des landwirtschaftlichen Anbaus auf eine Ernte während des Sommerhochwassers des Nils durchbrochen werden. Der Assuan-Staudamm hält das überschüssige Wasser der sommerlichen Hochwasserfluten im etwa 500 km langen Nasser-See, der bis in den Sudan reicht, zurück. In den winterlichen Trockenperioden wird das Wasser nach Bedarf an die Landwirtschaft abgegeben und ermöglicht den Bauern im Niltal und im Nildelta eine bis zwei zusätzliche Ernten. Gleichzeitig konnte bei El-Kharga, im sogenannten Neuen Tal, einer zum Niltal parallel verlaufenden Senke, neues Ackerland für den Gemüse- und Früchteanbau erschlossen und bewässert werden. Den positiven Auswirkungen stehen allerdings massive Probleme gegenüber. Das Wirkungsschema stellt einige wichtige Schlüsselwörter als vernetztes Wirkungsgefüge dar. Ergänzend sei darauf hingewiesen, dass Ägypten nur einen geringen politischen Einfluss auf die Staaten am Oberlauf des weissen und blauen Nils hat. In Äthiopien am blauen Nil wird 2017 der «Grand Ethiopian Renaissance Dam» in Betrieb genommen, wie er sich auswirken wird, ist noch offen.

18 Geografische Arbeitsmethoden

Abb. 18.6 Wirkungsgefüge: Auswirkungen des Assuan-Staudammes auf das Niltal in Ägypten

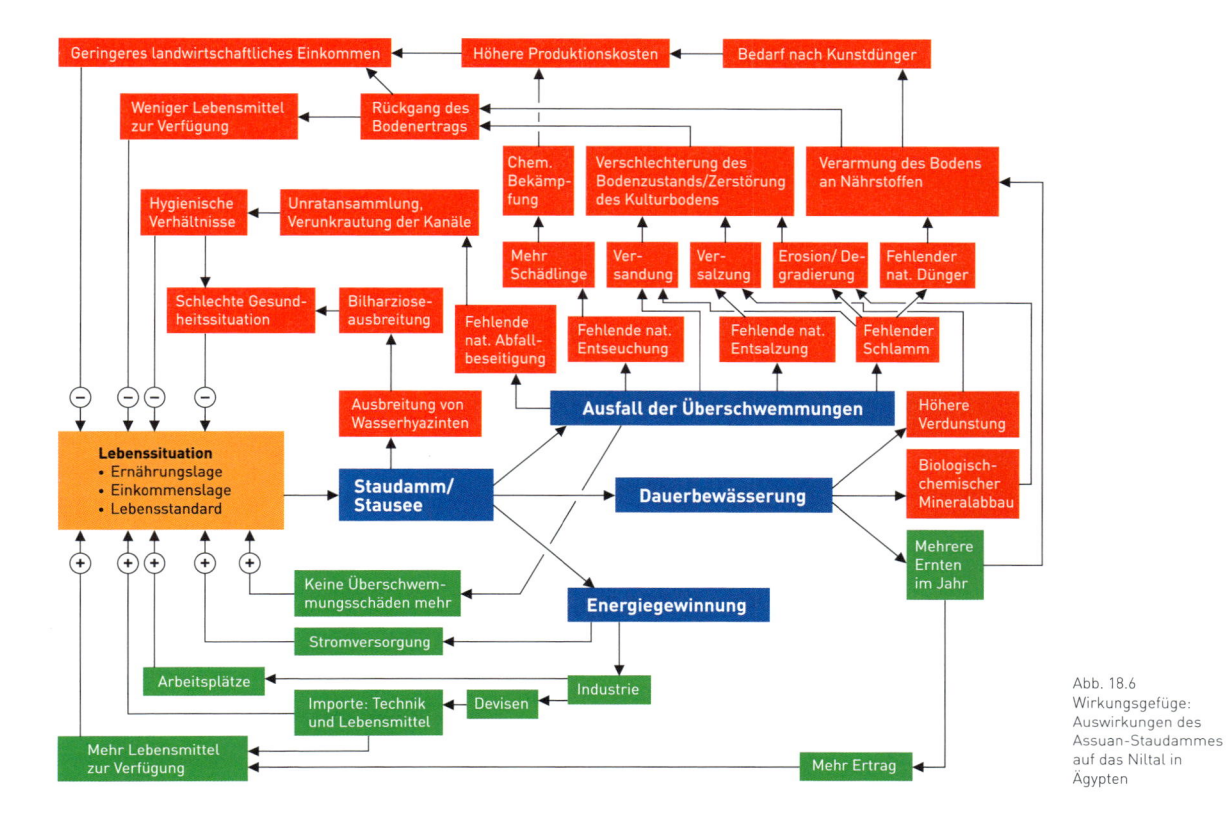

Rote Kästen (negative Auswirkungen)
- Geringeres landwirtschaftliches Einkommen
- Höhere Produktionskosten
- Bedarf nach Kunstdünger
- Weniger Lebensmittel zur Verfügung
- Rückgang des Bodenertrags
- Chem. Bekämpfung
- Verschlechterung des Bodenzustands/Zerstörung des Kulturbodens
- Verarmung des Bodens an Nährstoffen
- Hygienische Verhältnisse
- Unratansammlung, Verunkrautung der Kanäle
- Mehr Schädlinge
- Versandung
- Versalzung
- Erosion/Degradierung
- Fehlender nat. Dünger
- Schlechte Gesundheitssituation
- Bilharzioseausbreitung
- Fehlende nat. Abfallbeseitigung
- Fehlende nat. Entseuchung
- Fehlende nat. Entsalzung
- Fehlender Schlamm
- Ausbreitung von Wasserhyazinten
- Höhere Verdunstung
- Biologisch-chemischer Mineralabbau

Blaue Kästen
- Staudamm/Stausee
- Ausfall der Überschwemmungen
- Dauerbewässerung
- Energiegewinnung

Orange Kasten
Lebenssituation
- Ernährungslage
- Einkommenslage
- Lebensstandard

Grüne Kästen (positive Auswirkungen)
- Keine Überschwemmungsschäden mehr
- Stromversorgung
- Arbeitsplätze
- Importe: Technik und Lebensmittel
- Devisen
- Industrie
- Mehrere Ernten im Jahr
- Mehr Lebensmittel zur Verfügung
- Mehr Ertrag

18.8 Räume analysieren

In einer Kulturlandschaft fügen sich die natürlichen und sozioökonomischen Faktoren und Raumelemente, als Ergebnis ihrer gegenseitigen Beziehungen, zu einem räumlichen Gesamtbild zusammen. Verschiedene Akteure und Akteurinnen nehmen dieses unterschiedlich wahr und beurteilen die Landschaft entsprechend ihren Interessen. Dies beeinflusst auch ihre Handlungen und damit ihre Gestaltung des Raumes.

Das **Ziel** der geografischen Raumanalyse ist es, raumwirksame Faktoren, Elemente, Prozesse, Wahrnehmungen und Handlungen kritisch zu beurteilen, um Landschaft integral zu verstehen. Es geht also nicht nur um eine Raumbeschreibung, sondern vielmehr um eine differenzierte Raumerklärung, welche naturräumliche und sozioökonomische Aspekte analysiert.

Die Raumanalyse beginnt mit einer **raumbezogenen Leitfrage oder Problemstellung**. Anhand dieser wird die Untersuchung inhaltlich eingegrenzt und auf die entsprechenden Teilaspekte fokussiert. Die Ergebnisse können anhand von Texten, Karten, Diagrammen, Bildern, usw. dargestellt werden. Das Vorgehen lässt sich wie folgt gliedern:

1) **Raumorientierung: Lage des Untersuchungsraumes**
   - **Topografische Raumbeschreibung:** Lage, räumliche Begrenzung, Dimensionen und räumliche Gliederung des Untersuchungsraumes, Raumskizze
   - **Einordnung des Untersuchungsraumes:** raumrelevante und übergeordnete regionale, naturräumliche oder politische Strukturen (z. B. geografische Lage, Klimazone, wirtschaftliche Organisationen)

2) **Naturräumliche Verhältnisse**
   - **Naturraum:** naturräumliche Gliederung und Ausstattung
   - **Geofaktoren:** raumprägende Wirkung der Geofaktoren Boden, Relief, Gestein, Klima, Wasser, Vegetation und Fauna
   - **Natürliches Ressourcenpotenzial:** Eignung des Raumes für bestimmte sozioökonomische Nutzungen (z. B. Siedlung, Landwirtschaft, Rohstoffabbau, Energiegewinnung) aus der Sicht verschiedener Akteure

3) **Raumnutzung: Sozioökonomische Verhältnisse**
   - **Kulturraum:** Raumerschliessung und -gliederung mit Siedlungen, Verkehrsnetz, Versorgung und Entsorgung
   - **Gesellschaft:** raumprägende historische, politische oder soziokulturelle Teilsysteme (z. B. Bevölkerung, Kultur, Religion, Politik, Geschichte)
   - **Wirtschaft:** raumprägende ökonomische Teilsysteme (z. B. Landwirtschaft, Industrie, Dienstleistungen)
   - **Inwertsetzung des Raumes:** raumprägende gesellschaftliche und wirtschaftliche (interne und externe) Einfluss- und Steuergrössen, Abhängigkeiten oder Interessen und Handlungen verschiedener Akteure

4) **Synergien, Problembereiche und Handlungsbedarf**
   - **Synergien:** realisierte oder noch nicht genutzte Ressourcen und Synergien
   - **Interessenskonflikte:** unterschiedliche Wahrnehmungen und Interessen der Akteure (sozial, kulturell, ökonomisch, politisch, ökologisch, raumplanerisch)
   - **Nutzungskonflikte:** unterschiedliche Handlungen von Akteuren, Naturrisiken
   - **Massnahmen:** Lösungsansätze und Entwicklungsprojekte (sozial, kulturell, wirtschaftlich, politisch, ökologisch, raumplanerisch)

5) **Beurteilung des Raumes**
   - **Synthese und Fazit:** Zusammenfassung der wichtigsten Erkenntnisse in Bezug auf die Leitfrage
   - **Räumliche Einordnung:** Bedeutung der Ergebnisse für die regionale, nationale und globale Ebene
   - **Raumentwicklung:** Beurteilung des bisherigen Landschaftswandels und der zu erwartenden Weiterentwicklung des Raumes

(Nach einer Vorlage von Jean-Louis Schwarz, Köniz)

Beispiel: Konkrete Fragestellungen zum Raum Andermatt

Leitfrage: Welche Entwicklungsmöglichkeiten bieten sich im Raum Andermatt?
1) Bewerten Sie die Lage bzw. den Standort von Andermatt als peripheren oder zentralen Ort.
2) Analysieren Sie das naturräumliche Raumnutzungspotenzial unter Einschätzung der Naturrisiken.
3) a. Zeigen Sie im Bild einzelne charakteristische Phasen der Siedlungsentwicklung auf.
   b. Bewerten Sie das Raumnutzungspotenzial für Landwirtschaft, Gewerbe, Tourismus, usw.
4) a. Wo vermuten Sie im Untersuchungsraum Interessens- oder Nutzungskonflikte? Begründen Sie.
   b. Sind steuernde Massnahmen zur Raumentwicklung notwendig? Begründen Sie.
5) Skizzieren Sie mögliche Entwicklungswege auf Basis einer nachhaltigen Raumentwicklung.

Abb. 18.7
Andermatt 1900, Blickrichtung SWW in Richtung Urserental

Abb. 18.8
Andermatt 2007, Blickrichtung SWW in Richtung Urserental

Abb. 18.9
Andermatt mit dem Tourismusprojekt «Andermatt Swiss Alps», Blickrichtung Süd

18.9 Bilder interpretieren

Das Bild ist ein wichtiger Ersatz für die originale Raumbetrachtung. Mit Google Earth lassen sich auch schwer zugängliche Regionen der Erde geografisch erkunden. Bei der Bildinterpretation ist jedoch darauf zu achten, dass ein Bild nur einen Ausschnitt aus einer bestimmten Perspektive und eine Momentaufnahme des abgebildeten Objekts zeigt. Allgemeingültige Aussagen sind demzufolge nur begrenzt möglich. Hintergrundinformationen ergänzen und unterstützen die Auswertung eines Bildes. Eine Bildanalyse kann damit die Aussagen vertiefen, dynamische Prozesse können so erkannt und verstanden werden. Am **Beispiel des Mount Kenia** soll hier ein Satellitenbild interpretiert und mit Hintergrundinformationen ergänzt werden.

18.9.1 Satellitenbild des Mount Kenia: Lage und Bildinhalt

Der Mount Kenia liegt am Äquator, etwa 150 km nördlich der kenianischen Hauptstadt Nairobi. Das Satellitenbild ist nach Norden ausgerichtet und umfasst ein Gebiet von etwa 47 km in der West-Ost und 90 km in der Nord-Süd-Richtung. Nach dem Kilimandscharo (5895 m) stellt der Mount Kenia mit einer Höhe von 5199 m die zweithöchste Erhebung des afrikanischen Kontinentes dar.

Der Mount Kenia liegt am Äquator, klimatisch also eigentlich in der äquatorialen Tiefdruckrinne. Im Osten Afrikas vermag aber die Innertropische Konvergenzzone (ITC) nur geringe Niederschlagsmengen auszulösen, was sich im Auftreten von Trocken- und Dornbuschsavannen zeigt. Deutlich hebt sich der Berg aufgrund des höheren Niederschlagsangebotes als grüne Insel von der ostafrikanischen Trockensavanne ab. Die grünen ringförmigen Strukturen deuten die Höhenstufen der Vegetation und der Landnutzung an, die Ausdehnung der Ringe nach Südosten weist auf die regionalklimatischen Begebenheiten am Berg hin.

Geologisch liegt der Mount Kenia am Ostrand des Rift Valleys, einem Seitenarm des Ostafrikanischen Grabenbruches. Ostafrika entfernt sich an dieser Stelle pro Jahr etwa 2 cm von der afrikanischen Platte. Diese divergente Bewegung innerhalb der afrikanischen Platte führte zur Bildung des East African Rift Systems (EARS), des grossen ostafrikanischen Grabenbruches. Der Mount Kenia entstand als Vulkan vor etwa 3,5 Millionen Jahren und beendete die aktive vulkanische Tätigkeit vor etwa 2 Millionen Jahren. Der Vulkan dürfte damals eine Höhe von etwa 7000 Metern erreicht haben. Die weicheren und porösen Gesteine begannen zu erodieren, die harten, basaltischen Vulkanschlote widerstanden der Erosion und bilden heute mehrere turmartige Gipfel mit einer maximalen Höhe von 5199 Metern.

18.9.2 Erläuterungen zu den Bildinhalten

Klima

Obwohl der Äquator nur wenige Kilometer nördlich der Gipfelregion des Mount Kenias verläuft, ist das ostafrikanische Plateau, auf dem er sich erhebt, eine semiaride Region: Im Norden des Mount Kenia bedecken Dornsavannen und Halbwüsten (helle Farbtöne), im Süden Trockensavannen (grün) das Plateau.

Die Niederschlagsverteilung konzentriert sich am Mount Kenia auf zwei Regen- und zwei Trockenzeiten. Von März bis Mai («Long Rains») und im Oktober und November («Short Rains») liegt der Mount Kenia im Bereich der innertropischen Konvergenzzone (ITC), die jeweils eine Regenperiode auslöst. Von Dezember bis März liegt das Massiv im Bereich der Nordostpassate, vom Juni bis September beeinflusst der Südostpassat die Region. Die höchsten Niederschlagsmengen erhält der Berg auf der Südostseite mit 1800–2500 mm auf etwa 3000–3500 m Höhe (dunkelgrüne Farbe), während auf dem Laikipia-Plateau im Nordwesten (hellbraune, graue Farbtöne) nur noch um die 500 mm pro Jahr erreicht werden. Eine hohe zeitliche und örtliche Variabilität prägt zudem das Niederschlaggeschehen: Wann und wo die Niederschläge einsetzen, kann nicht vorhergesagt werden, ebenso wenig, wie lange die Regenzeit dauert und wie sie verläuft.

18 Geografische Arbeitsmethoden

Abb. 18.10
Mount Kenya

Höhenstufen
Vereinfacht können fünf verschiedene Vegetationszonen unterschieden werden:
Die Hangfusslagen ab etwa 1800 m sind im Südosten durch Feuchtsavannen und Wald, im Nordwesten durch Trocken- und Dornbuschsavannen bedeckt.
Von 2800 bis 3400 m im Osten, bzw. 3000 m im Westen erstreckt sich eine Nebel-Regenwaldzone.
Darüber schliesst sich bis 3800 m eine sumpfige Baumheide-Moorlandzone an.
Lobelien und Senecien prägen die alpine Stufe zwischen 3800 und 4500 m.
Ab 4500 m beginnt die Fels- und Gletscherzone.

Landnutzung
Der Südostabhang des Mount Kenia zeichnet sich durch hohe Niederschlagsmengen aus. Damit dominiert unterhalb der geschützten Nebelwaldzone (dunkelgrüner Bereich) eine kleinbäuerliche Landwirtschaft (grün, kleine Felder) mit einer intensiven Landnutzung und dem Anbau von Mais

Bilder interpretieren

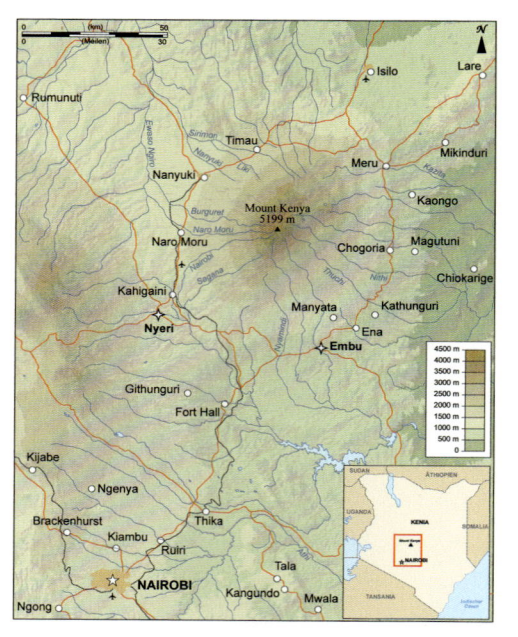

Abb. 18.11
Der Mount Kenya
auf der Landkarte

und Bohnen als Grundnahrungsmittel sowie Tee, Kaffee und Kartoffeln vor allem für den Markt.

Im Nordwesten, auf dem Laikipia-Plateau, 1600 bis 2000 m über Meer, fällt deutlich weniger Niederschlag, der zudem mit zunehmender Distanz zum Mount Kenia abnimmt. Die weiten Grasflächen, das Buschland und die Galeriewälder entlang der Wasserläufe werden von der traditionell nomadisierenden Bevölkerung, etwa den Massai, zur Viehzucht genutzt.

Nach dem ersten Weltkrieg konnten Angehörige der englischen Armee im Norden des Mount Kenia günstig Farmland («White Highlands») erwerben. Diese Grossbetriebe widmen sich hauptsächlich dem Getreideanbau und der Grossviehzucht. Einzelne Grossfarmen sind im Satellitenbild im Norden des Mount Kenia gut zu erkennen. Sie dienen heute der Versorgung Kenias mit Getreide und Fleisch.

Nach der Unabhängigkeit Kenias übernahmen im Nordwesten zugewanderte afrikanische Kleinbauern Land (kleine Feldstrukturen im Nordwesten des Mount Kenia). Sie bauen auf kleinen Flächen von etwa 3 Hektaren traditionell Mais und Bohnen an und versuchen mit Bewässerung die Erträge zu steigern. Zusammen mit dem zunehmenden Bevölkerungsdruck verschärft diese oft unkontrollierte Wasserentnahme aus den Bächen und kleinen Flüssen, die vom Mount Kenia gespeist werden, den Konflikt um die knappen Ressourcen Land und Wasser. Das Wasserangebot für die nomadisierende Bevölkerung am Unterlauf der Gewässer wird vermindert, was einerseits zu einer Aufgabe der traditionellen Viehzucht und zur Abwanderung der nomadisierenden Bevölkerung führt, andererseits aber in den Trockenzeiten auch Wanderungen von Grosstieren aus dem Samburu-Nationalpark auslöst, vor allem von Elefanten, die den Gewässern folgend dann die Felder der Kleinbauern schädigen und zerstören.

Erkenntnisse und Ausblick

Die Bevölkerung Kenias wird für 2014 mit 45 Millionen angegeben, das Wachstum hat stark abgenommen und wird auf 2,1 Prozent geschätzt, bei einer Fertilitätsrate von 3,54 (Zahlen aus: The World Factbook, 2014). Da nur etwa 18 Prozent der gesamten Landfläche Kenias ackerbaulich genutzt werden können, aber drei Viertel der Bevölkerung im primären Sektor ihr Auskommen finden, sind Fragen der Landverteilung von zentraler Bedeutung. Auseinandersetzungen um Land und Wasser vor dem Hintergrund ethnischer Konflikte prägen denn auch die politische Diskussion in Kenia.

Mit verschiedenen Projekten strebt die kenianische Regierung eine nachhaltige Entwicklung der Trockenregion auf der Nordwestseite des Mount Kenia an. Durch die Lenkung der Landvergabe, einem Wassermanagement und der Anleitung zu ökologischen Mischkulturen wird versucht, diesem Ziel näher zu kommen. Gleichzeitig nimmt auch der Tourismus in der Region (Nationalparks, Bergtourismus) an Bedeutung zu und schafft zusätzliche Arbeitsplätze, erfordert aber auch einen nachhaltigen Umgang mit den Ressourcen Wasser, Landschaft und Tierwelt.

18.10 Fach- und Sachtexte analytisch lesen

Lesen gehört zu unseren alltäglichen Tätigkeiten in Freizeit, Ausbildung und Beruf. Schlagzeilen in Print- und Onlinemedien berichten über aktuelle Ereignisse, Tages- und Wochenzeitungen sowie Magazine informieren über Themen wie Politik, Gesellschaft, Wissenschaft und Zeitgeschehen, Plakate werben mit kurzen, prägnanten Aussagen für neue Produkte und Literatur aus dem Genre Belletristik, Science-Fiction oder Comic dient der Unterhaltung. Neben den beiden Strategien des informierenden und unterhaltenden Lesens verlangen Fach- und Sachtexte (z. B. NZZ, 2. 2. 2015: Umweltprobleme gehen nicht nur Naturwissenschafter etwas an) ein analytisches Lesen. Diese dritte Lesestrategie will eine intensive Informationsbearbeitung, indem die wichtigen Aussagen eines Textes erfasst, kritisch hinterfragt und beurteilt werden. «Analysieren» (griech. análysis = Auflösung, Zergliederung) bedeutet, ein Objekt systematisch zu untersuchen, indem es in verschiedene Bestandteile zerlegt wird und diese Teile erforscht, geordnet und Bezüge zueinander überprüft werden. Einerseits bezweckt das analytische Lesen das umfangreiche Verständnis eines Fach- und Sachtextes, andererseits sollen die Lesenden auf der Grundlage des erarbeiteten Wissens eine eigene Position nachvollziehbar einnehmen können. Das folgende schrittweise Vorgehen ist dafür hilfreich.

18.10.1 Schritte des analytischen Lesens

Schritt 1: Motive klären

Das analytische Lesen basiert auf einem Motiv: Entweder möchten sich die Leser und Leserinnen über ein Thema vertieft informieren oder sie verfolgen eine bestimmte Fragestellung, die ihnen eventuell vorgegeben wurde.

Aus diesem Grund stellen sich schon vor dem Lesen zwei zentrale Fragen: «Was will ich wissen?», «Was kann der Text vermitteln?» und «Was kann der Text nicht leisten?». Diese Fragen geben einerseits eine Orientierung für das Lesen, da Texte nicht alle Fragen beantworten können. Andererseits helfen sie bei der notwendigen Auswahl von Texten, denn Leser und Leserinnen können aus Zeitgründen nicht alles lesen, was an Texten zu einem Thema zur Verfügung steht.

Schritt 2: Überfliegend lesen

Entsprechend des Lesemotivs bedarf es zunächst eines ersten Überblicks über den Text. Was ist das Thema des Textes?, Was sind die zentralen Schlagworte?, Welche leitende Frage- oder Problemstellung fokussiert der Text?, Was kann man durch das Lesen des Textes erfahren und was nicht?. In dieser ersten Phase ist es auch wichtig sich über den Autor oder die Autorin, die Textquelle (z. B. konservative oder liberale Zeitschrift, Fachbuch oder populärwis-

---

Analyse von Fach- und Sachtexten

Motive klären
Was will ich wissen?
Was kann der Text vermitteln?
Interesse, eigene Fragen und zu erfüllende Aufgaben klären

Überfliegendes Lesen
Was vermittelt der Text?
Überschrift, Thema,
Schlagworte

**Erfassendes Lesen
und Frage(n) beantworten**
Was sind die wichtigen Aussagen des Textes?
Informationen auswählen,
Unbekanntes nachlesen,
zentrale Erkenntnisse erfassen

Informationen einordnen und beurteilen
Was leistet der Text?
Welche Aussagen sind verständlich?
Welche Fragen bleiben unbeantwortet?
Fragen beantworten,
Argumente bewerten,
Text beurteilen

senschaftliches Buch) und das Erscheinungsdatum zu informieren. Diese Informationen sind auch für die spätere Phase der Beurteilung sehr wichtig (s. Schritt 4).

Schritt 3: Erfassend lesen und Frage(n) beantworten

In dieser Phase wird der Text im Hinblick auf das Lesemotiv gelesen, zentrale Begriffe, Argumente und Schlussfolgerungen werden markiert und nach Bedarf werden Notizen gemacht. Texte beinhalten oft Begriffe und Konzepte, die unbekannt oder schwer verständlich sind. Das ist normal, denn man kann nicht alles mit der für das Thema notwendigen Vertiefung wissen. Man sollte solche Begriffe nicht überlesen, sondern durch Zuhilfenahme anderer Quellen klären, denn das Ziel dieser Phase ist ein umfängliches Verständnis des gesamten Textes und dessen Aussagen. Möglicherweise sind nicht alle Informationen von Bedeutung, um die zu Beginn gestellten Fragen zu beantworten (Was will ich wissen und was kann der Text vermitteln?). Die Lesenden sollen die zentralen Aussagen analytisch herausarbeiten. Und zwar in einer Art und Weise, dass sie den Antworten auf ihre Fragen näher kommen.

Schritt 4: Informationen einordnen und beurteilen

In der abschliessenden Phase des analytischen Lesens soll einerseits das Gelesene in bestehendes Wissen eingeordnet werden, andererseits soll beurteilt werden, was der Text zur Beantwortung der Fragestellung beiträgt und welche Bedeutung er für eine umfassende Diskussion zum Thema hat. Dafür können folgende Fragen hilfreich sein: Konnte der Text die gestellten Fragen beantworten?, Ist der Text verständlich?, Gibt es Widersprüche?, Sind die Argumente und Schlussfolgerungen nachvollziehbar begründet?, Wie passt das Gelesene in mein bisheriges Wissen?, Inwiefern beinhaltet der Text Wertungen?, Werden innerhalb des Textes Sachverhalte aus verschiedenen Perspektiven beleuchtet?

Weitere Tipps für das analytische Lesen von Fach- und Sachtexten:

- Markieren Sie im Text entsprechend Ihres Lesemotives die zentralen Begriffe mit einer Farbe und deren Erklärung mit einer anderen Farbe.
- Markieren Sie auf einer Seite nicht mehr als 30 Wörter, das ermöglicht die Übersichtlichkeit.
- Bringen Sie während des Lesens nachvollziehbare Randmarkierungen an (z. B. «!» für wichtig, «↯» für Widerspruch, «∑» für Zusammenfassung, «?» für unverständlich).
- Erstellen Sie ausgehend vom Lesemotiv eine Mindmap als Visualisierung des Gelesenen. Folgende Fragen können dabei leitend sein: Was ist die zentrale Aussage des Textes?, Wie ist man zu dieser gekommen?, Welche Konsequenzen ergeben sich daraus?

18.11 Fach- und Sachtexte schreiben

> **Textbeispiel: Gesellschaft und Umwelt**
> Städte unterliegen steten Veränderungsprozessen, das ist für alle jederzeit zu erkennen. Früher dienten Städte als so genannte zentrale Verwaltungseinheit neben dem Handel vor allem auch dem Schutz; hingegen sich Städte heute eher durch starke Vernetzung nach aussen auszeichnen.
>
> **Beurteilen Sie den Text.**

Die obige Aufgabe führt zur Frage: Nach welchen Kriterien soll der Text beurteilt werden? Da Fach- und Sachtexte in erster Linie verständlich sein müssen, werden im Folgenden Kriterien vorgestellt, die die Verständlichkeit eines Textes gewährleisten. Darüber hinaus hilft die Kenntnis dieser Kriterien, verständliche Texte zu verfassen.

18.11.1 Ziele von Fach- und Sachtexten
Damit ein Text verständlich ist, sollten sich die Autorinnen und Autoren zunächst über das Ziel des Textes bewusst werden. Ziele eines Textes können sein, Begriffe und Konzepte zu definieren oder neue Forschungsergebnisse vorzustellen. Texte können aber auch Meinungen diskutieren, unterschiedliche Argumente vergleichen oder einen Sachverhalt einordnen oder bewerten. Das Ziel kann mit folgenden Fragen bestimmt werden: Was ist die Botschaft des Textes, neue Erkenntnisse, Meinungen? Was soll der Text erreichen, soll er z. B. informieren, überzeugen, etwas beweisen? Es ist sehr wichtig hier eine Entscheidung zu treffen, da der Text sonst mit Begriffen, Erklärungen und Diskussionen überladen sein kann und somit die Lesenden überfordert.

18.11.2 Gütekriterien eines Fach- oder Sachtextes
Ein Text soll vom Zielpublikum gelesen und verstanden werden. Um das zu erreichen, hilft die 4-K-Regel: Texte müssen kurz, knapp, klar und korrekt sein.
- Kurz: Verzicht auf Äusserungen, die zwar interessant, aber thematisch nicht passend sind und dadurch eine inhaltliche Fokussierung vermindern,
- knapp: Aussagen ohne Umschweife auf den Punkt bringen,
- klar: präzise Begriffe und Wörter verwenden,
- korrekt: Informationen fachlich richtig wiedergeben, Argumente nachvollziehbar formulieren.

Das obige Textbeispiel müsste nach der 4-K-Regel wie folgt umformuliert werden:

> Weltweit unterliegen Städte sozialen und räumlichen Veränderungsprozessen. Während sie bis zum Mittelalter als zentrale Verwaltungseinheit eines Herrschaftsgebietes neben dem Handel vor allem dem Schutz der Bevölkerung dienten, zeichnen sich Städte seit dem 20. Jahrhundert durch Interkulturalität und globale Vernetzung aus.

Der angepasste Text macht deutlich, dass der Anspruch an präzise formulierte Aussagen vereinbar ist mit Kürze und Knappheit eines Textes. So helfen Adjektive ein Phänomen oder einen Prozess zu präzisieren (z. B. soziale/räumliche Veränderungsprozesse) und Zeit- und Ortsangaben (z. B. 20. Jahrhundert, weltweit) dienen der historischen Einbettung von Ereignissen. Nicht aussagekräftige Formulierungen (z. B. früher, heute, alte, neue, verschiedene, alle, wir, jederzeit) sowie sprachliche Verschleierungen (z. B. eher, meist, ganz logischerweise, sogenannte, es ist daher von grosser Bedeutung, dass …) können gestrichen werden.

Darüber hinaus gibt es weitere Kriterien für gute Texte:
- Transparenz: Kontext und Ausgangspunkt der Argumentation sind ersichtlich,
- Relevanz: es wird deutlich, warum der Textes nötig ist,
- Vielseitigkeit: alle möglichen Positionen und Meinungen sind erkennbar,
- Stringenz: Positionen und Meinungen sind nachvollziehbar präsentiert
- Positionierung: konkrete Beurteilung auf Basis der Auseinandersetzungen
- Aussagekraft: der Text ist für die Lesenden inspirierend und überzeugend.

18.11.3 Aufbau und Gliederung von Fach- und Sachtexten

Zudem trägt der Aufbau eines Textes zum Verständnis bei. Damit Leser und Leserinnen sich schnell einen ersten Überblick über einen Text verschaffen können, bedienen sich Fach- und Sachtexte einer einheitlichen Gliederung: Einleitung, Hauptteil, Schluss. In der Einleitung werden das Thema, die zentralen Frage- und Problemstellungen sowie deren Relevanz vorgestellt. Zudem wird aufgezeigt, wie der Text das Thema behandeln will, zum Beispiel durch Diskussion oder Vergleich von Argumenten. Abschliessend erfolgt eine kurze Darstellung der Kapitelabfolge. Im Hauptteil des Textes erläutern die Autorinnen und Autoren verschiedene Antworten, es werden neue Erkenntnisse von Studien präsentiert und diskutiert, Meinungen bewertet und Interpretationen beurteilt. Wichtig ist, dass die zentralen Begriffe und Konzepte erklärt werden, die Argumentation exakt nachvollziehbar ist und die Schlussfolgerungen verständlich sind. Anhand der im Hauptteil erfolgten Auseinandersetzungen kommen die Autorinnen und Autoren zu neuen Erkenntnissen, die im Schluss eines Textes zusammenfassend diskutiert werden. Hier bietet es sich an, die Forschungsfragen und Problemstellungen nochmals aufzugreifen, und die Erkenntnisse strukturiert zusammenzufassen.

Schritte zum Fach- und Sachtext

1) **Thema festlegen**
   Was interessiert mich? Was interessiert andere?
   Was ist noch nicht diskutiert worden? Über was muss informiert werden?
   Entsprechend des Themas einen interessanten Titel des Textes wählen
   Tipp! Die Frage: Was gehört nicht zu meinem Thema? hilft, einzugrenzen und vermeidet Abschweifungen.

2) **Ziel festlegen**
   Was ist die Botschaft meines Textes? Was will ich erreichen?
   Was erwarten andere von meinem Text?
   Tipp! Die Frage: Was kann ich nicht leisten? ermöglicht eine Eingrenzung und Fokussierung.

3) **Informationen beschaffen und bearbeiten**
   Welche Literatur brauche ich? (Fachliteratur, Medien- und Printliteratur, Internetdokumente)
   Welche Informationen brauche ich? (Sachinformationen, Diskussionen aus Tages- und Wochenpresse, Theorie- oder Methodenwissen)
   Tipp! Nutzen Sie nur Literatur, deren Herkunft Sie ganz sicher zurückverfolgen können. Internetdokumente sind oft nicht für immer verfügbar.

4) **Gliederung erstellen**
Was sind die Schwerpunkte des Textes?
Was kommt in die Einleitung, was in den Hauptteil und was in den Schluss?
Muss der Hauptteil in Unterkapitel gegliedert werden?
Tipp! Das Thema als Mindmap zu visualisieren, kann helfen, Ordnung herzustellen.

5) **Text schreiben**
Entlang der Gliederung die vorhandenen Informationen nennen, diskutieren, vergleichen und eine Argumentation aufbauen, um eine Schlussfolgerung ziehen zu können.
Tipp! In dieser Phase ist es hilfreich einfach loszuschreiben.

6) **Text unter Beachtung der Gütekriterien bearbeiten**
Ist mein Text kurz, knapp, klar und korrekt?
Sind Kürzungen möglich?
Ist mein Text für Aussenstehende verständlich und nachvollziehbar?
Tipp! Ein Text kann immer um mindestens 5 Prozent gekürzt werden.

7) **Formelle und inhaltliche Korrekturen vornehmen**
Überprüfung der Rechtschreibung und Grammatik
Tipp! Text zwei Wochen «liegen lassen». Dann nochmals bearbeiten, kürzen und präzisieren.

Bildnachweis

Umschlag: Beim Flug von Apollo 17 zum Mond am 7. Dezember 1972 entstandene Fotoaufnahme von der Erde; NASA, Apollo 17 Crew.

Vorsatz: © Ernst Klett Verlag GmbH

1 Geografie und ihre Geschichte
Kapiteleinstieg: Murgang bei Glyssibach bei Brienz; Schweizer Luftwaffe © VBS
1.3 Büste, Kopie von Lysippus
1.4 Kupferstich von unbekanntem Künstler
1.5 Eingefärbter Kupferstich von unbekanntem Künstler
1.6, 1.8–1.9 Porträt, Künstler unbekannt
1.7 Kupferstich von Frans Hogenberg
1.10 Porträt von Domenico Tintoretto, 1602/1607
1.11 Gemälde von Friedrich Georg Weitsch, 1806

2 Planet Erde
Kapiteleinstieg: Mitternachtssonne zum Zeitpunkt der Sommersonnenwende (21. Juni) über dem nördlichsten Punkt des europäischen Festlandes; Aune Forlag
2.1 Vasiliy Rumyantsev
2.4 Deutsches GeoForschungsZentrum GFZ
2.5, 2.9, 2.19, 2.25 Peter Berger
2.6 Karlsruher Institut für Technologie (KIT), Karlsruhe
2.7 Wikimedia Commons, United States Air Force, Senior Airman Joshua Strang
2.10 Kupferstich, vermutlich Eiulsius
2.12, 2.18 Peter Raeber
2.23 Pixabay/Valera268268
2.24 © Landesmedienzentrum Baden-Württemberg (LMZ)

3 Kartografie
Kapiteleinstieg: Smartphone mit Swiss-Map-Mobile-App; Reproduziert mit Bewilligung von swisstopo (BA19025)
3.4–3.8, 3.11, 3.13–3.14, 3.16–3.19, 3.22–3.24, 3.26–3.27 Reproduziert mit Bewilligung von swisstopo (BA19025)
3.21 Schweizer Luftwaffe © VBS
3.25 Barbara Beer
3.28–3.31 Bernhard Marti
3.32–3.33 Raymond Treier

4 Wetter und Klima
Kapiteleinstieg: Bettmeralp; Martin Hasler
4.1, 4.7–4.8, 4.10–4.11, 4.25 Martin Hasler
4.2, 4.4–4.6, 4.26, 4.34 Barbara Beer
4.24, 4.35 MeteoSchweiz
4.29 nach Jürgen Bauer et al., Physische Geographie kompakt, Spektrum Verlag
4.30 CNES/LEGOS/CLS/: www.aviso.altimetry.fr/
4.31–4.33 Daten: BAFU

5 Hydrologie
Kapiteleinstieg: Wasserschloss Brugg; Schweizer Luftwaffe © VBS
5.3 nach Das Wasser in der Schweiz – ein Überblick. Schweizerische Hydrologische Kommission
5.5 Stefan Manser
5.6 Thomas Jundt
5.7–5.8, 5.12–5.13, 5.16 Schweizer Luftwaffe © VBS
5.9–5.10 Hans-Rudolf Egli
5.17 Linthwerk: www.linthwerk.ch; angepasst
5.18 Documenta Natura
5.19 Döring, M.; Robinson, C., 2012: Wassermanagement: Schutz und Nutzen verbinden. Eawag News 72: 18–21
5.20–5.21 Chris Robinson, Eawag
5.22–5.23, 5.30 Barbara Beer
5.25 geographie heute 259/2009, Friedrich Verlag, Seelze
5.29 NOAA/ESRL/Physical Science Division – University of Colorado at Boulder/CIRES/CDC
5.31 Figure SPM.9 from Climate Change 2013: The Physical Science Basis. Working Group I Contribution to the Fifth Assessment Report of the Intergovernmental Panel on Climate Change [Stocker,T.F., D.Qin, G.-K. Plattner, M.Tignor, S.K.Allen, J.Boschung, A.Nauels, Y.Xia, V.Bex and P.M. Midgley (eds.)]. Cambridge University Press, Cambridge, UK and New York, USA

6 Geologie
Kapiteleinstieg: Vulkanausbruch des Ätna in Sizilien 2005; Martin Rietze, Keystone
6.8 Martin Hasler
6.10 Wikimedia Commons, Ikluft, cc by-sa 4.0
6.11 G. K. Gilbert
6.15 Barbara Beer

6.16, 6.18 Adrian Pfiffner
6.17 Heiner Aebischer
6.19 Patricia Schmid
6.20, 6.28, 6.42, 6.44 Matthias Probst
6.26 M. Williams, National Park Service
6.33 E. Gantz, GFZ
6.38 © Schweizerischer Erdbebendienst, 2015
6.39 © CatFocus Partner Re, 2009
6.41 Alex Leuenberger
6.43 Christoph Scherrer
6.52–6.54, 6.59 Schweizer Luftwaffe © VBS
6.55 Claudia A. Trochsler aus Schweiz Suisse Svizzera Svizra © Lehrmittelverlag Zürich
6.56 in Anlehnung an François Jeanneret et al., Schweiz: Alpenland im Herzen Europas, Kümmerly und Frey
6.58 Westermann Verlag (Diercke Weltatlas Schweiz)

7 Geomorphologie

Kapiteleinstieg: Verwitterung, Transport und Ablagerungen wirken auf diese Landschaft im Südwesten Boliviens ein; Matthias Probst
7.1–7.2, 7.17–7.19, 7.21–7.22, 7.26 Matthias Probst
7.4 Berner-Münster-Stiftung, Bern
7.5 Barbara Beer
7.7 Olivier Rosenfeld
7.10 Priener Tourismus, Prien am Chiemsee
7.11, 7.16, 7.20 Schweizer Luftwaffe © VBS
7.13 Jürg Alean
7.14 Fabian Piller
7.15 Jungfrau Region Marketing AG
7.24 Heiner Aebischer
7.27 Wikimedia Commons, Klugschnacker, cc by-sa 3.0

8 Boden

Kapiteleinstieg: Waldböden als Übergansgbereich zwischen kalkigem Muttergestein und Atmosphäre bei les Clées im Kanton Waadt; Matthias Probst
8.5, 8.15–8.17 Wolfgang G. Sturny
8.8–8.11 Bodenökologie, WSL, Birmensdorf
8.12 P. Germann
8.13 H. Veit
8.14, 8.20 Matthias Probst
8.18–8.19 Martin Hasler

9 Naturgefahren

Kapiteleinstieg: Lauterbrunnen, Idylle oder Schauplatz von Naturgefahren?; Fabian Piller
9.1 Reproduziert mit Bewilligung von swisstopo (BA16031)
9.2 Ruedi Bösch, BWG 2005
9.3, 9.8 Schweizer Luftwaffe © VBS
9.4 © Ghelma AG
9.5 VBS Bundesamt für Bevölkerungsschutz BABS
9.6 Matthias Probst; GIS-Daten: Amt für Geoinformation des Kantons Bern; Reproduziert mit Bewilligung von swisstopo (BA19025)
9.7 Barbara Beer
9.9 Fabian Piller
9.10 Foto links und mitte: Eidgenössische Forschungsanstalt WSL, Christian Rickli; Foto rechts: Amt für Wald des Kantons Bern
9.11 Matthias Probst
9.12 Tony Marty
9.13 MeteoSchweiz
9.14 Christophe Lambiel, Université de Lausanne
9.15 Hugo Raetzo, Bafu
9.16 AWEL, Baudirektion Kanton Zürich

10 Bevölkerung und Gesellschaft

Kapiteleinstieg: Srirangam, Tamil Nadu, Indien; Martin Hasler
10.2 Penguin Books, Ausgabe 1983, Antony G. Flew
10.3 Hans-Rudolf Egli
10.4 BFS; Quellen: Espop, Bevnat, Petra, Statpop
10.5 BFS; Quellen: VZ, Espop, Statpop
10.6 Daten: worldlifeexpectancy.com
10.8 Herbert P. Oczeret, Keystone
10.9 BFS; Quellen: VZ, Statpop
10.10 BFS, ThemaKart; Quellen: Statpop
10.11–10.12, 10.18 Martin Hasler
10.13, 10.21 Fotograf unbekannt
10.14 Matthias Probst
10.17 © 2007, taz Verlags- und Vertriebs GmbH, Le Monde diplomatique
10.20 Peter Bieri
10.25 Rahel Brügger; Daten: ethnologue.com
10.26 Wikimedia Commons, Boudagga2014
10.27 Barbara Beer
10.28 © Ingenieurbüro für Kartographie, Dr. H.-J. Kämmer, Berlin

11 Wirtschaft und Raum

Kapiteleinstieg: Raffinerie Cressier in der Nähe von Neuenburg, Schweizer Luftwaffe © VBS
11.1 Klett-Archiv © Ernst Klett Verlag GmbH
11.2 Barbara Beer, nach United States History Atlas, Maplewood 1977
11.5 Rahel Brügger; Daten: BFS, Eidgenössische Volkszählungen, Schweizerische Arbeitskräfteerhebung (Sake)
11.7 Rahel Brügger; Daten: BFS, Landwirtschafliche Betriebsstrukturerhebung
11.8 Rahel Brügger; Daten: BFS, Landwirtschaftliche Gesamtrechnung (LGR)
11.9 Rahel Brügger; Daten: BFS, Eurostat
11.10 © BFS 2018, Quelle: EZV – Schweizerische Aussenhandelsstatistik
11.11 Wikimedia Commons, Joggeli78
11.12 IP-Suisse
11.13 Bio Suisse
11.14 Daten: BFS, Arealstatistik 2004/09
11.15, 11.34 Fotograf unbekannt
11.16 Rivella
11.17 Quelle: Gerster, 2001
11.18, 11.24 Rahel Brügger; Daten: BAK Basel Economics, Die Volkswirtschaft
11.19 Claudia A. Trochsler aus Europa – Menschen, Wirtschaft, Natur © Lehrmittelverlag Zürich
11.20 Hans-Rudolf Egli
11.21 Alpines Museum Bern
11.22 Quelle: BFS
11.23 Silvan Aemisegger
11.25 Wikimedia Commons, Sishion
11.28 BFE, Schweizerische Gesamtenergiestatistik 2017 (Fig. 1)
11.29 Daten: BFE
11.30 BFE, BFS; Umsetzung: BAFU
11.31 Quelle: European Committee of Domestic Equipment Manufacturers (Ceced)
11.32 Alessandro della Bella, Keystone
11.33, 11.35–11.36 Claudia A. Trochsler aus Schweiz Suisse Svizzera Svizra © Lehrmittelverlag Zürich
11.37 Schweizer Luftwaffe © VBS
11.38 Stefan Manser
11.39 © Ernst Klett Verlag GmbH
11.40 Quelle: WTO
11.41 KOF Swiss Economic Institute

12 Stadt

Kapiteleinstieg: Stadt-Landschaft Zürich, Schweizer Luftwaffe © VBS
12.1 Schweizer Luftwaffe © VBS
12.4, 12.8–12.9, 12.13–12.14, 12.20, 12.23, 12.31 Geographisches Institut der Universität Bern
12.6 Tagesanzeiger, 04.06.2014
12.11 © Atlas der Schweiz (1970), Tafel 39
12.12 Fotograf unbekannt
12.15–12.17 Hans-Rudolf Egli
12.25 Rahel Brügger
12.29 links: Geographisches Institut der Universität Bern; rechts: Schweizerischer Bundesrat, KdK, BPUK, SSV, SGV (2012): Raumkonzept Schweiz. Überarbeitete Fassung, Bern.
12.30 © 2007, Le Monde diplomatique, Berlin; Quelle: UN Population Division

13 Verkehr

Kapiteleinstieg: Passstrasse; Martin Hasler
13.1 Rahel Brügger; Daten: BFS, ARE 2017, Mikrozensus Mobilität und Verkehr 2015
13.3, 13.10–13.11, 13.14, 13.16 Hans-Rudolf Egli
13.5 Bundesamt für Strassen, Astra
13.6 Geographisches Institut der Universität Bern
13.7 BFS; Quelle: Litra 2018
13.8 BFS; Quellen: BAV, Astra – Alpenquerender Güterverkehr
13.12 Martin Hasler
13.13 © HafenCity Hamburg GmbH/Michael Korol
13.15 Reproduziert mit Bewilligung von swisstopo (BA19025)
13.17 Alessandro della Bella, Keystone
13.19 Urs Hubacher, Keystone

14 Landschaftswandel und Raumplanung

Kapiteleinstieg: Haute Nendaz 1948 (links) und 2000 (rechts); Schweizer Luftwaffe © VBS
14.1–14.4, 14.8, 14.13 Schweizer Luftwaffe © VBS
14.5–14.6 BFS; Quelle: Arealstatistik
14.7 BFS, Geoinformation; Quelle: Arealstatistik
14.9 in Anlehnung an Nebelspalter, 1966
14.11 Amt für Geoinformation, Amt für Raumplanung Kanton Solothurn
14.12 BSB und Partner
14.14–14.16 Schweizerischer Bundesrat, KdK, BPUK, SSV, SGV (2012): Raumkonzept Schweiz. Überarbeitete Fassung, Bern.

15 Landschaftsökologie
Kapiteleinstieg: Thunersee; Franz Xaver Troxler
15.1 Fabian Piller

16 Nachhaltige Entwicklung
Kapiteleinstieg: Vorkommen und Begrenztheit der globalen Ressourcen Wasser, Luft und Boden; Barbara Beer
16.4 www.globalgoals.org
16.6, 16.9 Barbara Beer
16.7 © 2016 SMDK Sondermülldeponie Kölliken
16.8 © npg AG

17 Ungleichheit und Entwicklung – eine globale Herausforderung
Kapiteleinstieg: Weltweite Verteilung des Vermögens; Barbara Beer, Daten: Credit Suisse, Global Wealth Report 2015
17.1 Rahel Brügger; Daten: 100 People Foundation, UN FAO, UN World Urbanization Prospects, Weltbank
17.2 Rahel Brügger; Daten: Weltbank
17.3 www.gapminder.org
17.4, 17.6, 17.10, 17.16 © Sabin Bieri
17.5 © Sasi Group (University of Sheffield) and Mark Newman (University of Michigan)
17.7 Udo Höggel, CDE, Universität Bern
17.8 Rahel Brügger; Daten: Human Development Report, 2018
17.9 Christoph Bader, CDE, Universität Bern
17.11 Werner Dettli
17.12 WHO 2015
17.13 © 2007, taz Verlags- und Vertriebs GmbH, Le Monde diplomatique; Quellen: Human Development Report (UN Development Programme), 2005
17.14 Barbara Beer; nach Niko Päch
17.15 Barbara Beer
17.17 WWF, Helene Sironi
17.18 Quelle: UN FAO
17.19 OurWorldInData.org/hunger-and-undernourishment cc by 4.0; Daten: Weltbank

18 Geografische Arbeitsmethoden
Kapiteleinstieg: Kartenarbeit im Gelände; Martin Hasler
18.3–18.4 BFS, ThemaKart; Quelle: Abstimmungsstatistik
18.5 Amt für Geoinformation Kanton Solothurn
18.7 Photoglob AG, Zürich, Switzerland or Detroit Publishing Company, Detroit, Michigan
18.8 José Rössner
18.9 Andermatt Swiss Alps AG
18.10 Geographisches Institut der Universität Bern
18.11 Wikimedia Commons, Pinpin, Übersetzung von Titus Groan

Register

A
Aa-Lava 122
Abflüsse 198
Abgrenzung, gesellschaftliche 227
Ablagerung 159, 163
Ablation 163
Abplattung 25
Abrasion 169
absolute Armut 363
absolute Entkopplung 352
absolute Luftfeuchtigkeit 68
Absorption von Strahlung 66
Abtragung (Gestein) 159
Adern (Lagerstätten) 141
Advektion 69
Aero-Fotogrammetrie 50
Agenda 2030 350
Agglomeration 289
    Effekt 252
    Programm 324
    Verkehr 315
Agrarlandschaft 319
agroökologische Bewirtschaftung 393
A-Horizont 178, 179
Akkulturation 216
Akkumulation 159, 169
Akkumulation (Eis) 164
Albedo 66
al-Idrisi 18
Alpen 145
Altersbestimmung siehe Datierung
Altersstruktur (Bevölkerung) 211
Altwasserarm 161
amorph 137
Amplitude (Seismogramm) 130
angebotsorientierte Verkehrspolitik 316
Anionen 174
Anreicherungshorizont 178
anthropogener Treibhauseffekt 83
Antizyklone 71
äolische Formenbildung 168

Apartheidpolitik 218
Äquidistanz 48
Äquinoktien 30
Aristarch 18
Aristoteles 18
Armut 370
    absolute 363
    multidimensionale 363
Asche 123
Asteroidengürtel 38
Asthenosphäre 113
Asylbewerber 210
Atmosphäre 63, 111
Atomenergie 262
Aue 162
Aufwölbung 127
Aufzugsgebiet 79
Aurora borealis 26
Ausgangsgestein 173, 178, 179
Ausgleichsküste 170
auslösendes Ereignis (Naturgefahr) 191
autogerechte Stadt 285
Azimutalprojektion 43

B
Bahn 2000 305, 307
Basalt 121
    basaltische Lava 122
    Basaltsäulen 122
bauliche Schutzmassnahmen 95, 189
bauliche Verdichtung 291
Bauxit 140
Bauzonen 328
Beaufortgrad 72
Beaufort-Skala 72
Bebenhäufigkeit 132
Bedürfnisdeckung 359
Beharrungsvermögen 302
Belastbarkeitsgrenzen, planetarische 344
Beregnung 180
Bergbahnen 308
Bergbau 141
Bergkette, vulkanische 116, 119
Bergsturz 194
Bergwerk 141
Berieselung 180

Bevölkerung
    Bewegung 209
    Dichte 212
    Entwicklung 205
    Wachstum, natürliches 206
Bevölkerungspyramide 211
Bewässerung 180
Bewirtschaftung, agroökologische 393
B-Horizont 178, 179
Binnenvertriebene 210
Biokapazität 347
Biolandbau 246
Biologische Schutzmassnahmen 189
Biomasse 265
Bisenlage 80
Bitumen 143
Black Smoker 142
Blockschlag 194
BNE siehe Pro-Kopf-Einkommen
Boden 94, 172, 191
    Belastung 180
    Bildung 173
    Degradation 180
    Fruchtbarkeit 175
    Horizonte 173
    Kontamination 182
    Meliorierung 180
    Nutzung 324
    Schäden 183
    Schutz 180
    Verbesserung 180
    Typen 177
    Zerstörung 180
Bodenerosion 181
    durch Wind 182
    Formen 182
Bodenkonservierung 183
Bodenkunde 172
Bodenluft 173
Bodennebel 69
Bodenorganismen 173
Bodenprofil 177
Bodenrentenmodell 275
Bodenschätze 140
Bodensubstanz, mineralische 174
Bodensubstanz, organische 174

Bodenwasser 173
Bomben 123
Brache 180
Branchenvereinbarungen für nachhaltige Entwicklung 355
Brandung 169
Brandungshohlkehle 169
Brandungsplattform 169
Braunerde 178
Braunkohle 144
Breitenkreis 42
Brennstoffe 142
BRICS-Staaten 369
Bruchlinien 231
Brückner, Eduard 20
Bruttonationaleinkommen, BNE 371
Buddhismus 226
Bundesgesetz über die Raumplanung 323, 325, 327, 328
Büsching, Anton Friedrich 20

C
Caldera 125
Cañon 160
Central Business District 287
Charta von Athen 285
chemisch-biologische Verwitterung 159
chemische Elemente 137
chemische Verwitterung 157
Chorley, Richard 20
chronische Unterernährung 391
Container 313
Corioliskraft 73
Cumuluswolken 69

D
Dampfdruck 68
Daseinsgrundfunktionen 221, 339
Datierung 135
    Mineralien 136
    mit radioaktiven Isotopen 136
    Zeitraum 136
Dauerregen 94
Defizit, ökologisches 347
Deflation 168

Deindustrialisierung 252
Delta 92, 163
Demografie 205
demografische Determinanten 285
demografische Grundgleichung 205
demografische Segregation 276
demografische Transformation 207
Dendrochronologie 136
destruktive Plattengrenzen 116
Desurbanisierungsphase 290
Diagenese 139
Dialekt 229
Differentiation 111
Diffusion 216
digitale Revolution 237
digitaler Atlas der Schweiz 52
Direktion für Entwicklung und Zusammenarbeit, Deza 385
Direktzahlungen (Landwirtschaft) 247
Diskriminierung 218
Disparität 221, 372
Disparität, räumliche 252
Disposition, variable 191
divergierende Plattengrenze 115
Drainage 180
Drift 114
Drumlin 166
Dufourkarte 51
Düne 168
Dünger, mineralischer 180
Dünger, organischer 180

E
Ebbe 37
Edaphon 173
Effizienz-Strategie 353
effusiver Vulkan 120
Einflussfaktoren der Stadtentwicklung 284
Einschlagskrater 39
Einzugsgebiet (Hochwasser) 191
Eis 164
Eisenbahn 304
Eisregion 76
Ekliptik 30

Ekliptikschiefe 30
Elendssiedlung 296
Emigration 209
Emissionshandel 357
EMS-Skala 130, 131
Endmoräne 166
endogene Entwicklungsfaktoren 374
endogene Geologie 109
endogene Kräfte 113
Energie
    geothermische 111
    seismische 128
    Verbrauch 260
Energiedienstleistung 258
Energiepolitik 316
Energiestrategie 2050 261
Energieträger 260
Entkoppelung 352, 359
Entschuldungsstrategie 385
Entwässerung 180
Entwicklung 368
    fragmentierte 377
Entwicklungsfaktoren 374
Entwicklungszusammenarbeit 390
Eratosthenes 18, 24
Erdbeben 127
    Gefährdung 133
    Risiko 133
    Häufigkeit 132
Erde
    Tragfähigkeit 204
    Kern 112
    Kruste 111
    Mantel 112
    Masse 25
    Umfang 24
Erdgas 143
Erdöl 143
    Lagerstätten 142
    Muttergestein 143
Erdrotation 28
Erdwärme 111
Erg 168
Ernährungssicherheit 392
Erosion 92, 159, 182
Erratiker 166
Eruption 121

Erze 140
Erzlagerstätten 140, 141
Ethnie 216, 276
ethnischer Pluralismus 217
Ethnologie 216
Ethnozentrismus 219
Europa 205
Europäische Union, EU 232
Evaporation 90
Evapotranspiration 90
exogene Entwicklungsfaktoren 374
exogener Prozess 155
Exosphäre 65
Explosion 126
Explosion, phreatische 126
explosiver Vulkanismus 119
Externalitäten 239
externe Effekte 239
externe Kosten 239, 354
externer Nutzen 239
Exzentrizität 31, 39

F
faire Handelsbedingungen 389
Fallgeschwindigkeit 194
Faltengebirge 117
Faltenjura 151
Fastebene 159
Faulschlamm 143
Feinstaub 85
Feldbegehung 50
Felssturz 194
Fernerkundung 54
Ferralsol 179
Fertilität 206
Fertilitätsrate 206
Festungsanlage 281
Festungsstadt 279
feuchtadiabatischer Temperaturgradient 69
Feuergürtel, zirkumpazifischer 119
Finanzen, öffentliche 292
Firn 163
Fjord 166
Flächennutzung 275
Flachküste 169
Flohn, Hermann 20

Flüchtlinge 209, 210
Flughafen 312
Flugsand 168
Flussterrasse 162
Flut 37
fluvial, fluviatil 160
Foraminiferen 139
formaler Stadtbegriff 273
fossile Brennstoffe 142
fossile Energieträger 140
Fossilien 134
fragmentierte Entwicklung 377
freies Gut 239
Freizeitlandschaft 320
Frontalniederschlag 69
Frostsprengung 157
Fruchtbarkeit 206
Fruchtbarkeitsrate 206
Fumarole 124
funktionaler Stadtbegriff 273
Funktionswandel (Stadt) 283
Fussabdruck, ökologischer 346

G
Galilei, Galileo 19
Gang (Lagerstätte) 141
Gartenstadt 279
Gasausstoss 127
Gase, vulkanische 124
Gated Community 221
Gebäudenutzung 275
Gebietsanspruch 227
Gebotsbereich 190
Geburtenrate 206
Gefährdung 186, 190
Gefahr
    Abwehr 187
    Beurteilung 190
    Erkennung 189
    Hinweiskarten 189
    Karten 190
Gefahrenpotenzial 186
Gefahrenstufen 190
Geländedarstellung 48
Generalisierung (Kartografie) 46, 401
Geodeterminismus 375
Geodynamo 26
Geografie der Angst 224

Geografie der Gefahr 224
Geografie, politische 230
geografische Forschung 17
Geoid 25
Geologie
    endogene 109
    Zeittafel 134
geologischer Untergrund 192
geomagnetischer Pol 26
Geoökosystem 336
Geopolitik 230
geopolitische Zuordnung 369
geostrophischer Wind 74
Geothermie 265
geothermische Energie 111
geozentrisches Weltbild 18
Geröllfracht 92, 162
Gesamtverkehrskonzeption 316
Geschiebefracht 92, 162
Gesellschaft 215, 347, 408
    multikulturelle 217
gesellschaftliche Differenz 222
Gesetzmässigkeit 67
Gestein 137, 140
    Härte 138
    magmatisches 140
    metamorphes 139
Gewitterlage 80
Geysir 124
Gezeiten 36
Gezeitenkraftwerk 37, 265
Ghetto 277
glasig (Festkörper) 137
Glaubenssystem 225
glaziale Seenbildung 167
Gleichgewichtslinie 164
Gleithang 161
Gleithorizont 151
Gletscher 163, 199
Gletscherbach 164
Gletschermilch 164
Gletscherschliff 164
Gletscherschramme 164
Gletscherspalte 164
Gletschertor 164
Gletscherzunge 164
Gley 179
Global City 296
Global Positioning System 118

globaler Temperaturanstieg 83
Globalisierung 235, 369, 377
GMT 28
Golfstrom 105
Gouvernanz 348
GPS siehe Global Positioning System
Gradientkraft 73
gravitative Naturgefahr 186
Grenzen, künstliche 231
Grenzen, natürliche 231
Grenzwerte (Luft) 85
Grossfamilie 220
Grosswetterlage 80
Grünbrache 180
Grunddisposition 191
Grundlawine 196
Grundmoräne 166
Grundriss 274
grüne Wirtschaft 348, 352
Gruppe, soziale 276
Gut, freies 239
Güter, ökonomische 239

H
Hafenstandort 309
Haff 170
Hägerstrand, Torsten 20
Halbwertszeit 136
Hammada 168
Handelsbestimmungen, internationale 394
Handelsschranke 377
Handlungslogik 365
Hangabtragung 160
Hängetal 165
Hangmure 193
Härte (Gestein) 138
HDI siehe Human Development Index
Hebung 149
heliozentrisches Weltbild 19
Helvetikum 146, 148
Herodot 18
Hierarchie 220
historischer Stadtbegriff 272
Hjulströmdiagramm 92
Hochdruckkraftwerk 263
Hochwasser 94, 191, 199

Höhenkurve 48
Höhenlinie 48
Höhenstufe 75, 411
Hotspot 121
Human Development Index 372
Humangeografie 202
Humboldt, Alexander von 20
Humifizierung 174
Huminstoffe 174, 175
Humus 173, 174
Hydratationsverwitterung 158
Hydroenergie 263
hydrothermale Lagerstätte 141

I
Immigration 209
Imperialismuskritik 376
Indikator 202, 206, 370, 396
Indikator, quantitativer 397
Individualverkehr 315
Individualverkehr, motorisierter 300, 315
Individuum 347
Industrialisierung 248, 282
industrielle Revolution 236, 338
Inkohlung 144
Inlandeis 163
innertropische Konvergenzzone 74
Innovation, technologische 285
Inselbogen 117
Inselbogen, vulkanischer 119
Integration 210, 217
integrierte Produktion 246
Intensität 374
Interessenskonflikt 408
intermediäre Lava 123
internationale Handelsbestimmungen 394
internationale Zusammenarbeit 232
internationaler Gerichtshof 232
internationaler Seegerichtshof 234
Inversionswetterlage 67
Inwertsetzung (Raum) 408
Ionen 174
Ionosphäre 65

islamisches Naturverständnis 226
Islandtief 78
Isobare 71
Isostasie 113
ITC siehe innertropische Konvergenzzone

J
Jahr, tropisches 29
Jahreszeiten 30
Jetstream 74, 78
Jura 145, 146, 148
Jurafaltung 148
Just-in-time-Production 248

K
Kabel 308
Kalenderjahr 29
Kalk 140
Kalkkompensationstiefe 139
Kalkschlamm 139
Kalkstein 139
Kältehoch, polares 74
Kaltfront 79
Kanderkorrektion 97
Kapazitätsgrenzen 303
Kar 165
Karsee 165
Karst 158
Karstverwitterung 158
Kartieren 403
Kartografie 42
Kastensystem 221
Kationen 174
kaufkraftbereinigter Dollar 363
Kegelprojektion 43
Kepler, Johannes 19
Kerbtal 160
Kernenergie 262
Kernfamilie 220
Kies 140
Kilometerkoordinatensystem 44
Kissenlava 122
Kliff 169
Klima 62, 173, 178, 410
　Archiv 62
　Elemente 62, 65
　Klassifikation 75

Schwankungen 62, 82
Veränderung 62, 82
Klimadiagramm 75, 399
Klimafaktor 62, 67
Klimatologie 62
Klimawandel 82, 198
Klimazone 62, 75
Klus 153
Kohlelagerstätte 144
Kohlensäureverwitterung 158
Kollision 117
Komet 38
Kommunikation 229
Komponentenmethode 214
Kompression 111
Kondensation 68
Kondensationskern 69
Konflikt 231
konservative Plattengrenze 117
Konsistenz 353
konstruktive Plattengrenze 115
Kontinentaldrift 114
kontinentale Kruste 111
Kontinentalränder 115
Konvektion 69
Konvektionsströme 114
Konvergenzzone, innertropische 74
konvergierende Plattengrenze 116
Koordinaten 42
Koordinatensystem der Schweiz 44
Kopernikus, Nikolaus 19
Körperwahrnehmung 224
Kostenwahrheit 239, 355
Kristall 137
kristallines Grundgebirge 146
Kristallisation 137
Krümel 175
Kruste, kontinentale 111
Kruste, ozeanische 112
Kugelform (Erde) 18, 24
Kultur, Definition 214
Kulturanthropologie 216
kultureller Wandel 216
kulturgenetisches Konzept 285
Kulturgeografie 202

Kulturlandschaft 215, 244, 318, 337

L
Label 245, 355
Lagerstätte 140
   hydrothermale 141
   magmatische 141
   sedimentäre 141
Lagune 170
Lahar 123
Landessprache 229
Landnutzung 411
Landschaft 336
   Bild 225
   Erhaltung 324
   naturnahe 318
   Schutz 324
Land-Seewind 72
Längenkreise 42
Langsamverkehr 300, 315
Längsspalte 164
Lapilli 123
Laser-Vermessungsgerät 118
Laufkraftwerk 264
Lava 119
Lava, basaltische 122
Lawinenabgang 195
Lawinenklassifikation 196
Lean-Production 248
Lebenserwartung 206
Lebewesen 173
Legende 400
Leistungsfähigkeit, wirtschaftliche 371
Leitbild 326, 285, 397
Leitfossilien 134
Lenkungsabgabe 358
Linienverkehr 315
Linthkorrektion 98
Lithosphäre 113
Lokale Agenda 21 348
Löss 169
Lösungsfracht 92, 162
Lösungsverwitterung 158
Love-Wellen 128
Luft
   Druck 79
   Feuchtigkeit 69

Schadstoffe 84
Zusammensetzung 65
Luftbild 53
Luftfracht 311
Luftverkehr 311

M
Mäander 161
Maar 126
Magma 119
magmatische Lagerstätte 141
magmatisches Gestein 140
Magnetfeld 26, 113
magnetischer Pol 26
Magnetostratigrafie 137
Magnitude (Erdbeben) 131, 132
Makroebene der Entwicklung 367
Malthus, Thomas 204
Mangan 140
Manganknollen 142
Marginalisierung 221
Marginalsiedlungen 297
marine Prozesse 169
Markt als Wirtschaftsfaktor 285
marktwirtschaftliche Massnahmen 357
Masse der Erde 25
Massenhaushalt 164
Massnahmen, juristische 356
Massnahmen, planerische 189
Massnahmenplanung 188
Massstab 46
mechanische Verwitterung 156
Meeresströmungskraftwerk 265
Megastadt 295
Mehrkernemodell der Stadt 277
Melting Pot 217
Mercalli-Skala 130
Mercator, Gerhard 19
Merkmal, qualitatives 397
Merkmale der Stadt 273
Mesosphäre 64
Mesozoikum, mittelländisches 146
mesozoische Sedimente 146
metamorphes Gestein 139
Metamorphose 139
Meteoriteneinschlag 39, 111

Meteoroiden 39
Meteorologie 62
Migration 209
Mikroebene der Entwicklung 367
Mineralbestimmung 138
Mineralerdehorizont 178
Mineralien 137
mineralische Bodensubstanz 174
mineralische Rohstoffe 140
mineralischer Dünger 180
Mineralneubildung 174
Mineralstoffe im Boden 174
Mittelland 145, 148
mittelländisches Mesozoikum 146
Mittelmoräne 166
mittelozeanischer Rücken 116, 141, 142
mittlere Ortszeit 27
Modalsplit 315
Modell 396
Modell der angloamerikanischen Stadt 287
Modell der europäischen Stadt 286
Modell der orientalischen Stadt 288
Modell der zentralen Orte 293
Mofette 124
Mohorovic-Diskontinuität 112
Molasse 148
Molasse, subalpine 148
Monat 29
Mondfinsternis 35
Monitoring der nachhaltigen Entwicklung 346
Moräne 166
Mortalität 206
motorisierter Individualverkehr 300, 315
MPI siehe Multidimensional Poverty Index
Muldental 163
Multidimensional Poverty Index 373, 374
multidimensionale Armut 363
multikulturelle Gesellschaft 217

multilaterale Zusammenarbeit 385
Multiplikatoreffekt 253
Münster, Sebastian 19
Murgang 192, 199
Muttergestein 173
Mutterisotop 136
Muttersprache 229

N

nachfrageorientierte Verkehrspolitik 316
nachhaltiger Tourismus 255
Nachhaltigkeit 351
    Positionen 351
    Ziele 390
Nährgebiet 164
Nährstoffe 174
Nahrung, Recht auf 393
Nationalsozialismus 230
Nationalstrassen 304
Naturereigniskataster 189
Naturgefahren, Schutz vor 324
Naturgefahren, tektonische 186
Naturlandschaft 318, 337
natürlicher Treibhauseffekt 66, 82
natürliches Bevölkerungswachstum 206
Naturraum 284
NEAT siehe neue Eisenbahn-Alpentransversale
Nebel 69
Nehrung 170
Neigung 39
neolithische Revolution 236, 337
Netzwerktypen 314
neue Eisenbahn-Alpentransversale 307
neue grüne Revolution 393
Neuschnee 163
New Towns 280
NGO siehe Nichtregierungsorganisationen
Nichtmetall 140
Nichtregierungsorganisationen 386
Niederdruckkraftwerk 264
Niederschlag 70, 91, 198

Nipptide 37
Nivellement 49
Non-Governmental Organisation 386
Nordlicht 26
Normalluftdruck auf Meereshöhe 65
Nullmeridian von Greenwich 42
Nutzenergie 258
Nutztierhaltung 244
Nutzungsanspruch 224
Nutzungskonflikt 408

O

Oberboden 178, 179
Oberflächenabfluss 192
Oberflächenwellen 128
öffentliche Finanzen 292
öffentlicher Raum 220
öffentlicher Verkehr 315
Okklusion 78
ökologische Steuerreform 358
ökologischer Fussabdruck 346
ökologischer Städtebau 285
ökologisches Defizit 347
ökonomische Güter 239
Ölfalle 143
organische Bodensubstanz 174
organischer Dünger 180
orientalische Stadt 289
Originalität 215
Orthobild 53
Ortszeit 27
Ostalpin 146, 148
Outsourcing 248
Oxid 174
Oxidationsverwitterung 159
Ozean 111
ozeanische Kruste 112
Ozon 63, 85
Ozonabbau 86

P

Paläontologie 134
Pangäa 146
Parahotellerie 254
Paritätslohn 247
Partizipation, gesellschaftliche 350

Passate 74
Patchworkfamilie 220
Pedologie 172
Penninikum 146, 148
Periurbanisierung 291
Permafrost 199
Persistenz 302
Personennahverkehr 315
Pestizide 182
Pflanzenbau 244
Phosphat 140
Photovoltaikanlage 265
phreatische Explosion 126
pH-Wert des Bodens 176, 178, 179
physikalische Verwitterung 156
Pillow-Lava 122
Pilzfelsen 168
Planet 37, 349
    Belastbarkeitsgrenzen 344
Planetoidengürtel 38
Plateaujura 151
Plattengrenze 114
    destruktive 116
    divergierende 115
    konservative 117
    konstruktive 115
    konvergierende 116
Plattentektonik 113
Plutoid 38
Pluton 141
Plutonite 140
Pol, geomagnetischer 26
Pol, magnetischer 26
polare Ostwinde 74
polares Kältehoch 74
Polarfront 74, 78
Polarlicht 26, 65
Polis 278
politische Geografie 230
Pollenanalyse 136
positive Rückkopplung 340
postindustrielle Revolution 338
postmoderne Revolution 338
Prallhang 161
Präzession 31
Primärenergie 257
Primärsektor 239
Primärwelle 128

Primatstadt 293
privater Raum 220
Produktion, integrierte 246
Produktionsfaktor 239
Projektion 43
Pro-Kopf-Einkommen 371
Prozesse, marine 169
Ptolemäus, Claudius 18
Pull-Faktor 209, 290
Pumpspeicherkraftwerk 264
Push-Faktor 209, 290
P-Wellen 128
pyroklastischer Strom 123

Q
qualitatives Merkmal 397
quantitativer Indikator 397
Quartärsektor 240
Quartier 275
Quarz 140
Querspalte 164

R
radioaktiver Zerfall 111
radiometrische Datierung 135
Randspalte (Gletscher) 164
Rang-Grössen-Regel 293
Rasse 219
Ratzel, Friedrich 20, 230
Rauchgasverwitterung 159
Raum
    öffentlicher 220
    privater 220
    Entwicklung 324, 409
räumliche Disparität 252
Raumplanung 95, 190, 356, 357
Raumwelle 128
Rayleigh-Welle 128
Rebound-Effekt 261, 353
Recht auf Nahrung 393
Reflektion 66
Regen, saurer 159
Regionalgeografie 16
relative Entkopplung 352
Relief 48, 173
Reliefschummerung 48
Religionsgeografie 226
religiöse Erfahrung 225
Renaturierung 99, 192

Rendzina 178
Reservat 217
Residenzstadt 279
Ressourcenpotenzial 408
Reurbanisierung 290
Revolution (Erde) 30
Revolution
    neolithische 236, 337
    neue grüne 393
    postindustrielle 338
    postmoderne 338
    urbane 236, 338
Rhyolith 121
Richterskala 131
Rift-Valley 116
Ringmodell (Stadt) 277
Risiko 187
    Bewertung 188
    Management 188
Ritter, Carl 20
Rohstoffproduktion 377
römische Stadt 278
Rotation (Erde) 28
Rotationsellipsoid 42
Rotationsrutschung 193
Rückbildungsphase 281
Rückkopplung 340
    negative 340
    positive 340
Rückwärtserosion 162
Rundhöcker 165
Rutschung 193

S
Saatgut 394
Sachplan 326
Saltation 168
Salz 140, 182
Salzsprengung 157
Sand 140
Satellitenbild 54
Sättigung (Boden) 94
Sättigung (Luft) 68
Säuglingssterblichkeit 206
saure Lava 123
saurer Regen 159
Schadenpotenzial 187
Schadensart 197
Schadstoff 85

Schichtvulkan 125
Schildvulkan 125
Schlackenkegel 125
Schliffgrenze 165
Schlucht 160
Schneebrett 197
Schneedecke 197
Schneefallgrenze 198
Schneeschicht 197
Schneeschmelze 94
Schönwetterlage 80
Schotter 162
Schraffen 48
Schrägaufnahme 53
Schwarzbrache 180
Schwebefracht 92, 162
Schwefeldioxid 85
schweizerisches National-
   strassennetz 304
Schwellenland 369
Schwerefeld 25
Schwermetall 182
SDG siehe Sustainable Develop-
   ment Goals
Seafloor-Spreading 115
SECO siehe Staatssekretariat für
   Wirtschaft
Sediment 139
sedimentäre Lagerstätte 141
Sedimentation 92, 139, 159
Seebeben 132
Seenbildung, glaziale 167
Seerecht 234
Segregation 217, 276
Seife 141
Seilbahn 308
seismische Energie 128
Seismograf 130
Seismogramm 130
Seismologie 127
Seismometer 130
Seitenerosion 161
Seitenmoräne 166
Sektorenmodell (Stadt) 277
Sekundärenergie 258
Sekundärsektor 239
Sekundärwelle 128
Selbstversorgung 393
Senkrechtaufnahme 53

Serir 168
Shintoismus 227
Siedlungsentwicklung 198, 199
Siedlungsmittelpunkt 274
Siegfriedkarte 52
Signatur 47
Slum 297
Smog 84
Sohlental 161
Solarkonstante 66
Solfatare 124
Sommerzeit 28
Sonnenfinsternis 35
Sonnenkollektor 265
Sonnentag 28
soziale Gruppe 276
Sozialgeografie 220
sozial-räumliche Ordnungs-
   muster 222
sozialräumliche Stadtgliederung
   276
Speichergestein 143
Speicherkraftwerk 263
Sprachfamilie 229
Springflut 37
Squattersiedlung 297
Staatssekretariat für Wirtschaft
   385
Staden, Hans 19
Stadt
   Entwicklungsphase 289
   Erneuerung 283
   Merkmale 273
   orientalische 289
   römische 278
   Verfall 282
   Wachstum 291
Stadtbegriff
   formaler 273
   funktionaler 273
   historischer 272
   statistischer 273
Städtebau, ökologischer 285
Städtesystem 293
Stadtgliederung, funktionale
   275
Stadtgliederung, sozialräum-
   liche 276
Stadtgründungsperiode 278

Stadtlandschaft 319
Standardmineral 138
Standardsprache 229
Standort 238
Standortfaktor 238
Standortpersistenz 311
Standseilbahn 308
Starkniederschlag 94
statistischer Stadtbegriff 273
Staublawine 197
Staukuppe 126
Steigungsniederschlag 69
Steilküste 169
Steinkohle 144
Steinschlag 194
Sterberate 206
Sterblichkeit 206
Stereoluftbild 50
Sterntag 29
Steuerreform, ökologische 358
Stratigrafie 134
Stratosphäre 63
Stratovulkan 125
Stratuswolke 69
Stricklava 122
Strom, pyroklastischer 123
Sturzprozess 195
subalpine Molasse 148
Subduktion 116
Subtropen 76
Suburbanisierung 287
Subventionen 247
Südalpin 146, 148
Südföhnlage 80, 81
Suffizienz 353
Sustainable Development Goals
   348
S-Wellen 128

T
Tafeljura 151
Tagebau 141
Tarifverbund 315
Taupunkt 68
technologische Innovation 285
tektonische Naturgefahren 186
Temperaturverteilung 68
Temperaturverwitterung 156
Tephra 119, 123

Tertiarisierung 252
Tertiärsektor 240
Tethys 146
Theokratie 225
Thermikkraftwerk 265
Thermosphäre 64
Tidenhube 37
Tiefbau 141
Tiefdruckgebiet 78
Tiefenerosion 160
Tiefseebohrung 118
Tiefseegraben 116
Tochterisotop 136
Ton-Humus-Komplex 175
Tonmineralien 174
Tonnenkilometer 300
Topografie 191
Torf 144
Toteis 167
Toteissee 167
Tourismus 252, 255
Tourismus, nachhaltiger 255
Tourismuslandschaft 320
Tragfähigkeit der Erde 204
Trampelpfad 303
Transformstörungen 117
Translationsrutschung 193
Transpiration 90
Transport 92, 159
Transportaufwand 314
Treibhauseffekt 83
    natürlicher 66, 82
    anthropogener 82, 83
Triade (Wirtschaft) 249
Triangulation 49
Trickle-down-Effekt 375
Trinkwasser 101
trockenadiabatischer Temperaturgradient 69
Trockental 158
Trogkante 165
Trogschulter 165
Trogtal 165
Tröpfchenbewässerung 180
tropisches Jahr 29
Troposphäre 63
Tsunami 132
Tundra 76

U
Überdüngung 182
Überflutung 191
Übersarung 192
Überschüttung 181
Überschwemmung 191
Umweltprobleme 291
Universalreligion 227
Unterboden 179
Untertagebau 141
urban blight 283
urbane Revolution 236, 338
Urbanisierungsphase 289
Urknalltheorie 110
UTC siehe Weltzeit

V
Varenius, Bernhardus 19
variable Disposition 191
Vegetation 192
Vegetationszone 75
Verdunstung 66
Vereinbarung, freiwillige 355
Vereinte Nationen, Uno 232
Verkehr
    Angebot 299
    Erschliessung 315
    Infrastruktur 300
    kombinierter 307
    Nachfrage 299
    öffentlicher 315
Verkehrsfläche 315
Verkehrsmittel 301
Verkehrspolitik 316
Verkehrspolitik, nachfrageorientierte 316
Verkehrssprache 229
Verkehrssystem 315
Verkehrsweg 274, 301
Verklausung 192
vernetztes Städtesystem 293
Versalzung 182
Verstädterung 289
Verteilungsproblem 393
Verursacherprinzip 239
Verwitterung 156
    chemisch-biologische 159
    chemische 157
    mechanische 156
    durch Oxidation 159
    physikalische 156
Villes nouvelles 280
virtuelles Wasser 102
Völkerbund 232
Volkskunde 216
Vulkan, effusiver 120
Vulkantyp 125
vulkanische Bergkette 116, 119
vulkanische Gase 124
vulkanischer Inselbogen 119
Vulkanismus 119
Vulkanit 121, 140
Vulkanologie 119

W
Wachstumsphase 281
Wachstumsrate 206
Wahrnehmungsraum 277
Wälder 199
Waldsterben 84
Wärmegewitter 69
Warmfront 79
Warmsektor 79
Warvenchronologie 136
Wasser
    virtuelles 102
    Nutzung 100
Wegener, Alfred 114
Wellenkraftwerk 265
Weltbevölkerung 202
Weltbild, geozentrisches 18
Weltbild, heliozentrisches 19
Weltstadt 296
Weltzeit 28
Wertschöpfungskette 353
Wertsteigerung 200
Wertvorstellung 214, 224, 225
Westwindlage 80
Wetterfront 78
Wetterkarte 71
Wind 72, 103
    geostrophischer 74
    Westwind 74
Windenergie 265
Windkanter 168
Windrippel 168

Wirkungsgefüge 406
wirtschaftliche Leistungsfähigkeit 371
Wirtschaftsliberalismus 365
Wohlstand 349
Wolken 69, 71
Wurzelsprengung 157

Z
Zehrgebiet 164
Zeitgleichung 27
Zeittafel, geologische 134
Zentralmassiv 148
Zentrum-Peripherie-Modell 267, 369
Zerfall, radioaktiver 111
zirkumpazifischer Feuergürtel 119
Zivilgesellschaft 390
Zone, gemässigte 76
Zonenzeit 28
Zungenbecken 167
Zungenbeckensee 167
Zusammenarbeit, multilaterale 385
Zyklone 71, 78
Zylinderprojektion 43

Klimazonen der Erde

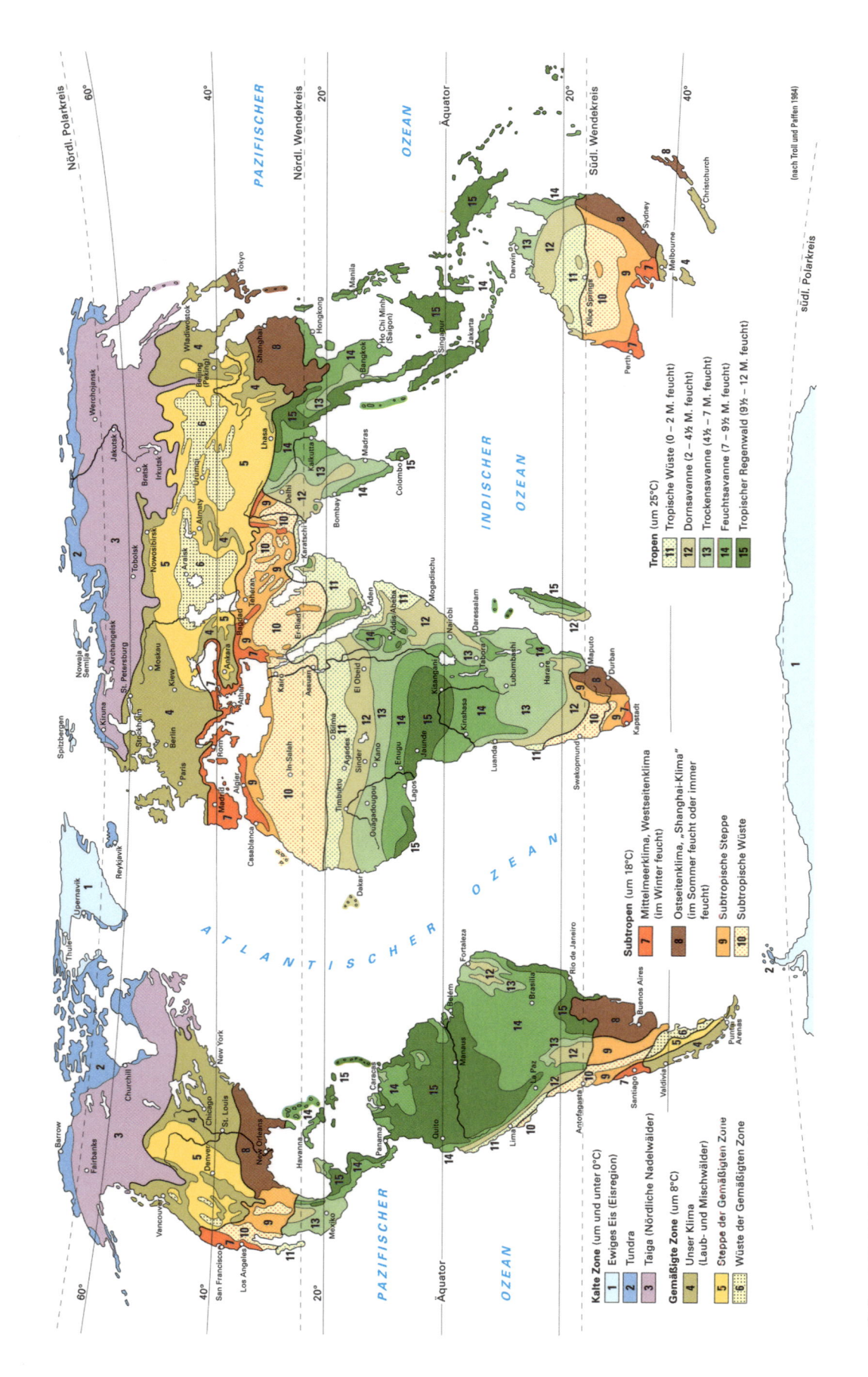

(nach Troll und Paffen 1964)

Kalte Zone (um und unter 0°C)
1. Ewiges Eis (Eisregion)
2. Tundra
3. Taiga (Nördliche Nadelwälder)

Gemäßigte Zone (um 8°C)
4. Unser Klima (Laub- und Mischwälder)
5. Steppe der Gemäßigten Zone
6. Wüste der Gemäßigten Zone

Subtropen (um 18°C)
7. Mittelmeerklima, Westseitenklima (im Winter feucht)
8. Ostseitenklima, „Shanghai-Klima" (im Sommer feucht oder immer feucht)
9. Subtropische Steppe
10. Subtropische Wüste

Tropen (um 25°C)
11. Tropische Wüste (0 – 2 M. feucht)
12. Dornsavanne (2 – 4½ M. feucht)
13. Trockensavanne (4½ – 7 M. feucht)
14. Feuchtsavanne (7 – 9½ M. feucht)
15. Tropischer Regenwald (9½ – 12 M. feucht)

© Ernst Klett Verlag GmbH